Studien zum Internationalen Wirtschaftsrecht/
Studies on International Economic Law

Herausgegeben von
Prof. Dr. Marc Bungenberg, LL.M., Universität des Saarlandes
Prof. Dr. Christoph Herrmann, LL.M., Universität Passau
Prof. Dr. Markus Krajewski, Friedrich-Alexander-Universität Erlangen-Nürnberg
Prof. Dr. Carsten Nowak, Europa Universität Viadrina, Frankfurt/Oder
Prof. Dr. Jörg Philipp Terhechte, Leuphana Universität Lüneburg
Prof. Dr. Wolfgang Weiß, Deutsche Universität für Verwaltungswissenschaften, Speyer

Band 34

Simon Guilliard

Beihilfenkontrolle zwischen Supranationalität und Intergouvernementalität

Unter besonderer Berücksichtigung des Brexit

Nomos

Onlineversion
Nomos eLibrary

Die Deutsche Nationalbibliothek verzeichnet diese Publikation in der Deutschen Nationalbibliografie; detaillierte bibliografische Daten sind im Internet über http://dnb.d-nb.de abrufbar.

Zugl.: Passau, Univ., Diss., 2021

ISBN 978-3-8487-7284-1 (Print)
ISBN 978-3-7489-1291-0 (ePDF)

1. Auflage 2022

Meinen Eltern

Vorwort

Die vorliegende Arbeit wurde von der Juristischen Fakultät der Universität Passau im März 2021 als Dissertation angenommen. Literatur und Rechtsprechung wurden bis Ende Juli 2021 berücksichtigt.

Meinem Doktorvater, Herrn Prof. Dr. *Christoph Herrmann*, gilt mein aufrichtiger Dank für die Betreuung dieser Arbeit und die Heranführung an wissenschaftliches Arbeiten im Rahmen zahlreicher gemeinsamer Projekte über die Promotion hinaus. Während meiner Zeit als Wissenschaftlicher Mitarbeiter an seinem Lehrstuhl setzte er großes Vertrauen in mich und gewährte mir ein hohes Maß an akademischer Freiheit.

Mein Dank gilt auch Herrn Prof. Dr. *Till Müller-Ibold* für die zügige Erstellung des Zweitgutachtens und den Herausgebern für die Aufnahme in diese Schriftenreihe.

Überdies bedanke ich mich besonders bei der Studienstiftung des deutschen Volkes für die umfassende finanzielle und ideelle Unterstützung des Promotionsvorhabens. Gedankt sei ferner Herrn Prof. Dr. *Matthias Oesch* und Herrn Dr. *Christian Frommelt* für die Ermöglichung und Begleitung meiner Forschungsaufenthalte am Institut für Völkerrecht und ausländisches Verfassungsrecht der Universität Zürich und am Liechtenstein-Institut in Bendern. Bei meinen ehemaligen Kolleginnen und Kollegen am Lehrstuhl, insbesondere bei Herrn *Aike Würdemann* und bei Frau *Caroline Glöckle*, bedanke ich mich für die Kollegialität und den regen persönlichen und fachlichen Austausch.

Nicht zuletzt möchte ich meiner Familie für ihre fortwährende Unterstützung sowie ihren unbedingten Rückhalt danken. Meinen Eltern ist diese Arbeit gewidmet.

Stuttgart, im Oktober 2021 *Simon Guilliard*

Inhaltsverzeichnis

Abkürzungsverzeichnis

AA	Assoziierungsabkommen
ABl.	Amtsblatt
Abs.	Absatz
ADÜ	Übereinkommen über Antidumping
AEUV	Vertrag über die Arbeitsweise der Europäischen Union
AGVO	Allgemeine Gruppenfreistellungsverordnung
AB	WTO Appellate Body
AD-GVO	Antidumpinggrundverordnung
ANZCERTA	Australia New Zealand Closer Economic Relations Trade Agreement
AoS	Agreement on Safeguards
Art.	Artikel
ASEAN	Association of Southeast Asian Nations
AS-GVO	Antisubventionsgrundverordnung
ASÜ	Übereinkommen über Subventionen und Ausgleichsmaßnahmen
Aufl.	Auflage
Ausg.	Ausgabe
Bd.	Band
BGB	Bürgerliches Gesetzbuch
BGBM	(Schweizer) Bundesgesetz über den Binnenmarkt
BGH	Bundesgerichtshof
BIP	Bruttoinlandsprodukt
BT-Drs.	Bundestagsdrucksache
BVerfG	Bundesverfassungsgericht
BVVO	Beihilfenverfahrensverordnung
bzw.	beziehungsweise
CAIT	Canadian Agreement on Internal Trade
CAN	Comunidad Andina
CARIFORUM	Karibisches Forum
CCCS	Competition and Consumer Commission of Singapore

CEFTA	Central European Free Trade Agreement
CETA	Comprehensive Economic and Trade Agreement
CFTA	Canadian Free Trade Agreement
CMA	Competition and Markets Authority
CPA	Competition Principles Agreement
CPTPP	Comprehensive and Progressive Agreement for Trans-Pacific Partnership
CRTA	Committee on Regional Trade Agreements
DAWI	Dienstleistungen von allgemeinem wirtschaftlichem Interesse
DCFTA	Deep and Comprehensive Free Trade Agreement
DDA	Doha Development Agenda
DSB	WTO Dispute Settlement Body
DSU	Dispute Settlement Understanding
EAGV	Vertrag zur Gründung der Europäischen Atomgemeinschaft
ebd.	ebenda
EEA	Einheitliche Europäische Akte
EFTA	Europäische Freihandelsassoziation
EG	Europäische Gemeinschaft
EGKS	Europäische Gemeinschaft für Kohle und Stahl
EGKSV	Vertrag über die Europäische Gemeinschaft für Kohle und Stahl
EGMR	Europäischer Gerichtshof für Menschenrechte
EGV (Nizza)	Vertrag zur Gründung der Europäischen Gemeinschaft in der Fassung nach dem Vertrag von Nizza
Einl.	Einleitung
EMA	Europa-Mittelmeer-Abkommen
EMFF	Europäischer Meeres- und Fischereifonds
EMP	Europa-Mittelmeer-Partnerschaft
EMRK	Europäische Konvention zum Schutze der Menschenrechte und Grundfreiheiten
EnCT	Energy Community Treaty
ENP	Europäische Nachbarschaftspolitik
EPA	Wirtschaftspartnerschaftsabkommen
EPG	Einheitliches Patentgericht
et al.	et alii/et aliae/et alia
etc.	et cetera
EU	Europäische Union

EuG	Gericht der Europäischen Union
EuGH	Gerichtshof der Europäischen Union
EU-TR-CU	EU-Türkei-Zollunion
EUV	Vertrag über die Europäische Union
EWG	Europäische Wirtschaftsgemeinschaft
EWGV	Vertrag über die Europäische Wirtschaftsgemeinschaft
EWR	Europäischer Wirtschaftsraum
EWRV	Abkommen über den Europäischen Wirtschaftsraum
f.	folgend
FCRS	(Chinese) Fair Competition Review System
FEuI	Forschung, Entwicklung und Innovation
ff.	folgend
FHA / FTA	Freihandelsabkommen
Fn.	Fußnote
G7	Gruppe der Sieben
G20	Gruppe der 20 wichtigsten Industrie- und Schwellenländer
GAP	Gemeinsame Agrarpolitik
GATS	Übereinkommen über den Handel mit Dienstleistungen
GATT	Allgemeines Zoll- und Handelsabkommen
GCC	Gulf Cooperation Council
GD	Generaldirektion
GG	Grundgesetz
GHP	Gemeinsame Handelspolitik
GPA	Government Procurement Agreement
GRCh	Charta der Grundrechte der Europäischen Union
GTA	Global Trade Alert
GVC	Global Value Chain
HC	Havanna-Charta
Hrsg.	Herausgeber
ICN	International Competition Network
IICA	Interstate Investment Cooperation Agreement
InstA	Institutionelles (Rahmen-)Abkommen
InvÜbVO	Investment Screening-Verordnung
IPCEI	Important Projects of Common European Interest
IPI	International Procurement Instrument

ITO	International Trade Organization
Kap.	Kapitel
KMU	Kleine und mittlere Unternehmen
LFG	(Schweizer) Luftfahrtgesetz
lit.	littera
LVA	Luftverkehrsabkommen (EU-Schweiz)
LwÜ	Übereinkommen über die Landwirtschaft
MERCOSUR	Mercado Común del Sur
MoU	Memorandum of Understanding
m. weit. Nachw.	mit weiteren Nachweisen
MPIA	Multi-Party Interim Appeal Arrangement
Nachdr.	Nachdruck
NAFTA	North American Free Trade Agreement
NCA	National Competition Authority
Nr.	Nummer
NWPTA	New West Partnership Trade Agreement
o.	oben
OECD	Organisation für wirtschaftliche Zusammenarbeit und Entwicklung
ÖP	Östliche Partnerschaft
PCA	Partnerschafts- und Kooperationsabkommen
PGE	Permanent Group of Experts
RCEP	Regional Comprehensive Economic Partnership
RIA	Regional Integration Agreement
Rn.	Randnummer
Rs.	Rechtssache
S.	Seite
s.	siehe
SAA	Stabilisierungs- und Assoziierungsabkommen
SAAP	State Aid Action Plan
SAM	State Aid Modernisation
StHG	(Schweizer) Steuerharmonisierungsgesetz
SuG	(Schweizer) Subventionsgesetz
TCA	Trade and Cooperation Agreement
TF50	Task Force Article 50
TILMA	Trade Investment and Labour Mobility Agreement

TiSA	Trade in Services Agreement
TTIP	Transatlantic Trade and Investment Partnership
u.a.	und andere
UAbs.	Unterabsatz
ÜGA	Abkommen zwischen den EFTA-Staaten zur Errichtung einer Überwachungsbehörde und eines Gerichtshofs
UEMOA	Union Economique et Monétaire Ouest Africaine
ÜWTO	Übereinkommen zur Errichtung der Welthandelsorganisation
UNCTE	United Nations Conference on Trade and Employment
USA	Vereinigte Staaten von Amerika
USMCA	United States-Mexico-Canada Agreement
UWG	Gesetz gegen den unlauteren Wettbewerb
verb. Rs.	verbundene Rechtssachen
vgl.	vergleiche
VCC	Vietnam Competition Council
WA	Withdrawal Agreement
WEKO	(Schweizer) Wettbewerbskommission
WPGR	WTO Working Party on GATS Rules
WTO	Welthandelsorganisation
WVRK	Wiener Vertragsrechtskonvention
zahlr.	zahlreiche

Einleitung

A. Problemaufriss

„Taking back control" stellte und stellt eines Kernanliegen der sog. *Brexiteers*, das heißt der Befürworter des Ausscheidens (Brexit) des Vereinigten Königreichs Großbritannien und Nordirland (Vereinigtes Königreich) aus dem Staatenverbund der Europäischen Union (EU), dar.[1] Die besagte Devise ist nicht ausschließlich in einem auf den Aspekt der Personenfreizügigkeit beschränkten Sinne zu verstehen, sondern macht ebenso wenig Halt vor den Vorgaben des Unionswettbewerbsrechts, und diesbezüglich insbesondere vor dem in Art. 107 Abs. 1 des Vertrags über die Arbeitsweise der Europäischen Union (AEUV)[2] verankerten (präventiven) Verbot staatlicher Beihilfen sowie der Überwachung von dessen ordnungsgemäßer Einhaltung durch die Unionsorgane der Kommission (vgl. nur Art. 108 AEUV) und des Gerichtshofs (EuGH).[3]

Allgemein rücken in Zeiten weltweit zu beobachtender protektionistischer Bestrebungen sowohl das EU-Beihilfen- als auch das WTO-Subventionsrecht in den Vordergrund der wissenschaftlichen sowie tagespolitischen Diskussion. In Deutschland wurde zuletzt ebenfalls Kritik an der Demokratieferne der durch den Direktvollzug der Kommission geprägten Beihilfenaufsicht geübt, wobei nicht selten Parallelen zu Argumentationslinien der *Brexiteers* auftraten.[4] Diese wird noch dadurch flankiert, dass die

---

1 Vgl. eingehend zur Vielschichtigkeit des Kampagnenslogans *Nicolaïdis*, The Political Mantra – Brexit, Control and the Transformation of the European Order, in: Fabbrini (Hrsg.), The Law & Politics of Brexit, 2017, S. 25 ff.

2 Vertrag über die Arbeitsweise der Europäischen Union (konsolidierte Fassung), ABl. 2016 C 202/47.

3 S. hierzu exemplarisch das Pamphlet des damals noch als Londoner Oberbürgermeister amtierenden heutigen britischen Premierministers *Boris Johnson*, Let's put the brakes on EU power grab and ride high, in: The Yorkshire Post v. 14.4.2016, online abrufbar unter www.yorkshirepost.co.uk/news/opinion/boris-johnson-let-s-put-the-brakes-on-eu-power-grab-and-ride-high-1-7853822 [zuletzt aufgerufen am 1.10.2020].

4 So dezidiert *Grimm*, Europa ja – aber welches?, 2016, S. 86 f., der eine Dekonstitutionalisierung des Unionswettbewerbsrechts vorschlägt, um beihilfenrechtliche Entscheidungsprozesse wieder stärker zu politisieren; ebenfalls Demokratiedefizite beklagend *Ludwigs*, EuZW 2017, 41. Vgl. ablehnend demgegenüber *Haucap/Küh-*

Kommission erst in den letzten beiden Jahrzehnten konsequent dazu übergegangen ist, all jene Maßnahmen, deren Erlass zwar in die alleinige mitgliedstaatliche Zuständigkeit fällt, die zugleich aber auch Wettbewerbswirkungen zeitigen, auf ihre Beihilfenrechtskonformität zu überprüfen.[5] Die von der Generaldirektion (GD) Wettbewerb eingerichtete sog. *Task Force Tax Planning Practices*, die sich gegen von nationalen Behörden als Instrument im Steuer- und Standortwettbewerb eingesetzte selektiv begünstigende Steuervorbescheide (engl.: *advance tax rulings*) wendete, bescherte dem vormals als „hässliches Entlein“[6] unter den unionalen Wettbewerbsdisziplinen bezeichneten Rechtsgebiet Aufmerksamkeit,[7] stieß indessen gerade im angloamerikanischen Raum auf heftige Ablehnung.[8] So erhoben die Vereinigten Staaten von Amerika (USA) den Vorwurf, die Kommission erhebe sich in Prüfverfahren wie *Apple*, *Starbucks* und *Amazon* zur „supranationalen Steuerbehörde”[9].

Der Singularität des EU-Beihilfenrechtssystems kam auf internationaler Ebene lange Zeit nachrangige Bedeutung zu, da es bis zur innerunionalen Verschärfung der Kontrollpraxis und dem Aufstieg stärker interventionistisch geprägter Schwellenländer – wie allen voran China – europäische Staaten waren, deren Subventionsgebaren dazu führte, dass die EU bzw. ihre Rechtsvorgängerinnen in Verhandlungen über die Zurückdrängung von Industriesubventionen vorwiegend defensive Interessen zu vertreten hatten. Heutzutage dominiert aus Unionssicht hingegen die Sorge vor

---

ling, Das Wettbewerbsprinzip als europäischer Sündenbock, in: FAZ v. 22.10.2016, abrufbar unter www.faz.net/-i2r-8m4g5 [zuletzt aufgerufen am 1.10.2020]; *Behrens*, EuZW 2017, 81; *Laitenberger/Lieflaender*, EuZW 2017, 281.

5 Eine Kompetenzaushöhlung erblicken *Stöbener de Mora*, EuZW 2016, 685, 690 f.; *Soltész*, NJW 2014, 3128 ff.

6 So statt vieler pointiert *Kleiner*, Modernization of State aid policy, in: Szyszczak (Hrsg.), Research Handbook on European State Aid Law, 2011, S. 1, 2.

7 Vgl. als prominenteste der (Rückforderungs-)Entscheidungen betreffend *aggressive tax planning measures* KomBeschl v. 30.8.2016, Beihilfe SA.38373 (2014/C) (ex 2014/NN) (ex 2014/CP) implemented by Ireland to Apple, C(2016) 5605 final; nunmehr aber aufgehoben durch EuG T-778/16, ECLI:EU:T:2020:338 – Irland/Kommission.

8 Ausgewählte Rezeptionsbeispiele aus US-amerikanischem Blickwinkel finden sich in der Zusammenstellung von *Bearak*, How the E.U.’s ruling on Apple explains why Brexit happened, in: The Washington Post v. 30.8.2016, online abrufbar unter www.washingtonpost.com/news/worldviews/wp/2016/08/30/how-the-e-u-s-ruling-on-apple-explains-why-brexit-happened/?utm_term=.d8e6d262f879 [zuletzt aufgerufen am 1.10.2020].

9 S. in diesem Sinne etwa *U.S. Department of the Treasury*, White Paper on European Commission’s State Aid Investigations into Transfer Pricing Rulings, 2016, S. 9.

einem Überhandnehmen sog. *free rider*-Effekte zugunsten von Drittstaaten, da in diesen keine äquivalente Subventionskontrolle existiert und im Beihilfenrecht anders als in anderen Bereichen des Unionswettbewerbsrechts bis dato keine extraterritoriale Anwendung des heimischen Regimes unternommen wurde. Nicht zuletzt rief die seit dem Jahre 2006 sprunghaft gestiegene Zahl an bilateralen EU-(Freihandels-)Abkommen ein dringenderes Bedürfnis nach Schutz vor Handels- und Wettbewerbsverzerrungen hervor, welchen das multilaterale Subventionsrecht der Welthandelsorganisation (WTO), das sich aus dem Übereinkommen über Subventionen und Ausgleichsmaßnahmen (ASÜ)[10] sowie Art. VI und XVI des Allgemeinen Zoll- und Handelsabkommens (GATT)[11] zusammensetzt, *de lege lata* nicht gewährt.

Wie die Jahre seit 2016 nahelegen, stellt sich die jüngste Entwicklung des internationalen Beihilfen- bzw. Subventionsrechts als eruptiv und nicht immer widerspruchsfrei dar; ihre rechtswissenschaftliche Durchdringung ist einer ausgeprägten *moving target*-Problematik ausgesetzt. Das Brexit-Referendum von Juni 2016 und die im November desselben Jahres erfolgte Wahl von *Donald J. Trump* zum 45. US-Präsidenten, die seither von den USA ausgehenden handelskriegerischen Auseinandersetzungen,[12] die existentielle Krise der WTO[13] sowie die sich in Neuakzentuierungen der Gemeinsamen Handelspolitik (GHP)[14] manifestierende veränderte

10 Übereinkommen über Subventionen und Ausgleichsmaßnahmen v. 15. April 1994, ABl. 1994 L 336/156.

11 Das GATT 1947 (Allgemeines Zoll- und Handelsabkommen 1947 v. 30. Oktober 1947, BGBl. II 1951, 173) ist unveränderter Bestandteil des der Uruguay-Runde entspringenden GATT 1994 (Allgemeines Zoll- und Handelsabkommen 1994 v. 15. April 1994, ABl. 1994 L 336/3).

12 Auch nach der Verkündung eines vorläufigen – subventionsrechtlich irrelevanten – sog. „Phase 1"-Deals ist im Verhältnis zwischen den USA und China von einem „Handelskrieg" zu sprechen (so auch *Glöckle/Würdemann*, ZEuS 2020, 347, 366 f.). Vgl. überblicksartig zu den geplanten und bereits eingeführten (potenziell) WTO-rechtswidrigen Zollmaßnahmen der USA gegen die Union *Herrmann/Guilliard*, EuZW 2020, 699, 699 ff.

13 Vgl. zu deren rechtlichen Hintergründen umfassend *Lehne*: Crisis at the WTO: Is the Blocking of Appointments to the WTO Appellate Body by the United States Legally Justified?, 2019, S. 107 ff.

14 *Kommission*, Überprüfung der Handelspolitik – Eine offene, nachhaltige und entschlossene Handelspolitik, COM(2021) 66 final; für eine erste Einordnung der sog. *Open Strategic Autonomy* s. *Weiß*, EuZW 2020, 787 ff.

Wahrnehmung Chinas als systemischer Konkurrent[15] blieben nicht ohne spürbare Rückwirkungen.[16]

Konkret lässt sich dies daran ablesen, dass die vorbildliche beihilfenrechtliche Durchsetzungsbilanz des Vereinigten Königreichs[17] und der – in politischer und konzeptioneller[18] Hinsicht – erhebliche britische Beitrag zu diesem Rechtsgebiet in diametralem Gegensatz zur Rhetorik der *Brexiteers* und der Kontroversität der Beihilfenfrage in den Verhandlungen über künftige Handelsbeziehungen stehen, im Verlauf derer Letztere in den Rang eines *deal-breaker* aufstieg. Außerhalb des Brexit-Kontexts wurden im Jahre 2020 – unter anderem unter Beteiligung der US-Administration – zwar wieder neue Vorschläge für eine Reform des WTO-Subventionsrechts lanciert;[19] deren Umsetzung erscheint angesichts der erforderlichen Zustimmung aller 164 Mitglieder und vor dem Hintergrund der andauernden US-amerikanischen Obstruktion von dessen Streitbeilegungsmechanismus, die nunmehr erstmalig auch subventionsrechtliche Relevanz entfaltete,[20] derzeit jedoch wenig realistisch. Schließlich gerieten zuletzt – vor allem unter dem Druck chinesischer bzw. von chinesischen Staatsunternehmen gewährten Subventionen – zwei Grundannahmen des EU-Beihilfen- und Antisubventionsrechts in Bewegung, was im Rahmen der vorliegenden Arbeit nur noch eingeschränkt berücksichtigt werden konnte und im Falle der Substantiierung neuen rechtswissenschaftlichen Forschungsbedarf auszulösen geeignet ist. Dies betrifft einerseits den vielrezipierten Kommissionsvorschlag für eine Verordnung über den Binnenmarkt verzerrende drittstaatliche Subventionen von Mai 2021,[21] welcher

---

15 *Kommission/Hohe Vertreterin der Union für Außen- und Sicherheitspolitik*, EU-China – Strategische Perspektiven, JOIN(2019) 5 final, 1.

16 S. hierzu *Guilliard*, ZEuS 2020, 295 ff. (zugleich *Teil 2 § 1 C.I.3.-IV.* der hiesigen Ausführungen).

17 Vgl. *Biondi*, State Aid, government spending and the virtue of loyalty, in: ders./Birkinshaw (Hrsg.), Britain alone!, 2016, S. 291 ff. m. weit. Nachw.

18 S. für eine Würdigung des britischen Beitrags zur Konsolidierung und Modernisierung der EU-Wettbewerbspolitik *Bechtold/Soltész*, NZKart 2016, 301 ff.

19 Die ersten rechtlich konkretisierten Vorschläge finden sich in *Kommission*, Joint Statement of the Trilateral Meeting of the Trade Ministers of Japan, the United States and the European Union v. 14.1.2020, online abrufbar unter https://trade.ec.europa.eu/doclib/docs/2020/january/tradoc_158567.pdf [zuletzt aufgerufen am 15.3.2020].

20 Vgl. die neusten Vorgänge im Verfahren *US – Softwood Lumber VII* (WTO-Dok. WT/DS533/5 v. 29.9.2020).

21 Vgl. *Kommission*, Vorschlag für eine Verordnung des Europäischen Parlaments und des Rates über den Binnenmarkt verzerrende drittstaatliche Subventionen, COM(2021) 223 final.

entgegen dem bisher geltenden Dogma von der territorialen Beschränkung auf mitgliedstaatliche Maßnahmen faktisch eine Ausweitung der EU-Beihilfenkontrolle auf Drittstaatssubventionen vorschlägt, andererseits die Ausgleichszollerhebung auf Importprodukte, die nicht direkt vom Ausfuhrstaat subventioniert wurden, sondern von einem weiteren Drittstaat (sog. *transnational subsidies*).[22]

B. Erkenntnisinteresse

Die dargelegte Ausgangs- bzw. Gemengelage bündelt sich im Novum der Desintegrationskonstellation des Brexit wie in einer Art Brennglas. Gleichzeitig wirft sie die übergeordnete, zeitlose Problemstellung auf, ob eine effektive sowie glaubwürdige Beihilfenkontrolle bereits ihrer Natur nach supranational sein muss,[23] und sofern dies zu verneinen ist, wie es sinnvollerweise möglich ist, die in Häufigkeit wie auch Komplexität zunehmenden bi- und plurilateralen Freihandels- und Assoziierungsbeziehungen der Union so auszugestalten, dass deren jeweiligen Vertragspartnern ein mehr oder weniger weitreichender Zugang zum EU-Binnenmarkt gewährt werden kann, ohne dass sich diese direkt dem unionalen Überwachungssystem – mit der Kommission und dem Gerichtshof als maßgebenden rechtlichen Akteuren – zu unterwerfen haben.

Kurzum: Auf dem Gebiet staatlicher Beihilfen stellt sich die Frage nach einem „dritten Weg" zwischen Supranationalität im Sinne der Unionsrechtsordnung sowie Intergouvernementalität im Sinne der Welthandelsordnung *(dritter Teil)*. Hierbei liegt die Hypothese nahe, dass jedenfalls aus Sicht der EU und ihrer Mitgliedstaaten eine „Je-desto-Formel" dergestalt erfüllt sein muss, dass, je höher sich der im Verhältnis zu einem Handelspartner erreichte Grad an rechtlicher und bzw. oder tatsächlicher (Binnen-)Marktintegration darstellt, desto dichter und unionsrechtsnäher auch das gemeinsame Regelwerk über den wechselseitigen Handelsver-

---

22 Durchführungsverordnung (EU) 2020/776 der Kommission v. 12. Juni 2020 zur Einführung endgültiger Ausgleichszölle auf die Einfuhren bestimmter gewebter und/oder genähter Erzeugnisse aus Glasfasern mit Ursprung in der Volksrepublik China und Ägypten und zur Änderung der Durchführungsverordnung (EU) 2020/492 der Kommission zur Einführung endgültiger Antidumpingzölle betreffend Einfuhren bestimmter gewebter und/oder genähter Erzeugnisse aus Glasfasern mit Ursprung in der Volksrepublik China und Ägypten, ABl. 2020 L 189/1.

23 So die in erster Reaktion auf das Brexit-Votum vertretene These von *Buendía Sierra*, EStAL 2016, 331, 332 f.

kehr berührende staatliche Beihilfen und Instrumente zu dessen effektiver Durchsetzung auszufallen hat.

Ihre Überprüfung bedingt eine Auseinandersetzung mit zwei vorgelagerten Themenkreisen: Zunächst ist darzulegen, warum die politikwissenschaftliche Erkenntnis, dass es sich bei der EU-Beihilfenkontrolle um einer der „supranationalsten" Kommissionskompetenzen handle,[24] auch aus rechtlicher Sicht zutrifft, bevor diese – ebenso wie das andere gewichtige existierende Vorbildmodell der WTO-Subventionskontrolle – unter Zugrundelegung von deren jeweiliger heutigen Auslegungs- und Anwendungspraxis im Schnittbereich zwischen Handels- und Wettbewerbsrecht verortet werden kann *(erster Teil)*. Beides dient dazu, Faktoren und Zusammenhänge zu identifizieren, die eine mittel- bis langfristige „Verwettbewerbsrechtlichung" der vorliegend interessierenden bi- und plurilateralen Beihilfen- bzw. Subventionsdisziplinen begünstigen, das heißt insbesondere zum wechselseitigen Verzicht auf unilaterale Ausgleichsmaßnahmen anregen,[25] die Inanspruchnahme von Instrumenten der ökonomischen Analyse des Rechts beinhalten sowie gegebenenfalls sogar zu einem gemeinsamen Wettbewerbsleitbild beitragen.

Darauf aufbauend bedarf es der Erörterung der „Gründe und Grenzen"[26] kooperativer Formen der Beihilfen- und Subventionsregulierung jenseits des WTO-Subventionsrechts *(zweiter Teil)*. In Anbetracht des vereinzelt pauschal negierten Mehrwerts[27] von Beihilfen- bzw. Subventionsrechtsregimen in EU-(Freihandels-)Abkommen sowie der immer virulenteren unilateralen Versuche zur Eindämmung von etwaigen durch die EU-Beihilfenaufsicht bedingten *free rider*-Effekten im Wege der Verschärfung und Erweiterung des EU-Handelsschutzregimes oder der stärkeren industriepolitischen Instrumentalisierung der Rechtfertigungstatbestände in Art. 107 Abs. 3 AEUV lässt sich deren Vorzugswürdigkeit zumindest nicht mehr leichthin bejahen. Gleiches gilt für die Erfüllbarkeit der unions- und welthandelsrechtlichen Anforderungen an einschlägige völkervertragliche Vereinbarungen sowie überdies für das unter die Überschrift

---

24 Vgl. *Blauberger*, Staatliche Beihilfen in Europa: Die Integration der Beihilfekontrolle in der EU und die Europäisierung der Beihilfepolitik in den neuen Mitgliedstaaten, 2008, S. 55.

25 Neben den praktisch relevanteren Antidumping- explizit auch Ausgleichszölle in seine Erwägungen einschließend *Herrmann*, ZEuS 2001, 453, 497.

26 Die Formulierung lehnt sich an an die Titelgebung der Dissertationsschrift von *Bührle*, Gründe und Grenzen des „EG-Beihilfenverbots", 2006.

27 Vgl. in diesem Sinne etwa *Melo Araujo*, The EU Deep Trade Agenda, 2016, S. 180; *Stoll*, ZWeR 2017, 1, 19 f.

der „rechtskulturellen Grenzen“ anzusiedelnde Hindernis divergierender Herangehensweisen an Fragen der Subventionsdisziplinierung in außerunionalen Freihandelszonen, Zollunionen, Gemeinsamen Märkten und (Bundes-)Staaten. Ohne eine definitorische Annäherung an den äußerst vielschichtigen Begriff der Rechtskultur zu wagen,[28] soll hier ausschließlich auf seine Implikationen für den von der Union zur Herstellung eines *Level Playing Field* angestrebten „Transfer“ bzw. „Export“ des eigenen Regelwerks via Völkervertragsrecht abgestellt werden.[29] Wiewohl im Bereich des Wirtschaftsrechts die Fungibilität von Rechtsnormen – und damit zugleich die Erfolgschancen von sog. *legal transplants* – unterstellt wird,[30] drängt sich betreffend die souveränitätssensible, da staatliche Einheiten adressierende Beihilfen- bzw. Subventionsregulierung die Annahme auf, dass ein derartiges Unterfangen vor allem dann zu gelingen geeignet ist, wenn es im Verhältnis zu einer schwächer entwickelten Rechtsordnung erfolgt.[31]

C. Stand der Forschungen

Die noch im Jahre 2015 vorgenommene Kategorisierung der Beihilfenkontrolle als „ein nahezu blinder Fleck des EU-Außenwirtschaftsrechts“[32] kann heute als überholt bezeichnet werden. Dies gilt ungeachtet des Umstands, dass die im Schrifttum nunmehr vorzufindenden Gesamtanalysen der materiellen Gehalte moderner Freihandelsverträge die einschlä-

---

28 S. für eine solche aber instruktiv *Michaels*, Legal Culture, in: Basedow et al. (Hrsg.), Max Planck Encyclopedia of European Private Law, Vol. 2, 2012, S. 1059 ff. m. zahlr. Nachw.

29 So die Formulierungen von *Blauberger/Krämer*, J Ind Compet Trade 2013, 171 ff.: „transferring“; bzw. *Cremona*, EBLR 2010, 663 ff.: „exporting“.

30 Vgl. zum Konzept der sog. *legal transplantability* grundlegend *Watson*, Legal Transplants: An Approach to Comparative Law, 1993 (Nachdr. der Ausgabe von 1974).

31 Ähnlich, wenngleich nicht in spezifisch-beihilfen- oder wettbewerbsrechtlichem Zusammenhang, unter Berufung auf *Kahn-Freund*, Mod. L. Rev. 1974, 1 ff., auch *Baudenbacher*, NZKart 2019, 29, 30, der die Begebenheiten in der Empfängerrechtsordnung für maßgeblich erklärt und die stärkere Berücksichtigung des Zwecks und der Umstände, unter welchen *legal transplants* vereinbart werden, fordert.

32 *Weck/Reinhold*, EuZW 2015, 376 ff.; vgl. ferner *Bungenberg/Schelhaas*, Beihilfenrechtliche Regelungen in (Freihandels-)Abkommen der EU, in: Haslinger/Jaeger (Hrsg.), Jahrbuch Beihilferecht 2017, S. 591 ff.

gigen sog. „WTO-plus"-Regeln[33] zur Beihilfen- bzw. Subventionsregulierung nach wie vor außen vor lassen[34] oder sie lediglich als Annex zum internationalen Kartellrecht behandeln,[35] sowie der anfänglichen Fokussierung international-beihilfenrechtlicher Studien auf die beiden Erweiterungsrunden von 2004 und 2007, welche zumeist aus politikwissenschaftlicher Perspektive erfolgte.[36] Parallel zu der von der Kommission im Jahre 2006 bekanntgegebenen *Global Europe*-Agenda[37] und der mit ihr in Gang gesetzten Kaskade von bilateralen EU-(Freihandels-)Abkommen ist nämlich auch ein zunehmendes Interesse an den in diesen fast durchgängig enthaltenen Beihilfen- bzw. Subventionskapiteln zu konstatieren. Zu deren Funktionsweise,[38] Auswirkungen auf den weltweiten Standortwettbewerb[39] und nicht zuletzt Anleihen aus dem EU-Beihilfenrecht[40] liegen jüngere Untersuchungen vor, auf deren Pioniererkenntnissen vorliegende Arbeit aufbaut.

Durch ihre Konzentration auf diese neueste Abkommensgeneration ergab sich gemäß der Stoßrichtung der *Global Europe*-Mitteilung allerdings zugleich eine Einengung der Betrachtung auf Marktzugangsabkommen mit außereuropäischen Staaten in (Süd-)Ostasien und den Amerikas, die sich enger an der Konzeption und Logik des WTO-Subventionsrechtssystems ausrichten. Erst im Verlauf der Brexit-Debatte wie auch der gescheiterten Verhandlungen der Union mit der Schweizerischen Eidgenossenschaft über ein sog. „Institutionelles Abkommen" (franz.: *accord institu-*

33 Hierbei handelt es sich um bi- und plurilaterale Abkommensbestimmungen, die bestehende WTO-Übereinkommen wie das ASÜ vertiefen und ergänzen (vgl. *Horn/Mavroidis/Sapir*, The World Economy 2010, 1565, 1567).

34 Vgl. nicht abschließend *Griller/Obwexer/Vranes* (Hrsg.), Mega-Regionals Trade Agreements: CETA, TTIP, and TiSA – New Orientations for EU External Economic Relations, 2017; *Melo Araujo*, The EU Deep Trade Agenda; *Dür/Elsig* (Hrsg.), Trade Cooperation: The Purpose, Design and Effects of Preferential Trade Agreements, 2015.

35 Vgl. symptomatisch *Demedts*, The Future of International Competition Law Enforcement, 2018, S. 320 ff.; *Papadopoulos*, The International Dimension of EU Competition Law, 2010, S. 191 ff.

36 S. für eine der raren Ausnahmen *Cremona*, ELJ 2003, 265 ff.; vgl. aus politikwissenschaftlicher Sicht *Blauberger*, Staatliche Beihilfen in Europa; *Hölscher/Nulsch/Stephan*, JCMS 2017, 779 ff.

37 *Kommission*, Mitteilung – Ein wettbewerbsfähiges Europa in einer globalen Welt, KOM(2006) 567 endgültig.

38 S. hierzu als Erste eingehend *Borlini/Dordi*, Columbia J. Eur. Law 2017, 551 ff.

39 *Goller*, Die Rolle des Europäischen Beihilferechts im globalen Standortwettbewerb, 2019, S. 145 ff.

40 *Neumann*, Export des europäischen Beihilfenrechts, 2019, S. 76 ff.

tionnel) gelangten die bereits bestehenden Beihilfenrechtsregime in den vertraglichen Assoziierungen mit benachbarten europäischen Drittstaaten wie Norwegen, der Schweiz, der Türkei oder der Ukraine – und damit die Frage nach den Möglichkeiten und Grenzen einer sog. „differenzierten Integration" in das EU-Beihilfenaufsichtssystem – (zurück) in den Aufmerksamkeitskreis von Wissenschaft und Praxis.[41] Bis heute mangelt es jedoch an einer umfassenden, das heißt die Abkommensgenerationen übergreifenden Gesamtschau der von der Union mit ihren Handelspartnern in aller Welt getroffenen Beihilfen- und Subventionsrechtsvereinbarungen, die den Zusammenhang zwischen Marktintegration, geographischer Nähe[42] sowie Beihilfen- bzw. Subventionsregulierung beleuchtet und insbesondere die Bedeutung der variierenden institutionellen Einbettungen der entsprechenden Abkommensbestimmungen herausstellt.

Forschungslücken ergeben sich darüber hinaus im Hinblick auf eine gegenüberstellende theoretische Einordnung der als Ausgangspunkt für alle bi- und plurilateralen Regelwerke fungierenden Systeme des EU-Beihilfen- und des WTO-Subventionsrechts, die an die Monografien von *Juan Jorge Piernas López* und *Luca Rubini* zu den von beiden Systemen jeweils verfolgten Beihilfen- bzw. Subventionskonzepten anknüpft.[43] Letztere gilt es um eine institutionell-rechtliche Dimension zu erweitern und für die spezifischen Begebenheiten von EU-Freihandels- und Assoziierungsabkommen fruchtbar zu machen, um die Überlegenheit von regelbasierten kooperativen Ansätzen gegenüber denkbaren unilateralen Alternativen wie etwa Gegensubventionierungen[44] oder dem Vorschlag einer Ausdehnung der nach dem Wortlaut von Art. 107 Abs. 1 AEUV auf *mitglied*staatliche Unterstützungspraktiken begrenzten territorialen Reichweite der EU-Bei-

41 Exemplarisch hierfür stehen Beiträge von *Soltész*; EuZW 2016, 846 ff.; *Biondi/Righini*, State Control in a Post-Brexit UK, in: Biondi/Birkinshaw/Kendrick (Hrsg.), The Legal Implications of Brexit, 2018, § 7.05.

42 Die Bedeutung dieses Parameters hob die Union konkret im Kontext des Brexit (vgl. *Kommission*, Trade Agreements: Geography and trade intensity, 19.2.2019, UKTF (2020) 13) wie auch mit Blick auf die Verfestigung und Vertiefung der EU-Handelsbeziehungen zur Schweiz hervor (vgl. *Ursula v. der Leyen*, Erklärung v. 27.9.2020 (STATEMENT/20/1755)).

43 S. hierzu einerseits *Piernas López*, The Concept of State Aid Under EU Law: From internal market to competition and beyond, 2015; andererseits *Rubini*, The Definition of Subsidy and State Aid: WTO and EC Law in Comparative Perspective, 2009.

44 S. für einen solchen Vorstoß *Frenz*, EWS 2017, 194 ff.

hilfenaufsicht herauszuarbeiten.[45] Schließlich ist bemerkenswert, dass zu von anderen (Bundes-)Staaten bzw. regionalen Integrationsräumen als die Union gewählten Herangehensweisen an die interne Disziplinierung von Subventionen – mit Ausnahme der USA[46] – keine systematische Zusammenschau existiert,[47] was den Blick auf die ohnehin europazentrierte „subventionsrechtliche Weltkarte" verstellt und deswegen nachgeholt werden muss.

D. Terminologisches

Im Gegensatz zu vorherigen Untersuchungen, die zur Umgehung der sprachlich aufwendigeren Unterscheidung zwischen dem unionsrechtlichen Begriff der staatlichen Beihilfe (vgl. Art. 107 Abs. 1 AEUV) und dem WTO-rechtlichen der Subvention (vgl. Art. 1 ASÜ) Arbeitsbegriffe wie den des „staatlichen Zuschusses"[48] oder der „Subsidie"[49] wählen, wird dieser Abgrenzung nicht deshalb Ausdruck verliehen, weil beide Regelungsobjekte zumindest nicht deckungsgleich sind, sondern um die auf Unionsebene, das heißt konkret in den für die hier interessierenden Fragestellungen relevanten rechtlichen und politischen Dokumenten der Unionsorgane vorzufindenden Trennlinien aufrechtzuerhalten.[50] Im Drittstaatenkontext zeigt die Verwendung des (Teil-)Begriffs der Beihilfe regelmäßig an, dass zugehörige Ausführungen sich entweder auf die externe Dimension des EU-Beihilfenrechtsregimes, mithin die rechtlichen und faktischen Auswirkungen von dessen Auslegung und Anwendung auf das Verhältnis der EU und ihrer Mitgliedstaaten zu Drittstaaten, oder die mittelbare Einbindung Letzterer in das EU-Beihilfenaufsichtssystem im

45 S. für erste Einordnungen des zugrunde liegenden Weißbuchs zur Gewährleistung fairer Wettbewerbsbedingungen bei Subventionen aus Drittstaaten (COM(2020) 253 final) *Soltész*, NZKart 2020, 338 ff.; BB 2020, 1730 ff.; *Trapp*, EuZW 2020, 964 ff.; *Monopolkommission*, XXIII. Hauptgutachten 2020, BT-Drs. 19/21540; Ziff. 4.1.3.

46 S. zur distinkten Haltung der US-amerikanischen Rechtsordnung *Sykes*, JLA 2010, 473, 477 ff.

47 Ein verbleibendes „wertvolles Forschungsfeld für zukünftige Studien" konzediert *Neumann*, Export des europäischen Beihilfenrechts, S. 27 (Fn. 128).

48 Ebd., S. 9.

49 Vgl. *Bührle*, Gründe und Grenzen des „EG-Beihilfenverbots", S. 6 f.

50 Erst die changierende Begriffswahl in *Kommission*, Weißbuch zur Gewährleistung fairer Wettbewerbsbedingungen bei Subventionen aus Drittstaaten, COM(2020) 253 final, verwischte diese Grenzziehung.

Wege von bi- und plurilateralen Assoziierungsabkommen beziehen. Die Verwendung des (Teil-)Begriffs der Subvention ist demgegenüber als ein Indiz zu deuten, dass zugehörige Ausführungen direkt oder indirekt an das dem WTO-Subventionsrechtssystem zugrundeliegende multilaterale Regulierungsverständnis anknüpfen und sich dementsprechend nicht nur von Art. 107 Abs. 1 AEUV als rechtlichem Dreh- und Angelpunkt lösen, sondern von der Integrationslogik (vgl. Art. 1 Abs. 2 des Vertrags über die Europäische Union – EUV[51]) und damit der politischen Einflusssphäre der Institutionen der Unionsrechtsordnung insgesamt.

Hiermit korrespondiert der differenzierte Umgang mit der illustrativen, einst von *Thomas Weck* und *Philipp Reinhold* entwickelten, Terminologie des sog. „Beihilfenrechtsexports"[52], welche auch hier aufgegriffen, im *zweiten Teil* allerdings einer wichtigen Präzisierung unterzogen wird. Um Missverständnissen vorzubeugen, sei daher klargestellt, dass diese in vorliegender Arbeit in einem allgemeinen Sinne Anwendung findet, das heißt eine Überführung von mehr oder weniger materiell-, verfahrens- oder sogar institutionell-rechtlichen Elementen der EU-Beihilfenkontrolle in (Freihandels-)Abkommen meint. Anders als das umgangssprachlich gängige Begriffspaar Import/Export suggeriert, geht mit einem solchen Beihilfenrechtsexport in der Mehrzahl der bi- und plurilateralen völkerrechtlichen Verträge indessen nicht die Errichtung einer inländischen Beihilfenaufsicht nach unionalem Vorbild durch die EU-Vertragspartner einher.[53]

Mit noch zahlreicheren, mitunter nicht unerheblich variierenden – rechts- und politikwissenschaftlichen – Bedeutungszuweisungen sind die titelgebenden Termini der Intergouvernementalität[54] sowie der Supranationalität[55] aufgeladen. Obwohl die EU-Beihilfenaufsicht, wie dazulegen sein wird, nicht zuletzt aufgrund der unmittelbaren Wirkung der Notifizierungspflicht in Art. 108 Abs. 3 S. 1 AEUV und des Durchführungsverbots in Art. 108 Abs. 3 S. 3 AEUV gleichsam wie das Binnenmarkt- und Wettbewerbsrecht des AEUV als Ganzes sämtliche typischerweise formulierten Anforderungen an supranationale Strukturen erfüllt und das Gleiche umgekehrt auf die Intergouvernementalität der WTO-Subventions-

---

51 Vertrag über die Europäische Union (konsolidierte Fassung), ABl. 2016 C 202/13.

52 *Weck/Reinhold*, EuZW 2015, 376, 376.

53 S. insofern zumindest unklar ebd., 377.

54 Vgl. hierzu konzis *Möllers*, Gewaltengliederung: Legitimation und Dogmatik im nationalen und internationalen Rechtsvergleich, 2005, S. 311 ff. m. zahlr. Nachw.

55 Vgl. zu den Wandlungen des Begriffs der Supranationalität statt vieler nur *Zuleeg*, Supranationales Recht und supranationale Verfahren der Europäischen Union, in: Loth/Wessels (Hrsg.), Theorien europäischer Integration, 2001, S. 205 ff.

kontrolle zutrifft,[56] sind die beiden Begrifflichkeiten vorliegend zunächst in ihrem rein wörtlichen Sinne zu verstehen.[57] Das bedeutet, dass es sich bei Letzterer im Grundsatz um die Subventionsaufsicht eines Staates (genauer: dessen Regierung) über den anderen handelt,[58] mithin ein „Primat der Politik“[59] herrscht, wohingegen im Falle Ersterer nahezu alle beihilfenrechtlich relevanten Überwachungs- und Hoheitsbefugnisse zwei zentralen überstaatlichen (Unions-)Organen, namentlich der Kommission und dem Gerichtshof, zustehen, welche als unabhängige *watchdogs* agieren.[60]

56 S. im Resultat übereinstimmend *Böhm*, Strukturen internationalen Subventionsrechts, 2007, S. 30.

57 So definiert der *Brockhaus* Intergouvernementalität als „häufige Form der Zusammenarbeit *zwischen Regierungen* in internationalen Organisationen, deren […] Grundlage im Allgemeinen klassische völkerrechtliche Verträge bilden“, während er Supranationalität mit „*Überstaatlichkeit*“ übersetzt und erst anschließend „als Spezialfall von Internationalität“ zu kategorisieren versucht, indem er den Begriff in Bezug zu seinen unionsrechtlichen Charakteristika setzt.

58 S. in diesem Sinne *Langer*, Grundlagen einer internationalen Wirtschaftsverfassung, 1995, S. 267.

59 So die Diagnose von *Rodi*, Die Subventionsrechtsordnung: Die Subvention als Instrument öffentlicher Zweckverwirklichung nach Völkerrecht, Europarecht und deutschem innerstaatlichen Recht, 2000, S. 141.

60 Die „(legal) sanctity“ der Kommission qualifiziert *Biondi*, State Aid, government spending and the virtue of loyalty, S. 298 ff., als maßgeblichen Grund für den Erfolg der EU-Beihilfenkontrolle.

1. Teil: Die Pole – EU-Beihilfenrecht und WTO-Subventionsrecht

Die hiesige Gegenüberstellung des Beihilfenrechts der EU mit dem Subventionsrecht der WTO unternimmt weder einen Rechtsvergleich des unionsrechtlichen Begriffs der staatlichen Beihilfe mit dem Subventionskonzept des ASÜ,[61] noch zielt sie auf die Auslotung bestehender Konfliktpotenziale zwischen beiden Regimen.[62] Vielmehr dient sie einer Herauskristallisierung der wichtigsten materiell-, verfahrens- sowie institutionell-rechtlichen Strukturmerkmale, welche die Einordnung der EU-Beihilfenaufsicht als ein zutiefst supranational geprägtes Gebilde und der WTO-Subventionskontrolle als einen weit überwiegend klassisch-intergouvernemental ausgestalteten Mechanismus rechtfertigen *(§ 3)*. Die zuvor skizzenhaft vollzogene Nachzeichnung von Genese und Entwicklung beider Systeme *(§ 1 A. bzw. § 2 A.)* legt nicht nur offen, wie langwierig sich die Etablierung internationaler Formen der Beihilfenkontrolle in der Praxis gestaltete, sondern auch und vor allem, wie dynamisch sich die Akzentuierung der ihnen jeweils zugrundeliegenden Zielsetzungen im Laufe der Jahrzehnte gewandelt hat *(§ 1 B. bzw. § 2 B.)*. Der Mehrwert einer Zusammenschau dieser Aspekte geht über eine systeminterne Selbstvergewisserung über die Motive und Komponenten, die das EU-Beihilfen- und WTO-Subventionsrecht in ihrer heutigen Form prägen, hinaus.[63] Sie legt offen, welche Rolle den so ermittelten Charakteristika der Regelungskomplexe bei der Vereinbarung von Beihilfen- bzw. Subventionsrechtsregimen in den immer zahlreicheren EU-(Freihandels-)Abkommen zukommen kann.

---

61 S. hierzu erschöpfend das Referenzwerk von *Rubini*, The Definition of Subsidy and State Aid.

62 Vgl. vertiefend zu dieser insbesondere auf dem Höhepunkt der WTO-rechtlichen *Airbus-Boeing*-Subventionsrechtsstreitigkeiten zwischen den USA und der Union virulenten Thematik etwa *Luengo Hernández de Madrid*, Regulation of Subsidies and State Aids in WTO and EC Law: Conflicts in International Trade Law, 2007, S. 493 ff.

63 Eine retrospektive Suche nach den gestaltenden Kräften wagen *Rubini/Hawkins* (Hrsg.), What Shapes the Law? Reflections on the History, Law, Politics and Economics of International and European Subsidy Disciplines, 2016.

Dass die Union sich bei der Aushandlung entsprechender Vertragswerke am lange erprobten eigenen Beihilfenrecht orientiert, liegt nahe.[64] Allerdings muss bei dem Beschreiten eines dritten Weges der Beihilfenregulierung, der zwischen den „Polen" EU-Beihilfenaufsicht und WTO-Subventionskontrolle verläuft, zunächst Klarheit darüber gewonnen werden, worin der Sinn und Zweck der Art. 107 ff. AEUV liegt. Gleichsam parallel dazu sieht sich die Union in Handelsgesprächen mit transatlantischen oder südostasiatischen Partnern, die in Ermangelung eigener Vorbildmodelle auf das Welthandelsrecht als Referenzrahmen rekurrieren, mit der Problemstellung der nicht minder umstrittenen Ratio des WTO-Subventionsrechts konfrontiert. Erst nach einer Annäherung an diese notwendigen Vorfragen können die Versuche der Union, Teile des EU-Beihilfenrechts in Drittstaatenverträge zu implementieren oder mittels WTO-plus-Vorschriften das geltende ASÜ einer *inter se*-Ergänzung und -Modifikation zu unterziehen, umfassend analysiert und bewertet werden. Ob ein solcher sog. *tool box approach* gelingen kann, hängt nämlich nicht allein davon ab, inwieweit die verschiedenen Stadien der Wirtschaftsintegration einer Kombination von supranationalen sowie intergouvernementalen Elementen der Beihilfenkontrolle zugänglich sind. Mindestens in gleichem Maße von Relevanz ist die „Exportfähigkeit" der mit Letzterer verfolgten Interessen, die nicht unerheblich differieren.

§ 1 Beihilfenrecht der Europäischen Union

Die spätestens seit den 1980er-Jahren als äußerst dynamisch zu bezeichnende Entwicklung der EU-Beihilfenkontrolle *(A.)* spiegelt die Vielseitigkeit dieses Instrumentes wider, das in der Integrationsgeschichte der Union als Mittel zur Erreichung vielfältiger Zwecke eingesetzt wurde. Sowohl besagte Wandlung der *ratio legis* der Aufsicht über mitgliedstaatliche Beihilfen *(B.)* als auch ein beträchtlicher Anteil ihrer heutigen materiellen, prozeduralen und institutionellen Ausprägungen gehen auf zwei zentrale Akteure, namentlich die Kommission (speziell die dort angesiedelte GD Wettbewerb) sowie den Gerichtshof der Europäischen Union (GHEU) zurück.

---

64 Relativierend zu berücksichtigen ist, dass für die Umsetzung der vertraglichen Handelspolitik kommissionsintern federführend die GD Handel zuständig ist. Die GD Wettbewerb übernimmt zwar die Aushandlung von Beihilfen- und Subventionskapiteln, die Endverantwortung bleibt jedoch in Händen der GD Handel.

Jede der eingenommenen Perspektiven zeigt auf, dass die Auslegung und Anwendung des Beihilfenrechtsregimes seit je in einem Maße supranational gesteuert wird, wie es auf keine andere Disziplin des Unionswettbewerbsrechts zutrifft. Dies gestattet erste Rückschlüsse auf die mit einem völkervertraglichen Transfer von dessen Regelungskonzepten verbundene Komplexität.

A. Genese und Entwicklung

Eine Einteilung der Historie der europäischen Beihilfenkontrolle in voneinander abgrenzbare zeitliche Abschnitte stellt naturgemäß eine starke Vereinfachung der Realität dar, schärft aber den Blick für übergeordnete Entwicklungslinien, welche ausschließlich im Mittelpunkt stehen. Weder soll der gewählte Ansatz – differenzierend nach Etablierung, Konsolidierung und Modernisierung *(I.-III.)* – suggerieren, dass die Entfaltung des Rechtsregimes linear verlief, noch dass Übergänge stets klar zu identifizieren sind.[65] Voranzustellen bleibt vielmehr, dass als die einzige Konstante der EU-Beihilfenkontrolle der seit Gründung der Europäischen Wirtschaftsgemeinschaft (EWG) nahezu unveränderte Wortlaut der Art. 107 ff. AEUV qualifiziert werden kann,[66] sie ansonsten aber einer permanenten Evolution unterlag und immer noch unterliegt.[67]

---

65 Ähnliche, wenngleich im Detail jeweils variierende Phasen definieren *Piernas López*, The Concept of State Aid Under EU Law, S. 11; *Doleys*, J Ind Compet Trade 2013, 23, 27; *Heinrich*, in: Birnstiel/Bungenberg/Heinrich (Hrsg.), Europäisches Beihilfenrecht, 1. Aufl. 2013, Einl. Rn. 52; *Mederer*, Evolution of State aid control, in: Mederer/Pesaresi/Van Hoof (Hrsg.), EU Competition Law (Vol. IV, Book 1), 1. Aufl. 2008, Rn. 1.72.

66 Im Vertrag von Maastricht wurde der Tatbestand des heutigen Art. 107 Abs. 3 lit. d AEUV für sog. „Kulturbeihilfen“ aufgenommen, durch den Vertrag von Nizza die Vorschrift über Altbeihilfen für den Schiffbau gestrichen. Art. 108 AEUV erhielt mit dem Vertrag von Lissabon einen Abs. 4. Andere Änderungen waren redaktioneller Art.

67 So etwa auch *Biondi/Righini*, An Evolutionary Theory of EU State Aid Control, in: Arnull/Chalmers (Hrsg.), The Oxford Handbook of European Union Law, 2015, S. 670, 672.

I. Etablierung (1952–1972): Von der Europäischen Gemeinschaft für Kohle und Stahl bis zum First Report on Competition Policy

1. Experiment des Subventionstotalverbots

Nicht erst die Beihilfenregelungen in Art. 92 ff. des EWGV von 1957, sondern bereits der am 1. Januar 1952 in Kraft getretene Art. 4 lit. c des zwischen den späteren EWG-Gründungsstaaten (Belgien, Deutschland, Frankreich, Italien, Luxemburg und Niederlande) geschlossenen Vertrags über die Europäische Gemeinschaft für Kohle und Stahl (EGKSV) begründete den Auftakt zu einer europäischen Beihilfenaufsicht.[68] Die gemäß Art. 97 EGKSV – wie die Montanunion als Ganze – im Jahre 2002 ausgelaufene Bestimmung führte ein umfassendes sektorielles Verbot von Subventionen ein, indem sie festlegte, dass sämtliche „von den Staaten bewilligte Subventionen oder Beihilfen oder von ihnen auferlegte Sonderlasten, in welcher Form dies auch immer geschieht" unvereinbar mit dem gemeinsamen Markt für Kohle und Stahl sind.[69] Konkret im Hinblick auf die damals für besonders sensibel – weil potenziell kriegswichtig – erachteten Märkte für Kohle und Stahl bestand der Schutzzweck dieses Verbots in erster Linie darin, eine künstliche vertikale Integration innerhalb einzelner Mitgliedstaaten zu verhindern.[70]

Auf einer Metaebene wurde zudem das noch ehrgeizigere Ziel verfolgt, mitgliedstaatliche Unterstützungsmaßnahmen in diesen beiden Bereichen durch solche der EGKS zu ersetzen (vgl. Art. 54 ff. EGKSV), mithin eine Supranationalisierung – im Sinne einer „Hochzonung" – der Vergabe sektorieller Beihilfen zu erreichen.[71] Später begann die Hohe Behörde, als Vorgängerin der Kommission, auf Grundlage der Kompetenzergänzungsklausel des Art. 95 UAbs. 1 EGKSV nationale Beihilfen zu genehmigen – ein Vorgehen, das der einstimmigen Zustimmung des Ministerrates bedurfte und früh die Kritik einer Umgehung des sog. „kleinen Vertragsänderungs-

68 Vertrag über die Gründung der Europäischen Gemeinschaft für Kohle und Stahl, BGBl. II 1951, 447.

69 Vgl. eingehend zum Subventionstotalverbot des Art. 4 lit. c EGKSV *Hochbaum*, Das Diskriminierungs- und Subventionsverbot in der EGKS und EWG, 1962, S. 15 ff.; sowie *Koppensteiner*, Das Subventionsverbot im Vertrag über die Europäische Gemeinschaft für Kohle und Stahl, 1965.

70 *Spector*, in: OECD, Global forum on competition: roundtable on competition, state aids and subsidies, DAF/COMP/GF(2010)5, May 2011, S. 21.

71 S. hierzu allein *Ehlermann*, Fordham Int. Law J 1995, 410, 412.

verfahrens" auf sich zog.[72] Neben den vor allem im Verlauf der Stahlkrise Anfang der 1970er-Jahre grassierenden Durchsetzungsproblemen[73] litt das Subventionstotalverbot unter seinen Konstruktionsmängeln. Im Vertragstext wurde weder der Inhalt von Termini wie Subvention, Beihilfe oder Sonderlast umrissen,[74] noch hatte man bei dessen Formulierung in Erwägung gezogen, etwa mithilfe eines Ausnahmeregimes ein Ventil für mitgliedstaatliche Souveränitätsvorbehalte zu schaffen. Aus besagten Konstruktionsfehlern sollte die Gemeinschaft jedoch ihre Folgerungen ziehen: Intern wie auch auf internationaler Ebene setzte sie sich fortan – wiewohl aus jeweils verschiedenen Motivlagen – stets gegen ein unbeschränktes Verbot von Beihilfen und Subventionen ein. Nicht zuletzt erhob sie die Konturierung der in hohem Maße definitionsabhängigen Begriffe der Beihilfe bzw. der Subvention zur Priorität.[75]

2. Spaak-Bericht und Römische Verträge

Die erste Gelegenheit zu einer Ausdifferenzierung und Erweiterung der europäischen Beihilfenaufsicht bot sich nach dem Scheitern der Europäischen Verteidigungsgemeinschaft im Rahmen von Beratungen über weitere Schritte der Marktintegration der EGKS-Mitgliedstaaten. Unter der Leitung des belgischen Außenministers *Paul-Henri Spaak* führten diese zum wegweisenden *Spaak*-Bericht von 1956, der die regulatorische Blaupause für die EWG bildete.[76] Dessen Abschnitt über „Regeln für die Beihilfen der Staaten" nahm keinerlei Rekurs auf das Totalverbot des EGKSV, stattdessen wurde ein später für den EWGV im Grundsatz übernommenes Regel-Ausnahme-Prinzip ausgearbeitet, mit dem man den Mitgliedstaaten

---

72 Vgl. hierzu kritisch *Koppensteiner*, Das Subventionsverbot im Vertrag über die Europäische Gemeinschaft für Kohle und Stahl, S. 133 f.

73 S. hierzu ausführlich *Mederer*, Evolution of State aid control, Rn. 1.109 m. zahlr. weit. Nachw.

74 Vgl. zu dem im EWGV nicht mehr explizit aufgegriffenen Begriff der Sonderlast *Schoen*, EStAL 2006, 495 ff.

75 Auf multilateraler Ebene sollte die Gemeinschaft beide Anliegen erst über 30 Jahre später, in der Uruguay-Runde (1986–1994), die in die Vereinbarung des ASÜ mündete, umsetzen.

76 Bericht der Delegationsleiter des von der Konferenz von Messina eingesetzten Regierungsausschusses an die Außenminister v. 21. April 1956, abgedruckt in: Schwarze (Hrsg.), Der Aufbau Europas. Pläne und Dokumente, 1945–1980, 1980, S. 277 ff. Sämtliche beihilfenrechtsrelevante Vorschläge befinden sich in Titel II, Kapitel 1, Abschnitt 2 (ebd., S. 320).

im Bereich der Verbraucher- und Regionalbeihilfen breite politische Spielräume einzuräumen gedachte. Im Zuge dessen verliehen die Verfasser dem Tatbestand der staatlichen Beihilfe sein noch heutzutage charakteristisches Gepräge – Merkmale wie die der Selektivität, der Beeinträchtigung des zwischenstaatlichen Handels sowie der Verfälschung des Wettbewerbes erhielten Einzug.[77]

Dementsprechend rasch vermochten die Mitgliedstaaten einen definitorischen Konsens in den an den *Spaak*-Bericht anknüpfenden Verhandlungen über die Römischen Verträge zu erzielen. Am Wortlaut der Kriterien der Staatlichkeit und der nunmehr für ausreichend erachteten drohenden Wettbewerbsverfälschung nahmen sie sogar – nach heutiger Lesart allerdings deklaratorische statt konstitutive – Verschärfungen vor.[78] Komplexer gestaltete sich der Einigungsprozess hinsichtlich der auf Durchbrechungen des weiten Beihilfenverbots anzuwendenden Regelungstechnik, da der *Spaak*-Bericht diesbezüglich keine klaren Empfehlungen getroffen hatte. Zur Diskussion standen eine Einschränkung des Anwendungsbereichs, mithin ein *a limine*-Ausschluss bestimmter Beihilfentypen von jeglicher Beihilfendisziplin, zum anderen ein System der Genehmigung, das heißt konkret die Einführung von Legal- und Ermessensausnahmen. Zugunsten eines weitreichenden Beihilfenbegriffs und Flexibilität bei der Bestimmung legitimer Felder staatlicher Intervention entschieden sich die Vertragsparteien für letztere Option. Im Gegenzug verwarf man den im *Spaak*-Bericht verfolgten Ansatz, zahlreiche Rechtfertigungstatbestände lediglich temporär zuzulassen, und installierte permanente Mechanismen.[79]

Unter Berücksichtigung des historischen Kontexts bemerkenswert erscheint der damals – jedenfalls abstrakt – vorhandene Weitblick der Mitgliedstaaten hinsichtlich der enormen Bedeutung einer zentralisierten Beihilfenaufsicht für die Schaffung eines Gemeinsamen Marktes.[80] Praktisch äußerte sich dieser in der Bereitschaft, über die Vorschläge des *Spaak*-Be-

---

77 S. zusammenfassend zum Einfluss des *Spaak*-Berichts auf die *Travaux Préparatoires* zum EWGV auf *Val Duchesse Piernas López*, The Concept of State Aid Under EU Law, S. 38 ff.

78 Vgl. zu diesen Vorstößen der belgischen bzw. niederländischen Delegation *Neri/Sperl*, Traité instituant la Communauté économique européenne: déclarations interprétatives des six gouvernements, documents parlementaires, 1960, S. 229.

79 S. detailliert zu den Gründen für diese Kompromisslösung *Mederer*, Evolution of State aid control, Rn. 1.97 ff.

80 *Merola*, The Forces Shaping State Aid Control in the EU, in: Rubini/Hawkins (Hrsg.), What Shapes the Law?, S. 101, 108: „[T]he founding fathers demonstrated extraordinary perspicacity […]".

richts – der zumindest ein Anhörungserfordernis des Rates propagierte – hinausgehend Aufsichtsbefugnisse exklusiv der Kommission zu übertragen.[81] Die aufgrund dessen geglückte „Entkopplung der Beihilfengewährung von der Kontrolle der Beihilfengewährung"[82], um sich selbst die Hände zu binden und auf nationaler Ebene ungleich schwieriger zu bewältigende Phänomene, wie das sog. *rent seeking* durch Lobbygruppen, effektiv zurückdrängen zu können,[83] bildet damals wie heute ein maßgebliches Argument für die Entpolitisierung der Beihilfenkontrolle im Wege einer supranationalen Verrechtlichung. Passend dazu entschieden sich die Gründungsstaaten in bewusster Abgrenzung zu der in Art. XVI GATT 1947 vorgesehenen schwachen *ex post*-Notifikationspflicht für einen *ex ante*-Kontrollansatz, sofern nach dem Inkrafttreten der Römischen Verträge ergriffene Beihilfenmaßnahmen (sog. „neue Beihilfen") in Rede stehen.[84]

3. „Law in the book" versus „law in action"

Entgegen den formulierten hehren Ziele kamen die Mitgliedstaaten ihrer Notifizierungspflicht in den Anfangsjahren der EWG selten nach; die Kommission ahndete formelle wie materielle Beihilfenrechtsverstöße allenfalls sporadisch.[85] Dieser zunächst äußerst defensive Einsatz vertraglich eingeräumter Aufsichtsrechte durch die GD IV unter dem ersten Wettbewerbskommissar *Hans von der Groeben* lässt sich auf mehrere Ursachen zurückführen: Zuerst konzentrierte sich die Agenda der jungen Gemein-

81 Als Möglichkeit der direkten Einflussnahme beließ man dem Rat neben der Zuständigkeit für den Erlass von Durchführungsverordnungen gemäß ex Art. 94 EWGV (Art. 109 AEUV) lediglich den Weg über die eng auszulegenden Sonderregelungen der heutigen Art. 107 Abs. 3 lit. e AEUV und Art. 108 Abs. 2 UAbs. 3, 4 AEUV. Vgl. hierzu näher *Neri/Sperl*, Travaux Préparatoires, S. 233 f.

82 *Heinrich*, in: Birnstiel/Bungenberg/Heinrich, Einl. Rn. 91.

83 S. hierzu *Behrens*, in: Birnstiel/Bungenberg/Heinrich, Einl. Rn. 176; für eine übergeordnete Kontextualisierung vgl. *Rodi*, Ökonomische Analyse des Öffentlichen Rechts, 2014, S. 121 und 143 ff.

84 Vgl. hierzu *Neri/Sperl*, Travaux Préparatoires, S. 234 f. *Mederer*, Evolution of State aid control, Rn. 1.102 mutmaßt indessen, dass die Vertragsparteien aufgrund des Umstands, dass bestehenden Beihilfen zum Zeitpunkt der Verhandlungen noch weitaus größere Bedeutung beigemessen wurde als in der Zukunft liegenden neuen, die Tragweite ihrer Entscheidung möglicherweise unterschätzten.

85 Die erste Negativentscheidung der Kommission erging im Jahre 1964 (KomE 64/651/EWG, ABl. 1964 P 195/3257 – Ford Tractor (Belgium) Ltd.), die zweite fünf Jahre später (KomE 69/266/EWG, ABl. 1969 L 220/1).

schaft generell stärker auf die für das Ende des Jahres 1968 anvisierte Vollendung der Zollunion, sodass sie der umfassenden Beseitigung nichttarifärer Handelshemmnisse keine Priorität einräumte.[86] Darüber hinaus hatte die Kommission zur gleichen Zeit die immense faktische Herausforderung anzugehen, einen möglichst detaillierten und vollständigen Einblick in „bestehende" (im Sinne von Art. 93 Abs. 1 EWGV) Beihilfenpraktiken der einzelnen Mitgliedstaaten zu erhalten.[87] Dieses Unterfangen gestaltete sich angesichts der Vielzahl und -gestaltigkeit vorherrschender staatlicher Marktinterventionen komplex und wurde durch die fehlende Kooperationsbereitschaft nationaler Behörden weiter erschwert. Kombiniert mit der damals noch ausstehenden höchstrichterlichen Konkretisierung bzw. Klärung definitorischer sowie prozeduraler Grenzen führte der mitgliedstaatliche Unwille zur Unterwerfung unter ein Beihilfenrecht zu einem zwei Jahrzehnte andauernden Vollzugsdefizit.[88] In den Jahren 1966 und 1972 kulminierte Letzteres in der zweimaligen Ablehnung von Kommissionsvorstößen zum Erlass einer beihilfenrechtlichen Verfahrensordnung durch den Rat.[89]

Sofern das skizzierte Stadium plakativ unter dem Schlagwort *dark ages* eingeordnet wird,[90] trifft dies insoweit zu, als dass eine mangelnde Transparenz, wenig formalisierte – stattdessen in hohem Maße politisierte – bilaterale Verhandlungen (zwischen Kommission und beihilfegewährendem Mitgliedstaat) sowie ein selektives, auf offensichtliche *beggar-thy-neighbour*-Konstellationen beschränktes Einschreiten die damalige Aufsichtspraxis kennzeichneten.[91] Dennoch ist die in der Frühphase – insbesondere

---

86 *Cini/McGowan*, Competition Policy in the European Union, 2008, S. 176.

87 Einen Eindruck von dem erheblichen Aufwand, den diese ersten Bestandsaufnahmen der bestehenden Beihilfen für die Kommission bedeutete, vermittelt das von *Mederer*, Evolution of State aid control, Rn. 1.114 (Fn. 121), exemplarisch ausgewertete Datenmaterial aus den Jahren 1963 sowie 1964.

88 Im Zeitraum zwischen 1958 und 1978 fällte die Kommission im Mittel knapp zweijährlich eine Negativentscheidung (vgl. die von ihr bis in das Jahr 1994 veröffentlichte Übersicht, abrufbar unter http://ec.europa.eu/competition/state_aid/register/state_aid_negative_decisions_1969-1994_en.pdf [zuletzt aufgerufen am 1.12.2018]).

89 Vgl. die gescheiterten Vorschläge KOM(66) 95, geändert durch KOM(66) 457 endg.; KOM(72) 1523 endg.

90 So konkret *Kassim/Lyons*, J Ind Compet Trade 2013, 1, 7 m. weit. Nachw.

91 *Doleys*, Fifty Years of Moulding Article 87: The European Commission and the Development of EU State Aid Policy (1958–2008), Paper prepared for presentation at the 11th Biennial International Conference of the European Union Studies Association in Marina Del Ray, California, 2009, S. 10.

im Vergleich zur rasant an Momentum gewinnenden Kartellaufsicht – hinkende Entwicklung der gemeinschaftlichen Beihilfenaufsicht nicht als gänzlich erfolglos einzustufen, trug die pragmatische Vorgehensweise der Kommission doch mittelfristig zur kontinuierlich wachsenden Akzeptanz unter den Mitgliedstaaten bei.[92] In ihrem *First Report on Competition Policy* aus dem Jahre 1972 wählte die GD IV folglich eine zweigleisige Taktik: Einerseits erkannte sie darin die Legitimität distributiver Zielsetzungen auf nationaler Ebene explizit an und sicherte ihre Zurückhaltung bei deren Beurteilung zu,[93] andererseits pochte sie auf die Gegenseitigkeit von Transparenzbemühungen, um perspektivisch ihren reaktiven Kontrollansatz zugunsten einer proaktiveren Rolle aufgeben zu können.[94]

Insgesamt steht die Periode der Etablierung der europäischen Beihilfenkontrolle symptomatisch für die rechtspolitischen Problemstellungen, die mit der Einführung von internationalen Subventionsdisziplinen regelmäßig einhergehen. Die Diskrepanz zwischen der Einsicht, den für schädlich erkannten Subventionswettläufen durch eine abstrakt-generelle Selbstbindung vorzubeugen, und der faktischen Herausforderung, die daraus resultierenden Eingriffe in zuvor noch dem genuin eigenen, nationalen Souveränitätskreis zugerechnete staatliche Verteilungsentscheidungen im konkret-individuellen Fall auch tatsächlich hinzunehmen, bildet das Grunddilemma einer jeden Subventionsrechtsordnung. Diesem ist erst durch jahrzehntelange Übung innerhalb eines robusten prozeduralen und institutionellen Rahmens annähernd beizukommen, sodass mit Blick auf frühzeitige Evaluationen der beihilfen- und subventionsrechtlichen Bestrebungen der EU auf bi- und plurilateraler Ebene gleichfalls Zurückhaltung angemahnt sein muss.

---

92 Vgl. in diese Richtung ebenfalls *Lavdas/Mendrinou*, Politics, Subsidies and Competition: The new politics of state intervention in the European Union, 1999, S. 28 ff.

93 Vgl. für die noch äußerst vorsichtige Wortwahl der GD IV *Kommission*, First Report on Competition Policy, 1972, S. 113 f.; sowie daran unmittelbar anknüpfend Second Report on Competition Policy, 1973, S. 75 f.

94 Zu den Hintergründen der anfänglich nahezu ausschließlichen Fokussierung der Kommission auf besonders schädliche Regionalbeihilfen s. nur *v. der Groeben*, The European Community: The Formative Years: The Struggle to Establish the Common Market and the Political Union, 1958–66 (European Perspectives), 1987, S. 198 f. bzw. 214 ff.

II. Konsolidierung (1973–1999): Vom „Kohlegesetz-Urteil" bis zur ersten Beihilfenverfahrensverordnung

1. Pionierstellung des Gerichtshofs

Zu einer Zeit, in der die Beihilfenrechtsdurchsetzung zumindest nach statistischen Maßstäben praktisch nahezu zum Erliegen gekommen war,[95] fungierte der Gerichtshof als einer der wichtigsten Impulsgeber für deren Fortentwicklung. Aufbauend auf seinem geschichtsträchtigen Urteil in der gleichfalls beihilfenrechtlich gelagerten Rs. *Costa/E.N.E.L.* von 1964[96] fällte er knapp ein Jahrzehnt später zwei wegweisende Entscheidungen zum Beihilfenverfahrensrecht und leitete dadurch eine pointiert als „instrumentell" bezeichnete Rechtsprechungsära ein.[97] Zwar sollte die Kommission von dem ihr so zur Verfügung gestellten „Arsenal" nicht unmittelbar Gebrauch machen, gleichwohl bereitete dies die Grundlage für eine mit größerer Durchschlagskraft versehene Beihilfenkontrollpraxis. Gleichzeitig konturierte der EuGH – wie von den Vertragsparteien einst antizipiert – in einer Reihe von Judikaten das bewusst unscharf gehaltene Beihilfenverbot und formte die verfahrensmäßigen Grundsätze infolge der Abwesenheit sekundärrechtlicher Ausgestaltungen durch richterrechtliche Innovationen eigenständig aus.[98]

So erklärte er in der Rs. *Lorenz* das *stand still*-Gebot (heute: Art. 108 Abs. 3 S. 3 AEUV) für unmittelbar anwendbar,[99] wodurch die mitgliedstaatlichen Gerichte zu neuen Schlüsselfiguren der Beihilfenaufsicht aufstiegen und der frühe Grundstein für das in Konkurrentenstreitigkeiten

95 In den Jahren 1974 und 1975 erging trotz massiver mitgliedstaatlicher Markteingriffe, welche infolge des durch die Ölkrise bedingten Konjunktureinbruchs stark zugenommen hatten, nicht eine einzige Negativentscheidung (vgl. nur die Kommissionsübersicht o. in Fn. 88).

96 EuGH 6/64, Slg. 1964, 1141 – Costa/E.N.E.L.

97 S. instruktiv zur Auslegung des Beihilfenbegriffs im Lichte der Rechtsprechungsentwicklung des Gerichtshofs *Piernas López*, The Concept of State Aid Under EU Law, S. 253 ff., unter Bezugnahme auf *Everling*, On the Judge-made Law of the European Community's Courts, in: O'Keffe (Hrsg.), Judicial Review in European Union Law: Liber Amicorum in Honor of Lord Slynn of Hadley, 2000, S. 29, 36 ff.; und *Koopmans*, ICLQ 1986, 925 ff.

98 *Micheau*, Evolution of State Aid Rules: Conceptions, Challenges and, Outcomes, in: Hofmann/dies. (Hrsg.), State Aid Law of the European Union, 2016, S. 18, 29.

99 EuGH 120/73, Slg. 1973, 1471 Rn. 8 – Lorenz/Deutschland.

bedeutsame *private enforcement* gelegt wurde.[100] In seinem auf einer Aufsichtsklage der Kommission gegen die Bundesrepublik Deutschland basierenden „Kohlegesetz-Urteil“[101] ging er über den Wortlaut des Vertragstexts (vgl. Art. 108 Abs. 2 UAbs. 1 AEUV) hinaus, um dem Beihilfenrecht zu effektiver Geltung zu verhelfen. Indem er der Kommission die Befugnis zusprach, Mitgliedstaaten zur Rückforderung rechtswidrig gewährter Beihilfen zu verpflichten, wurde dieser ein äußerst scharfes und weltweit beispielloses Schwert an die Hand gegeben,[102] das vor allem gegenüber Beihilfenempfängern immenses Disziplinierungspotenzial entfaltet und in seiner normativen und faktischen Wirkkraft nur schwerlich überschätzt werden kann.[103]

Parallel zu seiner immer extensiveren Auslegung der Grundfreiheiten, welche im Jahre 1974 mit der *Dassonville*-Entscheidung[104] ihren vorläufigen Höhepunkt erreicht hatte, präsentierte sich der Gerichtshof auch im Bereich des Wettbewerbsrechts überaus integrationsfreundlich. Diese Linie sollte er in den 1980er-Jahren prinzipiell aufrechterhalten, obwohl die Kommission aufgrund der nunmehr weniger negativen Rezeption ihrer Aufsichtstätigkeit unter den Mitgliedstaaten nicht mehr in gleichem Umfang auf dessen flankierende Absicherung angewiesen war. Im grundlegenden *Philip Morris*-Urteil von 1980 erhielt die GD IV Rückendeckung für eine stärker gemeinschaftsorientierte Auslegung der Ermessenausnahmetatbestände,[105] kurze Zeit später bestätigte der EuGH die Gültigkeit der von gleich mehreren Mitgliedstaaten angegriffenen Transparenzrichtlinie,[106] welche die dauerhafte Etablierung des zur Bestimmung des Vor-

---

100 Vgl. zu den Möglichkeiten und Grenzen eines *private enforcement* im EU-Beihilfenrecht *Dorn*, Private und administrative Rechtsdurchsetzung im europäischen Beihilfenrecht, 2017, S. 121 ff.

101 EuGH 70/72, Slg. 1973, 814 Rn. 20 ff. – Kommission/Deutschland.

102 Im Rahmen der WTO-Streitschlichtung wurden derartige Überlegungen nach der aufgrund einer entsprechenden Empfehlung beinahe gescheiterten Annahme des Panel-Berichts im Verfahren *Australia-Automotive Leather* (WT/DS 126/R, Australia – Leather II) durch den Dispute Settlement Body nicht mehr weiterverfolgt.

103 S. zum erst im Laufe der 1980er-Jahre wachsenden Bedürfnis der Kommission nach einer Inanspruchnahme dieses Instruments *Sinnaeve*, Die Rückforderung gemeinschaftsrechtswidriger nationaler Beihilfen, 1997, S. 65 ff.

104 EuGH 8/74, Slg. 1974, 837 – Dassonville.

105 EuGH 730/79, Slg. 1980, 2671 Rn. 14 ff. – Philip Morris/Kommission.

106 Richtlinie 80/723/EWG der Kommission v. 25. Juni 1980 über die Transparenz der finanziellen Beziehungen zwischen den Mitgliedstaaten und den öffentlichen Unternehmen, ABl. 1980 L 195/35, bestätigt durch EuGH verb. Rs. 188–

liegens einer Begünstigung anzuwendenden sog. *private investor test* erst ermöglichen sollte.[107]

Insgesamt hatte der Gerichtshof durch seine wegweisende Rechtskonkretisierung und -fortbildung somit wesentlichen Anteil daran, dass es nach Vollendung der Zollunion zur Festigung und Vertiefung der Kontrolle kommen konnte. Insbesondere seine Torwächterfunktion im Hinblick auf die verbindliche Bestimmung der Reichweite des Terminus der staatlichen Beihilfe, der als objektiver Rechtsbegriff der umfassenden gerichtlichen Überprüfbarkeit unterliegt,[108] lässt es nicht nur unter dem Gesichtspunkt der Wahrung der Autonomie der Unionsrechtsordnung (s. näher unten *Teil 2 § 2 A.II.*) angezeigt erscheinen, den EuGH auch in die Auslegung und Anwendung von dem EU-Beihilfenrecht nachempfundenen Abkommensbestimmungen in ambitionierteren Kategorien vertraglicher Assoziierungen, die in der Regel zumindest eine teilweise Teilhabe des Drittstaates am Unionssystem vorsehen,[109] direkt oder indirekt einzubinden.

2. Weißbuch zur Binnenmarktvollendung

Der im Weißbuch zur Vollendung des Binnenmarktes von 1985 formulierte ehrgeizige Plan der Kommission, eine vollständige Verwirklichung des Binnenmarktes bis zum Jahre 1993 zu erreichen, mündete 1987 in den Reformvertrag der Einheitlichen Europäischen Akte (EEA).[110] Die Bedeutung einer scharfen Beihilfenkontrolle für eine „kraftvolle und konsequente Wettbewerbspolitik"[111] als Mittel des flächendeckenden Handelshemmnisabbaus wurde explizit anerkannt, was faktisch einen exponenti-

---

190/80, Slg. 1982, 2545 – Frankreich, Italien und Vereinigtes Königreich/Kommission.

107 Diese Korrelation unterstreicht *Piernas López*, The Concept of State Aid Under EU Law, S. 244 f.

108 *Mederer*, in: v. der Groeben/Schwarze/Hatje (Hrsg.), Europäisches Unionsrecht, 7. Aufl. 2015, Art. 107 AEUV Rn. 10 m. weit. Nachw.

109 Vgl. in diesem Sinne EuGH C-12/86, Slg. 1987, 3719 Rn. 9 – Demirel/Stadt Schwäbisch Gmünd.

110 Einheitliche Europäische Akte, ABl. 1987 L 169/1.

111 So *Kommission*, Weißbuch über die Vollendung des Binnenmarkts, KOM(85) 310 endg., 38.

ellen Anstieg an Negativentscheidungen nach sich zog[112] und auf theoretischer Ebene dafür sorgte, dass – begünstigt vom wirtschaftsliberalen Zeitgeist – neben rein makro- erstmals auch mikroökonomische Zusammenhänge Würdigung fanden.[113] Nachdem im Zuge der Errichtung des Binnenmarktes zumindest die Eindämmung der schädlichsten mitgliedstaatlichen Beihilfenpraktiken gelungen war, bestand unionsintern Einigkeit darüber, dass dessen reibungsloses Funktionieren nunmehr ein robusteres Einschreiten erforderte.

Unter anderem indem die Kommission im Jahre 1987 begann, die Rückforderung rechtswidrig gewährter Beihilfen in systematischer Weise anzuordnen,[114] hielt sie die Mitgliedstaaten zur Einhaltung ihrer Notifizierungspflichten an.[115] Darüber hinaus entdeckte sie den heutigen Art. 106 Abs. 2 AEUV (ex Art. 90 Abs. 2 EWGV) als Instrument zur beihilfenrechtlichen Bewältigung der Privatisierungswelle, die in den 1990er-Jahren zahlreiche einstmals staatlich dominierte Dienstleistungssektoren erfasst hatte.[116] Die zunehmend engere Orientierung am Wettbewerbsrecht ließ sich zu dieser Zeit zwar noch nicht an einem stringenten Kommissionskonzept oder einer klaren Rechtsprechungslinie festmachen, jedoch stellen etwa die damals virulente Diskussion um das Für und Wider einer *de minimis*-Schwelle und die streitige Frage des ökonomischen Begründungsaufwands, den die Kommission in Beschlüssen zu betreiben hat, Belege einer erhöhten Sensibilität für aus dem Kartellrecht bekannte Problemstellungen dar.[117]

Unterstrichen wurden diese Entwicklungen durch die steigende Relevanz des EU-Beihilfenrechts für mit dem jeweiligen Beihilfenempfänger konkurrierende inländische Unternehmen, die zur Geltendmachung der Verstöße gegen die Notifizierungspflicht immer häufiger den Weg über die nationalen Gerichte wählten oder informelle Beschwerden bei der

---

112 In den Jahren 1979 und 1980 ergingen insgesamt lediglich fünf Negativentscheidungen, in den Jahren 1989 und 1990 hingegen bereits 24 (vgl. dazu die o. in Fn. 88 angeführte Übersicht der Kommission).

113 *Doleys*, J Ind Compet Trade 2013, 23, 33.

114 *Kommission*, 17. Bericht über die Wettbewerbspolitik, 1988, S. 141.

115 In den Jahren 1986 bis 1992 sollte sich die Zahl der von den Mitgliedstaaten notifizierten Beihilfemaßnahmen nahezu vervierfachen (vgl. *Kommission*, 22. Bericht über die Wettbewerbspolitik, 1993, S. 87).

116 Vgl. hierzu *Koenig/Kühling*, ZHR 2002, 656, 679, insbesondere unter Verweis auf *Kommission*, Mitteilung – Leistungen der Daseinsvorsorge in Europa, KOM(2000) 580 endgültig.

117 S. hierzu näher *Piernas López*, The Concept of State Aid Under EU Law, S. 248.

Kommission einreichten, um sie zu Prüfverfahren zu bewegen.[118] Die sich im gleichen Zeitraum manifestierende Einebnung des Kriteriums der zwischenstaatlichen Handelsbeeinträchtigung, das erst in jüngeren Jahren wieder eine Neubelebung erfahren hat (s. unten *B.I.2.*), wirkt sich in potenziell erheblicher Weise auch auf völkervertragliche Vereinbarungen im Bereich der Beihilfen- und Subventionskontrolle aus, bildet diese Voraussetzung doch außerhalb des unionalen Beihilfenrechtssystems traditionell eine der wichtigsten Schwellen, unterhalb derer aus Sicht von Drittstaaten keine oder – wenn überhaupt – allein innerstaatliche Aufsichtsmechanismen eingreifen.

3. Kodifizierungsoffensive der GD Wettbewerb

Aufgrund der anfänglichen mitgliedstaatlichen Opposition gegen die sekundärrechtliche Ausdifferenzierung der Beihilfenaufsicht, die sich nicht nur gegen den Erlass einer Beihilfenverfahrensverordnung, sondern gleichermaßen gegen erste Vorläufermodelle späterer Gruppenfreistellungsverordnungen richtete,[119] war die GD IV bereits im Verlauf der 1970er-Jahre dazu übergegangen, auf sog. *soft law* zu rekurrieren.[120] In nicht verbindlichen Rahmen, Leitlinien, Mitteilungen sowie Bekanntmachungen zielte sie darauf, der Entscheidungspraxis der Kommission ein höheres Maß an Transparenz zu verleihen und gleichzeitig – ähnlich dem System deutscher Verwaltungsvorschriften – die Rechtssicherheit durch Selbstbindung zu erhöhen.[121]

Wendete die Kommission *soft law* zunächst noch eher sektorbezogen und in enger Abstimmung mit den Mitgliedstaaten an, so entwickelte es sich in den 1980er- und 1990er-Jahren zu ihrem Mittel der Wahl, da es ihr wegen der verglichen mit Sekundärrecht ungleich unkomplizierte-

---

118 Vgl. in diesem Zusammenhang *Kommission*, Bekanntmachung über die Zusammenarbeit zwischen der Kommission und den Gerichten der Mitgliedstaaten im Bereich der staatlichen Beihilfen, ABl. 1995 C 312/8.

119 Für eine Darstellung und Einordnung der Vorschläge s. *Mederer*, Evolution of State aid control, Rn. 1.119 ff.

120 Ein knapper Überblick über die Themenbereiche, zu denen die Kommission ihre ersten beihilfenrechtlichen *soft law*-Akte erließ, findet sich bei *Piernas López*, The Concept of State Aid Under EU Law, S. 52.

121 S. hierzu *Knauff*, Der Regelungsverbund: Recht und Soft Law im Mehrebenensystem, 2010, S. 299 f.

ren Abänderbarkeit größere Flexibilität einräumte.[122] Nicht zuletzt bot sich auf diesem Wege die Möglichkeit, verstärkt positiv Einfluss auf die mitgliedstaatliche Beihilfenpolitik zu nehmen, indem die Kommission die Gewährung für weniger problematisch oder bestenfalls sogar ökonomisch effizient erachteter horizontaler Beihilfen in Bereichen wie der Förderung kleiner und mittlerer Unternehmen, der Forschung und Entwicklung oder des Umweltschutzes anregte und zugleich die Unterstützung einzelner vom Strukturwandel betroffener Subsektoren auf ein schadensbegrenzendes Minimum zurückdrängte.[123] Zum Jahrtausendwechsel erfolgte mit der Ermächtigungsverordnung des Rates,[124] welche den kompetenzrechtlichen Rahmen für die spätere erste Allgemeine Gruppenfreistellungsverordnung (AGVO) der Kommission definierte,[125] und der ersten Beihilfenverfahrensverordnung, die im Wesentlichen die vom Gerichtshof in den drei Jahrzehnten zuvor entwickelten Verfahrensprinzipien kodifizierte,[126] sodann zwei zentrale Weichenstellungen hin zu der heutzutage vorherrschenden Kombination von *soft* und *hard law*.

Beide Formen der Rechtsetzung nehmen seitdem eine gewichtige Rolle im EU-Beihilfenrecht ein und stellen ungeachtet der rangniedrigeren Stellung in der Normenpyramide mehr als bloße Konkretisierungen der Art. 107 f. AEUV dar. Sie sichern Errungenschaften der EuGH-Rechtsprechung und stärken die Kommission nicht nur in ihrer Funktion als Kontrollorgan, sondern ebenso als ein beihilfenrechtlicher *rule-maker*.[127] Gerade der in hohem Maße praxisrelevante *safe harbour* der AGVO, der seit

122 Sinnbildlich für das neue Selbstverständnis der Kommission stand ihre Ablehnung des nunmehr seitens der Mitgliedstaaten an sie herangetragenen Wunsches, Vorschläge für eine das Beihilfenprimärrecht präzisierende Verordnung vorzulegen (vgl. *Kommission*, 20. Bericht über die Wettbewerbspolitik, 1991, S. 175).

123 Der relative Anteil mitgliedstaatlicher Beihilfen für horizontale Zielsetzungen gegenüber solchen für regionale oder sektorale Zielsetzungen stieg in den Jahren 1997 bis 1999 um fast zwölf Prozent (*Kommission*, Beihilfenanzeiger, zweite Ausgabe, KOM(2001) 782 endgültig, 10).

124 Verordnung (EG) Nr. 994/98 des Rates v. 7. Mai 1998 über die Anwendung der Artikel 92 und 93 des Vertrags zur Gründung der Europäischen Gemeinschaft auf bestimmte Gruppen horizontaler Beihilfen, AB1. 1998 L 142/1.

125 Verordnung (EG) Nr. 800/2008 der Kommission v. 6. August 2008 zur Erklärung der Vereinbarkeit bestimmter Gruppen von Beihilfen mit dem Gemeinsamen Markt in Anwendung der Artikel 87 und 88 EG-Vertrag, ABl. 2008 L 214/3.

126 Verordnung (EG) Nr. 659/1999 des Rates v. 22. März 1999 über besondere Vorschriften für die Anwendung von Artikel 93 des EG-Vertrags, ABl. 1999 L 83/1.

127 *Micheau*, Evolution of State Aid Rules, S. 23 ff.

dem Jahre 2008 kontinuierlich an Umfang gewonnen hat,[128] und die vorwiegend in Leitlinien der GD Wettbewerb niedergelegten Detailauslegungen der Ermessensausnahmetatbestände in Art. 107 Abs. 3 AEUV haben durch ihren schieren Umfang sowie die sie prägende fortlaufende Aktualisierung einen hohen Grad an Komplexität erreicht. In der Konsequenz begründete die Auslassung dieser Elemente im Rahmen von mit Drittstaaten vereinbarten (Freihandels-)Abkommen deren strukturelle Schwächung, ihre umfassende Berücksichtigung hingegen höchste Anforderungen an die technische Ausgestaltung horizontaler Abkommensvorschriften betreffend die Reichweite und Dynamik der Rechtsangleichung. In demokratierechtlicher Hinsicht ist die Frage aufgeworfen, ob Vertragspartner, die sich zu einer solchen Rechtsübernahme verpflichten, unmittelbar (in Form einer Teilnahme am sog. *decision shaping*) oder mittelbar (durch die autonome Berücksichtigung ihrer Belange) in den unionsinternen Entstehungsprozess von Beihilfenrechtsakten mit einbezogen werden könnten.

III. Modernisierung (seit 2000): Vom State Aid Action Plan zur State Aid Modernisation

1. Reform des europäischen Wettbewerbsrechts

Im Jahre 2005 erfasste der umfassende Reformkurs im Kartellrecht, welcher dort bereits zu einer neuen Verfahrensverordnung geführt hatte[129] und dem Ausstrahlungswirkung auf das gesamte EG-Wettbewerbsrecht zukommen sollte, endgültig den Bereich der Beihilfenkontrolle. Für diesen arbeitete die GD Wettbewerb auf Betreiben der damaligen Wettbewerbskommissarin *Neelie Kroes* einen State Aid Action Plan (SAAP) aus, der vier Kernanliegen formulierte:[130]

---

128 Verordnung (EU) Nr. 651/2014 der Kommission v. 17. Juni 2014 zur Feststellung der Vereinbarkeit bestimmter Gruppen von Beihilfen mit dem Binnenmarkt in Anwendung der Artikel 107 und 108 des Vertrags über die Arbeitsweise der Europäischen Union, ABl. 2014 L 187/1; Verordnung (EU) 2017/1084 der Kommission v. 14. Juni 2017 zur Änderung der Verordnung (EU) Nr. 651/2014, ABl. 2017 L 156/1.

129 Verordnung (EG) Nr. 1/2003 des Rates v. 16. Dezember 2002 zur Durchführung der in den Artikeln 81 und 82 des Vertrages niedergelegten Wettbewerbsregeln, ABl. 2003 L 1/1.

130 So *Kommission*, Aktionsplan staatliche Beihilfen, KOM(2005) 107 endgültig, Rn. 18.

- weniger und besser ausgerichtete staatliche Beihilfen,
- eine „verfeinerte wirtschaftliche Betrachtungsweise“,
- effizientere Verfahren, bessere Rechtsanwendung, größere Berechenbarkeit und mehr Transparenz,
- geteilte Verantwortung zwischen Kommission und Mitgliedstaaten.

Im Sinne einer mitgliedstaatlichen Haushaltskonsolidierung, der Rechtssicherheit sowie des Subsidiaritätsgedankens fanden bis auf den zweiten Punkt alle Zielsetzungen zumindest grundsätzlichen Anklang unter den Mitgliedstaaten.[131] Lediglich die Maßgabe der verfeinerten wirtschaftlichen Betrachtungsweise, die unter der Überschrift *„more economic approach“* zuvor bereits im Zusammenhang des Kartellrechts äußerst kontrovers diskutiert worden war, erhielt im Schrifttum beträchtliche Aufmerksamkeit[132] und stieß dort auf mitunter scharfe Einwände. Letztere nahmen zwar unterschiedliche Stoßrichtungen an, wendeten sich jedoch hauptsächlich gegen die Fokussierung der Kommission auf das im Wortlaut der Rechtfertigungstatbestände des Art. 107 Abs. 3 AEUV nicht direkt enthaltene Kriterium der Marktversagenskorrektur und die Erhebung der ökonomischen Effizienz zu einer Art Leitmotiv der EU-Beihilfenkontrolle.[133]

Die Klarheit des Bekenntnisses der Kommission zu einem wirkungsbasierten Kontrollansatz unter Heranziehung wohlfahrtsökonomischer Maßstäbe (s. unten *B.III.*) und die Integration der Beihilfenaufsicht in die allgemeinpolitische sog. „Lissabon-Agenda“ von 2000 (s. unten *Teil 2 § 1 B.I.2.*) waren in dieser expliziten Form neu. Beides beinhaltete auch ein Signal an Handelspartner in aller Welt, dass das staatsgerichtete Beihilfenrecht nach europäischer Lesart nunmehr zur notwendigen Kehrseite der an Private adressierten Wettbewerbsdisziplinen avanciert war. Dennoch stellte die

---

131 *Blauberger*, Staatliche Beihilfen in Europa, S. 113 (Fn. 145 f.), stellt die kritischen Reaktionen insbesondere der französischen Staats- und der deutschen Bundesregierung zu diesem Aspekt des SAAP den im Gegensatz dazu noch über die Vorschläge der Kommission hinausgehenden Effizienzbestrebungen der Regierung des Vereinigten Königreichs gegenüber.

132 Für eine umfassende Bewertung des *more refined economic approach* im Bereich der EU-Beihilfenaufsicht s. *Friederiszick/Röller/Verouden*, European State Aid Control: An Economic Framework, in: Buccirossi (Hrsg.), Handbook of Antitrust Economics, 2008, S. 625 ff.; vgl. außerdem auch die Beiträge in *Oberender* (Hrsg.), Der „more economic approach“ in der Beihilfenkontrolle, 2008; *Basedow/Wurmnest* (Hrsg.), Structure and Effects in EU Competition Law: Studies on Exclusionary Conduct and State Aid, 2011, S. 157 ff.

133 S. für die in dieser Hinsicht formulierten Vorbehalte statt vieler *Rusche/Micheau/Piffaut/Van de Casteele*, State Aid, in Faull/Nikpay (Hrsg.), The EU Law of Competition, 3. Aufl. 2014, Rn. 17.12.

Umsetzung des SAAP in den Jahren bis 2009 statt einer Revolution die weitere Evolution der Beihilfenkontrolle dar.[134] Bereits Entwicklungen der Vorjahre – wie die Verabschiedung von Gruppenfreistellungen – hatten den Beginn einer Einbindung der Mitgliedstaaten markiert[135] sowie die Modernisierung und Verschlankung des *soft law*-Konglomerats und eine allgemeine Verschärfung der Aufsicht in Bezug auf Steuerbeihilfen[136] eingeläutet. Letzteres lässt sich am sprunghaften Anstieg der Negativentscheidungen gegen Ende der 1980er-Jahre ablesen und schlug sich nach der Jahrtausendwende im signifikanten Rückgang nationaler Beihilfenvolumina – gemessen am Bruttoinlandsprodukt (BIP) der EU – nieder.[137]

2. Banken- und Finanzkrise als Lackmustest

Die globale Banken- und Finanzkrise unterbrach diesen Trend im Oktober 2008 indessen jäh. In der Konsequenz wurden auf unionaler wie auf internationaler Ebene jahrelang Beihilfen in Billionenhöhe sowohl zur Aufrechterhaltung des Finanzsystems als auch zur Abfederung der Krisenfolgen für die Realwirtschaft vergeben.[138] Die *ad hoc*-Handhabung solcher Krisenbeihilfen durch die Kommission ist als ambivalent zu bewerten, da sie ihr infolge der in der weit überwiegenden Mehrzahl erfolgten, auf Art. 107 Abs. 3 lit. b AEUV gestützten, (Eil-)Genehmigungen von mitgliedstaatlichen Rettungsmaßnahmen einerseits den Vorwurf des „Schön-

---

134 So *Mederer*, Evolution of State aid control, Rn. 1.65.

135 Diese Entwicklung prognostizierte früh *Sinnaeve*, EuZW 2001, 69, 77.

136 Entschließung des Rates und der im Rat vereinigten Vertreter der Regierungen der Mitgliedstaaten v. 1. Dezember 1997 über einen Verhaltenskodex für die Unternehmensbesteuerung, ABl. 1998 C 2/02.

137 Allein im Jahre 1990 kam es zu mehr Negativentscheidungen als in der Zeitspanne von 1958 bis 1978 insgesamt. Das Gesamtvolumen an mitgliedstaatlichen Beihilfen lag in den 1980er-Jahren bei ca. zwei Prozent des BIP, fiel in den 1990er-Jahren auf unter ein Prozent und betrug Ende 2007 etwa 0,5 Prozent (*Kommission*, Anzeiger für staatliche Beihilfen – Herbstausgabe 2008, KOM(2008) 751 endgültig, 15).

138 Das Höchstvolumen der von der Kommission genehmigten Maßnahmen der Mitgliedstaaten im Rahmen der Finanzkrise (Regelungen und *ad hoc*-Beihilfen im Zeitraum zwischen Herbst 2008 und April 2010) betrug 4,131 Billionen Euro (*Kommission*, Anzeiger für staatliche Beihilfen – Bericht über aktuelle Entwicklungen bei den Krisenbeihilfen für den Finanzsektor – Frühjahrsausgabe 2010, KOM(2010) 255 endgültig).

wetterrechts einbrachte,[139] es andererseits anders als in den Ölkrisen der 1970er-Jahre zu keinem Zeitpunkt zu *de facto*-Regulierungsferien kam.[140] Jedenfalls gelang es der Kommission im Verlauf der Krise dazu überzugehen, sämtliche Beihilfen für den Finanzsektor an Umstrukturierungsauflagen zu knüpfen und den begünstigten Kreditinstituten – im Sinne einer ansatzweisen Lastenteilung – Eigenbeteiligungen abzuverlangen und auf diesem Wege grobe Handels- und Wettbewerbsverzerrungen zu verhindern.[141] Besagtes Spannungsfeld zwischen einer temporären Lockerung der Beihilfenaufsicht als Beitrag zur Überwindung ökonomischer Schocks und der Wahrung zumindest annähernd einheitlicher Wettbewerbsbedingungen kam im Zuge der COVID-19-Pandemie erneut zum Vorschein, wobei noch nicht abzusehen ist, ob der von der von der Kommission entwickelte COVID-19-Rahmen[142] geeignet sein wird, die Wahl angemessener *Exit*-Strategien betreffend mitgliedstaatliche Kapitalbeteiligungen sicherzustellen.

Beide Krisen bedeuten bzw. bedeuteten nicht nur eine Bewährungsprobe für die modernisierte EU-Beihilfenkontrolle, sondern offenbaren grundlegendere Entwicklungstendenzen hin zu einem immer enger abgestimmten Zusammenspiel zwischen Wettbewerbsaufsicht und -politik. So stieg diese in Anbetracht der in der Finanzkrise noch nicht verwirklichten Bankenunion phasenweise zu einer lückenschließenden „(Ersatz-)Bankenregulierung“[143] auf und wurde dem Ziel der Finanzmarktstabilität untergeordnet.[144] Parallel dazu entdeckte die Kommission auch in anderen Politikfeldern – wie der in der Bekämpfung des Klimawandels von Union und Mitgliedstaaten gleichermaßen forcierten Förderung erneuerbarer Energien – den Ermessensausnahmetatbestand des Art. 107 Abs. 3 lit. c

---

139 Vgl. hierzu nur *Herrmann*, Beihilfenrecht als Schönwetterrecht? Die Beihilfenüberwachung in der Europäischen Union während der Finanz- und Wirtschaftskrise, in: Bungenberg/Huber/Streinz (Hrsg.), Der Staat in der Finanz- und Wirtschaftskrise, 2014, S. 55 ff.

140 Dies hervorhebend *Heinrich*, in: Birnstiel/Bungenberg/Heinrich, Einl. Rn. 77.

141 Vgl. *Kommission*, Mitteilung – Die Anwendung der Vorschriften für staatliche Beihilfen auf Maßnahmen zur Stützung von Finanzinstituten im Kontext der derzeitigen globalen Finanzkrise, ABl. 2008 C 270/8, 11 ff.

142 *Kommission*, Mitteilung – Befristeter Rahmen für staatliche Beihilfen zur Stützung der Wirtschaft angesichts des derzeitigen Ausbruchs von COVID-19 (2020/C 91 I/01), ABl. 2020 CI 91/1.

143 *Birnstiel/Heinrich/Keidel*, BRZ 2012, 73, 73.

144 S. hierzu ausführlich *Laprévote/Frisch*, Preserving cross-border banking in the face of the crisis, in: Laprévote/Gray/de Cecco (Hrsg.) Research Handbook on State Aid in the Banking Sector, 2017, S. 186, 189 ff.

Alt. 1 AEUV als ein durch flankierende *soft law*-Akte näher ausgestaltetes Lenkungsinstrument für mitgliedstaatliche Marktinterventionen.[145]

3. „Big on big, small on small things"

Die von der Kommission im Jahre 2012 eingeleitete State Aid Modernisation (SAM), die in der Bekanntmachung zum Beihilfenbegriff ihren vorläufigen Abschluss fand,[146] bestätigte insbesondere die letztere Entwicklung, indem sie zwar in weiten Teilen die Inhalte des SAAP aufgriff und ausbaute,[147] zugleich aber einen stärkeren Schwerpunkt auf den positiven Beitrag legte, den sog. „gute" Beihilfen im Rahmen übergeordneter EU-Agenden zu leisten imstande sind.[148] Im Zuge daraus resultierender Erweiterungen der AGVO sind Schätzungen zufolge heute bereits 97 Prozent aller mitgliedstaatlich gewährten Beihilfen von der Notifizierungspflicht freigestellt,[149] was es der GD Wettbewerb erlaubt, sich auf *high profile*-Fälle zu konzentrieren. Trotz (bzw. gerade aufgrund) dieses Umstands, welcher nur durch eine zuvor umfassend erfolgte Verregelung möglich wurde (s. oben *II.3.*), erlangt die Kommission Einfluss auf die Bestimmung konkreter Förderzwecke durch die einzelnen Mitgliedstaaten, die in erfassten Sachverhaltskonstellationen einer Prädetermination legitimer Beihilfenmaßnahmen nahekommt. Vor dem Hintergrund der allgegenwärtigen Staatsschuldenproblematik und politischer Schwierigkeiten bei der Vertiefung der Wirtschaftsunion eröffnet ihr das einen nicht zu verkennenden

145 Vgl. exemplarisch *Kommission*, Mitteilung – Leitlinien für staatliche Umweltschutz- und Energiebeihilfen 2014–2020, ABl. 2014 C 200/1; zur Instrumentalisierung des Beihilfenrechts zur Einflussnahme auf mitgliedstaatliche Politiken *Auer*, Das Europäische Beihilferecht und die Förderung erneuerbarer Energien, 2020, S. 140 ff.

146 *Kommission*, Bekanntmachung zum Begriff der staatlichen Beihilfe im Sinne des Artikels 107 Absatz 1 des Vertrags über die Arbeitsweise der Europäischen Union, ABl. 2016 C 262/1.

147 *Kommission*, Mitteilung – Modernisierung des EU-Beihilfenrechts, COM(2012) 209 final, Rn. 8.

148 Vgl. nur *Kommission*, Europa 2020, Eine Strategie für intelligentes, nachhaltiges und integratives Wachstum, KOM(2010) 2020 endgültig, 24; zum Konzept der „guten" Beihilfe *Blauberger*, WEP 2009, 719 ff.

149 So die auf statistischen Erhebungen der Kommission beruhende Schätzung von Wettbewerbskommissarin *Margrethe Vestager* in einer Pressemitteilung v. 18.7.2018 (IP/18/4544).

indirekt-faktischen Zugang zur Disziplinierung nationaler Fiskal- sowie Haushaltspolitiken.[150]

Während diese Vorgehensweise unionsintern unter kompetenziellen Gesichtspunkten diskutiert wird,[151] ist bezüglich der internationalen Dimension der Beihilfenkontrolle zu differenzieren: Zunächst erleichtern Maßnahmen in Richtung einer Dezentralisierung, die nach neueren Überlegungen der Kommission künftig womöglich sogar noch weiter ausgebaut werden könnten,[152] die „Vervölkerrechtlichung" des EU-Beihilfenrechtsmodells, da es im internationalen Subventionsrecht eine äußerst seltene Anomalie darstellt, dass die Kommission gegenüber einem Drittstaat als die unmittelbare Kontrollinstanz agiert.[153] Zu berücksichtigen bleibt jedoch, dass beschriebene Schritte von der GD Wettbewerb durch eine faktische teilweise Harmonisierung des mitgliedstaatlichen Beihilfenwesens abgesichert werden, mithin Elemente der positiven Integration die die Disziplin einst charakterisierende Logik der negativen Integration ergänzen.[154] Es ist fraglich, inwieweit diese für die jüngere und jüngste Geschichte des unionalen Beihilfenaufsichtssystems prägende Wendung auch im Drittstaatenkontext – in Abwesenheit des das Integrationsprojekt tragenden Narrativs einer *ever closer union* – fruchtbar gemacht werden kann.

---

150 *Hofmann*, State Aid Review in a Multi-level System: Motivation for Aid, Why Control It, and the Evolution of State Aid Law in the EU, in: ders./Micheau (Hrsg.), State Aid Law of the European Union, S. 3, 10.

151 S. insoweit kritisch etwa *Bacon*, European Union Law of State Aid, 3. Aufl. 2017, Rn. 1.20 f. m. weit. Nachw. Paradigmatisch hierfür steht die Rs. *Hinkley Point C* betreffend vom Vereinigten Königreich geplante Beihilfenmaßnahmen zugunsten eines Kernkraftwerks, in der GA *Hogan*, SchlA C-594/18 P, ECLI:EU:C:2020:352 Rn. 82 ff. – Österreich/Kommission, den kritikwürdigen Standpunkt einnahm, dass die Kommission im Rahmen ihrer Entscheidung, ob mit einer mitgliedstaatlichen Beihilfe ein Ziel von gemeinsamem Interesse verfolgt wird, keine sonstigen Ziele der Europäischen Verträge zu berücksichtigen habe.

152 Vgl. in diesem Sinne zuletzt *Kommission*, Weißbuch zur Zukunft Europas: Die EU der 27 im Jahr 2025 – Überlegungen und Szenarien, COM(2017) 2025 final, 22.

153 So zutreffend *Herrmann*, EuZW 2017, 961, 966.

154 *Blauberger*, Staatliche Beihilfen in Europa, S. 131, gelangt in seiner umfassenden integrationstheoretischen Einordnung der EU-Beihilfenaufsicht zur Schlussfolgerung, diese habe sich zu einer „bemerkenswerten Zwischenform auf dem Weg von negativer zu positiver Integration" entwickelt.

B. Ratio legis

Die skizzierte Entwicklungsgeschichte des EU-Beihilfenrechtsregimes, von der „Cinderella“[155] zum wettbewerbsrechtlichen Vorzeigemodell, hatte zur Folge, dass die ihm zugrundeliegenden Ziele und Funktionen über die vergangenen 60 Jahre hinweg ebenfalls nicht kontinuierlich am Wortlaut des Europäischen Verträge orientiert blieben *(I.)*, sondern einem Wandel unterlagen und unterschiedliche Gewichtungen erfuhren *(II.)*. Hierbei handelt es sich nicht um eine Spitzfindigkeit rein theoretischer Natur,[156] da die Beantwortung der Frage, ob und wenn ja, inwieweit Beihilfen- und Subventionsrechtsregime in EU-(Freihandels-)Abkommen der Auslegung und Anwendung im Sinne der ökonomischen Analyse des Rechts zugänglich sind, unter anderem davon abhängt, wie und in welchem Umfang der im SAAP propagierte *more refined economic approach* sich heute auf die unionsinterne Praxis der Beihilfenkontrolle auswirkt *(III.)*.

I. Wortlaut des Vertragstexts

Nach der Zentralvorschrift des Art. 107 Abs. 1 AEUV sind „staatliche oder aus staatlichen Mitteln gewährte Beihilfen gleich welcher Art, die durch die Begünstigung bestimmter Unternehmen oder Produktionszweige den Wettbewerb verfälschen oder zu verfälschen drohen, mit dem Binnenmarkt unvereinbar, soweit sie den Handel zwischen Mitgliedstaaten beeinträchtigen.“

Der EuGH leitet daraus in ständiger Rechtsprechung einen vertraglichen Zieldreiklang ab:[157]

> „...soll verhindern, daß der Handel zwischen Mitgliedstaaten durch von staatlichen Stellen gewährte Vergünstigungen beeinträchtigt wird, die in verschiedenartiger Weise durch die Bevorzugung bestimmter Unternehmen oder Produktionszweige den Wettbewerb verfälschen oder zu verfälschen drohen.“

---

155 Diese pointierte Formulierung findet sich bei *Ehlermann*, Introduction, in: Ehlermann/Everson (Hrsg.), European Competition Law Annual 1999: Selected Issues in the Field of State Aid, 2001, S. XXII.

156 S. im Ansatzpunkt übereinstimmend *Borlini/Dordi*, Columbia J. Eur. Law 2017, 551, 582.

157 EuGH 173/73, Slg. 1974, 709 Rn. 26 – Italien/Kommission; C-393/04, Slg. 2006, I-5293 Rn. 27 – Air Liquide Industries Belgium.

In der Tat lassen sich anhand zitierter Formulierung des EU-Beihilfenverbots die Schutzrichtungen des Aufsichtsregimes zumindest in ihren originären Grundformen identifizieren *(1.-3.)*.

1. Wahrung gleicher Ausgangsbedingungen

Die Tatbestandsvoraussetzung der Selektivität („Begünstigung *bestimmter* Unternehmen oder Produktionszweige“[158]) nimmt staatlicherseits eingeräumte wirtschaftliche Vorteile ins Visier, die *de jure* oder *de facto* lediglich einzelnen Marktteilnehmern oder -branchen zugutekommen. Umgekehrt zeigt sie die Indifferenz des Verbots gegenüber allgemeinen Konjunktur- und Infrastrukturmaßnahmen und legt nahe, dass es diesem um die Chancengleichheit im Binnenmarkt aktiver Unternehmen, das heißt jeder eine wirtschaftliche Tätigkeit ausübenden Einheit, geht.[159]

Das Selektivitätskriterium leistet damit einen Beitrag zum übergeordneten Ziel der Schaffung eines unionsweiten *level playing field* – eine Devise, der gleich doppelte Bedeutung zukommt: Unmittelbar einleuchtend gilt diese auf Ebene miteinander im Wettbewerb stehender, (potenziell) grenzüberschreitend tätiger Unternehmen. Zugleich weist die Selektivitätsprüfung durch den Gerichtshof enge Bezüge zur Dogmatik der Grundfreiheiten auf,[160] die einen der wichtigsten Hebel für das Zustandekommen von mitgliedstaatlichem Systemwettbewerb begründen.[161] Das Beihilfenprimärrecht – wie die Wettbewerbsregeln des AEUV insgesamt – gewährleistet, dass dieser interjurisdiktionelle Wettbewerb vor Verfälschungen geschützt und ein nicht nur dem Unionsinteresse diametral zuwiderlaufendes *race to the bottom*, welches die Mitgliedstaaten in ein subventionsbedingtes sog. „Gefangenendilemma“ drängt, frühzeitig verhindert wird.

---

158 Hervorhebung des Verfassers.

159 EuGH C-222/04, Slg. 2006, I-289 Rn. 108 – Cassa di Risparmio di Firenze u.a., definiert wirtschaftliche Tätigkeit als „jede Tätigkeit, die darin besteht, Güter oder Dienstleistungen auf einem bestimmten Markt anzubieten“.

160 S. für eine Detailanalyse dieses Zusammenhangs *Szudoczky*, EStAL 2016, 357 ff.

161 Vgl. hierzu nur *Müller-Graff*, Die Marktfreiheiten als Herzstück der europäischen Wettbewerbsidee, in: Blanke/Scherzberg/Wegner (Hrsg.), Dimensionen des Wettbewerbs, 2010, S. 329 ff.

2. Schutz des zwischenstaatlichen Handels

Das für ein Eingreifen des Beihilfenverbots erforderliche grenzüberschreitende Element beinhaltet einerseits einen unionsverfassungsrechtlichen Gehalt, indem es der Abgrenzung unionaler und mitgliedstaatlicher Zuständigkeiten dient. Andererseits legt die sog. „Zwischenstaatlichkeitsklausel“ zusätzlich eines der zentralen Schutzgüter sowohl der Art. 107 ff. AEUV wie auch des gesamten EU-Binnenmarktrechts offen. Es ist die freie Entfaltung der innerunionalen Handelsströme, die möglichst umfassend vor nationaler Einflussnahme abgeschirmt werden soll, da es regelmäßig die über das eigene Territorium hinausreichenden negativen *spill over*-Effekte sind, welche Regierungen in Kosten-Nutzen-Analysen unzureichend einkalkulieren.[162]

Demgemäß erachtet der EuGH trotz des im Vergleich zu Art. 101 Abs. 1 AEUV strengeren Wortlauts („beeinträchtigen“ anstelle von „zu beeinträchtigen *geeignet*“[163]) nicht die tatsächliche Beeinträchtigung des zwischenstaatlichen Handels für erforderlich, sondern lässt die entsprechende Eignung einer Maßnahme genügen.[164] Infolge der voranschreitenden Verflechtung der einzelnen mitgliedstaatlichen Märkte hat die rechtstatsächliche Bedeutung der beihilfenrechtlichen Zwischenstaatlichkeitsklausel in der Praxis der Kommission und des Gerichtshofs – in noch erheblicherem Maße als im Falle ihrer grundfreiheitlichen Pendants – abgenommen.[165] Ihre Auslegungshistorie verläuft entlang der Entwicklungslinien der EU-Beihilfenkontrolle. Im Zuge der Vollendung des Binnenmarktes (s. oben *A.II.2.*) wurde das Merkmal zuerst marginalisiert, um nach der Jahrtausendwende im Rahmen der ersten *de minimis*-Verordnungen[166] sowie nicht zuletzt im Anschluss an die SAM eine spürbare Wiederentde-

162 So aus rechtsökonomischer Sicht *Verouden/Werner*, The Law and Economics of EU State Aid Control, in: dies (Hrsg.), EU State Aid Control: Law and Economics, 2016, S. 7, 11 f.

163 Hervorhebung des Verfassers.

164 EuGH C-494/06 P, Slg. 2009, I-3639 – Kommission/Italien und Wam.

165 *Cremer*, in: Calliess/Ruffert (Hrsg.), EUV/AEUV, 5. Aufl. 2016, Art. 107 AEUV Rn. 39.

166 Verordnung (EG) Nr. 69/2001 der Kommission v. 12. Januar 2001 über die Anwendung der Artikel 87 und 88 EG-Vertrag auf „De-minimis“-Beihilfen, ABl. 2001 L 10/30; Verordnung (EG) Nr. 1998/2006 der Kommission v. 15. Dezember 2006 über die Anwendung der Artikel 87 und 88 EG-Vertrag auf „De-minimis“-Beihilfen, ABl. 2006 L 379/5.

ckung zu erfahren.[167] Letztere steht in Zusammenhang mit verwaltungsökonomischen Überlegungen, geht vor allem aber auch auf den Aufstieg von stärker wettbewerbsrechtlich geprägten Perspektiven zurück. Ungeachtet des präferierten Erklärungsansatzes ist die Frage der Binnenmarktrelevanz dem Beihilfenverbot immanent, ihre – womöglich nach dem im konkreten Einzelfall erreichten Grad an Wirtschaftsintegration abgestufte – Berücksichtigung mithin ein Gebot der Subsidiarität.[168]

3. Schutz vor Wettbewerbsverfälschungen

Die wettbewerbsschützende Funktion des EU-Beihilfenrechts ergibt sich zuallererst aus der Wirtschaftsverfassung der Union, da AEUV-Protokoll Nr. 27,[169] das in der innerunionalen Normenhierarchie nach wie vor Primärrechtsrang genießt (vgl. Art. 51 EUV), explizit ein „System, das den Wettbewerb innerhalb des Binnenmarkts vor Verfälschungen schützt", voraussetzt.[170] Überdies folgt sie aus der systematischen Stellung der Art. 107 ff. im Wettbewerbskapitel des AEUV und kann aus der Konzeption des Beihilfenverbots abgeleitet werden, welches das Kriterium der Wettbewerbsverfälschung aufstellt. Nicht selten wird daher im Prinzip des unverfälschten Wettbewerbs, unabhängig von den variierenden ihm zugeschriebenen Bedeutungen[171] – klassisch als freies Entdeckungsverfahren und zugleich Endzweck im Sinne *Friedrich August von Hayeks* oder als Mittel zur Herstellung einer effizienter Ressourcenallokation im Sinne der neueren *Chicago School* – das primäre Schutzobjekt der Beihilfenaufsicht erblickt.[172]

---

167 S. eingehend zu diesem funktionell-rechtlichen Trend *Soltész/Pflock*, EuZW 2017, 207 ff.

168 *Koenig/Förtsch*, in: Streinz (Hrsg.), EUV/AEUV, 3. Aufl. 2018, Art. 107 AEUV Rn. 114.

169 Protokoll (Nr. 27) über den Binnenmarkt und den Wettbewerb, ABl. 2016 C 202/308 (konsolidierte Fassung).

170 Der Umstand, dass das Erfordernis mit dem Inkrafttreten des Vertrags von Lissabon nicht mehr an prominenterer Stelle – wie vormals in Art. 3 lit. g EGV – Erwähnung findet, ist in rechtlicher Hinsicht dagegen irrelevant.

171 Vgl. hierzu zusammenfassend *Müller*, Wettbewerb und Unionsverfassung, 2014, S. 54 ff.

172 S. hierzu tiefergehend *Bührle*, Gründe und Grenzen des „EG-Beihilfenverbots", S. 327 ff.

Ähnlich wie im Falle der mit ihr „untrennbar verbundenen"[173] Zwischenstaatlichkeitsklausel korreliert die geringe Relevanz des Tatbestandsmerkmals auf Rechtsanwendungsebene nicht mit der Tragweite des übergeordneten Ziels. Während es im EU-Kartellrecht als Ausgangspunkt einer detaillierten Marktabgrenzung und -strukturanalyse sowie von Überlegungen zur Spürbarkeit der Wettbewerbsverfälschung dient, spricht insbesondere die Kommission faktisch quasi jeder Maßnahme, welche die übrigen Anforderungen des Begriffs der Beihilfe erfüllt, *per se* wettbewerbsverfälschende Wirkung zu.[174] In der Konsequenz sehen Befürworter des *more refined economic approach* (s. unten *II.3.*) gerade unter diesem Aspekt geeignete Einfallstore für einen weniger statischen, stärker einzelfallorientierten Einsatz ökonomischer Methoden,[175] der auf die zunehmende Konvergenz des gesamten Unionswettbewerbsrechts zielte.

II. Kontinuierlicher Verständniswandel

Anhand der skizzierten Entwicklungsstadien der EU-Beihilfenaufsicht sowie deren dem Wortlaut des Art. 107 Abs. 1 AEUV entnommenen, grob umrissenen Schutzzwecke lässt sich ablesen, dass die ermittelte Zieltrias in Übereinstimmung mit dem unveränderten Wortlaut des Beihilfenverbots zwar dem Grunde nach stets dieselbe blieb, die einzelnen Funktionen in der von Kommission und Gerichtshof geprägten Überwachungspraxis – je nach einschlägiger Phase – aber unterschiedlich gewichtet wurden *(1.-3.)*. Dies hat Konsequenzen auch für die Ausgestaltung der unionalen Beihilfenrechtsbeziehungen zu privilegierten Handelspartnern, steht doch zu vermuten, dass die Kommission zumindest Kernbestandteile ihrer aktuell verfolgten internen Schwerpunktsetzung in die jeweiligen Abkommensverhandlungen einzubringen versucht.

173 *Götz*, in: Dauses/Ludwigs (Hrsg.), Handbuch des EU-Wirtschaftsrechts, 45. EL Juli 2018, H.III. Rn. 84.

174 *Kommission*, Bekanntmachung zum Begriff der staatlichen Beihilfe, ABl. 2016 C 262/40 f., unter Verweis auf die ständige Unionsrechtsprechung seit EuGH 730/79, Slg. 1980, 2671 Rn. 11 – Philip Morris/Kommission.

175 So lautete etwa die frühe Forderung von *Koenig/Kühling*, EuZW 1999, 517, 518.

1. Verhinderung mitgliedstaatlicher Subventionswettläufe

Am Anbeginn der europäischen Beihilfenkontrolle stand die Sorge der Kommission vor Subventionswettläufen, die einen Dominoeffekt auszulösen geeignet sind, wenn Mitgliedstaaten mittels Beihilfenmaßnahmen sog. „nationale Champions“ aufbauen und sich andere Mitgliedstaaten veranlasst sehen, durch kompensierende Gegensubventionierungen (import-)konkurrierender heimischer Unternehmen nachzuziehen.[176] Nicht nur wegen des damals weitaus höheren Anteils im (alleinigen) Staatseigentum stehender oder zumindest staatlich gelenkter Unternehmen bzw. Wirtschaftszweige war die Gefahr einer solchen Eskalationsspirale durchaus real. Erschwerend hinzu kam, dass der durch den konsequenten Binnenzollabbau bedingte Rückgang an Handelsbarrieren Branchen wie die Textil- und Kleidungsherstellung oder den Schiffbau einem enormen Rationalisierungsdruck aussetzte, der Rufe nach Unterstützung beförderte.[177] Dirigistisch geprägte Mitgliedstaaten behalfen sich mit klassisch protektionistischen Maßnahmen wie Exportsubventionen oder parafiskalischen Abgabesystemen,[178] welche die Kommission mit Vertragsverletzungsverfahren ahndete.[179] Angesichts des unausgereiften Aufsichtsmechanismus und der ebenso wenig subtilen mitgliedstaatlichen Beihilfenkonstruktionen, zog sich die Kommission in der Phase der Etablierung auf die Verfolgung massiv handelsverzerrender Praktiken, deren beihilfenrechtliche Unhaltbarkeit bereits *a prima vista* erkennbar war, zurück.

Rechtstechnisch wurde dies – vergleichbar der geltenden WTO-Subventionsrechtslage (s. unten *§ 2 A.III.*) – über einen extensiven Rückgriff auf die Zwischenstaatlichkeitsklausel als eine Art Filter der Beihilfenkontrolle bewerkstelligt.[180] Dieses Vorgehen legt Zeugnis darüber ab, dass die GD IV das gemeinschaftliche *level playing field* jedenfalls in den Jahren vor und unmittelbar nach Vollendung der Zollunion in einem rein inter-

---

176 S. zu dieser klassischen Grundkonstellation *Bacon*, European Union Law of State Aid, Rn. 1.07.

177 *v. der Groeben*, The European Community: The formative years, S. 215 m. zahlr. weit. Nachw.

178 Vgl. für erstere Variante EuGH verb. Rs. 6/69 und 11/69, Slg. 1969, 523.

179 S. hierzu instruktiv *Doleys*, J Ind Compet Trade 2013, 29, 30, der die Vorgeschichte der wegweisenden Entscheidung EuGH 47/69, Slg. 1970, 487 – Frankreich/Kommission, skizziert.

180 *Piernas López*, The Concept of State Aid Under EU Law, S. 11.

jurisdiktionellen Sinne interpretierte,[181] auf welchem privaten Akteuren allenfalls eine untergeordnete Rolle zugedacht war. Meinungsverschiedenheiten zwischen Kommission und beihilfengewährendem Mitgliedstaat brachten beide Seiten selten vor den Gerichtshof, sondern diese wurden vornehmlich über diplomatische Kanäle ausgetragen und im Wege politischer Kompromisse beigelegt, sofern es sich nicht um Auswüchse von *beggar-thy-neighbour*-Politik, wie beispielsweise die Beeinflussung ausländischer Direktinvestitionen durch unfaire An- und Umsiedlungsanreize, handelte.[182] Dieser Fokussierung auf die Regulierung des Standortwettbewerbs (zwischen den einzelnen mitgliedstaatlichen Volkswirtschaften selbst) sowie das Erfordernis eines grenzüberschreitenden Elements stand fast zwangsläufig eine Nichtberücksichtigung mikroökonomischer Strukturen – und damit der wettbewerbsrechtlichen Dimension einer Beihilfenaufsicht – gegenüber.

2. Komplementärfunktion zu den Grundfreiheiten

An letzterem Befund sollte sich bis zur Jahrtausendwende ungeachtet des durch das Urteil in der Rs. *Lorenz* theoretisch gestärkten intrajurisdiktionellen Wettbewerbs und der kontinuierlichen Ausdehnung des *private investor test* (s. jeweils oben *A.II.1.*) lediglich wenig ändern. Stattdessen markierte die fortschreitende Verschärfung der Kontrollpraxis den Beginn der Ära einer in hohem Maße binnenmarktorientierten Auslegung und Anwendung des Art. 107 AEUV, die durch die spätestens seit dem Weißbuch der Kommission von 1985 forcierten Integrationsbestrebungen zudem politisch flankiert wurde.[183] Das Recht der Grundfreiheiten stieg zum Leitmodell, die Vollendung des Binnenmarktes zum zentralen Telos auf,

---

181 S. zur Differenzierung zwischen intra- sowie interjurisdiktionellem Wettbewerb umfassend *Buendía Sierra/Smulders*, The Limited Role of the „Refined Economic Approach" in Achieving the Objectives of State Aid Control: Time for Some Realism, in: Rodríguez Iglesias u.a. (Hrsg.), EC State Aid Law: Liber Amicorum Francisco Santaolalla Gadea, 2008, S. 1, 18.

182 *Mederer*, Evolution of State aid Control, Rn. 1.143 sowie 1.128.

183 Vgl. hierzu exemplarisch die Rede des in den Jahren 1989 bis 1993 amtierenden britischen Wettbewerbskommissars *Leon Brittan*, A bonfire of subsidies? A review of State aids in the European Community, Address to the London Seminar on Competition Policy, 10. März 1989.

was zu einer als dienend einzuordnenden Stellung der Disziplin führte.[184] Übereinstimmend postulierte der Gerichtshof:

> „daß das in den Artikeln [107 und 108 AEUV] vorgesehene Verfahren zwar der Kommission [...] einen weiten Beurteilungsspielraum bei der Entscheidung über die Vereinbarkeit einer staatlichen Beihilferegelung mit den Anforderungen des Gemeinsamen Marktes einräumt, daß dieses Verfahren jedoch, wie sich aus Sinn und Zweck des Vertrages ganz allgemein ergibt, niemals zu einem Ergebnis führen darf, das mit den besonderen Vorschriften des Vertrages [...] in Widerspruch steht."[185]

Die nunmehr verwirklichte Zollunion verlangte ein engmaschigeres Netz zur Abwehr mitgliedstaatlicher Versuche, Zölle durch weniger offensichtliche Handelshindernisse wie (versteckte) Diskriminierungen, Beschränkungen des Marktzugangs oder selektive Beihilfen zu ersetzen. Tatsächlich sah sich der EuGH in den 1980er-Jahren – wie in dem bekannten *Buy Irish*-Fall[186] – mehrmals mit der Problematik der kaum trennscharf durchführbaren Abgrenzung von Maßnahmen gleicher Wirkung (im Sinne von ex Art. 30 EWGV) gegenüber Beihilfen konfrontiert.[187] Indem er hierbei befand, dass sowohl die Bestimmungen des EWGV über die Freiheit des Warenverkehrs wie auch diejenigen über staatliche Beihilfen „den freien Warenverkehr zwischen Mitgliedstaaten unter normalen Wettbewerbsbedingungen"[188] sicherzustellen bestimmt sind, griff er primär auf die beiden Teildisziplinen innewohnende Marktzugangsdimension zurück.[189] Auf diesem Wege stellte der Gerichtshof einen Gleichklang der Zielsetzungen her, dessen fortdauernde Gültigkeit von Teilen der Literatur noch heute vertreten wird,[190] der jedenfalls aber im Drittstaatenkontext

---

184 Prägnant *Bartosch*, EU-Beihilfenrecht, 1. Aufl. 2009, Einl. Rn. 1: „Unterfall [der Grundfreiheiten]".

185 So EuGH 73/79 Slg. 1980, 1533 Rn. 11 – Kommission/Italien.

186 EuGH 249/8, Slg. 1982, 4005 – Kommission/Irland.

187 S. hierzu instruktiv *Biondi/Eeckhout*, State Aid and Obstacles to Trade, in: Biondi/Eeckhout/Flynn (Hrsg.), The Law of State Aid in the European Union, 2004, S. 103, 108 m. zahlr. weit. Nachw.

188 EuGH 18/84, Slg. 1985, 1339 Rn. 13 – Kommission/Frankreich m. weit. Nachw. zur Rechtsprechungslinie.

189 *Biondi/Eeckhout*, State Aid and Obstacles to Trade, S. 109.

190 Vgl. *Buendía Sierra/Smulders*, The Limited Role of the „Refined Economic Approach", S. 1 ff.; *Biondi*, CYELS 2010, 35 ff.; *Bartosch*, EU-Beihilfenrecht, 3. Aufl. 2020, Einl. Rn. 1 ff.; differenzierend *de Cecco*, State Aid and the European Economic Constitution, 2012, S. 38 ff.

an Aktualität gewinnt, bildet er doch nunmehr nach innen den Auslöser für die Aktivierung der Außenhandelsbefugnis[191] und nach außen zumeist erst die Rechtfertigung für die Einfügung eines Beihilfen- bzw. Subventionsrechtsregimes in das Vertragswerk.

Systemisch wirkte sich die damalige Konzentration auf die Frage des Marktzugangs zum einen auf Tatbestandsebene aus, wo die von der Kommission zu erfüllenden Anforderungen an die Darlegung einer drohenden Wettbewerbsverfälschung und der Beeinträchtigung des zwischenstaatlichen Handels sukzessive gesenkt wurden,[192] zum anderen vor allem auf Rechtfertigungsebene (vgl. ex Art. 92 Abs. 3 lit. a bis d EWGV). Dort wurde die Prüfung der Vereinbarkeit von Beihilfen mit dem Gemeinsamen Markt als reine Rechtsfrage qualifiziert, die Genehmigungstatbestände und das auf deren vagen Wortlaut aufbauende *soft law* folglich einer form- statt wirkungsbasierten Kategorisierung unterzogen.[193] Die Anwendung im Einzelfall richtete die Kommission nicht auf die Ermöglichung bzw. Vermeidung bestimmter Wettbewerbseffekte, sondern auf eine kohärentere Einbettung in die sich entfaltenden Binnenmarktpolitiken aus.[194]

3. Maximierung von Wohlfahrtseffizienz

Die Grundlagen für einen Einzug der ökonomischen Analyse in die EU-Beihilfenkontrolle, wie er sich in der durch die im Jahre 2005 von der GD Wettbewerb losgetretenen Modernisierungskaskade endgültig manifestierte, hatte die Gemeinschaft bereits in den 1990er-Jahren gelegt.[195] Die Kommission begann damals, die Genehmigungen sektoraler Beihilfen zugunsten weniger wettbewerbsverzerrender horizontaler Beihilfen zu reduzieren (s. oben *A.II.3.*), ferner hob der EuGH den Beihilfen- und Kartellrecht einenden Zielzusammenhang des unverfälschten Wettbewerbs erstmals in eindeutiger Weise hervor.[196] Eine fundierte Auseinandersetzung

191 Dies gilt zumindest außerhalb des Anwendungsbereichs der Assoziierungskompetenz des Art. 217 AEUV.

192 EuGH 730/79, Slg. 1980, 2671 Rn. 8 ff. – Philip Morris/Kommission.

193 *Verouden*, EU State Aid Control: The Quest for Effectiveness, in: Rubini/Hawkins (Hrsg.), What Shapes the Law?, S. 129, 130, bewertet die Kontrollpraxis der Kommission bis zum SAAP sogar als „formalistisch".

194 *Hofmann*, State Aid Review in a Multi-level System, S. 9.

195 S. hierzu eingehend wiederum *Piernas López*, The Concept of State Aid Under EU Law, S. 247.

196 EuGH C-225/91, Slg. 1993, I-3203, Rn. 40 ff. – Matra/Kommission.

mit den wettbewerblichen Auswirkungen staatlicher Beihilfen erfolgte hingegen erst in jüngeren Jahren und kann auch nach Vollendung der SAM nicht als final abgeschlossen betrachtet werden.[197]

Die Kommission folgt heute der vor allem im US-amerikanischen *antitrust law* zentralen ökonomischen Erkenntnis, dass die Beeinflussung des freien Wettbewerbsprozesses allokative, produktive und – nach dem neuesten Stand der wirtschaftswissenschaftlichen Forschung als besonders problematisch einzustufende – dynamische Ineffizienzen zur Folge haben kann.[198] Werden beispielsweise am Markt gescheiterte Unternehmen durch staatliche Rettungsmaßnahmen künstlich am Leben er- und damit im nationalen und europäischen Wettbewerb gehalten, so mindert dies nicht nur die Wachstumschancen und -ambitionen effizienterer Unternehmen und verzögert unausweichliche Strukturwandelszenarien, sondern schädigt die globale Wettbewerbsfähigkeit der Unionswirtschaft insgesamt.[199] Umgekehrt rücken die verschiedenen Formen des Marktversagensphänomens stärker in den Fokus des Aufsichtsverfahrens, da „guten", das heißt effizienzsteigernden Beihilfen das Potenzial zugeschrieben wird, korrigierend einzugreifen, wenn der Markt selbst im Einzelfall keine optimale Ressourcenallokation produziert.[200]

Auf der Zielebene ging diese Neuausrichtung des Beihilfenrechtsregimes als Wettbewerbsrecht mit deutlichen Akzentverschiebungen einher. Eine Orientierung an Effizienzfragen erfordert die Einnahme mikroökonomischer Perspektiven auf die durch Beihilfen begünstigten Unternehmen und die Märkte, auf denen diese agieren. Das *level playing field* gilt es demnach primär mit Blick auf konkurrierende Unternehmenseinheiten und weniger bezüglich der mitgliedstaatlichen Volkswirtschaften als Ganze zu wahren. Selbst Subventionswettläufe könnten unter einer isolierten Zugrundelegung dieses Ansatzes theoretisch ausnahmsweise hinnehmbar sein, stellten sie sich als effizienzsteigernde kompetitive Bietverfahren zwi-

---

197 *Bacon*, European Union Law of State Aid, Rn. 1.34.

198 S. hierzu eingehend *Schwalbe*, in: MüKoBeihilfenR, 2. Aufl. 2018, Einl. Rn. 96 ff.

199 Vgl. noch weitergehend *Stöllinger/Holzner*, J Ind Compet. Trade 2017, 203, 229 f., welche aus wirtschaftswissenschaftlicher Sicht die Hypothese eines Zusammenhangs zwischen der durch die EU-Beihilfenkontrolle geförderten Gewährung effizienter Beihilfen durch die Mitgliedstaaten und steigendem Exportwachstum untersuchen.

200 *Kommission*, Aktionsplan staatliche Beihilfen, KOM(2005) 107 endgültig, Rn. 23.

schen Regierungen dar.[201] Im Ergebnis nehmen die Anleihen aus der Dogmatik der Grundfreiheiten ab, was sich konkret in *de minimis*-Schwellen und einem selteneren Rückgriff auf *per se*-Regeln im Rahmen der Vereinbarkeitsprüfung von Beihilfen, welche die AGVO nicht bereits *ex ante* freistellt, äußert.

III. „More refined economic approach"

Kaum eine Reform des Unionswettbewerbsrechts löste mehr Diskussionen aus als die nach der Jahrtausendwende erfolgte Einführung der „(verfeinerten) wirtschaftlichen Betrachtungsweise" in der Kartell- und sodann Beihilfenaufsicht, sodass folgende Ausführungen Breite und Tiefe der Kontroverse nicht widerspiegeln können.[202] Vielmehr geht es darum, die den Beurteilungsmaßstab betreffende Diskrepanz zwischen Beihilfen- und Kartellaufsicht aufzuzeigen *(1.)*[203] sowie den unterschiedlichen Erfolg des Ansatzes auf Ebene des Beihilfentatbestandes (Art. 107 Abs. 1 AEUV) und auf derjenigen der Rechtfertigung (Art. 107 Abs. 2 und 3 AEUV) darzulegen *(2.)*, um eine Standortbestimmung der heutigen EU-Beihilfenkontrolle vorzunehmen *(3.)*.

1. Anwendung eines Gesamtwohlfahrtsmaßstabes

Offen blieb nach der Verabschiedung des SAAP im Jahre 2005 zunächst, welchen wettbewerblichen Prüfungsmaßstab, das heißt, welchen Wohlfahrtsstandard die GD Wettbewerb in der Beihilfenkontrolle fortan anzuwenden gedachte. Während die damals amtierenden Wettbewerbskommissare *Mario Monti* und *Neelie Kroes* im Kartellrecht die – später vom Gerichtshof allerdings verworfene[204] – Bezugsgröße der Konsumentenwohlfahrt favorisierten, welche primär auf das Vorliegen von Effizienzgewinnen

---

201 Vgl. hierzu *Friederiszick/Röller/Verouden*, European State Aid Control: An Economic Framework, S. 652 ff.

202 Vgl. nicht abschließend die Nachw. o. in Fn. 132.

203 S. umfassend zu den Charakteristika des von der Kommission im Rahmen der Beihilfenkontrolle angestrebten *more economic approach* (inklusive eines Vergleichs mit der Vorgehensweise im Kartellrecht) *Monopolkommission*, XVII. Hauptgutachten 2006/2007, BT-Drs. 16/10140, Ziff. 6.3.2.

204 EuGH C-501/06 u.a., Slg. 2009 I-9291 Rn. 63 – GlaxoSmithKline u.a./Kommission u.a.

zugunsten von Verbrauchern abstellt,[205] tendierte man bei den benachbarten Art. 107 ff. AEUV zum umfassenden Gesamtwohlfahrtsstandard.[206] Vor dem Hintergrund, dass es häufig gerade klassische Produktionsbeihilfen sind, die zu sinkenden Verbraucherpreisen führen und, dem ersterem Konzept zufolge, aus diesem Grund nicht mehr dem Beihilfenverbot unterfielen, erscheint dies als die einzig logische Wahl, da anderenfalls die Existenzberechtigung des EU-Beihilfenrechtsregimes selbst zur Disposition stünde.[207]

Allerdings wirft auch ein Abstellen auf die Gesamtwohlfahrtseffizienz im Rahmen der Beihilfenkontrolle erhebliche praktische Schwierigkeiten auf, welche nicht zuletzt in der Staatsgerichtetheit des Beihilfenverbots sowie in dem Phänomen des sog. „Staatsversagens" wurzeln. So wird geltend gemacht, dass ein in diesem Sinne verstandener *more refined economic approach* die Analyse der Finanzierungsseite staatlicher Beihilfen und darüber hinaus die Berücksichtigung von *second best*-Problemen verlange.[208] Durch den sog. „Schattenpreis der Besteuerung" (engl.: *deadweight loss*) bedingte Wohlfahrtsverluste, welche entstehen, wenn die Opportunitätskosten in Form von Steuermitteln den volkswirtschaftlichen Nutzen der Beihilfenmaßnahme übersteigen, finden im SAAP zwar indirekte Erwähnung,[209] praktikable Modelle zur Einberechnung fehlen indessen vollständig. Noch komplexer und – wegen des benötigten Datenmaterials zu allen potenziell betroffenen Märkten – kaum handhabbar gestaltet sich der Umgang mit in der Ökonomie diskutierten Sachverhalten, in denen zwei verschiedene Marktversagen sich (teilweise) gegenseitig aufheben. Die Vergabe einer staatlichen Beihilfe zur Behebung eines der beiden birgt in diesen Fällen die Gefahr, weitere Effizienzeinbußen zu bewirken, sodass die Belassung der ursprünglich vorgefundenen Ineffizienz vorzugswürdig ist.[210] Schließlich ist zu beachten, dass die Wettbewerbswirkungen von Beihilfen sich nicht auf das Verhältnis konkurrierender Unternehmen und deren Markt-

---

205 Vgl. *Mario Monti*, Content, Competition and Consumers: Innovation and Choice, Keynote speech at the European Competition Day in Stockholm, 11. Juni 2001.

206 S. hierzu detailliert *Schwalbe*, in: MüKoBeihilfenR, Einl. Rn. 91 ff.

207 S. ebenfalls in diese Richtung *Behrens*, in: Birnstiel/Bungenberg/Heinrich, Einl. Rn. 159.

208 Ebd., Rn. 160 ff.; *Schwalbe*, European State Aid Control – The State Aid Action Plan, in: Basedow/Wurmnest (Hrsg.), Structure and Effects in EU Competition Law, S. 161, 180 ff.

209 *Kommission*, Aktionsplan staatliche Beihilfen, KOM(2005) 107 endgültig, Rn. 8.

210 S. hierzu wiederum *Schwalbe*, The State Aid Action Plan, S. 183 f.

gegenseite beschränken, sondern – unabhängig von dem ihm zugemessenen Gewicht (s. oben *B.II.3*) – auch im mitgliedstaatlichen Standortwettbewerb um (Direkt-)Investitionen. Letzterer wiederum ist angesichts seines makroökonomischen Charakters Effizienzanalysen *a priori* nur in begrenzter Weise zugänglich.[211]

2. Beihilfentatbestand und -rechtfertigung

Die Ausführungen im SAAP, markanter aber noch die Überwachungspraxis der Kommission und die Judikatur der Unionsgerichte in den Folgejahren, verdeutlichen, dass die Selbstvorgabe der GD Wettbewerb, eine verfeinerte wirtschaftliche Betrachtungsweise einzunehmen, sich fast exklusiv auf die Interpretation der Rechtfertigungstatbestände (Art. 107 Abs. 2 und 3 AEUV) und allenfalls mittelbar auf diejenige des Beihilfentatbestands (Art. 107 Abs. 1 AEUV) bezog. Tatsächlich geriete die Gleichsetzung des *more refined economic approach* mit einer Ausweitung wettbewerbsrechtlicher Konzepte auf die Gesamtheit des EU-Beihilfenrechts zu pauschal. Dies wird teilweise in erster Linie darauf zurückgeführt, dass der Wortlaut der Vorschriften dahingehenden Überlegungen eine Grenze setze,[212] hängt zum anderen aber auch damit zusammen, dass mit der Konzentration der Kommission auf wohlfahrtsökonomische Effizienzmodelle nicht zwingend die Verwendung weiterer – etwa im Marktbeherrschungs- und Fusionskontrollrecht gängiger – Methoden der ökonomischen Analyse des Rechts einherzugehen hat.

Dieses zeigt sich etwa anhand einer überschlägigen Betrachtung der Unionsrechtsprechungs- bzw. -gesetzgebungslinien in Bezug auf drei der konstitutiven Merkmale des Beihilfenbegriffs. Das insbesondere aus ökonomischer Warte kritisierte Urteil des Gerichtshofs in der Rs. *PreussenElektra*[213] zum Erfordernis der Belastung des Staatshaushalts (im Rahmen der Auslegung des Merkmals „staatliche oder aus staatlichen Mittel“) erfuhr

---

211 Vgl. hierzu aber nunmehr *Gröteke*, Europäische Beihilfenkontrolle und Standortwettbewerb, 2016, S. 147 ff.

212 So etwa dezidiert *Möschel*, Überlegungen aus juristischer Perspektive, in: Oberender (Hrsg.), Der „more economic approach“ in der Beihilfenkontrolle, S. 40, 45 ff.; anderer Auffassung: *Kühling*, The Need for a More Economic Approach, in: Basedow/Wurmnest (Hrsg.), Structure and Effects in EU Competition Law, S. 211, 212 ff.

213 EuGH C-379/98, Slg. 2001, I-2099 – PreussenElektra.

in den vergangenen beiden Jahrzehnten zwar eine Relativierung,[214] wurde bislang dennoch nie grundsätzlich aufgegeben.[215] Wiewohl die durch den EuGH so gezogene Trennlinie zu den Grundfreiheiten zumindest in unionsverfassungsrechtlicher Hinsicht nachvollziehbar ist,[216] dürfte es unter Anwendung eines wirkungsbasierten Ansatzes keinen Unterschied machen, ob – wie im Falle des damals in Streit stehenden deutschen Stromeinspeisungsgesetzes – eine Abnahmepflicht von durch Energieerzeuger produziertem „Ökostrom" zu staatlich fixierten Mindestpreisen besteht oder ob entsprechende Erzeuger direkt subventioniert werden. In Bezug auf die konkrete Anwendung der Merkmale der drohenden Wettbewerbsverfälschung sowie der Beeinträchtigung des zwischenstaatlichen Handels ergaben sich bis auf eine festzustellende Erhöhung der Darlegungslast der Kommission keine substanziellen Änderungen, da an dieser Stelle heute weder Effizienzerwägungen Eingang finden, noch die Unionsgerichte standardmäßig eine dem Kartellrecht entlehnte, vertiefte Marktabgrenzung einforderten.[217] Letztere lehnen auch Spürbarkeitserwägungen ab,[218] die aber in der inzwischen mehrfach reformierten *de minimis*-Verordnung, die einen Beihilfenhöchstbetrag von 200.000 Euro festlegt, welchen ein einziges Unternehmen in einem Zeitraum von drei Jahren (pro Mitgliedstaat) erhalten darf,[219] zumindest indirekt enthalten sind.

Im Gegensatz dazu als umwälzend zu bezeichnende Umbrüche ergaben sich im Zuge der Umsetzung des SAAP auf Ebene der Rechtfertigung, an die der zwischen 2012 und 2014 durchgeführte Prozess der SAM anknüpfte, ohne das kontroverse Motto der verfeinerten wirtschaftlichen Betrachtungsweise wörtlich aufzugreifen. Das der Kommission bei der Ausle-

---

214 EuGH C-206/06, Slg. 2008 I-05497 – Essent Network Noord u.a.; C-384/07, Slg. 2008, I-10393 – Wienstrom; C-677/11, ECLI:EU:C:2013:348 – Doux Élevage; C-262/12, ECLI:EU:C:2013:851 – Vent de Colère u.a.

215 Vgl. in diesem Sinne jüngst EuGH C-405/16 P, ECLI:EU:C:2019:268 Rn. 52 ff. – Deutschland/Kommission.

216 S. hierzu instruktiv *Piernas López*, The Concept of State Aid Under EU Law, S. 168, 171.

217 *Cremer*, in: Calliess/Ruffert, Art. 107 AEUV Rn. 32 m. weit. Nachw. aus der Unionsrechtsprechung.

218 Vgl. *Koenig/Förtsch*, in: Streinz, Art. 107 AEUV Rn. 108, unter anderem mit Verweis auf die detaillierte Ablehnungsbegründung des EuG T-301/02, Slg. 2009, II-1757 Rn. 88 ff. – AEM/Kommission.

219 Art. 3 Abs. 2 der Verordnung (EU) Nr. 1407/2013 der Kommission v. 18. Dezember 2013 über die Anwendung der Artikel 107 und 108 des Vertrags über die Arbeitsweise der Europäischen Union auf De-minimis-Beihilfen, ABl. 2013 L 352/1.

gung und Anwendung der sog. „Administrativausnahmen“ des Art. 107 Abs. 3 AEUV zustehende weite Ermessen sowie die offene Formulierung mehrerer der Tatbestandsalternativen (vgl. insbesondere die Alt. 1 und 2 von Abs. 3 lit. b und c) erlauben es ihr, die auf eine Steigerung der Wohlfahrtseffizienz zielende Behebung von Marktversagen ungleich leichter in den Mittelpunkt des Verfahrens der Beihilfengenehmigung zu stellen. Derartiges Marktversagen wird durch positive und negative externe Effekte, öffentliche Güter bzw. Leistungen, asymmetrische Informationslagen, Abstimmungsprobleme oder auch Marktmacht verursacht,[220] kann der Kommission zufolge jedoch mithilfe von „gut konzipierten und [...] auf Ziele von gemeinsamem Interesse ausgerichteten Beihilfen“[221] aufgefangen werden. Die – insoweit parallel zu den kartellrechtlichen Gruppenfreistellungsverordnungen – stetig ausgebaute AGVO (s. oben *A.III.3.*) vereinfacht die Gewährung solcher „guten“ Beihilfen, da ihrem Anwendungsbereich zahlreiche horizontale, mithin sektorübergreifende, mitgliedstaatliche Unterstützungsmaßnahmen unterfallen.

Nicht *ex ante* freigestellte Beihilfen unterzieht die Kommission einem komplexen dreigliedrigen sog. *balancing test*, der auf den ersten beiden Stufen die Identifizierung eines Beihilfenziels von gemeinsamem europäischem Interesse (vor allem die Korrektur von Marktversagen) und eine Verhältnismäßigkeitsprüfung (mit einem Fokus auf den Anreizeffekt, das heißt die verhaltenssteuernde Wirkung) der Beihilfe beinhaltet, bevor es zur eigentlichen Abwägung von deren positiven sowie negativen Wirkungen kommt,[222] im Rahmen derer wettbewerbsrechtliche Elemente wie die Marktabgrenzung oder die Gewichtung von Effizienzeffekten Eingang finden. In Fällen distributive Ziele verfolgender Beihilfen (vgl. Art. 107 Abs. 3 lit. a AEUV), die nicht Marktversagen angehen, sondern in einem Mitgliedstaat für politisch unbefriedigend erachtete Ergebnisse des freien Wettbewerbsprozesses korrigieren, begründet der *balancing test* dagegen keine ökonomische Analyse im engeren Sinne.[223] Statt Effizienz zum Rechtsprinzip zu erheben, wird in diesen Fällen vielmehr eine möglichst

220 *Kommission*, Aktionsplan staatliche Beihilfen, KOM(2005) 107 endgültig, Rn. 23.

221 *Kommission*, Mitteilung – Modernisierung des Beihilfenrechts, COM(2012) 209 final, Rn. 12.

222 S. für eine rechtsökonomische Analyse dieses Abwägungstests *Schwalbe*, in: MüKoBeihilfenR, Einl. Rn. 91 ff.

223 S. hierzu *Coppi*, The role of economics in State aid analysis and the balancing test, in: Szyszczak (Hrsg.), Research Handbook on European State Aid Law, S. 64, 65.

effektive Zielerreichung anvisiert,[224] was aber dennoch zu einer wettbewerbs- und – unter Kompetenzgesichtspunkten nicht unumstritten[225] – budgetschonenderen und damit insgesamt effizienteren Beihilfenvergabe beizutragen vermag.

3. Status quo der EU-Beihilfenkontrolle

Wo also kann die EU-Beihilfenkontrolle im System des Unionsrechts heute verortet werden? Während einige darauf beharren, dass ihrer Komplementärfunktion zu den Grundfreiheiten des Binnenmarktkapitels noch immer die gewichtigste Bedeutung zukommt,[226] tragen die überwiegende Zahl der Mitgliedstaaten sowie große Teile des Schrifttums den Modernisierungskurs der Kommission hin zu einer engeren Wettbewerbsrechtsorientierung wie auch die daraus resultierende „Quasi-Dezentralisierung"[227] mit.[228] Dieser Verständniswandel – von *Juan Jorge Piernas López* jüngst treffend umschrieben mit seiner Titelergänzung „From internal market to competition and beyond"[229] – ist allerdings ebenso wie das Beihilfenverbot selbst weder als absolut noch als unbedingt zu deuten,[230] sondern vollzieht sich sukzessive und bruchstückhaft.

Das zeigt sich etwa daran, dass die Einführung des *more refined economic approach* aus rechtlichen und tatsächlichen Gründen lediglich teilweise gelingen konnte, außerdem am nach wie vor bilateral ausgestalteten Charakter des Beihilfenaufsichtsverfahrens, der trotz des nicht nur in Deutschland

---

224 S. umfassend zum Ziel der Effektivität in SAAP und SAM *Verouden*, EStAL 2015, 459, 461.

225 Vgl. etwa die Kritik von *Bartosch*, RIW 2007, 681, 690.

226 Vgl. dazu die Nachw. o. in Fn. 190.

227 *Van de Casteele*, Changes and What Drives Them. Evolution of State Aid Control, in: Rubini/Hawkins (Hrsg.), What Shapes the Law?, S. 111, 118 (Fn. 30), merkt zu Recht an, dass der Begriff der Dezentralisierung streng genommen irreführt, da die Union bisher keinerlei Beihilfenaufsichtsbefugnisse der Kommission delegiert hat.

228 S. statt vieler grundlegend *Rubini*, The Definition of Subsidy and State Aid, S. 59 ff. m. zahlr. weit. Nachw.

229 Vgl. nur das gleichnamige Schlusskapitel in *Piernas López*, The Concept of State Aid Under EU Law, S. 237 ff.

230 Ständige Rechtsprechung seit EuGH 78–76, Slg. 1977, 595 Rn. 8 – Steinike und Weinlig/Deutschland.

gestärkten *private enforcement*[231] auch nach der Reform des einschlägigen Sekundärrechts von 2013 (BVVO) erhalten blieb.[232] Letztere gesteht Beihilfenempfängern sowie deren privaten Konkurrenten eine – verglichen mit der Kommission und dem beihilfengewährenden Mitgliedstaat – untergeordnete Rolle zu,[233] was einen Beleg für die Annahme darstellt, dass die interjurisdiktionelle Komponente der Beihilfenkontrolle nach wie vor präsent ist.[234] Hierin kann man eine problematische Gemengelage sehen, die einer Vollendung wettbewerbsrechtlicher Konzeptionen im Wege steht und Zielkonflikte hervorruft,[235] umgekehrt – und positiver konnotiert – aber auch eine einmalige Verbindung aus wettbewerbs-, binnenmarkt- und haushaltsrechtlichen Elementen, die das Wesen des EU-Beihilfenrechts gerade ausmachen.[236] Dieser im Kartell-, Marktbeherrschungs- und Fusionskontrollrecht weitaus schwächer ausgeprägte Befund geht maßgeblich auf das Spannungsfeld zwischen Recht, Ökonomie sowie Politik zurück, in dem die Kommission sich im Rahmen der Beihilfenaufsicht zu bewegen hat.[237] Denn ungeachtet der das Rechtsgebiet kennzeichnenden, in hohem Maße technischen Detailprobleme bildete sie, wie bereits ihre Entwick-

---

231 Im Jahre 2011 qualifizierte der BGH das Durchführungsverbot des Art. 108 Abs. 3 S. 3 AEUV als Schutzgesetz im Sinne von § 823 Abs. 2 BGB und als Marktverhaltensregelung im Sinne von § 3a UWG (vgl. BGHZ 188, 326). S. rechtsvergleichend *GD Wettbewerb* (Hrsg.), Study on the enforcement of State aid law at national level, 2006.

232 Verordnung (EU) 2015/1589 des Rates v. 13. Juli 2015 über besondere Vorschriften für die Anwendung von Artikel 108 des Vertrags über die Arbeitsweise der Europäischen Union, ABl. 2015 L 248/9; zuvor bereits Verordnung (EU) 734/2013 des Rates v. 22. Juli 2013 zur Änderung der Verordnung (EG) Nr. 659/1999 über besondere Vorschriften für die Anwendung von Artikel 93 des EG-Vertrags, ABl. 2013 L 204/15.

233 S. hierzu die kritische Aufarbeitung der Auswirkungen der SAM auf die Rechte Dritter in Beihilfenprüfverfahren bei *Laprévote*, EStAL 2014, 426 ff.; vgl. außerdem allgemein das Referenzwerk von *Pastor-Merchante*, The Role of Competitors in the Enforcement of State Aid Law, 2019, passim.

234 Vgl. konzis *Buendía Sierra*, EU State Aid Control: Competition Between Undertakings or Between Member States?, in: Rubini/Hawkins (Hrsg.), What Shapes the Law?, S. 121, 123.

235 Die stringente Wettbewerbsrechtsausrichtung fordert repräsentativ für viele *Temple Lang*, EStAL 2014, 440 ff.

236 Ähnlich, wenngleich kritischer in den Schlussfolgerungen *Bacon*, European Union Law of State Aid, Rn. 1.04.

237 Letzteren Aspekt betont *Zahariadis*, J Ind Compet Trade 2013, 143 ff., der auf Basis von der GD Wettbewerb veröffentlichten Datenmaterials (1992 bis 2007) darzulegen versucht, dass eine Entpolitisierung der EU-Beihilfenaufsicht bis dato nicht vollständig gelungen ist und die sog. *bargaining power* des beihilfen-

lungsgeschichte (s. oben *A.I.*) offenbart, zu keinem Zeitpunkt eine von Einflüssen des Unionsverfassungsrechts freie „regulatorische Insel"[238].

Zeugnis darüber legen jüngere Entscheidungen des Gerichtshofs ab, in denen dieser unter Berücksichtigung von Art. 4 Abs. 2 S. 1 EUV die mitgliedstaatliche Verfassungsorganisation[239] mit in seine Erwägungen zur Selektivität einschloss oder für sog. „Dienste von allgemeinem wirtschaftlichem Interesse" (DAWI), mit Blick auf deren durch Art. 14 AEUV herausgehobene Stellung, eine Sonderjudikatur begründete.[240] Besonders anschaulich wird die Einbettung der Beihilfenkontrolle in übergeordnete Entwicklungen bei einer Betrachtung der Hintergründe des Bedeutungsrückgangs von auf Art. 107 Abs. 3 lit. a und c AEUV gestützten Regionalbeihilfen zugunsten anderer horizontaler Beihilfen.[241] Besagte Tendenz kann nicht allein darauf zurückgeführt werden, dass die Reformagenden der Kommission einen Paradigmenwechsel herbeiführten oder das Ziel der Verteilungsgerechtigkeit, welches jahrzehntelang das wichtigste Motiv für mitgliedstaatliche Beihilfen darstellte,[242] neuerdings an Aktualität eingebüßt hätte. Vielmehr haben aus dem Unionshaushalt selbst gewährte Beihilfen (Unionsbeihilfen), die nach streitiger Praxis aus dem Geltungsbereich des Art. 107 Abs. 1 AEUV ausgeklammert sind,[243] und aus den im Zuge der Finanzkrise aufgestockten EU-Struktur- und Kohäsionsfonds finanzierte Beihilfen, welche lediglich formal den Mitgliedstaaten zuzurech-

---

gewährenden Mitgliedstaates weiterhin einen Einflussfaktor in Beihilfenprüfverfahren darstellt.

238 So das Bild von *Hofmann*, State Aid Review in a Multi-level System, S. 7.

239 EuGH C-88/03, Slg. 2006, I-7115 – Portugal/Kommission.

240 EuGH C-280/00, Slg. 2003, I-7747 – Altmark Trans und Regierungspräsidium Magdeburg. *Piernas López*, The Concept of State Aid Under EU Law, S. 15, deutet diese Rechtsprechungstendenzen – in Anknüpfung und Abgrenzung zu seiner Kategorisierung der äußerst dynamischen Judikatur der 1970er-Jahre – als Hinweise auf die Einleitung einer neuen Phase des „balanced instrumentalism".

241 Vgl. für die Jahre 2006 bis 2009 *Heidenhain*, European State Aid Law, 2010, § 1 Rn. 15. Jüngste Zahlen aus den *State Aid Scoreboards* von 2017 und 2016, die eine Abnahme des gesamten EU-Regionalbeihilfevolumens in Höhe von vier (2016) bzw. fast fünf (2015) Milliarden Euro belegen, bestätigen den Trend, der zurückzuführen ist auf die Neuerungen in *Kommission*, Mitteilung – Leitlinien für Regionalbeihilfen 2014–2020, ABl. 2013 C 209/1.

242 S. hierzu *Merola*, The Forces Shaping State Aid Control in the EU, S. 105.

243 Die Kontroverse um Unionsbeihilfen kontextualisierend *Müller*, Wettbewerb und Unionsverfassung, S. 203 ff.

nen sind,[244] nationale Politiken in diesen Feldern zunehmend ergänzt, determiniert und teilweise sogar abgelöst. Beide fungieren bei der Verwirklichung der in den Modernisierungsprogrammen ausgerufenen Devise von *„less aid“* (durch die Mitgliedstaaten) als ein Katalysator,[245] ohne dass sie in der Gesamtschau zu einer tatsächlichen Senkung des unionsweiten Interventionsniveaus beitragen.

In diesem Lichte betrachtet, verlieren die für eine vornehmliche Einordnung des EU-Beihilfenrechts als Wettbewerbsrecht vorgebrachten formalen, historischen, systematischen und teleologischen Argumente keineswegs an Gültigkeit. Gleichwohl relativiert sich die Uneingeschränktheit der aus ihnen gezogenen Schlussfolgerung, abstrahiert man die zugrundeliegenden rechtspolitischen Forderungen und theoretischen Modelle von der gelebten Rechtspraxis und konzentriert sich ausschließlich auf den *status quo.* Heute erfordern kompetenzielle (in vertikaler wie in horizontaler Hinsicht) und faktische Grenzen von den Unionsorganen in Fragen der ökonomischen Analyse bereits im Grundsatz eine vorsichtige, differenzierende Herangehensweise:

> „[A]n economic approach does not mean a full economic assessment in all cases. The obvious solution – like in all other areas of competition policy, such as mergers and antitrust – has to be a sensible combination of safe harbour thresholds and prohibition thresholds and a more complete economic assessment for those cases (limited in number) which fall in between […].”[246]

Dies gilt in besonderer Weise im Bereich der EU-Beihilfenkontrolle, wo der aus Art. 107 Abs. 1 AEUV abgeleitete Zieldreiklang (s. oben *B.I.*) – wenngleich mit verschobener Akzentuierung – fortbesteht und die dargelegten, der Disziplin inhärenten Spezifika Würdigung finden müssen. Umgekehrt erschiene es im Vergleich zum Subventionsrechtsregime der Welthandelsordnung – wie sogleich zu zeigen sein wird – zu restriktiv, der durch die Kommission praktizierten Aufsicht lediglich aufgrund ihrer ökonomisch-theoretischen Unvollkommenheit den wettbewerbsrechtlichen Charakter gänzlich abzusprechen. Sofern bei der Erörterung der interna-

---

244 Vgl. umfassend zur Differenzierung zwischen Unionsbeihilfen und mitgliedstaatlichen Beihilfen auf dem Gebiet der EU-Strukturfonds *Petzold*, in: Birnstiel/Bungenberg/Heinrich, Kap. 4 EU-Beihilfenrecht 2. Teil, Rn. 36 ff.

245 S. insoweit richtig *Buendía Sierra/Smulders*, The Limited Role of the „Refined Economic Approach”, S. 24 f.

246 So *Friederiszick/Röller/Verouden*, European State Aid Control: An Economic Framework, S. 625, 658, zitiert nach *Schwalbe*, The State Aid Action Plan, S. 182.

tionalen Dimension der Disziplin die fehlende oder eingeschränkte Übertragbarkeit von rein unionsinternen Faktoren, die eine effizienzorientierte Ausrichtung begünstigen – wie das Verbot der Ausgleichszollverhängung unter Mitgliedstaaten, der vollendete Binnenmarkt oder die Europäisierung von Teilen der Struktur- und Industriepolitik – angemessen berücksichtigt werden, steht der Einordnung des EU-Beihilfenrechts als eine Art „Wettbewerbsrecht light" nichts entgegen.

§ 2 Subventionsrecht der Welthandelsorganisation

Das multilaterale WTO-Subventionsrecht gilt aufgrund des im Rahmen der Uruguay-Runde (von 1986 bis 1994) verfolgten sog. *single undertaking approach* für den Warenhandel zwischen derzeit weltweit 164 WTO-Mitgliedern.[247] Es blickt auf eine verglichen mit anderen WTO-Disziplinen langwierige Entstehungshistorie zurück, die durch einen auf US-amerikanischen Impulsen beruhenden intergouvernementalen Interessenausgleich geprägt wurde *(A.)*. Der wachsende Mitgliederstamm, die daraus folgende politische und sozioökonomische Diversität sowie variierende, sich je nach Sektor fortlaufend im Fluss befindliche Interessenkoalitionen wie zuletzt in der Doha-Verhandlungsrunde,[248] bereiten bei der Ermittlung der Ratio noch größere Schwierigkeiten als dies bereits im Rahmen der EU-Beihilfenkontrolle der Fall ist *(B.)*.

A. Genese und Entwicklung

Bei der Retrospektive auf den Prozess der Herausbildung des WTO-Subventionsrechts in seiner heutigen Gestalt lohnt es, weiter zurückzublicken als bis zum Beginn der Nachkriegsära *(I.)*,[249] da sich grundlegende Ent-

---

247 Zur aktuellen Zahl an Mitgliedern und Ländern mit Beobachterstatus vgl. die offizielle Übersichtsliste der WTO, abrufbar unter www.wto.org/english/thewto_e/whatis_e/tif_e/org6_e.htm [zuletzt aufgerufen am 1.2.2019].

248 S. hierzu das instruktive Schaubild bei *Coppens*, WTO Disciplines on Subsidies and Countervailing Measures: Balancing Policy Space and Legal Constraints, 2014, S. 38, mit welchem dieser die Koalitionen in den WTO-Landwirtschaftsverhandlungen in der Doha-Runde abzubilden versucht.

249 Für einen ausführlichen, bei der *Bretton Woods*-Konferenz im Jahre 1944 ansetzenden, historischen Abriss s. statt aller *Luengo Hernández de Madrid*, Regulation of Subsidies and State Aids in WTO and EC Law, S. 35 ff.

wicklungen bereits in früheren Episoden andeuteten und insbesondere das später auf multilateraler Ebene vorherrschende Verständnis von Subventionsregulierung als Ausgleichszollrecht seine Wurzeln in den USA hat. Die allenfalls bruchstückhaften Regelungsmodelle im GATT 1947 und im Tokio-Subventionskodex 1979 *(II.)* stellten die Rechtsanwender fast fünfzig Jahre lang vor kaum überwindbare interpretatorische und prozedurale Hürden, bevor mit Gründung der WTO und dem Inkrafttreten des ASÜ im Jahre 1995 erstmals von einer internationalen Subventionsrechtsordnung im engeren Sinne gesprochen werden konnte *(III.)*.

I. Sektorale Anfänge (1890–1948): Von den „Zuckerkriegen" bis zur Havanna-Charta

1. The McKinley Tariff Act of 1890

Die maßgeblichen Ursprünge des internationalen Subventionsrechts liegen mangels begleitender Durchsetzungsmechanismen weniger in den frühen zaghaften Versuchen, durch bilaterale Handelsverträge – wie zwischen Frankreich und dem Deutschen Zollverein im Jahre 1862 – bestimmte Formen staatlicher Subventionen direkter oder indirekter Art selbst abzuschaffen.[250] Vielmehr waren es die USA, welche mit dem – obgleich konzeptionell noch wenig ausgereiften – *McKinley Tariff Act* von 1890 und dem darin installierten Mechanismus, gegen im Ausland subventionierte Zuckerimporte mit der unilateralen Erhebung standardisierter Zusatzzölle vorzugehen, einen Rechtstrend schaffen sollten. Dieser Umgang mit der zwar gemeinhin als unfair bewerteten, indessen gleichwohl global verbreiteten Handelspraktik der Exportsubvention wurde von anderen, vor allem europäischen, Staaten kopiert und sukzessive ausgebaut.[251]

Wie sich an den vor der Jahrtausendwende vorgenommenen Änderungen am *US Countervailing Duty Law* durch den *Wilson-Gorman Tariff Act* von 1894 sowie dem protektionistischen *Dingley Tariff Act* von 1897 zeigt, verlaufen die Grenzen zwischen einem Ausgleich von durch Auslandssubventionen hervorgerufenen Schädigungen einheimischer Produk-

---

250 Vgl. näher zu diesem einseitig von Frankreich eingeräumten vertraglichen Versprechen und seiner fehlenden Durchschlagskraft *Viner*, Dumping: A Problem in International Trade, 1966 (Nachdr. d. Ausg. v. 1923), S. 167 f.

251 Unter Betonung der europäischen Dimension *Piernas López*, The Concept of State Aid Under EU Law, S. 27.

tionszweige und einer rein industriepolitisch motivierten Abwehr wettbewerbsfähigerer Importe fließend.[252] Während ersteres Gesetz noch die Möglichkeit der Suspendierung von Ausgleichzöllen vorsah, sofern einem betroffenen ausländischen Produzenten der Nachweis gelungen war, keine staatlichen Zuwendungen zu erhalten, dehnte letzteres den Anwendungsbereich umfassend auf alle Bereiche des Warenhandels aus und erhöhte in Anknüpfung an den *McKinley Tariff Act* die Zölle insgesamt auf ein in der US-amerikanischen Handelsgeschichte beispielloses Niveau.[253]

Die Aussagekraft dieses historischen Abschnitts mag angesichts der geringen Praxisrelevanz zu dieser Zeit existierender nationaler Ausgleichszollsysteme sowie des Umstands, dass daneben auch erste multilaterale Bestrebungen (s. sogleich 2.) entstanden, beschränkt sein.[254] Nichtsdestotrotz darf nicht unterschätzt werden, dass die von den USA damals wie heute vertretene, aus handelstheoretischer Perspektive allerdings kaum haltbare Auffassung,[255] dass eine effektive Subventionsregulierung auf internationaler Ebene primär durch den Einsatz des (Droh-)Mittel des Ausgleichszolles, mithin unter Heranziehung von klassischen Instrumenten des Handelsschutzes zu erfolgen hat, dem gesamten Teilgebiet des internationalen Wirtschaftsrechts eine wesentliche Vorprägung verlieh. In Kombination mit dem bei der Genese von GATT und WTO unverändert präsenten „merkantilistischen Mythos"[256], dass eine Nation von Exporten profitiert und durch subventionierte Importe Schaden nimmt, trug diese eindimensionale Haltung dazu bei, dass das multilaterale Subventionsrecht jahrzehntelang auf der Entwicklungsstufe einer bloßen Koordinationsordnung verharrte, die sich dadurch auszeichnet, dass das potenzielle Handelshemmnis der Subvention mit neuen Handelshemmnissen bekämpft wird.[257] Dies spiegelt sich in einer – im Vergleich zum multilateralen

252 S. für die zitierten Gesetzesakte Tariff Act of 1890, 26 Stat. 567, ch. 1244 (McKinley Tariff); Tariff Act of 1894, 28 Stat. 509, ch. 349 (Wilson-Gorman Tariff); Tariff Act of 1897, ch. 11, 30 Stat. 151 (Dingley Tariff).

253 Vgl. umfassend zur wechselhaften US-Zollgeschichte bis zum Zweiten Weltkrieg *Taussig*, The Tariff History of the United States, 1967 (Nachdr. d. 8. Aufl. v. 1931).

254 S. in diesem Sinne *Irwin*, Historical Notes on Subsidies and the Trading System, in: Rubini/Hawkins (Hrsg.) What Shapes the Law?, S. 11 f.

255 Für eine scharfe rechtsökonomische Kritik an allen zur Rechtfertigung von Ausgleichszöllen angeführten Theorien s. allein *Sykes*, Columbia Law Rev. 1989, 199 ff.

256 S. hierzu pointiert *Slocock*, EStAL 2007, 249, 250.

257 S. zum Begriff des Antisubventionsrechts *Böhm*, Strukturen internationalen Subventionsrechts, S. 28 f.

Track II-Verfahren – auch heutzutage herausragenden Bedeutung des unilateralen Track I-Verfahrens wider (s. unten *III.2.*).

2. Brüsseler Zuckerkonvention von 1902

Der globale Subventionswettlauf in den Bereichen Zuckerproduktion bzw. -export im ausgehenden 19. Jahrhundert, an dem sich wegen der immensen Bedeutung dieser Industrie für die damaligen Massenarbeitsmärkte zeitweise sogar die USA beteiligten, bildet das typische Beispiel eines Gefangenendilemmas, aus dem sich zehn Staaten im Jahre 1902 nur noch im Wege der wechselseitigen Selbstbindung – der Brüsseler Zuckerkonvention – zu befreien wussten.[258] Dieser von Großbritannien initiierte plurilaterale Vorstoß zur Eindämmung der Vergabe von Export- bzw. Produktionssubventionen im Zuckersektor, welchem sich in den Folgejahren noch weitere Staaten anschließen sollten,[259] kann im historischen Rückblick als ein geradezu revolutionärer Schritt bezeichnet werden, da die Vertragsparteien der in Brüssel sitzenden sog. „Ständigen Kommission" weitreichende Befugnisse für die Abkommensüberwachung übertrugen.[260]

Letztere bestand ausschließlich aus von den Mitgliedstaaten entsandten Vertretern, fasste aber in der überwiegenden Zahl der Fälle – wie der Feststellung des Vorliegens einer Subvention oder der Festsetzung von Strafzöllen auf subventionierte importierte Waren aus Verbands- oder Drittstaaten – Beschlüsse per Mehrheitsvotum, wobei sie ein weites Subventionsverständnis zugrunde legte (vgl. nur Art. 1 der Konvention). Nach Inkrafttreten der Vereinbarungen nahm sie sowohl quasi-judizielle wie auch quasi-legislative Funktionen wahr[261] und konnte sich über ein Jahr-

258 Vgl. *Viner*, Dumping, S. 178, der das Subventionsgebaren im Zuckersektor als „bounty craze" charakterisiert.

259 Brüsseler Zuckerkonvention v. 5. März 1902, RGBl. 1903, 7. Ursprüngliche Signatarstaaten waren Belgien, Deutschland, Frankreich, Großbritannien, Italien, die Niederlande, Österreich, Schweden, Spanien (das den Vertrag nie ratifizierte) und Ungarn. Es folgten Luxemburg, Peru (1903), die Schweiz (1906) sowie Russland (1907).

260 So auch *Fakhri*, Sugar and the Making of International Trade Law, 2014, S. 51 ff.

261 S. hierzu *Jacobs*, Die internationale Zuckerkonvention, 1928, S. 45, 47, der eine Kontextualisierung mit weiteren damals existierenden internationalen Organisationen unternimmt.

zehnt hinweg erfolgreich behaupten.[262] Zeitgenössische Analysen belegen, dass der durch den Abschluss der Konvention erreichte Subventionsabbau im Zuckersektor infolge der Aufrechterhaltung eines sog. „Überzolls" zum Schutze der Binnenmärkte zuckerproduzierender Mitglieder zwar neue, andere Handels- und Wettbewerbsverzerrungen zum Resultat hatte, der ökonomische Nutzen in Form einer Schadensbegrenzung der mitunter ruinösen „Zuckerkriege" demgegenüber jedoch weit überwog. Konkret erreichte der Rohstoffpreis wieder Normalniveau, ein Ausbau der Zuckerproduktion wurde angeregt, ohne Überkapazitäten zu provozieren, und als Nebeneffekt erfuhren die nationalen Budgets der Mitglieder eine Entlastung.[263]

Ungeachtet der zutreffenden Relativierung, dass erst die nicht verallgemeinerbaren Spezifika des Weltzuckermarktes zur Jahrtausendwende und eine starke Verhandlungsposition Großbritanniens die skizzierten Innovationen der Konvention ermöglichten,[264] ist die vorsichtige Hinwendung zu kooperativen Formen der globalen Subventionsregulierung nicht zu verkennen.[265] So fällt in die Zwischenkriegszeit der Abschlussbericht der vom Völkerbund (der Vorgängerorganisation der Vereinten Nationen) ins Leben gerufenen sog. *World Economic Conference*,[266] die 1927 in Genf stattfand und sich aus Gelehrten sowie Akteuren der Privatwirtschaft – indessen wohlweislich nicht aus Regierungsabgesandten – aus fünfzig Ländern zusammensetzte.[267] Ihr Wirken legt nahe, dass auch auf dem Gebiet des Subventionsrechts bereits in den 1920er-Jahren die Möglichkeit eines handelspolitischen Multilateralismus abstrakt-theoretisch denkbar er-

---

262 Der Rückzug des einstigen Initiators Großbritannien im Jahre 1913 markierte den „Anfang vom Ende" der im Jahre 1920 erloschenen Konvention, bevor vor dem Ersten Weltkrieg weitere Staaten austraten.

263 Vgl. die entsprechenden aussagekräftigen Statistiken bei *Jacobs*, Die internationale Zuckerkonvention, S. 96 ff.

264 S. aus diesem Grund kritischer *Viner*, Dumping, S. 186 f.

265 Vgl. eingehend zur übergeordneten Bedeutung der Brüsseler Zuckerkonvention für die Anfänge des internationalen Handelsrechts *Fakhri*, Sugar and the Making of International Trade Law, S. 21 ff.; sowie speziell in subventionsrechtlicher Hinsicht *Howe*, Subsidies, Bounties, and Free Trade: Issues and Perspectives, 1880–1940, in: Rubini/Hawkins (Hrsg.), What Shapes the Law?, S. 5 ff.

266 Vgl. für eine deutschsprachige Fassung *Völkerbund*, Die Weltwirtschaftskonferenz, Genf im Mai 1927 – Schlussbericht (Vorläufiger Reichswirtschaftsrat, 1901/27).

267 Die Hintergründe dieser Strategie beleuchtet *Piernas López*, The Concept of State Aid Under EU Law, S. 27 f.

schien[268] – eine Entwicklung, die erst nach dem Zweiten Weltkrieg Früchte tragen sollte.

3. Gescheiterter Meilenstein der Havanna-Charta

An diese im Anschluss an die *Bretton Woods*-Konferenz von 1944 erneut virulenten Überlegungen knüpften die im Zeitraum von 1946 bis 1948 geführten Verhandlungen der United Nations Conference on Trade and Employment (UNCTE) an, welche auf die Etablierung einer International Trade Organization (ITO) zielten. Diese war als einer von drei Eckpfeilern (neben der Weltbank und dem Internationalen Währungsfonds) einer neuen Weltwirtschaftsordnung[269] der Liberalisierung des grenzüberschreitenden Handelsverkehrs sowie nicht zuletzt der allgemeinen Friedenssicherung zu dienen bestimmt. Allerdings zeichnete sich rasch ab, dass das Allgemeine Zoll- und Handelsabkommen (GATT) (einschließlich der vereinbarten Zollzugeständnislisten) separat und zu einem früheren Zeitpunkt als das umfassende ITO-Vertragswerk in Kraft treten würde, was mit der Unterzeichnung des Protokolls über die vorläufige Anwendbarkeit durch 23 Vertragsparteien mit Wirkung zum 1. Januar 1948 auch tatsächlich geschah.[270]

Da anfänglich die Überzeugung vorherrschte, dass das GATT 1947 in der Charta von Havanna (HC) zur Gründung der ITO (benannt nach dem Veranstaltungsort der letzten, 1948 stattfindenden Verhandlungsrunde) aufgehen würde, fanden sich dessen präziseren Subventionsrechtvorschriften (vgl. Art. 25 ff. HC) zunächst nur in marginalisierter Form in Ersterem wieder. Nachdem alle anderen Vertragsparteien ihre Zustimmung zur ITO an diejenige der USA geknüpft hatten, wurde spätestens im Jahre 1950, mit der Entscheidung des damals amtierenden US-Präsidenten *Harry S. Truman*, die Charta dem Kongress wegen dessen ablehnender Haltung gegenüber dem Beitritt zu einer internationalen Handelsorganisation

---

268 S. zum Bekenntnis der Notwendigkeit eines weltweiten Subventionsabbaus *Völkerbund*, Die Weltwirtschaftskonferenz, Genf im Mai 1927 – Schlussbericht, S. 64 f.; vgl. aus der Perspektive des internationalen Kartellrechts *Gerber*, Global Competition, 2010, S. 24 ff.

269 Vgl. zu diesen weltpolitischen Hintergründen knapp *Jackson*, World Trade and the Law of GATT, 1969, S. 37.

270 S. detailliert zur GATT-Entstehungsgeschichte *Irwin/Mavroidis/Sykes*, The Genesis of the GATT, 2008, S. 5 ff.

nicht mehr zur Ratifikation vorzulegen, deren Scheitern manifest.[271] Das GATT bildete somit das vorerst einzig relevante Regime des weltweiten Handelshemmnisabbaus, was nicht nur die Schwächung des institutionellen Rahmens der getroffenen Vereinbarungen bedeutete, sondern auch bezüglich der thematischen Breite zu Einschnitten führte. Auslandsinvestitionen, Wettbewerb, Dienstleistungen, Arbeitsstandards oder Entwicklungspolitik waren Gegenstand der HC, nicht aber des GATT und rückten zum Teil erst fünfzig Jahre später – im Rahmen der gescheiterten Singapur-Ministerkonferenz von 1996 – zurück in den Fokus der welthandelsrechtlichen Diskussion.[272]

Konkret bezogen auf die Frage der Subventionsregulierung ist festzuhalten, dass die auf der UNCTE verfolgten Pläne naturgemäß weit hinter den im *Spaak*-Bericht und auf *Val Duchesse* formulierten zurückblieben (s. oben *§ 1 A.I.2.*), letztere jedoch zu inspirieren vermochten.[273] Insbesondere betrifft dies die in Kapitel V, Unterkapitel V der HC erstmalig herausgearbeiteten Interdependenzen zwischen Handels- und Wettbewerbsbeschränkungen, die im GATT nicht zur Geltung kommen, dafür aber in den Römischen Verträgen erneut aufgegriffen wurden.[274]

II. (Dauer-)Provisorien (1948–1994): GATT und plurilateraler Tokio-Subventionskodex

1. GATT 1947 und Ergänzungen

Das eigentlich als übergangsweiser Minimalkonsens beschlossene GATT 1947 blieb bis ins Jahre 1994 und darüber hinaus als maßgebliches multilaterales Dauerprovisorium erhalten und stieg, getragen von dem es prägenden pragmatischen Umgang der Vertragsparteien mit or-

---

271 Als weitere Gründe benennt *Dam*, The GATT: Law and International Economic Organization, 1970, S. 13 f., das globale Wohlstandsgefälle nach dem Zweiten Weltkrieg, Interessengegensätze zwischen Industrie- und Entwicklungsländern sowie die Kollision von markt- und planwirtschaftlichen Idealen.

272 Von den vier sog. *Singapore Issues* (Investitionen, Wettbewerb, öffentliches Beschaffungswesen, Handelserleichterungen) konnten nur die beiden zuletzt genannten einer pluri- bzw. multilateralen Lösung zugeführt werden.

273 S. in diesem Sinne *Micheau*, Evolution of State Aid Rules, S. 19 f.

274 Vgl. Art. 46 Abs. 1 HC, der auf „practices affecting international trade which restrain competition" rekurriert.

ganisatorischen und prozeduralen Fragestellungen,[275] *de facto* zu einer internationalen Organisation mit einem in Genf ansässigen Sekretariat auf. In subventionsrechtlicher Hinsicht erreichte die Ursprungsfassung dieser Übereinkunft aber lediglich eine äußerst geringe Regelungsdichte.[276] Inhalt und Umfang des Antidumping- sowie Ausgleichszölle regelnden Art. VI GATT sind zwar identisch mit Art. 34 des Entwurfs zur HC, die direkt das Problem der Subventionsvergabe adressierenden Vorschriften (vgl. Art. 25 ff. HC) wurden jedoch auf den einen einzigen Absatz umfassenden, ausschließlich Notifikationspflichten statuierenden Art. XVI GATT reduziert. Eine definitorische Umschreibung des Subventionsbegriffs unterblieb gleichsam wie die Eingrenzung des zentralen Kriteriums der ernsthaften Schädigung (engl.: *serious prejudice*), welches die Eingriffsschwelle der Disziplin bildete. Es war somit eine folgerichtige Entwicklung, dass Subventionen in sog. *non-violation complaint*-Verfahren nach Art. XXIII GATT nachrangige Bedeutung zukam und die Praxisrelevanz des Notifikationsmechanismus gering ausfiel.[277]

Unter Rückgriff auf das Vorbildmodell der HC erfolgten im Zuge der *1955 Review Session* sodann die ersten spürbaren Verschärfungen des Subventionsrechtsregimes des GATT 1947. Art. XVI GATT erhielt einen Abschnitt B (Abs. 2 bis 5), in dem zum einen das handelspolitische Verdikt über Exportsubventionen – das sich gemäß Art. III:8(b) GATT nicht auf inländische (Produktions-)Subventionen erstreckte – explizit anerkannt (vgl. Abs. 2), zum anderen eine mildere Behandlung von Exportsubventionen für Grundstoffe (vgl. Abs. 3)[278] gegenüber Exportsubventionen für andere Produkte als Grundstoffe (vgl. Abs. 4) verwirklicht wurde.[279] Kom-

---

275 Zum charakteristischen sog. *GATT pragmatism* vgl. *Williams*, Law and lawyers in the multilateral trading system – back to the future, in: Marceau (Hrsg.), A History of Law and Lawyers in the GATT/WTO, 2015, S. 85 ff.

276 Dies war auch ein Ergebnis der eingeschränkten alleinigen Vertragsschlusskompetenz der US-Regierung (ohne Erfordernis der Zustimmung des Kongresses), die Vereinbarungen zu Exportsubventionen nicht zuließ.

277 Vgl. im Überblick zu den äußerst seltenen Anwendungsfällen im Bereich der Industriesubventionen bis zum Jahre 1979 *Luengo Hernández de Madrid*, Regulation of Subsidies and State Aids in WTO and EC Law, S. 57 f.

278 Aufgrund des Umstands, dass nicht nur auf EU- und WTO-Ebene, sondern auch in nahezu sämtlichen bi- und plurilateralen Handelsabkommen der Union Sonderregime für Landwirtschaftssubventionen gelten, ist dieser Problemkreis nicht oder lediglich zu ergänzenden Zwecken Gegenstand der vorliegenden Erörterungen.

279 S. näher zu den Änderungen aus zeitgenössischer Sicht *Jackson*, World Trade and the Law of GATT, S. 371 ff.

biniert mit einem *stand still*-Gebot bezüglich bestehender Unterstützungsmaßnahmen bis zum Ende des Jahres 1957 sollte für letztere Kategorie ab 1. Januar 1958 ein Totalverbot gelten. Beide entfalteten indessen erst nach Erlass der *Declaration Giving Effect to the Provisions of Article XVI:4* von 1960,[280] die eine illustrative Liste verbotener Exportsubventionen einführte, effektiv subventionsdisziplinierende Wirkung.[281] Da Letzterer sich nur 17 – industrialisierte – Vertragsparteien anschließen sollten, festigte sich ein dritter, noch im heutigen ASÜ präsenter Gegensatz – nämlich derjenige in der Behandlung von Industrie- und Entwicklungsländern.[282]

Die relative Laxheit des GATT 1947 gegenüber Subventionen ist dem historischen Kontext geschuldet, da nicht nur im Abkommen selbst, sondern während der gesamten Nachkriegsjahrzehnte der Abbau tarifärer Handelshemmnisse im Vordergrund stand, global integrierte Märkte sich erst herausbildeten und Souveränitätssensibilitäten der Vertragsparteien stärker ausgeprägt waren als beispielsweise zur Hochzeit des Multilateralismus in der Mitte der 1990er-Jahre.[283] Überdies beruht sie aber auch auf einer positiveren Grundwahrnehmung des Interventionsinstruments der Subvention, welche in Teilen quantitativ und politökonomisch erklärbar ist.[284] Ob bereits wettbewerbstheoretische Überlegungen (s. unten *B.I.3.*), die zur Unterstützung des Rufs nach einer Rückkehr zur Subventionsregulierung nach Vorbild des GATT geäußert werden, eine Rolle spielten, erscheint zweifelhaft. Feststeht, dass dieses insoweit eine Kompromisslösung begründete, weil die USA jedenfalls von ihrer Maximalforderung, auch nichttarifäre Handelshemmnisse weltweit umfassend zu reduzieren, früh Abstand nehmen mussten.[285]

---

280 *GATT*, BISD, 9th Supp., S. 32 ff.

281 Vgl. *Stoler*, JWT 2010, 797, 799.

282 Die Bedeutung der Herausbildung dieser Weichenstellungen in der Entwicklung des GATT-Subventionsrechts (Export- vs. Inlandssubventionen, Industrie- vs. Landwirtschaftssubventionen, Industrie- vs. Entwicklungsländer) unterstreichend *Coppens*, WTO Disciplines on Subsidies and Countervailing Measures, S. 25 f.

283 Vgl. für eine übergeordnete Kontextualisierung instruktiv *Paemen*, Forces that (may) Have Shaped Subsidy Regulation, in: Rubini/Hawkins (Hrsg.), What Shapes the Law?, S. 49, 50.

284 S. in diese Richtung etwa dezidiert *Rubini*, WTO Subsidy Laws: The International Regulation of State Aid, in: Micheau/Hofmann (Hrsg.), State Aid Law of the European Union, S. 469, 472 m. weit. Nachw.

285 *Dam*, The GATT: Law and International Economic Organization, S. 12.

2. US-amerikanische Sonderstellung

Im Zuge der Rezession der 1970er-Jahre und eines verschärften globalen Wettbewerbs (insbesondere infolge des Aufstiegs Japans) sollten sich dargelegte Charakteristika des GATT-Subventionsrechts in zweierlei Hinsicht auswirken: Einerseits erhöhten die Mitglieder zum Erhalt der Konkurrenzfähigkeit nationaler Industrien die Subventionsvolumina, andererseits verhängten die USA in immer kürzeren Abständen Ausgleichszölle gegen subventionierte Importe.[286] Während in der letzteren Konstellation alle anderen Vertragsparteien den Nachweis einer (drohenden) bedeutenden Schädigung eines inländischen Wirtschaftszweiges zu führen hatten (vgl. Art. VI:6(a) GATT), konnten sich die USA auf eine Besitzstandsklausel (engl.: *grandfather clause*) berufen, die es ihnen ermöglichte, im Falle einer (angeblichen) ausländischen Subventionierung von importierten zollpflichtigen Waren auf diesen sog. *injury test* zu verzichten und gleichwohl Ausgleichszölle zu erheben.[287] Nicht zuletzt aus diesem Grunde war die Anfälligkeit des Systems für eine Inanspruchnahme aus protektionistischen Motiven evident.[288]

Der aus der Tokio-Runde (von 1973 bis 1979) resultierende plurilaterale Subventionskodex, den 24 GATT-Vertragsparteien unterzeichneten, intendierte – wie bereits sein formeller Titel signalisiert[289] – eine inhaltliche Fortentwicklung der Art. VI, XVI sowie XXIII des GATT.[290] Erst nachdem die USA sich verpflichtet hatten, den im Kodex prozedural eingekleideten *injury test* (vgl. Art. 1 bis 6) fortan ebenfalls durchgehend anzuwenden, konnten zugleich eine Verschärfung des Exportsubventionsverbots (durch die Erweiterung der *1960 Declaration*) und eine Annäherung an den insbesondere in der Streitbeilegung relevanten Begriff der ernsthaften Schädigung (vgl. Art. 8) vereinbart werden.[291] Dies führte allerdings – anders

---

286 *Coppens*, WTO Disciplines on Subsidies and Countervailing Measures, S. 27 f.

287 *Lowenfeld*, International Economic Law, 1. Aufl. 2003, S. 32 f.

288 S. hierzu aus kanadischer Sicht kritisch *O'Brien*, Subsidy Regulation and State Transformation in North America, the GATT and the EU, 1997, S. 107.

289 Agreement on Interpretation and Application of Articles VI, XVI and XXIII of the General Agreement on Tariffs and Trade (*GATT*, BISD, 26th Supp., S. 56 ff.).

290 S. zum Tokio-Subventionskodex von 1979 umfassend *Greenwald/Rivers*, Law & Pol'y Int'l Bus. 1979, 1447 ff.

291 Auch erfolgte bei der Übernahme des Art. XVI:4 GATT in den Kodex ein Verzicht auf dessen impraktikable *bilevel pricing*-Vorschrift, nach der keine Subvention gewährt werden darf, die den Verkauf einer Ware zwecks Ausfuhr zu einem Preis ermöglicht, welcher unter dem vergleichbaren Inlandspreis einer gleichartigen Ware liegt.

als von anderen Teilnehmern erwartet – nicht etwa zu einem Rückgang an US-Ausgleichszollmaßnahmen, sondern sogar zu deren drastischer Zunahme.[292] Auch wendeten die USA – in rechtlich umstrittener,[293] faktisch aber erfolgreicher Weise[294] – den *injury test* lediglich auf Signatarstaaten an (sog. *conditional MFN approach*), um weitere Länder zu einem Kodex-Beitritt zu bewegen.

Vorgestellte Ausschnitte aus der Entstehungs- und Anwendungsgeschichte des Tokio-Subventionskodexes könnten angesichts des seit Gründung der WTO angewendeten *single undertaking principle* bei erster Betrachtung anekdotisch anmuten, wenn sie in unterschiedlichem Gewand und Ausmaß nicht wiederkehrend wären. Die US-amerikanische Dominanz des internationalen Subventionsrechts, welche in erster Linie auf der damaligen wie heutigen Rolle des Landes als der Hauptnutzer des – seinem eigenen, nationalen Ausgleichszollrecht nachempfundenen – unilateralen Track I-Verfahrens beruht, bildet ein historisches Kontinuum, welches sich nicht in rhetorischen Mustern erschöpft,[295] sondern auch rechtlich niedergeschlagen hat. Spätestens nach Abschluss der Tokio-Runde war aus Sicht der überwiegenden Zahl von Vertragsparteien gewiss, dass eine weitere Verschärfung der Subventionsdisziplin nur gegen spürbare Zugeständnisse der USA im Bereich der Ausgleichszollerhebung vorstellbar sein würde.[296] Diese (rechts-)politische Ausgangslage hielt die Vertragsparteien

---

292 *Garcia Molyneux*, Domestic Structures and International Trade: The Unfair Trade Instruments of the United States and the European Union, 2001, S. 30 f., zählt im Zeitraum von 1980 bis 1999 insgesamt 315 Antisubventionsverfahren, wohingegen es bis zum Jahr 1974 nur 58 waren.

293 Für eine kritische Bewertung der damaligen US-Praxis s. *Behboodi*, Industrial Subsidies and Friction in World Trade: Trade Policies or Trade Politics?, 1994, S. 54 f.; *Hufbauer/Shelton Erb*, Subsidies in International Trade, 1984, S. 120 ff. jeweils m. weit. Nachw.

294 *Stoler*, JWT 2010, 797, 801, zählt Australien, Neuseeland, Brasilien, Indien, Südkorea, Pakistan, Spanien und Uruguay als Staaten auf, die durch diesen von den USA verfolgten Ansatz Vertragsparteien wurden.

295 Bezeichnend hierfür ist die von den USA bisher in jeder Verhandlungsrunde und auch im jüngsten Handelsstreit mit der Union eingenommene Position, dass die Lösung des Ausgleichszollproblems darin bestehe, dass andere Staaten ihr Subventionsgebaren einstellten (vgl. die Erklärung des vormaligen US-Präsidenten *Donald Trump* nach einem Treffen mit dem damaligen Kommissionspräsidenten *Jean-Claude Juncker* im Juli 2018: „This is why we agreed […] to work together toward zero tariffs, zero non-tariff barriers, and *zero subsidies* on non-auto industrial goods.").

296 Vgl. exemplarisch zur klaren Erwartungshaltung der EG in der Uruguay-Runde *Bourgeois*, The GATT Rules for Industrial Subsidies and Countervailing Duties

von der frühzeitigen Entwicklung einer stringenten, mit Erkenntnissen der modernen Wettbewerbstheorien sowie der *public choice school* angereicherten, und im Falle der Union schrittweise erfolgten (s. oben *§ 1 B.III.*), übergeordneten Konzeptionalisierung ab und perpetuierte die Wechselbezüglichkeit von Vereinbarungen betreffend die Subventionsgewährung sowie dem Recht der Ausgleichszölle.

3. Fokuserweiterung auf domestic subsidies

Eng mit diesem grundlegenden Richtungsstreit verbunden ist auch das im Rahmen der Tokio-Runde erstmals ins Visier genommene Problem der Regulierung inländischer (häufig: Produktions-)Subventionen (engl.: *domestic subsidies*). Während Exportsubventionen unter anderem mithilfe der Verabschiedung weiterer *per se*-Regeln (vgl. Art. 9 in Verbindung mit dem Annex des Tokio-Subventionskodexes) Einhalt geboten werden konnte und deren Disziplinierung damit die nächste Entwicklungsstufe erklomm,[297] wählten die Vertragsparteien dort wie bereits in der Ursprungsfassung von Art. XVI GATT[298] einen wirkungsbasierten Regelungsansatz.[299] Art. 8 und 11 des Tokio-Subventionskodexes erkannten die bei inländischen Subventionierungen (ohne unmittelbaren Exportbezug) nach wie vor äußerst unscharfe Trennlinie zwischen international akzeptablen und zu missbilligenden staatlichen Interventionen explizit an und postulierten für diese Kategorie lediglich eine weiche Rücksichtnahmepflicht („seek to avoid“).[300]

Ungeklärt blieb allerdings, ob die nicht abschließenden Aufzählungen legitimer Ziele und Förderformen inländischer Subventionen in Art. 11 Abs. 1 und 3 Tokio-Subventionskodex dazu führen würden, dass die Vertragsparteien gegen derartige Praktiken fortan nicht mehr im Wege des Antisubventionsrechts einschreiten könnten. Die auf maximale Flexibilität

---

and the New GATT Round – The Weather and the Seeds, in: Petersmann/Hilf (Hrsg.), The New GATT Round of Multilateral Trade Negotiations, 1988, S. 219 ff.

297 S. zu dieser Einschätzung *Lowenfeld*, International Economic Law, 2. Aufl. 2008, S. 238. Ein alternatives Modell der subventionsrechtlichen Entwicklungsstufen findet sich bei *Böhm*, Strukturen internationalen Subventionsrechts, S. 24 ff.

298 Vgl. zu besagter Parallele *Stoler*, JWT 2010, 797, 804.

299 *Luengo Hernández de Madrid*, Regulation of Subsidies and State Aids in WTO and EC Law, S. 70.

300 So auch *Langer*, Grundlagen einer internationalen Wirtschaftsverfassung, S. 258.

im unilateralen Verfahren bedachten USA lehnten diese Interpretation ab, wohingegen die EWG und nicht zuletzt die von weitreichenden Privilegierungen (vgl. Art. 14 Tokio-Subventionskodex) profitierenden Entwicklungsländer die Notwendigkeit der Konvergenz von Track I und II betonten.[301] Primär jedoch krankte der Versuch einer Fokuserweiterung auf inländische Subventionen am fehlenden Konsens in der Grundfrage der Definition des Subventionsbegriffs (s. unten *III. 1.*), deren Ungelöstheit die Umsetzung eines bereits damals diskutierten sog. „Ampel-Ansatzes" verhinderte und – verstärkt durch das unklare Verhältnis zwischen Kodex und GATT[302] – Rechtsunsicherheit nahezu im gesamten Anwendungsbereich des Übereinkommens schuf.[303]

Hinsichtlich unilateraler Angriffe auf andere als Exportsubventionen belegen die Statistiken eine langanhaltende weltweite Zurückhaltung.[304] Im Jahre 1973 waren es die USA, welche als Erste mit Ausgleichszöllen gegen inländische Subventionen vorgingen,[305] wobei selbst in dieser vergleichsweise eindeutigen Sachverhaltskonstellation kanadischer Investitionsanreize zugunsten des französischen Reifenherstellers *Michelin* zunächst die Argumentationslinie, dass eigentlich verschleierte Exportsubventionen vorlägen, aus strategischen Gründen bevorzugt wurde.[306] Wiewohl sie aus ökonomischer Sicht mitunter kritisiert wird,[307] erscheint die rechtliche sowie faktische Ungleichbehandlung von inländischen gegenüber Exportsubventionen vor dem handelshistorischen und -politischen Hintergrund des internationalen Subventionsrechts erklärbar. Zum einen assoziierten die Verhandlungsführer mit ersterem Instrument nicht oder nur in gerin-

---

301 S. zum Ganzen nur *Barceló*, The World Economy 1991, 311, 329 m. zahlr. weit. Nachw.

302 Die Problematik der „ambiguous silence" zwischen dem Tokio-Subventionskodex einerseits und dem GATT sowie dem Agreement on Trade in Civil Aircraft aus dem Jahre 1980 andererseits thematisiert *Benitah*, The Law of Subsidies Under the GATT/WTO System, 2001, S. 62 f.

303 S. hierzu *Lehmann*, Produktionssubventionen im Ausgleichszollrecht, 1990, S. 32 ff.

304 Vgl. das umfassende Zahlenmaterial von *Didier*, World Trade Instruments in EU Law, 1999, S. 211.

305 X-Radial Steel Belted Tires from Canada, 38 Fed. Reg. 1018 (1973); vgl. zu diesen US-amerikanisch-kanadischen Auseinandersetzungen eingehend *O'Brien*, Subsidy Regulation and State Transformation, S. 68 f.

306 Vgl. hierzu anekdotisch *Horlick*, JWT 2013, 447, 447 f.

307 Diese Kritik veranschaulicht anhand von Investitionssubventionen *Hoekman*, Global Policy 2016, 351, 357 f.; vgl. allgemein *Langer*, Grundlagen einer internationalen Wirtschaftsverfassung, S. 262.

gerem Maße das Negativleitbild der den Weltkriegen vorangegangenen Subventionswettläufe, zum anderen waren sich alle Regierungen ihrer eigenen heimischen Subventionsprogramme und deren zumindest potenzieller Angreifbarkeit bewusst (sog. *glasshouse effect*).[308]

III. Zur internationalen Subventionsrechtsordnung (1995-heute): Uruguay-Übereinkommen über Subventionen und Ausgleichsmaßnahmen

1. Definition des Subventionsbegriffs

In der Anfangszeit des GATT bestand unter den Vertragsparteien und im Rahmen subventionsrechtlich gelagerter *ad hoc*-Schiedsverfahren kein Bedürfnis nach einer Definition des Subventionsbegriffs, wie dies die Feststellung in einem Panel-Bericht aus dem Jahre 1961 illustriert:

> „…that it was neither necessary nor feasible to seek an agreed interpretation of what constituted a subsidy. It would probably be impossible to arrive at a definition which would at the same time include all measures that fall within the intended meaning of the term in Article XVI [GATT 1947] without including others not so intended."[309]

Spätestens aber nach Abschluss der *Kennedy*-Runde (von 1964 bis 1967), die einen neuerlichen signifikanten Zollabbau zum Ergebnis hatte, trat die Notwendigkeit der Eindämmung von nichttarifären Handelsbarrieren offen zu Tage. Hinzu kam, dass der eine immer bedeutendere Rolle einnehmende Art. VI GATT die Bestimmung des Vorliegens einer anfechtbaren Subvention den autonom agierenden Vertragsparteien überließ, deren zuständige Behörden sich jeweils exklusiv nach nationalem Recht richteten. Dies führte zu einer nicht von der Hand zu weisenden Beliebigkeit,[310] welche mit dem im Tokio-Subventionskodex unternommenen Versuch einer stärkeren Verrechtlichung der internationalen Subventionsdisziplinen konfligierte.

---

308 S. zu diesem Phänomen im Kontext des staatlich unterstützten Ausbaus von erneuerbaren Energieträgern *Rubini*, JWT 2014, 895, 899.

309 *GATT*, BISD, 10th Supp., 1962, S. 201, 208 (Rn. 23).

310 *Collins-Williams/Salembier*, JWT 1996, 5, 6, kritisieren dies als „I know one when I see one"-Vorgehensweise.

Die besondere Schwierigkeit einer rechtsdefinitorischen Annäherung an den Terminus der Subvention ist darin zu sehen, dass es sich bei ihr bereits von vornherein um ein „artifizielles Konstrukt“[311] handeln muss, da es an einem allgemeinen und natürlichen Begriffsverständnis fehlt. Nichtsdestotrotz setzte sich in der Uruguay-Runde die Einsicht durch, dass eine Subventionsrechtsordnung, der sich nicht entnehmen lässt, was überhaupt ihr konkretes Regelungsobjekt darstellt, diesen Namen nicht verdiente.[312] Das Verhandlungsresultat in Art. 1 des ASÜ, als das neue GATT-Seitenabkommen über Subventionen, zeugt einerseits von einem weiten Subventionsverständnis (vgl. den Auffangtatbestand in Art. 1.1 (a)(2.)), um Versuchen einer Umgehung vorzubeugen,[313] andererseits von einem hohen Detailgrad (vgl. die Aufzählung „finanzieller Beihilfen“ in Art. 1.1 (a)(1.)(i.-iv.)), da der Appellate Body (AB) und der Ausschuss über Subventionen und Ausgleichsmaßnahmen nur in geringerem Umfang zur Präzisierung der Definition beitragen können als Gerichtshof und Kommission auf Unionsebene (s. unten *3.*). Ungeachtet ihres Charakters als eine Kompromissformel, die auf eine Kontroverse zwischen der EG und den USA zurückgeht, in der die Erstere auf dem Erfordernis einer Belastung des Staatshaushaltes beharrte, und Letztere die Gewährung eines wirtschaftlichen Vorteils zugunsten des Subventionsempfängers für ausreichend erachteten,[314] haben sich die Begriffsbestimmung wie auch das Spezifitätskonzept des Art. 2 ASÜ mit Ausnahme der streitigen Interpretation des Begriffs *public body* (s. näher unten *Teil 2 § 1 A.I.2.b.*) als praxistauglich erwiesen. Dies belegen die insoweit zurückhaltenden Reformvorstöße in der Doha Development Agenda (DDA),[315] Einlassungen der Streitbeilegungsorgane selbst[316] und der Umstand, dass die EU bisher in allen reinen Freihandelsabkommen mit außereuropäischen Partnern auf sie rekurrierte.

---

311 So treffend *Rubini*, The Definition of Subsidy and State Aid, S. 17.

312 Ähnlich auch *Depayre/Petriccione*, Definition of Subsidy, in: Bourgeois (Hrsg.), Subsidies and International Trade: A European Lawyers' Perspective, 1991, S. 67 ff.

313 S. in diesem Sinne *Stoll*, ZWeR 2017, 1, 6; *Weiß*, Der Subventionsbegriff im EG- und im WTO-Recht – ein Vergleich, in: Ehlers/Wolffgang/Schröder (Hrsg.), Subventionen im WTO- und EG-Recht, 2007, S. 21, 37.

314 S. hierzu *Luengo Hernández de Madrid*, Regulation of Subsidies and State Aids in WTO and EC Law, S. 85 ff.

315 Vgl. zu den Vorschlägen überblicksartig *Magnus*, JWT 2004, 985, 1002 ff.

316 WTO Panel Report, WT/DS108/R Rn. 7.80, US – FSC:
„[T]he inclusion of this detailed and comprehensive definition of the term "subsidy" is generally considered to represent one of the most important achievements of the Uruguay Round in the area of subsidy disciplines."

2. Einhegung der Ausgleichszollverhängung

In engem Zusammenhang mit der Verankerung einer Subventionsdefinition steht das auch in der Uruguay-Runde von allen Verhandlungsparteien bis auf die USA verfolgte Unterfangen, die Erhebung von Ausgleichszöllen auf (angeblich) subventionierte Güter unter höhere rechtliche Hürden zu stellen, nachdem der Tokio-Subventionskodex von 1979 die diesbezüglichen Erwartungen nicht erfüllen konnte (s. oben *II.1.*). Die „vor die Klammer" gezogene, mithin für das gesamte ASÜ Geltung beanspruchende Begriffsdefinition, hatte in Verbindung mit der Ausklammerung nichtspezifischer (vgl. Art. 2 ASÜ) sog. *regulatory subsidies* zwangsläufig eine Beschneidung der Zahl von auf Track I anfechtbaren Subventionen zur Konsequenz.[317] Art. 10 ff. ASÜ führten darüber hinaus neue, detaillierte Bestimmungen zur Annäherung der jeweiligen Antisubventionsverfahrensrahmen der WTO-Mitglieder ein, wodurch sich zwar keine als umwälzend zu bezeichnenden materiellen Änderungen ergaben, gleichwohl aber die Anforderungen an Formalität wie auch Transparenz stiegen, was sich an erschwerten Antragsvoraussetzungen und der Installierung einer *de minimis*-Schwelle bzw. einer *sunset clause* ablesen lässt (vgl. Art. 11.2, 11.9 und 21.2 ASÜ). Dementsprechend sind die im Streben nach Herstellung von Welthandelsrechtskonformität umgestalteten Ausgleichszollgesetzgebungen der einzelnen Mitglieder nunmehr regelmäßig (teil-)identisch mit dem Wortlaut des ASÜ,[318] wobei die Umsetzungsansätze im Detail weiterhin in nicht unerheblichem Maße differieren.[319]

Auch in der post-Uruguay-Ära stellt das Track I-Verfahren insbesondere aus Sicht von Mitgliedern mit nennenswertem Binnenmarkt und hohem (handels-)politischen Gewicht (wie die Union oder die USA) im Falle des Vorliegens einer sich unmittelbar im Importland auswirkenden verbote-

317 Dies zu Recht betonend *Luengo Hernández de Madrid*, Regulation of Subsidies and State Aids in WTO and EC Law, S. 96; vgl. ferner *Coppens*, WTO Disciplines on Subsidies and Countervailing Measures, S. 448 f.

318 S. umfassend zur Umsetzung aufseiten der EG *Sánchez Rydelski*, EG und WTO Antisubventionsrecht, 2001, S. 25 ff.; hinsichtlich der geringfügigen Anpassungen im US-amerikanischen Ausgleichszollrecht *Anderson/Husisian*, The Subsidies Agreement, in: Stewart (Hrsg.), The World Trade Organization – Multilateral Trade Framework for the 21st Century and U.S. Implementing Legislation, 1996, S. 299 f.

319 Besonders deutlich wird dies etwa an der unionalen *public interest clause* oder der *lesser duty rule*, die in den USA jeweils keinen Gegenpart kennen und bisher nur partiell in das internationale Subventionsrecht überführt werden konnten.

nen oder anfechtbaren Subvention nach wie vor das Reaktionsmittel der Wahl dar. Das überaus aufwendige, da zeitintensive Track II-Verfahren vor den Streitbeilegungsorganen kann parallel betrieben werden und selbst im Falle einer später festgestellten WTO-Rechtswidrigkeit der verhängten Ausgleichszölle müssen diese nur *ex nunc* zurückgenommen werden.[320] Im Ergebnis erleichterte die erhöhte materielle und prozedurale Regulierungsdichte im Bereich der Ausgleichszollverhängung den nächsten Schritt in der Entwicklung des WTO-Subventionsrechts hin zu einem zusätzlich – allerdings nicht alternativ – die Vergabe von Subventionen selbst in den Blick nehmenden Regelungssystem. Praktisch gelang es indessen nicht, überkommene Verhaltensstrukturen im internationalen Handelsschutz, in denen die Einleitung eines Antisubventionsverfahrens auch als Ventil fungiert, um industriepolitischen Druck zumindest temporär entweichen lassen zu können,[321] spürbar zurückzudrängen oder sogar zu überwinden.[322]

3. Stärkung des WTO-Streitbeilegungsmechanismus

Das als das „Herzstück“[323] der Uruguay-Runde eingestufte Dispute Settlement Understanding (DSU) bewirkte eine tiefgreifende Um- und Neugestaltung des Streitbeilegungsverfahrens,[324] geht über eine bloße Konkretisierung der Art. XXII f. GATT hinaus und unterstreicht so deren hohen institutionell-rechtlichen Ambitionen. Erkennbar folgt das DSU – flankiert von den durch das ASÜ verschärften Verfahrensfristen[325] – einer um

320 *Langer*, Grundlagen einer internationalen Wirtschaftsverfassung, S. 274, beklagt auch deshalb die fortbestehende Inkongruenz von materiellem und Sanktionsrecht.

321 Vgl. nur *O'Brien*, Subsidy Regulation and State Transformation, S. 35 ff.

322 Unter Zugrundelegung des Entwicklungsstufenkonzepts von *Böhm* (o. in Fn. 297) ist eine Abschaffung allenfalls in fortgeschrittenen Stadien der Wirtschaftsintegration wie Gemeinsamen Märkten vorstellbar.

323 Vgl. *Hilf/Salomon*, Das Streitbeilegungssystem der WTO, in: Hilf/Oeter (Hrsg.), WTO-Recht, 2. Aufl. 2010, § 7 Rn. 1 unter Verweis auf ein Zitat des ehemaligen Generaldirektors der WTO *Renato Ruggiero*.

324 Defensiver formuliert dies das DSU in Art. 3.1 selbst, indem es von der „Einhaltung der Grundsätze über die Streitbeilegung, die bisher aufgrund der Art. XXII und XXIII des GATT 1947 angewendet […] wurden“, spricht.

325 S. bezüglich verbotener Export- und Importsubstitutionssubventionen Art. 4.4 bis 9 ASÜ, bezüglich anfechtbarer Subventionen Art. 7.4 bis 7 ASÜ. Als bekanntestes Beispiel dafür, dass diese knappen Fallbearbeitungszeiten faktisch häufig nicht einzuhalten sind, ist die sog. „*Airbus-Boeing*-Saga“ um Subventio-

Entpolitisierung bemühten quasi-gerichtlichen Konzeption, während die Streitschlichtung zuvor sowohl gemäß dem GATT als auch im Track II-Verfahren des strukturell defizitären Tokio-Subventionskodexes darunter litt, dass es unter Anwendung des völkerrechtlich üblichen Konsensprinzips stets der Zustimmung aller Vertragsparteien – also auch der unterlegenen – bedurfte und aus diesem Grund die Norm bildete, dass Panel-Berichte abgelehnt wurden.[326] Besagte gewohnheitsrechtliche Übung haben Art. 6.1 und 16.4 DSU umgekehrt, indem die Bestellung des *ad hoc*-Panels und die Annahme von dessen Berichten dem sog. „negativen Konsensprinzip" unterliegen, mithin allein durch einen einstimmigen Beschluss des Dispute Settlement Body (DSB) blockiert werden können.[327]

Die Errichtung des AB, als ein auf Rechtsfragen beschränktes ständiges Überprüfungsgremium, trug zunächst ebenfalls zur wachsenden Akzeptanz des Streitbeilegungssystems bei, seine faktisch Urteilswirkung entfaltenden Empfehlungen entsprachen dem Verrechtlichungstrend.[328] Der auf diese Weise in über 25 Jahren entstandene umfangreiche Rechtsprechungskorpus zu fast allen wesentlichen Vorschriften des ASÜ ist in seiner Bedeutung nicht zu unterschätzen.[329] In jüngerer Zeit stieß die Fortentwicklung des WTO-(Subventions-)Rechts durch dessen Auslegung und Anwendung in multilateralen Track II-Verfahren allerdings zunehmend auf die Kritik eines „judiziellen Aktivismus"[330] nicht nur in Teilen des Schrifttums, son-

---

nen zugunsten der beiden weltweit größten Flugzeugbauer anzuführen (vgl. die Verfahren WT/DS 316, EC and Certain Member States – Large Civil Aircraft; WT/DS/317, US – Large Civil Aircraft; und WT/DS/353, US – Large Civil Aircraft II).

326 *Behboodi*, Industrial Subsidies and Friction in World Trade, S. 54, verurteilt das Track II-Verfahren des Tokio-Subventionskodexes daher scharf als ein *„non-system"*.

327 Vgl. hierzu im subventionsrechtlichen Kontext Art. 4.8 und 4.9 ASÜ sowie Art. 7.6 und 7.7 ASÜ. Eine Aufarbeitung der Schwächen des alten GATT-Streitbeilegungssystems findet sich bei *Petersmann*, The GATT/WTO Dispute Settlement System: International Law, International Organizations and Dispute Settlement, 1997, S. 66 ff.

328 So knapp auch *Kaienburg*, Compliance in High Profile-Fällen der WTO, 2010, S. 72.

329 Instruktiv nachvollziehen lässt sich dies anhand der umfassenden Auswertung von Panel- und AB-Berichten bei *Van Den Bossche/Zdouc*, The Law and Policy of the World Trade Organization, 4. Aufl. 2017, S. 769 ff.

330 Vgl. in diese Richtung etwa dezidiert *Horlick*, How Subsidies Rules Have Been Shaped, in: Rubini/Hawkins (Hrsg.), What Shapes the Law?, S. 65, 67.

dern auch unter einzelnen Mitgliedern, insbesondere den USA.[331] Da Letztere unter anderem infolgedessen die Nachbesetzung des AB blockieren, trat am 10. Dezember 2019 dessen Arbeitsunfähigkeit ein. Wenngleich die Union mit derzeit rund 20 weiteren Mitgliedern ein auf Art. 25 DSU gestütztes Abkommen über ein Interimsersatzsystem für den AB vereinbart hat (engl.: *multi-party interim appeal arrangement* – MPIA), welches die Weiterführung einer zweiten Instanz erlaubt,[332] besteht die dieser Dimension der andauernden Krise der WTO zugrundeliegende,[333] in Wesen und Natur der wirtschaftsvölkerrechtlichen Streitbeilegung wurzelnde, Grundproblematik fort. Zwar griffe es in der Tat zu kurz, die Kompetenz der WTO-Streitbeilegungsorgane angesichts der Wertungen in den vom AB einst selbst für maßgeblich erklärten Art. 31 f. Wiener Vertragsrechtskonvention (WVRK) auf Textualismus zu limitieren,[334] dennoch stehen Panel- wie auch AB- bzw. MPIA-Mitgliedern ungleich weniger umfassende richterliche Manövrierspielraume zur Verfügung, als dies auf nationale oder supranational-europäische Spruchkörper zutrifft.[335] Demnach bleibt die Rolle des Impulsgebers im von Verhandlungen und diplomatischem Ausgleich gekennzeichneten Organgefüge der WTO vornehmlich deren Mitgliedern überlassen.[336]

---

331 S. aus dem Schrifttum statt vieler *Cartland/Depayre/Woznowski*, JWT 2012, 989, 991 ff.; für einen Überblick zu den Kritikpunkten der US-Regierung *Glöckle/Würdemann*, EuZW 2018, 976, 978 ff.

332 WTO-Dok. JOB/DSB/1/Add. 12. v. 30.4.2020, S. 1 ff.; vgl. näher *Baroncini*, The EU Approach to Overcome the WTO Dispute Settlement Vacuum: Article 25 DSU Interim Appeal Arbitration as a Bridge Between Renovation and Innovation, in: Kolsky Lewis et al. (Hrsg.), A Post-WTO International Legal Order, 2020, S. 115 ff.

333 Vgl. für eine Einordnung der AB-Blockade in die Krise des Multilateralismus *Altemöller*, NVwZ 2020, 988 ff.

334 S. hierzu knapp *Rubini*, The Definition of Subsidy and State Aid, S. 11 m. weit. Nachw.

335 Vgl. für eine differenzierende Sichtweise auf diese gängige Annahme indessen *Slotboom*, A Comparison of WTO and EC Law – Do Different Objects and Purposes Matter for Treaty Interpretation?, 2006, S. 97, 125 f.

336 Vgl. früh kritisch in Anbetracht gegenteiliger Tendenzen *Ohlhoff*, EuZW 2000, 645, 653.

B. Ratio legis

Die Entwicklungstendenzen der multilateralen Subventionsregulierung hin zu einer WTO-Subventionsrechtsordnung suggerieren eigentlich,[337] dass damit zugleich auch ein höherer Grad an Gewissheit betreffend den übergeordneten Sinn und Zweck des Teilrechtsgebiets einherging. Dies ist allerdings nur eingeschränkt der Fall, da sowohl im Hinblick auf den Status der WTO in der Landschaft internationaler Organisationen als auch auf die Erforderlichkeit und Reichweite von Subventionsdisziplinen die unterschiedlichsten Erklärungsmodelle konkurrieren *(I.)*. Dieser mangelnde Konsens auf Metaebene manifestiert sich in der vielfach kritisierten Abwesenheit einer Präambel zum ASÜ, deren Hintergründe weiter zurückdatieren als bis zum Abschluss der Uruguay-Verhandlungsrunde *(II.)*. Das auf welthandelsrechtlicher Ebene nunmehr maßgebliche ASÜ hat seit dem Außerkrafttreten wichtiger Tatbestände zur Jahrtausendwende einen neuen – und andersartigen – Charakter angenommen, welcher zur Suche nach einer Rückgewinnung der Balance des internationalen Subventionsrechts führt, die zumindest auf eine Wiederherstellung des *status quo ante* zielt *(III.)*. Sie bildet nicht zuletzt eines der Anliegen von Subventionskapiteln in (Freihandels-)Abkommen der Union mit außereuropäischen Partnern.

I. Konkurrierende Denkschulen

Eine Annäherung an die *ratio legis* der Subventionsrechtsbestimmungen des ASÜ setzt zunächst die wertende Einordnung der divergierenden Literaturauffassungen zur Frage des Konstitutionalisierungsgrades der WTO voraus *(1.)*, bevor die beiden den Subventionsrechtsdiskurs in der Vergangenheit prägenden Denkschulen – *„injury-only"* sowie *„anti-distortion"* *(2.)* – einigen ausgewählten, neuerdings immer fundierter vorgetragenen – und dadurch schrittweise an Gewicht gewinnenden – (polit-)ökonomischen Blickwinkeln gegenüberzustellen sind *(3.)*.

---

337 So konstatierte *Rodi*, Die Subventionsrechtsordnung, S. 97, noch im Jahre 2000 optimistisch ein „internationale[s] Subventionsrecht *im Werden*" (Hervorhebung des Verfassers).

1. (Verfassungs-)Perspektiven auf die WTO

Ohne an dieser Stelle vertieft die in der Praxis der WTO bis dato kaum relevante, vorwiegend unter theoretischen Gesichtspunkten ausgetragene Diskussion um die Konstitutionalisierung der Welthandelsordnung aufnehmen zu können,[338] ist jedenfalls auf die abstrakten Wechselwirkungen zwischen der Natur der WTO und derjenigen des ASÜ im Speziellen hinzuweisen.[339] Diese sind darauf zurückzuführen, dass sich ein hoher Konstitutionalisierungsgrad aufgrund der in diesem Fall regelmäßig ausgeprägteren *rule orientation* einerseits praxishemmend auf eine internationale Organisation auswirken kann, andererseits aber auch zu deren Fähigkeit der dynamischen Anpassung beizutragen vermag.[340] Vereinfacht gesprochen, lässt sich die Formel aufstellen, dass, je gewichtiger die Rolle der WTO im Geflecht der weltweiten handelsrechtlichen Beziehungen und darüber hinaus eingeordnet wird, desto höher auch die Wahrscheinlichkeit ist, dass eine umfassende multilaterale Subventionsrechtsordnung Unterstützung findet. Während mit einer solchen Stärkung des Subventionsrechtsregimes in der Ära des GATT nahezu immer dessen Verschärfung gemeint war, gilt dies heutzutage nicht mehr uneingeschränkt. Je nachdem, welches generelle Vorverständnis man den Übereinkommen der WTO zugrundelegt, variieren die Antworten auf die Frage nach der Stoßrichtung des ASÜ nicht unbeträchtlich.

Die von *Ernst-Ulrich Petersmann* bereits in den 1980er-Jahren formulierte und nach Abschluss der Uruguay-Runde vielfach rezipierte und fortgeführte sog. „Konstitutionalisierungsthese“[341] schreibt dem Welthandelsrecht

---

338 Vgl. nur statt vieler nur *Krajewski*, Verfassungsperspektiven und Legitimation des Rechts der Welthandelsorganisation (WTO), 2001, S. 120 ff. m. zahlr. weit. Nachw.

339 Diese Wechselwirkungen diskutiert – wenngleich mit abweichenden Schlüssen – auch *Rubini*, The Definition of Subsidy and State Aid, S. 27 ff.

340 S. zum Zusammenhang zwischen Konstitutionalisierungsgrad und Organisationspraxis *Peters*, Praxis Internationaler Organisationen – Vertragswandel und völkerrechtlicher Ordnungsrahmen, 2016, S. 410.

341 S. hierzu grundlegend *Petersmann*, Constitutional Functions and Constitutional Problems of International Economic Law, 1991; vgl. darauf direkt oder indirekt aufbauend unter anderem *Stoll*, ZaöRV 1997, 83 ff.; *Guzman*, Harv. Int. Law J 2004, 303 ff.; *Cass*, The Constitutionalization of the World Trade Organization, 2005, passim.

den Rang einer (potenziellen) Weltwirtschaftsverfassung zu,[342] indem sie dessen zumindest mittelbar Schutz zugunsten von privaten Individuen entfaltende Wirkweise sowie die Ausübung von Herrschaftsgewalt – durch den DSB – herausstreicht.[343] Allerdings sind diese Erwägungen zur WTO als eine Art „globale Integrationsgemeinschaft" *de lege lata* nicht zu verwirklichen, da das Sekretariat anders als im Falle der Kommission auf Unionsebene nahezu ausschließlich administrative Funktionen erfüllt, das WTO- im Unterschied zum Unionsrecht gerade keine Rechtsordnung *sui generis* bildet[344] und ihm die Mitglieder bis heute die unmittelbare Anwendbarkeit in ihren nationalen Rechtssystemen versagen.[345] All das spiegelt sich insbesondere auch in der Ausgestaltung des WTO-Subventionsrechts wider, welches durch die – wenn auch nunmehr beschränkte – Einräumung der Option unilateraler Ausgleichszölle (s. oben *A.III.2.*) nach wie vor tradierten Mustern der Handelspolitik folgt. Skepsis ist demnach auch gegenüber einer Überhöhung des mit der Konstitutionalisierungsthese verwandten *public choice*-Ansatz angezeigt, der maßgeblich darauf abstellt, dass durch die Eingehung von welthandelsrechtlichen Bindungen der Neigung, von einheimischen Wirtschaftsverbänden erhobenen Forderungen nach protektionistischen Maßnahmen nachzugeben, Einhalt geboten würde,[346] und damit die Zielstellung der *global good governance* priorisiert.[347]

Ohne diese beiden stark verkürzt wiedergegebenen politiktheoretischen Modelle in ihrer Bedeutung zu schmälern, so ist zu konstatieren, dass sie nicht geeignet sind, mehr als ergänzend-perspektivische Sichtweisen bieten zu können. Die zwanzig Jahre lang weit überwiegend erfolglos gebliebene Doha-Verhandlungsrunde und eine in Anbetracht handelskriegerischer

---

342 Gängig ist auch die zurückhaltendere, von *Tomuschat*, Der Verfassungsstaat im Geflecht der internationalen Beziehungen, in: VVDStRL 1978, S. 7, 52, geprägte Begriffswahl der sog. „völkerrechtlichen Nebenverfassung".

343 S. hierzu kritisch *Herrmann/Weiß/Ohler*, Welthandelsrecht, 2. Aufl. 2007, § 25 Rn. 1120 ff.

344 So nachdrücklich WTO Panel Report, WT/DS152/R Rn. 7.72, US – Section 301 Trade Act.

345 S. für eine Zusammenschau *Herrmann/Streinz*, Die EU als Mitglied der WTO, in: v. Arnauld (Hrsg.), Europäische Außenbeziehungen, Bd. 10 der EnzEuR, Hatje/Müller-Graff (Gesamt-Hrsg.), 1. Aufl. 2014, § 11 Rn. 123 f.

346 Vgl. hierzu beispielhaft die Selbsteinschätzung der *WTO*, 10 Benefits of the WTO Trading System, 2009, S. 13.

347 Diese und andere Konzeptionen kritisch einordnend und bewertend *v. Engelhardt*, Die Welthandelsorganisation (WTO) und demokratische Legitimität, 2016, S. 154 ff.

Zustände veränderte international-handelsrechtliche Realität[348] legen vielmehr offen, dass die Einigung auf neue und alte Regelungen in der WTO am präzisesten noch immer mit der sog. *political bargaining theory*, eingebettet in und abgefedert durch den die zweite Hälfte des 20. Jahrhunderts dominierenden (neo-)liberalen Institutionalismus,[349] erklärt werden kann. Damals wie heute basiert sie primär auf dem Reziprozitätsgedanken, das heißt auf gegenseitigen politischen Zugeständnissen in der jeweiligen Erwartung eines gemeinsamen Nutzens.[350] Wiederum gilt dies in besonderer Weise in Bezug auf Wesen und Struktur des ASÜ, was sich nicht nur an der geschilderten Koppelung der Einschränkung der Gewährung von Subventionen an eine Einhegung der Ausgleichszollerhebung,[351] sondern ebenso an der weder logisch noch ökonomisch bedingten Verknüpfung der rechtlichen Schicksale von Art. 6.1 (Vermutungsregeln für das Vorliegen einer ernsthaften Schädigung) mit Art. 8 f. ASÜ (nichtanfechtbare Subventionen) belegen lässt, die infolge der gescheiterten Verlängerung im Ausschuss für Subventionen und Ausgleichsmaßnahmen beide gemäß Art. 31 ASÜ zum Jahr 2000 außer Kraft traten.

2. „Injury-only" versus „anti-distortion"

Eine weitere grundlegende Vorfrage bei der Bestimmung der Ratio welthandelsrechtlicher Subventionsdisziplinen betrifft die Problematik des anzuwendenden *(trade) impact standard*.[352] Der Umgang mit ihr wird von zwei verschiedenen Strömungen beeinflusst, die jeweils von konträren Grundeinstellungen gegenüber dem Instrument der staatlichen Subvention zeugen. Beide Denkschulen haben ihre Wurzeln im US-amerikanischen

---

348 S. bezogen auf den Zeitraum ab 2016 *Herrmann/Müller-Ibold*, EuZW 2018, 749 ff., 752 f.; EuZW 2021, 97 ff.

349 Vgl. zu den Prinzipien dieses sog. *embedded liberalism* umfassend *Howse/Nicolaïdis*, Governance 2003, 73 ff.

350 *Hilf/Oeter*, Perspektiven der Welthandelsordnung, in: Hilf/Oeter (Hrsg.), WTO-Recht, § 33 Rn. 23.

351 S. in diesem Sinne die im Schrifttum vielfach rezitierte (vgl. etwa *Trebilock/Howse*, The Regulation of International Trade, 2. Aufl. 1999, S. 190) Stellungnahme des Ökonomen *Patrick Messerlin*, der die Ausgangslage vor der Ministerkonferenz von Punta del Este (1986) wie folgt umriss:
„To the United States, the Code is an instrument to control subsidies. To the rest of the world, it is an instrument to control US countervailing duties."

352 S. zum folgenden Absatz statt aller lediglich *Hufbauer/Shelton-Erb*, Subsidies in International Trade, S. 19 ff.

Schrifttum und wurden zwar kaum je in ihrer Reinform vertreten, vermögen jedoch erste Aufschlüsse über die Hintergründe der in den GATT- bzw. WTO-Verhandlungsrunden gefundenen Kompromissformeln zu geben. Während die *anti-distortion school* im Wesentlichen die konstante Verhandlungsposition aller US-Administrationen widerspiegelt, werden Varianten der *injury-only school* regelmäßig den europäischen Staaten sowie dem Gros der Entwicklungs- und Schwellenländer zugerechnet.[353]

Die *anti-distortion school* unterstellt, dass Subventionen sich im grenzüberschreitenden Kontext nahezu ausnahmslos handels- und wettbewerbsverzerrend auswirken und Nachahmungseffekte nach sich ziehen, welche in Subventionswettläufe oder Überinvestitionen resultierten. Unter bestimmten Bedingungen seien sie zwar in der Tat in der Lage, Marktversagen zu beheben, jedoch werde diese Eigenschaft massiv überschätzt, was Missbrauchspotenziale eröffne. Konsequenterweise fordert sie niedrig anzusetzende materielle und verfahrenstechnische Hürden für die Erhebung von Ausgleichszöllen gegen alle Arten von ausländischen Subventionen. Demgegenüber nimmt die *injury-only school* staatliche Marktinterventionen in Gestalt von Subventionen als – prinzipiell neutral zu bewertendes – Faktum des modernen Wirtschaftslebens hin, das durch sonstige Einflüsse wie Wechselkursveränderungen an Brisanz verliere. Während eine puristische Auslegung sogar Exportsubventionen lediglich im Falle des Vorliegens einer bedeutenden Schädigung nach Art. VI GATT untersagen will,[354] neigt die Mehrzahl der Deutungen ob deren handelspolitischem Eskalationspotenzial einem *per se*-Verbot zu.[355]

Der zweitgenannte Ansatz findet sich sowohl in der ursprünglichen und erweiterten Fassung von Art. XVI GATT als auch in Art. VI:1 GATT wieder, die Ampel-Konzeption des ASÜ (s. unten *III.1.*) entzieht sich dagegen der klaren Zuordnung zu einer der zwei Denkschulen.[356] In der

353 Vgl. offenbar irrtümlich genau umgekehrt *Micheau*, Evolution of State Aid Rules, S. 19, die zwar zutreffend feststellt, dass sich auf europäischer Ebene eine modifizierte Form der *anti-distortion school* durchgesetzt hat, aber verkennt, dass sich die Kommission auf welthandelsrechtlicher Ebene diesen Ansatz bis dato nie zu eigen machte.

354 Vgl. in diese Richtung beispielhaft *Barceló*, CILJ 1980, 257, 282 ff.

355 Sogar *Sykes*, JLA 2010, 473, 516 ff., der jeglicher Art von Subventionsdisziplin äußerst kritisch gegenübersteht, hält ein Verbot von Exportsubventionen für ökonomisch rechtfertigbar.

356 So bereits zum in der Tokio-Runde von den USA verfolgten, von der EG aber noch abgelehnten Ampel-Ansatz *Hufbauer*, Subsidy Issues After the Tokyo Round, in: Cline (Hrsg.), Trade Policy in the 1980s, 1983, S. 327, 337 f.

Uruguay-Runde scheint die diesbezügliche Diskussion, obgleich in diesem Kontext begrifflich eher unglücklich, nur noch im Rahmen der nunmehr versuchten Definition des Subventionsbegriffs von Relevanz gewesen zu sein.[357] Die beide Standpunkte vereinende Einsicht, dass Subventionen Marktverfälschungen hervorrufen können, unter Umständen (die nach der *anti-distortion school* seltener, nach der *injury-only school* häufiger vorliegen) aber auch in der Lage sind, Marktversagen zu beheben, griff das ASÜ unzureichend auf,[358] indem es abgesehen vom Verbot von Export- und Importsubstitutionssubventionen eine Trennlinie zwischen „guten" und „schlechten" Subventionen in lediglich temporärer sowie sachlich eng umrissener Weise zog.

3. (Polit-)Ökonomische Theorien

Vertreter der modernen Wettbewerbstheorien, deren Erkenntnisse in der jüngeren welthandelsrechtlichen Diskussion – insoweit parallel zum *more economic approach* im Unionswettbewerbsrecht (s. oben *§ 1 B.III.*) – von zunehmendem Interesse sind, sprechen überwiegend ein überaus kritisches Verdikt über das ASÜ aus. Das aus dieser Perspektive maßgebliche wettbewerbspolitische Leitprinzip der (globalen) wohlfahrtsökonomischen Effizienz finde sich im Vertragstext nicht nur nicht wieder, vielmehr bestünde sogar die Gefahr, dass das ASÜ – in seiner derzeit geltenden Fassung – die Entstehung von schädlichen Ineffizienzen begünstige.[359] Die Argumentationslinien, auf denen die Angriffe beruhen, divergieren zwar jeweils erheblich, in hohem Maße bemerkenswert erscheint indessen die sich hier auf besonders markante Weise offenbarende grundsätzliche Fokusverschiebung von dem jahrzehntelang dominierenden Bestreben, einen möglichst drastischen Abbau von Subventionen zu erreichen, hin zu

---

357 S. hierzu *Luengo Hernández de Madrid*, Regulation of Subsidies and State Aids in WTO and EC Law, S. 86 f.

358 Vgl. weitsichtig *Bourgeois*, The GATT Rules for Industrial Subsidies and Countervailing Duties and the New GATT Round, S. 232 f. (Fn. 26), der eine ähnliche Lösung bereits im Verlauf der Uruguay-Runde prognostizierte.

359 *Matsushita/Schoenbaum/Mavroidis*, The World Trade Organization: Law, Practice, and Policy, 2. Aufl. 2006, S. 394: „one of the least economics-informed agreements in the WTO".

der nuancierteren Frage, wie die Subventionsgewährung weltweit besser kanalisiert werden könnte.[360]

Bezeichnend für diesen sich – zumindest auf theoretischer Modellebene – langsam vollziehenden Sinneswandel steht der provokante Vorstoß, dass zu rigide WTO-Subventionsdisziplinen sich in den multilateralen Zollsenkungsrunden vermehrt als Hemmfaktoren erweisen könnten. Die durch das ASÜ im Vergleich zur vorherigen Rechtslage limitierten Spielräume für Subventionen seien zwar in der Tat geeignet, WTO-Mitglieder von einem Einsatz des Instruments der lediglich potenziell ineffizienten inländischen Subvention abzuhalten, zugleich verleiteten diese sie aber dazu, bezüglich weiterer Zugeständnisse beim Abbau von in jedem Fall ineffizienten Zollschranken Zurückhaltung walten zu lassen.[361] Während aus dieser Überlegung teils das Erfordernis der Rückbesinnung auf den Rechtsgedanken des Art. XXIII GATT abgeleitet wird,[362] kursieren daneben – als *terms-of-trade-* oder *commitment-*Theorien kategorisierbare[363] – Erklärungsansätze, die wegen ihrer politikökonomischen Ausgangsgrundlagen zahlreiche Überschneidungen aufweisen,[364] jedoch stets nur die Begründung von Teilausschnitten des ASÜ (bzw. der einschlägigen subventionsrechtlichen GATT-Artikel) für sich reklamieren können.[365]

Die wichtigste Gemeinsamkeit all dieser Erklärungsansätze stellt die Kritik am für reformbedürftig erachteten subventionsrechtlichen *status quo*

---

360 S. in diesem Sinne exemplarisch *Howse*, Do the World Trade Organization Disciplines on Domestic Subsidies Make Sense? The Case for Legalizing Some Subsidies, in: Bagwell/Bermann/Mavroidis (Hrsg.), Law and Economics of Contingent Protection in International Trade, 2009, S. 85, 87 ff.

361 Die Problematik eines solchen *chilling effect* auf Zollverhandlungen als Erste aufwerfend *Bagwell/Staiger*, Am Econ Rev 2006, 877 ff.

362 So *Bagwell/Mavroidis*, Too Much, Too Little... Too Late? in: Bagwell/Bermann/Mavroidis (Hrsg.), Law and Economics of Contingent Protection in International Trade, S. 168, 171 f.

363 Die *terms-of-trade theory* sieht die Hauptfunktion von WTO-Subventionsregelungen in der Verringerung internationaler externer Effekte (vgl. hierzu *Lee*, Subsidies and Countervailing Duties, in: Bagwell/Staiger (Hrsg.), Handbook of Commercial Policy, Vol. 1, Part B, 2016, S. 161 ff.). Die *commitment theory* fokussiert sich hingegen stärker auf deren Steuerungspotenzial in Bezug auf das Verhältnis zwischen Regierung und Privatsektor auf nationaler Ebene (vgl. exemplarisch *Brou/Ruta*, The B.E. Journal of Economic Analysis & Policy 2013, 239 ff.).

364 S. überblicksartig *De Remer*, The Evolution of International Subsidy Rules, ECARES Working Paper 2013–45.

365 Zu diesem Ergebnis kommt auch *Suttle*, Distributive Justice and World Trade Law: A Political Theory of International Trade Regulation, 2017, S. 247.

dar, dem zwar Alternativvorschläge gegenübergestellt werden,[366] die allerdings nur wenig Rücksicht auf rechtspolitische Realitäten nehmen und aus diesem Grund das vorliegend relevante Problem der Schutzrichtungen des geltenden Systems kaum zu erhellen vermögen. Mit Blick auf die bestehende Meinungsvielfalt zum dogmatischen Fundament des WTO-Gebildes als Ganzes, ist es nachvollziehbar, dass auch hinter dessen Subventionsrechtsregime kein übergeordnetes ökonomisches Konzept hervortritt. Zwar wäre es selbst im Kontext der Teil eines Integrationsprojekts bildenden EU-Wirtschaftsverfassung vermessen, von einem Regelungsmodell „aus einem Guss“ zu sprechen, wie konkret etwa die einem Sonderregime unterstellte Gemeinsame Agrarpolitik (GAP) demonstriert. Nichtsdestoweniger sind Einflüsse des Ordoliberalismus auf die Ursprünge des Wettbewerbsrechts des EWGV sowie dessen Auslegung und Anwendung durch den EuGH unverkennbar.[367] Folglich bedarf es bei der Ermittlung des Telos des WTO-Subventionsrechts der Heranziehung griffigerer Parameter, was einmal mehr gilt, wenn – wie hier – angesichts der erfolgten entstehungsgeschichtlichen Bewertung eine defensive *political bargaining view* eingenommen wird.

II. Abwesenheit einer Präambel zum Übereinkommen über Subventionen und Ausgleichsmaßnahmen

Einen Anknüpfungspunkt für die Bestimmung des Zieles und Zweckes eines wirtschaftsvölkerrechtlichen Vertrages, in dessen Lichte die Einzelbestimmungen gemäß Art. 31 Abs. 1 WVRK auszulegen und anzuwenden sind, gewährt in aller Regel die Präambel, an der es im Falle der WTO neben dem Antidumping-Übereinkommen (ADÜ)[368] lediglich beim ASÜ mangelt. Die Gründe für dieses Fehlen legen nahe *(1.-2.)*, dass auch eine hilfsweise Heranziehung der Präambel zum Rahmenübereinkommen der WTO (ÜWTO)[369] allenfalls mittelbar geeignet ist, belastbare Hinweise auf die mit der WTO-Subventionskontrolle verfolgte Ratio zu geben *(3.)*.

---

366 Einen dahingehenden Versuch unternimmt *Opeida*, Strengthening the WTO Subsidies Regime, 2017, S. 274 ff.

367 Vgl. hierzu eingehend *Deutscher/Makris*, CompLRev 2016, 181, 196 f.

368 Übereinkommen zur Durchführung des Artikels VI des Allgemeinen Zoll- und Handelsabkommens, ABl. 1994 L 336/103.

369 Übereinkommen zur Errichtung der Welthandelsorganisation v. 15. April 1994, ABl. 1994 L 336/3.

1. „Paradox" der Subventionsregulierung

Die Abwesenheit einer Präambel zum ASÜ markiert einen Rückschritt sogar gegenüber dem – von der Literatur überwiegend als konzeptionell und rechtstechnisch missglückt eingestuften – Tokio-Subventionskodex aus dem Jahre 1979.[370] Dessen Präambel schwieg sich zwar ebenso wie das ASÜ zu Schutzzwecken und deren Gewichtung aus, benannte aber zumindest das Dilemma internationaler Subventionsrechtordnungen (s. oben *§ 1 A.I.3.*),[371] unter dem es selbst litt, indem es die politische sowie ökonomische Ambivalenz von Subventionen klar hervorhob:

> „[...] Recognizing that subsidies are used by governments to promote important objectives of national policy,
> Recognizing also that subsidies may have harmful effects on trade and production, [...]"

Die entfernt dem Rechtfertigungskatalog des Art. 107 Abs. 3 AEUV ähnelnde Aufzählung in Art. 11.1 Tokio-Subventionskodex führte auf, welche sozial- und wirtschaftspolitischen Ziele als „wichtige Ziele der nationalen Politik" im Sinne der Kodex-Präambel zu verstehen sind, und sollte hiermit auf Art. 13.1 HC aufbauen. Letzterer ist im politischen Kontext des Wiederaufbaus nach dem Zweiten Weltkrieg zu lesen, traf aber nichtsdestoweniger zeitlose Aussagen, wie unter anderem sein später in der Präambel des Tokio-Kodexes im Grundsatz übernommenes dialektisches Aufbauschema verdeutlicht.[372] Während die Vertragsparteien einerseits Bekenntnisse zur Wichtigkeit des Instruments der Subvention für die Erreichung legitimer Staatsziele wirtschaftlicher, sozialer, kultureller oder politischer Art voranstellten, schoben sie andererseits zugleich einschränkende Verweise auf die möglichen schädlichen Auswirkungen dieser Sub-

---

370 Vgl. dazu die Nachw. o. in Fn. 302 f.

371 S. hierzu *Tarullo*, The MTN Subsidies Code: Agreement without Consensus, in: Rubin/Hufbauer (Hrsg.), Emerging Standards of International Trade and Investment, 1984, S. 63 ff.

372 Art. 13.1 der HC lautet wie folgt:
„The Members recognize that special governmental assistance may be required to promote the establishment, development or reconstruction of particular industries or branches of agriculture, and that in appropriate circumstances the grant of such assistance in the form of protective measures is justified. At the same time, they recognize that an unwise use of such measures would impose [...] unwarranted restrictions on international trade, and might increase unnecessarily the difficulties of adjustment for the economics of other countries. [...]"

ventionspraktiken auf den internationalen Handel nach, ohne aber nur ansatzweise eine Rangfolge zur Auflösung dieses „Paradoxes" in der Praxis der Rechtsanwendung anzubieten.[373]

In Anbetracht dieser Schwächen der Präambel des Tokio-Subventionskodexes und der fehlenden Einigung auf eine Präambel zum ASÜ in der Uruguay-Runde liegt die einst in einem Panel-Bericht gezogene Schlussfolgerung, dass es unklug sei, Argumenten, die sich mit Sinn und Zweck des ASÜ auseinandersetzen, übermäßige Bedeutung beizumessen,[374] *prima facie* nahe. Allerdings ist zu bedenken, dass selbst unter Zugrundelegung der Annahme, dass in der Interpretation des WTO-Rechts durch die Streitbeilegungsorgane Ziele und Zwecke der jeweiligen Übereinkunft – parallel zu den beiden von Art. 32 WVRK lediglich als ergänzende Auslegungsmittel eingeordneten vorbereitenden Arbeiten und Umstände des Vertragsabschlusses – in der Regel subsidiär herangezogen werden,[375] eine Präambel zum ASÜ zumindest das Bewusstsein der Verfasser für die Existenz des dargelegten Subventionsparadoxes angezeigt hätte. Dass die damaligen Verhandlungsführer das Paradox mit in ihre Überlegungen einbezogen hatten, steht außer Zweifel,[376] indessen spiegelt sich diese Erkenntnis spätestens seit dem Außerkrafttreten von Art. 8 f. ASÜ (einschließlich deren Fn. 23) nicht mehr im Vertragstext wider. Wurde bereits hinsichtlich der Ausgangsfassung des ASÜ von einem „verdeckten internationalen Dissens"[377] gesprochen, so gilt diese Einschätzung nach der heutigen Rechtslage erst recht.

---

373 S. hierzu instruktiv *Behboodi*, Industrial Subsidies and Friction in International Trade, S. 48 f., der den Umgang mit diesem Paradox zum Leitmotiv seiner umfassenden Monografie erklärt.

374 So WTO Panel Report, WT/DS70/R Rn. 9.119, Canada – Measures Affecting the Export of Civilian Aircraft.

375 In diese Richtung weisen die Äußerungen des ehemaligen AB-Mitglieds *Ehlermann*, JWT 2002, 605, 615 f., zitiert nach *Rubini*, The Definition of Subsidy and State Aid, S. 10 (Fn. 26).

376 S. unter anderem die Einlassung des kanadischen ASÜ-Verhandlungsführers *Collins-Williams*, A Negotiator's Perspective on Enhancing Subsidies' Disciplines, in: Rubini/Hawkins (Hrsg.), What Shapes the Law?, S. 57, 57.

377 *Langer*, Grundlagen einer internationalen Wirtschaftsverfassung, S. 253.

2. Interessenkluft zwischen Nord und Süd

Auf Konsens scheint dagegen auf den ersten Blick die differenzierte Sonderbehandlung von sog. „Entwicklungsland-Mitgliedern" zu stoßen, da Art. 27.1 ASÜ explizit anerkennt, dass Subventionen für die Wirtschaftsentwicklung dieser Staaten eine wichtige Rolle spielen können. Allerdings führte der Ablauf von Übergangsfristen in Kombination mit deren erhöhter Ausfuhrwettbewerbsfähigkeit für bestimmte Warengruppen dazu, dass mehrere Schwellenländer[378] die in Art. 27.2 (a) in Verbindung mit Anhang VII des ASÜ festgelegten Kriterien für den Status als Entwicklungsland-Mitglied nicht mehr erfüllen, und die Problematik dadurch nicht mehr nur im Rahmen der einst entwicklungspolitisch motivierten DDA (s. unten *Teil 2 § 1 A.II.2.*), sondern auch bei Panel- bzw. AB-Verfahren zurück auf die Tagesordnung der WTO drängte. In diesen Verfahren beharren Industrieland-Mitglieder wie die USA und die EU gegenüber aufstrebenden Staaten zunehmend auf Reziprozität, wohingegen sich Letztere mitunter nach wie vor auf – in rein rechtlicher Hinsicht nicht mehr begründbare – Sonderprivilegien berufen.[379]

Bereits in den Verhandlungen über die Gründung der ITO offenbarten sich gravierende Nord-Süd-Interessengegensätze, die in nicht unbeträchtlichem Maße auf den im Entwurf der HC vorgesehenen Subventionsdisziplinen gründeten.[380] Die fakultativen Verschärfungen des Art. XVI GATT 1947 (von 1955 und 1960) betrafen die weit überwiegende Zahl der Entwicklungsländer noch nicht; spätestens durch die Verabschiedung des Tokio-Subventionskodexes im Jahre 1979 gerieten aber auch sie – trotz dessen ebenfalls plurilateralem Charakter – stärker in das Blickfeld der Industriestaaten, die sich um einen Abbau nichttarifärer Handelsschranken bemühten. Art. 14 Tokio-Subventionskodex führte eine Sonderbehandlung für Entwicklungsländer ein, die diese vom Exportsubventionsverbot bezüglich anderer Waren als Grundstoffe (vgl. Art. 9 Tokio-Kodex) befreite,

---

378 Von den unter dem Begriff der sog. „BRIICS"-Staaten versammelten Schwellenländern Brasilien, Russland, Indien, Indonesien, China und Südafrika waren insbesondere Indonesien und Indien von signifikanten Rechtsänderungen betroffen (vgl. etwa Anhang VII(b) des ASÜ).

379 Vgl. dazu aus jüngerer Zeit exemplarisch WTO Panel Report, WT/DS541/R, India – Export Related Measures.

380 *Jackson*, World Trade and the Law of GATT, S. 369.

ohne konkrete Abbau- bzw. Stillhalteverpflichtungen vorzusehen.[381] Das ASÜ als Bestandteil des *single undertaking*, dem die Entwicklungsländer anders als im Falle des Tokio-Subventionskodexes nur noch mit der Konsequenz des Fernbleibens von der WTO als Ganzen entgehen konnten, beschritt einen Mittelweg zwischen der subventionsrechtlichen Gleichbehandlung aller Mitglieder und einem Ansatz permanenter „Regulierungsferien“. Da Art. 27.2 bis 4 ASÜ präzise Übergangsfristen sowie Stillhaltepflichten statuieren und Anhang VII den Entwicklungslandstatus definitorisch eingrenzt, ist das Grundziel der sukzessiven Erstreckung des Exportsubventionsverbotes auf Entwicklungsländer nunmehr unverkennbar.[382]

Wiederum handelt es sich hierbei vielmehr um einen verdeckten Dissens als um einen politischen oder gar rechtskonzeptionellen Konsens, bleibt doch die Frage, ob Entwicklungs- und unter Umständen auch Schwellenländern dauerhaft breitere Handlungsspielräume zugestanden werden sollten, im Grundsatz unbeantwortet. Dies mag einerseits mit dem lediglich kaschierenden Charakter des im Jahre 1989 – mithin im Verlauf der Uruguay-Runde – erreichten *Washington Consensus*,[383] andererseits mit den im Rahmen der Ministerkonferenz von Nairobi im Jahre 2015 zwischenzeitlich zwar erweiterten,[384] bei einer vergleichenden Betrachtung mit der Rigorosität des ASÜ aber als zurückhaltend zu qualifizierenden Zugeständnissen der Industrieländer bezüglich der Reduktion von Landwirtschaftssubventionen zusammenhängen.[385] Schwerer wiegt jedoch die unter Entwicklungsländern vorherrschende Überzeugung, dass eine *export promotion strategy*, welche auf gezielte, das heißt spezifische Subventionen zurückgreift, gerade in diesen Staaten ein wohlfahrtsökonomisch effizientes Mittel zur Generierung strukturellen Wirtschaftswachstums bilden kann.[386] Die um sich greifende Einsicht, dass zumindest nicht feststehe,

---

381 S. hierzu *Hudec*, Developing Countries in the GATT Legal System, 1987, S. 87, unter Verweis auf die *best endeavour*-Klausel in Art. 14.5 Tokio-Subventionskodex.

382 S. in diesem Sinne auch *Herrmann/Weiß/Ohler*, Welthandelsrecht, § 14 Rn. 703.

383 Vgl. zu dessen subventionsrechtlichen Implikationen näher *Williams*, Some Factors that Led to the Conclusion of the Tokyo and Uruguay Rounds, in: Rubini/Hawkins (Hrsg.), What Shapes the Law?, S. 33, 35.

384 *WTO-Ministerkonferenz*, Ministerial Decision of 19 December 2015 on Export Competition, WT/MIN(15)/45, WT/L/980 (dated 21 December 2015).

385 Vgl. zur Genese des Landwirtschaftssubventionen erfassenden Agreement on Agriculture von 1994 umfassend *Croome*, Reshaping the World Trading System: A History of the Uruguay Round, 1996, S. 294 ff.

386 *Coppens*, WTO Disciplines on Subsidies and Countervailing Measures, S. 556, führt dies einerseits auf das erfolgreiche Vorbildmodell des sog. *East Asian*

dass Subventionen für erfolgreiche Entwicklungsstrategien unwichtig seien,[387] trug dazu bei, dass neue Vorschläge für den Entwurf einer Präambel des ASÜ die in Art. 27.1 ASÜ getroffene Grundaussage aufnehmen und ihr prominenteren Rang zubilligen.[388]

3. Präambel des Marrakesch-Abkommens

Angesichts des Gewichts der dargelegten strukturellen Gründe für die Abwesenheit einer Präambel zum ASÜ, bliebe zu erwägen, ob nicht ein Rückgriff auf die Präambel des ÜWTO aus dem Jahre 1994, welche in Teilabschnitten derjenigen zum GATT 1947 nachempfunden ist, einen interpretatorischen Ausweg bieten kann.[389] Tatsächlich enthält sie Indizien, dass Subventionen zur Abmilderung globaler Disparitäten oder der Behebung von Marktversagen unter gewissen Umständen nicht *a limine* der ausgegebenen – unzweifelhaft auch Subventionen umfassenden – Devise des umfassenden Handelshemmnisabbaus („wesentlichen Abbau der Zölle und anderer Handelsschranken") unterfallen. Dafür sprechen neben der einen eigenständigen Absatz einnehmenden Zusicherung der aktiven Unterstützung von Entwicklungsländern bei der Erlangung von Anteilen am Wachstum des internationalen Handels beispielsweise die Andeutung negativer Externalitäten im Bereich Umwelt („Schutz und [...] Erhaltung der Umwelt").

In Verbindung mit Art. XX lit. b und g GATT ist zu folgern, dass die Mitglieder sich der den Waren- und Dienstleistungsverkehr überschreitenden Reichweite der Übereinkommen bewusst sind, deren Auswirkungen auf angrenzende Lebensbereiche anerkennen und handelsfremde Belange in die Abwägung mit konfligierenden (Frei-)Handelsinteressen einzustel-

---

Miracle, andererseits auf in jüngeren Weltbank-Studien erhobene Forderungen nach gezielten Marktversagenskorrekturen, die eine Exportdiversifizierung beeinträchtigen, zurück.

387 So die von *Coppens* mit Bedacht verwendete doppelte Verneinung (ebd., S. 557).

388 Vgl. hierzu *Flett*, Preserving the Balance between Trade and Non-Trade Interests through a Systematic Interpretation of WTO Subsidies Law, in: Rubini/Hawkins (Hrsg.), What Shapes the Law?, S. 91, 98.

389 Nicht weiter verfolgt wird hier die von *Rodi*, Die Subventionsrechtsordnung, S. 118, erörterte hilfsweise Heranziehung der in Kapitel I bis VI und IX der HC verankerten allgemeinen Grundsätze, da Letzteren zwar für die Auslegung des GATT noch Relevanz zukommen kann, der Zusammenhang zum ASÜ aber zu mittelbar erscheint.

len bereit sind. Aufgrund des Umstands, dass es sich bei der WTO nicht um eine Wirtschaftsintegrationsgemeinschaft im engeren Sinne handelt, sondern um ein Antidiskriminierungsregime,[390] sind die Zielvorgaben der Präambel des als sog. „Dachabkommen" fungierenden ÜWTO allerdings von zu generellem Charakter, um ein Leitbild der Welthandelsordnung zeichnen zu können oder darüber hinaus sogar Anhaltspunkte zu konkreten Schutzrichtungen speziell des ASÜ zu bieten. Selbst wenn man dies bejahen will, so wäre noch nichts über Rang und Bedeutung dieser Maximen im Kontext der Auslegung und Anwendung eines GATT-Seitenabkommens gesagt.[391] Es liegt deswegen nahe, dass das – soweit momentan ersichtlich – hypothetische Vorbringen eines subventionierenden Mitglieds, das sich unter Verweis auf die Präambel des ÜWTO darauf beruft, dass ein implizites legitimes politisches Ziel in das ASÜ hineingelesen werden müsse, in einem Verfahren vor den Streitbeilegungsorganen aller Voraussicht nach abgelehnt würde.[392]

Anders als von den Verfassern des ASÜ angeblich einst angenommen,[393] scheint es insbesondere vor dem Hintergrund des damals noch verfolgten Ampel-Ansatzes (s. dazu sogleich *III.1.*) nicht ausgeschlossen, dass die Einigung auf eine Präambel zum ASÜ hätte gelingen können. Denkbar wäre schließlich gewesen, ihre – zutreffend als paradigmatisches Symptom des Fehlens einer gemeinsamen Vorstellung zum Sinn und Zweck des WTO-Subventionsrechts zu deutende – Abwesenheit zum Gegenstand der Formulierung einer ASÜ-Präambel zu machen, sehen doch manche Beobachter gerade darin eine Quelle der Stabilität des geltenden Systems: Dieses sei in der Lage, sich je nach Kontext flexibel an eine Vielzahl von gegensätzlichen Interessen anzupassen und werde erst dadurch der Heterogenität des Mitgliederstamms gerecht.[394]

---

390 *Herrmann/Würdemann*, Der wirtschaftsvölkerrechtliche und unionsrechtliche Rahmen für regionale Integrationsgemeinschaften, in: Felbermayr et al. (Hrsg.), Multilateralismus und Regionalismus, 2017, S. 33, 38.

391 S. im Ergebnis übereinstimmend auch *Rodi*, Die Subventionsrechtsordnung, S. 119 f.

392 So *De Baere*, Reform through Accommodation: How External Factors Push for Greater Flexibility in Interpreting the SCM Agreement, in: Rubini/Hawkins (Hrsg.), What Shapes the Law?, S. 87, 89.

393 So die damals involvierten Verhandler *Cartland/Depayre/Woznowski*, JWT 2012, 979, 992.

394 S. hierzu *Lang*, Current Legal Problems 2014, 135, 166; zustimmend *Koulen*, Reflections on the SCM Agreement, in: Rubini/Hawkins (Hrsg.), What Shapes the Law?, S. 75, 79.

III. Zwischen Subventions- und Antisubventionsrecht

Da sich das ASÜ – wie die WTO als Ganze – keinem stringenten theoretischen Grundkonzept zuordnen lässt und auch die Präambel des ÜWTO keine Rückschlüsse auf die *ratio legis* des Übereinkommens zulässt, sind diesbezügliche Anhaltspunkte dessen Regelungssystematik sowie nicht zuletzt dem materiellen Gehalt wesentlicher Einzelbestimmungen zu entnehmen *(1.)*. Das ASÜ hat infolge des Außerkrafttretens sowohl von Teil IV als auch Art. 6.1 zum Jahrtausendwechsel eine wesensmäßige Wandlung vollzogen *(2.)* und zieht sich heute auf einen traditionellen – primär um Fairnesserwägungen kreisenden – *effect-on-rivals standard* zurück *(3.)*.

1. „Traffic Lights"-Konzeption

Der *traffic lights approach* des ASÜ, dessen Bezeichnung auf der differenzierenden Regulierung verbotener Export- und Importsubstitutionssubventionen („rot"), sog. „nichtanfechtbarer", das heißt erlaubter („grün"), und sonstiger, anfechtbarer („gelb") Subventionen basiert, stellt keine originäre Innovation der Uruguay-Runde dar, da er bereits in den 1970er-Jahren angedacht worden war, wegen unüberbrückbarer Meinungsdifferenzen zwischen den USA und der EWG zu Inhalt und Umfang der beiden erstgenannten Kategorien aber verworfen wurde.[395] Der fünf Jahre (bis zum 31. Dezember 1999) währende, danach nicht erneuerte Kompromiss ist als Ausdruck eines Balanceakts zu begreifen, der das US-amerikanische Ansinnen, eine Verschärfung der Regeln für bestimmte Subventionstypen herbeizuführen, und die Forderung aller anderen WTO-Mitglieder, politische Handlungsspielräume zu wahren, auszutarieren versucht.

Diese von Beginn an vorherrschende Interessenausgleichsfunktion des *traffic lights approach* gilt es stets zu bedenken, wenn im Folgenden die ebenso wie die widerlegbare Vermutung des Art. 6.1 ASÜ nach Art. 31 ASÜ erloschene *green light category* nichtanfechtbarer Subventionen (vgl. Art. 8 f. ASÜ) in den Vordergrund der subventionsrechtlichen Betrachtung rückt.[396]

---

395 S. zur Entwicklung und Genese *Stewart*, GATT Uruguay Round: A Negotiating History, Vol. 1, 1993, S. 850.

396 S. richtigerweise bereits vor dem Außerkrafttreten der Art. 8 f. ASÜ vorsichtig *Rodi*, Die Subventionsrechtsordnung, S. 125. Vgl. zur Interessenausgleichsfunktion des WTO-Subventionsrechts ebd., S. 100 f.; ferner *Langer*, Grundlagen einer

Während die Notwendigkeit von *per se*-Verboten für *de jure*-Exportsubventionen seit dem Jahre 1960 sowohl aus politökonomischem (Vorbeugung von Subventionswettläufen) als auch wohlfahrtstheoretischem (Vermeidung einer ineffizienten Faktorallokation) Blickwinkel dem Grunde nach unstreitig ist,[397] und das Welthandelsrecht diese *a limine* mit einem negativen Urteil belegt,[398] ohne ein qualifizierendes Erfordernis der Schädigung vorzusehen, galt dies für *de facto*-Exportsubventionen sowie Importsubstitutionssubventionen zuvor nicht explizit.[399] Letztere waren jedoch bereits unter Art. III GATT 1947 problematisch und sind heute angesichts der historischen Erfahrungen mit gescheiterten Strategien der Importsubstitutionsindustrialisierung in Lateinamerika auch unter der Mehrzahl von Entwicklungsländern verpönt.[400] Das sich bereits im Verbot dieser „Einfuhrverhinderungssubventionen"[401] andeutende Ziel des Marktzugangsschutzes bzw. des Schutzes von Marktzugangserwartungen tritt auch im Falle der in Art. 5 ff. ASÜ geregelten Kategorie der anfechtbaren Subventionen, zu welcher Produktionssubventionen zählen, klar erkennbar zu Tage. Art. 5 lit. a bzw. b ASÜ übernehmen die in Art. VI und XXIII GATT formulierten Eingriffsschwellen, die dritte Tatbestandsvariante wiederholt das bereits in Art. XVI:1 GATT enthaltene Kriterium der „ernsthaften Schädigung der Interessen eines anderen Mitglieds" (vgl. lit. c). Allein Letzteres vermag Fälle der Ausfuhrverdrängung auf Drittlandsmärkten zu erfassen und wird von Art. 6 ASÜ in einer Weise präzisiert, die sich in erster Linie nach den Belangen von Produzenten ausrichtet, deren Waren mit den subventionierten Produkten konkurrieren (vgl. den sog. *li-*

---

internationalen Wirtschaftsverfassung, S. 251 ff. (mit teils abweichender Akzentuierung). Auch *Rubini*, The Definition of Subsidy and State Aid, S. 36 f., konzediert einen bis dato allenfalls schwach ausgeprägten „sense of community" der WTO. Dieser ist nach hier vertretener Ansicht auf deren Charakter als funktional-intergouvernementale Organisation zurückzuführen.

397 *Rubini*, The Definition of Subsidy and State Aid, S. 58.

398 So *Stoll*, ZWeR 2017, 1, 8 f., der diese strenge Handhabung explizit als „für die WTO systemrelevant" erachtet.

399 Vgl. zur streitigen Frage, ob dem Verbot des Art. 3.1 (b) ASÜ auch *de facto*-Subventionen zur Importförderung unterfallen, WTO Appellate Body Report, WT/DS139/AB/R, WT/DS142/AB/R Rn. 138 ff., Canada – Certain Measures Affecting the Automotive Industry.

400 *Herrmann/Weiß/Ohler*, Welthandelsrecht, § 20 Rn. 980.

401 *Langer*, Grundlagen einer internationalen Wirtschaftsverfassung, S. 260.

ke products test des Art. 6.3 ASÜ).[402] Die in Art. 6.1 ASÜ enumerierten Subventionstatbestände („dunkelgelb") stellten zudem beweiserleichternde Vermutungsregelungen zugunsten des Beschwerdeführers auf, die der Kategorie höhere praktische Bedeutung verliehen. Aufgrund der äußerst aufwendigen Beweisführung, die es ansonsten für den Nachweis der Erfüllung der Voraussetzungen im Einzelnen bedarf, sollte sich diese allerdings spätestens nach deren Außerkrafttreten spürbar relativieren.[403]

Tatsächlich eröffnete die Zusammenschau von Art. 6.1 lit. b und c ASÜ, die als besonders wettbewerbsschädlich anzusehende Betriebssubventionen ins Visier nahmen, mit den – neben nicht spezifischen Subventionen (vgl. nur Art. 8.1 lit. a ASÜ) – die Bereiche Forschung, Regionalentwicklung und Umweltschutz betreffenden Ausnahmetatbestände des Art. 8.2 lit. a bis c ASÜ im Hinblick auf die Frage der Funktionsrichtungen des ASÜ neue Interpretationsmöglichkeiten. Sie sind als Argument für einen Mindestgrad an „ökonomischer Informiertheit" des ASÜ anzuführen und suggerierten die Erweiterung der ihm zugrundeliegenden Wohlfahrtsmaßstäbe.[404] Parallelen zur EU-Beihilfenkontrolle sind unübersehbar, da diese Betriebsbeihilfen der Mitgliedstaaten faktisch sogar *per se* untersagt (s. unten *Teil 2 § 2 C.III.2.a.aa.*) und auf Rechtfertigungsebene ebenfalls die Behebung von Marktversagen und Kohäsionsproblemen priorisiert.

2. Vom „ASÜ 1.0" zum „ASÜ 2.0"

Mehrere Faktoren scheinen zunächst gegen den insbesondere von *Luca Rubini* eingenommenen Standpunkt zu sprechen, die im Jahre 2000 eingetretene, zwischenzeitlich auch nicht wieder geschlossene Vakanz einer „grünen" Kategorie stelle eine so wesentliche Rechtsänderung dar, dass es gerechtfertigt sei, die Ära des ASÜ in eine „1.0"- und eine „2.0"-Phase zu unterteilen.[405] Die offenbar abschreckende Wirkung der für nichtan-

---

402 Vgl. zum *like products test* im ASÜ- und im ADÜ-Kontext *Mavroidis*, Trade in Goods, 2. Aufl. 2012, S. 446 ff. m. zahlr. weit. Nachw. aus der Judikatur der WTO-Streitbeilegungsgremien.

403 Dies beklagt unter Verweis auf die ausbaufähige Praxisrelevanz der Art. 5 ff. ASÜ in der WTO-Streitbeilegung *Davey*, Subsidy Control in the GATT/WTO: Surveillance and Litigation, in: Rubini/Hawkins (Hrsg.), What Shapes the Law, S. 61, 62 f.

404 *Rubini*, The Definition of Subsidy and State Aid, S. 55.

405 So dezidiert *Rubini*, ASCM Disciplines and Recent WTO Case Law Developments: What Space for 'Green' Subsidies?, in: Cottier/Espa (Hrsg.), International-

fechtbare Subventionen im Sinne des Art. 8.2 ASÜ geltenden detaillierten *ex ante*-Notifizierungspflicht des Art. 8.3 ASÜ sowie der Umstand, dass – wenngleich lediglich unter den engen Voraussetzungen des Art. 9 ASÜ – auch gegenüber derartigen Subventionsprogrammen Abhilfemaßnahmen zulässig waren, sorgten dafür, dass Teil IV des ASÜ in den Jahren von 1995 bis 2000 keine Praxisrelevanz entfaltete.[406]

Gleichwohl kam der Installierung einer „grünen“ Kategorie vor dem Hintergrund der Nichteinigung auf eine Präambel (s. oben *II.1.*) nicht zu unterschätzende Symbolkraft zu, was umgekehrt auch auf deren Außerkrafttreten zutrifft. Darüber hinaus hatten jüngere globale Entwicklungen wie die Banken- und Finanzkrise ab dem Jahr 2007,[407] der Ausbruch der COVID-19-Pandemie Ende des Jahres 2019 oder auch die öffentliche Diskussion um den Ausbau erneuerbarer Energien zur Abmilderung des Klimawandels eine gewachsene Sensibilität für Fragen staatlicher Marktinterventionen zum Ergebnis. Während die rechtspolitische Ausgangslage sich daher ungeachtet der den Handelskrieg zwischen den USA und China prägenden Problematik der Subventionen von und für chinesische Staatsunternehmen (s. unten *Teil 2 § 1 A.I.2.*) auch in der Gruppe der Sieben (G7) in Richtung einer erhöhten Subventionsaffinität gewendet hat,[408] stehen den Streitbeilegungsorganen im geschrumpften Ampel-System des ASÜ noch weniger Anknüpfungspunkte zur Verfügung als zuvor, um diese veränderten Realitäten und insbesondere stärker wettbewerbsrechtlich geprägte Sichtweisen in angemessener Weise zu rezipieren, ohne sich in die Gefahr zu begeben, im Einzelfall eine ihre kompetenziellen Grenzen überschreitende Rechtsfortbildung vorzunehmen. Die punktuellen Versuche des AB, diesen Mängeln des *status quo* zumindest ansatzweise gerecht zu werden, indem er etwa das Außerkrafttreten der Art. 8 f. ASÜ auf der

---

al Trade in Sustainable Electricity – Regulatory Challenges in International Economic Law, 2017, S. 311, 324. Vgl. hierzu (jeweils ebenfalls im Kontext sog. „grüner“ Energien) grundlegend *ders.*, JWT 2014, 895 ff.; JIEL 2012, 525 ff.

406 Das WTO-Sekretariat erhielt im Geltungszeitraum keine einzige *special notification* im Sinne des Art. 8.3 ASÜ (vgl. WTO-Dok G/SCM/W/546/Rev.11 v. 1.5.2020, S. 5).

407 S. kritisch zur Resilienz der WTO-Subventionsrechts auf dem Höhepunkt der Banken- und Finanzkrise zwischen 2007 und 2010 *Horlick/Clarke*, JIEL 2010, 859 ff.

408 Vgl. übereinstimmend jüngst auch *Hoekman/Nelson*, Rethinking International Subsidy Rules, Robert Schuman Centre for Advanced Studies (RSCAS) Research Paper, No. 20/2020, online abrufbar unter https://cadmus.eui.eu/bitstream/handle/1814/66586/RSCAS%202020_20.pdf?sequence=1 [zuletzt aufgerufen am 1.9.2020].

Ebene des Subventionstatbestandes (im Sinne einer Art *rule of reason*) kompensierte,[409] resultierte in einem Verlust an Rechtssicherheit und hat – freilich mittelbar und nachrangig – sogar zur Verschärfung von dessen Legitimationskrise beigetragen.[410]

Unabhängig davon, dass das ASÜ 2.0 die multilaterale GATT- bzw. WTO-Subventionsregulierung strukturell geschwächt und weniger ausbalanciert zurücklässt, ist erstmalig in deren mehr als siebzigjähriger Geschichte die Suche nach einer Trennlinie zwischen international akzeptablen und inakzeptablen Subventionen – die im Übrigen auch nach Verabschiedung des ASÜ 1.0 nicht als abgeschlossen betrachtet werden konnte[411] – als unterbrochen anzusehen. Stattdessen sind tendenziell Rückschritte hin zu einem im doppelten Sinne „antisubventionsrechtlichen" Regelungscharakter festzustellen.[412] Er liegt zum einen darin begründet, dass sich der rhetorische Fokus des ASÜ exklusiv auf verbotene und anfechtbare Subventionen richtet, seine innere Statik sich folglich in Richtung einer pauschalen Subventionsaversion verschoben hat; zum anderen in der nach dem Entfallen der widerlegbaren (vgl. Art. 6.2 ASÜ) Vermutung des Art. 6.1 ASÜ betreffend das Vorliegen einer ernsthaften Schädigung erschwerten Beschreitung von Track II, die den Rekurs auf Track I nunmehr wieder attraktiver erscheinen lässt.

3. Status quo der WTO-Subventionskontrolle

Spätestens mit der zum Jahr 2000 erfolgten Umstellung auf das ASÜ 2.0 verlor das zuvor aufgeworfene Problem, ob und wenn ja, inwieweit die Kategorie nichtanfechtbarer Subventionen tatsächlich auch den Wettbewerbsschutz zum Motiv hatte, oder derartige Wirkungen lediglich als ein Reflex einkalkuliert wurden, an Gewicht. Die Einzelauffassung, wonach bei der Frage nach dem Vorliegen nachteiliger Auswirkungen im Sinne des Art. 5 ASÜ nicht lediglich ein auf das Kriterium der Produzentenwohl-

---

409 Mit dieser Problemstellung sah sich der AB in WTO Appellate Body Report, WT/DS/426/AB/R, Canada – Measures Relating to the Feed-in Tariff Program, konfrontiert (s. näher unten *Teil 2 § 1 A.I.3.*).

410 S. hierzu instruktiv *Condon*, JWT 2018, 535, 548 ff.

411 S. zutreffend früh *Langer*, Grundlagen einer internationalen Wirtschaftsverfassung, S. 268.

412 Vgl. im Ergebnis ebenfalls in diese Richtung *Flett/Jessen/Talaber-Ritz*, The Relationship between WTO Subsidies Law and EC State Aid Law, in: Rodríguez Iglesias u.a. (Hrsg.), EC State Aid Law, S. 441, 446.

fahrt fokussierter *effect-on-rivals standard* anzuwenden, sondern ebenso der Wettbewerbsprozess selbst zu untersuchen ist,[413] findet in der Praxis der Streitbeilegung der WTO wenig Rückhalt.[414] Der Aspekt der Konsumentenwohlfahrt wird weder isoliert noch als Teil eines auf (globale) ökonomische Effizienz zielenden Gesamtwohlfahrtsmaßstabes berücksichtigt, was unter anderem daran abgelesen werden kann, dass eine Marktstrukturanalyse in der Regel unterbleibt,[415] und das ASÜ Interessen von Produzenten gegenüber Allgemeinwohlbelangen privilegiert. Art. 12.9, 15.1 wie auch Art. 14 und 19 ASÜ, welche bezeichnenderweise alle in Teil V des Übereinkommens zu verorten sind, weisen indessen nicht nur auf die *wettbewerber-* statt wettbewerbsbezogene *level playing field*-Konzeption hin, die die Verfasser dem ASÜ verliehen.[416] Vielmehr legen Art. 10 ff. ASÜ, die im Kern nach wie vor der US-amerikanischen Ausgleichszollgesetzgebung des ausgehenden 19. Jahrhunderts (s. oben *A.I.1.*) entsprechen, einmal mehr die insgesamt unklare ökonomische Rechtfertigung für die Aufrechterhaltung dieses antisubventionsrechtlichen Parts des ASÜ offen,[417] der – zumindest dies scheint allgemeinem Konsens zu entsprechen – nur in absoluten Ausnahmekonstellationen zur Maximierung von wohlfahrtsökonomischer Effizienz beitragen kann.[418]

Im Ergebnis sind es die im multilateralen Kontext nicht wegzudenkende Zweigleisigkeit der Subventionsregulierung (Track I- bzw. II-Verfahren) sowie der insbesondere in Teil III und V des ASÜ dominierende Standard der Produzentenwohlfahrt, die der Entfaltung im Grundsatz vorhan-

---

413 So lautet der Ansatz von *Rubini*, The Definition of Subsidy and State Aid, S. 62 ff. und S. 381 ff., dem zufolge sowohl das EU-Beihilfen- als auch das WTO-Subventionsrecht als Wettbewerbsregeln zu interpretieren seien, obgleich auch er hervorhebt, dass der Schutz des Marktzugangs nach wie vor als „the heart of the GATT bargain" (S. 38 f.) zu qualifizieren sei.

414 S. hierzu *Mavroidis/Grossman*, US – Lead and Bismuth II: United States – Imposition of Countervailing Duties on Certain Hot-Rolled Lead and Bismuth Carbon Steel Products Originating in the United Kingdom: Here Today, Gone Tomorrow? Privatization and the Injury Caused by Non-Recurring Subsidies, in: Horn/Mavroidis (Hrsg.), The WTO Case Law of 2001, 2003, S. 170, 181 m. zahlr. weit. Nachw.

415 Vgl. für eine seltene Ausnahme WTO Appellate Body Report, WT/DS316/AB/R Rn. 1118 ff., EC and Certain Member States – Large Civil Aircraft.

416 S. instruktiv zur Produzentenbezogenheit dieser zitierten Bestimmungen *Mavroidis*, Trade in Goods, S. 525 ff.

417 S. hierzu nur *Sykes*, Columbia Law Rev. 1989, 199 ff.

418 S. hierzu *Coppens*, WTO Disciplines on Subsidies and Countervailing Measures, S. 589 m. zahlr. weit. Nachw.

dener[419] wettbewerbsschützender Effekte der WTO-Subventionskontrolle wenn nicht bereits systemisch entgegenstehen, so – nach heutigem Stand – diese doch marginalisieren.[420] Das Regelungssystem befindet sich damit auf einer Zwischenstufe zwischen einer verfahrensgeprägten Koordinationsordnung, deren Hauptinstrument Ausgleichszölle darstellen, und einer materielle Maßstäbe setzenden Subventionsrechtsordnung, welche die Gewährung von Subventionen selbst (effizient) zu begrenzen und – wie im Falle der EU-Beihilfenaufsicht – in weiteren Entwicklungsschritten sogar zur Erreichung gemeinsamer Ziele zu kanalisieren vermag.

Eine Auflösung dieser Gemengelage kann auf welthandelsrechtlicher Ebene nicht im Wege der natürlichen, durch eine – verwendet man die unionsrechtliche Terminologie – *effet utile*-orientierte Rechtsauslegung bzw. -anwendung und gegebenenfalls -fortbildung gekennzeichnete Evolution erfolgen (s. oben *A.III.3.*), sondern müsste die zentrale Komponente einer umfassenden Reform des ASÜ (s. unten *Teil 2 § 1 A.*) bilden. Gelingt eine solche (vorerst) nicht, bieten sich den WTO-Mitgliedern zwei Handlungsoptionen: Einerseits können diese – wie von der Union präferiert – das internationale Subventionsrecht mithilfe von bi- und plurilateralen (Freihandels-)Abkommen weiterzuentwickeln versuchen, andererseits bei der vom AB einst formulierten, eher politischen denn rechtskonzeptionellen, Kompromissformel des *status quo* verbleiben:

> „[…] Taken as a whole, the main object and purpose of the SCM Agreement is to increase and improve GATT disciplines relating to the use of both subsidies and countervailing measures."[421]

---

419 S. insoweit übereinstimmend *Rubini*, The Definition of Subsidy and State Aid, S. 25 f., der die Interdependenzen zwischen Marktentstehung bzw. -öffnung, (Frei-)Handel und Wettbewerbsentwicklung herausarbeitet.

420 S. wie hier ausdrücklich *Stoll*, ZWeR 2017, 1, 4 und 21 f.; *Mavroidis/Grossman*, Here Today, Gone Tomorrow?, S. 170 ff.; *Jessen*, Rules on state aid and subsidies, in: Gaines/Egelund Olsen/Engsig Sørensen (Hrsg.), Liberalising Trade in the EU and the WTO – A Legal Comparison, 2012, S. 288, 290. Vgl. dagegen der Einnahme einer wettbewerbsrechtlichen Perspektive zuneigend *Rubini*, The Definition of Subsidy and State Aid, passim; *Luengo Hernández de Madrid*, Regulation of Subsidies and State Aids in WTO and EC Law, S. 100 f.

421 WTO Appellate Body Report, WT/DS213/AB/R Rn. 73, US – Countervailing Duties on Certain Corrosion Resistant Carbon Steel Flat Products from Germany, wo in der zugehörigen Fn. wiederum auf die Punta del Este-Ministererklärung aus dem Jahr 1986 verwiesen wird, die die Uruguay-Runde initiierte und begleitete:
„[N]egotiations on subsidies and countervailing measures shall be based on a review of Articles VI and XVI and the MTN agreement on subsidies and

§ 3 Supranationalität versus Intergouvernementalität

Die Unterschiedlichkeit der Entwicklungsstufen, die die supranationale EU-Beihilfenaufsicht und die intergouvernemental geprägte WTO-Subventionskontrolle erreicht haben, sowie die hieraus folgende lediglich teilweise Kongruenz der von ihnen verfolgten Zielsetzungen spiegeln sich in der jeweiligen Reichweite des Anwendungsbereichs sowie den materiell-, prozedural- und institutionell-rechtlichen Wesensmerkmalen der Regelungssysteme wider *(A.-D.)*. An den potenziellen Auswirkungen der zunehmend wettbewerbs- statt handelsrechtlich ausgerichteten Umsetzung des innerunionalen Kontrollregimes auf die Beihilfen- und Subventionskapitel in EU-(Freihandels-)Abkommen lässt sich nicht zuletzt die strukturelle Bedeutung der im *ersten Teil* gewonnenen Erkenntnisse für den weiteren Gang der Untersuchung ablesen *(E.)*.

A. Anwendungsbereich

Die unionsintern konstatierte „Omnipräsenz“[422] des als branchenübergreifende Querschnittsmaterie fungierenden EU-Beihilfenrechts beruht auf der Weite seines Anwendungsbereichs. Ihm sind mitgliedstaatliche Beihilfen sowohl im Bereich des Waren- als auch des Dienstleistungsverkehrs unterstellt, sofern auf Empfängerseite private oder öffentliche Unternehmen stehen, die wirtschaftliche Tätigkeiten verfolgen.[423] Damit einher geht eine Fokussierung des Systems auf das jeweils begünstigte Unternehmen als Ganzes,[424] was sich insbesondere an dem von der Kommission gewählten Abhilfevorgehen bei Vorliegen einer rechtswidrigen Beihilfe ablesen lässt, das nicht danach differenziert, welche Produkte bzw. Tätigkeiten konkret von mitgliedstaatlicher Unterstützung profitierten, oder inwieweit ein womöglich bereits vor mehreren Jahren eingeräumter wirtschaftlicher Vorteil – beispielsweise infolge eines Unternehmensübergangs – überhaupt

countervailing measures *with the objective of improving GATT disciplines relating to all subsidies and countervailing measures that affect international trade.*" (Hervorhebungen bereits im AB Report enthalten).

422 So *Soltész*, EuZW 2018, 60, 60.

423 Hierunter fasst der EuGH in ständiger Rechtsprechung „jede Tätigkeit, die darin besteht, Güter oder Dienstleistungen auf einem bestimmten Markt anzubieten“ (EuGH 118/85, Slg. 1987, 2599 Rn. 7 – Kommission/Italien).

424 S. hierzu konzis *Slocock*, EStAL 2007, 249, 250 f.

noch präsent ist.[425] Dennoch relativiert sich diese bei erster Betrachtung immens erscheinende Reichweite der EU-Beihilfenaufsicht unter Hinzuziehung des Art. 107 Abs. 1 AEUV vorangestellten Vorbehalts („Soweit in den Verträgen nicht etwas anderes bestimmt ist, [...]") jedenfalls geringfügig, bestehen doch neben den Rechtfertigungstatbeständen in Art. 107 Abs. 2 und 3 AEUV spezielle – regelmäßig weitaus weniger strenge[426] – Beihilfendisziplinen für Politikfelder wie Landwirtschaft (vgl. Art. 42 AEUV) und Fischerei (vgl. Art. 8 der Verordnung über den Europäischen Meeres- und Fischereifonds – EMFF[427]), Verkehr (vgl. Art. 93 und 96 AEUV), Rüstungsgüter (vgl. Art. 346 Abs. 1 lit. b AEUV) sowie – nicht unumstritten[428] – Atomenergie (vgl. Art. 4 ff. und 45 ff. des Vertrags zur Gründung der Europäischen Atomgemeinschaft – EAGV). Des Weiteren wird aus Art. 106 Abs. 2 AEUV eine sektorübergreifende Sonderdogmatik für DAWI im Sinne des Art. 14 AEUV abgeleitet, welche vom Gerichtshof in seinem Urteil in der Rs. *Altmark Trans* von 2003 sowie – an dieses anknüpfend – mithilfe von *soft* und *hard law* der Kommission näher ausbuchstabiert wurde.[429] Über Fonds gewährte Unionsbeihilfen unterstehen nicht den Art. 107 ff. AEUV, sondern müssen sich unionsintern nur an vagen, von den Unionsorganen selbst aufgestellten Leitlinien zur Vergabe messen lassen,[430] wohingegen gegenüber Drittstaaten der Maßstab des WTO-Rechts und – gegebenenfalls ergänzend – derjenige bi- und plurilateraler Subventionsrechtsregime gilt.

Das WTO-Subventionsrecht zieht sich hingegen bereits von vornherein auf die Regulierung des Industriegüterhandels zurück, indem sich sowohl

---

425 *Dupont/Scharf*, External aspects of State aid policy – part 1: WTO, in: Pesaresi et al. (Hrsg.), EU Competition Law (Vol. IV, Book 1), 2. Aufl. 2016, Rn. 1.417.

426 *Schwalbe*, in: MüKoBeihilfenR, Einl. Rn. 22, erblickt in Sektorregimen daher erhebliches Willkürpotenzial.

427 Verordnung (EU) Nr. 508/2014 des Europäischen Parlaments und des Rates v. 15. Mai 2014 über den Europäischen Meeres- und Fischereifonds und zur Aufhebung der Verordnungen (EG) Nr. 2328/2003, (EG) Nr. 861/2006, (EG) Nr. 1198/2006 und (EG) Nr. 791/2007 des Rates und der Verordnung (EU) Nr. 1255/2011 des Europäischen Parlaments und des Rates, ABl. 2014 L 149/1.

428 Vgl. zum diesbezüglichen Streitstand *Södersten*, Euratom at the Crossroads, 2018, S. 131 ff.

429 S. hierzu den zusammenfassenden sog. „DAWI-Leitfaden" der *Kommission*, Leitfaden zur Anwendung der Vorschriften über staatliche Beihilfen, SWD(2013) 53 final.

430 Vgl. hierzu erschöpfend *Cichy*, Wettbewerbsverfälschungen durch Gemeinschaftsbeihilfen, 2002, S. 168 ff.; sowie konkret am Beispiel von EU-Landwirtschaftssubventionen *Jung*, Die Vergabe von Unionsbeihilfen, 2019.

die Inhalte des ASÜ als auch Art. VI und XVI GATT ausschließlich auf diesen Sektor betreffende Subventionen konzentrieren.[431] Dies wirkt sich zum einen denklogisch auf die Weite seines Anwendungsbereichs, zum anderen jedoch auch auf die generelle Produkt- und Produktions- bzw. Produzentenbezogenheit zahlreicher seiner Einzelvorschriften – vor allem auf diejenigen des Ausgleichszollrechts – aus.[432] Subventionen zugunsten der Landwirtschaft, die im Weiteren ebenso wie die dargelegten sektorspezifischen Ausnahmen vom EU-Beihilfenrecht nicht oder nur ergänzend erörtert werden, erfasst das – parallel zum ASÜ beratene – Übereinkommen über die Landwirtschaft (LwÜ).[433] Die jüngst intensivierten Verhandlungen der WTO-Mitglieder über eine nicht allein aus handels- oder wettbewerbsrechtlichen Erwägungen, sondern aus Gründen des Umwelt- sowie Artenschutzes[434] gebotene Verringerung von Fischereisubventionen befinden sich zwar in einem fortgeschrittenen Stadium, ein konkretes Abschlussdatum ist bis dato aber nicht ersichtlich.[435] Art. XV des gleichsam wie das ASÜ im Zuge der Uruguay-Runde verabschiedeten Allgemeinen Abkommens über den Handel mit Dienstleistungen (GATS) belässt es bei der Anerkennung der potenziell handelsschädlichen Wirkung von Dienstleistungssubventionen (s. eingehend unten *Teil 2 § 1 A.I.1.*) und erteilt den WTO-Mitgliedern ein – bis zum heutigen Tage fruchtlos gebliebenes – Verhandlungsmandat bezüglich deren Eindämmung und einen Auftrag zur Herstellung umfänglicher Subventionstransparenz. Auch jüngere Versuche, sich im Zuge der Pläne zu einem plurilateralen (konkret: 23 Staaten umfassenden) Trade in Services Agreement (TiSA) dieser Kategorie von Subventionen anzunehmen, scheinen – soweit dies den spärlichen öffentlich zugänglichen Informationen zu den seit November 2016 ausgesetzten förmlichen Verhandlungsrunden entnommen werden kann – auf signifikanten politischen Widerstand zu stoßen.[436]

---

431 Beachte aber die Ausnahmeregelungen im Bereich der Zivilluftfahrt in Fn. 15 f. zu Art. 6 ASÜ und Art. 6 des plurilateralen Übereinkommens über den Handel mit Zivilluftfahrtzeugen.

432 Vgl. dazu den Nachw. o. in Fn. 424.

433 Zum *lex specialis*-Charakter des LwÜ gegenüber dem ASÜ und seinem sich daraus ergebenden Anwendungsvorrang vgl. Art. 21.5 LwÜ sowie WTO Appellate Body Report, WT/DS27/AB/R Rn. 155 ff., EC – Bananas III.

434 Vgl. nur *Sustainable Development Goal 14.6* der Vereinten Nationen.

435 *WTO-Ministerkonferenz*, Ministerial Decision of 13 December 2017 on Fisheries Subsidies, WT/MIN(17)/64, WT/L/1031 (dated 18 December 2015).

436 In den von *WikiLeaks* veröffentlichten Textvorschlägen der Union auf dem Stand v. 21.6.2016 (abrufbar unter https://wikileaks.org/tisa/document/20160621_TiSA_Core-Text/20160621_TiSA_Core-Text.pdf [zuletzt aufgerufen

B. Materielles Schutzniveau

Vorausgesetzt, die Anwendungsbereiche der Kontrollregime überschneiden sich, ist die im Schrifttum bereits vielfach erörterte theoretische Problemstellung aufgeworfen, ob der aus Art. 107 Abs. 1 AEUV abgeleitete Begriff der staatlichen Beihilfe mit dem Subventionskonzept der Art. 1 f. ASÜ übereinstimmt, und – sofern dies verneint wird –, welche der definitorischen Annäherungen an das zugrundeliegende Phänomen als weiter bzw. enger zu qualifizieren ist.[437]

Dabei ist zu festzustellen, dass die beiden Regelungskonstruktionen angesichts ihrer vergleichbaren Herangehensweisen an die Bestimmung des Vorliegens einer Begünstigung bzw. der Einräumung eines wirtschaftlichen Vorteils, der Selektivität bzw. Spezifität sowie der Staatlichkeit einer Unterstützungspraktik beachtliche konzeptionelle Schnittmengen aufweisen.[438] Dieses gilt einmal mehr, berücksichtigt man zusätzlich Praxisanwendung und -auslegung der jeweiligen Begriffsmerkmale durch die Unionsgerichte bzw. die WTO-Streitbeilegungsorgane. Gerichtshof und AB haben sie – wenngleich unter konträren methodologischen Vorzeichen – im Zuge der schrittweisen Ausweitung des *private investor test* und trotz der im WTO-Subventionsrecht abwesenden – vom EuGH in der Rs. *PreussenElektra* einst explizit hervorgehobenen – Voraussetzung einer Belastung des Staatshaushaltes sowie der *prima facie* divergierenden interpretatorischen Ansatzpunkte in Fallgestaltungen sog. „regionaler Selektivität" jedenfalls im Ergebnis ihrer Rechtsprechungslinien vielmehr angenähert als voneinander entfernt.[439]

---

am 1.4.2019]) findet sich unter dem Subabschnitt „Subsidies" bezeichnenderweise lediglich ein Platzhalter.

437 Vgl. nicht abschließend *Ehlermann/Goyette*, EStAL 2006, 695, 696 ff.; *Böhm*, Strukturen internationalen Subventionsrechts, S. 75 ff.; *Weiß*, Der Subventionsbegriff im EG- und im WTO-Recht – Ein Vergleich, S. 21 ff.; *Luengo Hernández de Madrid*, Regulation of Subsidies and State Aids in WTO and EC Law, S. 493 ff.; *Rubini*, The Definition of Subsidy and State Aid, S. 90 ff.; *Jessen*, Rules on state aid and subsidies, S. 294 ff.

438 S. ebenso wie hier *Dupont/Scharf*, External aspects of State aid policy – part 1: WTO, Rn. 1.400.

439 S. hierzu jeweils überzeugend *Rubini*, WTO Subsidy Laws, S. 484 f., 486 f., 489 f. m. weit. Nachw. aus der Judikatur der WTO-Streitbeilegungsorgane und der Unionsgerichte.

Daraus ist indessen nicht der Schluss zu ziehen, dass Konfliktpotenziale zwischen beiden Systemen gänzlich ausgeschlossen werden können.[440] Nach hier vertretener Ansicht rühren diese in der überwiegenden Zahl der gängigerweise diskutierten Fälle aber nicht von im Detail erwartungsgemäß divergierenden Begriffsdefinitionen her, denen simplifizierende Bewertungen wie „strikter" oder „laxer" nicht gerecht werden.[441] Auch ein ausschließlicher Verweis auf die zahlreichen Rechtfertigungs- bzw. Ausnahmetatbestände des EU-Beihilfenrechts, welche im ASÜ nicht (mehr) vorzufinden sind, vermag denkbare Kollisionen nicht vollständig zu erklären, kann doch insbesondere die spätestens seit dem Jahre 2000 nur noch unter erschwerten Bedingungen zu bewältigende Darlegungslast zum Nachweis einer ernsthaften Schädigung im Sinne von Art. 5 lit. c ASÜ nicht mit den äußerst niedrigschwelligen Tatbestandskriterien der (drohenden) Wettbewerbsverfälschung und der Beeinträchtigung des zwischenstaatlichen Handels in Art. 107 Abs. 1 AEUV gleichgesetzt werden. Die Wurzeln der höheren Subventionsaffinität des EU-Beihilfenaufsichtssystems sind demzufolge weniger im materiellem Recht zu suchen, als – kontraintuitiverweise – in dessen beispielloser Engmaschigkeit, die wiederum erst durch ein über Jahrzehnte gewachsenes, nunmehr hochentwickeltes Verfahren mit einer proaktiv einschreitenden unabhängigen Überwachungsinstanz auf supranationaler Ebene möglich wurde.

C. Institutionell-Prozedurales

Die Exekutivbefugnisse der Kommission gründen einerseits in ihrer fortlaufenden Überprüfung bestehender Beihilfen gemäß Art. 108 Abs. 1 AEUV, andererseits und primär auf der mitgliedstaatlichen *ex ante*-Notifizierungspflicht für neue Beihilfen in Art. 108 Abs. 3 S. 1 AEUV. Letztere löst die Stillhaltepflicht des Art. 108 Abs. 3 S. 3 AEUV aus, deren Nichteinhaltung die formelle Unionsrechtswidrigkeit der in Rede stehenden Beihilfenmaßnahme nach sich zieht.[442] Auch verfügt sie über eine gerichtlich jedenfalls nicht vollumfänglich überprüfbare Flexibilität im Umgang mit der Frage, ob ein förmliches Prüfverfahren eröffnet wird und – so-

---

440 Vgl. abweichend *Flett/Jessen/Talaber-Ritz*, The Relationship between WTO Subsidies Law and EC State Aid Law, S. 441 f. und 464 ff.

441 S. tendenziell in diese Richtung jedoch *Jessen*, Rules on state aid and subsidies, S. 302; *Ehlermann/Goyette*, EStAL 2006, 695, 698 ff.

442 *Kühling/Rüchardt*, in: Streinz, Art. 108 AEUV Rn. 16.

weit sie ein solches eingeleitet hat und mit einer Negativentscheidung abzuschließen gedenkt –, die Genehmigung abzulehnen ist oder unter Auflagen nicht doch noch (teilweise) erteilt werden kann.[443] Für den Fall, dass das Ermessen der Kommission im Hinblick auf ein unter Berufung auf eine der Administrativausnahmen in Art. 107 Abs. 3 lit. a bis e AEUV gestütztes Beihilfenvorhaben aufgrund von Maßgaben in etwaig einschlägigem *soft law* beschränkt sein sollte, so ist zu berücksichtigen, dass es stets die Kommission ist, die dieses unter Konsultation der Mitgliedstaaten erarbeitet, publiziert und sich selbst bindet. Auch der Umstand, dass die AGVO nunmehr einen immensen Anteil aller mitgliedstaatlichen Beihilfenmaßnahmen *per se* von der Pflicht zur Notifizierung freistellt, ändert daran nichts – im Gegenteil, ist doch gerade der Kommission die Aufgabe übertragen, die AGVO auf Grundlage jener Spielräume, welche ihr die auf Art. 109 AEUV beruhende Ermächtigungsverordnung des Rates belässt, näher auszugestalten. Für Fallkonstellationen, deren Auflösung weder durch Sekundärrecht noch durch die die Rechtfertigungstatbestände ausfüllenden Leitlinien, Rahmen oder Mitteilungen prädeterminiert ist, greift diese Einschätzungsprärogative erst recht.[444] Außerdem sind die vornehmlich von der Kommission gelenkte Gewährung von Unionsbeihilfen, die wiederum spürbare Rückkopplungen auf das Subventionsvergabeverhalten der Mitgliedstaaten entfaltet,[445] sowie die geringe praktische Bedeutung der dem Rat verbliebenen Zuständigkeiten (vgl. Art. 107 Abs. 3 lit. e und Art. 108 Abs. 2 UAbs. 3 AEUV), welche die Steuerungsposition und Verfahrenshoheit der Kommission weiter konsolidieren, zu betonen. Exemplarisch hierfür steht die im Jahre 2013 eingeführte Möglichkeit, – in Anlehnung an das Kartellverfahrensrecht[446] – sog. „Sektoruntersuchungen“, die eine Mehrzahl von Mitgliedstaaten umfassen und sich auf ausgewählte Wirtschaftszweige und Beihilfeninstrumente fokussieren (vgl. Art. 25 BVVO), durchzuführen.[447]

---

443 *Köster*, in: MüKoBeihilfenR, VO (EU) 2015/1589 Art. 4 Rn. 3 und Art. 9 Rn. 6.

444 S. zu den weitreichenden Entscheidungsspielräumen der Kommission bei der Anwendung von Art. 107 Abs. 3 lit. a bis e AEUV statt vieler nur *Cremer*, in: Calliess/Ruffert, Art. 107 AEUV Rn. 50 ff.; vgl. ferner aus jüngerer Zeit instruktiv EuG T-356/15, ECLI:EU:T:2018:439 Rn. 160 ff. – Österreich/Kommission.

445 Vgl. dazu die Nachw. o. in Fn. 244 f.

446 S. hierzu das regulatorische Vorbild in Art. 17 der Kartellverfahrensverordnung.

447 Die erste beihilfenrechtliche Sektoruntersuchung betraf mitgliedstaatliche Kapazitätsmechanismen zur Sicherung der Stromversorgung (vgl. *Kommission*, Pressemitteilung v. 29.4.2015 (IP/15/4891)).

Der GHEU als supranationales Gerichtssystem hat mit seinen beihilfenrechtlichen Entscheidungen nicht nur maßgeblich die Entwicklung des Beihilfenverbotes in seiner heutigen Gestalt geprägt, sondern auch frühzeitig zur weitreichenden Absicherung der Einschätzungsprärogative der Kommission auf Ebene der Rechtfertigungstatbestände beigetragen (s. oben *§ 1 A.II.1.*). Durch die Hervorhebung des in Art. 4 Abs. 3 EUV verkörperten *effet utile*-Gedankens im Wege einer evolutiven und integrationistischen Interpretation des Beihilfenprimärrechts verwirklicht er das Credo der unionalen Rechtsgemeinschaft.[448] Während die Wahrung des Rechts bei der Auslegung und Anwendung (vgl. Art. 19 Abs. 1 S. 2 EUV) der Art. 107 ff. AEUV jahrzehntelang mit dem Schutz der Beihilfenaufsicht durch die Kommission vor mitgliedstaatlicher Renitenz oder sogar Obstruktion gleichgesetzt werden konnte, ist sie spätestens seit den in den Jahren 2005 und 2012 eingeleiteten Modernisierungskampagnen im Sinne eines Balanceakts zwischen einer kompetenziellen Überdehnung des Beihilfenrechts durch die Kommission und stetig an Subtilität zunehmenden Eingriffskonstruktionen der Mitgliedstaaten in einem im hohen Maße integrierten Binnenmarkt zu begreifen.[449] Dieser gewinnt dergestalt an Komplexität, dass der Gerichtshof vermehrt übergeordnete EU-(Verfassungs-)Ziele sowie – im Kontext der BVVO – die Vorgaben der Europäischen Menschenrechtskonvention (EMRK)[450] und der Charta der Grundrechte (EU-GRCh)[451] einzuberechnen hat (vgl. Art. 6 Abs. 1 bzw. 3 EUV).[452]

Innerhalb der WTO kommt dem zwischenstaatlichen Ausschuss für Subventionen und Ausgleichsmaßnahmen als eine Untergliederung des Rates für den Handel mit Waren, welcher dem Allgemeinen Rat und der Ministerkonferenz – als oberstes Organ – unterstellt ist, demgegenüber lediglich eine koordinierende Stellung zu. Gemäß Art. 24.1 ASÜ setzt er sich aus Vertretern aller Mitglieder zusammen und berät über das Funktionieren des Übereinkommens und die Verfolgung seiner Ziele betref-

---

448 S. zur anhaltenden Aktualität der Formulierung des ersten Kommissionspräsidenten *Walter Hallstein* auch auf dem Gebiet des Unionswettbewerbsrechts *Mayer*, NJW 2017, 3631, 3635 f.

449 Vgl. diese Entwicklungen bereits antizipierend *Koenig/Kühling*, NJW 2000, 1065, 1066.

450 Konvention zum Schutz der Menschenrechte und Grundfreiheiten, BGBl. II 2010, 1198.

451 Charta der Grundrechte der Europäischen Union, ABl. 2012, C 326/391.

452 *Hofmann*, The Legal Framework to Subsidies and State Aid Review, in: ders./Micheau (Hrsg.), State Aid Law of the European Union, S. 36, 41 ff.

fende Fragen, ohne selbst Rechtsänderungen vorzunehmen.[453] Auch ist sein Wirkungskreis dadurch begrenzt, dass die Effektivität seiner Überwachungstätigkeit mit der Funktionsfähigkeit des Notifikationsmechanismus nach Art. 25 ASÜ korreliert. Letzterer ist wiederum stark abhängig vom *good will* der Mitglieder, weil Art. 25.1 ASÜ zwar eine jährliche Pflicht zur (*ex post-*)Notifizierung statuiert, deren Nichtbefolgung jedoch ohne rechtliche Folgen bleibt und selbst unter Industriestaaten, welche über die für die Mindestgehalte einer Notifikation (vgl. Art. 25.3 Ziff. i bis v ASÜ) erforderlichen Informationen verfügen, eine häufig vorzufindende Praxis darstellt.[454] Folgerichtig wird das unzureichende Transparenzniveau in Bezug auf Art, Umfang und Ausmaß von Subventionspraktiken zunehmend als die bedeutendste Schwäche des geltenden WTO-Subventionsrechtsregimes identifiziert.[455] Die Befugnis zur Abgabe bindender und nichtbindender Expertisen bleibt außerhalb des DSB der nach Art. 24.3 ASÜ eingesetzten fünfköpfigen *Permanent Group of Experts* (PGE) überlassen, die ursprünglich als eine Art Bindeglied zwischen der ASÜ-Ausschussstruktur und dem Streitbeilegungssystem des DSU konzipiert war.[456] Theoretisch kann sie auf Anfrage eines Panels endgültige Schlussfolgerungen zum Vorliegen einer verbotenen Subvention im Sinne des Art. 3 ASÜ ziehen (vgl. Art. 4.5 ASÜ) und einem jedem Mitglied vertrauliche Gutachten zur Frage des Vorliegens oder der Art einer Subvention im Einzelfall erstatten (vgl. Art. 24.4 ASÜ). In der WTO-Praxis ist sie nichtsdestoweniger nahezu bedeutungslos, da seit Inkrafttreten des ASÜ jedenfalls die Panels von der fakultativen Vorlagemöglichkeit niemals Gebrauch machten.

Die skizzierten strukturellen Mängel können durch den – im wirtschaftsvölkerrechtlichen Kontext außergewöhnlich weitgehenden – Streitbeilegungsmechanismus, bestehend aus dem DSB, der ständigen AB-Überprüfungsinstanz und *ad hoc*-Panels, nur partiell kompensiert werden. Ge-

453 Die übergeordneten Gremien sind unter Geltung des Konsensprinzips (vgl. Fn. 1 zu Art. IX:1 ÜWTO) befugt, Vorschläge des Ausschusses für Subventionen und Ausgleichsmaßnahmen im Wege der verbindlichen Auslegung (vgl. Art. IX:2 ÜWTO) oder durch die Neu- bzw. Umstrukturierung von Gremien (vgl. Art. IV:7 ÜWTO) umzusetzen, wohingegen eine Änderung des ASÜ den Mitgliedern selbst überlassen bleiben muss (vgl. Art. X ÜWTO).

454 S. hierzu illustrativ nur die *background note* des Sekretariats WTO-Dok. G/SCM/W/546/Rev.10 v. 29.3.2019.

455 Vgl. statt vieler *Karim*, Transparency is the Most Important Governance Issue in the WTO Subsidy Control, April 2014, abrufbar unter http://dx.doi.org/10.2139/ssrn.2498863 [zuletzt aufgerufen am 1.9.2020].

456 Vgl. zu Struktur und Funktionsweise der PGE eingehend *Kazeki*, JWT 2009, 1031 ff.

messen am Konstitutionalisierungsgrad der WTO hat er zwar das Maximum dessen erreicht, was an „Verrechtlichung, Gerichtsförmigkeit und Verfahrenseffizienz"[457] möglich ist; sein intergouvernementales Wesen ist gleichwohl unverkennbar, wie konkret etwa Art. 3.7 DSU nahelegt, dem zufolge eine WTO-rechtskonforme, für die Streitparteien beiderseits akzeptable – außer- oder innerhalb der förmlichen Verfahren erzielte – Lösung eindeutig vorzuziehen ist.[458] Während die nach wie vor allgegenwärtige Politizität des Interessenausgleichs, die sich überdies auch aus dem Rückgriff auf die Mittel der Diplomatie und Verhandlung in den einer Panel-Bestellung obligatorisch vorgeschalteten Konsultationen (vgl. Art. 4.1 bzw. 7.1 ASÜ) ergibt, zur Zeit des Tokio-Subventionskodexes aus Sicht kleinerer, von den Machtasymmetrien zwischen den Teilnehmern besonders benachteiligter Nationen in Anbetracht des damals im gesamten Streitbeilegungsverfahren geltenden positiven Konsensprinzips (s. oben *§ 2 A.III.3.*) noch zu ausgeprägt war,[459] führten unter anderem gegenteilige Bedenken der USA wegen eines überbordenden Rechtsprechungscharakters der AB-Berichte nunmehr zu dessen Blockade.[460] Die mit der Letzteren verbundene Gefahr eines sog. *appeal into the void* nach Abschluss des Panel-Verfahrens kann künftig eine Reintergouvernementalisierung der WTO-Streitbeilegung unter all denjenigen Mitgliedern zur Folge haben, welche sich nicht dem MPIA anschließen. Faktisch käme dies einer Rückkehr zum Streitbeilegungssystem der Ära des GATT gleich.[461]

D. Rechtsdurchsetzung

Das im Wettbewerbsrecht traditionell zugunsten der Kommission ausgerichtete institutionelle Gleichgewicht der Union und die – abgesehen von ihrem ausdifferenzierten Streitbeilegungsmechanismus – für eine internationale Organisation typische Organstruktur der WTO finden sich in den

457 So treffend *Langer*, Grundlagen einer internationalen Wirtschaftsverfassung, S. 271.

458 *Herrmann/Streinz*, Die EU als Mitglied der WTO, § 11 Rn. 124 f.

459 *Behboodi*, Industrial Subsidies and Friction in World Trade, S. 55.

460 Konkret entzündeten diese sich an *obiter dicta*-Äußerungen, Präzedenzfallentscheidungen und (angeblich) vorgenommenen Rechtsfortbildungen (vgl. hierzu *Glöckle/Würdemann*, EuZW 2018, 976 ff. m. zahlr. weit. Nachw.).

461 S. zu diesen und anderen Zukunftsszenarien allein *Pauwelyn*, JIEL 2019, 297, 303 ff.

in beiden Teilrechtssystemen gewählten Modellen der Rechtsdurchsetzung wieder.

Sowohl das unilaterale Track I- als auch das multilaterale Track II-Verfahren des ASÜ sind beschwerdeabhängig (engl.: *complaint-driven*).[462] Sie werden mithin auf Betreiben eines Mitglieds aktiviert und setzen – außer im Falle von Subventionen im Sinne des Art. 3 ASÜ, deren Verbot im Wege einer *actio popularis* durchgesetzt werden kann[463] – das Vorliegen einer bedeutenden Schädigung eines inländischen Wirtschaftszweiges (vgl. Art. 15 ASÜ) oder eine ernsthafte Schädigung der Interessen (vgl. Art. 5 f. ASÜ) des anfechtenden Mitglieds voraus. Möglichkeiten einer direkten Einflussnahme Privater sind infolge der in den internen Rechtsordnungen von allen bedeutenden Mitgliedern versagten unmittelbaren Anwendbarkeit der WTO-Übereinkommen *a priori* nicht gegeben.[464] Die Rechtsdurchsetzung erfolgt – insoweit klassisch völkerrechtlich – mit *ex nunc*-Wirkung, auch wenn die jeweils das Track II-Verfahren betreffenden Art. 4.7 bzw. 7.8 ASÜ als mögliche Abhilfemaßnahme die *Zurücknahme* von WTO-rechtswidrigen Subventionen aufzählen. Symptomatisch für die Probleme, die sich dadurch im Umgang mit nicht wiederkehrenden Subventionen ergeben, steht die unverändert ungeklärte Kontroverse um die Zulässigkeit der Anordnung einer Subventionsrückzahlung wie einst im Panel-Bericht zum Verfahren *Australia – Automotive Leather* geschehen, dessen Annahme durch den DSB beinahe gescheitert wäre.[465] Im Track I-Verfahren ergriffene Maßnahmen, die auch vorläufig ergehen können (vgl. Art. 17 ASÜ), intendieren statt der Beseitigung, einen Ausgleich der schädigenden Subvention, indem auf eingeführte subventionierte Waren auf die festgestellte Höhe der Subvention begrenzte Zölle erhoben werden (vgl. Art. 19.4 ASÜ). Der seit Gründung der WTO in seinem Missbrauchspotenzial begrenzte (vgl. Art. 18.2 ASÜ), aber fortexistierende Ausweg der Aussetzung oder Einstellung solcher unilateralen Verfahren, sofern sich das subventionierende Ausfuhrmitglied oder der Ausführer verpflichtet, die Schädigung des inländischen Wirtschaftszweiges des

462 *Slocock*, EStAL 2007, 247, 255. Vgl. zum jeweiligen verfahrensmäßigen Ablauf von Track I und II *Pitschas*, in: Prieß/Berrisch (Hrsg.), WTO-Handbuch, 2003, B. I.12.

463 So *Stoll*, ZWeR 2017, 1, 8 m. Nachw. auch zur Gegenauffassung.

464 S. zur Ableitung mittelbarer Rechte Privater *Schwartmann*, Private im Wirtschaftsvölkerrecht, 2005, S. 222 ff.

465 WTO Panel Report, WT/DS126/RW Rn. 6.39 ff., Australia – Automotive Leather II; vgl. für eine Generalkritik an besagter Entscheidung *Goh/Ziegler*, JIEL 2003, 545 ff.

Einfuhrmitglieds durch Preiserhöhungen oder anderweitig zu begrenzen (vgl. Art. 18.1 ASÜ), bestätigt neuerlich, dass auch in dem durch Verrechtlichung geprägten ASÜ an der diplomatisch-politischen Dimension subventionsrechtlicher Konfliktbewältigung festgehalten wird. Dies grenzt die Welthandels- von der Unionsrechtsordnung und deren obligatorischem Gerichtsbarkeits- sowie Durchsetzungssystem ab.[466]

Im Gegensatz dazu sieht die EU-Beihilfenaufsicht ein äußerst robustes Regime administrativer und privater Rechtsdurchsetzung vor, das auf dem als sog. „Verbot mit Erlaubnisvorbehalt" einzustufenden Art. 107 Abs. 1 AEUV fußt, der den Ausgangspunkt für das unabhängige *ex ante*-Kontrollverfahren (vgl. Art. 2 bis 11 BVVO) durch die Kommission bildet sowie die unmittelbar wirkenden und aus diesem Grund vor nationalen Gerichten einklagbaren Notifizierungs- bzw. Stillhalteverpflichtungen (vgl. Art. 108 Abs. 3 S. 1 und 3 AEUV) nach sich zieht. Die auch nach dem Neuerlass der BVVO schwache Verfahrensstellung des Beihilfenempfängers und dessen Konkurrenten wird durch Rechtsschutzmöglichkeiten vor unionalen und nationalen Gerichten und die Verfahrensgrundrechte in Art. 41 und Art. 47 EU-GRCh abgemildert. Insgesamt ist innerhalb der EU-Zollunion der Rekurs auf unilaterale Ausgleichsmaßnahmen daher nicht mehr nur unzulässig (vgl. Art. 28 Abs. 1 AEUV), sondern auch nicht erforderlich. Das vom EuGH einst eingeführte, heute sekundärrechtlich explizit verankerte Gebot der Rückforderung (vgl. Art. 16 BVVO) materiell (nach Feststellung der Unvereinbarkeit einer Beihilfe mit dem Binnenmarkt durch die Kommission) oder formell (wegen Missachtung der Notifizierungs- oder Stillhaltepflicht) unionsrechtswidriger Beihilfen inklusive der sog. „Rechtswidrigkeitszinsen" zielt auf die Wiederherstellung des *status quo ante* vor der Beihilfengewährung, mithin die vollständige Abschöpfung des unzulässigerweise erlangten Wettbewerbsvorteils.[467] Dies greift tief in die nationale Verwaltungsverfahrensautonomie ein, da es dem Mitgliedstaat obliegt, den an ihn adressierten Rückforderungsbeschluss gegenüber dem Empfänger zu realisieren,[468] und auf die Rückforderung lediglich im Ausnahmefall einer – praktisch kaum je vorstellbaren – ab-

466 S. hierzu allein die konzise Abgrenzung von *Stoll*, ZweR 2017, 1, 1 f. m. zahlr. weit. Nachw., unter Hervorhebung des im (Wirtschafts-)Völkerrecht geltenden Grundsatzes der souveränen Gleichheit der Staaten und der dadurch bedingten dezentralen Rechtsdurchsetzung.

467 So jüngst erneut *Kommission*, Mitteilung – Bekanntmachung über die Rückforderung rechtswidriger und mit dem Binnenmarkt unvereinbarer staatlicher Beihilfen, ABl. 2019, C 247/1, Ziff. 2.1.

468 Vgl. hierzu grundlegend EuGH C-24/95, Slg. 1997, I-1591 – Alcan Deutschland.

soluten rechtlichen oder tatsächlichen Unmöglichkeit verzichtet werden darf.[469] Aus diesem (Droh-)Mittel folgt ein starker mitgliedstaatlicher Reflex, die Pflicht zur Anmeldung neuer Beihilfen bzw. zur Kooperation mit der Kommission bei bestehenden Beihilfen, tatsächlich zu befolgen, was wiederum zu einem Höchstmaß an Transparenz führt, welches das Beihilfenaufsichtssystem als Ganzes stabilisiert. Durch das jährliche, *naming and shaming*-Komponenten enthaltende, *State Aid Scoreboard* der Kommission erhält das Transparenzprinzip schließlich einen in seiner Tragweite nicht zu verkennenden Institutionalisierungsgrad.[470]

E. Bedeutung für den Fortgang der Untersuchung

Die bisherigen Ausführungen haben aufgezeigt, dass ein Konnex nicht nur zwischen der Supranationalität der EU-Beihilfenaufsicht und der wettbewerbsrechtlich ausgerichteten Handhabung wichtiger ihrer Bestandteile, sondern in gleichem Maße zwischen der auch nach Abschluss der Uruguay-Runde intergouvernemental geprägten Struktur der WTO-Subventionskontrolle und der primär einer Handelsschutzlogik folgenden Konzeption des ASÜ besteht. Greift man die eingangs aufgestellte These auf, dass beihilfenrechtliche Exportbestrebungen der Union an den *status quo* des unionsintern verfolgten Kontrollansatzes anknüpfen, so werden bereits vor den noch näher zu erörternden rechtspolitischen, -kulturellen und -technischen Aspekten der Umsetzung dieser Strategie Hindernisse auf übergeordneter (Ziel-)Ebene ersichtlich. Jedenfalls die als die beiden „Pole" der internationalen Beihilfen- bzw. Subventionskontrolle zu bezeichnenden Systeme beruhen auf nicht unmittelbar miteinander vereinbaren Grundannahmen und sind zudem in höchst unterschiedliche wirtschaftsintegrative Kontexte eingebettet.

Da ein völkervertraglicher Transfer des Konzepts der (EU-)Supranationalität lediglich in seltenen Ausnahmefällen gelingen wird, gilt dies nicht zuletzt auch für die Implementierung und Anwendung einer effizienzorientierten Lesart bi- und plurilateral vereinbarter Formen der Beihilfen- bzw.

469 S. zu den Anforderungen an das Vorliegen der Unmöglichkeit detailliert *Zellhofer/Solek*, EuZW 2015, 622 ff.

470 Vgl. hierzu *Neumann*, Export des europäischen Beihilfenrechts, S. 47 ff., der ferner auf Art. 26 Abs. 2 BVVO (Sanktionsbewehrtheit der mitgliedstaatlichen Pflicht zur Übermittlung eines Jahresberichts über bestehende Beihilfen) sowie Art. 9 Abs. 1 lit. c AGVO (Publikationspflicht betreffend Einzelbeihilfen ab 500.000 Euro) verweist.

Subventionsregulierung, für deren Verwirklichung weder die bloße Einordnung unter ein Oberkapitel „Wettbewerb" durch die Vertragsparteien noch die Erwähnung des Schutzes vor (potenziellen) Wettbewerbsverfälschungen beispielsweise in einem dem Beihilfenverbot des Art. 107 Abs. 1 AEUV nachgebildeten Abkommensartikel auszureichen vermögen.[471] Die herausgearbeitete Genese und Entfaltung des EU-Beihilfen- und des WTO-Subventionsrechts sowie die erfolgte Annäherung an deren jeweilige *ratio legis* werfen ein Schlaglicht darauf, welche der jüngeren wettbewerbsrechtlichen Entwicklungstendenzen in der innerunionalen Kontrollpraxis einen „Rechtsexport" mithilfe von bi- und plurilateralen (Freihandels-)Abkommen erschweren *(I.)* und welche umgekehrt sogar imstande sind, diesen zu erleichtern *(II.)*.

I. Herausforderung der Ausdifferenzierung

So konnte die Auslegung und Anwendung des EU-Beihilfenrechts, dem – in einem umfassenden Sinne verstanden – über die Art. 107 ff. AEUV hinaus auch das einschlägige Sekundärrecht sowie *soft law* zuzuordnen sind, im Sinne eines „Wettbewerbsrechts light" (s. oben *§ 1 B.III.3.*) im unionalen Aufsichtssystem lediglich Realität werden, weil insbesondere die höchst unbestimmten Rechtsbegriffe in Art. 107 Abs. 3 AEUV ein Einfallstor für wohlfahrtsökonomische Erwägungen im Rahmen der Ermessenausübung durch die Kommission bilden und der ihnen durch das Instrument des *soft law* verliehene materiell-rechtliche Gehalt einerseits fortlaufend auf Marktdynamiken abgestimmt werden kann, das heißt variabel ist, andererseits geeignet ist, den im Zuge der voranschreitenden Binnenmarktintegration gestiegenen Ansprüchen der Mitgliedstaaten und deren betroffenen Wirtschaftsakteuren an Rechtssicherheit gerecht zu werden. Erst die Berücksichtigung dieser speziell das EU-Beihilfenrecht kennzeichnenden, als eine Art „flexible Verregelung" zu beschreibenden Gesetzestechnik, schafft ein komplettes Bild der Regulierung staatlicher Beihilfen auf Unionsebene. Dieses gibt die allgemeine Komplexität der Ausbalancierung des Bedürfnisses nach präzisen *per se*-Regeln und der Erforderlichkeit von Freiräumen, die eine (ökonomische) Analyse aller Umstände des Einzelfalls – durch Überwachungsbehörden oder Gerichte bzw. Streitbeilegungsgremien – erlauben, angemessen wieder. Auf internationaler Ebene ist einzu-

471 S. anders aber *Borlini/Dordi*, Columbia J. Eur. Law 2017, 551, 583, die bereits diese Faktoren höher gewichten.

kalkulieren, dass – umgekehrt als im hochentwickelten Unionsrechtskontext – zur Erreichung der jeweils nächsthöheren Entwicklungsstufen, die regelmäßig eine zunehmende Kontrolldichte bedingen, ein reiner *effects-based approach*, wie ihn derzeit beispielsweise die Art. 5 f. ASÜ vorsehen, zunächst zugunsten eindeutige Maßgaben treffender Verhaltenskriterien zurückzudrängen ist.[472] Nach einer erfolgreichen Erprobung, Bewährung und Präzisierung in der zwischenstaatlichen Praxis der Rechtswendung sind Letztere wiederum einer neuerlichen Nuancierung (sowie gegebenenfalls Flexibilisierung) zugänglich.

Eine Inkorporierung von Sekundärrechts- und *soft law*-Akten in EU-(Freihandels-)Abkommen begründet die Aussicht, Drittstaaten in weitreichender Weise am europäischen Beihilfenrechtssystem partizipieren zu lassen und dessen wettbewerbsrechtliche Dimension auch über die Grenzen der Union hinaus kenntlich zu machen. Zugleich steigen dadurch die Anforderungen an die institutionelle Einkleidung solch umfassender materieller Vereinbarungen, da das modernisierte EU-Beihilfenrecht von seiner schnellen Anpassungsfähigkeit sowie der einheitlichen, durch die Deutungshoheit des Gerichtshofs betreffend die Reichweite des Beihilfenverbots gekennzeichneten Interpretation geprägt ist. Die Sicherung der Dynamik der Rechtsangleichung und der Homogenität der Rechtsauslegung und -anwendung stellt in diesen Fällen daher die zentrale von den Vertragsparteien zu bewältigende beihilfenrechtliche Herausforderung dar, die *a priori* eine – Assoziierungsabkommen im Sinne des Art. 217 AEUV charakterisierende (s. unten *Teil 3 § 1 A.I.*) – Vertiefung der Wirtschafts- und Handelsbeziehungen voraussetzt.[473] Ihre Umsetzung macht weitreichende Eingriffe in die nationale Rechtsordnung des EU-Vertragspartners erforderlich und geht – nicht zuletzt unter Beachtung des Grundsatzes der Wahrung der Unionsrechtsautonomie (s. unten *Teil 2 § 2 A.II.*) – mit einem hohen Maß an Bindung an die Rechtsprechung des EuGH und gegebenenfalls sogar an Kommissionsbeschlüsse einher.

Unter Ausklammerung besagter Konkretisierungen des Beihilfenprimärrechts von einem Rechtsexport werden beispielsweise zur Streitschlichtung eingesetzte *ad hoc*-Schiedspanels selbst im Falle einer nahezu wortgleich erfolgten Übernahme von Art. 107 Abs. 2 und 3 AEUV die Genehmigungstatbestände wiederum stärker im Sinne von *per se*-Regeln interpretieren.

---

472 In diese Richtung argumentiert konkret am Beispiel des ASÜ unter vergleichender Inbezugnahme des LwÜ *Stoler*, JWT 2010, 797, 805 ff.

473 S. zu diesen Charakteristika *Mögele*, in: Streinz, Art. 217 AEUV Rn. 4, sowie eingehend unten *Teil 3 § 1 A.I.*

Dies schließt eine eingehende ökonomische Analyse im Einzelfall zwar nicht aus, jedoch kann hieraus – auch angesichts der mutmaßlich äußerst geringen Zahl an Anwendungsfällen[474] – schwerlich ein systemischer Ansatz zu einer wettbewerblichen Ordnung abgeleitet werden.[475] Hinzu kommt, dass dahingehende Handlungsspielräume der Streitbeilegungsgremien – insoweit parallel zur Situation in der WTO – aufgrund der Orientierung an den Auslegungsmaßstäben der WVRK begrenzt sind und in Kombination mit einer fehlenden Einbettung in die unionale Rechtsprechungs- bzw. Beschlusspraxis zwangsläufig zu isolierten Betrachtungen führen. Mithin muss das Unterfangen eines Beihilfenrechtsexports, welcher weder die gewichtige Rolle der Kommission noch diejenige des Gerichtshofs – das heißt kurz: der EU-Supranationalität – für die Auslegung und Anwendung des „Exports" abbildet, bereits von vornherein auf eine Erweiterung des WTO-Subventionsrechts beschränkt bleiben, anstatt den beihilfen- – und somit wettbewerbsrechtlichen – Wirkungskreis der Union in bedeutendem Umfang zu erweitern.

II. Chance der teilweisen Dezentralisierung

Anders verhält es sich mit den Auswirkungen des schrittweisen Ausbaus der AGVO im Zuge der SAM, die den Schwerpunkt der EU-Beihilfenaufsicht in quantitativer, obgleich (noch) nicht in qualitativer Hinsicht,[476] vom herkömmlichen *ex ante*- hin zu einem *ex post*-Kontrollan-

---

474 *Neumann*, Export des europäischen Beihilfenrechts, S. 165, weist zu Recht darauf hin, dass im Falle der seit 2006 vereinbarten EU-(Freihandels-)Abkommen die in diesen jeweils eingeräumte Möglichkeit einer einseitigen Anrufung eines *ad hoc*-Staat-Staat-Schiedspanels auf beihilfenrechtlichem Gebiet bis dato noch niemals in Anspruch genommen worden ist.

475 Ähnlich auch *Stoll*, ZWeR 2017, 1, 22, dessen Überlegungen zum WTO-Subventionsrecht nach vorliegend vertretener Auffassung auf die weit überwiegende Zahl von EU-Freihandelsverträgen mit außereuropäischen Partnern übertragen werden können.

476 Stets muss berücksichtigt werden, dass es gerade die verbleibenden, nicht unter die 97 Prozent der von der AGVO freigestellten fallenden Beihilfen der Mitgliedstaaten sind (vgl. den Nachw. o. in Fn. 149), die wegen ihres häufig hohen finanziellen Volumens und bzw. oder ihrer strittigen Zielsetzung als politisch besonders sensibel gelten und daher weiterhin der umfassenden *ex ante*-Kontrolle durch die Kommission unterliegen.

satz verschiebt,[477] und die stärkere Eigenverantwortlichkeit eines jeden Mitgliedstaates befördert. Ähnlich wie einst der Kartellverfahrensverordnung 1/2003 liegen diesen Entwicklungen in erster Linie verwaltungsökonomische Erwägungen zugrunde,[478] was aber nicht zugleich bedeutet, dass für sie nicht ebenso Argumente wie der typisch wettbewerbsrechtliche *de minimis*-Gedanke und die Überlegung, dass mitgliedstaatliche Einheiten auf lokaler, regionaler oder zentraler Ebene durch ihre höhere Sachnähe in zahlreichen Konstellationen besser geeignet sind, mikroökonomische Marktanalysen durchzuführen und Einzelauswirkungen von Beihilfenmaßnahmen einzuschätzen, ausschlaggebend waren.[479] Eine (partielle) Dezentralisierung setzt zwar die Herstellung umfassender gegenseitiger Transparenz zwischen den beteiligten Akteuren voraus, deren Gewährleistung erscheint aber sowohl unionsintern als auch im Verhältnis zu Drittstaaten – etwa durch die periodische Pflicht zur Übermittlung detaillierter Notifikationen gewährter Beihilfen – rechtspolitisch leichter vermittelbar als die vor allem außerhalb der Union nicht selten pauschal abgelehnte Hochzonung von irgendwie gearteten Überwachungsbefugnissen auf eine (EU-)supranationale Institution. Überdies ist zu bedenken, dass selbst im Maximalfall einer vollumfänglichen spiegelbildlichen Implementierung des EU-Beihilfenrechts in die nationale Rechtsordnung eines Drittstaates, die der „Domestizierung" des Rechtsimports dient, ein Identifikationsgefühl (engl.: *sense of ownership*) für das neue Regelwerk kreiert wird, welches wiederum einen zusätzlichen Anreiz für dessen effektive Einhaltung setzen kann.[480]

Der unverkennbare Trend einer fortschreitenden Dezentralisierung der EU-Beihilfenaufsicht schafft im Drittstaatenkontext perspektivisch neue re-

---

477 S. für eine nähere Analyse zur Funktionsweise des *ex post*-Monitorings *Muñoz de Juan*, EStAL 2018, 483 ff.

478 Vgl. *Kommission*, Aktionsplan staatliche Beihilfen, KOM(2005) 107 endgültig, Rn. 48 ff.; darauf aufbauend Mitteilung – Modernisierung des EU-Beihilfenrechts, COM(2012) 209 final, Rn. 20 f.

479 Dies belegen insbesondere die frühen Überlegungen zum Für und Wider einer möglichen Dezentralisierung der europäischen Beihilfenkontrolle (vgl. hierzu instruktiv die Panel-Diskussion (S. 469 ff.) sowie die einzelnen *working papers* (S. 505 ff.) der Teilnehmer des *Fourth Annual EU Competition Law and Policy Workshop* in Florenz im Jahre 1999 zur Thematik „The Prospects of the Decentralisation of EU State Aid Control", abgedruckt in: *Ehlermann/Everson* (Hrsg.), European Competition Law Annual 1999: Selected Issues in the Field of State Aid.

480 S. hierzu die grundlegenden Erwägungen von *Nicolaides*, WOCO 2003, 263, 273.

gulatorische Gestaltungsmöglichkeiten, welche bis vor Kurzem ausschließlich in Beitrittsassoziierungen (s. eingehend unten *Teil 3 § 2 B.II.*) annähernd ausgeschöpft worden sind. Er stellt eine der wenigen wettbewerbsrechtlichen Facetten der beihilfenrechtlichen Modernisierungskampagnen dar, die – im Falle ihrer Fortentwicklung auf bi- und plurilateraler Ebene, welche primär die Installierung einer unabhängigen nationalen Aufsichtsbehörde durch den EU-Vertragspartner voraussetzt – einen völkervertraglichen Transfer nicht verkompliziert, sondern sogar erleichtert, indem es den Abschluss von – theoretisch denkbaren, praktisch allerdings äußerst seltenen – Vereinbarungen, die der Kommission unmittelbare Aufsichtsbefugnisse im Hinblick auf drittstaatliche Subventionspolitiken gewähren, überflüssig macht. So könnten – je nach institutioneller Ausgestaltung – die in Drittstaaten oftmals bereits traditionell bestehenden nationalen Kartellaufsichtsbehörden (engl.: *National Competition Authorities* – NCAs) in den Vordergrund rücken und neben Wettbewerbsverzerrungen durch Private auch subventionsbedingte staatliche verfolgen. Dies verursacht unter Umständen zwar neue Problemstellungen international- und verfassungsrechtlicher Art, auf die im *dritten Teil* zurückzukommen sein wird, andererseits eröffnen die allgemein anerkannte rechtliche Unabhängigkeit, die daraus folgende politische Unbelastetheit sowie die ökonomische Expertise der NCAs[481] mögliche Anknüpfungspunkt für Beihilfenrechtsexporte, welche sich nicht auf einen völkervertraglichen Transfer von Rechtsvorschriften beschränken, sondern im Optimalfall auch deren wettbewerbsrechtlichen Charakter bewahren.

In Abwesenheit eines supranationalen Aufsichtssystems oder unabhängiger nationaler Beihilfenaufsichtsbehörden treten wettbewerbs- sowie budgetschonende Effekte dahingegen allenfalls reflexartig und schwächer ausgeprägt ein.[482] Auch tendiert in diesem Falle die Wahrnehmung des Sinn und Zwecks bi- und plurilateral getroffener Beihilfen- bzw- Subventionsrechtsvereinbarungen – ebenso wie im WTO-Subventionsrecht (s. oben *§ 2 B.III.3.*) – wieder stärker zu einer außenhandelspolitischen Arithmetik. Konkret bedeutet dies, dass deren Begründung primär in der Absicherung verhandelter Zollzugeständnisse und der daraus entstehenden Marktzugangserweiterungen bzw. -chancen gesehen wird und verblei-

481 Einen beihilfenrechtlichen Kompetenzzuwachs nationaler Kartellbehörden fordern in der unionsinternen Diskussion aus diesem Grund *Buts/Joris/Jegers*, EStAL 2013, 330, 337 f.

482 *Stoll*, ZWeR 2017, 1, 22, spricht insoweit treffend von einer „sekundäre[n] Außenverstärkung".

bende unilaterale Reaktionsmöglichkeiten höhere Aufmerksamkeit erfahren. Der im Ursprung unionsinterne Aspekt der Dezentralisierung lässt sich nach außen mithin lediglich unter der gegebenen Ausgangsbedingung fruchtbar machen, dass sich der jeweilige EU-Vertragspartner konkreten positiven Mindestverpflichtungen zur verfahrenstechnischen Umsetzung unterwirft, welche über die abstrakte Zusage hinausgehen, dass dieser die materiell-rechtlichen Standards des in das (Freihandels-)Abkommen eingefügten Beihilfen- bzw. Subventionsrechtsregimes durch die Anwendung seines nationalen (Wettbewerbs-)Rechts oder in sonstiger Weise durchzusetzen gedenkt.

III. Schlussfolgerungen

Wie in der Literatur bereits umfassend herausgearbeitet wurde, sind die Schnittmengen zwischen Handels- und Wettbewerbsrecht immens.[483] Dies zeigt sich in unionsrechtlicher Hinsicht insbesondere bei einer Gegenüberstellung der Art. 26 ff. mit Art. 101 ff. AEUV und lässt sich im Rahmen der WTO anhand der AB-Berichte betreffend Art. III GATT zumindest erahnen.[484] Demnach wäre es in der Tat verfehlt, die Bedeutung der ohnehin nicht eindeutig definierbaren Trennlinie zwischen beiden Regelungskonzeptionen und deren – ähnliche Phänomene mit unterschiedlichen Begrifflichkeiten belegenden – Terminologien zu überhöhen. Gleichwohl handelt es sich im Kontext der internationalen Beihilfen- bzw. Subventionskontrolle um einen Aspekt von nicht zu unterschätzender praktischer Bedeutung, was einmal mehr gilt, wenn – wie vorliegend vertreten – bereits ein wettbewerbsrechtlicher Gleichklang zwischen dem EU-Beihilfenrechts- und dem WTO-Subventionsrechtssystem abgelehnt wird.

Mehr noch als um die vielfach angeführte – sich mit absteigendem Grad an Wirtschaftsintegration aber relativierende – Faustformel, nach der handelsrechtliche Konzeptionen in der beihilfen- bzw. subventionsrechtlichen Anwendungspraxis zu strengeren Ergebnissen führten als wettbewerbsrechtliche,[485] geht es um die Grundeinstellung gegenüber dem

483 S. hierzu statt aller ausschließlich *Rubini*, The Definition of Subsidy and State Aid, S. 62 ff.

484 Eine detaillierte Analyse der jeweils einschlägigen Judikatur des Gerichtshofs bzw. des AB findet sich bei *Biondi/Eeckhout*, State Aid and Obstacles to Trade, S. 103 ff. m. zahlr. weit. Nachw.

485 Vgl. *Rubini*, The Definition of Subsidy and State Aid, S. 67 (Fn. 147).

Instrument der Subvention wie auch das Maß an Ambivalenz und Komplexität, das man dessen Einsatz zubilligt. Während die Kommission im Rahmen der EU-Beihilfenaufsicht seit der Jahrtausendwende in immer ausdifferenzierterer Weise den Versuch unternimmt, „gute" von „schlechten" Beihilfen zu separieren, haben die WTO-Mitglieder entsprechende Bemühungen durch die Nichtverlängerung der „grünen" wie auch der „dunkelgelben" Kategorie im gleichen Zeitraum eingestellt. Die Schwierigkeiten, sich außerhalb nationaler oder supranationaler Rechtssysteme auf gemeinsame wettbewerbsrechtliche Maßstäbe zu verständigen, betreffen indessen nicht exklusiv das internationale Subventionsrecht, sondern lassen sich deutlicher noch an der Tatsache ablesen, dass auf multilateraler Ebene auch über 25 Jahre nach der Ministerkonferenz von Singapur in den klassischen wettbewerbsrechtlichen Teildisziplinen, das heißt Kartell-, Marktbeherrschungs- sowie Fusionskontrolle, noch keinerlei greifbaren Fortschritte erzielt werden konnten. Fernab der Gremien der WTO behelfen sich die Mitglieder diesbezüglich stattdessen verstärkt mit koordinationsbasierten Formen der Zusammenarbeit im Rahmen internationaler Netzwerke der Kartellaufsichtsbehörden sowie nicht zuletzt einer quasi-extraterritorialen Anwendung ihrer jeweiligen innerstaatlichen Kartellrechtsordnungen (s. ausführlich unten *Teil 2 § 1 B.II.2.c.*).[486]

Die im *ersten Teil* gewonnenen Erkenntnisse gebieten Zurückhaltung gegenüber einer zu ehrgeizigen konzeptionellen Einordnung der bi- und plurilateralen Beihilfen- bzw. Subventionsrechtsregime in EU-(Freihandels-)Abkommen, je weiter sich diese vom Pol der (EU-)Supranationalität entfernen und je mehr Parallelen zur intergouvernemental geprägten WTO-Subventionskontrolle (gleichgültig, ob in der Fassung des ASÜ 1.0 oder des ASÜ 2.0) sichtbar werden. Schließlich konzedieren auch Verfechter eines umfassend wettbewerbsrechtlichen Ansatzes die natürlichen Grenzen einer jeden Verrechtlichung auf Marktoptimierung zielender wirtschaftswissenschaftlicher Konzepte und die nach wie vor herrschende Unsicherheit darüber, inwieweit sich der *more economic approach* in der unionsinternen Praxis tatsächlich durchgesetzt hat.[487]

---

486 Vgl. hierzu *Wagner-von Papp*, Competition Law in EU Free Trade and Cooperation Agreements (and What the UK Can Expect After Brexit), in Bungenberg et al. (Hrsg.), EYIEL 2017, 2017, S. 301, 324 ff.

487 S. hinsichtlich dieser Relativierung übereinstimmend *Rubini*, The Definition of Subsidy and State Aid, S. 67 (Fn. 144); sowie *Borlini/Dordi*, Columbia J. Eur. Law 2017, 551, 584.

2. Teil: Gründe und Grenzen internationaler Beihilfendisziplin jenseits des WTO-Subventionsrechts

Die Erschließung des weiten Raumes zwischen den beiden „Polen" EU-Beihilfenrecht und WTO-Subventionsrecht, den seit Beginn der 1970er-Jahre primär die Union mit Beihilfen- bzw. Subventionsrechtsregimen in ihren (Freihandels-)Abkommen besiedelt, bedingt eine Auseinandersetzung mit den Beweggründen für dieses von der Kommission im Verlauf der vergangenen beiden Jahrzehnten intensivierte Vorgehen *(§ 1)* wie auch mit den unionsinternen und -externen rechtlichen sowie rechtskulturellen Rahmenbedingungen, die es leiten und eingrenzen *(§ 2)*. Ein sog. „europäischer Beihilfenrechtsexport", inklusive seiner Erforderlichkeit, Grenzen und Instrumente, löst nämlich gleich auf mehreren rechtlichen Ebenen Rechtfertigungsbedarf aus, liegt doch die Beweislast für seine Zulässigkeit sowie Sinnhaftigkeit ausschließlich aufseiten der Union, welche diesbezügliche Forderungen in ihre jeweiligen Handelsgespräche einbringt.

In welthandelsrechtlicher Hinsicht ist darzulegen, dass das ASÜ Schutz- bzw. Regelungslücken lässt und warum diese statt im Wege bi- und plurilateraler Vereinbarungen jedenfalls nach heutigem Stand nicht auch innerhalb des multilateralen WTO-Forums geschlossen werden können. Unionsrechtlich gesehen ergibt sich die Vorzugswürdigkeit des regelbasierten völkervertraglichen Ansatzes aus einer Gegenüberstellung mit den auf mitgliedstaatlicher Seite immer virulenteren Vorschlägen, auf vom internationalen Subventionsrecht *de lege lata* nicht oder nur eingeschränkte erfasste Subventionen von Drittstaaten mit einer Verschärfung des EU-Handelsschutzregimes und bzw. oder einer konzertierten Gegensubventionierung heimischer Unternehmen, mithin einer Lockerung der Aufsicht über mitgliedstaatliche Beihilfen, zu reagieren.

Unter Einnahme der Unionsperspektive ist die Kompatibilität des Beihilfenrechtsexports mit den Vorgaben des Welthandelsrechts, insbesondere mit Art. XXIV:5 des GATT, und mit dem vom EuGH geprägten Grundsatz der Autonomie der Unionsrechtsordnung sicherzustellen. Nicht zuletzt sah und sieht sich die Kommission in Verhandlungen mit Handelspartnern in aller Welt mit rechtskulturellen Vorbehalten gegenüber dem europäischen Verständnis von Beihilfen- bzw. Subventionskontrolle konfrontiert, deren nicht zu unterschätzende Bedeutung erst durch eine Zusammenschau mit dem ungleich defensiveren Umgang mit Subventionen in ohne Unionsteilnahme errichteten Freihandelszonen, Zollunionen oder (Quasi-)Gemeinsamen Märkten sowie in ausgewählten Bundes- und Zentralstaaten annäherungsweise nachvollziehbar wird.

§ 1 *„Levelling the Playing Field“*

Die im *ersten Teil* herausgearbeiteten grundsätzlichen konzeptionellen Unterschiede zwischen der EU-Beihilfenaufsicht und der WTO-Subventionskontrolle vermögen die Frage, aus welchen Motiven die Union das eigene Beihilfenrecht gerade mithilfe von bi- und plurilateralem Völkervertragsrecht zu transferieren begann, allenfalls ausschnittsweise zu beantworten.[488] Da das internationale Subventionswesen anders als andere Sachmaterien (zumindest bezüglich des Güterhandels) bereits eine multilaterale Regelung im GATT und in der WTO erfahren hat, erscheint es zunächst naheliegend, dass die GD Handel – unter Berücksichtigung ihres fortwährenden Bekenntnisses zum Multilateralismus[489] – eine Einebnung der Divergenzen zwischen beiden Systemen in WTO-Gremien präferiert. Wie zu zeigen sein wird, hat sie diesen Versuch zwar nicht aufgegeben, jedenfalls aber nicht mehr priorisiert, was zum einen dem Umstand geschuldet ist, dass sowohl das geltende ASÜ wie auch das entsprechende DDA-Verhandlungsmandat zwischenzeitlich von neueren Entwicklungen der Weltwirtschaft überholt wurden *(A.)*, zum anderem in der seit dem Jahre 2006 verfolgten *Global Europe*-Handelsstrategie[490] begründet liegt, die das Ziel der internationalen Wettbewerbsfähigkeit der Union hervor-

488 Voranzustellen ist, dass – wie von *Neumann*, Export des europäischen Beihilfenrecht, S. 76 ff., näher untersucht, im Ergebnis aber ebenfalls verneint – ein völkervertraglicher Transfer des EU-Beihilfenrechts keinen Selbstzweck zu begründen vermag, weil das Teilrechtsgebiet einen allenfalls mittelbaren Zusammenhang zum Werte- und Zielkatalog (vgl. Art. 21 f. EUV) für das auswärtige Handeln aufweist. Im Drittstaatenkontext besteht mithin nicht nur keine direkte Verpflichtung zur Heranziehung des Beihilfenprimärrechts (ebd., S. 92), sondern gerade auf der Zielebene – je nach Tiefe der von der Union und ihrem jeweiligen Vertragspartner angestrebten gegenseitigen Marktintegration – auch kein Bedürfnis, eine umfassende Angleichung an unionsinterne Regulierungsstandards zu erreichen.

489 Vgl. dazu etwa die Rede der zwischen 2014 und 2019 amtierenden Handelskommissarin *Cecilia Malmström*, Saving the WTO, Washington, D.C., 13. November 2018.

490 *Kommission*, Ein wettbewerbsfähiges Europa in einer globalen Welt, KOM(2006) 567 endgültig.

hebt *(B.)*. Letzteres soll durch ein stärkeres Beharren auf dem Grundsatz der Reziprozität erreicht werden, der *Free Rider*-Effekte abmildert, ohne Verfälschungen des Binnenmarktes hervorzurufen *(C.)*.

A. Reformbedürftigkeit des WTO-Subventionsrechts

Das WTO-Subventionsrecht beruht, wie die WTO insgesamt, institutionell und materiell nahezu unverändert auf den Ergebnissen der mehr als 25 Jahre zurückliegenden Uruguay-Runde. Wichtige WTO-Mitglieder, darunter die Union, erachten die durch das ASÜ eingeführte Subventionsregulierung für nicht mehr ausreichend, um während dieses Zeitraums eingetretenen Veränderungen des weltwirtschaftlichen Gefüges und aus ihnen resultierenden rechtlichen Herausforderungen angemessen gerecht zu werden *(I.)*. Eine subventionsrechtliche Betrachtung der erfolgsarmen Doha-Runde offenbart, dass nur wenig Anlass besteht, in der näheren Zukunft mit substanziellen rechtspolitischen Reformschritten auf multilateraler Ebene zu rechnen *(II.)*.

I. Subventionen und weltwirtschaftliche Entwicklungslinien seit 1995

Die wissenschaftliche Diskussion hat sich in zahlreichen – teils äußerst weitreichenden[491] – Vorschlägen mit möglichen Änderungen am WTO-subventionsrechtlichen *status quo* auseinandergesetzt, sodass vorliegend – beschränkt auf den Bereich der Industriesubventionen – ausschließlich grundlegende Positionen näher vorgestellt und eingeordnet werden können.[492] Dies umfasst die Schnittstellen zwischen dem Subventionsrecht einerseits und Phänomenen wie dem wachsenden Dienstleistungssektor *(1.)*, dem Aufstieg staatlich gelenkter Unternehmen *(2.)* und allgegenwärtigen Umwelt- bzw. Klimaschutzmaßnahmen *(3.)* andererseits, die zugleich auch

491 Vgl. aus jüngerer Zeit exemplarisch *Shaffer*, Bargaining Over Policy Space in Trade Negotiations, in: Santos/Thomas/Trubek (Hrsg.), World Trade and Investment Law Reimagined: A Progressive Agenda for an Inclusive Globalization, 2019, S. 183 ff.

492 S. hierzu im Überblick auch *Horlick/Clarke*, JIEL 2017, 673 ff., die Beiträge der *E15 Task Force on Rethinking International Subsidies Disciplines* im Rahmen des International Centre for Trade and Sustainable Development sowie des Weltwirtschaftsforums – online abrufbar unter http://e15initiative.org/themes/subsidies/ [zuletzt aufgerufen am 1.10.2019] – wiedergeben.

im Rahmen von bi- bzw. plurilateralen EU-(Freihandels-)Abkommen von Relevanz sind.

1. Global Value Chains und Dienstleistungen

a) Subventionsrechtliche Relevanz

Der Anteil des Dienstleistungshandels am Welthandel beträgt konstant etwa 20 Prozent.[493] Seine darüber hinaus gehende Bedeutung offenbart sich erst im Kontext des in Zeiten zunehmender grenzüberschreitender Arbeitsteilung besonders aussagekräftigen internationalen Wertschöpfungshandels, im Rahmen dessen Dienstleistungen – mit steigender Tendenz – bereits nach heutigem Stand über 40 Prozent ausmachen.[494] Globale Wertschöpfungsketten (engl.: *global value chains* – GVCs) zeichnen sich primär dadurch aus, dass in mehreren Staaten angesiedelte Unternehmen (bzw. Werke eines Einzelunternehmens) gemeinsam eine Produktionslinie formen, in der jede Einheit eine oder mehrere Etappen des Produktionsprozesses übernimmt.[495]

Auf diesem Wege entstehende Interdependenzen zwischen direkt oder indirekt involvierten Wirtschaftsakteuren verringern deren Bedürfnis nach klassischen Protektionismen wie Zöllen, erhöhen aber gleichzeitig die Sensibilität der durch GVCs generierten Handelsströme für staatliche Anreize zur Anziehung von (ausländischen) Direktinvestitionen mittels Subventionen.[496] Investitionssubventionen bergen trotz ihres nicht selten positiv diskriminierenden Charakters[497] die Gefahr, weniger auf eine legitime Behebung von Marktversagen zu zielen, als durch ihre einseitige Fixierung auf die Schaffung von Arbeitsplätzen und Produktions(rück)verlagerungen eine ineffiziente Investitionsablenkung zu verursachen und – vor allem

493 *WTO*, World Trade Report 2018, S. 5.

494 *Maurer/Magdeleine/Lanz*, Measuring trade in services in a world of global value chains, in: Sauvé/Roy (Hrsg.), Research Handbook on Trade in Services, 2016, S. 42, 42.

495 S. zur Begriffsbestimmung sowie zur ambivalenten Rolle von Subventionen im Zusammenhang mit GVCs *Hoekman*, Global Policy 2016, 351, 352.

496 Vgl. hierzu detailliert am Beispiel der Reaktionen der WTO-Mitglieder auf die Banken- und Finanzkrise ab dem Jahre 2008 *Gawande/Hoekman/Cui*, WBER 2015, 102, 125 ff.

497 S. zu diesem im Subventionskontext äußerst seltenen Phänomen *Sauvé/Soprana*, JIEL 2018, 599, 602 (Fn. 8).

durch die industrialisierten „*deep pocket states*“[498] provozierte – schädliche Subventionswettläufe zu befördern.[499] Da GVCs sich sektorübergreifend ausbreiten und Dienstleistungen einen ihrer Kernbestandteile bilden, sind auch potenzielle negative *spill over*-Effekte von Investitionsanreizen nicht auf den Warenhandel limitiert, sondern beeinflussen in gleichem Maße den Dienstleistungsverkehr.[500]

Neben Investitionssubventionen (Modi 3 und 4) können im Bereich der Dienstleistungen auch Produktions- (Modi 1, 3 und 4), Export- (Modus 3) und Verbrauchssubventionen (Inländerbehandlungsgebot gemäß Art. XVII GATS) eine welthandelsrechtliche Dimension aufweisen.[501] Dementsprechend mannigfaltig gestalten sich die Erscheinungsbilder, die staatliche Zuschüsse auf diesem Gebiet annehmen,[502] was sich an einer exemplarischen Übertragung der – lediglich auf Warensubventionen anwendbaren – Enumeration in Art. 1.1 ASÜ veranschaulichen lässt. Die Relevanz von Dienstleistungssubventionen als Instrument staatlicher Wirtschaftspolitik variiert zwar je nach einschlägigem (Sub-)Sektor beträchtlich, die jeweiligen Listen spezifischer Verpflichtungen der Mitglieder (engl.: *schedules*) indizieren indessen, dass ihr Einsatz bevorzugt auf Transport-, Tourismus-, Finanzdienstleistungs- und audiovisuellen Märkten erfolgt.[503]

b) WTO-rechtliche de lege lata-Behandlung

Im Gegensatz zum ASÜ, das als eines der Seitenabkommen des GATT die Gewährung von Subventionen im Warenhandel in allgemeiner Weise regelt, sieht das im Falle des Vorliegens einer Dienstleistungssubvention

---

498 So die auf die unterschiedlichen Fiskalkapazitäten der EU-Mitgliedstaaten bezogene – auf das globale Nord-Süd-Gefälle allerdings ohne Weiteres übertragbare – Formulierung des ehemaligen Wettbewerbskommissars *Joaquín Almunia*, Doing more with less – State aid reform in times of austerity: Supporting growth amid fiscal constraints, Speech at King's College London, 11. Januar 2013.

499 Ähnlich auch *Sauvé/Soprana*, JIEL 2018, 599, 602.

500 Vgl. nur *Hoekman*, Global Policy 2016, 351, 357 f.

501 *Sauvé/Soprana*, JIEL 2018, 599, 603, in Anknüpfung an WTO-Dok. S/WPGR/W/9 v. 6.3.1999, Rn. 30 ff.

502 Vgl. diesbezüglich die nicht abschließende Aufzählung in WTO-Dok. S/WPGR/W/25 v. 26.1.1998, Rn. 2.

503 S. hierzu die Ergebnisse der Studie von *Poretti*, The Regulation of Subsidies within the General Agreement on Trade in Services of the WTO, 2009, S. 253.

heranzuziehende GATS in Art. XV lediglich einen Verhandlungsauftrag zur Ausarbeitung multilateraler Disziplinen (Abs. 1 S. 2) sowie Informations- und Konsultationspflichten (Abs. 1 S. 5, Abs. 2) vor. Ebenso wie im Falle der Regelungsfelder *domestic regulation*, *safeguard measures* und *government procurement* handelt es sich bei der Frage nach dem Umgang mit Subventionen um eines der sog. *„Uruguay Round Leftovers“*,[504] deren Auflösung die damaligen Verhandlungsführer in Anbetracht der Tatsache, dass die Liberalisierung des Dienstleistungshandels auf multilateraler Ebene ein Novum begründete, bewusst auf die Zeit nach Inkrafttreten des GATS (vgl. Art. VI:4, X:1 und XIII:2) verschoben. Bis dato konnte keiner dieser Problemkreise in den hierfür vorgesehenen Gremien der WTO oder im Rahmen der DDA einem multilateralen Konsens zugeführt werden und die ausgesetzten TiSA-Verhandlungen erzielten zumindest keine subventionsrechtlichen Fortschritte.[505] Gleiches gilt schließlich im Hinblick auf die Regulierung von Investitionssubventionen, die lediglich in der Spielart einer Koppelung mit Gegenleistungsanforderungen – wie typischerweise einem bestimmten *local content*-Anteil – von Art. III:4 GATT, Art. 3.1 (b) ASÜ und Art. 2.1 des Agreement on Trade-Related Investment Measures (TRIMs) untersagt werden.[506]

Dennoch kann bezüglich der Vergabe von Dienstleistungssubventionen nicht von einer vollständigen Regelungslücke gesprochen werden.[507] Sofern diese exklusiv heimischen Unternehmen gewährt werden, kommt infolge des Fehlens eines Pendants zu Art. III:8 (b) GATT prinzipiell ein Verstoß gegen das Inländerbehandlungsgebot des Art. XVII GATS in Betracht.[508] Ein solcher setzt jedoch voraus, dass das subventionierende Mitglied sich für den betroffenen Dienstleistungssektor zuvor explizit zu dessen Einhaltung verpflichtet und keinen Gebrauch von einschränkenden subventionsspezifischen Bedingungen bzw. Vorbehalten gemacht

504 *Sauvé*, Aussenwirtschaft 2002, 301, 304.

505 S. für eine aktuelle Bestandsaufnahme knapp *Sauvé/Soprana*, JIEL 2018, 599, 616 ff. Vgl. zu TiSA den Nachw. o. in Fn. 436.

506 *Sauvé/Soprana*, Disciplining Investment Incentives: A Lost Cause?, E15 Task Force on Investment Policy (January 2016), S. 6.

507 S. für eine umfassende Analyse und Evaluation aller bestehenden Disziplinen des GATS von subventionsrechtlicher Relevanz nur *Poretti*, The Regulation of Subsidies within the General Agreement on Trade in Services of the WTO, S. 127 ff.

508 S. hierzu eingehend *Poretti*, Waiting for Godot: Subsidy disciplines in services trade, in: Panizzon (Hrsg.), GATS and the Regulation of International Trade in Services, 2008, S. 466, 468 ff.

hat.[509] Da die Mitglieder entsprechende Liberalisierungsschritte nur zögerlich unternehmen, verbleibt auf Ebene der Rechtsdurchsetzung allein die Möglichkeit eines Rückgriffs auf *non-violation-complaint*-Verfahren nach Art. XXIII:3 GATS, welche zwar theoretisch denkbar erscheinen, bisher aber im gesamten Geltungsbereich des GATS keine praktische Bedeutung erlangten.[510]

Konkrete Transparenz- und Informationspflichten ergeben sich sowohl aus den allgemeinen Bestimmungen des Art. III GATS als auch aus der rein subventionsrechtlichen Vorschrift des Art. XV:1 S. 5 GATS, der die zutreffende Erwägung der WTO-Vertragsparteien zugrunde liegt, dass die Ausarbeitung von umfassenderen Disziplinen zunächst eine verlässliche Datenlage zu Art und Umfang der von den Mitgliedern gewährten Dienstleistungssubventionen erfordert.[511] Die weitgehende Nichtbeachtung dieser Aufforderung zum Informationsaustausch korrespondiert mit der Dysfunktionalität des Notifikationsmechanismus für Warensubventionen und verhindert somit bereits eine effektive Anwendung des überschaubaren bestehenden Regimes.[512]

509 Dies ist allerdings bei der weit überwiegenden Zahl der Mitglieder der Fall, wie eine vom WTO-Sekretariat herausgegebene, zuletzt im Jahre 2004 aktualisierte Zusammenstellung der subventionsbezogenen Beschränkungen in den Listen spezifischer Verpflichtungen zeigt (vgl. WTO-Dok. S/WPGR/W/13/Add.2 v. 30.8.2004).

510 S. hierzu wiederum näher *Poretti*, Waiting for Godot: Subsidy disciplines in services trade, S. 471 ff.

511 *Poretti*, The Regulation of Subsidies within the General Agreement on Trade in Services of the WTO, S. 22 m. weit. Nachw., diagnostiziert ein „'chicken-and-egg' problem", das aus der vorherrschenden Kombination aus mangelnder Information sowie fehlender verbindlicher Definition einer Dienstleistungssubvention hervorgehe.

512 Sinnbildlich hierfür steht, dass der vom WTO-Sekretariat ausgegebene Fragebogen „Questions Relevant to the Information Exchange Required Under the Subsidies Negotiating Mandate" (vgl. WTO-Dok. S/WPGR/W/16 v. 5.2.1997) nur von fünf Mitgliedern (Hongkong, Neuseeland, Norwegen, Polen, Schweiz) beantwortet wurde.

c) De lege ferenda-Überlegungen

aa) Dienstleistungssubventionen allgemein

Das vorzufindende niedrige Transparenzniveau lässt sich anhand einer Auswertung der Listen spezifischer Verpflichtungen von Mitgliedern, der sog. *Trade Policy Reviews* der WTO oder von privaten Initiativen wie dem *Global Trade Alert* (GTA) nur unzureichend kompensieren.[513] In Verbindung mit der im GATS unterbliebenen Begriffsbestimmung einer Dienstleistungssubvention, den zahlreichen Dienstleistungsformen immanenten Charakteristika wie Unsichtbarkeit (das heißt Unkörperlichkeit), fehlende Lagerfähigkeit, Transportierbarkeit sowie den jeweiligen Besonderheiten der vier *modes of supply* führt dies zu einer komplexen Ausgangssituation für die im Jahre 1995 eingerichtete WTO Working Party on GATS Rules (WPGR).[514]

Der von Art. XV:1 GATS vorgegebene Rechtsrahmen legt die Wahl eines weniger starren und rigorosen Regelungsansatzes als im Falle der heute geltenden Fassung des ASÜ nahe.[515] S. 4 betont konkret das Bedürfnis der WTO-Mitglieder – insbesondere der Entwicklungsland-Mitglieder – nach Flexibilität in diesem Bereich. Während zu keiner der von der WPGR behandelten Einzelfragen ein Konsens gefunden werden konnte, ist zumindest in definitorischer Hinsicht eine Tendenz der Mitglieder zu erkennen, Art. 1 f. ASÜ entsprechend heranzuziehen.[516] Dies ginge mutmaßlich einher mit einer Verschiebung der Problematik des Umgangs mit *regulatory subsidies* in den Anwendungsbereich von Art. VI GATS und einem Spezifitätskonzept, das sich nicht an Erbringungsformen ausrichtet,

513 Vgl. zu ersterem Ansatz *Poretti*, The Regulation of Subsidies within the General Agreement on Trade in Services of the WTO, S. 65 ff.; zu zweiterem *Sauvé/Soprana*, JIEL 2018, 599, 601; sowie zu dem im Jahre 2009 durch den Ökonomen *Simon Evenett* begründeten GTA, der eine Datensammlung zu von Regierungen weltweit ergriffenen handelsprotektionistischen und -liberalisierenden Maßnahmen darstellt: www.globaltradealert.org/ [zuletzt aufgerufen am 1.10.2019].

514 So auch *Poretti*, Waiting for Godot: Subsidy disciplines in services trade, S. 466.

515 *Herrmann/Weiß/Ohler*, Welthandelsrecht, § 18 Rn. 891.

516 Dies lässt sich bereits an der Wahl der Formulierung in dem erwähnten (vgl. dazu den Nachw. o. in Fn. 512) Fragebogen des WTO-Sekretariats betreffend Dienstleistungssubventionen ablesen, welches probeweise diejenige in Art. 1 ASÜ heranzog (ebd., S. 1 f.).

sondern sich – in Analogie zu Art. 2.1 ASÜ – am Kreis der Begünstigten in einzelnen (Sub-)Sektoren orientiert (sog. *sectoral specificity*).[517]

Rechtsgestalterische Herausforderungen bestehen darin, die von Art. XV:1 S. 3 GATS aufgeworfene Frage nach der Zweckmäßigkeit der Einführung von Ausgleichsverfahren zu klären und die Grenzen eines möglichen Sonderregimes für öffentliche Dienstleistungen abzustecken. Dies folgt daraus, dass einerseits die generelle Bereichsausnahme für solche Dienstleistungen, die in Ausübung hoheitlicher Gewalt erbracht werden (vgl. Art. I:3 (b) GATS), wegen ihrer rigiden Handhabung als zu eng angesehen wird.[518] Ein breiterer *a limine*-Ausschluss riskierte andererseits, dass vordergründig legitimen Gemeinwohlzielen auf Gebieten wie Bildung, Gesundheit, Strom- und Wasserversorgung, Postwesen, Transport oder Telekommunikation dienende Subventionen gleichzeitig eine Besserstellung der Empfänger im internationalen Dienstleistungsverkehr – und damit dessen potenzielle Verzerrung – bezwecken oder bewirken.[519] Gerade die Union verfolgt in diesem Bereich auch defensive Interessen, bildet doch der Schutz von DAWI (vgl. Art. 14 AEUV), welche aufbauend auf Art. 106 Abs. 2 AEUV eine beihilfenrechtliche Sonderbehandlung erfahren (s. oben *Teil 1 § 3 A.*), nach Art. 207 Abs. 1 S. 2 AEUV in Verbindung mit Art. 21 EUV ein wichtiges normatives Ziel der EU-Handelsbeziehungen.[520]

Im Hinblick auf die Errichtung eines Systems von Ausgleichsmaßnahmen ist unabhängig von der vorgelagerten Problemstellung, ob ein solcher Mechanismus überhaupt ein zweckmäßiges Mittel zur Subventionsdisziplinierung darstellt, jedenfalls festzustellen, dass eine enge Anlehnung an Bestimmungen des ASÜ anders als im Falle der Definitionsfrage *a priori* ausscheidet. Sie litte unter anderem darunter, dass eine Anwendung des Kriteriums des Umfangs der subventionierten Einfuhren – wie von Art. 15.1 ASÜ bei Warensubventionen vorgesehen – zur Ermittlung einer

---

517 Für eine Abgrenzung zur alternativen *mode specificity* s. *Poretti*, The Regulation of Subsidies within the General Agreement on Trade in Services of the WTO, S. 124 f.

518 S. hierzu erschöpfend *Simon*, Liberalisierung von Dienstleistungen der Daseinsvorsorge im WTO- und EU-Recht, 2009, S. 59 ff. m. weit. Nachw.

519 In diese Richtung gehen tendenziell auch die von Hongkong und Mexiko eingereichten Vorschläge betreffend die mögliche Einführung einer Kategorie nichtanfechtbarer Dienstleistungssubventionen, die sich indirekt gegen den pauschalen Ausschluss aus dem Anwendungsbereich aussprechen (vgl. WTO-Dok. JOB(07)/27 v. 27.3.2007, S. 1); s. hierzu *Poretti*, The Regulation of Subsidies within the General Agreement on Trade in Services of the WTO, S. 48: „development of ad hoc carve-outs can […] be considered".

520 *Krajewski*, EuZW 2015, 301, 301.

durch Dienstleistungssubventionen verursachten erheblichen Schädigung massive praktische Schwierigkeiten nach sich zöge.[521] Diese gehen auf die Spezifika der Erbringungsformen sowie nicht zuletzt die Unsichtbarkeit von zahlreichen Dienstleistungen zurück. Im letzteren Falle ist die Verhängung von Ausgleichszöllen mangels Zollverfahren bei Grenzübertritt allenfalls ausnahmsweise vorstellbar, sofern eine Dienstleistung, die an sich unkörperlich erfolgt, sich zumindest zu bestimmten Zeitpunkten ihres Lebenszykluses materialisiert.[522]

bb) Investitionssubventionen im Speziellen

Die WTO-subventionsrechtliche Erfassung von Investitionssubventionen, welche GVCs beeinflussen, verlangte über die Erstreckung des Anwendungsbereichs auf Dienstleistungen hinaus eine strukturelle Reform des ASÜ, die dessen Fokus auf die Wohlfahrt von (Export-)Produzenten auf das Ziel (globaler) ökonomischer Effizienz erweiterte (s. oben *Teil 1 § 2 B.III.3*).[523] Dazu bedürfte es nicht nur im Recht der Ausgleichszölle, sondern auch bei der Bestimmung einer ernsthaften Schädigung nach Art. 6 ASÜ der Heranziehung neuer Parameter, die einberechnen, dass – anders als noch in der Uruguay-Runde implizit unterstellt – im Falle von GVCs die Wertschöpfung überwiegend nicht durch inländische Produktionsfaktoren generiert wird.[524]

Um grenzüberschreitende Handels- und Wettbewerbseffekte von Investitionssubventionen zumindest näherungsweise vorhersagen zu können, wäre ein umfangreicher Einsatz der ökonomischen Analyse des Rechts

---

521 S. hierzu skeptisch *Poretti*, Waiting for Godot: Subsidy disciplines in services trade, S. 479 ff.

522 Ebd., S. 482 (Fn. 57 f.). Als Praxisbeispiele hierfür können zwei EWG- bzw. EG-Verordnungen in den Bereichen Schiff- bzw. Luftfahrt dienen (Verordnung (EWG) Nr. 4057/86 des Rates v. 22. Dezember 1986 über unlautere Preisbildungspraktiken in der Seeschiffahrt, ABl. 1986 L 378/14; Verordnung (EG) Nr. 868/2004 des Europäischen Parlaments und des Rates v. 21. April 2004 über den Schutz vor Schädigung der Luftfahrtunternehmen der Gemeinschaft durch Subventionierung und unlautere Preisbildungspraktiken bei der Erbringung von Flugverkehrsdiensten von Ländern, die nicht Mitglied der Europäischen Gemeinschaft sind, ABl. 2004 L 162/1), welche *Poretti*, The Regulation of Subsidies within the General Agreement on Trade in Services of the WTO, S. 188 ff. m. zahlr. weit. Nachw., ausführlich erörtert.

523 *Hoekman*, Global Policy 2016, 351, 357.

524 Ebd.

vonnöten, der wiederum ein hohes – dem des EU-Beihilfenaufsichtssystems (s. oben *Teil 1 § 3 D.*) vergleichbares – Maß an Transparenz zur Voraussetzung hat.[525] Erscheint letztere Vorgabe auch auf multilateraler Ebene dem Grunde nach erfüllbar, erschwert der *ex post*-Charakter der intergouvernementalen WTO-Subventionskontrolle, deren Funktionsfähigkeit die Errichtung eines möglichst eng umrissenen Regelwerks bedingt, eine flexible, das heißt die kontextspezifischen Dynamiken von GVCs berücksichtigende Prüfung, ob sich eine Investitionssubvention im konkreten Einzelfall tatsächlich wohlfahrtsschädlich auswirkt. Dieses gilt einmal mehr, zieht man in Anknüpfung an die außer Kraft getretene Kategorie nichtanfechtbarer Regionalbeihilfen (vgl. Art. 8.2 lit. b ASÜ) in Betracht, eine nicht optimale Ressourcenallokation ausnahmsweise zugunsten positiver distributiver Wirkungen zuzulassen,[526] da diesem Vorgehen neben objektivierbaren auch rein wertende Erwägungen immanent wären.

Ein politischer Wille zur Regulierung von Investitionsanreizen jeglicher Art war daher von Beginn an weder in der WTO Working Group on Investment noch in der WPGR vorhanden.[527] Infolgedessen, dass Mitglieder *beggar-thy-neighbour*-Praktiken zwischen regionalen oder lokalen Gebietskörperschaften intern mitunter bewusst tolerieren (s. unten *§ 2 B.III.1.a.*), und die Ergreifung von Ausgleichsmaßnahmen nach Vorbild des ASÜ weder zulässig noch sinnvoll wäre,[528] ist es aus Unionssicht vorzugswürdig, sich ersatzweise über stärker vom eigenen Kontrollmechanismus inspirierte Beihilfen- bzw. Subventionskapitel in (Freihandels-)Abkommen gegen unfairen Standortwettbewerb abzusichern. Hierbei kommt ihr beispielsweise im Kontext von Investitionsentscheidungen multinationaler Unternehmen entgegen, dass Wertschöpfungsketten sich zumeist überwiegend auf das geographische (Teil-)Gebiet eines Kontinents beschränken und selbst in genuin interkontinentalen Sachverhaltskonstellationen die Wirtschaftszweige und Unternehmen von Industriestaaten regelmäßig auf anderen vor- bzw. nachgelagerten Stufen einer GVC aktiv sind als diejenigen von Entwicklungs- sowie Schwellenländern.[529]

---

525 *Poretti*, The Regulation of Subsidies within the General Agreement on Trade in Services of the WTO, S. 229.

526 Ähnlich auch *Horlick/Clarke*, JIEL 2017, 673, 680.

527 S. die knappe Einschätzung von *Sauvé/Soprana*, JIEL 2018, 599, 602.

528 Vgl. hierzu im Kontext des Reformdiskussion betreffend das Ausgleichszollrecht des ASÜ *Clarke*, Rethinking Countervailing Duties, E15 Task Force on Rethinking International Subsidies Disciplines (March 2015), S. 2.

529 *Hoekman*, Global Policy 2016, 351, 352 bzw. 356 f. m. weit. Nachw.

Faktisch bedeutet dies, dass die innerunionalen Handels- und Investitionsströme etwa auf Steuerbeihilfen der mit dem EU-Binnenmarkt eng verwobenen Schweizer Kantone sensibler reagieren als auf solche einer kanadischen Provinz, und auf spezifische Dienstleistungssubventionen im hochtechnologisierten Japan stärker als auf ähnliche Maßnahmen des sich erst im Industrialisierungsprozess befindlichen Vietnam.[530] Beide Diskrepanzen müssen sich folglich auch in der jeweiligen beihilfen- bzw. subventionsrechtlichen Regelungsdichte von den mit diesen Ländern vereinbarten (Freihandels-)Abkommen widerspiegeln (s. unten *Teil 3 § 1 C.*).

2. Aufstieg staatlich gelenkter Unternehmen

a) Subventionsrechtliche Relevanz

In engem Zusammenhang mit einer möglichen Erstreckung des Anwendungsbereichs des WTO-Subventionsrechts auf Dienstleistungen steht das in jüngerer Zeit vieldiskutierte Problem der Regulierung von öffentlichen Unternehmen,[531] da diese vor allem auch auf Dienstleistungsmärkten in den Bereichen Luftfahrt, Energie, Bankwesen und Telekommunikation aktiv sind.[532] Unter die Kategorie der öffentlichen Unternehmen fallen nach dem Begriffsverständnis der Organisation für wirtschaftliche Zusammenarbeit und Entwicklung (OECD) nicht exklusiv Gesellschaften, welche in staatlichem Alleineigentum stehen, sondern auch diejenigen, auf die er durch eine Mehrheits- oder eine durch bestimmte gesellschaftsrechtliche Steuerungs- bzw. Aufsichtsmechanismen abgesicherte Minderheitsbeteiligung beherrschenden Einfluss ausübt.[533] Im Unterschied zu privaten Unternehmen stehen für sie in der Regel nicht die Gewinnerzielung, sondern

530 S. zur Darlegung der Herausbildung regionaler *hubs* in GVCs konzis *Degain/Meng/Wang*, Recent trends in global trade and global value chains, in: WTO (Hrsg.), Global Value Chain Development Report, 2017, S. 37, 52.

531 Vgl. pointiert *Katz*, How to tame China's rogue state capitalism, in: Financial Times v. 30.7.2019, abrufbar unter www.ft.com/content/d5e19006-aef9-11e9-b3e2-4fdf846f48f5 [zuletzt aufgerufen am 1.10.2019]; und vertiefend *Haley/Haley*, Subsidies to Chinese Industry – State Capitalism, Business Strategy, and Trade Policy, 2013.

532 S. hierzu *Stephenson/Hufbauer*, Services and state-owned enterprises, in: Sauvé/Roy (Hrsg.), Research Handbook on Trade in Services, S. 299 ff.

533 So etwa *OECD*, OECD-Leitsätze zu Corporate Governance in staatseigenen Unternehmen, 2016, S. 16.

die Verfolgung öffentlicher, das heißt gemeinwohlorientierter Zwecke im Vordergrund, wobei mit dem (Anteils-)Eigentum des Staates unweigerlich zahlreiche Wettbewerbsvorteile verbunden sind, die sich – je nach Grad der Korporatisierung – mitunter erheblich auf interne Entscheidungsprozesse sowie Rechenschaftspflichten nach außen auswirken können.[534]

Besagte Wettbewerbsvorteile, die nicht durchgängig vorliegen müssen, lassen sich in Fallgruppen einsortieren, deren Übergänge fließend sind:[535] Sie ergeben sich erstens aus abstrakt-generellen Bevorzugungen (etwa durch eine pauschale Sonderbehandlung im Rahmen der Kartell- und Fusionsaufsicht oder im Falle der Insolvenz), zweitens – und vorliegend von primärem Interesse – aus direkten bzw. indirekten Subventionierungen (zumeist in Gestalt von Finanzspritzen, Steuervergünstigungen oder staatlichen Darlehen und Bürgschaften) sowie drittens aus sonstigen Bevorzugungen (beispielsweise durch die Einräumung einer Monopolstellung bzw. besonderer Rechte oder Informationsasymmetrien bei öffentlichen Auftragsvergaben).[536] Der Einsatz dieser Instrumente war aus Sicht des Welthandelsrechts – wenn auch nicht zugleich aus derjenigen eines effizienzorientierten Wettbewerbsrechts – von nachrangiger Bedeutung, solange er begrenzt auf das eigene Territorium, auf gegenüber Drittstaaten abgeschlossenen Märkten und exklusiv zur Erreichung interner sozialer oder wirtschaftlicher Ziele erfolgte.[537] Mit dem weltwirtschaftlichen Aufstieg der BRICS-Staaten, vor allem dem Beitritt Chinas zur WTO im Jahr 2001,[538] hat die Ausganglage sich jedoch trotz der insgesamt sinkenden Zahl öffentlicher Unternehmen erheblich verändert.[539] China, Indien und Russland bauen diese – begünstigt durch die fortschreitende globale Handelsspezialisierung und eine dadurch bedingte Fragmentierung der Wertschöpfungsketten – in systematischer Weise zu Vehikeln ihrer stra-

---

534 Vgl. hierzu umfassend *Sokol*, BYU L. Rev. 2009, 1713, 1727 ff., 1731 ff. bzw. 1737 ff. m. zahlr. weit. Nachw.

535 *Willemyns*, JIEL 2016, 657, 659 f.

536 Vgl. eingehend zu den Beispielen *Capobianco/Christiansen*, Competitive Neutrality and State-Owned Enterprises: Challenges and Policy Options, OECD Corporate Governance Working Papers, No. 1, 2011, S. 5 ff.

537 Vgl. erschöpfend zur handelshistorischen Entwicklung öffentlicher Unternehmen *Wu*, Reforming WTO Rules on State-Owned Enterprises: In the Context of SOEs Receiving Various Advantages, 2019, S. 15 ff.

538 Vgl. für eine kritische Analyse der subventionsrechtlichen Regelungen im WTO-Beitrittsprotokoll Chinas *Qi*, JIEL 2004, 863, 883 ff.

539 *Kowalski et al.*, State-Owned Enterprises: Trade Effects and Policy Implications, OECD Trade Policy Papers, No. 147, 2013, S. 5 ff.

tegischen Handels- und Industriepolitiken auf.[540] Allein in China sind rund 51.000 öffentliche Unternehmen aktiv,[541] deren Anteil an der gesamten Wirtschaftsleistung 45 Prozent beträgt[542] und die heute schätzungsweise 100 der 500 umsatzstärksten Unternehmen weltweit stellen.[543]

Private Unternehmen anderer WTO-Mitglieder werden dadurch erheblichem Druck ausgesetzt, da sie nicht nur auf den von subventionierten öffentlichen Unternehmungen dominierten inländischen Märkten dieser Länder benachteiligt sind, sondern sich durch deren Internationalisierung zunehmend auch auf Drittlandsmärkten mit Wettbewerbsnachteilen konfrontiert sehen.[544] Erschwerend hinzu kommt, dass öffentliche Unternehmen nunmehr 80 Prozent aller chinesischen ausländischen Direktinvestitionen tätigen,[545] weswegen die westlichen Industriestaaten – über Bedenken gegenüber deren durch Subventionen verursachte Handels- und Wettbewerbsverzerrungen hinaus – zunehmend sicherheitspolitische Befürchtungen hegen (s. unten *C.I.3.*). Das Verhältnis zwischen dieser Form des sog. „Staatskapitalismus“ und den WTO-Übereinkommen ist als problematisch zu qualifizieren,[546] obgleich sich Letztere – ebenso wie zuvor das GATT 1947 – hinsichtlich der Eigentumsordnung eines jeden Mitglieds neutral verhalten.[547] Dieser Umstand vermag nämlich nichts daran zu ändern, dass sowohl das ASÜ als auch die subventionsrechtlichen Vorgaben im Beitrittsprotokoll Chinas insgeheim auf der Prämisse beruhen, dass es Staaten und nicht Staatsunternehmen sind, vor denen es den freien Handel zwischen privaten Unternehmen zu schützen gilt, und dass neue

---

540 So konzis *Willemyns*, JIEL 2016, 657, 657 f.

541 *OECD*, The Size and Sectoral Distribution of State-Owned Enterprises, 2017, S. 8.

542 S. hierzu *Wu*, Reforming WTO Rules on State-Owned Enterprises, S. 70 m. zahlr. weit. Nachw. zu Umfang, Natur und Auswirkungen der Vorteile, die China staatseigenen Unternehmen gewährt.

543 S. hierzu die jährlich vom US-amerikanischen Wirtschaftsmagazin *Fortune* publizierte sog. *Fortune Global 500*-Liste, welche die 500 umsatzstärksten Unternehmen aufzählt, abrufbar unter https://fortune.com/global500/2019/ [zuletzt aufgerufen am 1.10.2019].

544 S. zu den Internationalisierungsstrategien der sog. „BRIICS"-Staaten Brasilien, Russland, Indien, Indonesien, China sowie Südafrika *Kowalski et al.*, State-Owned Enterprises: Trade Effects and Policy Implications, S. 62 ff.

545 *Du*, JWT 2014, 1127, 1128 m. weit. Nachw.

546 Vgl. näher zu den immanenten Gegensätzen *Altemöller*, EuZW 2019, 321, 322 f.

547 *Davey*, Art. XVII GATT: An Overview, in: Cottier/Mavroidis (Hrsg.), State Trading in the Twenty-First Century, 1998, S. 17, 21.

bzw. künftig beitretende Mitglieder sich im Zuge eines Transformationsprozesses marktwirtschaftlich ausrichten würden.[548]

b) WTO-rechtliche de lege lata-Behandlung

Jene damals vorherrschende Fehleinschätzung findet sich im zurückhaltenden Charakter der GATT- bzw. WTO-Vorschriften, die öffentliche Unternehmen betreffen, indirekt wieder.[549] Zwar waren sich die Vertragsparteien des GATT der starken Hindernisse, welche sich aus der Tätigkeit staatlicher Handelsunternehmen (engl.: *state trading enterprises*) ergeben können, bewusst (vgl. Art. XVII:3 GATT), jedoch mangelt es bereits an einer klaren Begriffsdefinition.[550] Im Hinblick auf die Reichweite von Art. XVII:1 (a) GATT, der Mitglieder zur Beachtung allgemeiner Grundsätze der Nichtdiskriminierung verpflichtet, wird bereits in Zweifel gezogen, ob er neben dem Meistbegünstigungsprinzip auch das Inländerbehandlungsgebot umfasst.[551] Art. VIII:1 GATS, der ausschließlich Dienstleistungsmonopole adressiert, verbietet ebenfalls Verstöße gegen den Grundsatz der Meistbegünstigung und verlangt die Einhaltung der jeweils eingegangenen spezifischen Verpflichtungen. Flankierend untersagt Art. VIII:2 GATS sog. „Quersubventionierungen“ und Art. 5 (a) der GATS-Anlage zur Telekommunikation sieht eine sektoriell begrenzte ausnahmsweise Anwendung des Inländerbehandlungsgebotes vor.[552]

Nach wie vor kontrovers ist die zwischenzeitlich mehrfach vor den WTO-Streitbeilegungsorganen erörterte Problemstellung, ob und wenn ja, inwieweit der Anwendungsbereich des ASÜ öffentliche Unternehmen in ihrer Rolle als (mittelbare) Subventionsgeber überhaupt erfasst.[553] Der Auffangtatbestand des Art. 1.1 (a)(1)(iv) ASÜ kommt als normativer Anknüpfungspunkt zwar in Betracht, der AB und diverse Panels stellten

---

548 Vgl. instruktiv zu den heutigen weitreichenden Folgen dieser Grundannahmen *Lang*, YJIL Online 2018, 1, 4 f.

549 S. nur die kritische Einschätzung von *Willemyns*, JIEL 2016, 657, 667: „[T]he application of this Article [Article XVII of the GATT] is flawed as it is quite general and toothless".

550 S. hierzu näher *Petersmann*, GATT Law on State Trading Enterprises: Critical Evaluation of Article XVII and Proposals for Reform, in: Cottier/Mavroidis (Hrsg.), State Trading in the Twenty-First Century, S. 71, 79.

551 *Herrmann/Weiß/Ohler*, Welthandelsrecht, § 16 Rn. 771 f. m. weit. Nachw.

552 *Sauvé/Soprana*, JIEL 2016, 599, 613 ff.

553 S. hierzu statt vieler die umfassende Analyse von *Ding*, JWT 2014, 167 ff.

jedoch strenge Anforderungen an den Nachweis einer Betrauung oder Anweisung,[554] und tendieren bei der Interpretation des Begriffs der privaten Einrichtung zu einem natürlichen Verständnis, das staatlich beherrschte Unternehmen von vornherein auszuschließen scheint.[555] Noch komplexer gestaltet sich die Auslegung des Terminus „öffentliche Körperschaft“ (engl.: *public body*) in Art. 1.1 (a)(1) ASÜ, da über diese weder historische noch teleologische Annäherungen Aufschluss zu geben vermögen.[556] Die Hintergründe der erst im zweiten Textentwurf des ASÜ erfolgten Aufnahme des exakten Wortlauts sind nicht hinreichend dokumentiert, und in Abwesenheit einer Präambel bleiben auch die übergeordneten Ziele der Verhandlungsparteien (s. oben *Teil 1 § 2 B.II.*) unklar.[557] Infolgedessen haben sich unter den WTO-Mitgliedern zwei grundlegend divergierende Herangehensweisen herauskristallisiert, die erneut gravierende Nord-Süd-Gegensätze offenlegen:[558] Während China, unter anderem unterstützt von Brasilien und Indien, sich auf den Standpunkt stellt, dass für die Frage, ob eine Unternehmenseinheit als *public body* im Sinne des ASÜ anzusehen ist, maßgeblich auf die funktionale Äquivalenz mit einer Regierung abzustellen sei,[559] halten vor allem die USA, die Union und Kanada die Erfüllung der formalen Voraussetzung des Mehrheitsanteilseigentums für ausreichend.[560] Der AB wählte im Fall *US – Anti-Dumping and Counter-*

554 Vgl. WTO Panel Report, WT/DS273/R Rn. 7.406, Korea – Commercial Vessels, dessen äußerst strenger Maßstab in weiteren WTO-Streitbeilegungsverfahren betreffend die Restrukturierung der koreanischen Schiffbau- sowie Computerspeicherindustrie bestätigt wurde (vgl. dazu die Nachw. bei *Steger*, JWT 2010, 779, 784 (Fn. 8 ff.)).

555 So dezidiert WTO Appellate Body Report, WT/DS379/AB/R Rn. 291, US – Definitive Anti-Dumping and Countervailing Duties on Certain Products from China: „The definition of the word ‘private’ includes ‘of a service, business, etc: provided or owned by an individual rather than the state or a public body’ and ‘of a person: not holding public office or an official position’.”

556 S. insoweit überzeugend *Ding*, JWT 2014, 167, 172 f. Die Gegenauffassung vertreten die Uruguay-Unterhändler *Cartland/Depayre/Woznowski*, JWT 2012, 979, 1002 f.

557 Dies betonend WTO Appellate Body Report, WT/DS436/AB/R Rn. 4.28, US – Carbon Steel (India).

558 Vgl. die Gegenüberstellung der von den Mitgliedern vertretenen Ansichten bei *Ding*, JWT 2014, 167, 173 ff.

559 WTO Appellate Body Report, WT/DS379/AB/R11 Rn. 20 ff., 240 ff., 254 ff., US – Definitive Anti-Dumping and Countervailing Duties on Certain Products from China.

560 Ebd., Rn. 128 ff., 246 ff., 243 ff.

vailing Duties (China) einen Mittelweg zwischen beiden Ansichten und entschied:

> „A public body within the meaning of Art. 1.1.(a)(1) of the SCM Agreement must be an entity that possesses, exercises or is vested with governmental authority. Yet, just as no two governments are exactly alike, the precise contours and characteristics of a public body are bound to differ from entity to entity, State to State, and case to case."[561]

Dieser in darauffolgenden AB- und Panel-Streitbeilegungsverfahren bestätigte dritte Weg[562] wurde aufgrund seiner Ambivalenz und seines Charakters als Kompromissformel kritisiert.[563] Beide Eigenschaften zeigen sich zum einen daran, dass die Ausführungen offenlassen, welcher Stellenwert der – vom AB zumindest als eines von mehreren Indizien anerkannten – Höhe des staatlichen Anteilseigentums in der jeweils durchzuführenden Einzelfallanalyse zukommt.[564] Zum anderen entstehen Schutzlücken dadurch, dass der AB sowohl in Bezug auf den Begriff der privaten Einrichtung als auch auf denjenigen der öffentlichen Körperschaft einem restriktiven Konzept anhängt, das all jene Unternehmen von jeglicher Subventionsdisziplin befreit, welche sich zwar in staatlichem Allein- oder Mehrheitsanteilseigentum befinden und daher nicht als privat zu qualifizieren sind, mangels Besitz oder Ausübung staatlicher Hoheitsgewalt allerdings auch nicht unter die *public body*-Definition des AB subsumiert werden können.[565] Jüngere Tendenzen in der Judikatur der WTO, die angeblich implizierten, dass dem Kriterium der *governmental control* unter Umständen doch prominentere Bedeutung beizumessen ist,[566] haben sich

---

561 Ebd., Rn. 317.

562 Vgl. hierzu exemplarisch WTO Appellate Body Report, WT/DS436/AB/R Rn. 4.29, US – Carbon Steel (India); WTO Panel Report, WT/DS523/R Rn. 7.66, US – Pipe and Tube Products (Turkey).

563 Vgl. nicht abschließend *Cartland/Depayre/Woznowski*, JWT 2012, 979, 1001 ff.; *Pauwelyn*, WTR 2013, 235, 240 f.; *Ding*, JWT 2014, 167, 182 f.; *Wu*, Reforming WTO Rules on State-Owned Enterprises, S. 144 ff.

564 S. für eine eher geringe Gewichtung offenbar WTO Appellate Body Report, WT/DS436/AB/R Rn. 4.31 ff., US – Carbon Steel (India).

565 S. hierzu kritisch *Cartland/Depayre/Woznowski*, JWT 2012, 979, 1005; *Ding*, JWT 2014, 167, 179 f.

566 *Wu*, Reforming WTO Rules on State-Owned Enterprises, S. 199 f. m. weit. Nachw.

bis heute nicht letztgültig erhärtet.[567] Allenfalls wird deutlich, dass die Ermittlung des Vorliegens einer öffentlichen Körperschaft sich stärker auf das subventionsgewährende Unternehmen als Ganzes – das heißt konkret auf dessen Natur sowie Kernfunktionen – beziehen darf und nicht zwangsläufig ein spezifischer Zusammenhang zwischen dessen staatlicher Tätigkeit und den im Einzelnen eingeräumten finanziellen Beihilfen dargelegt werden muss.[568]

c) De lege ferenda-Überlegungen

Die infolge der unpräzisen – durch die wenig konsistente Folgerechtsprechung des AB lediglich unzureichend konkretisierte – Begriffsbestimmung entstandenen Rechtsunsicherheiten ließen Rufe nach einer klarstellenden Reform der Subventionsdefinition in Art. 1 ASÜ laut werden.[569] Entsprechende Überlegungen werfen grundlegende Fragen nach der Unterscheidung von Öffentlichem und Privatem im WTO-Recht auf,[570] welchen an dieser Stelle nicht näher nachgegangen werden kann, die allerdings nahelegen, dass diese Aufgabe in Anbetracht ihrer politischen Sensibilität von den Mitgliedern selbst zu bewältigen ist und vom Mandat der Streitbeilegungsorgane nicht mehr umfasst sein kann. Aus Sicht der Union besteht das Maximalziel darin, eine Annäherung an die Legaldefinition öffentlicher Unternehmen in der Transparenzrichtlinie zu erreichen,[571] die starke

567 Vgl. dies verneinend WTO Panel Report, WT/DS523/R Rn. 7.65 ff., US – Pipe and Tube Products (Turkey).

568 In diesem Sinne äußerte sich zuletzt WTO Appellate Body Report, WT/DS437/AB/RW Rn. 5.98, US – Countervailing Measures (China).

569 S. statt vieler nur *Benitah*, The WTO Law of Subsidies: A Comprehensive Approach, 2019, S. 356 ff.

570 Vgl. hierzu die rechtstheoretische Abhandlung von *Messenger*, Int J Const Law 2017, 60 ff., welcher fordert, dass „genuine engagement with the core of what we mean by 'public' and 'governmental' in international law must take place." (ebd., 83). Zumindest indikativ für den diesbezüglichen Erwartungshorizont der einzelnen WTO-Mitglieder sind deren *commitments* im Rahmen des plurilateralen Government Procurement Agreement. Bedeutende Mitglieder wie die BRICS sind diesem allerdings bisher (noch) nicht beigetreten.

571 S. hierzu nur Art. 2 lit. b der Richtlinie 2006/111/EG der Kommission v. 16. November 2006 über die Transparenz der finanziellen Beziehungen zwischen den Mitgliedstaaten und den öffentlichen Unternehmen sowie über die finanzielle Transparenz innerhalb bestimmter Unternehmen, ABl. 2006 L 318/17:
[…] jedes Unternehmen, auf das die öffentliche Hand aufgrund Eigentums, finanzieller Beteiligung, Satzung oder sonstiger Bestimmungen, die die Tätigkeit

Übereinstimmungen mit derjenigen der OECD aufweist.[572] Dahingegen geht es ob der Präsenz staatswirtschaftlicher Elemente in den Volkswirtschaften aller Mitglieder – auch der EU-Mitgliedstaaten[573] – nicht um die Zurückdrängung von öffentlichen Unternehmen als solchen, sondern um eine Regulierung deren Verhaltens im Markt.[574]

Einen denkbaren Ansatzpunkt bietet die Regelung des Art. XVII GATT, welche im Kontext des Warenhandels Staatsunternehmen adressiert. In einem ersten Schritt könnte die in der im Zuge der Uruguay-Runde geschlossenen Vereinbarung zur Auslegung von Art. XVII GATT[575] enthaltene Arbeitsdefinition von Staatsunternehmen dergestalt revidiert werden, dass sie nicht nur staatliche Unternehmen mit ausschließlichen oder besonderen Vorrechten einschließt und über Käufe oder Verkäufe hinaus weitere potenziell restriktive Geschäftspraktiken erfasst.[576] Wendete man eine solche umfassendere – am Kriterium der effektiven staatlichen Kontrolle orientierte – Begriffsbestimmung auf Art. XVII:1 GATT insgesamt an und verallgemeinerte dessen lit. b, sodass die dort statuierte Pflicht zum Handeln „ausschließlich auf Grund von kommerziellen Erwägungen" auch bezüglich der Vergabe von Subventionen bestünde, wirkte sich dies über ein erhöhtes Transparenzniveau hinaus regulierend auf Staatsunternehmen aus.[577] Systematisch sowie historisch vorzugswürdig erscheint es, sich entweder auf den originären Panel-Ansatz in *US – Anti-Dumping and Countervailing Duties (China)* zurückzubesinnen,[578] welcher der rein

---

des Unternehmens regeln, unmittelbar oder mittelbar einen beherrschenden Einfluss ausüben kann.

572 Vgl. dazu den Nachw. o. in Fn. 533.

573 Die OECD (vgl. *OECD*, The Size and Sectoral Distribution of State-Owned Enterprises, S. 8) konstatiert in den ehemals planwirtschaftlich regierten, im Jahre 2004 der Union beigetretenen Staaten Ungarn (370 öffentliche Unternehmen), Tschechien (133), Litauen (128), Polen (126) und Slowakei (113) noch immer ausgeprägte staatswirtschaftliche Tendenzen, jedoch unterfallen diese dem Unionswettbewerbsrecht, das heißt konkret Art. 106 AEUV, der sie verpflichtet, in Bezug auf öffentliche Unternehmen keine den Art. 18 und 101 bis 109 AEUV widersprechenden Maßnahmen zu treffen oder beizubehalten.

574 So zutreffend *Willemyns*, JIEL 2016, 657, 663 f.

575 Übereinkommen zur Errichtung der Welthandelsorganisation (WTO) v. 15. April 1994, ABl. 1994 L 336/13.

576 So bereits früh *Petersmann*, GATT Law on State Trading Enterprises: Critical Evaluation of Article XVII and Proposals for Reform, S. 86 ff.

577 S. zu diesem Reformvorschlag zum GATT *Wu*, Reforming WTO Rules on State-Owned Enterprises, S. 206.

578 WTO Panel Report, WT/DS379/R Rn. 8.144, US – Definitive Anti-Dumping and Countervailing Duties on Certain Products from China.

formalen Sichtweise der beschwerdeführenden USA vollumfänglich folgte, oder – wie jüngst von *Yingying Wu* vertreten – eine Vermutung aufzustellen, nach der Unternehmen, die unter der maßgeblichen Kontrolle des Staates stehen und über eine monopolistische oder marktbeherrschende Stellung verfügen, als öffentliche Körperschaften im Sinne des ASÜ anzusehen sind, sofern nicht das betroffene Mitglied das Gegenteil nachweisen kann.[579]

Beide Herangehensweisen wären geeignet, die insbesondere in China vorherrschende Praxis, dass öffentliche Unternehmen anderen öffentlichen Unternehmen Subventionen gewähren oder sog. *upstream subsidies* erhalten, von denen wiederum öffentliche Unternehmen nachgelagerter Industrien profitieren, effektiv einzudämmen. Ihre Umsetzung im Wege einer Änderung (vgl. Art. X:3 ÜWTO) oder authentischen Auslegung (vgl. Art. IX:2 ÜWTO) stieße jedoch auf Hindernisse, welche in der intergouvernementalen Funktionsweise der WTO begründet liegen: So ist die für eine Vertragsänderung erforderliche Zweidrittelmehrheit bereits politisch unrealistisch; sie würde aber selbst im Falle des Zustandekommens zunächst ausschließlich für Mitglieder gelten, die sie selbst akzeptiert haben.[580] Weiter ist zu berücksichtigen, dass eine authentische Auslegung in der WTO-Praxis bisher noch niemals vorgenommen wurde und gemäß Art. IX:2 S. 4 ÜWTO die Änderungsbestimmungen in Art. X ÜWTO nicht unterlaufen dürfte.

Die dargelegte Ausgangslage lässt es erwägenswert erscheinen, perspektivisch die Bemühungen um eine als sog. „große“ Lösung zu bezeichnende multilaterale Einigung zu intensivieren, wofür die Mitglieder über das Doha-Mandat *(II.)* hinaus die beiden *Singapore Issues* Investitionen und Wettbewerb aufgreifen müssten, um dadurch die Verhandlungsbereitschaft Chinas wie auch der BRICS insgesamt zu erhöhen.[581] Zum anderen

579 S. zu diesem ASÜ-Reformvorschlag *Wu*, Reforming WTO Rules on State-Owned Enterprises, S. 197 ff.

580 Vgl. zum Änderungsverfahren nach Art. X:3 ÜWTO *Herrmann/Weiß/Ohler*, Welthandelsrecht, § 9 Rn. 207 ff. Ein solches wurde bisher erst ein einziges Mal – im Falle der im Jahre 2005 beschlossenen und am 23. Januar 2017 nach erfolgter Ratifizierung durch zwei Drittel der Mitglieder in Kraft getretenen TRIPS-Änderung – angewendet.

581 So der Vorstoß von *Wu*, Reforming WTO Rules on State-Owned Enterprises, S. 232 ff., welche die rechtspolitischen Erfolgsaussichten der vorgeschlagenen Änderungen erörtert und zu dem zutreffenden Ergebnis gelangt, dass deren isolierte Umsetzung jedenfalls kurz- bis mittelfristig impraktikabel erscheint. Die als „große“ Lösung qualifizierte Koppelung der subventionsrechtlichen Erfassung öffentlicher Unternehmen an neue Verhandlungen in den Bereichen

erlauben bi- bzw. plurilaterale Freihandelsabkommen etablierten Mitgliedern wie den USA oder der Union, mithilfe von „horizontalen" Lösungen, das heißt den Umgang mit öffentlichen Unternehmen umfassend regelnden Normenkomplexen, sektorübergreifend vorzugehen, frühzeitig die Deutungshoheit über definitorische Fragen zu gewinnen und dadurch mögliche künftige WTO-Disziplinen in diesem Bereich entscheidend vorzuprägen (s. zum US-amerikanischen Vorgehen unten *§ 2 B.II.2.*).[582]

3. Herausforderung der Global Commons

a) Subventionsrechtliche Relevanz

Sog. *Global Public Goods* (auch: *Global Commons*) zeichnen sich in ihrer Reinform durch die Eigenschaften der Nicht-Ausschließbarkeit und der Nicht-Rivalität aus, das heißt an ihrer weltweiten Nutzung kann niemand gehindert werden und die Nutzung des Einzelnen beeinträchtigt nicht die zeitgleiche Inanspruchnahme durch eine unbestimmte Anzahl weiterer Personen.[583] Zu dieser Kategorie zählen neben Frieden und Sicherheit auch Armutsbekämpfung, Grundlagenforschung, Finanzmarktstabilität, Kulturpflege sowie nicht zuletzt Klima und Umwelt.[584] Wenngleich sämtliche der aufgezählten Beispiele gleichermaßen subventionsrechtlich relevant werden können, so beschränken die nachfolgenden Ausführungen sich dennoch auf die entsprechenden Bezüge zu Fragen des Klimawandels und mit diesen verwandten Umweltaspekten.[585] Sie sind geeignet, die

---

Investitionen und Wettbewerb hält sie indessen für realistisch. Ihrer Ansicht nach sind BRICS-Staaten wie China zu entsprechenden Zugeständnissen zu bewegen, sofern die etablierten Industriestaaten im Gegenzug ihre jeweiligen Investitionskontrollverfahren liberalisierten. Dies verkennt allerdings, dass beispielsweise die Union in diesem Bereich *de lege lata* lediglich eine geringe Verhandlungsmasse aufbringt, was *e contrario* bedeutet, dass sie für einen sog. „Trade-off" zunächst interne Verschärfungen vornehmen müsste (s. unten *C.I.3.*).

582 Zu letztgenanntem Argument der sog. *norm entrepreneurship* s. *Fleury/Marcoux*, JIEL 2016, 445, 447 ff.

583 S. für eine umfassendere Begriffsdefinition *Kaul*, JIEL 2012, 729, 730 f.

584 Vgl. hierzu auch *Rubini*, The Definition of Subsidy and State Aid, S. 55.

585 Nicht beleuchtet wird auch die Frage der Regulierung von Fischereisubventionen, da die WTO-Mitglieder für diese eine Sonderdisziplin in Form eines getrennten Abkommens erarbeiten (vgl. dazu den Nachw. o. in Fn. 435). Der weltweite Fischbestand begründet jedoch ein klassisches *Global Common*, das durch Überkapazitäten und Überfischung gefährdet ist. Im Falle des Zustande-

Zusammenhänge zwischen dem Umgang mit *Global Commons* und der internationalen Regulierung von Industriesubventionen repräsentativ zu veranschaulichen.[586]

Tatsächlich ginge es zu weit, von einem unüberwindbaren Gegensatz zwischen Klima- und Umweltschutzförderung einerseits und Prinzipien des Freihandels andererseits auszugehen,[587] da heute allgemein anerkannt ist, dass die Behebung von negativen externen Effekten auf diesem Gebiet eine öffentliche Aufgabe begründet, bei deren Erfüllung das Instrument der spezifischen Subvention eine Rolle einnehmen kann.[588] Während Maßnahmen zur Reduzierung des Treibhauseffekts – primär in Form des Ausbaus erneuerbarer Energien (etwa durch Einspeisevergütungen) – den beihilfen- bzw. subventionsrechtlichen Diskurs lange Zeit dominierten,[589] wird nunmehr dessen Ausdehnung auf die Prävention und Bewältigung zahlreicherer Naturkatastrophen und die Adaption an Klimawandelfolgen (wie steigende Meerespegel) erkennbar.[590] Letzteres gilt auch im Hinblick auf die trotz des Wissens um ihre Endlichkeit noch immer gängige Subventionierung der Erkundung, Produktion und Verwendung fossiler Brennstoffe in Gestalt von Steuervergünstigungen, Direktzuschüssen, Preisregulierungen oder Staatsdarlehen,[591] deren Praxisrelevanz in den Volkswirtschaften nahezu aller Mitglieder unverändert anhält.[592] Das Para-

---

kommens dieses Abkommens erscheint es daher erwägenswert, zu prüfen, ob dessen Regelungstechnik eventuell ein Vorbildmodell für künftige ASÜ-Reformen darstellen kann.

586 Dies liegt insbesondere darin begründet, dass hinsichtlich der Behandlung von Klima- und Umweltschutzsubventionen – umgekehrt zur Situation bei Forschungs- und Regionalbeihilfen – Nord-Süd-Interessengegensätze weniger stark zur Geltung kommen.

587 Vgl. in diese Richtung aber *Wu/Salzman*, NWULR 2014, 401, 416; s. eingehend zur gegensätzlichen Position *Condon*, JWT 2017, 675, 675 ff.

588 Dies entspricht nicht nur der politischen Praxis der WTO-Mitglieder, sondern auch der – soweit ersichtlich – allgemeinen Auffassung in der jüngeren subventionsrechtlichen Literatur (vgl. dazu die Nachw. im Folgenden).

589 Vgl. auf multilateraler Ebene WTO Appellate Body Report, WT/DS/426/AB/R, Canada – Measures Relating to the Feed-in Tariff Program; vgl. auf Unionsebene nur EuGH C-379/98, Slg. 2001, I-2099 – PreussenElektra.

590 S. hierzu exemplarisch *Horlick/Clarke*, JIEL 2017, 673, 679 und 681.

591 S. für eine Zuordnung der Subventionstypen zu einzelnen Mitgliedern *Espa/Rolland*, Subsidies, Clean Energy, and Climate Change, E15 Task Force on Rethinking International Subsidies Disciplines (February 2015), S. 3 ff.

592 Vgl. hierzu nur die jüngsten statistischen Erhebungen des Internationalen Währungsfonds (ausgewertet von *Coady et al.*, Global Fossil Fuel Subsidies Remain Large: An Update Based on Country-Level Estimates, IMF Working Paper,

dox ist Ausdruck des als *Tragedy of the Commons* bekannten Phänomens, nach dem Individuen, Unternehmen und Staaten im rationalen Eigeninteresse handeln, mithin auf die maximale Ausbeutung der begrenzten gemeinsamen Ressourcen bei gleichzeitiger Externalisierung der Kosten zielen, und sich dadurch in Widerspruch zum kollektiven Interesse setzen.[593] In Kombination mit der regelmäßig nichtdiskriminierenden Ausgestaltung von Subventionen für konventionelle Energieträger, der Einflussnahme von Lobbygruppen und des im Falle inländischer Subventionen bereits *a priori* ausgeprägteren *glasshouse effect* (s. oben *Teil 1 § 2 A.II.3.*), der die Mitglieder bis zum heutigen Tage von der Initiierung unilateraler Track I- oder multilateraler Track II-Verfahren gegen sog. *fossil subsidies* abgehalten hat, führt dies zu einer unverkennbaren faktischen Rechtssicherheit für die Subventionsgeber und -empfänger.[594]

Hinsichtlich Subventionen im Kontext erneuerbarer Energien verbietet sich unterdessen ein Umkehrschluss dergestalt, dass diese stets wohlfahrtseffiziente Problemlösungen darstellten.[595] Vielmehr ergeben sich beispielsweise Abgrenzungsschwierigkeiten zwischen staatlichen Zuschüssen, die unter Heranziehung des bereits aus dem Bereich der Zivilluftfahrt bekannten sog. *infant industry argument* zugleich die Besserstellung heimischer Solarpanel- oder Windkraftanlagenhersteller im internationalen Handel bezwecken (sog. *„Green" Industrial Policy*), und Eingriffen durch (Strom-)Preisregulierungen, die darauf begrenzt sind, ökonomische Anreize für die Erzeugung, Weiterleitung und Konsumption erneuerbarer Energien zu setzen.[596] Wenn und weil alternative Energieträger im Zuge der Umsetzung des Pariser Klimaabkommens und ihrer sukzessive steigenden Wettbewerbsfähigkeit an Bedeutung gewinnen, gilt dies auch für deren WTO-subventionsrechtliche Behandlung, welche häufiger in Frage gestellt wird.[597]

WP/19/89, 2019, S. 19 ff.), die für die Jahre 2015 bis 2017 sogar eine Zunahme verzeichnen.

593 So auch *Horlick/Clarke*, JIEL 2017, 673, 684.

594 S. zu den Hintergründen des Ausbleibens von WTO-Streitbeilegungsverfahren im Zusammenhang mit *fossil fuel subsidies* allein *Asmelash*, JIEL 2015, 261 ff.

595 Dies unterstreichend *Condon*, JWT 2017, 675, 677 f.

596 S. näher zur Frage, ob die Koppelung einer Klimaschutzsubvention etwa an die Erfüllung bestimmter *local content*-Erfordernisse geeignet sein kann, deren Wirksamkeit zu optimieren *Cosbey/Mavroidis*, JIEL 2014, 11, 32 f.

597 Vgl. überblicksartig zu den bisherigen Verfahren vor den WTO-Streitbeilegungsorganen *Farah*, JWT 2015, 1103, 1106 ff.

b) WTO-rechtliche de lege lata-Behandlung

Die heutige Rechtslage spiegelt keine dieser Differenzierungen wider. Vielmehr sind unter dem ASÜ 2.0 Subventionen zugunsten grüner wie auch fossiler Energieträger potenziell anfechtbar. Seit der Nichtverlängerung der lediglich vorläufig anwendbaren Kategorie nichtanfechtbarer Subventionen zum Ende des Jahres 1999 scheidet ein Rückgriff auf Art. 8.2 lit. c ASÜ aus.[598] Diese Bestimmung ließ unter den engen Voraussetzungen von dessen Ziffern i bis v Beihilfen zur Förderung der Anpassung bestehender Einrichtungen an für Unternehmen finanziell belastende neue Umweltvorschriften zu, sofern diese – wie von Art. 8.3 ASÜ verlangt – vor ihrer Gewährung in Übereinstimmung mit Teil VII des Übereinkommens notifiziert worden waren.

Das sich hierdurch ergebende Ungleichgewicht gleicht der neue methodische Ansatz des AB zur Bestimmung des Vorliegens eines Vorteils im Sinne von Art. 1.1 (b) ASÜ im Fall *Canada – Feed-In Tariff Program* nur partiell aus. Ihm zufolge bilde eine staatliche Intervention, die einen Markt, der ansonsten nicht bestünde, erst schaffe, nicht *per se* eine Subvention, da ein inexistenter Markt nicht verzerrt werden könne.[599] Besagtes Postulat zog in materiell- und kompetenzrechtlicher Hinsicht mehrheitlich scharfe Kritik auf sich (s. oben *Teil 1 § 2 B.III.2.*).[600] Anzunehmen ist, dass es ungeachtet des erreichten Teilausschlusses von Fördermaßnahmen im Sektor der erneuerbaren Energien aus dem Anwendungsbereich des ASÜ die Rechtssicherheit nicht erhöht, sondern zu ihrer Erosion beiträgt.[601] Erstens bleibt unbeantwortet, ob der AB den modifizierten *benefit test* auch im Falle anderer Formen finanzieller Beihilfen als Einspeisevergütungen, die er als eine Zurverfügungstellung von Waren im Sinne von Art. 1.1 (a)(1)(iii) Alt. 1 ASÜ qualifizierte,[602] anwenden würde,[603]

---

598 Die politische Ausgangslage, welche zum letztlichen Auslaufen führte, analysiert *Bigdeli*, MJIEL 2011, 1, 8 f.

599 So lautet die Formulierung in WTO Appellate Body Report, WT/DS/426/AB/R Rn. 5.188, Canada – Measures Relating to the Feed-in Tariff Program.

600 Vgl. für einen umfassenden Überblick über das Meinungsspektrum *Rubini*, ASCM Disciplines and Recent WTO Case Law Developments: What Space for 'Green' Subsidies?, S. 330 (Fn. 43).

601 Ebd., S. 319.

602 WTO Appellate Body Report, WT/DS/426/AB/R Rn. 5.116 ff., Canada – Measures Relating to the Feed-in Tariff Program.

603 *Coppens*, WTO Disciplines on Subsidies and Countervailing Measures, S. 496 f.

was die Gefahr des Missbrauchs erhöht.[604] Zweitens ist unabsehbar, unter welchen geänderten faktischen Rahmenbedingungen vom Vorhandensein eines ausreichenden Marktes für grüne Energien auszugehen ist, sodass entsprechende staatliche Unterstützungspraktiken zur weiteren Verringerung des Marktversagens einen Vorteil nach Art. 1.1 (b) ASÜ darstellten, der die WTO-Subventionskontrolle eröffnete.[605]

Unterstellt, der AB kehrte in einer künftigen, ähnlich gelagerten Sachverhaltskonstellation zu seinem traditionell verfolgten Verständnis des *benefit test* zurück und stellte fest, dass Erzeuger erneuerbarer Energien durch eine Einspeisevergütung dergestalt begünstigt würden, dass diese von einem Preis profitieren, der über dem üblichen Marktpreis für Elektrizität liegt, so wäre der Subventionstatbestand des Art. 1 ASÜ erfüllt. Bejahte er im konkreten Einzelfall ferner die Kriterien der Spezifität und des Vorliegens nachteiliger Auswirkungen,[606] gelangte man zu der im Schrifttum äußerst kontrovers erörterten,[607] in WTO-Streitbeilegungsverfahren betreffend das ASÜ allerdings noch niemals beleuchteten Problematik,[608] ob im Grundsatz eine Rechtfertigung im Wege der allgemeinen Ausnahmen in Art. XX lit. b oder g GATT in Betracht kommt.

Vielfach wird der Wortlaut des Chapeau von Art. XX GATT („darf keine Bestimmung *dieses* Abkommens so ausgelegt werden, dass…“[609]) als

---

604 S. zur Veranschaulichung das Beispiel von *Rubini*, JWT 2014, 895, 916 (Fn. 62).

605 *Cosbey/Mavroidis*, JIEL 2014, 11, 28.

606 S. zu diesem hypothetischen Szenario *Coppens*, WTO Disciplines on Subsidies and Countervailing Measures, S. 498, der nicht zu Unrecht darauf hinweist, dass der Nachweis nachteiliger Auswirkungen mutmaßlich nur schwerlich gelänge, da der grenzüberschreitende Handel mit erneuerbaren Energien bisher die Ausnahme darstellt.

607 Im Sinne der Zulässigkeit einer erweiterten Anwendung von Art. XX GATT argumentieren insbesondere *Howse*, Do the World Trade Organization Disciplines on Domestic Subsidies Make Sense?, S. 98; *Rubini*, JIEL 2012, 525, 558 ff.; vgl. ablehnend *Cosbey/Mavroidis*, JIEL 2014, 11, 34 f.; *Condon*, JWT 2017, 675, 685 ff.

608 Die bisherige Rechtsprechung des AB zur Frage der Anwendbarkeit der allgemeinen Ausnahmen auf Bestimmungen des WTO-Beitrittsprotokolls Chinas, die er in einem Fall bejahte (vgl. WTO Appellate Body Report, WT/DS363/AB/R, China – Publications and Audiovisual Products), in einem anderen verneinte (vgl. WTO Appellate Body Report, WT/DS394/AB/R, WT/DS395/AB/R, WT/DS398/AB/R, China – Raw Materials), indiziert allenfalls, dass er die Frage von Fall zu Fall neu zu untersuchen gedenkt, das heißt die jeweiligen Besonderheiten der in Rede stehenden Einzelvorschriften sowie den Gesamtkontext des Abkommens berücksichtigt.

609 Hervorhebung des Verfassers.

maßgeblicher Einwand gegen die Erstreckung von dessen Bestimmungen auf andere WTO-Abkommen als das GATT angeführt.[610] Dieser Schluss ist indessen nicht zwingend, besagt doch der Chapeau inhaltlich zunächst nichts anderes, als dass *innerhalb des GATT* der Anwendung von in lit. a bis j enumerierten Maßnahmen keine Hindernisse entgegenstehen dürfen. Das begründet aber nicht, warum dies nicht auch auf GATT-Seitenabkommen zutreffen soll.[611] Aus historischer Warte geäußerte Bedenken beruhen darauf, dass ein subventionsrechtlicher Rückgriff auf Art. XX GATT dem klaren Willen der WTO-Mitglieder, die Geltung der Art. 8 f. des ASÜ nicht zu verlängern, widerspreche.[612] Andererseits vermag die Entstehungsgeschichte der allgemeinen Ausnahmen das Wortlautargument dahingehend zu entkräften, als zum Zeitpunkt der Verabschiedung des GATT 1947 die Auswirkungen von deren exakter Formulierung auf – zu diesem Zeitpunkt noch ungewisse – zukünftige welthandelsrechtliche Übereinkünfte keine Berücksichtigung finden konnten.[613] Unter der Prämisse, dass das ASÜ zwar eine Weiterentwicklung der Art. VI und XVI GATT, sein Teil IV jedoch nicht zugleich auch eine Ausgestaltung von Art. XX GATT bedeutet, müsste bereits für den Zeitraum der vorläufigen Anwendung der Kategorie nichtanfechtbarer Subventionen ein *lex specialis*-Verhältnis zwischen letzteren beiden zugrunde gelegt werden. So gesehen, ginge auch der Verweis auf die Regelungssystematik anderer Abkommen – wie des Agreement on the Application of Sanitary and Phytosanitary Measures (SPS Agreement), dessen Art. 1 und 2.4 Art. XX lit. b GATT in Bezug nehmen, – fehl, die anders als das ASÜ diese allgemeinen Ausnahmen inkorporieren und sich deren Wertungen zu eigen machen.[614] Für die Zulässigkeit der Rechtfertigung von Verstößen gegen das ASÜ über Art. XX GATT streitet schließlich entscheidend das Argument, dass es widersprüchlich wäre, Subventionen diese Möglichkeit von vornherein zu verwehren, sie handels-

---

610 *Condon*, JWT 2017, 675, 686.

611 *Rubini*, JIEL 2012, 525, 563.

612 Vgl. mit entsprechenden Indizien aus der ASÜ-Entstehungsgeschichte *Cosbey/Mavroidis*, JIEL 2014, 11, 35.

613 *Rubini*, JIEL 2012, 525, 563.

614 *Rubini*, JIEL 2012, 525, 566. Vgl. skeptischer aber *Pauwelyn*; Melb JIL 2010, 119, 135, der auf die potenziell weitreichenden Folgen eines über die Erstreckung von Art. XX GATT abgesicherten allgemeinen „right to regulate" der Mitglieder hinweist.

schädlicheren Instrumenten – wie etwa Verboten oder Beschränkungen im Sinne des Art. XI GATT – hingegen zuzugestehen.[615]

Ob der AB einer solchen extensiven Auslegung in der Praxis folgen würde, ist hypothetisch. Zwar mutet die Annahme, dass deren Realisierung einen „heroic approach to interpretation"[616] voraussetzte, in Anbetracht der im Fall *Canada – Feed-In Tariff Program* vorgenommenen Verschmelzung der Ebene des Subventionstatbestandes mit derjenigen der Rechtfertigung,[617] paradox an, gleichwohl verlangte sie den WTO-Streitbeilegungsorganen nicht nur einen flexiblen Umgang mit den Vorgaben der WVRK ab, sondern übertrüge diesen auch ein hohes Maß an Verantwortung bei der Abwägung von handels- und nicht-handelsbezogenen Zielen.[618] Es bleibt zu konstatieren, dass die bestehende Rechtsunsicherheit bis zu einer diesbezüglichen Klarstellung durch den AB fortdauert und deshalb die Gewährung effizienter Subventionen zum Schutze von Klima bzw. Umwelt – sowie anderer *Global Commons* – stark beeinträchtigt.

c) De lege ferenda-Überlegungen

Infolge der inzwischen unübersehbaren Zahl an Rechtsetzungsvorschlägen auf dem Gebiet der Subventionskontrolle, die unmittelbar oder mittelbar der Erleichterung von klima- bzw. umweltpolitisch motivierten Markteingriffen dienen, muss zwischen der Reduzierung von *fossil fuel subsidies* und Subventionen zur Behebung von Marktversagen differenziert werden.

aa) Subventionen für fossile Energien

Vorstöße zum Abbau von Subventionen zugunsten fossiler Brennstoffe wie Kohle, Öl und Erdgas werden ungeachtet ihres immensen finanziellen Umfangs und ihrer massiven Auswirkungen auf den Treibhauseffekt selten unternommen.[619] Am weitesten reicht der Vorschlag, Teil II des ASÜ über

---

615 S. hierzu statt vieler nur *Howse*, Do the World Trade Organization Disciplines on Domestic Subsidies Make Sense?, S. 98.

616 So die auf sämtliche GATT-Seitenabkommen bezogene These von *Marceau/Trachtman*, JWT 2002, 811, 874.

617 Das bildet den Kern der Kritik von *Rubini*, JWT 2014, 895, 917.

618 S. hierzu auch *Farah*, JWT 2015, 1103, 1115 f. m. weit. Nachw.

619 Dies konstatieren auch *Espa/Rolland*, Subsidies, Clean Energy, and Climate Change, S. 10 f., welche die Diskrepanz in erster Linie darauf zurückführen,

die sog. „roten“ Subventionen um eine Subkategorie zu ergänzen, die ein schrittweise zu verwirklichendes *per se*-Verbot aller Arten von Produktionssubventionen einführte, um abgesehen von denkbaren Ausnahmen für temporäre sog. *phase out subsidies* oder Verbraucherbeihilfen für sozial Schwache deren umfassende Zurückdrängung sicherzustellen.[620] In eine ähnliche Richtung weisen Bestrebungen der Gruppe der 20 wichtigsten Industrie- und Schwellenländer (G20), welche sich im Jahre 2009 in der – allerdings nicht verbindlichen und bis zum heutigen Tage weder rechtlich noch faktisch umgesetzten[621] – gemeinsamen Pittsburgh-Erklärung verpflichteten, ineffiziente *fossil fuel subsidies* mittelfristig zu vermeiden.[622] Rechtspolitisch aussichtsreicher sind Lösungsansätze fernab des Klimaschutzes, welche Praktiken wie das sog. *dual pricing* ins Visier nehmen, bei dem rohstoffreiche Länder wie Russland den heimischen Markt flächendeckend günstiger mit Energie versorgen als die Exportmärkte, in denen sie sich am Weltmarktpreis ausrichten.[623] Ein subventionsrechtliches Vorgehen hiergegen scheiterte bisher in aller Regel am Kriterium der Spezifität in Art. 2.1 ASÜ, es sei denn, es lag ausnahmsweise eine verbotene Subvention gemäß Art. 3 ASÜ vor (vgl. Art. 2.3 ASÜ).[624]

bb) Subventionen für grüne Energien

Im Hinblick auf die Regulierung von Subventionen für regenerative Energien herrscht überwiegend Einigkeit, dass die Wiedereinführung einer grü-

---

dass selbst im unwahrscheinlichen Fall eines Totalverbots von *fossil fuel subsidies* die Organisation erdölexportierender Länder (OPEC) durch ihre umfassende Kontrolle der Erdölproduktion die Weltmarktpreise weiterhin verzerren würde.

620 So der Vorstoß von *Horlick/Clarke*, JIEL 2017, 673, 684.

621 Dies konzediert in Bezug auf die Union auch die *Kommission*, Bericht – Energiepreise und Energiekosten in Europa, COM(2019) 1 final, 12: „Trotz […] der im Rahmen der G20 und G7 eingegangenen internationalen Verpflichtungen sind die Subventionen für fossile Brennstoffe in der EU jedoch nicht zurückgegangen...“.

622 Vgl. *G20*, Leaders' Statement – Pittsburgh Summit, 24.-25. September 2009, Rn. 24, online abrufbar unter www.g20.org/sites/default/files/g20_resources/library/Pittsburgh_Declaration.pdf [zuletzt aufgerufen 1.10.2019].

623 S. hierzu instruktiv *Marhold*, Fossil Fuel Subsidy Reform in the WTO: Options for Constraining Dual Pricing in the Multilateral Trading System, ICTSD Issue Paper, 2017.

624 *Frey*, Globale Energieversorgungssicherheit: Analyse des völkerrechtlichen Rahmens, 2013, S. 99.

nen Kategorie nichtanfechtbarer Subvention gegenüber der Tatbestandslösung des AB vorzugswürdig sei,[625] eine bloße Reinstallation der Art. 8 und 9 ASÜ aufgrund deren zu enger Konzipierung aber nicht mehr ausreiche.[626] So sind unter anderem die dort vorgesehenen äußerst geringen Förderintensitäten, die Beschränkung auf Einmalzahlungen sowie nicht zuletzt der gänzliche Ausschluss von Investitionen in neue Anlagen – zum Beispiel zur Nutzung erneuerbarer Energiequellen – zu bemängeln.

Der *prima facie* ehrgeizigste Vorstoß, all jene Subventionen, die der Umsetzung der im Klimaabkommen von Paris niedergelegten Zielvorgaben dienen, pauschal freizustellen,[627] ist nicht nur wegen der Letzteren innewohnenden Unbestimmtheit abzulehnen, sondern provozierte verdeckte Umgehungen der Subventionsdisziplin.[628] Diese Schwächen vermieden Regelungsmodelle, die – unter stärkerer Berücksichtigung von politischen Konfliktlinien (s. unten *II.2.*) – eng umrissene Ausnahmetatbestände aufstellen, die Subventionen zugunsten der Entwicklung oder Verbesserung zum Transport erneuerbarer Energien notwendiger Infrastrukturen, Einspeisevergütungen (ohne *local content*-Erfordernisse) und Bezuschussungen bzw. Rabatte, die Verbraucher zum Strombezug aus alternativen Energiequellen animieren, ausdrücklich zulassen, sofern die jeweils näher festzulegenden *de minimis*-Schwellen nicht überschritten werden.[629] Daneben böte es sich klarstellend an, die bereits von Art. 8.2 lit. c ASÜ erfassten, weniger kontroversen Subventionierungen im Kontext von Energiesparmaßnahmen oder der Abfallentsorgung, die überwiegend weder spezifisch noch geeignet sind, sich nachteilig auf den internationalen Handel auszuwirken, erneut aufzunehmen.[630] Aus denselben Gründen bedenkenswert erscheint ein *safe harbour* für im Zuge von Naturkatastrophen gewährte Wiederaufbauhilfen,[631] dessen Ausgestaltung sich an der von der Aufsichtspraxis der

---

625 S. statt vieler die Schlussfolgerungen bei *Rubini*, JWT 2014, 895, 937 f.

626 *Wu/Salzman*, NWULR 2014, 401, 457 (Fn. 287) m. zahlr. weit. Nachw.

627 So der ursprünglich in Bezug auf das Kyoto-Protokoll formulierte Vorstoß von *Howse*, Climate Change Mitigation Subsidies and the WTO Legal Framework: A Policy Analysis, 2010, S. 21.

628 Vgl. hierzu auch die kritische Stellungnahme von *Rubini*, JIEL 2012, 525, 576.

629 Diese bis dato konkretesten Vorschläge stammen von *Wu*, Re-examining 'Green Light' Subsidies in the Wake of New Green Industrial Policies, E15 Expert Group on Reinvigorating Manufacturing: New Industrial Policy and the Trade System (August 2015), S. 10 f.

630 S. hierzu *Bigdeli*, MJIEL 2011, 1, 36.

631 *Horlick/Clarke*, JIEL 2017, 673, 681.

Kommission geprägten restriktiven Interpretation der Legalausnahme des Art. 107 Abs. 2 lit. b AEUV orientieren könnte.[632]

Eine authentische Auslegung im Sinne des Art. IX:2 ASÜ, die die Frage der Anwendbarkeit von Art. XX GATT auf das ASÜ klar bejahte, wäre demgegenüber mit der Wahl einer abweichenden Regelungstechnik verbunden, die durch weite Formulierungen gekennzeichnet ist (vgl. Art. XX lit. b GATT), dafür aber in der Rechtsanwendung die flexible Berücksichtigung der konkreten Umstände des Einzelfalls erlaubte.[633] Ähnlich funktioniert ein von *Aaron Cosbey* und *Petros C. Mavroidis* propagiertes Konzept, das sich an den sog. *Bastable test* anlehnt[634] und gleichsam unverkennbare Parallelen zum in der EU-Beihilfenkontrolle praktizierten *balancing test* (s. oben *Teil 1 § 1 B.III.2.*) aufweist.[635] Ein wichtiger Vorteil beider Ansätze ist darin zu sehen, dass sie die umfassende Abwägung der durch eine Klima- bzw. Umweltschutzsubvention verursachten Handels- und Wettbewerbsverzerrungen mit der durch sie erzielten Kompensation negativer Externalitäten ermöglichen. Problematisch ist, dass es im Rahmen der WTO an einer mit entsprechenden Befugnissen ausgestatteten supranationalen Instanz fehlt, die – wie die Kommission auf Unionsebene – diese Funktion erfüllen könnte, da weder Gerichte im Unionsrechtssinne noch die durch das DSU errichteten quasi-judiziellen Streitschlichtungsgremien in der Lage wären, freihändig komplexe ökonomische Wertungen zu treffen.[636] Sieht man von grundlegenden institutionellen Reformen ab, die dem WTO-Sekretariat oder der PGE eine zentralere Stellung als *neutral decision-maker* einräumten,[637] so ließen sich präzisierende Handlungsmaß-

---

632 Diese vom Gerichtshof bestätigten Vorgaben sind nunmehr detailliert in Art. 50 Abs. 1 bis 5 AGVO niedergelegt, sodass für einen Rückgriff auf das Beihilfenprimärrecht in aller Regel kein Bedarf mehr besteht.

633 Vgl. erneut *Howse*, Climate Change Mitigation Subsidies and the WTO Legal Framework, S. 18.

634 Dieser auf den irischen Ökonomen *Charles Bastable* zurückgehende Test stellt – vereinfacht gesprochen – entscheidend darauf ab, ob der diskontierte gesamtgesellschaftliche Nutzen der Protektion einer *infant industry* gegenüber deren Gesamtkosten überwiegt (s. *Maneschi*, Comparative Advantage in International Trade: A Historical Perspective, 1998, S. 120 f. m. Nachw. auch zur Kritik an diesem Maßstab).

635 S. hierzu im Einzelnen *Cosbey/Mavroidis*, JIEL 2014, 11, 29 ff., 45 f.

636 Vgl. *Cremer*, in: Calliess/Ruffert, Art. 107 AEUV Rn. 49 m. zahlr. weit. Nachw. aus der Unionsrechtsprechung.

637 S. die entsprechenden Überlegungen bei *Horlick/Clarke*, JIEL 2017, 673, 688 f.; vgl. generell zum unausgeschöpften institutionellen Potenzial der PGE *Kazeki*, JWT 2009, 1031 ff.

stäbe für Panels und den AB anhand eines von den Leitlinien für staatliche Umweltschutz- und Energiebeihilfen sowie der AGVO inspirierten *soft law*-Katalogs entwickeln, der sich an Maximen wie Horizontalität, Kosteneffektivität und Transparenz ausrichtete und später in *hard law*, das heißt einen neuen Teil IV des ASÜ, überführt werden könnte.[638]

Festzuhalten ist, dass eine strukturelle Akzentverschiebung, die Umwelt- und Klimaschutz sowie *Global Commons* allgemein als gegenüber Handelsliberalisierungen gleichwertige Belange anerkennt, eine Loslösung vom Modell der Ausnahmen *stricto sensu* (engl.: *exceptions*) hin zur Etablierung eines Systems der Befreiungen (engl.: *exemptions*) bedingt, das Subventionsmaßnahmen, die legitime Ziele wie die Behebung von Marktversagen verfolgen, nicht lediglich toleriert, sondern dezidiert anleitet, indem es sich ihnen definitorisch anzunähern versucht.[639] Bei dieser Differenzierung handelt es sich um mehr als ein Begriffsspiel, vermag sie doch Aufschluss über den durch eine Handelsübereinkunft anvisierten Grad der Wirtschaftsintegration und die damit verbundene Ausgeprägtheit des „sense of community"[640] zwischen den jeweiligen Vertragsparteien zu geben, die im bi- und plurilateralen Kontext beide höher ausfallen.[641] Gelingt auf multilateraler Ebene die Wiederbelebung einer signifikant ausgebauten grünen Kategorie des ASÜ nicht, so ist es aus Unionssicht daher naheliegend, gemeinsam mit wichtigen Partnern Befreiungstatbestände zu formulieren. Dies gilt nicht nur, weil solche im Primärrecht seit jeher verankert sind (vgl. Art. 107 Abs. 3 AEUV: „mit dem Binnenmarkt *vereinbar*"[642]), und unabhängig davon, wie der AB sich zukünftig in Bezug auf die Anwendbar-

638 Möglichkeiten und Grenzen von Anleihen aus dem EU-Beihilfenrecht erörtert *Rubini*, JIEL 2012, 525, 574 ff.

639 S. zu dieser Unterscheidung und ihrer Bedeutung ausführlich *Cima*, JWT 2018, 663, 684 ff., die in neueren Freihandelsabkommen zumindest in Bezug auf Umweltbelange einen Trend zur Aufwertung erkennt:
„Trade agreements are no longer the 'temple' of free trade, and less and less a place to simply 'accommodate' environmental concerns. Rather, they are becoming important instruments to ensure the effective advancement of environmental goals" [ebd., 695].

640 S. hierzu *Rubini*, The Definition of Subsidy and State Aid, S. 35 ff.

641 *Rubini*, ASCM Disciplines and Recent WTO Case Law Developments: What Space for 'Green' Subsidies?, S. 331 ff., betont zwar zu Recht, dass die Ausgestaltung des subventionsrechtlichen Reformprozesses als solchen mindestens ebenso hohe Bedeutung zukommt wie den konkreten materiellen Inhalten der diskutierten Vorschläge. Dennoch zieht er die Möglichkeit der Entwicklung bi- und plurilateraler Lösungsansätze, die später als Vorbildmodelle für Änderungen des ASÜ dienen könnten, nicht in Erwägung.

642 Hervorhebung des Verfassers.

keit von Art. XX GATT auf das ASÜ entscheiden wird. WTO-Reformvorschläge, die Anleihen aus dem LwÜ nehmen, rein sektorspezifischer Natur sind, oder sich auf Anpassungen des Ausgleichszollrechts beschränken,[643] fanden dagegen geringen Widerhall und bleiben hinsichtlich ihres materiellen Gehaltes und Umfangs hinter dem skizzierten bi- bzw. plurilateralen Weg zurück.

II. Subventionsregulierung in und nach der Doha Development Round

Die regen akademischen Diskussionen um Weiterentwicklungen des WTO-Subventionsrechts, die im Falle der möglichen Wiederbelebung einer grünen Kategorie nichtanfechtbarer Subventionen bereits seit dem Jahre 2000 geführt wird und die die Mitglieder sich im Falle von Dienstleistungssubventionen sogar explizit selbst aufgetragen haben (vgl. Art. XV GATS), kontrastiert nicht nur mit dem zurückhaltend formulierten Verhandlungsmandat der Doha-Runde *(1.)*. Vielmehr scheint im Rahmen der DDA auch die Nord-Süd-Interessenkluft unüberbrückbar *(2.)*, sodass die Union ihre Reformbestrebungen außerhalb der multilateralen Gremien verfolgt *(3.)*.

1. Stand, Verlauf und Struktur der Verhandlungen

Die DDA wurde im Jahre 2001 auf der WTO-Ministerkonferenz im katarischen Doha initiiert. Deren Verhandlungsmandat bezog neben dem ADÜ von Beginn an auch das ASÜ mit ein. Ihre subventionsrechtlichen Ziele richten sich allerdings nicht auf tiefgreifende Änderungen, sondern lediglich auf eine Präzisierung und Verbesserung bestehender Regelungsdisziplinen unter gleichzeitiger Aufrechterhaltung von deren Grundkonzept, Prinzipien und Effektivität.[644] Unter dem Dach der *Negotiating Group on Rules* fanden die multilateralen Gespräche sowohl zu Industriesubventionen wie auch betreffend Antidumping und regionale Integration statt. Über sechs Jahre lang reichten Mitglieder Vorschläge zu den nach ihrer

643 Vgl. diese und weitere Reformvorschlägen knapp zusammenfassend *Wu*, Re-examining 'Green Light' Subsidies in the Wake of New Green Industrial Policies, S. 11 f.; *Espa/Rolland*, Subsidies, Clean Energy, and Climate Change, S. 12.

644 Vgl. hierzu *WTO-Ministerkonferenz*, Ministerial Declaration of 14 November 2001, WT/MIN(01)/DEC/1 (dated 20 November 2001), Ziff. 28.

Auffassung klärungs- bzw. änderungsbedürftigen Bestimmungen des ASÜ ein,[645] wobei zwischen den drei Unterkategorien allgemeine Subventionsdisziplinen, Ausgleichsmaßnahmen und Fischereisubventionen zu unterscheiden ist, von denen vorliegend allein die erstere ausführlich behandelt wird.[646]

Nach einer zwischenzeitlichen Suspendierung der DDA[647] gab der Vorsitzende der Verhandlungsgruppe im Jahre 2007 erstmals einen *Chair Text* heraus, der die Eingaben der Mitglieder zu ASÜ sowie ADÜ reflektierte,[648] an dem sich aber umgehend Kontroversen entzündeten.[649] Aus diesem Grund kam es rund ein Jahr später zu dessen Neuformulierung,[650] die sich im Wesentlichen auf eine Rezeption und Integration der subventionsrechtlichen Panel- und AB-Rechtsprechung seit Gründung der WTO zurückzieht, darüber hinaus aber keinerlei Regelungsinnovationen enthält und daher zu Recht für ihre Ambitions- und Visionslosigkeit kritisiert wird.[651] Dieser mangelnde politische Willen führte 2011 zum ausdrücklichen Verzicht auf die neuerliche Lancierung eines *Chair Text*[652] und korreliert mit der insgesamt stagnierenden Entwicklung der Doha-Runde, die bis heute nur wenige konkrete Resultate hervorbrachte[653] und daher nunmehr bereits für final gescheitert erachtet wird.[654] In Anbetracht der zu bewältigenden Herausforderungen auf dem Gebiet der Subventionsregulierung (s. oben *I.*) und dem im Vergleich dazu als zu defensiv und nicht mehr zeitgemäß zu bezeichnenden Verhandlungsmandat bezüglich des ASÜ vermag an der Einschätzung auch die Tatsache, dass seit dem Jah-

---

645 S. hierzu den detaillierten Gesamtüberblick bei *Magnus*, JWT 2004, 985, 1002 ff.

646 Vgl. zur mutmaßlich abweichenden rechtstechnischen Umsetzung eines Agreement on Fisheries Subsidies *Bäumler*, JIEL 2017, 807, 826.

647 Vgl. knapp zu den Hintergründen *Lukas*, Entwicklungsperspektiven des Subventionsrechts im Rahmen der Doha-Verhandlungen, in: Ehlers/Wolffgang/Schröder (Hrsg.), Subventionen im WTO- und EG-Recht, S. 81, 85.

648 *WTO*, Negotiating Group on Rules – Draft Consolidated Chair Texts of the AD and SCM Agreements, TN/RL/W/213, 30.11.2007, S. 41 ff.

649 *Steger*, JWT 2010, 779, 791.

650 *WTO*, Negotiating Group on Rules – New Draft Consolidated Chair Text of the AD and SCM Agreements, TN/RL/W/236, 19.12.2008, S. 37 ff.

651 S. hierzu die kritische Analyse des *Chair Text* bei *Steger*, JWT 2010, 779, 791 ff.

652 *WTO*, Negotiating Group on Rules – Communication from the Chairman, TN/RL/W/254, 21.4.2011.

653 Vgl. in einer Gesamtschau *Herrmann/Müller-Ibold*, EuZW 2016, 646, 649 f.; EuZW 2018, 749, 753.

654 S. statt vieler *Gantz*, Liberalizing International Trade After Doha, 2013, S. 30 ff.

re 2015 wieder neue Vorschläge seitens der Mitglieder formuliert werden, nichts maßgeblich zu ändern.[655]

Dies liegt zunächst daran, dass in der politischen Wahrnehmung die Frage der Regulierung der Subventionsvergabe oftmals lediglich als eine Art „Quasi-Annex“ zum WTO-Antidumping- und Ausgleichszollrecht wahrgenommen wird.[656] Letzteres zieht in Verhandlungen nicht nur mehr Aufmerksamkeit auf sich und wird weit kontroverser diskutiert,[657] sondern kann aufgrund seiner insbesondere für die USA strukturellen innenpolitischen Bedeutung im Gegensatz zu anderen Sachmaterien auch nicht aus dem *single undertaking approach* isoliert werden, was folglich wiederum für das ASÜ als Ganzes gilt.[658] Außerdem ähnelt die von den Mitgliedern gewählte Verhandlungsmechanik stärker dem seit der Havanna-Konferenz nicht mehr verfolgten traditionell-intergouvernementalen Ansatz, in dem jede interessierte Verhandlungspartei in alle Stadien der Entwurfsarbeiten involviert ist, als dem im Verlauf der Uruguay-Runde erfolgreich praktizierten sog. *Chairman's text process*.[659] In diesem kommt dem *Chairman*, der die in formellen oder informellen Gesprächen zwischen den Delegationen erzielten Fortschritte in seine sukzessive an Detail und Kontur gewinnenden Textfassungen einarbeitet und kommuniziert, größere Eigenverantwortung zu, was eine letztliche Kompromissfindung vereinfacht.[660]

---

655 S. ebenfalls skeptisch in Bezug auf optimistischere Einschätzungen des damaligen Chairman *Wayne McCook* (vgl. hierzu WTO-Dok. TN/RL/27 v. 7.12.2015) *Neumann*, Export des europäischen Beihilfenrechts, S. 69 f.

656 Vgl. exemplarisch *Soltész*, EWS 1999, 81, 81.

657 *Magnus*, JWT 2004, 985, 1047, zählte bis Herbst 2003 nur 130 – von einem Bruchteil der Mitglieder lancierte – Reformvorschläge zum ASÜ, wohingegen den Verhandlungen zu Antidumping sowie regionaler Integration höhere Aufmerksamkeit zuteilwurde (ebd., 989).

658 S. hierzu *Lukas*, Entwicklungsperspektiven des Subventionsrechts im Rahmen der Doha-Verhandlungen, S. 85.

659 Zur historischen Bedeutung des sog. *Dunkel Draft*, der wesentlich auf die Eigeninitiative des damaligen GATT-Genereraldirektors *Arthur Dunkel* zurückgeht, vgl. näher *Luengo Hernández de Madrid*, Regulation of Subsidies and State Aids in WTO and EC Law, S. 90 ff.

660 S. instruktiv zu den Verhandlungsansätzen in den Havanna-, Tokio-, Uruguay- und Doha-Runden *Woznowski*, The Shape of Things: Few Thoughts on Negotiating Rules on Subsidies in the GATT and WTO, in: Rubini/Hawkins (Hrsg.), What Shapes the Law?, S. 45 ff.

2. Konfliktlinien zwischen den Mitgliedern

Mehr noch als auf die beschriebenen formalen Gründe ist die Stagnation der ASÜ-Reformagenda jedoch auf die polarisierten Grundpositionen im subventionsrechtlichen Diskurs zwischen den WTO-Mitgliedern zurückzuführen. Sie legen den durch die Marrakesch-Übereinkommen allenfalls temporär verdeckten materiellen Dissens zwischen Nord- und Südhalbkugel (s. oben *Teil 1 § 2 B.II.2*), das heißt zwischen Industrie- und Entwicklungsländern, erneut offen, wofür symptomatisch etwa die von den USA und Indien eingebrachten Vorschläge stehen: Während Erstere unter anderem eine Deregulierung des Ausgleichszollrechts vorsehen, indem im Falle verbotener Subventionen im Track I-Verfahren künftig auf das Erfordernis einer bedeutenden Schädigung verzichtet werden soll,[661] enthalten Letztere weitreichende Ausnahmetatbestände zugunsten von Entwicklungs- und Schwellenländern, die das Verbot von Export- und Importsubstitutionssubventionen im Sinne von Art. 3 ASÜ erheblich abmildern würden.[662] Konnten sich die Industriestaaten bei der Aushandlung des ASÜ einst noch weitgehend mit ihrer Forderung nach einer umfassenden multilateralen Subventionsdisziplin durchsetzen, zeichnete sich mit Blick auf die Doha-Runde frühzeitig ab, dass diese sich in Anbetracht ihrer auf die besonderen Bedürfnisse von Entwicklungsland-Mitgliedern (und der am wenigsten entwickelten Mitglieder) zugeschnittenen Agenda[663] sowie der erstarkten, weniger handelsliberal gesinnten BRICS-Staaten (s. oben *I.2.*) nicht für den Ausbau des Regelwerks eignen würde.[664]

Ehrgeizigere EU- und US-Vorstöße, die Kategorie verbotener Subventionen auszudehnen oder die sog. *dark amber category* zu reinstallieren,[665] stießen dementsprechend auf den massiven Widerstand von Entwicklungsland-Mitgliedern.[666] Letztere begegnen aber teilweise sogar Plänen

661 WTO-Dok. TN/RL/W/78 v. 19.3.2003, S. 2.

662 WTO-Dok. TN/RL/W/4 v. 25.4.2002, S. 2.

663 Vgl. zum Entwicklungscharakter der DDA Ziff. 2, 42 ff. und 50 der Doha-Ministererklärung (o. in Fn. 644).

664 S. polemisch *Magnus*, JWT 2004, 985, 989.

665 Vgl. zu den Vorschlägen der EU (bzw. der damaligen EG) WTO-Dok. TN/RL/GEN/135 v. 24.4.2006, S. 2 f.; TN/RL/W/30 v. 21.11.2002, S. 3 f.; vgl. zu den Vorschlägen der USA WTO-Dok. TN/RL/GEN/146 v. 5.6.2007, S. 2 f.; TN/RL/GEN/94 v. 16.1.2006, S. 2 f.; TN/RL/W/78 v. 19.3.2003, S. 2; TN/RL/W/27 v. 22.10.2002, S. 5.

666 So *Lukas*, Entwicklungsperspektiven des Subventionsrechts im Rahmen der Doha-Verhandlungen, S. 83.

zur Wiedereinführung einer Kategorie nichtanfechtbarer Subventionen (Art. 8 f. ASÜ) kritisch, befürchten sie doch, dass diese – analog zum damaligen zeitgleichen Außerkrafttreten der Vermutungstatbestände in Art. 6.1 ASÜ – zwangsläufig mit korrespondierenden Verschärfungen des Regimes an anderer Stelle einherginge.[667] Die weiteren EU-Reformbestrebungen, welche subventionsrechtliche Problemkreise wie den zunehmenden Dienstleistungshandel, das Marktverhalten öffentlicher Unternehmen oder den globalen Klimawandel (s. oben *I.*) angehen, bestehen in einer Klarstellung der konkreten Anforderungen an die Darlegung des Vorliegens einer „öffentlichen Körperschaft“ im Sinne von Art. 1.1 (a)(1) ASÜ bzw. der „Betrauung“ oder „Anweisung“ einer privaten Einrichtung im Sinne von Art. 1.1 (a)(1)(iv) ASÜ,[668] einer Erhöhung der Transparenz durch eine robustere Einkleidung des Notifikationsmechanismus in Art. 25 ASÜ,[669] einem *green box approach* betreffend Umwelt- und Klimaschutzsubventionen[670] sowie – seit 2011 – der Erweiterung des Geltungsbereichs des ASÜ auf Dienstleistungen.[671] Obgleich die Eingaben der EU im Vergleich zu jenen anderer wichtiger Industriestaaten ausgewogener erscheinen,[672] da sie neben der Rückkehr zum originären Ampel-Ansatz des ASÜ 1.0 (s. oben *Teil 1 § 2 B.III.2.*) und einschränkenden Verfahrensmodalitäten im Ausgleichszollrecht konkret die Begrenzung des in Art. 27 ASÜ statuierten Sonderregimes für Entwicklungsländer von den Ergebnissen zuvor durchzuführender Evaluationen abhängig machen will,[673] stießen sie zwar punktuell, nie aber in der Gesamtheit auf die Zustimmung weiterer Mitglieder.

Parallel zum veränderten Verhandlungsprocedere ist in materiell-inhaltlicher Sicht eine Rückkehr zur Politisierung unverkennbar, lässt sich doch der gegen diverse Reformvorschläge erhobene Vorwurf, dass diese lediglich das Ziel verfolgten, dem jeweiligen Mitglied zum Nachteil gereichende Auslegungen des ASÜ durch die WTO-Streitbeilegungsorgane im Wege diplomatischer Verhandlungen und unter Einsatz ökonomischer

667 S. hierzu paradigmatisch den von Indien eingenommenen Standpunkt *Hoda/Ahuja*, JWT 2005, 1009, 1061 f.; vgl. aus brasilianischer Sicht ähnlich, allerdings differenzierter *Naidin/Lemme/Gadelha*, GTCJ 2008, 17, 22.

668 WTO-Dok. TN/RL/W/30 v. 21.11.2002, S. 3.

669 WTO-Dok. TN/RL/W/263 v. 20.10.2015, S. 1 f., insbesondere 3; TN/RL/W/260 v. 16.7.2015, S. 1 f.; TN/RL/W/30 v. 21.11.2002, S. 4.

670 WTO-Dok. TN/RL/W/30 v. 21.11.2002, S. 4.

671 WTO-Dok. S/WPGR/21 v. 14.11.2011, S. 2 f.

672 *Magnus*, JWT 2004, 985, 995.

673 WTO-Dok. TN/RL/GEN/93 v. 18.11.2005, S. 1 ff.; TN/RL/W/30 v. 21.11.2002, S. 5.

bargaining power wieder rückgängig zu machen, nicht gänzlich von der Hand weisen.[674] Diese Vorgehensweise ist zwar nicht *per se* abzulehnen, konnten doch Berichte der Panels und des AB nicht alle Regelungskonzepte sowie -lücken letztgültig klären respektive schließen[675] und sind mehrere der Grundwertungen des ASÜ angesichts neuer handelspolitischer Entwicklungen in der Tat als überholt einzustufen. Allerdings stehen vor allem die Union und die USA vor dem Problem, dass sie sich während der Banken- und Finanzkrise teilweise zu ihren in der Doha-Runde lancierten eigenen Änderungsinitiativen in Widerspruch gesetzt haben,[676] was deren Vorbildcharakter schmälert.[677] Kombiniert mit dem steten Ansinnen der Schwellen- sowie Entwicklungsländer, ihre politischen Handlungsspielräume möglichst umfassend zu wahren, führt die dargelegte Angreifbarkeit der Standpunkte etablierter Mitglieder zu kaum überwindbaren Interessengegensätzen.[678]

3. „Post Doha"-Initiativen der EU

Als eine weitere zentrale Ursache für das subventionsrechtliche Scheitern der DDA-Verhandlungen gilt das Fehlen einer sog. „*K-group*", wobei *K* die Mindestanzahl der Akteure angibt, die eine selbsttragende Kooperation erfordert.[679] Eine solche *K-group* bildeten – trotz erheblicher Meinungsverschiedenheiten (s. oben *Teil 1 § 2 A.II.-III.*) – während der Tokio- und Uruguay-Runden noch die USA und die EWG (bzw. EG) stellvertretend für den globalen Westen, da sie der Gesamtnutzen, den sie aus der Errichtung des GATT und später der WTO jeweils zu ziehen erwarteten, in den

674 *Magnus*, JWT 2004, 985, 990.

675 So zu Recht *Lukas*, Entwicklungsperspektiven des Subventionsrechts im Rahmen der Doha-Verhandlungen, S. 82, etwa unter Verweis auf den Fall *Australia – Automotive Leather* (vgl. dazu den Nachw. o. in Fn. 102), wobei seine beispielhafte Zusammenstellung aus heutiger Sicht unter anderem um den Fall *US – Anti-Dumping and Countervailing Duties (China)* (vgl. dazu den Nachw o. in Fn. 555) ergänzt werden sollte.

676 Vgl. hierzu ausführlicher *Horlick/Clarke*, JIEL 2010, 859 ff.

677 S. aus diesem Grund skeptisch *Steger*, JWT 2010, 779, 784.

678 So lautet auch das Fazit von *Neumann*, Export des europäischen Beihilfenrechts, S. 70.

679 S. hierzu nur *Schelling*, Micromotives and Macrobehavior, 2006 (neubearb. Aufl. d. Ausg. v. 1978), S. 221 ff.

einzelnen Teildisziplinen zu signifikanten Konzessionen bewegte.[680] Die wachsende Zahl an Mitgliedern, der im Jahre 2001 vollzogene Beitritt Chinas, das nunmehr veränderte weltwirtschaftliche Gleichgewicht und nicht zuletzt die nachlassende Bereitschaft der vormals dominierenden *Quad Group*-Staaten (USA, EU, Japan und Kanada), eigene offensive Interessen hinter dem Ziel der Erhaltung und Stärkung des multilateralen Handelsgefüges zurücktreten zu lassen, bewirken, dass der *K*-Parameter im Rahmen der DDA nicht erfüllt ist.

Vor diesem Hintergrund bleibt abzuwarten, inwieweit es der im Anschluss an die 11. Ministerkonferenz von Buenos Aires im Jahr 2017 ins Leben gerufenen trilateralen Gesprächsrunde zwischen der Union, den USA sowie Japan tatsächlich gelingen kann, mit neuerlichen Vorstößen, welche die Vergabe bestimmter Arten von Industriesubventionen, die mangelnde Funktionsfähigkeit des ASÜ-Notifikations- und Überwachungsmechanismus und im Besonderen nicht-marktwirtschaftliche Verhaltensweisen öffentlicher Unternehmen ins Visier nehmen,[681] andere Mitglieder zur Erneuerung des subventionsrechtlichen Reformdiskurses zu animieren. Einerseits bietet dieses Vorgehen den Vorteil, dass die direkt zwischen den drei Mitgliedern, das heißt außerhalb der multilateralen Gremien der WTO, erarbeiteten Rechtsinitiativen bereits weit ausgereifte Inhalte und Konturen erhalten, bevor sie sodann im Ausschuss für Subventionen und Ausgleichsmaßnahmen lanciert werden.[682] Andererseits erschwert es aufgrund seiner – abgesehen von der Frage der Subventionstransparenz – starken Orientierung an Einzelproblemen eine umfassende horizontale Rebalancierung des ASÜ, weil die mögliche Wiedereinführung der „grünen“ Kategorie nichtanfechtbarer Subventionen oder die in der DDA geforderte

---

680 Vgl. im übergeordneten Kontext der Doha-Runde *Odell*, WTR 2015, 117, 119 f.; s. konkret übertragen auf Reformen des Subventionsrechts der WTO *Koulen*, Reflections on the SCM Agreement, S. 75 f.

681 Hierzu liegen nunmehr teilweise konkretisierte Vorschläge vor (vgl. *Kommission*, Joint Statement of the Trilateral Meeting of the Trade Ministers of Japan, the United States and the European Union v. 14.1.2020, abrufbar unter https://trade.ec.europa.eu/doclib/docs/2020/january/tradoc_158567.pdf [zuletzt aufgerufen am 15.3.2020]).

682 Ein jüngeres Beispiel für ein ähnliches Vorgehen bietet der auf eine abkommensübergreifende Steigerung der staatlichen Transparenzpflichten zielende Vorschlag für einen Beschluss des Allgemeinen Rates, der im Kern auf vorbereitenden Arbeiten der EU, der USA sowie Japan beruht und mit zwei weiteren WTO-Mitgliedern (Argentinien und Costa Rica) eingereicht wurde (WTO-Dok. JOB/GC/204 – JOB/CTG/14 v. 1.11.2018).

besondere Berücksichtigung von Belangen der Entwicklungsländer weithin ausgeblendet wird.

Unabhängig davon, ob der trilaterale Zusammenschluss eine neue *K-group* zu begründen vermag, ist zu erkennen, dass die Union ihre international-subventionsrechtlichen Ziele kurz- bis mittelfristig nicht oder nur bruchstückhaft auf multilateraler Ebene verwirklichen können wird. Zusätzlich oder – im Falle des Ausbleibens von WTO-Reformen – alternativ muss sie bi- und plurilaterale Bemühungen im Bereich der Beihilfen- und Subventionskontrolle intensivieren.[683]

B. „Global Europe"-Agenda

Die gegenwärtige Krise des WTO-Multilateralismus ist indessen nicht der einzige Beweggrund für die Union, das internationale Subventionsrecht im Wege von (Freihandels-)Abkommen zu beeinflussen, sondern bildet einen Baustein in der umfassenderen Neuausrichtung der GHP. Diese spiegelt einerseits den generellen Trend zum Regionalismus wider, der vor allem nichttarifäre Handelshemmnisse ins Visier nimmt, geht andererseits aber auch auf einen grundlegenden unionsinternen Strategiewechsel zurück *(I.)*. Die Etablierung detaillierter und robuster Beihilfen- und Subventionsrechtsregime in (Freihandels-)Abkommen stellt eine Emanzipation von dem im Bereich des Kartellrechts verfolgten Ansatz und zugleich eines ihrer wichtigsten Instrumente zur Annäherung an das Rechtsideal eines sog. *„Global Level Playing Field"* dar *(II.)*.

I. Hintergründe der handelspolitischen Neuorientierung

Der Hinwendung der GD Handel zum handelspolitischen Bilateralismus liegen gleichermaßen interne wie externe Ursachen zugrunde *(1.)*. Sie ist als Außendimension der Lissabon-Strategie des Europäischen Rates zu begreifen, die die globale Wettbewerbsfähigkeit der Union zum Oberziel erhob und in EU-beihilfenrechtlicher Hinsicht Interessenkonflikte auslöste *(2.)*. Die inhaltliche Umsetzung der im Jahre 2006 initiierten *Global Europe*-Agenda bedingt insgesamt eine nie dagewesene thematische Spannweite

683 S. dies klarstellend auch *Kommission*, Bericht über die Wettbewerbspolitik 2018, COM(2019) 339 final, 29 f.

und Detailtiefe von Handelsvereinbarungen, die aber nicht notwendigerweise mit Rechtsangleichungen an den Unionsacquis einhergeht *(3.)*.

1. Bilateralismuswelle ab der Jahrtausendwende

Auf den weltwirtschaftlichen Aufstieg der BRICS-Staaten, die steigende Zahl an Entwicklungsland-Mitgliedern und ihren daraus resultierenden relativen Bedeutungsverlust im Rahmen der WTO-Verhandlungsrunde von Doha reagierten die USA und die Union zunächst konträr.[684] Während die US-Administration unter *George W. Bush* angesichts der Opposition der Entwicklungs- und Schwellenländer gegenüber weitreichenden Handelsliberalisierungen früh Vorbereitungen zum Abschluss bilateraler Verträge mit künftigen strategischen Partnern forcierte,[685] legte die Union sich unter dem damaligen Handelskommissar *Pascal Lamy* ein diesbezügliches *de facto*-Moratorium auf, um ihr Bekenntnis zum WTO-Multilateralismus zu unterstreichen und die Verwaltungsressourcen der GD Handel auf die im Jahre 1999 ins Leben gerufene – von altruistischen Ziele geprägte – sog. *Managed Globalisation*-Agenda[686] zu konzentrieren.[687] Erst als sich die von der Union gewünschte Neubelebung des Reformdiskurses zu allen der vier *Singapore Issues* auf der Ministerkonferenz von Cancún (2003) als

684 S. aus Unionssicht statt vieler nur *Melo Araujo*, The EU Deep Trade Agenda, S. 29 ff. m. zahlr. weit. Nachw. Die Bezeichnung als „Bilateralismuswelle“ geht zurück auf *Langhammer*, Jeder macht was er will, keiner macht, was er soll: Zur permissiven Haltung der Welthandelsordnung gegenüber regionalen Integrationsabkommen und deren Kosten, in: Freytag (Hrsg.), Weltwirtschaftlicher Strukturwandel, nationale Wirtschaftspolitik und politische Rationalität – Festschrift für Jürgen B. Donges zum 65. Geburtstag, 2005, S. 203, 211. Vgl. zum Ganzen die vertiefende Gegenüberstellung von *Woolcock/Heydon*, The Rise of Bilateralism: Comparing American, European, and Asian Approaches to Preferential Trade Agreements, 2009, S. 143 ff.

685 S. zusammenfassend zur Umsetzung dieser Pläne durch die US-Administration und deren Hintergründe *Hilaire/Yang*, JWT 2004, 603, 622; *Kerr/Hobbs*, JWT 2006, 1049, 1049 ff.

686 Vgl. hierzu unter anderem *Kommission*, Auf dem Weg zu einer globalen Partnerschaft für nachhaltige Entwicklung, KOM(2002) 82 endgültig; Handel und Entwicklung – Unterstützung der Entwicklungsländer bei der Nutzung der Vorteile des Handels, KOM(2002) 513 endgültig.

687 S. umfassend zur Entwicklung der *Managed Globalisation*-Doktrin *Meunier*, JCMS 2007, 905, 909 ff.

nicht realisierbar erwies,[688] da die Entwicklungsländer diese infolge des neuerlich verfolgten *single undertaking approach* erfolgreich von der DDA verdrängen konnten, begann sie ihre Haltung neu zu überdenken.[689] Diese Umorientierung erschien infolge des sprunghaften Anstiegs der Zahl in Kraft getretener regionaler Integrationsabkommen – von 72 im Jahre 1999 auf 154 im Jahre 2006 – geboten.[690] Anderenfalls hätte die Union sich der Gefahr ausgesetzt, den Anschluss an andere Handelsmächte – namentlich die USA – zu verlieren, die ihr Engagement insbesondere auf wachstumsträchtigen Märkten in Ost- und Südostasien in aggressiverer Weise auszubauen bereit waren.[691] Folglich ist der verstärkte Regionalismus gleichzusetzen mit einer kompetitiven Handelsliberalisierung; er löste einen „Dominoeffekt" dergestalt aus, dass die durch (Freihandels-)Abkommen bewirkte Umlenkung von Handels- und Investitionsströmen zugunsten der Vertragsparteien die am neu geschaffenen Block nicht beteiligten Staaten unter Druck setzt, sich diesem anzuschließen oder andere Partner zu finden, um der eigenen Marginalisierung vorzubeugen.[692]

Neben äußeren Einflüssen begünstigten auch unionsinterne Weichenstellungen und Entwicklungen die Erweiterung der multilateralen Strategie um einen bi- und plurilateralen Ansatz.[693] So stellte der im Jahre 2004 erfolgte Wechsel im Amt des Handelskommissars vom späteren WTO-Generaldirektor *Pascal Lamy* zu *Peter Mandelson* zwar eher den Auslöser als die Ursache der Kursänderung dar; dennoch manifestiert sich diese seitdem nicht nur in der Rhetorik, sondern auch in den konkreten materiellen Inhalten der vertraglichen Handelspolitik der Union, welche von einer stärker interessen- bzw. problemgeleiteten Herangehensweise zeugen.[694] Diese auf eine umfassende Marktöffnung für europäische Unternehmen zielende Strategie setzten – wie sich den auf der *Global Europe*-Agenda aufbauenden Kommissionsmitteilungen *Trade, Growth and World Affairs*

---

688 Vgl. zu den Ereignissen auf der WTO-Ministerkonferenz in Cancún näher *Berrisch*, RIW 2004, 69 ff.

689 S. hierzu erneut *Melo Araujo*, The EU Deep Trade Agenda, S. 30.

690 *WTO*, Regional Trade Agreements Database, Stand: 25.10.2019, abrufbar unter http://rtais.wto.org/UI/PublicMaintainRTAHome.aspx [zuletzt aufgerufen am 1.11.2019]

691 In diese Richtung argumentiert zumindest implizit auch *Kommission*, Ein wettbewerbsfähiges Europa in einer globalen Welt, KOM(2006) 567 endgültig, 10 f.

692 So *Altemöller*, EuZW 2016, 374, 377.

693 Vgl. hierzu retrospektiv *Paemen*, A New Trade Policy, in: Arts et al. (Hrsg.), Mundi et Europae civis – Liber Amicorum Jacques Steenbergen, 2014, S. 131 ff.

694 So konkret *Weiß*, Vertragliche Handelspolitik der EU, in: v. Arnauld (Hrsg.), Europäische Außenbeziehungen, § 10 Rn. 41.

(2010) sowie *Trade for All* (2015) klar entnehmen lässt[695] – insbesondere seine Nachfolger *Karel de Gucht* und *Cecilia Malmström* kontinuierlich fort. Nicht zuletzt trugen die durch den Reformvertrag von Lissabon ausgeweiteten ausschließlichen Außenhandelskompetenzen (vgl. nur Art. 207 Abs. 1 AEUV) in Kombination mit der Eingliederung der GHP in das auswärtige Handeln der Union (vgl. Art. 205 AEUV in Verbindung mit Art. 21 ff. EUV) zum unionalen Selbstverständnis eines sog. „Global Actor“ bei.[696] Die EU-Handelsmacht beruht zum einen auf der relativen Größe und Bedeutung ihres Binnenmarktes *(structural power)*, zum anderen auf dem durch die frühe Supranationalisierung dieses Politikbereiches erreichten gemeinsamen und einheitlichen Auftreten *(bargaining power)*.[697] Insoweit war es naheliegend, dass die für die Verhandlungsinitiierung und -durchführung verantwortliche Kommission (vgl. Art. 207 Abs. 3 AEUV) sich die Tatsache, dass beide Faktoren aufgrund der erreichten Vollendung des EU-Binnenmarkts, der Vertragsrevisionen von Amsterdam, Nizza und Lissabon sowie diverser Beitrittsrunden (2004, 2007, 2013) zusätzlich an Gewicht gewonnen haben, im Drittstaatenkontext fortan zielgerichteter zunutze machen würde.

Der im Schrifttum kontrovers diskutierte Grundkonflikt zwischen handelspolitischem Regionalismus und Multilateralismus ist allein rechtlich kaum aufzulösen,[698] erforderte dies eine integrierte Betrachtung mit den jeweiligen ökonomischen und geopolitischen Implikationen.[699] Vielmehr sollen die von der Union seit 2006 intensivierten bi- und plurilateralen Bemühungen vorliegend als Faktum hingenommen werden, zumal sich die Modelle jedenfalls in Bezug auf das internationale Beihilfen- bzw. Subventionsrecht regelmäßig nicht gegenseitig ausschließen, sondern es sich lediglich um eine Koexistenz mit dem welthandelsrechtlichen ASÜ

---

695 S. zum einen *Kommission*, Handel, Wachstum und Weltgeschehen, KOM(2010) 612 endgültig; zum anderen Handel für alle, KOM(2015) 497 final.

696 S. hierzu konkret bezogen auf die GHP *Bungenberg*, Going Global? The EU Common Commercial Policy After Lisbon, in: Herrmann/Terhechte (Hrsg.), EYIEL 2010, 2010, S. 123, 125; vgl. politikenübergreifend *Bungenberg/Giegerich*, ZEuS 2017, 377 ff.

697 *Meunier/Nicolaïdis*, JEPP 2006, 906, 907 ff.

698 S. ähnlich zurückhaltend auch *Herrmann/Weiß/Ohler*, Welthandelsrecht, § 13 Rn. 629. Vgl. differenziert zu den im Diskurs um das Für (Freihandelsabkommen als „Bausteine“ oder „Versuchslabore“ des multilateralen Systems) und Wider („Stolpersteine“ oder „spaghetti bowl“) des weltweiten Trends zum Bi- und Plurilateralismus präsentierten Argumenten *Trakman*, JWT 2008, 367 ff.

699 Vgl. für eine solche interdisziplinäre Betrachtungsweise *Felbermayr et al.* (Hrsg.), Multilateralismus und Regionalismus in der EU-Handelspolitik.

handelt. Dennoch bleibt aus Unionssicht festzuhalten, dass gestalterische Einflussnahmen auf die globale Subventionsregulierung im Wege des Regionalismus, der – sofern nur die strukturelle Interessenübereinstimmung gegeben ist – nicht zwingend auch geographische Nähe erfordert,[700] zumindest im Grundsatz leichter erreichbar ist. Die selektive, das heißt vornehmlich an strategischen Merkmalen ausgerichtete Partnerwahl,[701] die effektive Ausnutzung bestehender Machtasymmetrien sowie eine umfassende thematische Bandbreite (sog. *„tailor-made" agreements*), die sich über Waren hinaus konkret auch auf Dienstleistungen und Investitionen erstreckt,[702] ermöglichten es der Kommission theoretisch, ihre Textvorschläge für Beihilfen- bzw. Subventionskapitel auf im Territorium der jeweils anderen Verhandlungspartei vorherrschenden staatlichen Unterstützungspraktiken und die geplante Reichweite des Abkommens abzustimmen. Überdies begünstigt die geringere Zahl an zu berücksichtigenden Interessen die Bestimmung legitimer Subventionszwecke und schafft das für eine Transparenzerhöhung notwendige Vertrauen, welches wiederum eine unilaterale Ausgleichszollerhebung unwahrscheinlicher macht.

2. Komplementierung der Lissaboner Strategie

Ein enger Zusammenhang besteht sowohl zwischen der handelspolitischen *Global Europe*-Agenda und der im Jahre 2000 verabschiedeten, später mehrfach nachjustierten, übergeordneten Lissabon-Strategie,[703] als auch zwischen den beiden *Global Europa*-Nachfolgeagenden und dem im Jahre 2010 beschlossenen, wie sein Vorgänger auf eine Zeitspanne von zehn Jahre angelegten, Wirtschaftsprogramm *Europe 2020.*[704] So stellt die Kommission eine durch die Globalisierung bedingte Verschränkung von

---

700 So zutreffend *Altemöller*, EuZW 2016, 374, 376.

701 S. hierzu beispielhaft die Erwägungen in *Kommission*, Ein wettbewerbsfähiges Europa in einer globalen Welt, KOM(2006) 567 endgültig, 10. Die diesbezügliche Flexibilität der im Jahre 2006 aufgestellten Maßstäbe lässt sich allerdings an der stetig wachsenden Zahl an laut der Kommission in Betracht zu ziehenden Vertragsparteien ablesen (vgl. ebd., 10 f., Handel, Wachstum und Weltgeschehen, KOM(2010) 612 endgültig, 12 ff., 23 f.; Handel für alle, KOM(2015) 497 final, 7 ff.).

702 *Melo Araujo*, The EU Deep Trade Agenda, S. 39.

703 *Europäischer Rat*, Schlussfolgerungen v. 23./24. März 2000, SN 100/00; *Kommission*, Zusammenarbeit für Wachstum und Arbeitsplätze: Ein Neubeginn für die Strategie von Lissabon, KOM(2005) 24 endgültig.

704 *Europäischer Rat*, Schlussfolgerungen v. 17. Juni 2010, EUCO 13/10.

Innen- und Außenpolitik fest und folgert aus diesen Wechselwirkungen die Notwendigkeit einer kohärenteren Koordinierung geplanter binnenmarkt- und außenhandelsrechtlicher Reformen,[705] um durch Wachstum Arbeitsplätze zu schaffen und der zunehmenden Exportabhängigkeit der Unionswirtschaft gerecht zu werden.[706] Wenngleich weder die verschiedenen Handelsmitteilungen der Kommission noch die Schlussfolgerungen des Europäischen Rates rechtsverbindlich sind, die dargelegte thematische Fixierung sich im primärrechtlichen Zielkatalog in Art. 206 AEUV allenfalls indirekt wiederfindet[707] und etwa die in der revidierten Lissabon-Strategie formulierten Vorgaben verfehlt wurden,[708] ist die faktisch-politische Bedeutung dieses *soft law* für die konkrete Ausgestaltung der GHP durch die Unionsorgane nicht zu unterschätzen.[709] Seine Maßgaben bilden den zentralen Ausgangspunkt für die Frage, ob und wie die Union bi- und plurilaterale (Freihandels-)Abkommen als Marktöffnungsinstrument einzusetzen plant. Aufschluss gibt es ferner darüber, welche Drittstaaten sie als Vertragspartner in Betracht zieht, zu welchen Konditionen sie Zugang zum EU-Binnenmarkt zu gewähren bereit ist, und welche unionsinternen Auswirkungen sie sich erhofft.

Zu Letzteren zählt die Kommission eine Maximierung der ökonomischen Wohlfahrt zugunsten heimischer Unternehmen und Konsumenten nicht nur durch die Erschließung und Durchdringung von neuen Märkten, sondern auch als Resultat der verschärften Konkurrenzsituation für die einem zunehmenden internationalen Wettbewerbsdruck ausgesetzte Unionswirtschaft.[710] Dies rege zur Vornahme von Strukturreformen an,

---

705 *Kommission*, Ein wettbewerbsfähiges Europa in einer globalen Welt, KOM(2006) 567 endgültig, 2.

706 S. ausführlich zu diesen Interdependenzen *Kommission*, Handel für alle, KOM(2015) 497 final, 4 f.

707 S. zum normativen Gehalt des Zielkatalogs in Art. 206 AEUV *Weiß*, Vertragliche Handelspolitik der EU, § 10 Rn. 26 ff., der im Gegenteil unterstreicht, dass eine nur auf die Realisierung eigener wirtschaftlicher Interessen bedachte Haltung der Union vor allem mit Art. 21 Abs. 2 lit. h EUV kollidierte. Eine spürbare Fokuserweiterung der GHP auf sog. *non-trade goals* erfolgte erst in jüngeren Jahren in Reaktion auf deren zunehmende Politisierung und Demokratisierung.

708 Vgl. *Kommission*, Bewertung der Lissabon-Strategie, SEK(2010) 114 endgültig, 3; *Rodriguez et al.*, The Lisbon Strategy 2000–2010: An analysis and evaluation of the methods used and results achieved, Final Report to the European Parliament's Committee on Employment and Social Affairs, IP/A/EMPL/ST/2008-07, 2010, S. 14 ff.

709 *Neumann*, Export des europäischen Beihilfenrechts, S. 13 f.

710 S. hierzu instruktiv *Hay*, What Doesn't Kill You Can Only Make You Stronger: The Doha Development Round, the Services Directive and the EU's Conception

welche die Effizienz langfristig erhöhten und zu sinkenden Preisen für Verbraucher führten, die von der Angebotsdiversifikation und vereinheitlichten bzw. angenäherten oder gegenseitig anerkannten Standards profitierten.[711] Mit Blick auf diese doppelte Stoßrichtung der Neuorientierung stellt *Billy Melo Araujo* fest: „The notion of 'competitiveness' is at the very heart of th[e] overall economic strategy."[712] Tatsächlich kann das Oberziel der globalen Wettbewerbsfähigkeit der Union als das verbindende Element zwischen Lissabon-Strategie und *Global Europe*-Agenda bezeichnet werden, wie insbesondere die damaligen Schlussfolgerungen des Rates „Wettbewerbsfähigkeit" (engl.: *Competitiveness Council*) unterstreichen.[713] Dieser forderte konkret, dass bei der Evaluierung und Bewertung (sog. *impact assessment*) von Vorschlägen zur Binnenmarktgesetzgebung fortan stets die Konsequenzen von deren Umsetzung für die Stellung der Union im internationalen Handel einkalkuliert werden sollten, um auf diesem Wege frühzeitig sicherstellen zu können, dass keine unbeabsichtigten Wettbewerbsnachteile – beispielsweise in Gestalt von zu strengen regulatorischen Anforderungen an die EU-ansässigen Unternehmen – entstehen.[714]

Die durch den SAAP eingeleitete Modernisierung des EU-Beihilfenrechts (s. oben *Teil 1 § 1 A.III.1.*) drängt sich insoweit geradezu als ein Anwendungsfall auf, weil die Kommission in ihrer *Global Europe*-Mitteilung zwar andeutet, dass der volkswirtschaftliche Nutzen der innerunionalen Beihilfenaufsicht durch drittstaatliche Subventionspraktiken zunichte gemacht werden kann,[715] die im Zuge des SAAP vorgenommenen Reformen die dort gewonnene Einsicht jedoch lediglich unzureichend reflektieren. Diese nahmen das Motiv der Wettbewerbsfähigkeit auf und versuchten es mithilfe von beihilfenrechtlichen Instrumenten fortzuentwickeln, unterließen es dagegen, unionsexterne Implikationen in die Überlegungen mit-

---

of Competitiveness, in: Sedelmeier/Young (Hrsg.), JCMS Annual Review of the European Union in 2006, 2007, S. 23, 30 f.

711 S. zum Ganzen *Kommission*, Ein Binnenmarkt für das Europa des 21. Jahrhunderts, KOM(2007) 725 endgültig, S. 7; The external dimension of the single market review, SEC(2007) 1519 final.

712 So *Melo Araujo*, The EU Deep Trade Agenda, S. 36.

713 S. näher zur Schnittstellenrolle dieser im Schrifttum wenig beachteten Ratsformation *Vooren/Blockmans/Wouters*, The EU's Role in Global Governance: The Legal Dimension, 2013, S. 167.

714 So dezidiert *Rat*, Conclusions on "Priorities for the Internal Market in the next decade" – contribution by the Competitiveness Council to the post 2010 Lisbon agenda, Brussels, 4 December 2009.

715 Vgl. *Kommission*, Ein wettbewerbsfähiges Europa in einer globalen Welt, KOM(2006) 567 endgültig, 5 und 8.

einzubeziehen.[716] Mag eine solche Selbstfokussierung unter dem Gesichtspunkt der wohlfahrtsökonomischen Effizienz (s. oben *Teil 1 § 1 B.II.3.*) folgerichtig erscheinen, verändert sich die Wahrnehmung – ähnlich wie im Umgang mit nicht-EU-ausländischen Exportkartellen oder -subventionen[717] –, sofern eine stärker industrie- und handelspolitisch geprägte Perspektive eingenommen wird.[718] Die SAM-Mitteilung, als Startpunkt der zweiten umfassenden beihilfenrechtlichen Modernisierungskampagne (s. oben *Teil 1 § 1 A.III.3.*), deutet anders als der SAAP die Möglichkeit von Zielkonflikten zwischen Unionswettbewerbsrecht und globaler Wettbewerbsfähigkeit an, nimmt hierzu indes nur zurückhaltend Stellung, indem die Kommission zum einen auf die Wachstumsorientierung ihres überarbeiteten Genehmigungsrahmens für „gute" Beihilfen und zum anderen in pauschaler Weise auf verfügbare handelspolitische Instrumente verweist.[719] Auch die von ihr zitierten Statistiken der WTO, nach denen EU-Mitgliedstaaten – gemessen am BIP der Union – in insgesamt ähnlichem Umfang Subventionen gewähren wie ihre wichtigsten Handelspartner,[720] vermögen die generellen Bedenken gegenüber einem solchen angeblich bestehenden Gleichklang nicht zu zerstreuen. Die Kommission setzte sich in erheblichen Widerspruch zu vorangehenden Verlautbarungen, wenn sie die Beihilfenvolumina nunmehr als Hauptindiz für Wettbewerbsfähigkeit betrachtete, ohne einzuberechnen, ob andere WTO-Mitglieder – ebenso wie die EU-Mitgliedstaaten heute – überwiegend effiziente horizontale Beihilfen vergeben oder sie stattdessen nicht vielmehr auf sektorale Betriebssubventionen setzen.

---

716 *Kommission*, Aktionsplan staatliche Beihilfen, KOM(2005) 107 endgültig, Rn. 13 ff.; vgl. insoweit positiv bilanzierend *Jaeger*, EuZW 2010, 47, 52 f.

717 Gerade Exportsubventionen führen kurzfristig zu einer Steigerung der Konsumentenwohlfahrt durch niedrigere Preise und vermögen den Innovationsdruck auf einheimische Produzenten zu erhöhen (vgl. hierzu etwa prägnant *Mavroidis*, Trade in Goods, S. 179, mit dem häufig zitierten Ökonomen-Ausspruch: „[I]nstead of imposing countervailing measures to offset subsidization, governments affected by foreign subsidies should be sending a 'thank you note' to the subsidizing government."). Umgekehrt verleiten sie Staaten aber nicht selten zu *beggar-thy-neighbour*-Praktiken, deren effizienzschädigenden Begleiteffekte demgegenüber weit überwiegen.

718 S. zu diesem Dilemma *Blauberger/Krämer*, J Ind Compet Trade 2013, 171, 173 f.

719 *Kommission*, Mitteilung – Modernisierung des EU-Beihilfenrechts, COM(2012) 209 final, Rn. 16 f.

720 S. ebd., Rn. 16 (Fn. 4.).

3. Fokussierung auf „behind-the-border" issues

Aufgrund der jedenfalls im Zuge des SAAP und der SAM diffus gebliebenen Austarierung des Verhältnisses zwischen der internen und externen Dimension des EU-Beihilfenrechts gilt es, die materiell-rechtlichen Innovationen der überarbeiteten GHP in den Vordergrund zu rücken, um einordnen zu können, welche Stellung hierin das Beihilfenrecht einnimmt (s. sogleich *II.1.*). Die vermehrte Errichtung von Freihandelszonen (seltener: Zollunionen) hat einen umfänglichen Industriezollabbau zur Folge, sodass – sofern nicht Zölle wie unter den westlichen Industrieländern bereits zuvor nur noch eine geringe Handelsbarriere bildeten – nichttarifäre Handelshemmnisse ungleich stärker ins Gewicht fallen.[721] Dies bedeutet zunächst – und losgelöst von weitergehenden Vereinbarungen wie derjenigen des Exports des Unionsacquis – nichts anderes, als dass umfassende Liberalisierungen des Waren-, Dienstleistungs- und Investitionsverkehrs auch eines umfassenderen Schutzes vor Handels- und Wettbewerbsverfälschungen bedürfen. In erster Linie drehen sich die jüngeren bi- und plurilateralen Bestrebungen der Union um die Öffnung bislang nicht ausreichend erschlossener Drittlandsmärkte für europäische Unternehmen (Erweiterung des sog. *competitive space*) sowie deren effektive rechtliche Absicherung und lediglich sekundär um die Ausdehnung des Binnenmarkt- und Wettbewerbsrechts auf ausgewählte Drittstaaten (sog. *regulatory space*).[722] Diese Differenzierung gewinnt an Relevanz, seit sich in Teilen von Praxis und Wissenschaft für sämtliche von der Union seit 2006 abgeschlossene (Freihandels-)Abkommen die Bezeichnung „Deep and Comprehensive Free Trade Agreement" (kurz: DCFTA) durchgesetzt hat,[723] obgleich diese von der Kommission ursprünglich exklusiv für eine Subkategorie von Assoziierungsabkommen eingeführt wurde,[724] die eine weitreichende Integration des Partnerstaates in den EU-Binnenmarkt inklusive der Einbindung des EuGH in den jeweiligen Streitbeilegungsmechanismus vorsehen (s. unten *Teil 3 § 2 C.II.*).

---

721 Vgl. hierzu konzis *Francois/Hoekman*, Moving beyond the Border, in: Francois/Hoekman (Hrsg.), Behind-the-Border Policies: Assessing and Addressing Non-Tariff Measures, 2019, S. 1 ff.

722 S. zu dieser Differenzierung der Kommission erneut die Nachw. o. in Fn. 711; vgl. eingehend auch *Cremona*, EBLR 2010, 663, 664 f., die anders als hier beide Teilaspekte gleich gewichtet.

723 S. hierzu übereinstimmend *Demedts*, The Future of International Competition Law Enforcement, S. 314.

724 *Kommission*, Mitteilung – Östliche Partnerschaft, KOM(2008) 823 final, 4.

Richtigerweise beschreiben die beiden letztgenannten Wesensmerkmale die „tiefe" Komponente eines solchen DCFTA im engeren Sinne, wohingegen allein die Qualifizierung als „umfassend" durchgängig berechtigt ist, mithin also auf sämtliche neuen Abkommenstexte zutrifft. Das von diesen abgedeckte breite Themenspektrum ist Ausdruck der von der Union zuletzt intensivierten Versuche, nichttarifäre Handelshemmnisse möglichst vollständig zu beseitigen, was jeweils die Bereitschaft ihrer Vertragspartner voraussetzt, sog. *„behind-the-border" issues* anzugehen, welche überwiegend in differierenden innerstaatlichen Gesetzgebungen wurzeln. Unter Zugrundelegung eines weiten Begriffsverständnisses fallen hierunter – neben Fragen der regulatorischen Zusammenarbeit zur Überwindung technischer Handelshemmnisse – auch Dienstleistungen, geistiges Eigentum, Wettbewerb, öffentliches Beschaffungswesen, Umwelt- und Arbeitsstandards sowie Investitionsschutz.[725] Für eine präzisere Kategorisierung bietet es sich dabei an, weiter zwischen WTO-plus- und WTO-extra-Regelungsfeldern zu unterscheiden, um zu verdeutlichen, dass Kapitel in (Freihandels-)Abkommen einerseits an bestehende WTO-Übereinkommen anknüpfen und diese ausbauen, andererseits auf multilateraler Ebene bislang ausgesparte Problemstellungen – wie beispielsweise das Kartellrecht – aufgreifen können.[726]

Subventionen bilden ein gängiges Zollsubstitut, da nach dem sog. „Lerner-Theorem" die Subventionierung des Produzenten einer bestimmten Ware in Kombination mit einer korrespondierenden Steuer zulasten von Konsumenten derselben der gleiche Effekt zukommt wie ein Zoll.[727] Stehen Zölle infolge des Inkrafttretens eines Freihandelsabkommens nicht mehr zur Verfügung, gewinnt dieser Befund zusätzlich an Bedeutung. Zudem stellt die Union den Anspruch an sich, sich dem Idealtypus eines *„Complete Trade Agreement"*[728], das alle Bereiche der Politikgestaltung abdeckt, die internationale Handelsströme potenziell beeinflussen, zumindest anzunähern. Dies wirft die Frage auf, inwieweit damit eine Blickweitung grundsätzlicherer Art einhergeht, im Zuge derer die wettbewerbserhaltende Funktion einer Beihilfenkontrolle von den beteiligten Vertragsparteien nicht als positiver Reflex (s. oben *Teil 1 § 2 C.III.3.*), sondern als

725 Vgl. die Zusammenschau bei *Herrmann/Guilliard*, in: Krenzler/Herrmann/Niestedt (Hrsg.), EU-Außenwirtschafts- und Zollrecht, 13. EL Mai 2019, XIII. 130. Einl. zur vertraglichen Handelspolitik Rn. 55 ff.

726 So *Horn/Mavroidis/Sapir*, The World Economy 2010, 1565, 1567.

727 S. hierzu *Rubini*, WTO Subsidy Laws: The International Regulation of State Aid, S. 471 (Fn. 10).

728 Eine Begriffsannäherung wagt *Altemöller*, EuZW 2016, 374, 376.

ein schützenswertes Gut an sich wahrgenommen wird. Letzterenfalls wäre es einleuchtend, wenn entweder in den Beihilfen- bzw. Subventionskapiteln selbst oder in speziellen Regelungsabschnitten zu nachhaltiger Entwicklung, Energie, KMU-Interessen oder Innovationsförderung Stellung zur rechtlichen Zulässigkeit effizienzsteigernder staatlicher Zuschüsse genommen würde.

II. Neue Rolle des Beihilfenrechts

Für eine Bestimmung, worin nunmehr der Kern der neuen handelspolitischen Rolle des Beihilfenrechts zu sehen ist, können die generell gehaltenen Verlautbarungen der Kommission *(1.)* allenfalls als erster Orientierungspunkt dienen. Exakter gelingt sie anhand einer Gegenüberstellung mit der kartellrechtlichen Entwicklung *(2.)*, die nicht pauschal mit derjenigen des gesamten Wettbewerbsrechts gleichgesetzt werden darf. Diese Herangehensweise ermöglicht letztlich auch eine differenziertere rechtliche Kontextualisierung der von der EU und ihren Mitgliedstaaten erhobenen Forderung nach der Gewährleistung eines *Global Level Playing Field (3.)*.

1. Rangstellung innerhalb der EU-Handelsagenda

In ihren seit dem Jahre 2006 veröffentlichten Handelsmitteilungen räumt die Kommission dem Problem der weltweit uneinheitlichen Subventionsregulierung einen prominenten Rang ein.[729] So beklagte sie bereits im Rahmen der *Global Europe*-Agenda das Fehlen von Vorschriften über staatliche Beihilfen in Drittländern und kündigte an, diesen Missstand mithilfe von transparenten und rechtlich durchsetzbaren völkervertraglichen Vereinbarungen beheben zu wollen, um in der Lage zu sein, Wettbewerbsnachteilen europäischer Unternehmen vorzubeugen.[730] Vier Jahre später wiederholte die Kommission das Anliegen und stellte nunmehr erstmals klar, dass sie eine multilaterale Lösung in Form einer Reform des WTO-Subventionsrechts zwar für vorzugswürdig erachte, „Kernfragen“ – die sie aber nicht näher definiert – jedoch auch in bilateralen Abkommen behan-

---

729 Vgl. übereinstimmend auch *Neumann*, Export des europäischen Beihilfenrechts, S. 23.

730 *Kommission*, Ein wettbewerbsfähiges Europa in einer globalen Welt, KOM(2006) 567 endgültig, 8 sowie 14.

delt werden könnten.[731] Auch die *Trade for all*-Mitteilung (2015) erwähnt Subventionen im Zusammenhang mit der Aufführung weiterer bedeutender nichttarifärer Handelshemmnisse,[732] wobei die Kommission im Hinblick auf deren Bewältigung die Wahl eines ganzheitlichen Ansatzes im Sinne eines *Complete Free Trade Agreement* propagiert.[733] Bezieht man die *Competition Policy Reports* der GD Wettbewerb der vergangenen fünf Jahre in die Gesamtschau ein, so bestätigen sich die bereits zur GHP getroffenen Einschätzungen.[734] Nicht zuletzt seit dem im Jahre 2014 erfolgten Amtsantritt von *Margrethe Vestager* als Wettbewerbskommissarin bildet die Einfügung von Beihilfen- und Subventionskapiteln in (Freihandels-)Abkommen einen festen Bestanteil der Bemühungen der GD Wettbewerb um die Wahrung bzw. Schaffung von weltweit vergleichbaren Wettbewerbsbedingungen und die Herausbildung einer Wettbewerbskultur in Entwicklungs- und Schwellenländern (wie den BRICS).[735]

Relativierend hinzuzufügen bleibt, dass die Union gleichzeitig ihrem Antisubventionsregime größeres Gewicht beigemessen hat[736] und neben bi- und plurilateralen Verträgen auch die G20 und die OECD als Foren zur Fortentwicklung des internationalen Subventionsrechts nutzt.[737] Angesichts dessen und der Tatsache, dass es sich beim diesem im Gegensatz

731 *Kommission*, Handel, Wachstum und Weltgeschehen, KOM(2010) 612 endgültig, 17.

732 *Kommission*, Handel für alle, KOM(2015) 497 final, 7: „…entscheidende Bereiche wie öffentliches Beschaffungswesen, Wettbewerb einschließlich Subventionen sowie gesundheitspolizeiliche und pflanzenschutzrechtliche Handelshemmnisse abdeckt.“

733 Ebd.

734 Vgl. dazu den Nachw. o. in Fn. 683 sowie ferner *Kommission*, Bericht über die Wettbewerbspolitik 2017, COM(2018) 482 final, 25 f.; Bericht über die Wettbewerbspolitik 2016, COM(2017) 285 final, 20; Bericht über die Wettbewerbspolitik 2015, COM(2016) 393 final, 22.

735 Vgl. hierzu *Margrethe Vestager*, State aid rules: supporting investment, protecting competition, Speech at the IBA's 20th Annual Competition Conference in Florence, 14. Oktober 2016.

736 *Kommission*, 37. Jahresbericht der Kommission an den Rat und das Europäische Parlament über die Antidumping-, Antisubventions- und Schutzmaßnahmen der EU und die Anwendung handelspolitischer Schutzinstrumente durch Drittländer gegen die EU im Jahr 2018, COM(2019) 158 final, 7; Durch eine ausgewogene und fortschrittliche Handelspolitik die Globalisierung meistern, COM(2017) 492 final, 6.

737 S. im Überblick zu den (*soft law*-)Subventionsvorschriften innerhalb des Internationalen Währungsfonds, der OECD und der Weltbank *Neumann*, Export des europäischen Beihilfenrechts, S. 30 ff.

zum internationalen Kartellrecht um eine WTO-plus-Sachmaterie handelt, bereits vor 2006 geschlossene Abkommen der Union beihilfen- bzw. subventionsrechtliche Vorschriften enthielten, und letztere keine Marktöffnungen im eigentlichen Sinne begründen, sondern solche lediglich abzusichern vermögen, wurde die effektive rechtliche Bedeutung dieses Bausteins der neuausgerichteten EU-Handelspolitik nicht selten *a limine* entweder negiert[738] oder zumindest stark relativiert.[739] Besagte Zurückhaltung widerspricht allerdings nicht nur den Einschätzungen der GD Wettbewerb selbst, sondern blendet insbesondere aus, dass die uneinheitliche Verwendung des Oberbegriffs „Wettbewerb" durch die Unionsorgane – teilweise exklusiv bezogen auf Kartell-, Marktbeherrschungs- und Fusionskontrollrecht, immer häufiger das Beihilfenrecht, und mitunter das Recht des öffentlichen Beschaffungswesen einschließend – nicht dazu verleiten darf, pauschale, das heißt die einzelnen Teildisziplinen übergreifende Schlussfolgerungen zu ziehen.

2. Emanzipation von kartellrechtlichen Traditionen

Vielmehr erschließen sich die übergeordneten beihilfenrechtlichen Neuerungen in der EU-Handelspolitik gerade erst in Abgrenzung zur tradierten Herangehensweise der Union an bi- und plurilaterale Vereinbarungen im Bereich des Kartell-, Marktbeherrschungs- und Fusionskontrollrechts (im Folgenden kürzer: Kartellrecht). Letztere unterzog das Schrifttum einer umfassenden Analyse sowie kritischen Bewertung,[740] wobei der kartellrechtliche Mehrwert der sog. „post-*Global Europe*"-Abkommen gegenüber den von der Union in den 1990er-Jahren geschlossenen Abkommen in Frage gestellt wird.[741] Die Angriffspunkte, die bi- und plurilaterale Kartellrechtsbestimmungen seit jeher begleiten – und nunmehr erneut bestä-

---

738 So *Melo Araujo*, The EU Deep Trade Agenda, S. 180.

739 S. in diese Richtung knapp *Stoll*, ZWeR 2017, 1, 19 f.

740 S. zu den seit dem Jahre 2006 vereinbarten Wettbewerbskapiteln insbesondere *Demedts*, The Future of International Competition Law Enforcement, S. 333 ff.; sowie *Melo Araujo*, The EU Deep Trade Agenda, S. 179 ff.; vgl. im Gesamtzusammenhang außerdem *Bourgeois*, Competition Policy: The Poor Relation in the European Union Free Trade Agreements, in: Govaere et al. (Hrsg.), The European Union in the World. Essays in Honour of Marc Maresceau, 2014, S. 381, 382 ff.; *Papadopoulos*, The International Dimension of EU Competition Law and Policy, S. 93 ff.

741 S. in diesem Sinne resümierend *Demedts*, JWT 2015, 407, 435 f.

tigt wurden –, sollen aufgegriffen und knapp dargelegt werden, um zu veranschaulichen, warum es heute berechtigt und erforderlich ist, das beihilfen- bzw. subventionsrechtliche Vorgehen der Kommission auf Ebene der EU-(Freihandels-)Abkommen unabhängig vom kartellrechtlichen zu betrachten. Während das Unionswettbewerbsrecht sich durch eine stetig zunehmende Konvergenz auszeichnet (s. oben *Teil 1 § 1 B.III.3.*), kann im Drittstaatenkontext demgegenüber von einer voranschreitenden Emanzipation des beihilfenrechtlichen Regelungsansatzes gesprochen werden.

a) Mangelnde rechtliche Durchsetzbarkeit

Die Kommission fordert in ihren nach 2006 begonnenen bi- und plurilateralen Verhandlungen über subventionsrechtliche WTO-plus-Kapitel konsequent die Vereinbarung von „wirksamen Regeln, die auch tatsächlich befolgt werden."[742] Im Kartellrecht sieht sie hiervon durchweg ab, obgleich es sich bei diesem um ein WTO-extra-Regelungsfeld handelt, sodass der Union auch ein Rückgriff auf den multilateralen Streitschlichtungsmechanismus des DSU verwehrt bleibt. Der Ausschluss von Kartellrechtskapiteln aus dem Anwendungsbereich der abkommensspezifischen Streitbeilegung korreliert weder mit der angestrebten Tiefe der rechtlichen Integration des Vertragspartners in den Binnenmarkt noch mit dessen geographischer Distanz zu diesem (s. zu diesen Kriterien im Beihilfen- bzw. Subventionsrechtskontext unten *Teil 3 § 1 A. und C.*). Seit dem Lostreten der Bilateralismuswelle wird er in Freihandelsabkommen der Union mit außereuropäischen Staaten wie auch in vertraglichen Assoziierungen sogar explizit statuiert.[743]

Diese Praxis steht im Einklang mit internationalen Gepflogenheiten, namentlich der US-amerikanischen Regelungsmechanik in Freihandelsverträgen,[744] und ist unter anderem darauf zurückzuführen, dass sich Handelsmächte wie die EU und die USA durch die normative Ausgestaltung

742 *Kommission*, Ein wettbewerbsfähiges Europa in einer globalen Welt, KOM(2006) 567 endgültig, 8.

743 Vgl. hierzu jeweils exemplarisch Art. 261 des Assoziierungsabkommens [EU-UA-AA] zwischen der Europäischen Union und der Europäischen Atomgemeinschaft und ihren Mitgliedstaaten einerseits und der Ukraine andererseits (ABl. 2015 L 192/32); sowie Art. 11.8 des Freihandelsabkommens [EUKFTA] zwischen der Europäischen Union und ihren Mitgliedstaaten einerseits und der Republik Korea andererseits (ABl. 2011 L 217/6).

744 S. hierzu statt aller grundlegend *Sokol*, Chi.-Kent L. Rev. 2008, 231, 262 ff.

ihrer internen Kartellrechtsgesetzgebungen in die Lage versetzen, diese extraterritorial anzuwenden, sofern private Wettbewerbsbeschränkungen geeignet sind, sich auf heimischem Territorium auszuwirken (sog. *effects doctrine*).[745] Naturgemäß verringert diese Ausweichmöglichkeit das Bedürfnis nach Rechtsverbindlichkeit von gemeinsam beschlossenen Standards, nichtsdestotrotz verwundert die defensive Haltung der Union auf bi- und plurilateraler Ebene aus dreierlei Gründen: Erstens sah ihr einstiger Vorschlag für ein *Competition Agreement* auf der WTO-Ministerkonferenz von Singapur (1996) dessen Unterstellung unter das DSU vor.[746] Zweitens ist sie selbstgewählt und liegt nicht stets in der Ablehnung durch Handelspartner begründet, wie die Aushandlung des Comprehensive Economic and Trade Agreement (CETA)[747] mit Kanada belegt hat, das im Gegensatz zur Union zu einer stärkeren Verrechtlichung der Kartellrechtsbeziehungen bereit gewesen wäre.[748] Drittens versagt die *effects doctrine* in reinen Drittstaatssachverhalten, in denen Wettbewerbsverzerrungen Privater sich lediglich auf Märkten außerhalb des EU-Territoriums auswirken und dort europäische Unternehmen behindern.[749]

b) Niedriger Grad an Ausdifferenzierung

In engem Zusammenhang mit dem Ausschluss bi- und plurilateral vereinbarter Kartellrechtskapitel vom Streitbeilegungsmechanismus steht die konkrete Ausgestaltung der dort vorzufindenden materiell-rechtlichen Bestimmungen.[750] Dies geht nach einer Ansicht sogar so weit, dass in deren Unschärfe sowie *best endeavour*-Charakter die eigentlichen Ursachen des Verzichts auf Durchsetzbarkeit zu erkennen seien.[751] Wenngleich diese

---

745 Zur differenzierenden Anwendung der *effects doctrine* durch Kommission und Gerichtshof vgl. näher *Mestmäcker/Schweitzer*, Europäisches Wettbewerbsrecht, 3. Aufl. 2014, § 7 Rn. 50 ff. m. weit. Nachw.

746 S. hierzu detailliert *Papadopoulos*, The International Dimension of EU Competition Law and Policy, S. 208 ff.

747 Umfassendes Wirtschafts- und Handelsabkommen [CETA] zwischen Kanada einerseits und der Europäischen Union und ihren Mitgliedstaaten andererseits (ABl. 2017 L 11/23).

748 *Melo Araujo*, The EU Deep Trade Agenda, 2016, S. 197, 200 f.

749 *Rehbinder*, in: Immenga/Mestmäcker (Hrsg.), Wettbewerbsrecht, Bd. 1, 6. Aufl. 2019, Abschnitt II A. Rn. 35 f.

750 *Demedts*, The Future of International Competition Law Enforcement, S. 346.

751 So *Bourgeois*, Competition Policy: The Poor Relation in the European Union Free Trade Agreements, S. 394.

Einschätzung vor allem zu vor dem Jahre 2006 geschlossenen Unionsabkommen getroffen wurde, so ist dennoch nicht zu verkennen, dass auch für die überwiegend präziser gefassten jüngeren Vereinbarungen ausschließlich im Falle von Beitritts- und Nachbarschaftsassoziierungen eindeutig identifizierbare Interpretationsmaßstäbe zur Verfügung stehen. Diese legen – korrespondierend mit klaren Pflichten zur Rechtsangleichung – nämlich direkt oder indirekt fest, dass potenziell relevante Verhaltensweisen Privater nach unionswettbewerbsrechtlichen Kriterien zu beurteilen sind.[752]

Unterstellt, ein gemäß den Vorgaben des entsprechenden Streitbeilegungskapitels eingerichtetes *ad hoc*-Schiedsgericht müsste die Kartellrechtsbestimmungen in einem von der Union mit einem ihrer außereuropäischen Handelspartner vereinbarten Freihandelsabkommen auslegen, so wäre das selbst dann nicht unproblematisch, wenn diese sich darauf beschränkten, den Wortlaut der Art. 101 und 102 AEUV (sowie gegebenenfalls Art. 3 der sekundärrechtlichen EG-Fusionskontrollverordnung[753]) zu paraphrasieren.[754] Weder wäre es zulässig, ohne nähere Begründung die von EuGH und Kommission geprägte unionale Anwendungspraxis zu übertragen, noch könnte das Schiedsgericht auf welthandelsrechtliche Präjudize oder konkretisierende Erläuterungen im Abkommen selbst rekurrieren.[755] Post-*Global Europe*-Kartellrechtskapitel weisen demnach zwar einen weiten Anwendungsbereich auf, der normative Mehrwert ihrer jeweiligen Einzelvorschriften bleibt allerdings trotz der regelmäßig erreichten (Teil-)Konvergenz mit dem Unionsprimärrecht über den transeuropäischen Einflussbereich hinaus äußerst begrenzt.[756] Wiederum gestaltet sich die diesbezügliche Ausgangslage im Falle des internationalen Beihilfen- und Subventionsrechts strukturell anders. Neben der Option umfassender Unionsrechtsexporte in Beitritts- und Nachbarschaftskonstellationen besteht mit dem ASÜ bereits ein multilaterales Grundregelwerk, dessen Am-

752 Vgl. exemplarisch Art. 73 Abs. 2 des Stabilisierungs- und Assoziierungsabkommen [EU-RS-SAA] zwischen den Europäischen Gemeinschaften und ihren Mitgliedstaaten einerseits und der Republik Serbien andererseits (ABl. 2013 L 278/16); sowie indirekt Art. 256 EU-UA-AA.

753 Verordnung (EG) Nr. 139/2004 des Rates v. 20. Januar 2004 über die Kontrolle von Unternehmenszusammenschlüssen, ABl. 2004 L 24/1.

754 Vgl. etwa den exakten Wortlaut von Art. 11.1 Abs. 3 EUKFTA.

755 S. hierzu kritisch auch *Melo Araujo*, The EU Deep Trade Agenda, S. 191 f.

756 Pointiert *Demedts*, The Future of International Competition Law Enforcement, S. 341: „[W]hile the scope is relative [sic] broad, the content of the provisions is rather limited."

pelansatz (s. oben *Teil 1 § 2 B.III.1.*) die Union in (Freihandels-)Abkommen mit WTO-Mitgliedern aus anderen Teilen der Welt gemäß ihren Vorstellungen in Gestalt von punktuellen Verschärfungen bzw. Erweiterungen *inter se* auszubauen sucht.

c) Fokus auf Kooperation und Koordination

Dass Kartellrechtsbestimmungen in (Freihandels-)Abkommen der Union gleichwohl nicht allein symbolischer Wert zukommt,[757] liegt daran, dass sie spätestens seit dem finalen Scheitern eines *Competition Agreement* im Rahmen der WTO und dem damit verbundenen Abrücken von Überlegungen zu einem Weltkartellrecht zunehmend von koordinationsbasierten Formen der Zusammenarbeit in internationalen Netzwerken der Kartellaufsichtsbehörden sowie bilateralen Kooperationsabkommen und Memorandums of Understanding (MoUs) flankiert werden. So bildet das im Jahre 2001 auf US-Initiative gegründete, nunmehr 160 Kartellaufsichtsbehörden umfassende International Competition Network (ICN), nicht nur ein virtuelles Forum zum Know-how-Austausch, sondern ebenso zur Etablierung praxisrelevanter sog. *best practices*.[758] EU-Kooperationsabkommen mit Drittstaaten bzw. MoUs zwischen der GD Wettbewerb und drittstaatlichen Behörden beinhalten Bemühensklauseln zur wechselseitigen Notifikation von privaten Wettbewerbsverzerrungen, zur Informationsübermittlung (unter Wahrung von Geheimhaltungspflichten) und nicht zuletzt zur Abstimmung der jeweiligen Rechtsverfolgung.[759]

Diese Maßnahmen führen zu einer Erhöhung der Transparenz und des gegenseitigen Vertrauens zwischen den Mitgliedern bzw. Vertragsparteien. Beides hat die Kommission sich im Zuge der *Global Europe*-Agenda auch im Hinblick auf die weltweite Vergabe von Subventionen zum Ziel gesetzt, wozu sie sowohl die Möglichkeiten zur Beobachtung der Praktiken in Drittländern ausbauen als auch die Transparenzanforderungen auf bi- und plurilateraler Ebene sowie innerhalb des WTO-Regimes zu

757 Vgl. zu diesem Aspekt instruktiv *Sokol*, Chi.-Kent L Rev. 2008, 231, 270 ff.

758 S. näher zur Rolle des ICN *Völcker*, in: Immenga/Mestmäcker, Abschnitt II B. Rn. 150 ff.

759 *Demedts*, The Future of International Competition Law Enforcement, S. 91 ff.; *Wagner-von Papp*, Competition Law in EU Free Trade and Cooperation Agreements, S. 336 ff.; s. speziell zu den Wesensmerkmalen kartellrechtlicher MoUs *Valle Lagares*, JECLP 2010, 155 ff.

verschärfen plant.[760] Erneut verbietet es sich jedoch, die kartellrechtlichen Lösungsansätze unverändert auf das internationale Subventionsrecht zu übertragen: Zum einen scheiterte die Inanspruchnahme des informell-koordinierenden ICN bereits daran, dass das Mandat von Kartellaufsichtsbehörden – sieht man von der GD Wettbewerb ab[761] – nicht die Aufsicht über Marktinterventionen durch staatliche Zuschüsse umfasst, sodass deren gesetzlich garantierte Unabhängigkeit, die eine teilweise Entpolitisierung und Kanalisierung der subventionsrechtlichen Reformdiskussion ermöglichte, sich nicht fruchtbar machen lässt. Zum anderen ergibt der Abschluss von speziell dem Beihilfen- bzw. Subventionsrecht gewidmeten Kooperationsabkommen bzw. MoUs aus Unionssicht allenfalls unter der Prämisse Sinn, dass die andere Vertragspartei entweder über ein erprobtes internes Kontrollsystem verfügt oder ein solches zumindest zu installieren gedenkt. Da erstere Alternative in Nicht-EU-Staaten nahezu niemals erfüllt ist (s. unten *§ 2 B.III.*), bleibt der Union lediglich die Option, Entwicklungs- und Schwellenländer bei der Einführung eines EU-inspirierten Regimes zu unterstützen.

3. Rechtliches Ideal des „Global Level Playing Field"

Nachdem die relative Stellung des Beihilfen- bzw. Subventionsrechts innerhalb der vertraglichen Handelspolitik und sein selbstständiges Gewicht in der Waagschale des internationalen Unionswettbewerbsrechts skizziert worden sind, drängt sich schließlich die Fragestellung auf, in welchem Verhältnis diese Disziplinen zu dem von der GD Wettbewerb zu einer Art Leitmotiv auserkorenen „Fairnessgedanken“ stehen.[762] Dieses Konzept ist eng verbunden mit dem wettbewerbsrechtlichen Ideal eines *level playing field* (zu Deutsch: gleiche Ausgangs- bzw. Wettbewerbsbedingungen)

---

760 Vgl. dazu die Nachw. o. in Fn. 682 bzw. 730.

761 Weitere Ausnahmen bilden die in den Jahren 2004 und 2007 beigetretenen mittel- und osteuropäischen EU-Mitgliedstaaten sowie aktuellen (potenziellen) Beitrittskandidaten des Westbalkans, die ihre in Vorbereitung auf die Mitgliedschaft und zur Erfüllung ihrer Pflichten aus den Europa- bzw. Stabilitäts- und Assoziierungsabkommen zu errichtenden Kartellaufsichtsbehörden zugleich mit der Beihilfenaufsicht befasst haben.

762 Vgl. konkret bezogen auf das Beihilfenrecht *Margrethe Vestager*, State aid and fair competition worldwide, Speech at the High Level Forum on State Aid Modernisation in Brussels, 28. Juni 2017; außerdem grundsätzlich Fairness and competition, Speech at the GCLC Annual Conference in Brussels, 25. Januar 2018.

und wurde aufgrund seiner Vagheit und Subjektivität kritisiert.[763] Tatsächlich handelt es sich bei ihm primär um einen „catchall term for the outcomes of [competition] enforcement“[764], dessen konkreter normativer Gehalt sich nicht unmittelbar erschließt. Nichtsdestoweniger suggeriert die Häufigkeit seiner Heranziehung gerade in international-beihilfenrechtlichem Zusammenhang,[765] dass ihm darüber hinaus gehende Bedeutung zukommt.

Im Zuge der Brexit-Verhandlungen führte die Kommission näher aus, welche rechtlichen Komponenten sie zur Schaffung des *post-Brexit level playing field* zwischen der EU der 27 und dem Vereinigten Königreich für essenziell erachtet.[766] Voranzustellen ist zwar, dass die hierzu von der Task Force Article 50 (TF50) angestellten Erwägungen aufgrund des einmaligen Desintegrationskontexts nicht für die gesamten Handelsbeziehungen verallgemeinert werden können, sie jedoch zur gestärkten externen Dimension des EU-Beihilfenrechts getroffene Einschätzungen zu bestätigen vermögen und zugleich ein neues Licht auf die Interdependenzen zwischen Globalisierung und Systemwettbewerb werfen.[767] So benannte die TF50 gleichsam wie die Verhandlungsleitlinien des Europäischen Rates die Beihilfenproblematik noch vor den drei Sachmaterien Steuern, Umwelt sowie Arbeit als einen der Kernaspekte eines regulatorischen Rahmenwerks der künftigen Handelsbeziehungen.[768] Dies zeigt einmal mehr die gesteigerte Bedeutung von *behind-the-border issues* in der vertraglichen Handelspolitik auf (s. oben *I.3.*), welcher die Union durch eine möglichst weitgehende Annäherung der materiellen Abkommensinhalte an EU-Standards und

---

763 So kurz zusammenfassend *Jones/Sufrin/Dunne*, EU Competition Law, 7. Aufl. 2019, S. 48 f.

764 *Crofts*, Vestager's 'fairness' mantra rattles through EU competition law, in: MLex v. 15.11.2016, online abrufbar unter https://mlexmarketinsight.com/insights-center/editors-picks/antitrust/europe/vestagers-fairness-mantra-rattles-through-eu-competition-law [zuletzt aufgerufen am 15.11.2019].

765 Vgl. konkret im Kontext der *tax rulings* jüngst *GD Wettbewerb*, EU competition policy in action, 2018, S. 18.

766 S. hierzu nur *Kommission*, Miscellaneous Paper – Slides on Level Playing Field v. 31.1.2018, TF50 (2018) 27.

767 Vgl. insoweit skeptisch noch *Bungenberg*, Europäisches Subventionsverwaltungsrecht, in: Terhechte (Hrsg.), Verwaltungsrecht der Europäischen Union, 1. Aufl. 2011, § 21 Rn. 71.

768 *Europäischer Rat*, Leitlinien im Anschluss an die Mitteilung des Vereinigten Königreichs gemäß Artikel 50 EUV, EUCO XT 20004/17, 29. April 2017, Rn. 20; *Kommission*, Miscellaneous Paper – Slides on Level Playing Field v. 31.1.2018, TF50 (2018) 27, 8.

deren robuster institutionellen Einkleidung durch die Unterstellung unter einen quasi-gerichtlichen Streitbeilegungsmechanismus gerecht zu werden versucht. Bemerkenswert ist aber vor allem die dem Ausblick inhärente systemwettbewerbliche Tendenz, wie sie in diesem Maße einzig aus der innerunionalen Diskussion um die Legitimität der Harmonisierung nach Art. 114 AEUV bekannt ist.[769] Im Rahmen der Beihilfenaufsicht kam sie (vergröbert) während der Phase der Etablierung (s. oben *Teil 1 § 1 B.II.1.*) sowie in der Folgezeit konzentriert auf die Themenkreise Steuergesetzgebung und -vorbescheide zum Tragen.[770] Versteht man bi- und plurilaterale Formen der Beihilfenkontrolle also (auch) als ein Mittel zur Herstellung „fairer" Wettbewerbsbedingungen zwischen Staaten und Regionen in Bezug auf die Ansiedlung mobiler Faktoren,[771] so erhält die klassische, das WTO-Subventionsrecht prägende Ratio der Absicherung zuvor ausgehandelter Marktzugangs- und Zollzugeständnisse (s. oben *Teil 1 § 2 B.III.1. bzw. 3.*) eine zusätzliche Facette, die bisher unterrepräsentiert war.[772]

Nicht zuletzt beinhaltet die bereits als „Mantra"[773] titulierte Fairness-Rhetorik der Kommission im Bereich der gesamten Handels- und Wettbewerbspolitik, welche einst traditionell dem Einsatz von Handelsschutzinstrumenten, das heißt Abwehrmaßnahmen gegen gedumpte und subventionierte Importe vorbehalten war, ein starkes Reziprozitätselement (s. dazu sogleich *C.I.*). Verkürzt gesprochen hat es zur Folge, dass der EU sich bei der Realisierung der von ihr ausgegebenen Devise in beihilfenrechtlicher Hinsicht zwei entgegengesetzte Ansatzpunkte bieten: Da die Kommission die intern auferlegten Kontrollmechanismen für belastender erachtet als diejenigen in Drittstaaten, kann sie zum Erhalt der Wettbewerbsfähig-

769 Vgl. grundsätzlich zum Konflikt zwischen Systemwettbewerb und Regulierung durch Rechtsangleichung *Tietje*, in: Grabitz/Hilf/Nettesheim (Hrsg.), Das Recht der EU, 67. EL Juni 2019, Art. 114 AEUV Rn. 25 ff.

770 Vgl. zur damaligen Herstellung des Zusammenhangs zwischen schädlichem Steuerwettbewerb und EU-Beihilfenrecht durch den Verhaltenskodex zur Unternehmensbesteuerung aus dem Jahre 1997 *Gross*, RIW 2002, 46 ff.; eine Einordnung beihilfenrechtlich potenziell problematischer *tax rulings* erfolgt in *GD Wettbewerb*, Internal Working Paper – Background to the High Level Forum on State Aid of 3 June 2016.

771 So *Gröteke/Heine*, WuW 2003, 257, 258 m. zahlr. weit. Nachw.

772 S. hierzu aber neuerdings *Goller*, Die Rolle des Europäischen Beihilferechts im globalen Standortwettbewerb.

773 *Crofts*, Vestager's 'fairness' mantra rattles through EU competition law, in: MLex v. 15.11.2016. Editorial Comments, CMLR 2018, 373, 375, zählen in der Mitteilung *Kommission*, Reflexionspapier – Die Globalisierung meistern, COM(2017) 240 final, insgesamt über zwei Dutzend Mal die Begriffe „fair" bzw. „unfair".

keit europäischer Unternehmen einerseits die eigenen Standards ändern, indem sie beispielsweise ihre Aufsicht über mitgliedstaatliche Beihilfen lockert (s. dazu sogleich *III.*), oder andererseits – und wie von der Kommission angekündigt (s. oben *II.1.*) – durch einen Beihilfenrechtsexport auf internationaler Ebene eine schrittweise Annäherung an das unionsinterne Regulierungsniveau erreichen.[774]

C. „Free Rider"-Problematik

Der Begriff des *Free Rider*-Effekts entstammt ursprünglich den Wirtschaftswissenschaften und beschreibt ein Phänomen, bei dem Wirtschaftssubjekte aufgrund mangelnder Ausschließbarkeit am Nutzen eines öffentlichen Gutes partizipieren können, ohne hierfür bezahlen zu müssen.[775] In einem untechnischen Sinne verstanden wird er darüber hinaus vielfach im Zusammenhang des internationalen (Frei-)Handels verwendet. Dort dient er unter anderem der Beschreibung sog. „Trittbrettfahrer"-Konstellationen, in welchen Staaten, die in einer bestimmten handelsrechtlich relevanten Disziplin nur ein geringes internes Regulierungs- bzw. Liberalisierungsniveau vorweisen und diesbezüglich keine nennenswerten Verpflichtungen gegenüber Drittstaaten eingegangen sind, ohne Erbringung einer Gegenleistung von strengeren bzw. weitreichenderen national- oder völkerrechtlichen Bindungen ihrer Handelspartner profitieren können.[776]

Im Bereich des internationalen Beihilfen- bzw. Subventionsrechts drängt sich das beschriebene Problem für die Union in besonderer Weise auf, hat sie doch dem Grundsatz der Reziprozität im Rahmen der GHP in der jüngeren Vergangenheit einen höheren Stellenwert eingeräumt *(I.)* und sind der EU-Beihilfenaufsicht durch die Kommission – im Unterschied zur Situation in der Kartell-, Marktmissbrauchs- sowie Fusionsaufsicht – bisher territoriale Grenzen gesetzt *(II.)*. Hinzu kommt, dass eine Umsetzung der wiederkehrenden Forderung, Subventionen durch andere

---

774 Vgl. allgemein zu diesem die gesamte neue Handelsstrategie der Union kennzeichnenden Muster *Melo Araujo*, The EU Deep Trade Agenda, S. 233 ff.

775 Vgl. dazu den Nachw. o. in Fn. 583.

776 S. konkret bezogen auf das internationale Beihilfen- und Subventionsrecht *Dupont/Scharf*, External aspects of State aid policy, Rn. 1.433 (Fn. 347); vgl. allgemein zur *free rider*-Problematik *Davey/Pauwelyn*, MFN-Unconditionality: A Legal Analysis of the Concept in View of Its Evolution in the GATT/WTO Jurisprudence, in: Pauwelyn/Guzman/Hillman (Hrsg.), International Trade Law, 3. Aufl. 2016, S. 324 ff.

Staaten mithilfe von sog. *matching aid* zu bekämpfen, oder die Rechtfertigungstatbestände in Art. 107 Abs. 3 AEUV unter industriestrategischen Gesichtspunkten auszulegen, sowohl aus binnenmarkt- und wettbewerbsrechtlichen wie auch aus WTO-rechtlichen Gründen allenfalls in äußerst beschränktem Umfang einen Beitrag zur Auflösung des Dilemmas leisten kann *(III.)*. Zuletzt bleibt darzulegen, warum ein bi- und plurilateraler Beihilfenrechtsexport trotz des gegen ihn angeführten Argumentes, dass er lediglich das bereits bestehende *free rider*-Dilemma durch ein neues ersetze, gleichwohl den einzigen Lösungsweg darstellt, welcher sowohl rechtlich zulässig ist als auch dem unionalen Selbstverständnis als *normative power* entspricht *(IV.)*.

I. International-handelsrechtlicher Grundsatz der Reziprozität

Das allgemein völkerrechtliche Prinzip der Reziprozität ist auch ohne Normierung nach wie vor im internationalen Handelsrecht präsent *(1.)*. Im unionalen Kontext bietet der Zielkatalog in Art. 3 Abs. 5 S. 2 EUV – mit seiner Aufforderung zu einem Beitrag zu „freiem und *gerechtem* Handel“[777] (engl.: *free and fair trade*) – einen primärrechtlichen Anknüpfungspunkt *(2.)*. Auf rechtspraktischer Ebene entfaltet die von der Kommission verfolgte Wiederbelebung des Reziprozitätsgedankens unter anderem eine beihilfen- bzw. subventionsrechtliche Dimension. Dies illustrieren neue Verordnungen und Verordnungsvorschläge im Handelsschutz, in der Investitionskontrolle und im Beschaffungswesen, deren (Nicht-)Zustandekommen und inhaltliche Ausgestaltung allerdings bereits indizieren, dass sie bei der Schaffung eines beihilfenrechtlichen *Global Level Playing Field* lediglich eine flankierende Stellung einnehmen werden *(3.)*.

1. Verankerung im Welthandelsrecht

Reziprozität – weit verstanden im Sinne einer Wechselbezüglichkeit von Rechten und Pflichten – stellt kein genuin international-handelsrechtliches Prinzip dar, sondern hat seine tieferen Wurzeln vielmehr im allgemeinen Völkerrecht.[778] Dort meint Reziprozität zunächst generell, dass

---

777 Hervorhebung durch den Verfasser.

778 Vgl. knapp zu den Ursprüngen im Recht der diplomatischen Beziehungen und im Kriegsvölkerrecht *Herdegen*, Völkerrecht, 18. Aufl. 2019, § 1 Rn. 15 ff.

ein Staat, der einen Anspruch auf eine bestimmte völkerrechtliche Norm stützt, deren Bindungswirkung auch sich selbst gegenüber bejaht.[779] Das Prinzip stellt daher einen der wichtigsten Entstehungsgründe von Völkervertragsrecht und zugleich den Ausgangspunkt für dessen Praxisauslegung und -anwendung, Durchsetzung sowie Suspendierung oder Beendigung dar.[780]

Speziell im WTO-Recht kommt dem Reziprozitätsprinzip eine strukturbildende Funktion zu.[781] Zum einen findet es sich explizit oder implizit in materiell-rechtlichen und prozeduralen Vorschriften des GATT (vgl. etwa Art. XXVIII*bis* GATT), dessen Seitenabkommen (vgl. im subventionsrechtlichen Kontext Art. 4.10 ASÜ) sowie im DSU (vgl. Art. 22.4 DSU) wieder,[782] zum anderen – und gewichtiger – bildet es gemäß der Präambel des ÜWTO die Grundlage des durch den Abschluss sämtlicher Marrakesch-Übereinkommen angestrebten wesentlichen Abbaus der Zölle und anderer Handelsschranken.[783] Letzterer erfolgt im Sinne eines sog. *tit for tat* bei der gegenseitigen Einräumung gleichwertiger Handelszugeständnisse durch die Mitglieder und wird nur durchbrochen durch die Verpflichtung zur Meistbegünstigung in Art. I:1 GATT sowie die in Art. XXXVI:8 GATT statuierte Ausnahme zugunsten von Entwicklungsländern.

Kritik im Schrifttum entzündete sich an einer zu pauschalen Charakterisierung der Gesamtheit der WTO-Rechtsordnung als reziprok oder vom Prinzip der Reziprozität maßgeblich geprägt. Gefordert wird neben einer in zeitlicher Hinsicht differenzierenden Bewertung der Reziprozität eines Übereinkommens – zuerst bezüglich dessen Genese, in einem zweiten Schritt bezüglich dessen Durchführung in der WTO-Rechtspraxis[784] – vor allem eine qualitative Differenzierung zwischen Marktzugangskonzessio-

---

779 *Dolzer*, Wirtschaft und Kultur, in: Vitzthum (Hrsg.), Völkerrecht, 5. Aufl. 2010, Abschnitt 6 Rn. 26.

780 Vgl. hierzu statt vieler grundlegend *Simma*, Das Reziprozitätselement im Zustandekommen völkerrechtlicher Verträge: Gedanken zu einem Bauprinzip der internationalen Rechtsbeziehungen, 1972, S. 55 ff.; sowie aus heutiger Sicht (zu Argumenten für und wider die Reziprozität in der WTO) *Senti*, ORDO 2005, 315 ff.

781 *Stoll/Schorkopf*, WTO – Welthandelsordnung und Welthandelsrecht, 2002, Rn. 97.

782 *Göttsche*, WTO als Rechtsordnung, in: Hilf/Oeter (Hrsg.), WTO-Recht, § 5 Rn. 44.

783 Art. II:2 ÜWTO erstreckt das in der Präambel formulierte Reziprozitätsgebot auf alle Anlagen zum ÜWTO mit Ausnahme der plurilateralen Übereinkünfte.

784 So die Differenzierung von *Schwartmann*, Private im Wirtschaftsvölkerrecht, S. 319 m. weit. Nachw.

nen im engeren Sinne sowie anderen Regelungsbereichen.[785] Ohne an dieser Stelle näher auf diese Probleme eingehen zu können, lässt sich jedenfalls für das ASÜ – gleichsam übertragbar auf das gesamte internationale Subventionsrecht – vertreten, dass dieses sowohl in seinem Zustandekommen (s. oben *Teil 1 § 2 B.I.1.*) als auch in seiner konkreten Ausgestaltung (vgl. insbesondere den antisubventionsrechtlichen Teil V des ASÜ) einen Gegenseitigkeitszusammenhang aufweist.[786] Weiterhin ist nicht ersichtlich, warum von ihm nicht über klassische Zollrunden hinaus auch Verhandlungen über nichttarifäre Handelshemmnisse und aus diesen resultierende multilaterale WTO-Übereinkünfte oder bi- und plurilaterale Freihandelsverträge erfasst sein sollen. Zwar erscheint etwa ein reziproker Abbau von Subventionen in einem an Art. XXVIII*bis* GATT angelehnten streng formalisierten Verfahren auf absehbare Zeit in der Tat unwahrscheinlich,[787] dies heißt aber nicht zugleich, dass die Bewältigung von *behind-the-border issues* außerhalb von enger verfassten Integrationsräumen wie Gemeinsamen Märkten oder Zollunionen einer grundlegend anderen Logik folgen würde. In gleichem Maße wie Zölle weltweit stetig sinken, steigt insbesondere das Interesse der Union, in Bereichen, in denen im EU-Binnenmarkt aktive Drittstaatsunternehmen von den hohen unionsinternen Liberalisierungsstandards profitieren, rechtliche Vorkehrungen zu treffen, die dafür sorgen, dass ihren Handelspartnern in aller Welt ausreichend Anreize verbleiben, unionsansässigen Unternehmen ihrerseits einen gleichwertig abgesicherten Marktzugang zu gewähren.

Reziprozität kommt im internationalen Handelsrecht demzufolge eine doppelte Bedeutung zu: Sie bildet nicht nur eines der rechtlichen Strukturprinzipen der Welthandelsordnung, sondern ist zudem als eine – wenngleich aus wirtschaftstheoretischer Sicht „paradoxe“[788] – politische Vorgabe zu verstehen, die dem Erhalt bzw. Ausbau der Verhandlungsmasse in Handelsgesprächen dient sowie Liberalisierungsfolgen und Trittbrettfahrereffekte abzufedern geeignet ist.[789]

---

785 S. hierzu statt vieler *Stoll/Schorkopf*, WTO – Welthandelsordnung und Welthandelsrecht, Rn. 109 ff.

786 S. in diesem Sinne *Göttsche*, WTO als Rechtsordnung, § 5 Rn. 44; vgl. für eine abweichende Sichtweise allerdings *Stoll/Schorkopf*, WTO – Welthandelsordnung und Welthandelsrecht, Rn. 111.

787 S. hierzu *Nowak*, Subventionen, in: Hilf/Oeter (Hrsg.), WTO-Recht, § 13 Rn. 21.

788 So *Stoll/Schorkopf*, WTO – Welthandelsordnung und Welthandelsrecht, Rn. 98, die zu Recht darauf hinweisen, dass eine unilaterale Handelsliberalisierung den gleichen Wohlfahrtsgewinn erzielte.

789 Ebd., Rn. 99 bzw. 100.

2. Primärrechtliche Anknüpfungspunkte

Hierauf baut auch das Unionsprimärrecht auf, wenn es in Art. 3 Abs. 5 S. 2 EUV neben zahlreichen weiteren außenpolitischen Zielen freien und gerechten Handel als Maxime aufzählt. Während die Bedeutung des „freien Handels“ insbesondere im Rahmen des GHP-Zielkataloges in Art. 206 AEUV näher ausbuchstabiert wird,[790] bleibt der materielle Gehalt von „gerechtem (verbreiteter: fairem) Handel“ zunächst diffus. Seine ethische Dimension geht vollständig in den allgemeinen Bestimmungen über das auswärtige Handeln der Union in Art. 21 EUV auf.[791] Die reziproke Stoßrichtung erschließt sich demgegenüber erst durch eine Zusammenschau mit den Einzelvorschriften der Art. 21 Abs. 2 lit. a und e EUV (Wahrung „grundlegende[r] Interessen“ und „schrittweise[r] Abbau internationaler Handelshemmnisse“) sowie Art. 206 AEUV („schrittweise[] Beseitigung der Beschränkungen im internationalen Handelsverkehr“) und Art. 217 AEUV („Assoziierung mit gegenseitigen Rechten und Pflichten“), da über die genauen Hintergründe, wie und aus welchen Beweggründen die Formulierung Eingang in den Entwurf zum EU-Verfassungsvertrag und später in den Vertrag von Lissabon fand, nichts bekannt ist.[792]

Dass auch der EuGH Reziprozitätserwägungen maßgeblich in seine Überlegungen einbezieht, zeigt sich an seiner – in ständiger Rechtsprechung verfolgten – strikten Ablehnung der unmittelbaren Wirkung jeglicher WTO-Übereinkunft[793] und der Entscheidungen der WTO-Streitbeilegungsorgane[794] sowie der Verneinung einer unionsrechtlichen Haftung auf Grundlage von Art. 340 Abs. 2 AEUV wegen eines Verstoßes gegen WTO-Recht oder einer Missachtung eines vom DSB bestätigten Panel- bzw. AB-Berichts[795]. Die Zurückhaltung beruht auf der primär handelspolitischen Logik, dass eine Bejahung der unmittelbaren Wirkung Verhandlungsspielräume der EU gegenüber Handelspartnern zu stark einengte, da

---

790 *Weiß*, Vertragliche Handelspolitik der EU, § 10 Rn. 13.

791 Vgl. pauschaler *Pechstein*, in: Streinz, Art. 3 EUV Rn. 12, der dies für Art. 3 Abs. 5 EUV insgesamt annimmt.

792 S. hierzu Editorial Comments, CMLR 2018, 373, 373 f.

793 Vgl. zur abgelehnten unmittelbaren Wirkung des GATT 1947 grundlegend EuGH verb. Rs. 21–24/72, Slg. 1972, 1219 – International Fruit Company u.a.; zur Fortschreibung der besagten Rechtsprechung auch nach Gründung der WTO EuGH C-149/96, Slg. 1999, I-8425 – Portugal/Rat.

794 EuGH C-94/02 P, Slg. 2003, I-10565 Rn. 64 ff. – Biret und Cie/Rat.

795 EuGH C-120/06 P, Slg. 2008 I-6513 Rn. 164 ff., 176 – FIAMM u.a./Rat und Kommission.

diese sie durchweg negierten.[796] Trotz der Gründung der im Vergleich zum GATT stärker verrechtlichten WTO führt der EuGH weiterhin die mangelnde Unbedingtheit der Verpflichtungen aus den WTO-Übereinkommen, deren Auslegung und Anwendung im Rahmen des DSU nach wie vor stark von intergouvernementalen Verhandlungen geprägt sei, als ein Argument gegen die unmittelbare Wirkung an.[797]

Schließlich bemüht er den Reziprozitätsgrundsatz nicht ausschließlich in welthandelsrechtlich gelagerten Sachverhalten, sondern entnimmt ihm – wie zuletzt im Gutachten 1/17 zu dem im CETA vorgesehenen Investitionsgerichtsbarkeitssystem – zusätzlich weitere Variationen.[798] Diese betreffen die im Verhältnis zu Drittstaaten zu verneinende Anwendbarkeit des Diskriminierungsverbots in Art. 18 AEUV[799] sowie des Gleichheitssatzes in Art. 20 GRCh[800] oder das diesen gegenüber – anders als unter EU-Mitgliedstaaten – nicht *per se* zu vermutende Vertrauen in die Beachtung des Rechts auf einen wirksamen Rechtsbehelf vor unabhängigen Gerichten.[801]

3. Neupriorisierung im Rahmen der GHP

Nachdem sie zuvor bereits in Strategiepapieren angedeutet worden war, sprach der damalige EU-Kommissionspräsident *Jean-Claude Juncker* die neue Reziprozitätsfokussierung erstmalig in seiner „Rede zur Lage der Union" von 2017[802] klar aus und untermauerte sie mit einer konkreten Initiative zur Einführung eines unionsweiten sog. *Investment Screening* (InvÜbVO).[803] In eine ähnliche Richtung weisen auch Anpassungen der Anti-

---

796 S. hierzu differenzierend *Streinz/Herrmann*, Die EU als Mitglied der WTO, § 11 Rn. 123, die die Rechtslage in den USA, Japan sowie China gegenüberstellen.

797 EuGH C-149/96, Slg. 1999, I-8425 Rn. 36 ff. – Portugal/Rat.

798 S. hierzu zusammenfassend *Herrmann*, ZEuS 2019, 429, 453.

799 EuGH Gutachten 1/17, ECLI:EU:C:2019:341 Rn. 169.

800 Ebd., Rn. 173.

801 Ebd., Rn. 129.

802 *Jean-Claude Juncker*, Rede zur Lage der Union 2017 in Brüssel, SPEECH/17/3165, 13. September 2017.

803 *Kommission*, Vorschlag für eine Verordnung des Europäischen Parlaments und des Rates zur Schaffung eines Rahmens für die Überprüfung ausländischer Direktinvestitionen in der Europäischen Union, COM(2017) 487 final; nunmehr Verordnung (EU) 2019/452 des Europäischen Parlaments und des Rates v. 19. März 2019 zur Schaffung eines Rahmens für die Überprüfung ausländischer Direktinvestitionen in der Union, ABl. 2019 LI 79/1.

subventionsgrundverordnung (AS-GVO)[804] sowie der von der Kommission im Jahre 2016 überarbeitete Verordnungsvorschlag für ein *International Procurement Instrument* (IPI) und diesen begleitendes *soft law*.[805] Dabei soll es vorliegend nicht darum gehen, den rechtlichen Mehrwert dieser Rechtsetzungsaktivitäten in allen Einzelheiten zu erörtern; vielmehr gilt es, übergeordnete Gemeinsamkeiten offenzulegen und die jeweiligen international-beihilfenrechtlichen Implikationen zu bewerten.

Das in den drei Reformprojekten zum Ausdruck kommende Streben nach verbesserter Reziprozität bedeutet im Falle der InvÜbVO und des IPI – wie im formellen Titel des letzteren Legislativvorstoßes sogar explizit proklamiert – insbesondere einen „reziprokeren" Zugang zu verschlossenen Drittlandsmärkten in den aufstrebenden Volkswirtschaften der BRICS-Staaten. Im Falle der AS-GVO – als ein handelspolitisches Schutzinstrument – richtet sie sich neben der Herstellung eines Gleichklangs mit der Praxis anderer WTO-Mitglieder auf die stärkere Betonung des Fairness- anstatt des Kompensationsaspekts der Verhängung von Ausgleichszöllen. Allen gemeinsam sind die bis dato wenig thematisierten, im Grundsatz jedoch durchaus vorstellbaren positiven Reflexwirkungen auf die allgemeine Subventionsdisziplin der durch die spätere Anwendung der jeweiligen Rechtsakte direkt oder indirekt adressierten Drittstaaten. Zugleich tragen die Pläne aber auch die Gefahr in sich, protektionistischen Tendenzen Vorschub zu leisten oder aus unilateralen Handels- und Investitionsliberalisierungen resultierende Wohlfahrtsgewinne zumindest

---

804 S. einerseits Verordnung (EU) 2017/2321 des Europäischen Parlaments und des Rates v. 12. Dezember 2017 zur Änderung der Verordnung (EU) 2016/1036 über den Schutz gegen gedumpte Einfuhren aus nicht zur Europäischen Union gehörenden Ländern und der Verordnung (EU) 2016/1037 über den Schutz gegen subventionierte Einfuhren aus nicht zur Europäischen Union gehörenden Ländern, ABl. 2017 L 338/1; sowie andererseits die umfassendere Verordnung (EU) 2018/825 des Europäischen Parlaments und des Rates v. 30. Mai 2018 zur Änderung der Verordnung (EU) 2016/1036 über den Schutz gegen gedumpte Einfuhren aus nicht zur Europäischen Union gehörenden Ländern und der Verordnung (EU) 2016/1037 über den Schutz gegen subventionierte Einfuhren aus nicht zur Europäischen Union gehörenden Ländern, ABl. 2018 L 143/1.

805 *Kommission*, Geänderter Vorschlag für eine Verordnung des Europäischen Parlaments und des Rates über den Zugang von Waren und Dienstleistungen aus Drittländern zum EU-Binnenmarkt für öffentliche Aufträge und über die Verfahren zur Unterstützung von Verhandlungen über den Zugang von Waren und Dienstleistungen aus der Union zu den Märkten für öffentliche Aufträge von Drittländern, COM(2016) 34 final; Mitteilung – Leitlinien zur Teilnahme von Bietern und Waren aus Drittländern am EU-Beschaffungsmarkt, C(2019) 5494 final.

zu schmälern, indem sie das Reziprozitätsprinzip überhöhen. Die Notwendigkeit der umfassenden Austarierung dieser Faktoren unter gleichzeitiger Berücksichtigung unionsinterner Effekte und primärrechtlicher Grenzen führt letztlich dazu, dass die erwünschte handelspolitische Hebelwirkung (engl.: *leverage*) als eher gering einzuschätzen ist.

a) Antisubventionsregime

Symptomatisch für einen derartigen Balanceakt steht die nach einem mehr als sechs Jahre andauernden, äußerst kontroversen Reformprozess im Juni 2019 in Kraft getretene Modernisierung der handelspolitischen Schutzinstrumente sowie die bereits zuvor ergangene Änderungsverordnung zur Antidumping-Methodologie.[806] Nicht nur machte sich dabei die infolge des Vertrags von Lissabon gestärkte Stellung des Parlaments bemerkbar, das sich unter anderem für eine Koppelung der autonomen Handelspolitik mit Fragen des globalen Sozial- und Umweltschutzes einsetzte,[807] sondern in gleichem Maße die durch eine unterschiedlich ausgeprägte Import- bzw. Exportorientierung bedingten Interessengegensätze zwischen den einzelnen Zweigen der Unionswirtschaft – und korrespondierend hierzu zwischen den Mitgliedstaaten.[808] Faktisch sind es nämlich einzig Belange produzierender importkonkurrierender Unternehmen, die mit Antidumping- und Ausgleichszöllen vor übermäßigem Wettbewerb durch aufgrund von unfairen Handelspraktiken bessergestellte Drittstaatsunternehmen geschützt werden können.[809]

Neben den in Öffentlichkeit und Schrifttum hauptsächlich diskutierten WTO- und unionsrechtlichen Konsequenzen der neuen Regeln zur

---

806 S. hierzu überblicksartig *Hook*, EuZW 2019, 188 ff.

807 Diese Forderung fand nunmehr Eingang in Art. 2 Abs. 6a lit. a der Verordnung (EU) 2016/1036 des Europäischen Parlaments und des Rates v. 8. Juni 2016 über den Schutz gegen gedumpte Einfuhren aus nicht zur Europäischen Union gehörenden Ländern, ABl. 2016 L 176/21. Er sieht vor, dass im Falle der Notwendigkeit des Ausweichens auf ein Vergleichsland bei der Dumping-Feststellung unter mehreren vergleichbaren Drittländern bevorzugt dasjenige als Maßstab heranzuziehen ist, in dem ein „angemessener Sozial- und Umweltschutz" vorherrscht.

808 Vgl. hierzu lediglich *Hoffmeister*, Modernising the EU's Trade Defence Instruments: Mission Impossible?, in: Herrmann/Simma/Streinz (Hrsg.), Trade Policy between Law, Diplomacy and Scholarship: Liber Amicorum in memoriam Horst G. Krenzler, 2015, S. 365, 368 ff.

809 *Coppens*, WTO Disciplines on Subsidies and Countervailing Measures, S. 589.

Festlegung von Antidumpingzöllen, wonach als Reaktion auf das Auslaufen einer Übergangsbestimmung im WTO-Beitrittsprotokoll Chinas nicht mehr zwischen Ländern mit und ohne Marktwirtschaft differenziert wird (vgl. nur Art. 2 der Antidumpinggrundverordnung – AD-GVO[810]), erfolgten zudem wichtige Modifikationen der sog. *lesser duty rule* (dt.: Niedrigzollregel), welche insbesondere die AS-GVO[811] betreffen. Die nicht WTO-rechtlich determinierte *lesser duty rule* gilt als traditionelles Spezifikum des EU-Handelsschutzes und unterwirft Ausgleichszölle einer doppelten Obergrenze dergestalt, dass diese nicht nur die Subventionsspanne nicht überschreiten dürfen, sondern darüber hinaus auf diejenige Höhe beschränkt sind, die zum Ausgleich der Schädigung erforderlich ist.[812] Art. 12 Abs. 1, UAbs. 3 f. und Art. 15 Abs. 3 UAbs. 1 AS-GVO kehren die Regel nunmehr um, indem der Ausgleichszoll der ermittelten Gesamthöhe der anfechtbaren Subventionen zu entsprechen hat, es sei denn, die Kommission gelangte zu dem eindeutigen Ergebnis, dass die volle Ausschöpfung nicht im Interesse der Union liegt. Eingerahmt von weiteren prozeduralen Verschärfungen[813] stehen die Neuerungen im Einklang mit der Ankündigung einer robusteren Praxis des Handelsschutzes durch die GD Handel[814] und können als eine vorsichtige Annäherung an die US-Vorgehensweise interpretiert werden, die seit jeher auf die *lesser duty rule* verzichtet.

Die USA begründen ihre Haltung mit dem angeblichen Abschreckungseffekt von Ausgleichsmaßnahmen, der Länder, die in umfangreicher Weise Subventionen gewähren, dazu bewege, die Verwendung des Instruments zu drosseln.[815] Der Erklärungsansatz ist indessen empirisch nicht zu bele-

---

810 Vgl. dazu den Nachw. o. in Fn. 807.

811 Verordnung (EU) 2016/1037 des Europäischen Parlaments und des Rates v. 8. Juni 2016 über den Schutz gegen subventionierte Einfuhren aus nicht zur Europäischen Union gehörenden Ländern, ABl. 2016 L 176/55.

812 Vgl. knapp *Scharf*, in: Krenzler/Herrmann/Niestedt, 13. EL Mai 2019, Art. 7 Antidumping-VO 2016 Rn. 9 f., dessen diesbezügliche Erläuterungen zur AD-GVO auch auf die AS-GVO zutreffen.

813 Sofern nunmehr zum Beispiel erst während des Verfahrens die Existenz weiterer Subventionen als der im konkreten Fall untersuchten bekannt wird, kann die Kommission dem betreffenden Drittstaat nach Art. 10 Abs. 7 AS-GVO auch zu diesen Konsultationen anbieten. Damit soll laut Erwägungsgrund Nr. 10 der Änderungsverordnung (EU) 2017/2321 (Fn. 804) dem Umstand Rechnung getragen werden, dass das tatsächliche Ausmaß der Subventionierungen für gewöhnlich erst im Laufe der jeweiligen Untersuchung zutage tritt.

814 S. in diese Richtung *Kommission*, Reflexionspapier – Die Globalisierung meistern, COM(2017) 240 final, 16.

815 S. für diese tradierte Auffassung sämtlicher US-Administrationen stellvertretend *Magnus*, JWT 2004, 985, 991.

gen und krankt insbesondere daran, dass selbst wenn man eine solche Wirkung von Zusatzzöllen anerkennen wollte, es nicht als gesichert anzusehen ist, dass diese gegenüber den durch unilaterale Interventionen verursachten ökonomischen Ineffizienzen überwöge.[816] Auch weckt deren lediglich sporadische und unkoordinierte Nutzung durch die USA, die Union und wenige weitere WTO-Mitglieder Bedenken, dass Ausgleichsmaßnahmen tatsächlich einen substanziellen Beitrag zur Verbesserung der internationalen Subventionsdisziplin leisten.[817] Dementsprechend findet eine dahingehende Zielsetzung in den Erwägungsgründen der reformierten AS-GVO keine Erwähnung, und der Kommission verbleibt durch das Regel-Ausnahme-Prinzip noch immer die Möglichkeit, auf die *lesser duty rule* zu rekurrieren und von der neuerdings „verfeinerten" Berechnungsweise der Schädigungsspanne[818] Gebrauch zu machen. Die gänzliche Abkehr verliehe zwar Erwägungsgrund Nr. 30 Ausdruck, nach dem die Union der Auslegung des ASÜ durch ihre wichtigsten Handelspartner umfassend Rechnung trägt, stünde aber zugleich im Widerspruch zu ihrer in bi- und plurilateralen (Freihandels-)Abkommen verfolgten Strategie, die unionsrechtliche *lesser duty rule* partiell zu internationalisieren.[819]

b) Investitionskontrolle

Gemäß Art. 1 Abs. 1 der seit Oktober 2020 geltenden InvÜbVO schafft diese einen Rahmen für die Überprüfung ausländischer Direktinvestitionen in der Union durch die Mitgliedstaaten aus Gründen der Sicherheit oder der öffentlichen Ordnung sowie für einen Kooperationsmechanismus zwischen den Mitgliedstaaten bzw. zwischen Mitgliedstaaten und Kommission.[820] Mindestens gleichrangig dient sie aber auch als Instrument zur Herstellung von Reziprozität, verfügen doch etwa die USA und China bereits über entsprechende Kontrollgesetzgebungen[821] und nutzen diese

816 So das Fazit der ökonomischen Analyse bei *Sykes*, Columbia Law Rev. 1989, 199, 257 ff.

817 *Coppens*, WTO Disciplines on Subsidies and Countervailing Measures, S. 589.

818 Vgl. zu deren Hintergründen *Herrmann/Müller-Ibold*, EuZW 2018, 749, 754 f.

819 S. hierzu knapp *Neumann*, Export des europäischen Beihilfenrechts, S. 129 (Fn. 586) m. weit. Nachw.

820 Vgl. zusammenfassend zu den Inhalten der InvÜbVO *Herrmann*, ZEuS 2019, 427, 459 f.

821 Die entsprechenden US-amerikanischen und chinesischen Überprüfungsmechanismen vergleicht *Hartge*, SJIL 2013, 239 ff.

zum Ausbau ihrer Verhandlungsmasse in Handelsgesprächen betreffend den wechselseitigen Marktzugang mit Drittstaaten. Aus letzterem Grund liegt es in der Tat nahe, die neue Verordnung als Ausfluss eines sog. „*investment screening paradox*“ zu begreifen.[822] Dieses besteht darin, dass die EU und ihre Mitgliedstaaten in einem ersten Schritt beginnen, Direktinvestitionen aus Drittstaaten stärker zu regulieren, um im Gegenzug für den Abbau ebenjener Restriktionen perspektivisch eine europäische Investoren begünstigende, umfassendere Liberalisierung von Auslandsinvestitionen in Drittlandsmärkten erreichen zu können.[823]

In Betracht zu ziehen ist, dass das Investitionskontrollregime mittelbar auch für eine Verbesserung der internationalen Subventionsdisziplin sorgen könnte, da Art. 4 Abs. 2 lit. a InvÜbVO unter anderem die staatliche Kontrolle (und damit auch Subventionierung) des Drittstaatenerwerbers als eine der möglichen Faktoren nennt, die bei der Beurteilung, ob dessen Direktinvestition in die Union die Sicherheit oder die öffentliche Ordnung voraussichtlich beeinträchtigt, zulässigerweise herangezogen werden dürfen.[824] Dies dient zum einem der Erreichung des Primärziels der InvÜbVO, erscheint es doch vor allem im Falle von Investoren aus Drittstaaten, die sich in einem noch nicht abgeschlossenen marktwirtschaftlichen Transformationsprozess befinden sowie durch eine hohe Staatsquote auszeichnen, naheliegend, dass deren externe Investitionen nicht ausschließlich auf Grundlage ökonomisch orientierter Kriterien erfolgen.[825] Zum anderen erhöht die Aussicht, dass die Verflechtung eines ausländischen Investors mit staatlichen Stellen – beispielsweise in Gestalt eines öffentlichen Unternehmens – fortan dessen Chancen auf den Erwerb von Anteilen europäischer Unternehmen schmälern könnte, den Druck auf Handelspartner wie die BRICS, die finanziellen Beziehungen zu ihren jeweiligen öffentlichen Unternehmen transparenter auszugestalten. Somit könnte eine verschärfte Investitionskontrolle als Katalysator der Schließung von Regelungslücken im ASÜ (s. oben *A.I.2.*) oder sogar einer Annäherung an den unionalen Goldstandard der Transparenzrichtlinie[826] fungieren.

Aufgrund der durch die InvÜbVO – entgegen den anfänglich angestellten weitergehenden Erwägungen[827] – nicht erfolgten Supranationali-

---

822 So *Schill*, LIEI 2019, 105, 107.

823 Ebd., 108.

824 *Brauneck*, EuZW 2018, 188, 194.

825 *Herrmann*, ZEuS 2019, 427, 454.

826 Vgl. dazu den Nachw. o. in Fn. 571.

827 S. ausführlich und m. weit. Nachw. zu den ursprünglichen Plänen für ein explizites Vetorecht der Kommission, welche auf eine deutsch-französisch-ita-

sierung der nationalen Investitionskontrollverfahren ist jedoch zu bezweifeln, dass die vorgesehenen Durchsetzungsmechanismen ausreichen, um effektiven Einfluss auf die Investitionspolitik von Drittstaaten und folglich erst recht auf deren jeweilige Subventionsdisziplin auszuüben. Selbst wenn eine ausländische Direktinvestition Projekte oder Programme von Unionsinteresse voraussichtlich beeinträchtigt, bleibt der Kommission allein die Möglichkeit der Abgabe einer unverbindlichen Stellungnahme gegenüber dem Mitgliedstaat, in welchem diese getätigt wird (vgl. Art. 8 Abs. 1, 2 lit. c InvÜbVO). Zu Recht wird daher vorgeschlagen, die Investitionsüberprüfung in den letztgenannten Fallkonstellationen langfristig zu einem dem Modell der Beihilfenaufsicht gemäß Art. 108 AEUV nachgebildeten Mechanismus fortzuentwickeln.[828] Erforderlich erscheint diese Verschärfung nicht zuletzt aufgrund des Umstands, dass Drittstaatsinvestoren bezüglich aller anderen Beteiligungen als der den Art. 49 ff. AEUV unterfallenden Kontrollerwerben ohnehin unverändert von der auch Drittstaaten schützenden Kapitalverkehrsfreiheit in Art. 63 Abs 1 AEUV profitieren und es in einigen Mitgliedstaaten sogar gänzlich an nationalen Investitionskontrollregimen fehlt.[829]

c) Beschaffungswesen

Bereits im Jahre 2012 unterbreitete die Kommission auf französisches Betreiben einen umfassenden Verordnungsvorschlag über den Zugang von Waren und Dienstleistungen aus Drittländern zu EU-Beschaffungsmärkten und zugleich über eine Verbesserung des Marktzugangs unionaler Waren und Dienstleistungen zu öffentlichen Beschaffungsmärkten von Drittländern,[830] der nahezu erstmalig eine regulatorische Trennlinie zwischen

---

lienische Initiative (vgl. *Brigitte Zypries/Michel Sapin/Carlo Calenda*, Schreiben an EU-Handelskommissarin Cecilia Malmström v. 21. Februar 2017, abrufbar unter www.bmwi.de/Redaktion/DE/Downloads/S-T/schreiben-de-fr-it-an-malmstroem.pdf?__blob=publicationFile&v=5 [zuletzt aufgerufen am 1.11.2019]) zurückgingen, *Schuelken*, EuR 2018, 577, 589 ff.

828 S. in diese Richtung *Schuelken*, EuR 2018, 577, 590; ebenso *Schladebach/Becker*, NVwZ 2019, 1076, 1080.

829 Die InvÜbVO begründet überdies auch keine Pflicht der Mitgliedstaaten zur Einrichtung oder Aufrechterhaltung eines derartigen Systems (vgl. *Herrmann*, ZEuS 2019, 427, 466 f.).

830 *Kommission*, Vorschlag für eine Verordnung des Europäischen Parlaments und des Rates über den Zugang von Waren und Dienstleistungen aus Drittländern zum EU-Binnenmarkt für das öffentliche Beschaffungswesen und über die Ver-

EU- und Nicht-EU-Bietern zog. Ursprünglich umfasste das IPI erstens die Zulassung eines auftraggeberseitigen Ausschlusses von Angeboten mit mindestens hälftiger Drittstaatsherkunft („dezentralisiertes“ Verfahren),[831] zweitens eine Transparenzvorschrift hinsichtlich ungewöhnlich niedriger Angebote und drittens ein separates Instrument der Kommission zur Prüfung restriktiver Beschaffungspraktiken in Drittstaaten – inklusive der möglichen Verhängung von Sanktionen wie Ausschlüsse oder Preisaufschläge („zentralisiertes“ Verfahren).[832] Angesichts eines politischen Patts im Rat und einer überwiegend kritischen Rezeption des Vorschlags im Schrifttum[833] sah die Kommission sich jedoch gezwungen, Anfang 2016 einen grundlegend revidierten IPI-Vorschlag vorzulegen, der im Sinne einer Verringerung des Verwaltungsaufwands auf ein dezentralisiertes Verfahren und die Unterrichtungspflichten des öffentlichen Auftraggebers bei Annahme eines ungewöhnlich niedrigen Angebots gänzlich verzichtet.[834] Sofern die Kommission in einer länderspezifischen Untersuchung zu dem Ergebnis gelangt, dass ein Drittstaat europäische Unternehmen den Zugang zu öffentlichen Aufträgen erschwert, bleiben ihre Sanktionsmittel nunmehr auf Preisanpassungsmaßnahmen beschränkt, das heißt eine partielle Abschottung der EU-Beschaffungsmärkte scheidet von vornherein aus, um deren prinzipielle Offenheit stärker herauszustreichen.

Da auch der neuerliche Vorstoß der Kommission trotz intensivierter Bemühungen bis zum heutigen Tage noch nicht verabschiedet worden ist, wich diese zuletzt hilfsweise auf *soft law* aus. Im Rahmen einer Mitteilung über Leitlinien zur Teilnahme von Bietern und Waren aus Drittländern an den EU-Beschaffungsmärkten stellt sie unter anderem klar, dass Art. 69

---

fahren zur Unterstützung von Verhandlungen über den Zugang von Waren und Dienstleistungen aus der Union zu den öffentlichen Beschaffungsmärkten von Drittländern, COM(2012) 124 final.

831 Einschränkend zu beachten ist jedoch, dass die Schwelle, die der in Rede stehende Kontraktwert für eine Erfassung durch das IPI erreichen muss, sowohl im Kommissionsvorschlag von 2012 als auch in dem von 2016 bei 5 Millionen Euro liegt.

832 Vgl. zusammenfassend zu den Inhalten des ursprünglichen Vorschlags *Schäfer*, VergabeR 2014, 266, 271 ff.

833 S. aus rechtlicher Sicht statt vieler ausschließlich *Melo Araujo*, The EU Deep Trade Agenda, S. 203 ff.; vgl. aus ökonomischer Warte *Messerlin*, Openness in public procurement markets: Time for a reality check, ECIPE Policy Brief, No. 3/2013.

834 S. detailliert zu den im überarbeiteten IPI-Vorschlag gegenüber dem Vorschlag von 2012 erfolgten Modifikationen *Dawar*, JWT 2016, 845, 850 ff.

der Richtlinie über die Vergabe öffentlicher Aufträge[835] bereits *de lege lata* eine Berücksichtigung von (dritt-)staatlichen Subventionspraktiken in der Entscheidungsfindung über die Ablehnung ungewöhnlich niedriger Angebote ermögliche.[836] Weiter fordert sie die öffentlichen Auftraggeber in den Mitgliedstaaten ausdrücklich dazu auf, zu überprüfen, ob ein Bieter aus einem Drittland unter ein EU-(Freihandels-)Abkommen bzw. das Government Procurement Agreement (GPA) fällt und die Kriterien von Art. 85 Abs. 2 der Sektoren-Richtlinie[837] erfüllt sein könnten.[838] Letzterer gestattet im Falle fehlender Marktzugangsvereinbarungen nämlich den auftraggeberseitigen Ausschluss eines Angebots, das hinsichtlich der Vergabe eines Lieferauftrags eingereicht wurde und dessen Gesamtwert zu mehr als 50 Prozent auf Drittstaatserzeugnissen beruht.

Abgesehen von der bisher geringen Praxisrelevanz dieser Bestimmung, die auch damit zusammenhängt, dass die Sektorenrichtlinie ausschließlich Versorgungseinrichtungen verpflichtet, deren Aufträge nur 20 Prozent des EU-Vergabemarktes ausmachen,[839] haftet dem anderen bestehenden sekundärrechtlichen Anknüpfungspunkt – betreffend „ungewöhnlich niedrige Angebote“ – in beihilfenrechtlicher Hinsicht die Schwäche an, dass es den Auftraggebern obliegt, von den Bietern nähere Aufklärung über mögliche staatliche Fördermaßnahmen einzufordern und die Rückmeldung einer „globalen Bewertung der Rentabilität des Angebots“[840] zuzuführen. Daher erscheint auch der Mehrwert einer teilweise befürworteten Verankerung der Einhaltung beihilfen- bzw. subventionsrechtlicher Disziplinen auf Ebene der Eignungskriterien fraglich.[841] Nicht nur liegt die Darle-

---

835 Richtlinie 2014/24/EU des Europäischen Parlaments und des Rates v. 26. Februar 2014 über die öffentliche Auftragsvergabe und zur Aufhebung der Richtlinie 2004/18/EG, ABl. 2014 L 94/64.

836 *Kommission*, C(2019) 5494 final, Ziff. 2.3.

837 Richtlinie 2014/25/EU des Europäischen Parlaments und des Rates v. 26. Februar 2014 über die Vergabe von Aufträgen durch Auftraggeber im Bereich der Wasser-, Energie- und Verkehrsversorgung sowie der Postdienste und zur Aufhebung der Richtlinie 2004/17/EG, ABl. 2014 L 94/243.

838 *Kommission*, C(2019) 5494 final, Ziff. 1.3.

839 So die Schätzung der Kommission im IPI-Vorschlag (vgl. *Kommission*, COM(2016) 34 final, 5).

840 *Kommission*, C(2019) 5494 final, Ziff. 2.2.

841 Anders wohl *Kaiser*, Die externe Wettbewerbsdimension – EU-Beihilfenrecht und Handelspolitik, Vortrag vor dem Berliner Gesprächskreis zum Europäischen Beihilfenrecht e.V., 20. Juni 2018, abrufbar unter www.berliner-gesprAechskreis.eu/mediathek/file/728/nyxy3QfbxrggSniR200ecfFmEEdCUeHyRbYim0gd1Ro/veranstaltungen/veranstaltung-33/Beihilferecht%20und%20Handelspolitik%20Kaiser.pdf [zuletzt aufgerufen am 1.12.2019].

gungs- und Beweislast für das Vorliegen (fakultativer) Ausschlussgründe allein auf Auftraggeberseite; vielmehr bedarf es für deren Bejahung – legt man die Rechtspraxis zu wettbewerbsbeschränkenden Abreden (vgl. § 124 Abs. 1 Nr. 4 des Gesetzes gegen Wettbewerbsbeschränkungen[842]) zugrunde – über laufende Ermittlungen der Kommission oder sonstige erhärtete Verdachtsmomente hinaus amtlich festgestellter Rechtsverstöße.[843]

Folglich begründet einzig das im IPI vorgesehene Untersuchungsverfahren eine Perspektive, Hemmnisse auf Beschaffungsmärkten strategisch ausgewählter Handelspartner gezielter sowie umfassender zu reduzieren und durch Preisanpassungsmaßnahmen (in Höhe von bis zu 20 Prozent des Angebotspreises) mittelbar zugleich subventionierte oder anderweitig verzerrte Angebote von Bietern aus diesen Drittstaaten in innerunionalen Vergabeverfahren auszugleichen. Trotz der im überarbeiteten Kommissionsvorschlag erfolgten Abmilderung der Sanktionsinstrumente bleibt jedoch zu bedenken, dass bei deren Anwendung im konkreten Einzelfall innerunionale Kollateralschäden nicht auszuschließen sind, weil – anders als der Titel der Verordnung suggeriert – beispielsweise auch Waren bzw. Dienstleistungen, bei denen sich aus der von der Kommission durchzuführenden komplexen Herkunftslandermittlung ergibt, dass sie zu einem Anteil von bis zu 50 Prozent unionaler Herkunft sind, vom IPI erfasst sein könnten.[844] In Zeiten der stetig zunehmenden Bedeutung von GVCs (s. oben *A.I.1.*) birgt dies ähnlich wie im Falle der Verhängung von Ausgleichszöllen die Gefahr, dass es gerade in hohem Maße arbeitsteilig und grenzüberschreitend agierende unionsansässige Unternehmen sind, die durch Preisanpassungsmaßnahmen in ihrer Wettbewerbsfähigkeit potenziell beeinträchtigt würden.[845]

II. Beihilfenrechtliche Selbstbindung der EU und ihrer Mitgliedstaaten

Aufgrund der hieraus folgenden Unsicherheit über Vorhandensein und Ausmaß positiver beihilfenrechtlicher Begleiterscheinungen von Verschärfungen des Handelsschutzes, der Investitionskontrolle und des öffentli-

---

842 Gesetz gegen Wettbewerbsbeschränkungen, BGBl. 2013 I, 1750.

843 S. hierzu eingehend *Kaufmann*, in: Pünder/Schellenberg (Hrsg.), Vergaberecht, 3. Aufl. 2019, § 124 Rn. 61 f.

844 Dies kritisiert auch *Schäfer*, VergabeR 2014, 266, 267.

845 *Dawar*, JWT 2016, 845, 865, fügt ferner hinzu, dass ein IPI auch dem im EU-Vergabewesen wichtigen Grundsatz „value for money" zuwiderlaufen könne.

chen Beschaffungswesens liegt es nahe, die Frage aufzuwerfen, ob eine Verringerung von *free rider*-Effekten nicht dadurch erreicht werden könnte, den räumlichen Anwendungsbereich des EU-Beihilfenkontrollsystems auf Drittstaaten zu erweitern *(1.)*. Zieht man hingegen konträre Schlussfolgerungen und fordert im Sinne eines archaischeren Verständnisses von Reziprozität die sog. „Gegensubventionierung“ drittstaatlicher Subventionen, so ergeben sich unabhängig von praktischen Umsetzungsschwierigkeiten dieses Ansatzes *(III.)* sowohl unter Zugrundelegung einer intergouvernementalen als auch einer supranationalen Vorgehensweise bereits auf grundsätzlicherer Ebene faktische und rechtliche Hindernisse *(2.-3.)*.

1. Territorialitäts- statt Marktortprinzip

Der räumliche Anwendungsbereich der Art. 107 ff. AEUV erstreckt sich auf Mitgliedstaaten der Union im Sinne von Art. 52 Abs. 1 EUV.[846] Er erfasst auch solche mitgliedstaatlichen Zuwendungen, die an außerhalb des EU-Territoriums ansässige Unternehmen erfolgen, sofern die weiteren Tatbestandsmerkmale des Beihilfenverbots in Art. 107 Abs. 1 AEUV gegeben sind.[847] Demnach folgen die Vorschriften des EU-Beihilfenrechts – in Übereinstimmung mit den Grundsätzen des Art. 29 Abs. 1 WVRK – dem völkerrechtlichen Territorialitätsprinzip.[848] Diese Binnenorientierung teilt das Regime zwar mit dem gesamten Dritten Teil des AEUV (Art. 26-197) über die internen Politiken und Maßnahmen der Union, doch hindert dies die Kommission im Falle der kartellrechtlichen Bestimmungen in Art. 101 ff. AEUV nicht daran, über die *effects doctrine* zu einer quasi-extraterritorialen Wirkung zu gelangen (s. oben *B.II.2.*). Anders als etwa das Kartellverbot in Art. 101 Abs. 1 AEUV erfordert Art. 107 Abs. 1 AEUV aber gleich einen „doppelte[n] EU-Bezug“[849] dergestalt, dass eine konkrete Beihilfenmaßnahme nicht nur eine zumindest potenzielle Beeinträchtigung des Handels zwischen Mitgliedstaaten zu begründen hat, sondern aus mitgliedstaatlichen Mitteln gewährt worden sein muss. Während ersteres Kriterium auch infolge drittstaatlicher Zuschüsse erfüllt sein kann, zieht das letztere der beihilfenrechtlichen Aufsichts- und damit zugleich

846 *v. Wallenberg/Schütte*, in: Grabitz/Hilf/Nettesheim, 66. EL Februar 2019, Art. 107 AEUV Rn. 12.
847 S. nur *Cremer*, in: Calliess/Ruffert, Art. 107 AEUV Rn. 6.
848 *Neumann*, Export des europäischen Beihilfenrechts, S. 77.
849 *Frenz*, EWS 2017, 194, 195 f.

Territorialgewalt der Kommission eine klare Grenze, an der es im an private Handlungen anknüpfenden Kartell-, Marktbeherrschungs- sowie Fusionskontrollrecht mangelt, und die auch nicht durch eine extensive Auslegung des Wortlauts, der von „*staatliche[n]* [...] Beihilfen"[850] spricht, zu überwinden ist.[851]

Die nach dem Geltungsbeginn der Datenschutzschutzgrundverordnung (DS-GVO)[852] unter anderem von der deutschen Bundesregierung lancierte Idee einer beihilfenrechtlichen Übernahme des in Art. 3 Abs. 2 DSGVO verankerten Marktortprinzips,[853] nach dem die DS-GVO Anwendung auf die Verarbeitung personenbedingter Daten von sich auf EU-Territorium befindlichen Personen durch einen nicht in der Union niedergelassenen Verantwortlichen oder Auftragsverarbeiter findet, sofern die Datenverarbeitung in einem in lit. a oder b erläuterten Kontext erfolgt, erscheint aus mehreren Gründen problematisch. Zunächst ist abzuwarten, ob und inwieweit sich das unionsdatenschutzrechtliche Marktortprinzip international überhaupt durchsetzen wird. Zwar nahm der EuGH dieses in Teilen bereits in der Rs. *Google Spain* vorweg,[854] jedoch bestehen auch nach der nunmehrigen Kodifizierung völker- und unionsrechtliche Bedenken fort, die auf dem Einwand einer durch Art. 3 Abs. 2 DS-GVO angeblich eingeführten unzulässigen Extraterritorialität in Form eines Eingriffs in den *domaine réservé* von Drittstaaten gründen.[855] Wenn und weil beihilfenrechtliche „Analogien" sich am Vorbild des Kartellrechts orientieren, das heißt an konkrete, wettbewerblich relevante Auswirkungen einer drittstaatlichen Beihilfengewährung innerhalb des EU-Binnenmarktes anknüp-

---

850 Hervorhebung des Verfassers.

851 So zutreffend *Frenz*, EWS 2017, 194, 194, der unter Verweis auf allgemeine Erwägungen (*Meng*, Extraterritoriale Jurisdiktion im öffentlichen Wirtschaftsrecht, 1994, S. 541 ff.) aber dennoch von der Übertragbarkeit der kartellrechtlichen *effects doctrine* auf das Beihilfenverbot ausgeht (vgl. *ders.*, WRP 3/2017, Editorial).

852 Verordnung (EU) 2016/679 des Europäischen Parlaments und des Rates v. 27. April 2016 zum Schutz natürlicher Personen bei der Verarbeitung personenbezogener Daten, zum freien Datenverkehr und zur Aufhebung der Richtlinie 95/46/EG, ABl. 2016 L 119/1.

853 So die Antwort der Bundesregierung auf die Kleine Anfrage der Abgeordneten *Oehme*, *Friedhoff*, *Frohnmaier*, weiterer Abgeordneter und der Fraktion der AfD – Drs. 19/8137 –, BT-Drs. 19/9182, Nr. 34 lit. e.

854 EuGH C-131/12, ECLI:EU:C:2014:317 – Google Spain und Google. Vgl. hierzu knapp *Uecker*, Extraterritoriale Regelungshoheit im Datenschutzrecht, 2017, S. 110.

855 S. zu dieser Problematik zusammenfassend *Brauneck*, EuZW 2019, 494, 500 m. weit. Nachw.

fen, ließe sich eine genuine Verbindung zur skizzierten territorialen Reichweite der Art. 107 ff. AEUV allerdings mutmaßlich leichter konstruieren als dies auf dem ungleich jüngeren Politikfeld des Datenschutzes der Fall ist.[856]

Schwerer wiegen dagegen Gegenargumente wie die beihilfenprimärrechtliche Grundentscheidung für das Territorialitätsprinzip, welche aus normhierarchischen Gründen nicht im Wege des Sekundärrechts unterlaufen werden dürfe.[857] Ebenso wenig zu verkennen ist der Umstand, dass das Beihilfenverfahrensrecht in Art. 108 AEUV und der BVVO – samt des Durchsetzungsinstruments der Rückforderung rechtswidriger Beihilfen durch die Kommission, das wohl am tiefsten in die (Teil-)Souveränität betroffener subventionsgebender Körperschaften eingreift – nicht oder äußerstenfalls nach einer umfassenden Modifizierung und Entschärfung unilateral auf Drittstaaten erstreckt werden könnte. Im Ergebnis ist die Einführung des Marktortprinzips im EU-Beihilfenrecht daher als undurchführbar abzulehnen, es sei denn, man zöge in Erwägung, dessen Rechtsfolgenseite im Drittstaatenkontext strukturell zu verändern und Verstöße durch den Entzug oder die Erschwerung des Binnenmarktzugangs indirekt zu ahnden. Angedacht werden nunmehr kartellrechtlich inspirierte Abhilfemittel,[858] deren WTO-Rechtskompatibilität aber nicht außer Zweifel steht. Letzteres gälte erst recht für die Sanktion eines Ausschlusses des anvisierten Drittstaates aus EU-Vergabeverfahren, sofern dieser bereits dem plurilateralen GPA beigetreten ist oder mit der Union auf bilateralem Wege Marktzugangsvereinbarungen im Bereich des öffentlichen Beschaffungswesens abgeschlossen hat (s. oben *I.3.*).

2. Marginalisierte Stellung des Rates

Einen diametral entgegengesetzten Ansatzpunkt für die Herstellung des von der Union angestrebten *Global Level Playing Field* böte die Aktivierung

---

856 Vgl. auch dort bejahend *Selmayr/Ehmann* in: Ehmann/Selmayr (Hrsg.), DS-GVO, 2. Aufl. 2018, Einf. Rn. 23.

857 Zur Frage der Zulässigkeit eines – etwa auf Art. 207 AEUV gestützten – sekundärrechtlichen Sonderregimes für Drittstaatssubventionen lassen sich dem Dritten Teil des AEUV, der allein die „internen Politiken und Maßnahmen“ abschließend regelt, indessen keine negativen Aussagen entnehmen (s. *Guilliard*, ZEuS 2020, 293, 306).

858 Vgl. Art. 6 Abs. 3 des Vorschlags der Kommission für ein *Foreign Subsidy Instrument* (COM(2021) 223 final).

der beihilfenrechtlichen Residualkompetenzen des Rates in Art. 108 Abs. 2 UAbs. 3 AEUV und Art. 107 Abs. 3 lit. e AEUV.[859] Beide könnten bei der Schaffung von sog. „europäischen Champions", die der damalige Bundeswirtschaftsminister *Peter Altmaier* im Rahmen seiner im Februar 2019 bekanntgegebenen *Nationalen Industriestrategie 2030* – als Gegengewicht zu chinesischen staatseigenen Unternehmen (s. oben *A.I.2.*) oder US-Technologie-Konzernen – forderte,[860] eine Rolle spielen. Wenngleich die besagten Ausnahmetatbestände in dem mit der französischen Staatsregierung abgestimmten Strategiepapier zumindest keine wörtliche Erwähnung finden und die dortigen Ausführungen die EU-Fusionskontrolle zum Hauptgegenstand hatten,[861] so wirft der Vorstoß einer punktuellen und zeitlich begrenzten Lockerung der EU-Beihilfenaufsicht bei gleichzeitigem Ausbau der mitgliedstaatlichen Mitspracherechte dennoch ein Schlaglicht auf etwaige übergeordnete Konsequenzen einer Reintergouvernementalisierung der Kontrollmechanismen.

Die Möglichkeiten der Einflussnahme des Rates auf konkrete Prüfverfahren sind qua Primärrecht gering, einzig dem Parlament kommt diesbezüglich eine noch schwächere Stellung zu.[862] Dies entspricht nicht nur der supranationalen Tradition der Disziplin (s. oben *Teil 1 § 1 A.*), sondern spiegelt sich ebenso in der Anwendungshistorie der eng auszulegenden[863] Ermessensausnahme des Art. 108 Abs. 2 UAbs. 3 AEUV wider, welche den Rat auf Antrag des eine an sich unzulässige Beihilfe gewährenden Mitgliedstaats ermächtigt, diese per Beschluss für mit dem Binnenmarkt vereinbar zu erklären, sofern „außergewöhnliche Umstände" vorliegen. Außerhalb des Sonderbereichs der Landwirtschaft machte er erstmals im Jahre 2002 im Rahmen von drei Entscheidungen betreffend niederländische, italienische sowie französische Beihilfen zugunsten von Unternehmen des Straßengüterverkehrs von der Vorschrift Gebrauch.[864] Die im

859 S. zu diesem Vorstoß bisher allein *Bär-Bouyssière*, in: Schwarze/Becker/Hatje/Schoo (Hrsg.), EU-Kommentar, 4. Aufl. 2019, Art. 107 AEUV Rn. 1.

860 So explizit *Bundesministerium für Wirtschaft und Energie*, Nationale Industriestrategie 2030, S. 12 ff.

861 Vgl. zu den fusionskontrollrechtlichen Bezügen der Industriestrategie *Brauneck*, DÖV 2019, 801, 809.

862 *Kreuschitz*, in: MüKoBeihilfenR, Art. 107 Rn. 708 ff.

863 EuGH C-399/03, Slg. 2006, I-5629 Rn. 24 ff. – Kommission/Rat.

864 Vgl. Entscheidung 2002/361/EG des Rates v. 3. Mai 2002 über die Gewährung einer staatlichen Beihilfe durch die Behörden des Königreichs der Niederlande für Unternehmen des Straßengüterverkehrs, ABl. 2002 L 131/12; Entscheidung 2002/362/EG des Rates v. 3. Mai 2002 über die Gewährung einer staatlichen Beihilfe durch die Behörden der Italienischen Republik für Unternehmen des

Schrifttum als ein „Kartell der Subventionierer"[865] kritisierte konzertierte Aktion von insgesamt sechs Mitgliedstaaten erscheint indessen nicht nur aus den besonderen Gründen des Einzelfalls zweifelhaft; vielmehr zeigt sie überdies die systemische Gefahr einer Durchbrechung der in der Beihilfenaufsicht dominierenden Verfahrenshoheit der Kommission auf.[866] Diese ist darin zu sehen, dass im Falle einer regeren Inanspruchnahme von Art. 108 Abs. 2 UAbs. 3 AEUV die Mitgliedstaaten durch ein Wechselspiel aus gegenseitiger Verhandlung und Kompensation gewissermaßen als „Richter in eigener Sache" fungieren könnten, wodurch sich sukzessive ein Einfallstor für eine eigenständige Beihilfenkontrollpolitik des Rates ergäbe.[867] Dass dies bisher nicht eingetreten ist, liegt weniger in der vergleichsweise zurückhaltenden Rechtsprechung des EuGH begründet, die dem Rat ein weites Ermessen einräumt,[868] als in der verfahrenstechnischen Hürde des Konsenserfordernisses[869] und der vorherrschenden Einigkeit, dass unter das entscheidende Tatbestandsmerkmal der „außergewöhnlichen Umstände" zumindest nicht diejenigen Sachverhaltsumstände fallen können, die die Kommission bereits im Rahmen der ihr aufgetragenen Prüfung von Art. 107 Abs. 2 bzw. 3 AEUV berücksichtigt hatte.[870]

Hiervon abzugrenzen ist Art. 107 Abs. 3 lit. e AEUV, bei dem es nicht um eine Genehmigung einzelner Beihilfen geht, sondern darüber hinaus um die Vereinbarkeitserklärung einer ganzen Kategorie bzw. Art von Beihilfen mit dem Binnenmarkt, die der Rat durch Beschluss mit qualifizierter Mehrheit (gemäß Art. 16 Abs. 3 EUV) auf Vorschlag der Kommission bestimmt. Wiederum darf die Praxisbedeutung dieses Auffangtatbestandes

Straßengüterverkehrs, ABl. 2002 L 131/14; sowie Entscheidung 2002/363/EG des Rates v. 3. Mai 2002 über die Gewährung einer staatlichen Beihilfe durch die französische Regierung für Unternehmen des Straßengüterverkehrs, ABl. 2002 L 131/15.

865 So *Gross*, Das Europäische Beihilferecht im Wandel, 2004, S. 17.

866 *Vogt*, Die Entscheidung als Handlungsform des Europäischen Gemeinschaftsrechts, 2005, S. 98.

867 Ebd., S. 299.

868 So jedenfalls für Agrarbeihilfen explizit EuGH C-122/94, Slg. 1996, I-881/924 Rn. 18 ff. – Kommission/Rat.

869 S. hierzu in Reaktion auf die Nationale Industriestrategie 2030 mit einem instruktiven hypothetischen Anwendungsbeispiel *v. Donat*, Die Kür der Champions, BeihilfenBlog v. 25.2.2019, abrufbar unter https://beihilfen-blog.eu/die-kuer-der-champions/ [zuletzt aufgerufen am 15.12.2019].

870 S. hierzu überzeugend *Erlbacher*, in: von der Groeben/Schwarz/Hatje, Art. 108 AEUV Rn. 133.

nicht überschätzt werden,[871] da einem auf der Grundlage dieser Vorschrift ergangenen Rechtsakt zwar allgemeine Wirkung zukommt, sein beihilfenrechtliches Steuerungspotenzial mithin *prima facie* größer erscheint, andererseits das Initiativmonopol bei der Kommission als Sachwalterin des gemeinsamen Unionsinteresses verbleibt, was Wertungswidersprüche mit deren Beihilfenpolitik oder gar die Umkehrung des Art. 107 AEUV prägenden Regel-Ausnahme-Grundsatzes nahezu ausschließt.[872] Der letzte Anwendungsfall betraf Stilllegungsbeihilfen zugunsten des Steinkohlenbergbaus.[873] Zuvor waren auf diesem Wege – in WTO-rechtswidriger Weise (s. näher unten *III.3.*) – temporäre Hilfsmaßnahmen für den Schiffbau erlassen worden, die mittlerweile nicht mehr gelten.[874] Die Zurückhaltung korrespondiert mit dem Willen der GD Wettbewerb, sektorielle Sonderregime zurückzudrängen und stattdessen horizontale Beihilfen im Rahmen der AGVO zu fördern. Durch die Verabschiedung der Ermächtigungsverordnung, auf welcher die AGVO kompetenziell beruht, billigte der Rat diesen Trend selbst. Auch aus dessen Konsolidierung ist zu schließen, dass Art. 107 Abs. 3 lit. e AEUV ohne einen grundlegenden Strategiewechsel der Kommission, der sich in konkreten AGVO-Reformen oder *soft law*-Verlautbarungen manifestieren müsste, – gleichsam wie zuvor bezüglich Art. 108 Abs. 2 UAbs. 3 AEUV festgestellt – weder eine rechtstechnisch noch -politisch geeignete Plattform für die beihilfengestützte Begründung einer strategischeren Industrie- und Handelspolitik der EU bzw. ihrer Mitgliedstaaten darstellt.

3. Schranken der EU-Industriepolitik

Eine weitere Schranke bilden diesbezüglich die Bestimmungen des Art. 173 AEUV, obgleich dieser – als der einzige Artikel des mit „Industrie" überschriebenen Titels XVII im Dritten Teil des AEUV – zunächst den Ein-

---

871 So dezidiert *Nowak*, in: Pechstein/Nowak/Häde (Hrsg.), Frankfurter Kommentar zu EUV, GRC und AEUV, Bd. 3, 2017, Art. 107 AEUV Rn. 68.

872 S. hierzu wiederum *Erlbacher*, in: von der Groeben/Schwarz/Hatje, Art. 107 AEUV Rn. 815 ff.

873 Beschluss 2010/787/EU des Rates v. 10. Dezember 2010 über staatliche Beihilfen zur Erleichterung der Stilllegung nicht wettbewerbsfähiger Steinkohlebergwerke, ABl. 2010 L 336/24.

874 Verordnung (EG) Nr. 1177/2002 des Rates v. 27. Juni 2002 zur Einführung befristeter Schutzmaßnahmen für den Schiffbau, ABl. 2004 L 81/6, galt bis 31. März 2005.

druck eines industriepolitischen Gegengewichts zu den in Art. 119 Abs. 1 und Art. 120 AEUV sowie in Protokoll Nr. 27 zum AEUV verankerten Grundprinzipien der offenen Marktwirtschaft respektive des unverfälschten Wettbewerbs erweckt. Bei näherer Betrachtung lösen Inhalte und Regelungsstruktur des Art. 173 AEUV das nicht unumstrittene Spanungsverhältnis indessen endgültig zugunsten der Wettbewerbspolitik auf.[875] Darüber hinaus engen diese im Gegensatz zu den Art. 107 ff. AEUV nicht nur die industrie- und damit zugleich beihilfenpolitischen Handlungsspielräume der Mitgliedstaaten ein, sondern auch und vor allem diejenigen der Union selbst. Dieser sind sogar in mehrerlei Hinsicht Grenzen gesetzt, indem die Vorschrift zum einen deren ohnehin äußerst beschränkten Gesetzgebungszuständigkeiten auf dem Feld der Industriepolitik weiter einhegt und zum anderen den ordnungspolitischen Grundentscheidungen der EU-Wirtschaftsverfassung Nachdruck verleiht. All das ist von besonderer Bedeutung, wenn man angesichts des Umstands, dass Unionsbeihilfen nicht dem Beihilfenkontrollverfahren nach Art. 108 AEUV unterstehen, in Erwägung zöge, Pläne zu (Gegen-)Subventionierungen in Anlehnung an die einst im Rahmen der EGKS verfolgten Überlegungen (s. oben *Teil 1 § 1 A.I.1.*) auf die EU-supranationale Ebene zu verlagern.

Nach Art. 6 lit. b AEUV bleibt der unionale Aktionsradius im Industriesektor *a priori* auf die Unterstützung, Koordinierung oder Ergänzung von Maßnahmen der Mitgliedstaaten begrenzt. Dementsprechend kommt Initiativen der Kommission im Sinne von Art. 173 Abs. 2 S. 2 AEUV lediglich anstoßende Funktion dergestalt zu,[876] dass diese die mitgliedstaatlichen Bemühungen um verbesserte Rahmenbedingungen für eine Steigerung der Wettbewerbsfähigkeit flankieren, die Endverantwortung für deren Erreichung aber bei den Unternehmen selbst belassen.[877] Art. 173 Abs. 3 S. 1 AEUV verdeutlicht ferner, dass es sich bei der Norm vorwiegend um eine sog. „Querschnittsklausel“ handelt, sodass die vier in Abs. 1 UAbs. 2 formulierten Politikziele primär durch die Inanspruchnahme weitreichenderer Kompetenzgrundlagen in anderen industriepolitisch relevanten AEUV-Bestimmungen – beispielsweise betreffend das Wettbewerbsrecht oder die GHP – zu verwirklichen sind.[878] In der Konsequenz existiert bislang na-

---

875 Ähnlich auch *Lurger*, in: Streinz, Art. 173 AEUV Rn. 11, die „einen Vorrang des Grundsatzes der offenen Marktwirtschaft und des freien Wettbewerbs und des Wettbewerbsrechts gegenüber der Industriepolitik“ feststellt.

876 *Ruffert*, in: Calliess/Ruffert, Art. 173 AEUV Rn. 25.

877 *Lurger*, in: Streinz, Art. 173 AEUV Rn. 7 sowie 14.

878 Ebd., Rn. 27.

hezu keine Rechtsprechung der Unionsgerichte zu Art. 173 AEUV.[879] Darüber hinaus nimmt jedoch auch die Kommission – trotz ihrer sowohl im Kontext der Lissabon- als auch der *Europe 2020*-Agenden betonten Fokussierung auf die Wettbewerbsfähigkeit der Union – die Vorschrift in Strategiepapieren allenfalls sporadisch in Bezug.[880] Nicht zuletzt aus diesem Grund besteht nach wie vor Uneinigkeit über die Reichweite des Begriffs der Industriepolitik,[881] unter den nach engem Verständnis ausschließlich Politiken bezüglich des produzierenden und verarbeitenden Gewerbes fallen,[882] nach einer verbreiteteren extensiven Auslegung hingegen auch solche, die direkt oder indirekt Einfluss auf den Dienstleistungsbereich – vor allem das Handwerk – nehmen.[883] Erschwerend kommt hinzu, dass der allgemeine Sprachgebrauch zwar jedenfalls impliziert, dass der Begriff in gewissem Umfang die Vornahme sektorspezifischer Maßnahmen abdeckt, dies allerdings wiederum in Kontrast zu der Tatsache steht, dass drei von vier der in Art. 173 Abs. 1 UAbs. 2 AEUV einzeln aufgeführten industriepolitischen Ziele horizontaler Natur sind.

Als mögliche Rechtsgrundlage für die Gewährung von Unionsbeihilfen verbleibt einzig Abs. 3 UAbs. 1 S. 2, der im Zusammenhang mit dem im Zielkatalog erstgenannten Streben nach einer Erleichterung der industriellen Anpassungen in Fällen des Strukturwandels zu betrachten ist. Hiernach können im ordentlichen Gesetzgebungsverfahren nach Art. 294 AEUV Transferleistungen zur Förderung entsprechender Maßnahmen in den Mitgliedstaaten beschlossen werden, wovon die Union im Jahre 2015 mit dem Europäischen Fonds für strategische Investitionen,[884] der eines

---

879 Vgl. für eine der raren Ausnahmen – in diesem Fall betreffend Art. 173 Abs. 3 UAbs. 1 S. 2 AEUV – EuGH C-42/97, Slg. 1999, I-869 Rn. 38 ff. – Parlament/Rat.

880 Auf diesen inhärenten Widerspruch zu Recht hinweisend *Ruffert*, in: Calliess/Ruffert, Art. 173 AEUV Rn. 8 m. weit. Nachw.

881 S. hierzu die umfassende Begriffsannäherung bei *Lock*, Industrie-, Technologie- und Forschungspolitik, in: Wegener (Hrsg.), Europäische Querschnittspolitiken, 2014, § 6 Rn. 3 ff. bzw. 42 ff.

882 Vgl. hierzu nur *Ruffert*, in: Calliess/Ruffert, Art. 173 AEUV Rn. 5.

883 Vgl. stellvertretend für die herrschende Meinung *Gundel*, in: Grabitz/Hilf/Nettesheim, 66. EL Februar 2019, Art. 173 AEUV Rn. 12 ff. m. weit. Nachw. zur diesbezüglichen Handhabung der Unionsorgane.

884 Verordnung (EU) 2015/1017 des Europäischen Parlaments und des Rates v. 25. Juni 2015 über den Europäischen Fonds für strategische Investitionen, die europäische Plattform für Investitionsberatung und das europäische Investitionsvorhabenportal sowie zur Änderung der Verordnungen (EU) Nr. 1291/2013 und (EU) Nr. 1316/2013 – der Europäische Fonds für strategische Investitionen, ABl. 2015 L 169/1.

der Instrumente der von der *Juncker*-Kommission ins Leben gerufenen sog. „Investitionsoffensive“ darstellt,[885] Gebrauch machte. Letztere gründet in kompetenzieller Hinsicht lediglich partiell auf Art. 173 AEUV; nichtsdestoweniger rückt sie die streitige Frage nach den wettbewerbsrechtlichen Grenzen einer solchen Vorgehensweise zurück in den Vordergrund. Dies gilt einmal mehr angesichts einer zunehmenden Anzahl von Stimmen in der Literatur, welche dessen stärkere Aktivierung unter anderem im Zusammenhang mit der Diskussion um die Zulässigkeit der staatlich unterstützten Schaffung „europäischer Champions“ diskutieren.[886] So wird neuerdings die bloße Existenz des mit dem Maastricht-Vertrag in das Primärrecht eingefügten Titels als Indiz für die industriepolitische Prägung des Wettbewerbsrechts gedeutet.[887] Jedoch bleiben die für diese These angeführten Argumente bis auf den Hinweis, dass die Systemgarantie des unverfälschten Wettbewerbs sich seit dem Lissabon-Reformvertrag nicht mehr im Zielkatalog des EUV, sondern lediglich in AEUV-Protokoll Nr. 27 wiederfinde,[888] diffus.[889] Im Besonderen verkennen sie die rechtlichen Wertungen, welche Art. 173 Abs. 1 UAbs. 2 sowie Abs. 3 UAbs. 2 AEUV selbst zugunsten eines Primats des freien Wettbewerbs vornehmen. Diese stellen zum einen die Verwirklichung der industriepolitischen Ziele unter den Generalvorbehalt der Wahrung offener und wettbewerbsorientierter Märkte und formulieren zum anderen ein als „Kompetenzsperre“[890] zu bezeichnendes Verbot von Wettbewerbsverzerrungen.

Da die Schranken so zu deuten sind, dass sie für den „Industrieartikel“ in seiner Gesamtheit Geltung beanspruchen,[891] bleibt festzuhalten,

---

885 Vgl. überblicksartig *Kommission*, Der Juncker-Plan in der Praxis: Wiederbelebung der Investitionstätigkeit in Europa, Pressemitteilung v. 22.11.2018 (IP/18/6484).

886 S. hierzu ausführlich *Solka*, Die Industriepolitik der Europäischen Union, 2015, S. 234 ff.; vgl. im fusions- bzw. beihilfenkontrollrechtlichen Kontext außerdem *Brauneck*, DÖV 2019, 801, 806 ff.; *Frenz*, EWS 2017, 194, 196 f.

887 So wohl *Frenz*, EWS 2017, 194, 197.

888 S. für eine Widerlegung dieses Arguments *Behrens*, Europäisches Marktöffnungs- und Wettbewerbsrecht, 2017, § 9 Rn. 227 ff.; sowie konkret im Hinblick auf die Lissabon-Vertragsrevision *ders.*, EuZW 2008, 193, 193.

889 *Brauneck*, DÖV 2019, 801 ff., beruft sich diesbezüglich auf einen Grundsatz der Einheit der Rechtsordnung, aus dem sich ergebe, dass das „Wettbewerbsrecht als industriepolitischer Zweck“ (ebd., 808) zu qualifizieren sei.

890 *Stumpf*, in: Schwarze/Becker/Hatje/Schoo, Art. 173 AEUV Rn. 29.

891 So entgegen der herrschenden Meinung *Ruffert*, in: Calliess/Ruffert, Art. 173 AEUV, Rn. 27 f. sowie 33 m. weit. Nachw. auch zur Gegenansicht, der für diese Auslegung zum einen den offenen Wortlaut von Abs. 3 UAbs. 2, der lediglich von „irgendeine[r] Maßnahme“ spreche, zum anderen teleologische

dass auf der Grundlage von Abs. 3 UAbs. 1 S. 2 verabschiedete Gesetzgebungsakte, die Unionsbeihilfen ermöglichen, auch ohne Bindung an die beihilfenrechtlichen Kriterien der Art. 107 ff. AEUV eine dezidiert sektorale Industrieförderung zur Steigerung der Wettbewerbsfähigkeit ausgewählter europäischer Wirtschaftszweige allenfalls in engem Rahmen zulassen dürfen. Dadurch muss eine umfassende supranationale (Gegen-)Subventionierung als EU-industriepolitische Handlungsmöglichkeit ausscheiden. Schließlich kommt beiden Ausstrahlungswirkung auch auf die federführend von der Kommission zu verantwortende Auslegung und Anwendung der praktisch bedeutenderen Ermessenausnahmetatbestände in Art. 107 Abs. 3 AEUV (s. dazu sogleich *III.2.*) zu, die denkbare Anknüpfungspunkte für die Querschnittsklausel des Art. 173 Abs. 3 UAbs. 1 S. 1 AEUV darstellen.

III. Problemstellungen einer „koordinierten Gegensubventionierung"

Neben den soeben dargelegten grundsätzlichen Wurzeln der beihilfenrechtlichen Selbstbindung der EU und ihrer Mitgliedstaaten legt die von der Kommission und dem EuGH geprägte Praxis im Umgang mit der Tatbestands- und Rechtfertigungsebene des Art. 107 AEUV die der Disziplin immanenten *free rider*-Gefahren offen. Diese manifestieren sich einerseits in den geringen Anforderungen an eine potenzielle Beeinträchtigung des zwischenstaatlichen Handels *(1.)*, andererseits in der durch die AGVO sowie *soft law* der GD Wettbewerb erfolgten horizontalen statt sektoralen Ausgestaltung von Art. 107 Abs. 3 lit. b und c AEUV, deren Reichweite aus binnenmarkt- wie auch aus wettbewerbsrechtlichen Gründen nicht beliebig ausdehnbar ist *(2.)*. Überwindet eine auf den Ausgleich – infolge dritt-

Argumente anführt. Letztere beruhten darauf, dass eine auf Abs. 3 UAbs. 1 S. 2 begrenzte Anwendung der Schranke leicht zu einer Umgehung dieser Bestimmung führen könne, da in diesem Falle immer noch der Ausweg bliebe, auf einen verwandten Kompetenztitel (in Verbindung mit der Querschnittsklausel in Abs. 3 UAbs. 1 S. 1) Rückgriff zu nehmen. Letztlich verliert die Kontroverse allerdings erheblich dadurch an Schärfe, dass selbst diejenigen, die entgegen der hier vertretenen Auffassung eine enge Auslegung vertreten, konzedieren, dass bereits der in Abs. 1 ausgesprochenen Verpflichtung zur Beachtung eines Systems offener und wettbewerbsorientierter Märkte, die unstreitig sämtliche (Unter-)Absätze des Industrieartikels in Bezug nimmt, derselbe beschränkende Gehalt wie Abs. 3 UAbs. 2 zukomme (vgl. konkret *Claasen*, in: von der Groeben/Schwarze/Hatje, Art. 173 AEUV Rn. 409).

staatlicher Subventionen – erlittener internationaler Wettbewerbsnachteile gerichtete Beihilfe gleichwohl alle unionsinternen Hürden und ist dem Grunde nach ASÜ-konform konzipiert, so ist auf WTO-rechtlicher Ebene zuletzt noch zwischen *matching subsidies* und stets unzulässigen *retaliatory subsidies* zu unterscheiden *(3.)*.

1. Niedrigschwelligkeit der Zwischenstaatlichkeitsklausel

Die seit der SAM zu beobachtende Wiederentdeckung der beihilfenrechtlichen Zwischenstaatlichkeitsklausel (s. oben *Teil 1 § 1 B.I.2.*) umfasst ausschließlich deren lockerere Handhabung im Kontext mitgliedstaatlicher Unterstützungsmaßnahmen mit rein lokalen Auswirkungen.[892] Somit verbleibt es selbst bei solchen Beihilfen, deren Empfänger ihre Produkte bzw. Dienstleistungen nahezu vollumfänglich auf Märkten in Drittstaaten anbieten, bei der faktisch kaum widerlegbaren Vermutung der Beeinträchtigung des Handels zwischen den Mitgliedstaaten.[893] Eine Sonderbehandlung erfahren lediglich die verschiedenen Formen von Exportkreditversicherungen und -garantien, die zwar von nicht zu unterschätzender praktischer Bedeutung sind, aufgrund des Umstands, dass sie häufig bereits keine Begünstigung im Sinne des Art. 107 Abs. 1 AEUV begründen und im WTO-Subventionsrecht eng mit *soft law* der OECD verzahnten Spezialregelungen unterfallen, an dieser Stelle aber keiner näheren Betrachtung bedürfen.[894]

In Fällen der Förderung von Drittlandsaktivitäten europäischer Unternehmen trägt der Gerichtshof den regelmäßig geringeren innerunionalen Auswirkungen lediglich dadurch Rechnung, dass er der Kommission einen leicht erhöhten Begründungsaufwand für die Bejahung einer – wenigstens potenziellen – Beeinträchtigung des zwischenstaatlichen Handels aufbürdet.[895] Diese restriktive Haltung der Unionsrechtsprechung lässt sich zunächst dadurch rechtfertigen, dass die von derartigen Beihilfen begünstigten Unternehmen nicht selten auch innerhalb des Binnenmarkts

---

892 Deutlich wird dies vor allem an den fast ausschließlich auf lokale Sachverhalte beschränkten Ausführungen in *Kommission*, Bekanntmachung zum Begriff der staatlichen Beihilfe, ABl. 2016 C 262/42.

893 *Núñez Müller*, in: MüKoBeihilfenR, Finanzielle Transfers und Transaktionen, Rn. 475 f.

894 Vgl. hierzu erschöpfend nur *Coppens*, WTO Disciplines on Subsidies and Countervailing Measures, S. 335 ff.

895 EuGH C-494/06 P, Slg. 2009, I-3639 Rn. 48 ff. – Kommission/Italien und Wam.

tätig sind – bzw. jederzeit tätig werden können – und daher mittelbar in ihrer dortigen Wettbewerbsstellung gestärkt werden. Auch konkurriert der Beihilfenempfänger außerhalb des EU-Territoriums nicht exklusiv mit Drittstaatsunternehmen, sondern infolge der Außenorientierung der Unionswirtschaft für gewöhnlich gleichermaßen mit weiteren europäischen Unternehmen, die bei der Durchdringung dieser Märkte auf sich selbst gestellt sind.[896] Daneben gilt zu beachten, dass sich in WTO-rechtlicher Hinsicht eine „Je-desto-Formel" dergestalt ergibt, dass, je gewichtiger die Ausfuhr- oder Internationalisierungskomponente von Beihilfen im Sinne einer Überwindung des Zwischenstaatlichkeitskriteriums ausfällt, desto größer sich die Gefahr eines Verstoßes gegen das Exportsubventionsverbot in Art. 3 ASÜ darstellt.[897]

Die niedrigen Hürden für das Eingreifen der beihilfenrechtlichen Zwischenstaatlichkeitsklausel sind daher rechtlich wohlbegründet, schützen sie doch das *level playing field* zwischen europäischen Unternehmen nicht nur im Binnenmarkt, sondern auch auf den außerunionalen Märkten. Der dadurch in den vergangenen 60 Jahren erreichte umfassende unionsinterne Schutz vor durch nationale Beihilfenpolitiken bedingten negativen Externalitäten hat zum Preis, dass jedweder Versuch einer Gegensubventionierung wettbewerbsverzerrender drittstaatlicher Praktiken jedenfalls den Beihilfentatbestand erfüllt. Im Ergebnis verschiebt sich die Beantwortung der Frage von deren Zulässigkeit *de lege lata* auf die Ebene der Rechtfertigung und liegt demnach vornehmlich in Händen der Kommission und nicht mehr in denjenigen des Gerichtshofs.

2. Begrenzte Reichweite der Rechtfertigungstatbestände

Im Rahmen von Art. 107 Abs. 3 AEUV stehen der Kommission bei der Beihilfengenehmigung äußerst weite Ermessens- bzw. Beurteilungsspielräume zu, die ein Einfallstor etwa für die Fruchtbarmachung der Industrie- bzw. Umwelt-Querschnittsklauseln, die Umsetzung des Lissabon- bzw. *Europe 2020*-Ziels einer Steigerung der globalen Wettbewerbsfähigkeit der Uni-

896 S. zum Ganzen *Soltész*, in: MüKoBeihilfenR, Art. 107 AEUV Rn. 645.

897 Die Union reagiert auf diesen Umstand mit einem nahezu umfassenden Verbot von Beihilfen für Tätigkeiten im Zusammenhang mit Ausfuhren in Drittländer, welche sie sowohl vom Anwendungsbereich der AGVO (vgl. Art. 1 Nr. 2 lit. c) wie auch von demjenigen der *de minimis*-Verordnung (vgl. Art. 1 Abs. 1 lit. d) ausnimmt.

on oder sonstige Erwägungen allgemeinpolitischer Natur bilden (s. oben *Teil 1 § 1 A.III.3.*). Gleichzeitig muss sie trotz der Interpretationsbedürftigkeit der Rechtfertigungstatbestände bei der Ausarbeitung der AGVO oder von konkretisierendem *soft law* die sich aus den Vertragszielen, Art. 173 AEUV sowie der Regelungsmechanik des Art. 107 AEUV selbst ergebenden programmatischen und normativen Vorgaben beachten. Sie gebieten die Aufrechterhaltung des originären Regel-Ausnahme-Verhältnisses, über das nicht einfach hinweggegangen werden kann.[898] Deutlich wird dies anhand einer Auslotung der Grenzen der *prima facie* einer industriepolitischen Instrumentalisierung offenstehenden Formulierungen in lit. c und b (Alt. 1) von Abs. 3.

a) Förderung der Entwicklung gewisser Wirtschaftszweige oder Wirtschaftsgebiete

aa) Grundsatz der intersektoralen Neutralität

Art. 107 Abs. 3 lit. c AEUV stellt den am häufigsten herangezogenen und zugleich auch einen der unbestimmtesten Rechtfertigungstatbestände des gesamten Beihilfenprimärrechts dar.[899] Unterschieden wird zwischen sektoralen („gewisser Wirtschaftszweige"), regionalen („Wirtschaftsgebiete") und horizontalen Beihilfen, wobei aus dem Verweis auf das „gemeinsame Interesse" abzuleiten ist, dass die Beurteilung der Vereinbarkeit einer Beihilfe mit dem Binnenmarkt stets unter Berücksichtigung der Auswirkungen auf die Union als Ganze zu erfolgen hat. Aus dem wettbewerbsrechtlichen Charakter des EU-Beihilfenaufsichtssystems folgt, dass Betriebsbeihilfen im Allgemeinen[900] sowie Beihilfen auf Märkten mit Überkapazitäten und für Unternehmen in Schwierigkeiten im Speziellen,[901] die gemeinhin

---

898 So *Nowak*, in: Frankfurter Kommentar, Art. 107 AEUV Rn. 5 f., 55 f.; ähnlich auch EuG T-109/01, Slg. 2004, II-127 Rn. 75 – Fleuren Compost (zu Abs. 3 lit. c AEUV); T-457/09, ECLI:EU:T:2014:683 Rn. 200 – Westfälisch-Lippischer Sparkassen- und Giroverband/Kommission (zu Abs. 3 lit. b AEUV); vgl. zur Gegenauffassung nur *Cremer*, in: Calliess/Ruffert, Art. 107 AEUV Rn. 53.

899 *Kreuschitz*, in: MüKoBeihilfenR, Art. 107 AEUV Rn. 871 f.

900 EuGH C-288/96, Slg. 2000, I-8237, Rn. 90 – Deutschland/Kommission.

901 EuGH C-464/09 P, Slg. 2010, I-12443 Rn. 48 – Holland Malt/Kommission; *Kommission*, Mitteilung – Leitlinien für staatliche Beihilfen zur Rettung und Umstrukturierung nichtfinanzieller Unternehmen in Schwierigkeiten (UiS-Leitlinien), ABl. 2014 C 249/1, Erwägungsgrund 6. Unternehmen in Schwierigkeiten

als in hohem Maße wettbewerbsschädlich eingestuft werden, einer Rechtfertigung bereits *a limine* nicht zugänglich sind.

Hinzu kommt eine Verpflichtung der Kommission zur intersektoralen Neutralität,[902] die diese sich einerseits selbst auferlegt,[903] die andererseits aber auch im industriepolitischen Zielkatalog des Art. 173 Abs. 1 UAbs. 2 AEUV, der sich sektoralen Wertungen weitestgehend enthält und die Vornahme horizontaler Maßnahmen als Mittel der Wahl nahelegt, Ausdruck gefunden hat. Wenngleich dessen Ausfüllung und Umsetzung durch die Unionsorgane auf anderen Politikfeldern stärker sektorale Züge aufweisen mag,[904] steht bezüglich der Beihilfenkontrolle fest, dass diese den Mitgliedstaaten eine sektorale Subventionswirtschaft gerade erschweren soll.[905] Vielmehr ist nach den letzten beiden Modernisierungsagenden ein exponentieller Bedeutungszuwachs horizontaler Beihilfen zu verzeichnen,[906] sodass das Unterfangen der GD Wettbewerb, das gesamte EU-Beihilfenrecht – abgesehen von den primärrechtlich vorgesehenen Sonderregimen – einheitlich auf alle Wirtschaftszweige anzuwenden, sich einer Vollendung annähert.[907]

bb) Präventive (Gegen-)Subventionierungen

Bedenklich erscheint aufgrund dessen die Argumentation, Abs. 3 lit. c ermögliche eine Genehmigung von Beihilfen, welche die Mitgliedstaaten im

---

sind von der Vergabe jeder anderen Beihilfenart *per se* ausgeschlossen und unterfallen nicht der AGVO (vgl. deren Art. 1 Abs. 4 lit. c).

902 S. hierzu detailliert *Cremer*, in: Calliess/Ruffert, Art. 107 AEUV Rn. 60.

903 Vgl. etwa Erwägungsgrund Nr. 32 der AGVO; *Kommission*, Mitteilung – Leitlinien für Regionalbeihilfen 2014–2020, Rn. 10.

904 Vgl. hierzu am Beispiel zweier konkreter Anwendungsfelder (Biotechnologie sowie Automobilindustrie) *Solka*, Die Industriepolitik der Europäischen Union, S. 76 ff.

905 Andere Ansicht: *Lock*, Industrie-, Technologie- und Forschungspolitik, § 6 Rn. 78, der jedoch ausschließlich vom vagen Wortlaut des Art. 107 Abs. 3 lit. c AEUV ausgeht, ohne die AGVO oder *soft law* mitzuberücksichtigen.

906 So auch *Bär-Bouyssière*, in: Schwarze/Becker/Hatje/Schoo, Art. 107 AEUV Rn. 2. Die jüngsten Zahlen des *State Aid Scoreboard 2018* belegen, dass im Jahre 2017 94 Prozent aller mitgliedstaatlichen Beihilfen auf Ziele wie regionale Entwicklung, Beschäftigung, Umweltschutz, Forschung, Entwicklung und Innovation, Wagniskapital und KMU-Förderung entfielen.

907 Vgl. zur fortbestehenden klassisch sektoralen Ausnahme des Steinkohlenbergbaus den Nachw. o. in Fn. 873.

Sinne einer *präventiven* Neutralisierung drittstaatlicher Subventionspraktiken vergeben.[908] Ungeachtet der unklaren dogmatischen Herleitung einer derart begründeten Rechtfertigungsfähigkeit, gestaltet sich dieser Lösungsvorschlag zur Abmilderung der *free rider*-Problematik weder praktisch handhabbar noch findet er Rückhalt in der geltenden Beihilfenrechtslage oder in der Rechtsprechung der Unionsgerichte.

So ist *ex ante* schwerlich exakt prognostizierbar, ob und bejahendenfalls, in welchem Volumen und in welchen Mitgliedstaaten bestimmte Branchen perspektivisch staatlicher Unterstützung in Gestalt von Beihilfen bedürfen, um drittstaatliche Subventionspraktiken zu kompensieren. Die hiermit verbundenen Schwierigkeiten lassen sich anhand der Komplexität der lediglich *ex post* einsetzenden antisubventionsrechtlichen Verhängung von Ausgleichszöllen belegen, deren Fehleranfälligkeit nicht selten Anlass zu rechtlicher sowie ökonomischer Kritik gibt.[909] Weiter ist zu beachten, dass der EuGH in Bezug auf Abs. 3 lit. c bis dato stets das Mindesterfordernis eines bereits eingetretenen allgemeinen wirtschaftlichen Förderbedarfs aufstellte[910] und die den Tatbestand konkretisierenden Sekundärrechts- und *soft law*-Akte nicht auf die Verhinderung,[911] sondern eine durch Beihilfen begleitete Erleichterung – und gegebenenfalls Abfederung – von Strukturwandelszenarien zielen. Dies gilt einmal mehr, wenn durch Drittstaatssubventionen ein sich unabhängig davon abzeichnender unionsinterner Strukturwandel allenfalls beschleunigt wird, die kostenintensive und wohlfahrtsökonomisch ineffiziente Kompensation mithin für die Erhaltung eines ohnehin nicht mehr wettbewerbsfähigen Sektors erfolgte. Insgesamt ergeben sich keine Hinweise darauf, dass die Bestimmung zum rechtlichen Anknüpfungspunkt einer antizipierend-prophylaktischen Beihilfenpolitik der Mitgliedstaaten umgedeutet werden könnte, welche sich vorwiegend auf vage, weil noch nicht erhärtete, Verdachtsmomente

---

908 So der Vorstoß von *Frenz*, EWS 2017, 194, 196 f.

909 Vgl. nur *Sykes*, Columbia Law Rev. 1989, 199 ff.

910 S. zur Auslegung der Formulierung „Förderung der Entwicklung“ *v. Wallenberg/Schütte*, in: Grabitz/Hilf/Nettesheim, 68. EL Oktober 2019, Art. 107 AEUV Rn. 189, unter Verweis auf EuGH 730/79, Slg. 1980, 2671 Rn. 26 – Philip Morris/Kommission (zur Notwendigkeit des Nachweises, dass Marktkräfte nicht auch allein, das heißt ohne staatliche Beihilfen, die Weiterentwicklung eines bestimmten Sektors gewährleisteten); sowie 248/84, Slg. 1987, 4013 Rn. 19 – Deutschland/Kommission (zum Referenzrahmen für sog. „C-Fördergebiete“).

911 Exemplarisch hierfür steht der Umstand, dass Art. 13 lit. a der AGVO sensible Sektoren wie Stahl, Steinkohle, Schiffbau sowie Kunstfasern *a limine* aus deren Anwendungsbereich betreffend Regionalbeihilfen ausschließt.

einer sektorspezifischen Verfälschung der internationalen Wettbewerbsverhältnisse durch Markteingriffe einzelner Drittstaaten stützt. Präventiven Gegensubventionierungen haftet die Gefahr an, dass sie – entgegen den pro-wettbewerblichen Grundwertungen der EU-Wirtschafsverfassung – in Richtung eines unzulässigen industriepolitischen Dirigismus kippen.[912]

cc) Abstrakt-generelle Entsprechungsklausel

Angeregt wurde aus diesen Gründen der Alternativvorschlag einer reaktiven Entsprechungsklausel (engl.: *matching clause*), die auf den Ausgleich bereits eingetretener subventionsbedingter Nachteile europäischer Unternehmen im internationalen Wettbewerb begrenzt ist.[913] Ein beihilfenrechtliches Novum bildet deren abstrakt-generelle Natur, die im Falle einer konsequenten Umsetzung der Entsprechungsklausel zwar die bereichs- und sektorenübergreifende Gegensubventionierung von drittstaatlichen Subventionen ermöglichte, dabei aber zugleich verstärkte Beeinträchtigungen des innerunionalen Handels bzw. Wettbewerbs in Kauf nähme.

Eine Kontextualisierung mit der bestehenden, im Zuge der Erneuerung des Unionsrahmens für staatliche Beihilfen zur Förderung von Forschung, Entwicklung und Innovation (FEuI-Rahmen)[914] überarbeiteten, bereichsspezifischen Entsprechungsklausel legt offen, dass die isolierte Implementierung eines derartigen Fremdkörpers in das tradierte System der Beihilfenkontrolle zu Anwendungsdefiziten führen kann. Die bisher noch niemals aktivierte FEuI-Entsprechungsklausel erlaubt die Überschreitung der im FEuI-Rahmen vorgesehenen Förderhöchstgrenzen, sofern Drittstaaten ähnliche Vorhaben in umfassenderer Weise subventionieren. Allerdings sind die diesbezüglichen Beweisprobleme ohne eine signifikante Verbesserung der weltweiten Subventionstransparenz im Rahmen des WTO-Notifikationsmechanismus oder auf bi- und plurilateraler Ebene trotz der insoweit niedrigen Anforderungen (vgl. Rn. 92 des FuE-Rahmens) nicht oder nur partiell zu bewältigen. Der Praxisrelevanz des Instruments abträglich sind des Weiteren die seit jeher vergleichsweise hohen genehmigungsfähi-

---

912 Vgl. zu letztgenanntem Verbot *Ruffert*, in: Calliess/Ruffert Art. 173 AEUV Rn. 31.

913 Vgl. *Kaiser*, Die externe Wettbewerbsdimension – EU-Beihilfenrecht und Handelspolitik (o. Fn. 841).

914 *Kommission*, Mitteilung – Unionsrahmen für staatliche Beihilfen zur Förderung von Forschung, Entwicklung und Innovation, ABl. 2014 C 198/1.

gen Beihilfenintensitäten im Bereich FEuI, die es für den beihilfengewährenden Mitgliedstaat sowie die begünstigten Unternehmen in aller Regel attraktiver erscheinen lassen, die Kommission von der Notwendigkeit einer umfassenden Förderung des eigenen FEuI-Vorhabens zu überzeugen, als den aufwendigen und unsicheren Nachweis zu führen, dass ein unionsexterner Wettbewerber für ein vergleichbares FEuI-Projekt Subventionen in überschießender Höhe erhalten hat bzw. wird. Gleichsam mindert die beschriebene Herangehensweise aus Sicht der Unternehmen das Risiko, im Falle einer seit dem Außerkrafttreten von Art. 8.2 (a) ASÜ wieder in den Bereich des Möglichen gerückten WTO-subventionsrechtlichen Eskalationsspirale Repressalien zu erleiden.[915]

Die angestellten Überlegungen treffen indessen nicht allein auf FEuI-Beihilfen zu, sondern stehen symptomatisch für das Dilemma, welches die Einführung der abstrakt-generellen Entsprechungsklausel mutmaßlich zur Konsequenz hätte. Denn während die Kommission im Hinblick auf horizontale Beihilfen bereits nach heutiger Praxis über breite Handlungsspielräume verfügt, die sie dazu in die Lage versetzen, unter Berücksichtigung der jeweiligen Umstände des konkreten Einzelfalles Beihilfen zu genehmigen, welche die in der AGVO vorgesehenen Beihilfenintensitäten übersteigen,[916] lassen unübersehbare Rückwirkungen auf den EU-Binnenmarkt den Rekurs auf eine solche *matching clause* im Falle von sektoralen und regionalen[917] Beihilfen aus gesamtunionaler Perspektive unter Umständen überhaupt nicht erstrebenswert erscheinen. Hierfür sprechen einerseits die bereits gegen präventive Formen einer Gegensubventionierung angeführten Argumente, andererseits die zuvor in abweichendem Zusammenhang angesprochene *deep pocket*-Problematik (s. oben *A.I.1.*). Sofern man unterstellt, dass eine Kompensation exklusiv aus mitgliedstaatlichen Haushalten – ohne eine Kofinanzierung aus EU-Fonds – erfolgte und ihr

---

915 S. zu beiden Aspekten *v. Wendland*, EStAL 2015, 25, 39 bzw. 40.

916 Die Kommission verwendet – vom Gerichtshof unbeanstandet – Art. 107 Abs. 3 lit. c AEUV als Auffangtatbestand für anderenfalls nicht genehmigungsfähige horizontale Beihilfen, was vereinzelt als eine Überdehnung von dessen Wortlaut kritisiert wird (vgl. hierzu nur *Thiele*, in: Dauses/Ludwigs, 44. EL Februar 2018, H.III. Rn. 208).

917 Beachte aber, dass die Kommission bei Standortanreizen in benachteiligten Regionen bereits heute berücksichtigt, ob die Investition ohne die Regionalbeihilfe nicht in der EU, sondern außerhalb durchgeführt worden wäre (vgl. etwa KomBeschl Beschluss v. 4. Oktober 2018, Beihilfe SA.45359, Slovakia – LIP – Regional investment aid measures to Jaguar Land Rover Slovakia s.r.o., C(2017)3216 final).

Volumen sich nicht an abstrakten Hypothesen, sondern wegen des *ex post*-Charakters tatsächlich am konkreten Vorbild der mitunter immensen Subventionsbewilligungen etwa der BRICS-Staaten ausrichtete, so könnte dies letztlich auch der in Art. 126 Abs. 1 AEUV statuierten Verpflichtung zur Vermeidung übermäßiger öffentlicher Defizite zuwiderlaufen.[918]

b) Förderung wichtiger Vorhaben von gemeinsamem europäischem Interesse (IPCEI)

aa) Konkretisierungsbedürftigkeit der Tatbestandsalternative

Die Vorgaben des EuGH für die Auslegung von Art. 107 Abs. 3 lit. b Alt. 1 AEUV sind auch aufgrund des insoweit wenig umfangreichen Rechtsprechungskorpus als vage zu bezeichnen. Dessen bisherige begriffliche Annäherung erfolgte hauptsächlich negativ, indem er beispielsweise darlegte, warum ein durch eine Beihilfe intendierter Technologieschub auf einem Überschussmarkt[919] oder positive Reflexwirkungen eines Privatisierungsvorgangs in einem einzelnen Mitgliedstaat nicht ausreichen,[920] um zur Bejahung der Tatbestandsalternative zu gelangen. Folglich bleibt es in erster Linie der Kommission überlassen, deren materiellen Gehalt auszudeuten und die Anforderungen an das gemeinsame europäische Interesse auszubuchstabieren. Ziff. 3.2.1/Rn. 14 ihrer *Important Project of Common European Interest*-Mitteilung (IPCEI-Mitteilung)[921] umreißt die Kriterien wie folgt:

> „Das Vorhaben [IPCEI] muss in konkreter, klarer und erkennbarer Weise zu einem oder mehreren Zielen der Union beitragen und signifikante Auswirkungen auf die Wettbewerbsfähigkeit der EU, auf das nachhaltige Wachstum, die Bewältigung gesellschaftlicher Herausforderungen oder die Wertschöpfung in der gesamten Union haben."

---

918 Vgl. zur Ressourcenfrage als eines der Grundprobleme industriepolitischer Interventionen *Ruffert*, in: Calliess/Ruffert, Art. 173 AEUV Rn. 13.

919 EuGH verb. Rs. 62 u. 72/87, Slg. 1988, 1573 Rn. 25 – Exécutif régional wallon/Kommission.

920 EuGH C-66/02, Slg. I-10901, Rn. 135 ff. – Italien/Kommission.

921 *Kommission*, Mitteilung – Kriterien für die Würdigung der Vereinbarkeit von staatlichen Beihilfen zur Förderung wichtiger Vorhaben von gemeinsamem europäischem Interesse mit dem Binnenmarkt, ABl. 2014 C 188/4. Vgl. hierzu zusammenfassend *Stöbener*, EuZW 2014, 484.

Die prominente Nennung der EU-Wettbewerbsfähigkeit suggeriert, dass die Kommission den industriepolitischen Wirkungsgrad eines Vorhabens als Primärfaktor für die Beurteilung von dessen Beihilfefähigkeit heranzieht; jedoch relativiert sich diese Einschätzung bereits dadurch, dass sie klarstellend nachschiebt, dass an einem IPCEI in der Regel mehr als ein Mitgliedstaat beteiligt sein müsse und dessen im obigen Sinne verstandener Mehrwert sich weder auf die einzelnen Beihilfenempfänger noch auf bestimmte Wirtschaftszweige beschränken dürfe.[922] Die bisher lediglich sporadische Aktivierung der IPCEI-Mitteilung durch die Mitgliedstaaten korrespondiert nicht mit der im Jahre 2014 ausgegebenen Devise der Kommission, die Tatbestandsalternative künftig vermehrt in Anspruch zu nehmen,[923] und der potenziellen Bedeutung, die ihr im neubelebten rechtlichen Diskurs um „europäische Champions" beigemessen wird.[924] Historisch betrachtet waren es vor ihrem Erlass vorwiegend Beihilfen für grenzüberschreitende Infrastrukturvorhaben, die Förderung einer Flugzeugindustrie (Stichwort: *Airbus*), den Umweltschutz und transeuropäische Forschungs- und Entwicklungsprojekte, welche die Kommission direkt auf Grundlage von Abs. 3 lit. b Alt. 1 für mit dem Binnenmarkt vereinbar erklärte.

bb) Bestimmung des gemeinsamen europäischen Interesses

Die zentrale rechtliche Herausforderung besteht damals wie heute darin, über den leichter konstruierbaren wichtigen Beitrag zu den nicht selten höchst abstrakten Zielen der Union hinaus *in concreto* zu bestimmen, worin das gemeinsame europäische Interesse eines Vorhabens liegt. Die Termini „Unionsinteresse" und „gemeinsames Interesse" finden zwar in

---

922 Näher umschrieben werden diese immer noch als äußerst abstrakt einzustufenden sog. „allgemeinen kumulativen Kriterien" in den Folgern. 15 ff. der IPCEI-Mitteilung.

923 Vgl. nur *Kommission*, Pressemitteilung v. 13.6.2014 (IP/14/673).

924 S. in diese Richtung *Bundesministerium für Wirtschaft und Energie/Ministère de l'Economie et des Finances*, A Franco-German Manifesto for a European industrial policy fit for the 21st Century, Ziff. 2; vgl. ablehnend dagegen stellvertretend für zahlreiche kleinere Mitgliedstaaten *Österreichische Bundeswettbewerbsbehörde*, Positionspapier zu nationalen und europäischen Champions in der Fusionskontrolle, November 2019, abrufbar unter www.bwb.gv.at/fileadmin/user_upload/PDFs/Positionspapier_European_Champions_DE.pdf [zuletzt aufgerufen am 1.12.2019].

zahlreichen unterschiedlichen Artikeln von EUV und AEUV Erwähnung, jedoch werden sie an keiner Stelle enger eingegrenzt oder abschließend definiert.[925] Im Kontext der Beihilfenrechtfertigung ist festzustellen, dass bei Art. 107 Abs. 3 lit. b Alt. 1 AEUV anders als im Falle von Abs. 3 lit. c nicht die Funktion als sog. „Schrankenschranke", sondern die – gewichtigere – als konstitutive Tatbestandsvoraussetzung im Vordergrund steht. Da spätestens seit der Konsolidierung des Abwägungstests jegliche Beihilfe einem „klar definierte[n] Ziel von gemeinsamem Interesse"[926] zu dienen hat, muss der Formulierung hier eine zusätzliche Bedeutungsdimension zukommen. Diese ist nach Ziff. 3.3 der IPCEI-Mitteilung darin zu sehen, dass das Vorhaben in qualitativer wie auch in quantitativer Hinsicht signifikant zu sein hat, das heißt – unter Zugrundelegung eines Optimalszenarios – interessierten Unternehmen aus allen 27 Mitgliedstaaten offensteht und in seinem Umfang oder Risiko die Ressourcen eines einzelnen Mitgliedstaates übersteigt.

Die zutiefst supranationale Prägung der IPCEI-Mitteilung[927] kontrastiert mit dem Umstand, dass für die Beihilfenpolitik als Teil der allgemeinen Fiskalpolitik nach wie vor die Mitgliedstaaten zuständig sind, es demnach für gewöhnlich genuin mitgliedstaatliche – und dadurch national motivierte – Beihilfen sind, die die Kommission auf ihre Genehmigungsfähigkeit prüft. Diese Problematik weist Parallelen zum bereits erörterten Art. 108 Abs. 2 UAbs. 3 AEUV auf (s. oben *II.2.*), für dessen Aktivierung sich 27 Mitgliedstaaten auf das Vorliegen von „außergewöhnlichen Umständen" verständigen müssen, da die gemeinsame Notifizierung eines IPCEI die vorgelagerte intergouvernementale Einigung der teilnehmenden Mitgliedstaaten verlangt. Zwar muss das gemeinsame europäische Interesse im Sinne von Abs. 3 lit. b Alt. 1 nicht notwendigerweise bei allen Mitgliedstaaten in gleicher Weise vorliegen,[928] nichtsdestoweniger kann die

---

925 S. hierzu instruktiv *Tauschinsky/Weiß*, EuR 2018, 3, 6 f.

926 So dezidiert *Kommission*, Common principles for an economic assessment of the compatibility of State aid under Article 87.3 (undatierter Entwurf einer Mitteilung aus dem Jahre 2009), Rn. 9, abrufbar unter https://ec.europa.eu/competition/state_aid/reform/economic_assessment_en.pdf [zuletzt aufgerufen am 1.12.2019].

927 Dieser lässt sich etwa daran ablesen, dass die Kommission unter Art. 107 Abs. 3 lit. b Alt. 1 AEUV angemeldetes Vorhaben ausweislich Ziff. 3.2.2./Rn. 20 der IPCEI-Mitteilung positiver bewertet, wenn die Kommission oder die Europäische Investitionsbank an der Ausgestaltung (lit. b), Auswahl (lit. c) oder in der Governance-Struktur des Vorhabens beteiligt sind oder dieses die Kofinanzierung aus einem EU-Fonds beinhaltet (lit. f).

928 *Martenczuk*, in: von der Groeben/Schwarze/Hatje, Art. 107 AEUV Rn. 370.

Tatbestandsalternative bereits dann nicht mehr bejaht werden, wenn das Interesse auch nur eines der Mitgliedstaaten übergangen wird, was deren Praxisrelevanz *a priori* reduziert.[929]

cc) Gebot der wohlfahrtsökonomisch effizienten Anwendung

Die ersten beiden Vereinbarkeitsbeschlüsse auf Grundlage der sektorübergreifenden IPCEI-Mitteilung, welche außerhalb der Infrastrukturpolitik ergingen, erfolgten auf den Feldern Mikroelektronik[930] sowie Batterieforschung[931] und könnten die zukünftige Reichweite von Art. 107 Abs. 3 lit. b Alt. 1 AEUV realistisch abbilden, da sie sich Schlüsseltechnologien widmen.[932] Sie behalten den im *soft law* vorgegebenen effizienzorientierten Prüfmaßstab bei, was sich unter anderem daran zeigt, dass es gerade in der marktfernen – und damit für Marktversagen besonders anfälligen – Grundlagenforschung tätige Unternehmen sind, die jeweils von den Beihilfenmaßnahmen der vier (bzw. sieben) das IPCEI initiierenden Mitgliedstaaten profitieren.[933]

Die von der Kommission anvisierte Neuakzentuierung dieser Rechtfertigungsvariante ist folglich prinzipiell geeignet, eine beihilfenrechtliche Brücke zwischen industrie- und wettbewerbspolitischen Positionen in der Union zu schlagen, ohne die nach der Jahrtausendwende erreichte effizienzorientierte Ausrichtung der EU-Beihilfenkontrolle grundlegend in Frage zu stellen. Abhängig von der Innovationskraft europäischer Unterneh-

929 *v. Wallenberg/Schütte*, in: Grabitz/Hilf/Nettesheim, 67. EL Juni 2019, Art. 107 AEUV Rn. 160.

930 KomBeschl. v. 13.12.2018, Beihilfen SA. 46578, SA. 46705, SA. 46595, SA. 46590, Important Project of Common European Interest (IPCEI) Microelectronics, C(2018)8864 final.

931 KomBeschl. v. 9.12.2019, Beihilfen SA. 54793, SA. 54801, SA. 54794, SA.54806, SA.54808, SA.54796 SA.54809 (Begründung des Beschlusses bisher noch nicht veröffentlicht).

932 Die Kommission definiert diese als „Technologien, die in mehreren Industriezweigen Anwendung finden und bei der Bewältigung gesellschaftlicher Herausforderungen helfen können“ (*Kommission*, Pressemitteilung v. 18.12.2018 (IP/18/6862)), wozu sie neben der Mikroelektronik die Bereiche Nanotechnologie, Photonik, Materialwissenschaften, industrielle Biotechnologie und fortschrittliche Fertigungstechnologien zählt (vgl. *Kommission*, Mitteilung – Eine europäische Strategie für Schlüsseltechnologien: Eine Brücke zu Wachstum und Beschäftigung, COM(2012) 341 final, 3).

933 Vgl. dazu die namentliche Auflistung der begünstigten Unternehmen (ebd.).

men und der Kompromissbereitschaft der Mitgliedstaaten, in welchen diese ansässig sind, vermag sie perspektivisch einen Beitrag zur Steigerung der globalen Wettbewerbsfähigkeit der EU zu leisten und zugleich auf wettbewerbsschonende Weise, das heißt gerade durch die Unterstützung des wettbewerblichen Entdeckungsverfahrens selbst, die Herausbildung von „europäischen Champions“ zu unterstützen. Sinnbildlich hierfür stehen etwa das von der Kommission bereitgestellte Instrument eines sog. „rückzahlbaren Vorschusses“, den Empfängerunternehmen bei einem Scheitern des IPCEI nicht (oder nur anteilig) zurückzahlen müssen,[934] oder die komplexe kontrafaktische Analyse, die der notifizierende Mitgliedstaat zum Nachweis des Marktversagens durchzuführen hat.[935]

Indem der Wortlaut über das „Unionsinteresse“ bzw. „gemeinsame Interesse“ hinaus konkret auf das gesamteuropäische Interesse rekurriert, eröffnet er nicht zuletzt auch die Möglichkeit, eine transeuropäische Kooperation, die Drittstaaten bzw. Drittstaatsunternehmen einbezieht und es diesen erlaubt, ebenfalls am Nutzen des IPCEI zu partizipieren, einzugehen,[936] und damit der handelspolitischen Logik von Subventionierung und Gegensubventionierung zu entgehen. Solche Kooperationen stellten ein Modell dar, das zum einen den in Art. 8 Abs. 1 EUV niedergelegten Ziele der ENP entspricht und zum anderen einen Gegenpol zur – in Anlehnung an den FEuI-Rahmen – in die IPCEI-Mitteilung ebenfalls implementierte *matching clause* darstellt. Somit stehen Art. 107 Abs. 3 lit. b Alt. 1 AEUV und das konkretisierende *soft law* rechtlich gesehen stärker im Zeichen der (europäischen) ökonomischen Effizienz, als dass sie den Ausgangspunkt für die Teilnahme der Mitgliedstaaten an globalen Subventionswettläufen bildeten.

3. Potenzielle WTO-rechtliche Konsequenzen

Unabhängig davon, ob eine von einem Mitgliedstaat gewährte und von der Kommission genehmigte Beihilfe auf die Kompensation drittstaatlicher Subventionen zielt oder nicht, besteht die Möglichkeit, dass sie die Begriffsbestimmung des Art. 1 ASÜ erfüllt und zugleich spezifisch im Sinne von Art. 2 ASÜ ist, sodass sie unter den – wenngleich hohen – Hürden

934 Vgl. nur Rn. 36 der IPCEI-Mitteilung.
935 Ebd., Rn. 28 ff.
936 So explizit *Martenczuk*, in: von der Groeben/Schwarze/Hatje, Art. 107 AEUV Rn. 370.

der Art. 5 ff. ASÜ eine anfechtbare Subvention begründen kann. Die Kommission berücksichtigt die unionsexternen Implikationen staatlicher Beihilfen und ist berechtigt sowie nach Art. 216 Abs. 2 AEUV grundsätzlich verpflichtet, dem WTO-Subventionsrecht unionsintern Geltung zu verleihen.[937] Gleichwohl trifft ein Genehmigungsbeschluss exklusiv die Aussage, dass eine Beihilfenmaßnahme „mit dem Binnenmarkt vereinbar“ ist, was weder bedeutet, dass die Kommission das ASÜ im Falle der Eröffnung von dessen Anwendungsbereich zuvor zusätzlich zum Prüfmaßstab erhoben hätte, noch dass sie ausschließt, dass die genehmigte Beihilfe sich unter Umständen nachteilig im Sinne der Art. 5 lit. a bis c des ASÜ auf andere WTO-Mitglieder auswirken kann.[938]

Speziell in Bezug auf *matching subsidies* – sowohl auf Grundlage der Entsprechungsklauseln im FEuI-Rahmen und in der IPCEI-Mitteilung oder auch freihändig gewährte – sind über generelle Vorgaben des WTO-Subventionsrechts hinaus die vom Panel im Streitbeilegungsverfahren *EC – Commercial Vessels*[939] getroffenen Wertungen zu beachten, welche die diesbezüglichen Handlungsspielräume der EU und ihrer Mitgliedstaaten weiter einzuengen geeignet sind. In besagtem Panel-Verfahren ging Korea erfolgreich gegen eine auf den heutigen Art. 107 Abs. 3 lit. e AEUV gestützte EU-Ratsverordnung zur Einführung befristeter Schutzmaßnahmen für den Schiffbau vor, die sich ausweislich der Erwägungsgründe ausdrücklich gegen koreanische Subventionspraktiken in bestimmten Marktsegmenten der Schiffbauindustrie richtete.[940] Darin kündigte die Kommission an, spätestens ab dem Zeitpunkt, in dem Korea sich nach Ansicht der Union wieder WTO-subventionsrechtskonform verhielte, keine auf die Verordnung

937 *Kühling*, in: Streinz, Art. 107 AEUV Rn. 11.

938 *Götz*, in: Dauses/Ludwigs, 43. EL Oktober 2017, H.III. Rn. 43: „kein Freibrief“. S. für eine eingehende Darlegung des hierdurch entstehenden Konfliktpotenzials sowie der Forderung nach einer Erweiterung des Prüfmaßstabes der Kommission *Luengo Hernández de Madrid*, EFAR 2008, 1, 23 ff. und 31; vgl. ablehnend *Flett/Jessen/Talaber-Ritz*, The Relationship between WTO Subsidies Law and EC State Aid Law, S. 452, unter Berufung auf die fehlende unmittelbare Wirkung der Übereinkommen der WTO in der Unionsrechtsordnung.

939 WTO Panel Report, WT/DS301/R, EC – Commercial Vessels.

940 So nehmen sämtliche Erwägungsgründe der Verordnung (EG) Nr. 1177/2002 des Rates v. 27. Juni 2002 zur Einführung befristeter Schutzmaßnahmen für den Schiffbau, ABl. 2002 L 172/1, Bezug auf koreanische Subventionspraktiken im Schiffbausektor.

gestützten Beihilfen mehr genehmigen würde.[941] Zwar kam das Panel zum Schluss, dass eine Verletzung von Art. 32.1 ASÜ, nach dem spezifische Maßnahmen gegen eine Subvention eines anderen Mitglieds nur nach den Vorschriften des GATT und des ASÜ getroffen werden dürfen, verneint werden müsse, jedoch erkannte es stattdessen eine Zuwiderhandlung gegen die strukturell ähnliche Bestimmung des Art. 23.1 DSU[942] und rekurrierte darauf, „[that] it is undisputed that the European Communities adopted the TDM [Temporary Defensive Mechanism] Regulation without having recourse to the DSU."[943] Damit stellte es klar, dass der einzige Weg, welcher einem Mitglied, das ein anderes Mitglied zur Abstellung einer Zuwiderhandlung gegen das WTO-rechtliche ASÜ zu zwingen versucht, zur Verfügung steht, derjenige der DSU-Streitbeilegung ist, und unilaterale Vorgehensweisen, die auf dasselbe Ergebnis zielen, verboten sind.

Hieraus ist zu folgern, dass *matching subsidies*, die lediglich der Kompensation von durch Drittstaatssubventionen hervorgerufenen Wettbewerbsverzerrungen im EU-Binnenmarkt oder auf internationalen Märkten dienen, auf keine anderen WTO-rechtlichen Hürden stoßen als sonstige Beihilfenmaßnahmen der Mitgliedstaaten oder der EU ohne jeden Drittstaatenbezug. Im WTO-Kontext als problematisch anzusehen sind demgegenüber *retaliatory subsidies* wie im Fall *EC – Commercial Vessels*, die eine Subkategorie der *matching subsidies* begründen. Anzumerken ist allerdings, dass diese Differenzierung – wählt man das genannte Panel-Verfahren als Referenzpunkt – formaler Natur ist. Unterstellt, der damalige TDM sowie die auf ihm beruhenden Beihilfenmaßnahmen wären abweichend zugeschnitten, das heißt weniger prominent auf das spezifische Ziel, Korea zur Wiederherstellung seiner Subventionsdisziplin zu bewegen, ausgerichtet gewesen, hätte das Panel womöglich von der Verurteilung abgesehen. Diese Erkenntnis fügt sich ein in einen vom Schrifttum als zurückhaltend

941 Vgl. ebd., Erwägungsgrund Nr. 7, der sich auf die dem späteren WTO Panel Report, WT/DS273/R, Korea – Commercial Vessels, zugrundeliegende Rechtsstreitigkeit bezieht.

942 Art. 23.1 DSU lautet wie folgt:
„Suchen Mitglieder eine Verletzung von Verpflichtungen oder eine sonstige Zunichtemachung oder Schmälerung von Vorteilen nach den unter die Vereinbarung fallenden Übereinkünften oder eine Behinderung im Hinblick auf die Erreichung eines der Ziele der unter die Vereinbarung fallenden Übereinkünfte abzustellen, so greifen sie auf die Regeln und Verfahren dieser Vereinbarung zurück und halten sich daran."

943 So WTO Panel Report, WT/DS301/R Rn. 7.221, EC – Commercial Vessels.

qualifizierten Umgang des WTO-Rechts mit *matching subsidies*.[944] Als problematisch erscheinen in diesem Zusammenhang vor allem die im Rahmen der EU-Beihilfenkontrolle ohnehin verpönten Betriebsbeihilfen für exportorientierte Unternehmen, da sie potenziell schlechthin verbotene *de facto*-Exportsubventionen gemäß Art. 3 ASÜ bilden.[945] Insgesamt bleibt daher festzuhalten, dass die Grenzen einer koordinierten Gegensubventionierung von drittstaatlichen Wettbewerbsverfälschungen überwiegend im unionsinternen Beihilfenaufsichtssystem selbst begründet liegen und das WTO-Subventionsrecht ihr gegenüber allenfalls in eng umrissenen Sonderkonstellationen eine von seinen üblichen Eingriffsschwellen divergierende ablehnende Haltung einnimmt.

IV. Vorzugswürdigkeit bi- bzw. plurilateraler Regelungsansätze

Die beihilfenrechtliche Selbstbindung der Unionsorgane sowie der Mitgliedstaaten legt offen, dass die Union sich auf dem Gebiet des internationalen Subventionsrechts mit *free rider*-Effekten konfrontiert sieht, welche es anderen Staaten erlauben, in den vom WTO-Subventionsrecht nicht erfassten oder unterregulierten Bereichen (s. oben *A.I.*) heimische Unternehmen durch gezielte Unterstützungsmaßnahmen im internationalen Wettbewerb besserzustellen, ohne zugleich handelsrechtliche oder faktische Vergeltung vonseiten der Union befürchten zu müssen. Letzteres verhindern (beihilfen-)primärrechtliche sowie – in geringerem Maße – WTO-rechtliche Hürden einer (präventiven) Gegensubventionierung drittstaatlicher Subventionen, die nur in begrenztem Umfang durch die Verschärfung bzw. Erweiterung verwandter Disziplinen wie dem Handelsschutz, der Investitionskontrolle oder dem Beschaffungswesen abzufedern sind. All dieses legt nahe, dass die Union angesichts der Blockade des WTO-subventionsrechtlichen Reformprozesses (s. oben *A.II.*) und in Einklang mit der in der *Global Europe*-Agenda ausgegebenen Devise des Beihilfenrechtsexports (s. oben *B.II.1.*) ihrem Ziel der Herstellung beihilfen- bzw. subven-

---

944 *Flett/Jessen/Talaber-Ritz*, The Relationship between WTO Subsidies Law and EC State Aid Law, S. 460 ff.; ebenso *Ehlermann/Goyette*, EStAL 2006, 695, 712 unter Verweis auf Art. 9.4 ASÜ („angemessene Gegenmaßnahmen“), der unter bestimmten Umständen Gegenmaßnahmen gegen nichtanfechtbare Subventionen genäß Art. 8 ASÜ zugelassen hatte.

945 So auch *Ehlermann/Goyette*, EStAL 2006, 695, 716; s. vorsichtiger aber *Flett/Jessen/Talaber-Ritz*, The Relationship between WTO Subsidies Law and EC State Aid Law, S. 463 f.

tionsrechtlicher Reziprozität im Verhältnis zu wichtigen Handelspartnern primär durch entsprechende Vereinbarungen auf bi- und plurilateraler Ebene näherkommen kann.

1. Überwindbarkeit der unionsbezogenen Argumente gegen einen Beihilfenrechtsexport

Gegen den selektiven völkervertraglichen Lösungsansatz lässt sich zwar einwenden, dass er das herausgearbeitete Dilemma lediglich durch ein anderes substituiert, da WTO-plus-Subventionsregelungen in EU-(Freihandels-)Abkommen neue Bindungen mit sich bringen, von denen wiederum diejenigen Staaten profitieren können, mit denen die Union perspektivisch kein umfassendes Handelsabkommen plant (beispielsweise China) oder der Abschluss eines solchen vorerst nicht gelingt (so etwa im Falle Indiens).[946] In die gleiche Richtung weist das Argument der Gefährdung defensiver Interessen der Union, die darin zu sehen sei, dass eine Verschärfung bzw. Ausdifferenzierung der Regelwerke betreffend Industriesubventionen unter Umständen weitere Zugeständnisse im Bereich der nach wie vor umfassend durch Unionsbeihilfen abgestützten EU-Landwirtschafts- und Fischereipolitik erforderlich machte, oder der Hinweis darauf, dass gemäß statistischer Erhebungen der OECD die EU-Mitgliedstaaten durchschnittlich einen höheren Anteil ihrer BIP für Subventionen aufwendeten als die USA, Japan und Korea.[947]

Sieht man von der rein politisch geprägten Inbezugnahme der GAP ab, weil diese sich einer rechtlichen Evaluation entzieht, so ist jedoch festzustellen, dass ein Ausweichen auf bi- und plurilaterale Beihilfen- bzw. Subventionsdisziplinen das *free rider*-Dilemma wenngleich nicht kurzfristig zu beseitigen, so doch mittel- bis langfristig erheblich abzuschwächen vermag.[948] Das liegt daran, dass aus Unionssicht nicht alle der von den 164 WTO-Mitgliedern gewährten Subventionen gleichermaßen handels- bzw. wettbewerbsrelevant sind, sondern in der Regel in besonderer Weise diejenigen von Drittstaaten, die sich entweder durch ein signifikantes

946 Vgl. zum aktuellen Stand der jeweiligen (Vor-)Verhandlungen die ständig aktualisierte Übersicht der *Kommission*, Overview of FTA and Other Trade Negotiations, online abrufbar unter https://trade.ec.europa.eu/doclib/docs/2006/december/tradoc_118238.pdf [zuletzt aufgerufen am 1.12.2019].

947 S. zu diesen beiden Kritikpunkten *Slocock*, EStAL 2007, 249, 252 bzw. 256.

948 S. hierzu übereinstimmend *Flett/Jessen/Talaber-Ritz*, The Relationship between WTO Subsidies Law and EC State Aid Law, S. 464.

(Außen-)Handelsvolumen, den erreichten Grad an Wirtschaftsintegration mit dem EU-Binnenmarkt oder auch allein durch ihre geographische Nähe zum EU-Territorium auszeichnen.[949] Gelingt es der Union, mit jenen Staaten die Schutzlücken des ASÜ ganz oder teilweise zu schließen bzw. diese sogar weitergehend an das EU-Beihilfenaufsichtssystem heranzuführen, käme dies einer Umsetzung ihrer Reformagenda im Rahmen der Doha-Runde zumindest nahe. Das eigentliche *free rider*-Problem, welches der bi- und plurilaterale Lösungsansatz auslöst, besteht mithin nicht für die Union, für die quasi jede an das eigene Beihilfenrecht angelehnte WTO-plus-Regelung zugleich einen Zugewinn an Reziprozität bedeutet, sondern für deren Vertragspartner, sofern und soweit diese nicht bereits Verpflichtungen in anderen Handelsabkommen eingegangen sind oder über interne Subventionsdisziplinen verfügen (s. unten *§ 2 B.*).[950]

In Bezug auf das Gegenargument der in den Beihilfenvolumina der EU-Mitgliedstaaten angeblich wurzelnden defensiven Interessen ist bereits zweifelhaft, inwieweit diese wegen definitorischer Schwierigkeiten, die entsprechenden Statistiken innewohnen, überhaupt zutreffen.[951] Aber auch angenommen, die 0,7 Prozent des Gesamt-BIP der Union, die im Mittel auf mitgliedstaatliche Beihilfen aufgewendet werden,[952] überstiegen tatsächlich die subventionsbedingten BIP-Anteile anderer großer Industrieland-Mitglieder der WTO, so gingen diese Bedenken nichtsdestotrotz fehl, da sie eine zwangsläufige Kausalität zwischen der Höhe des Beihilfenvolumens und einem Vorliegen von Handels- und Wettbewerbsverzerrungen suggerieren, welche in dieser Pauschalität nicht gegeben ist.[953] Wie bereits im Kontext der Bestimmung der jeweiligen Ratio des EU-Beihilfenrechts sowie des WTO-Subventionsrechts herausgearbeitet (s. oben *Teil 1 § 1 B. bzw. § 2 B.*), sind Beihilfen bzw. Subventionen in ihren ökonomischen Wirkungen ambivalent, sodass im Falle einer wohlfahrtseffizienten Konzi-

949 Dies korrespondiert mit dem Umstand, dass in den bis zum heutigen Tage initiierten Streitbeilegungsverfahren betreffend das ASÜ sowohl auf Aktiv- als auch auf Passivseite lediglich ein Bruchteil der WTO-Mitglieder in Erscheinung getreten sind.

950 Vgl. ähnlich auch *Lowe*, Competition Policy as an Instrument of Global Governance, in: Monti et al. (Hrsg.), Economic Law and Justice in Times of Globalisation, Festschrift for Carl Baudenbacher, 2007, S. 489, 498 ff.

951 Diese Ungewissheiten konzediert *Slocock*, EStAL 2007, 249, 256, selbst: „There are no doubt definitional issues around these numbers".

952 Das *State Aid Scoreboard* von 2018 verzeichnet einen Anteil am Gesamt-BIP in Höhe von 0,76 Prozent (2017) im Vergleich zu 0,72 Prozent im Vorjahr (2016) (vgl. *Kommission*, Pressemitteilung v. 24.1.2019 (IP/19/663)).

953 So *Dupont/Scharf*, External aspects of State aid policy, Rn. 1.436.

pierung, die unionsintern durch die Kontrollbefugnisse der Kommission anvisiert wird, das Risiko von Handels- und Wettbewerbsverfälschungen zwar nicht auszuschließen, jedenfalls aber stark reduziert ist.

Dementsprechend geht es der Union sowohl im Rahmen der WTO als auch auf bi- und plurilateraler Ebene vor dem Abbau von Subventionen zunächst um die Herstellung von Transparenz, um eruieren zu können, ob und wenn ja, zu welchem Zweck, in welchem Ausmaß und in welcher Form Drittstaaten Subventionen mit potenziellen Konsequenzen für die Wettbewerbsfähigkeit europäischer Unternehmen gewähren. Da bis heute kein anderes WTO-Mitglied aus eigener Initiative auf ein mit dem *State Aid Scoreboard* vergleichbares Transparenzinstrument zurückgreift und der Notifizierungsmechanismus des ASÜ als dysfunktional zu bezeichnen ist, bieten sich zur Erreichung dieses Zieles bi- und plurilaterale völkerrechtliche Verträge an. Hinzu kommt, dass auch jede unilaterale Maßnahme – wie die Inanspruchnahme der EU-Handelsschutzinstrumente oder eine Gegensubventionierung im Wege sektorspezifischer oder sektorübergreifender Entsprechungsklauseln – voraussetzt, dass zumindest annähernde Klarheit über das Bezugsobjekt der Ausgleichszölle bzw. -subventionen besteht (s. oben *I.3. bzw. III.2.*).

2. Binnenmarkt- und außenhandelsrechtliche Argumente für den Beihilfenrechtsexport

Schlussendlich streiten zwei übergeordnete rechtliche Erwägungen für die Vorzugswürdigkeit des kooperativen völkervertraglichen Ansatzes und gegen eine stärker unilateral geprägte Vorgehensweise zur Schärfung sowie Ausdifferenzierung internationaler Subventionsdisziplinen:

Erstens geht es um die unionsinterne Wahrung des Wettbewerbs – als eines der Grundprinzipien des Binnenmarktgedankens – sowie der solidarischen Kohäsion zwischen den Mitgliedstaaten. Beide Ziele finden nicht nur in Art. 3 Abs. 3 UAbs. 3 EUV bzw. Protokoll Nr. 27 zum AEUV Ausdruck, sondern auch im Beihilfenprimärrecht selbst, indem dieses mitgliedstaatliche Beihilfen einerseits unter ein Präventivverbot stellt, andererseits in Art. 107 Abs. 3 lit. a und c (Alt. 2) AEUV Erleichterungen für die Förderung von wirtschaftsschwachen Gebieten vorsieht. Ebendiese würden unter Umständen unterminiert, wenn finanzkräftige Mitgliedstaaten in umfassender Weise von der Option einer den innerunionalen Wettbewerb verfälschenden Gegensubventionierung Gebrauch machten, während sie weniger finanzkräftigen verwehrt bliebe.[954] Zwar ginge die Gewährung von *matching subsidies* je nach exakter Ausgestaltung der Rolle, welche die Union in einer derart neuakzentuierten Beihilfenpolitik einnähme – als ein proaktiver Geber von Unionsbeihilfen oder als ein reaktiver Akteur, der diejenigen Mitgliedstaaten, deren Gegensubventionierung die Schädigung eines heimischen Wirtschaftszweiges nicht abwenden kann oder welche aus budgetären Gründen *a priori* von einer solchen absehen müssen, zum Beispiel über den Europäischen Fonds für die Anpassung an die Globalisierung[955] *ex post* entschädigt –, nicht unbedingt mit Subventionswettläufen zwischen den Mitgliedstaaten einher. Jedoch ist zu beachten, dass bereits die wettbewerbsrechtliche Entwicklung der EU-Beihilfenkontrolle und die mit ihr verbundene zunehmend effizienzorientierte Genehmigungspraxis, welche sich auf eine Behebung von Marktversagen richtet, klassische, das heißt kohäsionsbezogene Regionalbeihilfen zurückgedrängt hat.[956] Im Falle des stärkeren Zuschnitts auf drittstaatliche Subventionspraktiken würde sich dieser Effekt zulasten der von besagter Beihilfenkategorie begünstigten Mitgliedstaaten (bzw. Fördergebiete) mutmaßlich weiter multiplizieren.

Zweitens entspricht ein Beihilfenrechtsexport besser dem sich in Art. 3 Abs. 5 S. 1 EUV, Art. 205 AEUV in Verbindung mit Art. 21 Abs. 1, 3 EUV sowie Art. 206 AEUV widerspiegelnden Selbstverständnis der Union als *normative power*, die es auf globaler Ebene vorzieht, denjenigen Grundsätzen und Zielen Geltung zu verleihen, die auch für die Statik des Unionsgebildes bedeutend sind, anstatt sich an Regelungsstandards und sonstige Verhaltensweisen von Drittstaaten anzupassen oder auszurichten.[957] Ohne

---

954 S. hierzu bereits früh *Ehlermann/Goyette*, EStAL 2006, 695, 717; *Buendía Sierra/Smulders*, The Limited Role of the „Refined Economic Approach" in Achieving the Objectives of State Aid Control, S. 20 ff.; sowie jüngst *Buendía Sierra*, EStAL 2019, 443, 444 f.

955 Verordnung (EU) Nr. 1309/2013 des Europäischen Parlaments und des Rates v. 17. Dezember 2013 über den Europäischen Fonds für die Anpassung an die Globalisierung (2014–2020) und zur Aufhebung der Verordnung (EG) Nr. 1927/2006, ABl. 2013 L 347/855. Vgl. exemplarisch Beschluss (EU) 2018/1093 des Europäischen Parlaments und des Rates v. 4. Juli 2018 über die Inanspruchnahme des Europäischen Fonds für die Anpassung an die Globalisierung (Antrag Frankreichs – EGF/2017/009 FR/Air France), ABl. 2018 L 200/44, der in Reaktion auf die Auswirkungen drittstaatlicher Subventionierung bestimmter Luftfahrtgesellschaften im Nahen Osten erging.

956 S. hierzu kritisch *Soltész*, EuZW 2014, 89, 94; und zuvor EuZW 2005, 385.

957 Vgl. zum Konzept der sog. *Normative Power Europe* grundlegend *Manners*, JCMS 2002, 235 ff.

an dieser Stelle näher darauf eingehen zu können, ob die von der Union seit dem Jahre 2006 verfolgte EU-Handelspolitik diesem Ideal insgesamt gerecht wird,[958] so ist jedenfalls zu konstatieren, dass sie über fundamentale Werte wie Demokratie, Rechtsstaatlichkeit oder die Anerkennung von Menschenrechten hinaus auch im Bereich der Wirtschaft die regelbasierten, kooperativen Konzepte, gegenüber rein intern koordinierten unilateralen Schritten präferiert. Insoweit ist es noch unerheblich, ob diese Herangehensweise sich auf dem Gebiet des Beihilfen- bzw. Subventionsrechts als Unionsrechtsexport oder als WTO-plus-Ansatz niederschlägt. Beide stehen gleichermaßen im Einklang mit den genannten EU-Zielsetzungen und der dort getroffenen Grundentscheidung für die umfassende Konsolidierung der *rule of law* auch in den internationalen Wirtschaftsbeziehungen.[959] Hiervon zu trennen ist die differenzierter zu beantwortende Frage, in welchem Maße bi- und plurilaterale Beihilfen- bzw. Subventionskapitel in den (Freihandels-)Abkommen der Union tatsächlich auf das EU-Beihilfenrechtsregime aufbauen und Drittstaaten in das eigene Aufsichtssystem integrieren, mithin also völkervertragliche Transfers im engeren Sinne begründen. Dies hängt von weiteren, im *dritten Teil* zu erörternden Faktoren wie der rechtlichen und faktischen Marktintegration sowie der Handelsmacht und den Präferenzen des Vertragspartners ab.

§ 2 Rechtliche und rechtskulturelle Grenzen eines Beihilfenrechtsexports

Der für erforderlich erachteten völkervertraglichen Vertiefung des internationalen Subventionsrechts sind Rechtsgrenzen gesetzt, welche nicht nur der Welthandels-, sondern insbesondere der Unionsrechtsordnung selbst entspringen *(A.)*. Der jeweilige regulatorische Rahmen darf durch die auf bi- und plurilateraler Ebene ausgehandelten Beihilfen- bzw. Subventionsrechtsregime nicht überschritten werden, wobei sich die Umsetzung der unionsrechtlichen Vorgaben komplexer gestaltet als diejenige der in der

958 S. dies im Ergebnis klar verneinend (allerdings unter Nichtberücksichtigung des Beihilfen- und Subventionsrechts) *Melo Araujo*, The EU Deep Trade Agenda, S. 226. Mit Blick auf die neue Handelsstrategie der Kommission *v. der Leyen* (vgl. dazu den Nachw. o. in Fn. 15) konstatiert *Weiß*, EuZW 2020, 787, 793, darüber hinaus zu Recht eine Fokusverschiebung auf die Verbesserung der Um- und Durchsetzung der geltenden internationalen Handelsregelungen, die mit einem verstärkten Rückgriff auf unilaterale Maßnahmen einhergehen werde.

959 Vgl. hierzu allgemein *Tietje*, in: ders. (Hrsg.), Internationales Wirtschaftsrecht, 2. Aufl. 2015, § 1 Rn. 78.

Praxis des DSU kaum erprobten WTO-rechtlichen. Weniger klar greifbar, nach hier vertretener Auffassung indessen umso gewichtiger, gestalten sich hingegen rechtskulturelle Hindernisse, die sich aus der weltweiten Einzigartigkeit des EU-Beihilfenaufsichtssystems ergeben und die Zeugnis über ein außerhalb des Unionsgebildes allenthalben ausgeprägteres tradiertes (Teil-)Souveränitätsbewusstsein auf zentraler respektive föderaler wie auch regionaler Ebene ablegen *(B.)*. Dieses manifestiert sich in Drittstaaten sowohl nach außen (im Rahmen von Handelsverträgen aller Art) als auch nach innen (bei der Regulierung heimischer Praktiken) und lässt die dortige Einführung einer zentralisierten oder sogar supranationalen Beihilfen- bzw. Subventionskontrolle zumeist unrealistisch erscheinen.

A. Welthandels- und unionsrechtlicher Rahmen

Der WTO- sowie der unionsrechtliche Rahmen, innerhalb dessen sich ein europäischer Beihilfenrechtsexport zu vollziehen hat, beruht in geringerem Maße auf Kriterien des geschriebenen Rechts in den Übereinkommen der WTO oder in den Europäischen Verträgen, sondern vielmehr auf Entscheidungen des Gerichtshofs *(II.)* und WTO-Panel- bzw. AB-Berichten *(I.)*, deren jeweilige Bedeutung sowie Tragweite noch nicht letztgültig geklärt werden konnten.[960] Jedoch kommt den dortigen Wertungen bis dato äußerst selten praktische Relevanz zu, da Zollunionen bzw. Freihandelszonen vor den WTO-Streitschlichtungsorganen lediglich sporadisch förmlich gerügt werden und die Problematik der Wahrung der Autonomie der Unionsrechtsordnung zumindest im beihilfenrechtlichen Kontext an Schärfe verliert, je geringer der Grad an wirtschaftlicher Integration ausfällt, welchen ein (Freihandels-)Abkommen der Union anstrebt.

---

960 Für eine ausführliche abstrakte Herleitung der welthandels- und unionsrechtlichen Anforderungen an bi- und plurilaterale EU-(Freihandels-)Abkommen sei auf *Neumann*, Export des europäischen Beihilfenrechts, S. 185 ff., verwiesen, der zum grundsätzlichen Verhältnis von Regionalismus und WTO-Recht sowie zur Kontroverse um die Tragweite der Unionsrechtsautonomie Stellung nimmt. Die Darstellung beschränkt sich daher im Folgenden auf eine kritische Auseinandersetzung mit den konkreten beihilfen- bzw. subventionsrechtlichen Fragestellungen. Diese ergeben sich speziell im Kontext der Auslegung von Art. XXIV GATT und der vom Gerichtshof gesetzten Grenzen der Errichtung von unionsexternen Rechtsschutzgremien in völkerrechtlichen Verträgen unter Beteiligung der Union, die Unionsrechtsakte inkorporieren oder anderweitig auf Begriffe des Unionsrechts rekurrieren.

I. Vorgaben in GATT, GATS sowie DSU

Das ÜWTO und seine Anhänge haben tiefgreifenden Einfluss auf die Ausgestaltung des gesamten EU-Außenhandelsrechts sowie die vertragliche Handelspolitik im Besonderen und bilden gemeinsam die grundlegenden wirtschaftsvölkerrechtlichen Vorgaben der Union *(1.)*.[961] Voranzustellen bleibt, dass bis heute keine der von der Union getroffenen bi- und plurilateralen beihilfen- bzw. subventionsrechtlichen Regelungen von anderen WTO-Mitgliedern als welthandelsrechtlich problematisch gerügt wurde *(2.)*. Angesichts dessen, dass es sich bei der WTO um eine *member-driven organization* handelt und zwischenzeitlich jedes Mitglied zugleich Vertragspartei eines Freihandelsabkommens ist, dessen Konformität mit den einzelnen Übereinkommen zumindest theoretisch in Zweifel gezogen werden könnte, stellt dieser Umstand zwar noch keinen Beweis für die WTO-Rechtmäßigkeit der bisher unternommenen EU-Beihilfenrechtsexporte dar, gleichwohl ist er als ein erstes Indiz anzusehen, dass das welthandelsrechtliche Konfliktpotenzial von deren technischer Umsetzung als bewältigbar anzusehen ist *(3.)* und Herausforderungen vielmehr in der Unionsrechtsordnung selbst begründet liegen *(II.)*.

1. Materiell- und formell-rechtliche Anforderungen

Art. XXIV:5 und 8 GATT legen die wichtigsten materiellen Voraussetzungen fest, unter denen die von der Union intensivierten Anstrengungen um die Vereinbarung von Freihandelszonen sowie – in geringerem Umfang – Zollunionen auf bi- und plurilateraler Ebene zulässig sind.[962] Ihre

---

961 S. hierzu *Herrmann/Guilliard*, in: Krenzler/Herrmann/Niestedt, 14. EL Oktober 2019, XIII. 130. Einl. zur vertraglichen Handelspolitik Rn. 37. Zwar bilden sowohl die WTO-Übereinkommen als auch bi- und plurilaterale Handelsübereinkünfte grundsätzlich gleichrangiges Völkervertragsrecht im Sinne von Art. 38 Abs. 1 lit. a des Statuts des Internationalen Gerichtshofs (BGBl. II 1973, 505), jedoch stellen allein Erstere Vorgaben betreffend die Vereinbarkeit mit dem Welthandelsrecht auf, an welche die Union und ihre Mitgliedsaaten nicht nur in völkerrechtlicher (beachte den *pacta sunt servanda*-Grundsatz in Art. 26 WVRK), sondern gleichfalls in unionsrechtlicher Hinsicht gebunden sind (vgl. Art. 216 Abs. 2 AEUV).

962 Mangels Relevanz für die Union nicht erörtert wird die sog. *enabling clause*, die zugunsten von Entwicklungsländern eine Ausnahme vom Verbot der sog. „Präferenzzonen“, die sich lediglich auf einzelne Warenbereiche oder bestimmte Zollsenkungen beschränken, vorsieht. Außer Acht bleiben ferner die differen-

dienstleistungsrechtlichen Pendants in Art. V:1 und 4 GATS sind im Subventionsrechtszusammenhang von nachrangiger Bedeutung, da das ASÜ allein Warensubventionen erfasst. Das Gleiche gilt für Art. 23.1 DSU, der allenfalls dann von Relevanz sein kann, wenn bi- und plurilaterale Übereinkünfte einzelne Artikel des ASÜ inkorporieren oder identisch nachbilden. Über Inhalt und Reichweite der einzelnen formellen Voraussetzungen besteht demgegenüber größere Einigkeit; allerdings wirft deren dysfunktionale institutionelle Einkleidung Fragen auf.

a) Materiell-rechtliche Voraussetzungen

aa) Art. XXIV GATT

Zollunionen und Freihandelszonen (in der WTO-Terminologie häufig zusammengefasst unter dem Oberbegriff der *regional integration agreements* – RIAs) stehen aufgrund der durch sie bedingten Durchbrechung des in Art. I:1 GATT statuierten Prinzips der Meistbegünstigung naturgemäß in einem Spannungsverhältnis zu den multilateralen WTO-Übereinkommen und dem dort gewählten *single undertaking approach*.[963] Aus diesem Grund bedürfen von WTO-Mitgliedern untereinander oder auch mit Nicht-WTO-Mitgliedern abgeschlossene RIAs der welthandelsrechtlichen Rechtfertigung, für welche im Bereich des Warenhandels die bereits in der Havanna-Charta vorgesehenen Voraussetzungen fortgelten, die von Art. XXIV GATT 1947 (sowie 1994) übernommen und im Zuge der Uruguay-Runde lediglich um eine präzisierende Vereinbarung zur Auslegung ergänzt wurden.[964] Trotz jenes Regel-Ausnahme-Verhältnisses ist zu betonen, dass das WTO-Recht freiwilligen bi- und plurilateralen Übereinkünften zur Förderung der wirtschaftlichen Integration prinzipiell offen

---

zierten Anforderungen an Interimsabkommen, die für die nahezu immer sukzessive erfolgende Errichtung von Zollunionen und Freihandelszonen eine übergangsweise asymmetrische Liberalisierung zwischen den Vertragspartnern vorsehen.

963 Dies hervorhebend *Herrmann/Weiß/Ohler*, Welthandelsrecht, § 13 Rn. 604 bzw. 617.

964 Vgl. Vereinbarung zur Auslegung des Artikels XXIV des Allgemeinen Zoll- und Handelsabkommens 1994 v. 15. April 1994, ABl. 1994 L 336/16.

gegenübersteht, indem es sie in der Präambel der Auslegungsvereinbarung sowie in Art. XXIV:4 GATT für wünschenswert erklärt.[965]

Die welthandelsrechtlichen Bestimmungen der Begriffe der Zollunion und der Freihandelszone finden sich in Art. XXIV:8(a) und (b) GATT. Abs. 4 beinhaltet keine operativen Maßgaben,[966] sein – eher rechtspolitischer – Aussagegehalt ist stattdessen bei der Auslegung und Anwendung der Folgeabsätze als wichtiges systematisch-teleologisches Argument zu berücksichtigen.[967] Erfüllt das in Rede stehende RIA eine der beiden einschlägigen Legaldefinitionen, so ist konkret bezüglich der Beurteilung seiner Übereinstimmung mit dem GATT jeweils zwischen internen und externen Kriterien zu differenzieren.[968] In interner Hinsicht bereiten sowohl das Erfordernis der Liberalisierung annähernd des gesamten Handels (engl.: *substantially all the trade*) als auch die Pflicht zur Beseitigung beschränkender Handelsvorschriften (engl.: *other restrictive regulations of commerce*) nicht unerhebliche interpretatorische Schwierigkeiten, die bisher weder im Schrifttum noch durch WTO-Panels oder den AB annähernd auszuräumen waren.[969] In externer Hinsicht fordern Art. XXIV:5(a) und (b) GATT, dass die Zölle und Handelsvorschriften (engl.: *other regulations of commerce*) für den Warenhandel mit allen nicht an der Zollunion bzw. Freihandelszone teilnehmenden Mitgliedern „nicht höher oder einschränkender" ausfallen dürfen als vor deren Errichtung. Allein im Falle

---

965 S. zusammenfassend zu dahingehenden Indizien in den Übereinkommenstexten sowie in weiteren WTO-Dokumenten *Marceau/Reiman*, LIEI 2001, 297, 309; vgl. ferner *WTO General Council*, Draft Decision on a Transparency Mechanism for Regional Trade Agreements of 14 December 2006, WT/L/671 (dated 18 December 2006).

966 *Niedrist*, Präferenzabkommen im Europarecht und im Welthandelsrecht, 2009, S. 204.

967 Vgl. frühzeitig in diese Richtung *Jackson*, World Trade and the Law of GATT, S. 599 ff.; später jedenfalls implizit bestätigend WTO Appellate Body Report WT/DS34/AB/R Rn. 44, 57, Turkey – Restrictions on Imports of Textile and Clothing Products.

968 S. hierzu jeweils statt vieler ausführlich *Mitchell/Lockhart*, Legal requirements for PTAs under the WTO, in: Lester/Mercurio/Bartels (Hrsg.), Bilateral and Regional Trade Agreements – Commentary and Analysis, 2. Aufl. 2016, S. 81, 92 ff.; 102 ff.

969 Nicht zuletzt zu Art. XXIV:8(a)(i) GATT wurden diverse quantitative und qualitative Abgrenzungen entwickelt, von denen keine als herrschend zu bezeichnen ist. Konkret im Verfahren *Turkey – Textiles* zog sich der AB auf den Standpunkt zurück, dass stets eine Einzelfallbetrachtung erforderlich sei (vgl. WTO Appellate Body Report, WT/DS34/AB/R Rn. 48, Turkey – Restrictions on Imports of Textile and Clothing Products).

von Zollunionen kommt gemäß Abs. 8 lit. a Ziff. ii überdies hinzu, dass im Handel mit nicht teilnehmenden Gebieten „im Wesentlichen dieselben Zölle und Handelsvorschriften" zur Anwendung gebracht werden müssen.

Da in bi- und plurilateralen Unionsabkommen etwa der Agrarsektor regelmäßig von der Binnenliberalisierung ausgenommen ist[970] und die Vertragsparteien sich den Rückgriff auf handelspolitische Schutzinstrumente wie Antidumping- oder Ausgleichszölle überwiegend ausdrücklich vorbehalten,[971] wurden Bedenken bezüglich ihrer WTO-Rechtskonformität laut.[972] Diesen und anderen Einwänden ist angesichts der zahlreichen als ungeklärt zu bezeichnenden Auslegungs- und Systemfragen nicht nur im Zusammenhang der dargelegten Tatbestandsmerkmale in Art. XXIV:4 und 8 GATT, sondern insbesondere auch betreffend das Verhältnis der multilateralen Welthandelsordnung zu vertieften Formen der regionalen Wirtschafsintegration wie beispielsweise Gemeinsamen Märkten,[973] an dieser Stelle nicht gerecht zu werden. Nichtsdestoweniger ist als Arbeitshypothese zu unterstellen, dass die von der Union eingegangenen Zollunionen und Freihandelszonen infolge ihres umfassenden quantitativen Liberalisierungsumfangs die warenhandelsbezogenen Anforderungen zumindest im Grundsatz erfüllen. Damit ermöglicht Art. XXIV:5 Chapeau GATT bei gleichzeitiger ordnungsgemäßer Notifizierung (s. dazu sogleich *b.*) jedenfalls die Möglichkeit der Rechtfertigung der mit der Errichtung eines jeden RIA zwangsläufig verbundenen Verstöße gegen das Meistbegünstigungsprinzip. All dies sagt allerdings noch nichts über seinen Aussagewert im Hinblick auf zwischen der Union und Drittstaaten vereinbarten *inter se*-Modifikationen des WTO-Subventionsrechts aus.

---

970 Vgl. hierzu *Cottier/Evtimov*, ZEuS 2000, 477, 489 f.

971 Vgl. zu diesem Phänomen lediglich *Gobbi Estrella/Horlick*, JWT 2006, 909 ff.

972 S. vertiefend und m. zahlr. Nachw. zur Kritik diverser WTO-Mitglieder an der skizzierten EU-Vorgehensweise *Niedrist*, Präferenzabkommen im Europarecht und im Welthandelsrecht, S. 217 ff.

973 Die jüngere Literatur (vgl. beispielsweise *Mathis*, Regulatory regionalism in the WTO: Are 'deep integration' processes compatible with the multilateral trading system?, in: Lester/Mercurio/Bartels (Hrsg.), Bilateral and Regional Trade Agreements, S. 142, 145 ff.) fokussiert sich indessen ausschließlich auf vertiefte Freihandelszonen.

bb) Art. V GATS

Art. V GATS als dienstleistungsrechtliches Spiegelbild zu Art. XXIV GATT differenziert nicht zwischen Zollunionen sowie Freihandelszonen, sondern rekurriert stattdessen auf den allgemeineren Begriff der „wirtschaftlichen Integration“. Besagte Terminologie liegt darin begründet, dass es regelmäßig Diskriminierungen von ausländischen Dienstleistungen bzw. Dienstleistungserbringern und nicht Zölle sind, die den globalen Dienstleistungsverkehr erschweren.[974] Abgesehen davon ist Art. V GATS ebenfalls als Rechtfertigungsgrund konzipiert, der strukturell vergleichbare materielle Anforderungen an bi- und plurilaterale Dienstleistungsabkommen formuliert wie auch Art. XXIV:4 und 8 GATT.[975] So fordern Abs. 1 lit. a und b als interne Kriterien erstens die Abdeckung eines beträchtlichen sektoralen Geltungsbereichs (engl.: *substantial sectoral coverage*)[976] sowie zweitens innerhalb dieses Geltungsbereichs den Ausschluss oder die Beseitigung praktisch jeder Diskriminierung (engl.: *absence or elimination of substantially all discrimination*) nach Art. XVII GATS. Als ein externes Kriterium gibt Abs. 4 vor, dass sich das allgemeine Niveau der Hemmnisse für den Dienstleistungsverkehr in erfassten Sektoren gegenüber dem vor Abschluss der Übereinkunft vorzufindenden nicht erhöhen darf.

Da weder das ASÜ noch das GATS spezifische Subventionsregelungen für den Dienstleistungshandel treffen und auch in den auf Grundlage von Art. XV GATS geführten Verhandlungen bis zum heutigen Tag keine Fortschritte erzielt wurden (s. oben *§ 1 A.I.1.c.*), können auf bi- und plurilateralem Wege vereinbarte Beihilfen- bzw. Subventionsrechtsregime, welche sich dezidiert einer Regulierung von Dienstleistungssubventionen widmen, das auf welthandelsrechtlicher Ebene erreichte Regulierungsniveau von vornherein schwerlich unterschreiten.[977] Allenfalls ist denkbar,

---

974 So *Herrmann/Weiß/Ohler*, Welthandelsrecht, § 13 Rn. 624.

975 S. hierzu erneut *Mitchell/Lockhart*, Legal requirements for PTAs under the WTO, S. 110 ff.

976 Die erläuternde amtliche Fn. bietet nur auf den ersten Blick interpretatorische Klärung. Bei genauerer Betrachtung verstärkt sie die durch die fehlende einschlägige WTO-Judikatur und die erschwerte Quantifizierbarkeit des Dienstleistungshandels (s. oben *§ 1 A.I.1.*) vorzufindenden Rechtsunsicherheiten (s. hierzu *Herrmann/Würdemann*, Der wirtschaftsvölkerrechtliche und unionsrechtliche Rahmen für regionale Integrationsgemeinschaften, S. 53 f.; *Cottier/Molinuevo*, in: Wolfrum/Stoll/Feinäugle (Hrsg.), WTO – Trade in Services, Max Planck Commentaries on World Trade Law, 2008, Art. V GATS, Rn. 10 ff.).

977 So übereinstimmend *Neumann*, Export des europäischen Beihilfenrechts, S. 206 (Fn. 920).

dass diese sich in Widerspruch zu den für die Union verbindlichen Listen (vgl. Art. XX:3 GATS) der spezifischen GATS-Zugeständnisse setzen, wo Subventionspraktiken in horizontaler wie auch sektoraler Hinsicht ein nicht unerhebliches Gewicht zukommt.[978] Ein solches Auseinanderfallen der GATS-Schedules der Union einerseits und Aussagen zu Dienstleistungssubventionen in Beihilfen- bzw. Subventionskapiteln in EU-(Freihandels-)Abkommen andererseits ist bisher nicht ersichtlich. Beispielsweise begründet Art. 7.7 des CETA, der für die Unionsseite erstmals den Ausschluss von Subventionen und öffentlichen Unterstützungen für audiovisuelle Dienstleistungen von den – lediglich geringfügigen – Disziplinen betreffend Dienstleistungssubventionen anordnete, keine Negativabweichung von deren WTO-rechtlichen Konzessionen, weil sie den audiovisuellen Sektor im Sinne einer „kulturellen Ausnahme" traditionell umfassend vor jeglichen Tendenzen einer Handelsliberalisierung schützt.[979]

Als bedeutenderes Problem, das im Rahmen dieser Arbeit wiederum nicht vertieft behandelt werden kann, stellen sich im grenzüberschreitenden Dienstleistungshandel indessen vielmehr sog. *GATS-minus commitments* dar, deren Vorliegen zu bejahen ist, wenn der bi- oder plurilateral vereinbarte dienstleistungsrechtliche Verpflichtungsumfang – etwa bezüglich eines bestimmten Subsektors – hinter dem im GATS-Rahmen für verbindlich erklärten zurückbleibt.[980] Bemerkenswert ist hierbei, dass unter Zugrundelegung von ersten empirischen Auswertungen im Kontext von RIAs ein im Vergleich zu den jeweiligen GATS-Schedules sogar noch erweiterter Ausschluss der Erstreckung der Inländerbehandlung auf Subventionspolitiken eines der am häufigsten auftretenden Phänomene bildet.[981] An diesem Trend scheinen auch Unionsabkommen nicht unbeteiligt zu sein,[982] wobei jedoch einschränkend anzumerken ist, dass insbesondere sog. „Nord-Süd-Verträge" – mithin Entwicklungsassoziierungen – betrof-

---

978 Vgl. hierzu die instruktive subventionsrechtliche Aufschlüsselung von GATS-Schedules bei *Poretti*, The Regulation of Subsidies Within the General Agreement on Trade in Services of the WTO, S. 65 f.

979 WTO-Dok. GATS/SC/157 v. 7.5.2019, S. 168. Vgl. zu den Hintergründen dieser Quasi-Bereichsausnahme *Poretti*, The Regulation of Subsidies Within the General Agreement on Trade in Services of the WTO, S. 235 ff.

980 Vgl. zu diesem Phänomen – wenngleich noch ohne konkrete Eingrenzung – bereits frühzeitig ebd., S. 202 f. Bezeichnung sowie Begriffsbestimmung gehen unter anderem zurück auf *Adlung/Morrison*, JIEL 2010, 1103 ff.

981 *Adlung/Miroudot*, JWT 2012, 1045, 1061 f.

982 Vier von neun analysierten EU-Verträgen enthielten subventionsbezogene GATS-minus-Klauseln (ebd., 1069).

fen sind,[983] die – mangels Sonderregimen für Industriesubventionen – vorliegend außer Betracht bleiben. Darüber hinaus enthalten Unionsabkommen der neuen Generation (s. unten *Teil 3 § 1 B.III.*) durchweg Klauseln, die klarstellen, dass dort getroffene Vereinbarungen keine der Vertragsparteien verpflichten, in einer Art und Weise zu agieren, welche mit Pflichten aus den WTO-Übereinkommen unvereinbar ist, sodass bei Kollisionen ein Vorrang des GATS naheliegt.[984]

cc) Art. 23 DSU

Art. XXIV GATT wie auch Art. V GATS beziehen keine Stellung zur Frage der WTO-rechtlichen Zulässigkeit von *ad hoc*-Staat-Staat-Schiedsgerichten, deren mögliche Einsetzung in den Streitbeilegungsmechanismen aller jüngeren EU-(Freihandels-)Abkommen vorgesehen ist.[985] Gleichwohl finden sich in dem auf multilateraler Ebene maßgebenden DSU Anhaltspunkte, dass die Welthandelsordnung externen Rechtsschutzsystemen oder punktuellen Repressalien zur Wiederherstellung der Rechtsbefolgung immer dann nicht gleichgültig gegenübersteht, wenn es sich um Auseinandersetzungen handelt, die in Übereinkommen der WTO wurzeln.[986] So steht konkret im Bereich der Subventionsregulierung fest, dass nicht vom DSB autorisierte unilaterale Maßnahmen, deren Zweck einzig darin besteht, ein anderes Mitglied zur Aufgabe seiner angeblich WTO-rechtswidrigen Subventionspraktiken zu drängen, stets unzulässig sind. Dies leitete das Panel in *EC – Commercial Vessels* aus Art. 23.1 DSU ab (s. oben *§ 1 C.III.3.*), der die Mitglieder anhält, sich bei ihren Bemühungen um die Beseitigung von WTO-Rechtsverletzungen anderer Mitglieder an „die Regeln und Verfahren dieser Vereinbarung" zu halten.

Unter Berücksichtigung des zitierten Wortlauts und der Zielstellung (Stärkung des multilateralen Systems) des Art. 23.1 DSU wird zu Recht der Schluss gezogen, dass neben der Möglichkeit einer authentischen

983 Vgl. Art. 60 Abs. 3 in Verbindung mit Annex IV.B.5. des Wirtschaftspartnerschaftsabkommen [EU-CARIFORUM EPA] zwischen den CARIFORUM-Staaten einerseits und der Europäischen Gemeinschaft und ihren Mitgliedstaaten andererseits (ABl. 2008 L 289/I/3).

984 S. skeptischer *Adlung*, WTR 2020, 493, 507 (Fn. 54).

985 Vgl. hierzu erschöpfend *Dolle*, Streitbeilegung im Rahmen von Freihandelsabkommen, 2015.

986 Vgl. die grundsätzliche Erörterung in WTO Panel Report, WT/DS152/R Rn. 7.43, US – Section 301 Trade Act.

Auslegung durch die Ministerkonferenz bzw. den Allgemeinen Rat (vgl. Art. IX:2 ÜWTO) eine verbindliche Interpretation von Bestimmungen des WTO-Rechts exklusiv in den vom DSB – unter Geltung des negativen Konsensprinzips – autorisierten Berichten der *ad hoc*-Panels oder der permanenten Rechtsmittelinstanz des AB erfolgen kann.[987] Weiter ließe sich daraus bei erster Betrachtung folgern, dass es bi- und plurilateralen Staat-Staat-Schiedsgerichten nicht erlaubt sein darf, über die bloße Interpretation von in Bezug genommenen Begriffsbestimmungen (wie derjenigen der Subvention in Art. 1 ASÜ) hinaus mit *inter partes*-Wirkung zum Beispiel über die Verletzung eines vollumfänglich dem Inhalt des Art. 3 ASÜ entsprechendes Verbot von *de jure* und *de facto*-Exportsubventionen[988] zu urteilen. Im Ergebnis gälte dies auch unabhängig davon, ob die jeweiligen bi- und plurilateralen Vertragswerke die Schiedsgerichte zur WTO-rechtskonformen Auslegung auffordern oder nicht.[989]

Lehnt man dagegen wie hier das Verständnis des multilateralen WTO-Rechts als „Weltwirtschaftsverfassung" ab (s. oben *Teil 1 § 2 B.I.1.*), so ist bereits in Zweifel zu ziehen, ob die mit einzelnen Artikeln des ASÜ identischen bi- und plurilateralen Subventionsrechtsvorschriften überhaupt als genuines WTO-Recht zu qualifizieren sind,[990] oder diese nicht vielmehr eigene, unabhängige Rechte bzw. Pflichten begründen, sodass der Zuständigkeitskreis der Streitbeilegungsorgane der WTO bei Streitigkeiten über die Auslegung derselben nicht tangiert ist.[991] Hierauf deuten zunächst die Einlassungen des AB im Fall *Mexico – Taxes on Soft Drinks* hin, in denen dieser von einer Koexistenz der WTO-Streitschlichtung mit einem parallelen bilateralen Streitbeilegungsverfahren im North American Free

---

987 S. hierzu nur *Neumann*, Export des europäischen Beihilfenrechts, S. 191 m. zahlr. weit. Nachw. aus dem Schrifttum und der WTO-Rechtsprechung.

988 Vgl. für ein solches zum Beispiel Art. 11.7 Abs. 1 des Freihandelsabkommens [EUSFTA] zwischen der Europäischen Union und der Republik Singapur (ABl. 2019 L 294/3), der die Rechte und Pflichten aus Art. 3 ASÜ sinngemäß in das Vertragswerk aufnimmt.

989 Vgl. ebd., Art. 14.18, der fordert, dass ein Schiedspanel die einschlägige Auslegung in Entscheidungen des DSB berücksichtigt, soweit Verpflichtungen des EUSFTA mit WTO-rechtlichen Verpflichtungen identisch sind.

990 S. in diese Richtung auch *Neumann*, Export des europäischen Beihilfenrechts, S. 210 f., der eine Unvereinbarkeit mit Art. 23.1 DSU im Ergebnis allerdings dennoch nicht ausschließt.

991 Gleichwohl haben sich in diesen Sachverhaltskonstellationen jedenfalls etwaige Retaliationsmaßnahmen auf WTO-plus-Bereiche zu beschränken, um einen Verstoß gegen das DSU zu vermeiden.

Trade Agreement (NAFTA) ausging.[992] Ungleich stärker ins Gewicht fällt, dass nahezu sämtliche EU-(Freihandels-)Abkommen die Möglichkeit eines Rückgriffs auf das WTO-subventionsrechtliche Track I- bzw. Track II-Verfahren nicht nur nicht ausschließen, sondern sogar ausdrücklich hervorheben (s. näher unten *3.*). Dies kann unter Umständen zwar dazu führen, dass ein WTO-Panel oder der AB einerseits und ein bi- oder plurilaterales Staat-Staat-Schiedsgericht andererseits identische Subventionsrechtsbestimmungen bezüglich ein und desselben Sachverhalts divergierend interpretieren und zu Empfehlungen gelangen, die der unterlegenen Partei konträre Handlungspflichten auferlegen. Freilich ändert dieses hypothetische Szenario aber nichts an der WTO-rechtlichen Zulässigkeit derartiger Doppelungen, sondern stellt allenfalls deren rechtspolitische Sinnhaftigkeit in Frage. Realistisch ist überdies, dass die in die Unionsabkommen aufgenommenen Verbote zum kumulativen Rekurs auf die Streitbeilegungsgremien[993] – ungeachtet ihrer fraglichen rechtlichen Bindungskraft[994] – einen faktischen Beitrag leisten, die Gefahr des *forum shopping* einzudämmen.

b) Formell-rechtliche Voraussetzungen

Art. XXIV:7 (a) bis (c) GATT (in Verbindung mit Ziff. 7 bis 11 der Auslegungsvereinbarung) sowie Art. V:7 (a) bis (c) GATS normieren detaillierte Notifizierungs- und Berichtspflichten, die nicht nur im Falle der Bildung von RIAs zu berücksichtigen sind, sondern gleichsam bei Beitritten weiterer Vertragsparteien wie auch wesentlichen Änderungen im Zeitplan der Errichtung oder im Hinblick auf deren Durchführung.[995] Neben einer verfahrensrechtlichen Einrahmung der skizzierten materiell-rechtlichen Voraussetzungen bezwecken sie vor allem die Umsetzung des welthandelsrechtlichen Gebots der Transparenz (vgl. Art. X GATT), um die aus der massiv gestiegenen Anzahl an bi- und plurilateralen Über-

---

992 Vgl. WTO Appellate Body Report WT/DS308/AB/R Rn. 52 ff., Mexico – Tax Measures on Soft Drinks and Other Beverages.

993 Vgl. zum Beispiel Art. 29.3 Abs. 2 CETA, der es im Falle von Auseinandersetzungen über Abkommensbestimmungen, die mit WTO-Verpflichtungen „inhaltlich gleichwertig" sind, untersagt, dass eine Vertragspartei in beiden Foren gegen die Verletzung der betreffenden Verpflichtung vorgeht.

994 Vgl. hierzu jüngst eingehend *Todeschini-Marthe*, GTCJ 2018, 387 ff.

995 S. zu Ablauf und Umfang des Notifizierungsverfahrens detailliert *Matushita et al.*, The World Trade Organization: Law, Practice, and Policy, 3. Aufl. 2015, S. 514 ff.

einkünften (s. oben *§ 1 B.I.1.*) resultierende Unübersichtlichkeit in den internationalen Handelsbeziehungen zu verringern.[996] Hierzu trägt auch der im Jahre 2006 im Rahmen der DDA eingeführte sog. „Transparenzmechanismus“[997] bei, da dieser die genannten Bestimmungen zusätzlich verschärft, indem er von den an RIAs teilnehmenden Mitgliedern frühzeitige – das heißt noch vor der (vorläufigen) Anwendung erfolgende – Notifikationen einfordert. Zudem legt er den für deren Entgegennahme zuständigen, bereits im Jahre 1996 eingerichteten Ausschuss für regionale Handelsabkommen (CRTA) auf einen Überprüfungszeitraum von – in der Regel – maximal zwölf Monaten fest.[998]

Der CRTA nimmt theoretisch eine Schlüsselstellung bei der Beurteilung der WTO-Rechtskonformität der verschiedenen Arten von RIAs ein.[999] Im Rahmen seiner Untersuchungsverfahren erhält er zum einen die Unterstützung des WTO-Sekretariats, das eine sog. *factual presentation* zu jedem notifizierten Abkommen vorbereitet, zum anderen verfügt er über die Möglichkeit, einen Abschlussbericht (engl.: *examination report*) zu verabschieden, auf dessen Grundlage der Rat für den Handel mit Waren (bzw. derjenige für den Handel mit Dienstleistungen) Empfehlungen an die Vertragsparteien des RIA aussprechen kann, welche Maßnahmen diese zu ergreifen haben, um den Anforderungen von Art. XXIV GATT bzw. Art. V GATS zu entsprechen. Indessen ist zu beachten, dass in besagten Gremien nach wie vor das tradierte Erfordernis der Konsensbeschlussfassung besteht (vgl. Art. IX:1 ÜWTO), sodass seit der Installierung des CRTA noch kein eingeleitetes Überprüfungsverfahren je einen formalen Abschluss fand.[1000] Wenngleich die Pflicht zur Durchführung des Verfahrens vor dem CRTA – verwendete man die Terminologie des deutschen Verwaltungsrechts – weder ein präventives noch ein repressives Verbot dergestalt beinhaltet, dass seine Nicht-Beendigung die Implementierung

---

996 So auch *Herrmann/Würdemann*, Der wirtschaftsvölkerrechtliche und unionsrechtliche Rahmen für regionale Integrationsgemeinschaften, S. 49 f.

997 Vgl. dazu den Nachw. o. in Fn. 965.

998 S. für eine präzise Aufgabenbeschreibung des CRTA *WTO General Council*, Decision to Establish the Committee on Regional Trade Agreements of 6 February 1996, WT/L/127 (dated 7 February 1996).

999 S. hierzu *Mavroidis*, JWT 2006, 187, 197: „In principle, the CRTA has unlimited powers.“

1000 Vgl. zu den beiden noch aus der Ära des GATT 1947 datierenden Konsensentscheidungen *Herrmann*, Bilaterale und regionale Handelsabkommen als Herausforderung des multilateralen Handelssystems, in: Ehlers/Wolffgang/Schröder (Hrsg.), Rechtsfragen internationaler Investitionen, 2009, S. 217, 227 (Fn. 31).

des RIA verhinderte, führt das Ausbleiben von endgültigen Feststellungen dennoch nicht nur zur „Paralysierung“[1001] des CRTA, sondern provoziert darüber hinaus neuerliche Rechtsunsicherheiten.

Denn ebenso wenig lässt sich aus ihm bezüglich von der Union vereinbarter bi- und plurilateraler Beihilfen- bzw. Subventionsrechtsregime *e contrario* auf einen Freifahrtschein schließen. Vorzugswürdig erscheint stattdessen die Annahme einer Vermutung zugunsten der welthandelsrechtlichen Unbedenklichkeit von RIAs,[1002] die mit den in der Präambel zur Auslegungsvereinbarung angestellten Erwägungen (zunehmende Zahl und Bedeutung von Zollunionen bzw. Freihandelszonen, erheblicher Beitrag zur Ausweitung des Welthandels) korrespondiert. Insgesamt ändert aber auch diese nichts daran, dass infolge der Beschlussunfähigkeit des CRTA die Beantwortung wichtiger Fragen im Verhältnis zwischen WTO-Multilateralismus und Regionalismus in die Streitbeilegung ausgelagert wird (s. dazu sogleich 2.), für deren Anrufung es im Ausgangspunkt zunächst einer mutmaßlich WTO-rechtswidrigen Einzelmaßnahme bedarf.

2. Auslegungsansätze der WTO-Streitbeilegungsorgane

Dementsprechend ist auch die Problemstellung, inwieweit es den Panels bzw. dem AB zusteht, die Vereinbarkeit von RIAs mit Art. XXIV GATT bzw. Art. V GATS inzident zu kontrollieren, von nicht zu unterschätzender Relevanz für die Praxis des internationalen Wirtschaftsrechts. Aufgrund des im Rahmen des DSB ausnahmsweise angewendeten negativen Konsensverfahrens lassen sich deren Einschätzungen – trotz der auf die streitführenden Parteien beschränkten Wirkung der Entscheidungen – zumindest theoretisch verallgemeinerbare Aussage entnehmen, die bei einer Auseinandersetzung mit in bi- und plurilateralen Unionsabkommen vorgenommenen *inter se*-Modifikationen des WTO-Subventionsrechts fruchtbar gemacht werden könnten.

1001 So treffend *Nowrot*, Steuerungssubjekte und -mechanismen im Internationalen Wirtschaftsrecht (einschließlich regionale Wirtschaftsintegration), in: Tietje (Hrsg.), Internationales Wirtschaftsrecht, § 2 Rn. 155.

1002 S. in diesem Sinne überzeugend *Herrmann/Weiß/Ohler*, Welthandelsrecht, § 13 Rn. 619 mit Verweis auf *Jackson*, The Jurisprudence of GATT and the WTO: Insights on Treaty Law and Economic Relations, 2000, S. 104.

a) Anwendbarkeit von Art. XXIV GATT

Bereits Ziff. 12 der Auslegungsvereinbarung des Art. XXIV GATT[1003] legt nahe, dass die WTO-Streitbeilegungsorgane vollumfänglich in die Auslegung und Anwendung der für RIAs vorgesehenen Rechtfertigungstatbestände einzubinden sind, Letztere mithin justiziabel sind. Weiterhin kann in Anbetracht des Fehlens endgültiger Stellungnahmen durch den CRTA offenbleiben, ob eine von diesem festgestellte und durch den Rat für den Handel mit Waren (bzw. für Dienstleistungen) bestätigte WTO-Rechtskonformität von RIAs gegenüber Panels und dem AB Präjudizwirkung entfalten würde. Somit dürfen diese nach der heutigen faktischen Ausgangslage sowohl über die Rechtfertigungsfähigkeit konkretisierter Maßnahmen wie auch derjenigen eines RIA an sich entscheiden.[1004] Letzteres ist allerdings bereits zwangsläufig zu bejahen, da eine erfolgreiche Berufung auf Art. XXIV:5 GATT zur Rechtfertigung bestimmter Vorgehensweisen im Zuge der Bildung oder Durchführung von RIAs zur Vorbedingung hat, dass diese die in dessen Abs. 4 und 8 ausbuchstabierten materiellen Anforderungen erfüllen.[1005]

Problematischer erscheint demgegenüber die Reichweite der Rechtfertigungswirkung von Art. XXIV:5 des GATT, nachdem erst seit der AB-Revisionsentscheidung im Verfahren *Turkey – Textiles* feststeht, dass dieser Verstöße auch gegen andere Vorschriften des GATT als Art. I:1 – in besagtem Rechtsstreit waren dies Art. XI und XIII – zu rechtfertigen vermag.[1006] Ebenfalls stellte der AB dort klar, dass ein Rückgriff auf Art. XXIV GATT denkbar bleibt, sofern es sich um die Rechtfertigung der Verletzung eines anderen WTO-Überkommens als des GATT handelt, das explizit auf dieses verweist.[1007] Das Panel in *US – Line Pipe* ging in besagter Kontroverse sogar noch einen Schritt weiter, indem es unter Betonung der engen Wechselbeziehungen zwischen dem Safeguards Agreement (AoS) einerseits und Art. XIX GATT andererseits die Möglichkeit einer auf Art. XXIV:5 GATT

1003 Für den Dienstleistungshandel ergibt sich ebendiese Wertung implizit aus Art. 1 in Verbindung mit Anhang 1 des DSU: vgl. *Nowrot*, Steuerungssubjekte und -mechanismen im Internationalen Wirtschaftsrecht, § 2 Rn. 158.

1004 Vgl. tendenziell in diese Richtung WTO Appellate Body Report, WT/DS34/AB/R Rn. 60, Turkey – Textiles.

1005 *Herrmann/Weiß/Ohler*, Welthandelsrecht, § 13 Rn. 622.

1006 Anders zuvor noch WTO Panel Report, WT/DS34/P/R Rn. 9.188 ff.; klargestellt in WTO Appellate Body Report, WT/DS34/AB/R Rn. 45 f., Turkey – Textiles.

1007 Ebd., Fn. 13.

gestützten Rechtfertigung von Zuwiderhandlungen auch gegen dieses GATT-Seitenabkommen in Betracht zog,[1008] ohne dass das AoS den Rechtfertigungstatbestand zugunsten von RIAs inkorporierte oder sonst in Bezug nähme. Indessen ist zu beachten, dass der AB in der Revisionsinstanz explizit davon absah, sich für oder gegen die vom Panel vertretene Rechtsauffassung zu positionieren,[1009] weshalb die Problemstellung in ähnlich gelagerten Sachverhaltskonstellationen jederzeit wiederkehren könnte.

So verhält es sich mit dem ASÜ, das ebenfalls eines jener WTO-Übereinkommen über den Warenhandel darstellt, das eng mit dem GATT verzahnt ist, indem es dessen originären subventionsrechtlichen Bestimmungen in Art. VI sowie XVI fortentwickelt, bei alledem aber nicht etwa formal auf Art. XXIV:5 GATT verweist. Wie im bereits diskutierten Problemfall der allgemeinen Ausnahmen des Art. XX GATT (s. oben *§ 1 A.I.3.*) könnte gegen eine Anwendung des Art. XXIV:5 GATT auf bi- und plurilaterale Modifikationen des ASÜ insbesondere dessen Wortlaut („Demgemäß schließt *dieses* Abkommen nicht aus, dass…“[1010]) angeführt werden. Doch wiederum streitet dagegen der Umstand, dass zitierte Formulierung noch aus der Zeit des GATT 1947 entstammt, künftige Seitenabkommen nicht berücksichtigte und zu unterstellen ist, dass die heutige WTO-Mitgliedschaft nicht von einer Hierarchie zwischen den Vorschriften der nunmehr zahlreicheren multilateralen Übereinkünfte im Bereich des Warenhandels ausgeht.[1011] Folglich sprechen die überzeugenderen historischen wie auch systematischen Argumente dafür, von einer umfassenden Rechtfertigungswirkung auszugehen,[1012] wobei jedoch zu bedenken ist, dass die WTO-Streitbeilegungsorgane im Verfahrensfall aller Voraussicht nach desto mehr Zurückhaltung walten ließen, je weniger umfangreich in dem jeweils in Rede stehenden WTO-Übereinkommen die (textlichen) Anknüpfungspunkte an Bestimmungen des GATT ausfallen.

1008 WTO Panel Report, WT/DS202/P/R Rn. 7.150, US – Definitive Safeguard Measures on Imports of Circular Welded Carbon Quality Line Pipe from Korea.

1009 Vgl. WTO Appellate Body Report, WT/DS202/AB/R Rn. 198, US – Line Pipe.

1010 Hervorhebung des Verfassers.

1011 S. zu diesem bereits im Zusammenhang der streitigen Frage einer möglichen Rechtfertigung von Verstößen gegen das ASÜ im Wege der allgemeinen Ausnahmen des Art. XX GATT angeführten Argument *Mitchell/Lockhart*, Legal requirements for PTAs under the WTO, S. 92.

1012 S. hierzu statt vieler überzeugend *Neumann*, Export des europäischen Beihilfenrechts, S. 194 f.

b) Turkey – Textiles

In *Turkey – Textiles*, dem bis zum heutigen Tage zentralen WTO-Streitbeilegungsverfahren betreffend die Reichweite von Art. XXIV GATT, setzte sich der AB mit der Frage der Rechtfertigungsfähigkeit von der Türkei implementierter, unter anderem mit dem Verbot mengenmäßiger Beschränkungen (vgl. Art. XI und XIII GATT) unvereinbarer Importrestriktionen für indische Textil- und Kleidungsprodukte auseinander. Da die damalige Errichtung der Zollunion mit der EG von der türkischen Seite diverse strukturelle Anpassungen des Außenhandelsregimes verlangte, erachtete diese die von ihr ergriffenen Maßnahmen im Sinne einer möglichst weitreichenden Liberalisierung des Warenhandels mit der damaligen EG (vgl. die Voraussetzung in Art. XXIV:8(b) GATT) für unausweichlich. Der AB widersprach der türkischen Argumentationslinie und gelangte zur gegenteiligen Überzeugung, dass die Anwendung weniger handelsbeschränkender Ursprungsregelungen mutmaßlich zum gleichen Ergebnis geführt hätte.[1013]

Hierbei formulierte er einen zweistufigen sog. „Erforderlichkeitstest“ (engl.: *necessity test*):[1014]

> „First, the party claiming the benefit of this defence must demonstrate that the measure at issue is introduced upon the formation of a customs union that fully meets the requirements of sub-paragraphs 8(a) and 5(a) of Article XXIV. Second, that party must demonstrate that the formation of that customs union would be prevented if it were not allowed to introduce the measure at issue.”

Dieses auf Freihandelszonen übertragbare Diktum belegt, dass der AB den Mitgliedern in Bezug auf Verstöße gegen WTO-rechtliche Verpflichtungen, welche konkret unter Berufung auf den Abschluss eines RIA erfolgen, eng begrenzte Handlungsspielräume einzuräumen gedenkt. Gleichwohl sind seine strengen Maßgaben in den Zusammenhang des zugrundeliegenden Einzelfalls einzuordnen, wodurch erkennbar wird, dass es sich bei den von der Türkei ergriffenen Maßnahmen nicht nur um klar identifizierbare, schwere Verletzungen grundlegender GATT-Vorschriften handelte, sondern sie evidenterweise keine *conditio sine qua non* für die Verwirklichung der Zollunion mit der EG begründeten. Demzufolge bestand für

1013 So WTO Appellate Body Report, WT/DS34/AB/R Rn. 62 f., Turkey – Textiles.
1014 Ebd., Rn. 58.

den AB auch kein Anlass, seinen Anforderungen an das zweite Kriterium des Tests präzisere Konturen zu verleihen.

c) Peru – Agricultural Products

Im Jahre 2015 hielt der AB im Verfahren *Peru – Agricultural Products* eine Anwendung des *necessity test* auch im Falle von *inter se*-Modifikationen WTO-rechtlicher Verpflichtungen, welche die Vertragsparteien eines bilateralen Freihandelsabkommens zuvor einvernehmlich vorgenommen hatten, für prinzipiell geboten.[1015] Konkret ging es um ein von Peru etabliertes Preissystem für ausgewählte landwirtschaftliche Produkte, das es dem Land ermöglichte, im Falle des Absinkens des Weltmarktpreises unter ein bestimmtes Mindestniveau Zusatzzölle zu erheben, die gegen Art. II:1(b) GATT sowie mehrere Bestimmungen des LwÜ verstießen. Sein Vertragspartner Guatemala bekundete im Text des Abkommens zunächst dezidiert das Einverständnis mit der Beibehaltung dieses Mechanismus und ratifizierte das gesamte Vertragswerk, leitete danach – und noch vor der Ratifizierung durch Peru – aber dennoch ein Verfahren vor den WTO-Streitbeilegungsgremien ein, in dem es dessen Rechtswidrigkeit monierte.

Aufgrund der Tatsache, dass Peru sich zur Rechtfertigung des Preissystems auf Art. 41 (in der Revisionsinstanz zusätzlich auf Art. 31 Abs. 3 lit. a und c) der WVRK und gerade nicht auf Art. XXIV:5 GATT berief, konnte der AB sich lediglich in einem *obiter dictum* zur hypothetischen Frage der Überprüfung einer *inter se*-Modifikation am Maßstab des GATT einlassen:[1016]

> „In our view, the references in paragraph 4 [of Article XXIV of the GATT] to facilitating trade and closer integration are not consistent with an interpretation of Article XXIV as a broad defence for measures in FTAs that roll back on the Members' rights and obligations under the WTO covered agreements."

Unverändert offen bleibt demnach, welche exakte Bedeutung die WTO-Streitbeilegungsorgane der zweiten Stufe des *necessity test* beimessen. Hierzu schien der AB anzudeuten, dass Bestimmungen eines RIA aus den WTO-Übereinkommen abgeleitete Rechte der Vertragsparteien bei Einhal-

---

1015 WTO Appellate Body Report, WT/DS457/AB/R Rn. 5.115, Peru – Additional Duty on Imports of Certain Agricultural Products.

1016 Ebd., Rn. 5.116.

tung der zitierten Maßgabe insoweit justieren dürfen, als dies den Binnenhandel der Freihandelszone bzw. der Zollunion erleichtert oder eine engere Integration der Volkswirtschaften der am RIA beteiligten Mitgliedern garantiert.[1017] Wiederum wurzeln die zu beklagenden Unschärfen darin, dass eine Beurteilung der Erforderlichkeit einer *inter se*-Modifikation nicht losgelöst vom Grad der (Negativ-)Abweichung von WTO-rechtlichen Standards – der in *Peru – Agricultural Products* als erheblich zu bezeichnen war – beurteilt werden kann, sodass sich diesbezüglich wie in *Turkey – Textiles* differenzierende Überlegungen *a priori* erübrigten.[1018]

3. Problematik der sog. „WTO-minus"-Bestimmungen

Letztere wurden im wissenschaftlichen Diskurs erst in jüngerer Vergangenheit intensiviert, nachdem in bilateralen Handelsgesprächen wichtiger WTO-Mitglieder die Tendenz zur Forderung nach einer (temporären) Annahme sog. „WTO-minus"-Bestimmungen erkennbar wurde. Derartige Vereinbarungen zeichnen sich – vereinfacht gesprochen – dadurch aus, dass sie entgegen den Vorgaben des Art. XXIV:4 S. 1 GATT keine größere Freiheit des Handels erzielen, sondern geeignet sind, diese sowohl im Verhältnis zum Vertragspartner als auch gegenüber nicht teilnehmenden Drittstaaten zu beschneiden. Eine Kontextualisierung mit der von der Union anvisierten (Wieder-)Einführung von Ausnahmetatbeständen für bestimmte Beihilfen- bzw. Subventionskategorien verdeutlicht indessen, dass diese sich wie die EU-Beihilfenrechtsexporte insgesamt nicht in diesen Rechtstrend einreihen und ungeachtet verbleibender Ungewissheiten über die exakte Reichweite von Art. XXIV:5 GATT als WTO-rechtskonform erweisen.

1017 S. ähnlich zurückhaltend wie hier *Vidigal*, JWT 2019, 187, 201, der gleichfalls davon ausgeht, dass der AB mit dieser Entscheidung die Tür für (potenziell) handelsbeschränkende *inter se*-Modifikationen WTO-rechtlicher Verpflichtungen nach wie vor offenhält. Vgl. zur Gegenauffassung: *Mathis*, LIEI 2016, 97, 104; sowie *Sacher*, Freihandelsabkommen und WTO-Recht: Der Peru – Agricultural Products-Fall, in: Tietje/Kraft (Hrsg), Beiträge zum Transnationalen Wirtschaftsrecht, Heft 139, Dezember 2015, 26.

1018 S. für eine instruktive Analyse der vorstellbaren Auslegungsansätze in zukünftigen vergleichbaren, aber subtiler gelagerten Sachverhaltskonstellationen *Shaffer/Winters*, WTR 2017, 303, 321 f.

a) Versuch einer Begriffsannäherung

Bei der Kategorisierung von Regelungsfeldern, die in nach Beginn der Bilateralismuswelle geschlossenen Handelsabkommen enthalten sind, herrschte zunächst die Differenzierung zwischen WTO-plus- und WTO-extra-Kapiteln vor. Erstere beinhalten Vorschriften, die bereits existierende WTO-Übereinkommen vertiefen und ergänzen, wohingegen unter Letztere Vorschriften bezüglich jener Sachmaterien fallen, die (noch) keinem WTO-Mandat unterliegen.[1019] Zudem bildet sich als dritte Kategorie zunehmend die der WTO-minus-Vorschriften heraus, welche regelmäßig keinen eigenständigen Bestandteil der Architektur von bi- oder plurilateralen Abkommen bilden, sondern in *prima facie* als WTO-plus einzuordnenden Regelungsabschnitten (wie die GATS-minus-Zugeständnisse im Dienstleistungsbereich – s. oben *1.a.bb.*) oder in nachträglich getroffenen, unzureichend dokumentierten Sonderabsprachen (etwa in gemeinsamen Erklärungen oder Briefwechseln von RIA-Vertragsparteien) vorzufinden sind.[1020]

Im zweitgenannten Fall handelt es sich nicht selten – wie zuletzt im Zuge der Neuverhandlung des im Jahre 2007 geschlossenen Freihandelsabkommens zwischen den USA und Südkorea – um die Zusicherung mindestens einer der Vertragsparteien, die Exporte bestimmter Produkte in das Territorium des anderen Teils zu drosseln, sobald diese ein in der jeweiligen Nebenübereinkunft definiertes Volumen überschreiten.[1021] Faktisch bedeuten solche freiwilligen Exportbeschränkungen eine teilweise Rückkehr zu sog. *grey area measures*, die insbesondere in den 1980er-Jahre verbreitet waren,[1022] als sie Importländern zur Umgehung der lediglich in engen Grenzen rechtfertigbaren und weniger zielgerichteten Einführung von Notstandsmaßnahmen im Sinne des Art. XIX GATT 1947 dienten. Angesichts des ihnen innewohnenden Missbrauchspotenzials zugunsten handelsmächtiger Industriestaaten und des seit Gründung der WTO geltenden Art. 11.1 AoS, der sie umfassend untersagt, ist ihre Rechtfertigung auf

1019 Vgl. dazu den Nachw. o. in Fn. 726.

1020 S. für eine systematische Annäherung an diese Kategorie bisher einzig *Vidigal*, JWT 2019, 187 ff.

1021 Vgl. zur Begründung von deren WTO-Rechtswidrigkeit im konkreten Einzelfall *Lee*, WTR 2019, 481, 496 ff.

1022 Vgl. überblicksartig zur damals herrschenden Problemlage GATT-Dok., MTN.GNG/NG9/W/6 v. 16.9.1987.

Grundlage des zu Art. XXIV:5 GATT entwickelten Erforderlichkeitstests faktisch ausgeschlossen.[1023]

Neben diesen als Prototypen von WTO-minus-Maßnahmen zu bezeichnenden Vereinbarungen existieren jedoch noch weitere denkbare bi- und plurilaterale Regelungskonzepte, bei denen sich entweder bereits die Kategorisierung als WTO-plus bzw. -extra einerseits und WTO-minus andererseits weniger eindeutig gestaltet oder – wenn es sich tatsächlich um WTO-minus-Vorschriften handelt – es naheliegender erscheint, dass die Beurteilung ihrer Erforderlichkeit zur Ermöglichung einer engeren Marktintegration der Vertragsparteien des RIA positiv ausfällt.[1024] Ersteres Problem ergibt sich dann, wenn bi- oder plurilaterale Abkommensbestimmungen zwar eine Abweichung von den Regelungsinhalten eines der Übereinkommen der WTO begründen, dessen Wesensgehalt aber weder im Sinne eines zusätzlichen Schubs an Handelsliberalisierung verschärfen bzw. erweitern (WTO-plus) noch dergestalt abschwächen, dass sie wie die angesprochenen *grey area measures* mit welthandelsrechtlichen *per se*-Verboten konfligieren.[1025] Zweitens bildet auch die Abbedingung von Rechten aus den WTO-Übereinkommen – wie etwa ein im Rahmen eines RIA vereinbarter wechselseitiger Verzicht auf die Verhängung von Ausgleichszöllen (vgl. Art. VI:3 GATT sowie Art. 10 ff. ASÜ) gegenüber den Vertragspartnern – bei rein formaler Betrachtungsweise ein „roll back on Members' rights […] under the WTO covered agreements“[1026], welches jedoch zugleich unstreitig zur Verwirklichung eines Gemeinsamen Marktes oder einer Zollunion beiträgt. Erachtet man die Abschaffung von

---

1023 So *Vidigal*, JWT 2019, 187, 196 ff.

1024 *Vidigal* (ebd., 204 ff.) weist zu Recht darauf hin, dass auch das WTO-Recht selbst neben Befreiungen nach Art. IX ÜWTO (sog. *waiver*), die von der Gesamtheit der WTO-Mitglieder gewährt werden, sowie den abkommensspezifischen Ausnahme- und Rechtfertigungstatbeständen mitunter handelsbeschränkende bilaterale Übereinkünfte gestattet. Art. 18.2 ASÜ sieht etwa vor, dass ein Track I-Verfahren einzustellen ist, wenn sich das subventionierende Ausfuhrgegenüber dem Einfuhrmitglied verpflichtet, die Schädigung des inländischen Wirtschaftszweiges durch Preiserhöhungen zu beseitigen. Jedoch sind durch solche Zusagen verursachte „WTO-minus-Effekte“ stets zeitlich begrenzt und von der Welthandelsordnung toleriert, sodass sich daraus nur wenige Argumente für den Umgang mit vergleichbaren Maßnahmen außerhalb des multilateralen Rahmens ableiten lassen.

1025 S. hierzu die Überlegungen von *Pauwelyn*, EJIL 2003, 907, 945 ff., der von einer noch weitreichenderen Eigenständigkeit bi- und plurilateraler Handelsverträge gegenüber den WTO-Übereinkommen ausgeht.

1026 Vgl. dazu den Nachw. o. in Fn. 1016.

Handelsschutzmaßnahmen innerhalb von RIAs nicht ohnehin bereits für eine aus Art. XXIV:8 GATT folgende Pflicht, so ist sie aufgrund der importbeschränkenden Wirkung von Ausgleichs- bzw. Antidumpingzöllen und Schutzmaßnahmen jedenfalls als „erforderlich“ im Sinne des laut AB anzuwendenden Tests – und demnach als von Art. XXIV:5 GATT gerechtfertigt – anzusehen.

Folglich ist bei der Einordnung von bi- und plurilateralen *inter se*-Modifikationen des Welthandelsrechts als WTO-minus-Bestimmungen gleich in doppelter Hinsicht Zurückhaltung geboten: Zum einen ist hierfür zu fordern, dass entsprechende Vereinbarungen effektiv geeignet sind, das durch die WTO-Übereinkommen erreichte Liberalisierungsniveau zu senken bzw. dort eingeräumte Rechte und Pflichten der Mitglieder zu reduzieren, zum anderen darf bejahendenfalls nicht pauschal unterstellt werden, dass sie nicht nach Art. XXIV:5 GATT rechtfertigbar sind.

b) Ausnahmetatbestände für bestimmte Subventionskategorien

Gleichwohl wurde mit Blick auf die Bemühungen der Union um die bi- und plurilaterale Einführung von Ausnahmetatbeständen, die sich in ihrer Konzeption teilweise eng an Art. 107 Abs. 2 und 3 AEUV oder den außer Kraft getretenen Art. 8 ASÜ anlehnen, die Kritik geäußert, dass es sich bei diesen um nicht zu rechtfertigende WTO-minus-Bestimmungen handele.[1027] Dies sei darauf zurückzuführen, dass Subventionen nichttarifäre Handelsschranken darstellten und die besagten Tatbestände deren Gewährung förderten sowie nicht zuletzt dem sich in der Nichtverlängerung der Art. 6.1 und 8 f. ASÜ manifestierenden Willen der WTO-Mitglieder widersprächen, von dem in der Uruguay-Runde verfolgten Ampelansatz Abstand zu nehmen.[1028] Infolgedessen seien die Ausnahmetatbestände am Maßstab des Art. XXIV:5 GATT zu messen, erfüllten aufgrund ihrer fehlenden Notwendigkeit für die Etablierung der RIAs allerdings nicht

1027 Dies bildet eine der Thesen von *Neumann*, Export des europäischen Beihilfenrechts, S. 206 ff. und 212 f.

1028 S. zu diesem historischen Einwand aber relativierend *Bigdeli*, MJIEL 2011, 2, 8 f., der das differenzierte Meinungsbild in der damaligen Diskussion der WTO-Mitglieder nachzeichnet und statt von einem bewussten Verzicht vielmehr von einem bloßen „Verschwinden“ (ebd., 9) spricht.

die Anforderungen des Erforderlichkeitstests und könnten somit nicht gerechtfertigt werden.[1029]

Außer Acht gelassen wird in diesen Erwägungen indessen die Ambivalenz des Eingriffsinstruments der Subvention, die zur Konsequenz hatte, dass es anders als klassische Protektionismen wie mengenmäßige Beschränkungen sowohl im GATT als auch im Tokio-Subventionskodex sowie im ASÜ 1.0 in den Jahren von 1947 bis 2000 – mit zunehmendem Abstraktionsgrad – einer differenzierenden Sonderbehandlung unterworfen wurde (s. oben *Teil 1 § 2 B.I.-III.*). Auch das heute geltende, um die einstige Kategorie nichtanfechtbarer Subventionen reduzierte ASÜ 2.0, das ohne Hinweise auf die möglichen positiven Effekte von Subventionen auskommt, spricht in Art. 3 ASÜ ein Totalverbot ausschließlich für besonders handelsschädliche Export- und Importsubstitutionssubventionen aus und untersagt alle anderen Arten von Subventionen nicht abstrakt-generell, sondern erklärt diese lediglich für anfechtbar, sofern aus ihnen nachteilige Auswirkungen im Sinne von Art. 5 ASÜ auf die Interessen anderer Mitglieder resultieren. Auch in der faktischen Subventionspraxis der Mitglieder, die allesamt auf *domestic subsidies* rekurrieren und bei deren Anfechtung Zurückhaltung üben, spiegelt sich wider, dass die Welthandelsordnung ein vollumfassendes Verdikt über Subventionen weder fällen will noch kann.

Über derartige grundsätzliche Überlegungen hinaus weckt jedoch vor allem auch die konkrete rechtstechnische Ausgestaltung der von der Union mit Drittstaaten ausgehandelten bzw. angestrebten Ausnahmetatbestände Zweifel an deren Deklarierung als WTO-minus-Bestimmungen. So ist im Falle derjenigen EU-(Assoziierungs-)Abkommen, die eine weitreichende Integration des Vertragspartners in das EU-Beihilfenaufsichtssystem vorsehen, den Wortlaut von Art. 107 Abs. 2 und 3 AEUV (gegebenenfalls inklusive konkretisierender Sekundärrechtsakte sowie *soft law*) übernehmen und auf die Herstellung eines Gleichklangs mit deren Auslegung und Anwendung durch die Unionsorgane zielen, sichergestellt, dass der nunmehr bewährte Abwägungstest, welcher Handels- und Wettbewerbsverzerrungen minimiert, Beachtung findet.[1030] Gleichsam sind in (Freihandels-)Abkommen, die nur eine weniger tiefe Integration zwischen dem EU-Binnenmarkt und der Volkswirtschaft des jeweiligen Vertragspartners

1029 So jedoch pauschal für sämtliche im Zeitraum zwischen 2006 und 2018 vereinbarten EU-(Freihandels-)Abkommen, welche entsprechende Ausnahmetatbestände vorsehen, *Neumann*, Export des europäischen Beihilfenrechts, S. 208.

1030 Vgl. etwa Art. 264 EU-UA-AA.

intendieren, stets dem Abwägungstest ähnliche Mechanismen eingebaut, die gewährleisten, dass die Höhe einer Subventionen auf das zur Erreichung des mit ihr verfolgten Ziels erforderliche Mindestmaß beschränkt ist und ihre Auswirkungen auf den Handel der anderen Partei begrenzt sind.[1031]

Da die beihilfen- bzw. subventionsrechtlichen Ausnahmetatbestände somit nicht als eine Absenkung des Liberalisierungsstandes der WTO, sondern lediglich als bi- und plurilaterale Ausdifferenzierungen des ASÜ zu verstehen sind, bedürfen sie richtigerweise auch nicht einer Rechtfertigung gemäß Art. XXIV:5 des GATT. Selbst wenn man dies anders sieht, ließe sich zumindest im Falle weitergehender Integrationsformen wie Gemeinsamen Märkten diskutieren, ob die Liberalisierung der Produktionsfaktoren Arbeit und Kapital sowie des Waren- und Dienstleistungsverkehrs nicht notwendigerweise auch ein Mindestmaß an Harmonisierung der jeweiligen Wettbewerbs- bzw. Subventionspolitiken in den involvierten Staaten voraussetzt. Unter der Prämisse, dass die WTO-Streitbeilegungsorgane diesen Spezifika im Rahmen der Anwendung des Erforderlichkeitstests Rechnung trügen,[1032] erscheint es nicht ausgeschlossen, dass in bestimmten Fällen eine Rechtfertigung auf Grundlage von Art. XXIV:5 GATT gelänge.

c) WTO-rechtliche Unbedenklichkeit bi- und plurilateraler EU-Beihilfenrechtsregime

Geht man wie jüngst *Geraldo Vidigal* davon aus, dass „[t]he main question in the case of WTO-minus provisions concerns […] the extent to which the WTO Agreements limit the freedom of WTO Members to forfeit their own rights under the WTO Agreements"[1033], so schafft dies für die

1031 Vgl. exemplarisch Anhang 11-A Abs. 2 des EUSFTA, der bestimmte näher definierte Kategorien akzeptabler Subventionen – neben weiteren allgemeinen Erfordernissen – lediglich für zulässig erklärt, wenn deren „Auswirkungen auf den Handel der anderen Vertragspartei begrenzt sind".

1032 Offensichtlicher stellt sich das Problem der Vereinbarkeit Gemeinsamer Märkte mit dem von den WTO-Streitbeilegungsorganen entwickelten Erforderlichkeitstests im Hinblick auf technische Handelshemmnisse (vgl. *Bobe*, Die Vereinbarkeit vertiefter (regionaler) wirtschaftlicher Integration mit dem Welthandelsrecht am Beispiel des EG-Binnenmarktes, 2006, S. 97 ff.).

1033 *Vidigal*, JWT 2019, 187, 192. Im Drittstaatenkontext sind die bi- und plurilateralen EU-Beihilfenrechtsregime insoweit unproblematisch, als sie die an dem

Beurteilung der WTO-rechtlichen Zulässigkeit speziell der Ausnahmetatbestände für bestimmte Subventionskategorien – sowie für diejenige der von der Union vereinbarten bi- und plurilateralen Beihilfen- bzw. Subventionsrechtsregime insgesamt – vollends Rechtssicherheit. Wie bereits im Kontext der Frage der parallelen Streitbeilegung im Falle von aus dem ASÜ übernommenen Begriffsdefinitionen sowie Verbotstatbeständen angemerkt (s. oben *1.a.cc.*), beinhalten deren Handelsübereinkünfte mit Ausnahme des im Jahre 1994 gegründeten EWR[1034] (s. eingehend unten *Teil 3 § 2 A.I.5.*) nahezu durchgängig Bestimmungen wie die folgende:[1035]

> Das Recht der Vertragsparteien, nach Maßgabe der einschlägigen WTO-Bestimmungen gegen eine von einer anderen Vertragspartei gewährte Subvention handelspolitische Schutzmaßnahmen einzuführen oder andere angemessene Maßnahmen gegen Subventionen zu ergreifen oder ein Streitbeilegungsverfahren in Anspruch zu nehmen, bleibt von diesen Bestimmungen unberührt.

Durch die Einräumung dieser welthandelsrechtlichen *fall-back option* stellen die Union und ihre Vertragspartner klar, dass sie beihilfen- bzw. subventionsrechtlichen Vereinbarungen auf bi- und plurilateraler Ebene keine Finalität dergestalt verleihen, dass diese eine unwiderrufliche Abkehr vom WTO-Subventionsrecht darstellten. Vielmehr sind (Freihandels-)Abkommen der Union mit Handelspartnern außerhalb ihres engeren Wirkungskreises als Komplementierung und nicht als Ersetzung des ASÜ zu begreifen.[1036] Die relative Brüchigkeit des dort jeweils gefundenen Konsenses – beispielsweise zur Frage nach der Bestimmung international akzeptabler Subventionen (s. oben *Teil 1 § 2 B.III.2.*) – liegt dementsprechend allenfalls teilweise und mittelbar in den dargelegten WTO-rechtlichen Grenzen regionaler Integration begründet. Vielmehr ist sie in allererster Linie Ausdruck des rechtspolitischen Bedürfnisses nach einer Absicherung

---

jeweils in Rede stehenden RIA nicht beteiligten WTO-Mitglieder nicht daran hindern, ein WTO-subventionsrechtliches Track I- oder Track II-Verfahren gegen die RIA-Vertragsparteien einzuleiten, sofern eine im bi- bzw. plurilateralen Verhältnis unter einen Ausnahmetatbestand fallende Subvention nicht ausreichend berücksichtigte negative Externalitäten zulasten von dritten Staaten nach sich zieht.

1034 Abkommen [EWRV] über den Europäischen Wirtschaftsraum (ABl. 1994 L 1/3).

1035 So lautet die in Art. 265 des EU-UA-AA gewählte Formulierung.

1036 S. in diesem Sinne ebenfalls *Lowe*, Competition Policy as an Instrument of Global Governance, S. 500: „They are to be thought as 'WTO plus', not 'WTO different'."

des experimentellen, das heißt mögliche multilaterale WTO-Reformen antizipierenden Charakters dort gewählter Regelungskonstruktionen, deren Auslegung und Anwendung im äußersten Konfliktfall zurück in die bewährten Bahnen des WTO-subventionsrechtlichen Track I- oder Track II-Verfahrens nach Maßgabe des praxiserprobten ASÜ gelenkt werden soll.

II. Grundsatz der Unionsrechtsautonomie

Im Hinblick auf die unionsrechtlichen Grenzen der Einführung von Beihilfen- bzw. Subventionskapiteln in EU-(Freihandels-)Abkommen ist festzustellen, dass sich verbindliche Vorgaben ausschließlich aus dem Primärrecht ergeben, da von der Union geschlossene völkerrechtliche Verträge nach ständiger Rechtsprechung des EuGH „integrierende Bestandteile“[1037] der Unionsrechtsordnung bilden und in der innerunionalen Normenhierarchie, wie aus der in Art. 216 Abs. 2 AEUV angeordneten Bindungswirkung hervorgeht, dem Sekundärrecht vorgehen.[1038] Seit dem Gutachten 2/15 über das EUSFTA im Jahre 2017 herrscht ferner Klarheit darüber, dass die subventionsrechtlichen Bestimmungen in reinen Freihandelsabkommen nach Art. 207 Abs. 3 AEUV „spezifische Bezüge“ zum Handelsverkehr aufweisen und daher von den durch den Lissabon-Vertrag erweiterten exklusiven EU-Außenhandelsbefugnissen umfasst sind.[1039] Ebenfalls unproblematisch gestaltet sich die Einhaltung des über Art. 205 AEUV auch für die GHP verbindlichen Ziel- und Wertekatalogs in Art. 21 EUV sowie der in Art. 206 AEUV ausgegebenen spezifisch handelspolitischen Zielen, die zwar jeweils als Argumente für einen Beihilfenrechtsexport dienen können (s. oben *§ 1 C.IV.2.*), aufgrund ihres Programmcharakters aus sich selbst heraus allerdings keine konkreten Handlungsanweisungen zu geben vermögen.

Die zentrale Herausforderung besteht stattdessen in der institutionellen Einkleidung der auf bi- und plurilateraler Ebene getroffenen beihilfen- bzw. subventionsrechtlichen Vereinbarungen. Dies gilt in geringerem Maße für die in jeder Übereinkunft vorgesehenen Abkommensausschüsse, in denen die Vertragsparteien traditionell einstimmig über Maßnahmen beschließen, welche sie für das ordnungsgemäße Funktionieren des Ab-

---

1037 EuGH 181/73, Slg. 1974, 449 Rn. 2/6 – Haegeman/Belgien.
1038 Vgl. *Lachmayer/v. Förster*, in: von der Groeben/Schwarz/Hatje, Art. 216 AEUV Rn. 24 f.
1039 EuGH Gutachten 2/15, ECLI:EU:C:2017:376 Rn. 137.

kommens für erforderlich erachten. Ihnen steht zwar in der Regel die Befugnis zu, unterhalb der Schwelle eines formellen Vertragsänderungsverfahrens (Teil-)Regelungen in den Anhängen anzupassen bzw. zu erweitern oder Durchführungsvorschriften zu erlassen.[1040] Jedoch handelt die Union hierbei stets im Rahmen eines zuvor ergangenen Ratsbeschlusses, sodass in Anbetracht des Erfordernisses der Einvernehmlichkeit im Abkommensausschuss zum einen ausgeschlossen werden kann, dass dies gegen ihren Willen geschieht und zum anderen garantiert ist, dass eine ununterbrochene demokratische Legitimationskette vorliegt, die die Gefahr der Verselbstständigung der bi- und plurilateralen Gremien von vornherein minimiert.[1041] Abweichend verhält es sich demgegenüber mit den völkervertraglich vereinbarten Streitbeilegungsgremien, da deren Aufgabe gerade darin besteht, unabhängig von den Vertragsparteien über Rechtsstreitigkeiten betreffend Abkommensinhalte zu entscheiden, wenn die vorherige Konsensfindung im Ausschuss final gescheitert ist.

Bei Exporten des Unionsacquis ergeben sich daraus Kollisionspotenziale mit den Zuständigkeiten des Gerichtshofs, der sich als der alleinige Wahrer der Europäischen Verträge sieht und sein Konzept der sog. „Unionsrechtsautonomie“ im Laufe der vergangenen beiden Jahrzehnten weiter ausdifferenziert und konkretisiert hat *(1.)*. In international-beihilfenrechtlicher Hinsicht gestalten sich eng am WTO-Subventionsrecht angelehnte völkerrechtliche Vereinbarungen aufgrund ihrer textlichen und konzeptionellen Unterschiede zu den Art. 107 ff. AEUV sowie Beihilfenrechtsexporte im engeren Sinne, bei welchen die Kommission bereits in den Verhandlungen für die Thematik sensibilisiert ist, weniger problematisch als Mischkonstruktionen, die sich neben EU-beihilfen- aus WTO-subventionsrechtlichen Versatzstücken zusammenfügen *(2.)*. Unter sinngemäßer Anwendung der vom EuGH einst in der Rs. *Polydor*[1042] entwickelten Prinzipien sind Letztere aber auch ohne eine Verpflichtung zur einheitlichen Auslegung und Anwendung sowie einer Involvierung des Gerichtshofs als unionsrechtskonform zu bewerten *(3.)*.

1040 S. hierzu instruktiv am Beispiel der komplexen und stark variierenden Ausschussstrukturen in den diversen sektoriellen Abkommen zwischen der Union und der Schweiz *Oesch/Burghartz*, in: Krenzler/Herrmann/Niestedt, 14. EL Oktober 2019, XIII. 132b. EU-Schweiz Rn. 34.

1041 S. hierzu näher *Neumann*, Export des europäischen Beihilfenrechts, S. 216 f. sowie 233 f.

1042 EuGH 270/80, Slg. 1982, 329 – Polydor Ltd./Harlequin Record Shops Ltd.

1. Ausdifferenzierung des Konzepts in der Rechtsprechung des EuGH

Während sich das Spannungsfeld zwischen Unionsrechtsautonomie und Völkerrechtsfreundlichkeit dem Primärrecht lediglich teilweise entnehmen lässt, hat der EuGH das Verhältnis zwischen beiden vor allem in seinen Gutachten nach Art. 218 Abs. 11 AEUV in detaillierter Weise ausgelotet und strenge Anforderungen an völkerrechtliche Streitbeilegungsmechanismen mit EU-Beteiligung formuliert, sofern die jeweils zugrundeliegenden Vertragswerke Unionsrecht inkorporieren oder unmittelbar in Bezug nehmen. Die wichtigsten Ausflüsse der Unionsrechtsautonomie bilden einerseits das Zuständigkeits-, andererseits das Auslegungsmonopol des Gerichtshofes, wobei es im Falle jüngerer völkervertraglicher Transfers von EU-beihilfenrechtlichen Regelungsmodellen ausschließlich das Letztere ist, welches in Frage gestellt sein könnte.

a) Primärrechtliche Grundlagen

Das Prinzip der einheitlichen Auslegung und Anwendung wird als das „Herzstück"[1043] des Unionsrechts bezeichnet und wurzelt tief im Selbstverständnis der Union als eine Rechts- und Verfassungsgemeinschaft, die auf einer Rechtsordnung eigener Art beruht,[1044] deren Bestimmungen in den Mitgliedstaaten unmittelbare Wirkung zukommt und zudem Anwendungsvorrang vor dem mitgliedstaatlichem Recht genießen.[1045] Der Gerichtshof zog die besagten Grundsätze in justizieller Hinsicht zunächst im Sinne einer Selbstbehauptung und Abgrenzung gegenüber den nationalen Gerichten heran, die sich in das durch die Verträge kreierte System einer obligatorischen Gerichtsbarkeit als dezentrale Gemeinschaftsgerichte einzugliedern hatten. Später sah er sich angesichts der zunehmenden internationalen Wirtschaftsintegration der Gemeinschaft veranlasst, sein Verhältnis zu unionsexternen überstaatlichen Streitbeilegungsgremien zu klären und seine umfassende Deutungshoheit bezüglich des Unionsrechts

1043 *Oppermann*, DVBl. 1994, 901, 906, zitiert nach *Müller*, Das Rechtsprechungsmonopol des EuGH im Kontext völkerrechtlicher Verträge, 2012, S. 25.

1044 EuGH 6/64, Slg. 1964, 1141 (1269) – Costa/E.N.E.L.

1045 EuGH 26/62, Slg. 1963, 3 (25) – Van Gend en Loos/Administratie der Belastingen.

(im weitesten Sinne) auch im Rahmen von Assoziierungs- bzw. Freihandelsbeziehungen einzufordern.[1046]

Den wichtigsten primärrechtlichen Ausgangspunkt für den Grundsatz der Autonomie des Unionsrechts stellt die Aufgabenzuweisung des Art. 19 Abs. 1 UAbs. 1 S. 2 EUV dar, wonach der EuGH die Wahrung des Rechts bei der Auslegung und Anwendung der Verträge sichert.[1047] Flankierend hinzu kommen Art. 344 AEUV, der es den Mitgliedstaaten untersagt, für Streitigkeiten im Unionsrechtskontext andere gerichtliche Lösungen als die im Primärrecht explizit vorgesehenen anzustreben,[1048] sowie Art. 19 Abs. 3 EUV (insbesondere in Verbindung mit Art. 267 und 258 AEUV), welchen bei unmittelbarer Betrachtung jedoch allen lediglich ein unionsinterner Aussagegehalt zu entnehmen ist. Es erscheint daher zumindest im Zusammenhang des (teilweisen) Exports des Unionsacquis mithilfe von Drittstaatsabkommen treffender, die Autonomie des Unionsrechts als einen allgemeinen Rechtsgrundsatz zu qualifizieren,[1049] da anderenfalls Unterschiede zwischen deren Binnen- und Außendimension verwischt würden.

Eine strikte Anwendung des Grundsatzes auf die vertragsvölkerrechtlichen Bindungen der Union würde in letzter Konsequenz nämlich dazu führen, dass eine jede von der Union mit einem Drittstaat geschlossene Übereinkunft aufgrund ihrer Eigenschaft als integrierender Bestandteil der Unionsrechtsordnung ausschließlich durch den EuGH letztverbindlich ausgelegt werden dürfte, was eine Unterwerfung der Union und ihrer Mitgliedstaaten unter die Jurisdiktionsgewalt internationaler Streitbeilegungsmechanismen, wie zum Beispiel dem WTO-rechtlichen DSB, von vornherein unmöglich machte.[1050] Im Gegenteil enthalten EUV (vgl. Art. 3 Abs. 5, 21 Abs. 1) und AEUV (vgl. Art. 216 Abs. 2) ähnlich dem deutschen Grundgesetz[1051] Hinweise, die darauf schließen lassen, dass die Unions-

1046 S. hierzu knapp *Mayer*, in: Grabitz/Hilf/Nettesheim, 68. EL Oktober 2019, Art. 19 EUV Rn. 68. Vgl. erschöpfend zum kontinuierlichen Bedeutungswandel des Autonomietopos *Bergmann*, Zur Souveränitätskonzeption des Europäischen Gerichtshofs, 2018, S. 197 ff.

1047 *Müller*, Das Rechtsprechungsmonopol des EuGH im Kontext völkerrechtlicher Verträge, S. 43.

1048 *Herrmann*, in: Streinz, Art. 344 AEUV Rn. 1.

1049 So zutreffend *Miller*, EuZW 2018, 357, 359 f.

1050 Ähnlich auch *Neumann*, Export des europäischen Beihilfenrechts, S. 228 ff., im Anschluss an eine Auswertung der Literatur zum Verhältnis der Investor-Staat-Schiedsgerichtsbarkeit zur Unionsrechtsautonomie.

1051 Vgl. etwa *Herdegen*, in: Maunz/Dürig, Grundgesetz, Kommentar, 88. EL August 2019, Art. 25 GG Rn. 6 ff.

rechtsordnung ebenso einen Grundsatz der Völkerrechtsfreundlichkeit kennt, mit dem die Autonomie in Ausgleich zu bringen ist.[1052] Umgekehrt ist trotz der lediglich völkerrechtlichen Verbindlichkeit von Entscheidungen eines (Schieds-)Gerichtssystems mit EU-Beteiligung nicht zu verkennen, dass es Rechtsunsicherheit sowie -zersplitterung nach sich zöge, wenn einer von dessen Spruchkörpern mit Unionsrecht übereinstimmende Abkommensbestimmungen eigenständig – und gegebenenfalls unter Abweichung von der unionsinternen Handhabung des Gerichtshofs – auslegte und anwendete.[1053]

b) Gutachten 1/76 bis Gutachten 1/17

Das unionsrechtliche Spannungsfeld zwischen Völkerrechtsfreundlichkeit und Autonomie spiegelt sich auch in der Rechtsprechungsentwicklung des EuGH zur Zulässigkeit der Öffnung gegenüber unionsexternen (quasi-)gerichtlichen Instanzen wider, anhand derer parallel zur Vertiefung und Ausdehnung der EU-Außenhandelsbeziehungen eine sukzessive Verschärfung der einzuhaltenden Anforderungen erkennbar wird.[1054] Die aus präventiven Überprüfungsverfahren gemäß Art. 218 Abs. 11 AEUV hervorgegangenen Gutachten des Gerichtshofes, in denen dieser bereits verschiedentlich Gelegenheit erhielt, zur Unionsrechtskonformität von in internationalen Übereinkünften der Union etablierten Gerichts- bzw. Streitbeilegungssystemen Stellung zu beziehen, zeigen der Kommission, die dem Rat Verhandlungsmandate vorschlägt und die Drittstaatsverhandlungen verantwortet, Gestaltungsgrenzen für eine Verrechtlichung bi- und plurilateraler Formen der Streitschlichtung auf. Die praktische Relevanz der besagten Gutachten im konkreten Einzelfall ergibt sich aus den weitreichenden Rechtsfolgen einer Negativeinschätzung des EuGH, weil diese stets die Sperrwirkung für den Abschluss der in Rede stehenden Unionsübereinkunft zur Konsequenz haben.[1055] Sie steht im Kontrast zur WTO-

1052 Vgl. hierzu differenziert *Aust*, EuR 2017, 106, 113 ff., der vor einer Überdehnung der Autonomiethese warnt.

1053 S. jüngst *Van Elsuwege*, Exporting the Internal Market Beyond the EU's Borders, in: Amtenbrink et al. (Hrsg.), The Internal Market and the Future of European Integration: Essays in Honour of Laurence W. Gormley, 2019, S. 637, 649: „[need for] a stable and predictable regulatory environment".

1054 S. hierzu nur *Müller*, Das Rechtsprechungsmonopol des EuGH im Kontext völkerrechtlicher Verträge, S. 46 ff.

1055 S. zur Gutachtenwirkung *Mögele*, in: Streinz, Art. 218 AEUV Rn. 54.

Rechtslage, wo ein die fehlende Rechtfertigung des RIA feststellender CRTA-Bericht – auch in der hypothetischen Annahme, dass er im GATT-Rat (einen nach der bisherigen Praxis durchgängig ausgebliebenen) Konsens gefunden hat, – niemals dessen Inkrafttreten verhinderte (s. oben *I. 1. b.*).

aa) Völkerrechtsfreundliche frühe Rechtsprechungslinie

Erstmals äußerte sich der Gerichtshof in seinem Gutachten 1/76 zum von der EWG mit einzelnen Mitgliedstaaten sowie der Schweiz ausgehandelten Übereinkommen über die Errichtung eines Europäischen Stillegungsfonds für die Binnenschifffahrt zur Frage der Übertragung von Rechtsprechungsbefugnissen auf ein völkerrechtlich vereinbartes Streitbeilegungsgremium.[1056] Der Schaffung eines gemischten sog. „Gerichts des Fonds", welches das zugrundeliegende Abkommen verbindlich auslegen würde, stand er zumindest im Grundsatz offen gegenüber.[1057] Jurisdiktionskonflikte stufte er zwar explizit als denkbar ein, gleichwohl bewertete er diese aus heutiger Sicht bemerkenswert zurückhaltend, indem er sich in seinen Ausführungen darauf beschränkte, es für wünschenswert zu erklären, dass das Gericht des Fonds diese vermeide.[1058]

In seinen beiden Gutachten 1/91 und 1/92 zu den umfassenden Entwürfen zum EWRV sowie im auf diese aufbauenden Gutachten 1/00 zum Sektorabkommen über einen Gemeinsamen Europäischen Luftverkehrsraum (GELR) bestätigte der EuGH, dass die Befugnis zum Abschluss internationaler Übereinkünfte „notwendig die Fähigkeit umfasst, sich den Entscheidungen eines durch solche Abkommen geschaffenen oder bestimmten Gerichts zu unterwerfen [...]."[1059] Neben der Behandlung weiterer – vorwiegend kompetenzieller – Problemstellungen machte er allerdings erstmalig auch deutlich, dass die vollständige oder partielle Ausweitung des Binnenmarktacquis auf Drittstaaten sowie die Auslegung und Anwendung der entsprechenden Abkommensbestimmungen durch ein völkerrechtliches (Schieds-)Gerichtssystem ohne seine Involvierung geeignet sind, die Auto-

1056 EuGH Gutachten 1/76, Slg. 1977, 741.

1057 Zu weitreichend erscheint indessen die Rezeption der damaligen Aussagen des Gerichtshofs bei *Brandtner*, EJIL 1992, 300, 313.

1058 So EuGH Gutachten 1/76, Slg. 1977, 741 Rn. 20 ff.

1059 EuGH Gutachten 1/91, Slg. 1991, I-6079 Rn. 40; daran anknüpfend Gutachten 1/00, Slg. 2002, I-3493 Rn. 7.

nomie der Unionsrechtsordnung negativ zu beeinflussen.[1060] Aufgrund ihres unmittelbaren Außenhandelsrechtsbezugs sowie nicht zuletzt der Breite, Tiefe und Komplexität der in ihnen behandelten Entwürfe eines EWRV fungieren die in den Gutachten 1/91 bzw. 1/92 getroffenen Wertungen auch heutzutage noch als wichtigste Orientierungspunkte für die institutionelle Einbettung aller Arten von (Freihandels-)Abkommen der Union.

bb) Unionszentrierte jüngere Rechtsprechungslinie

Den jüngeren Gutachten 1/09 zur Zulässigkeit der Errichtung eines Einheitlichen Patentgerichts (EPG) zwischen der Union, den Mitgliedstaaten und weiteren Vertragsparteien des Europäischen Patentübereinkommens von 1973 sowie 2/13 zum geplanten Beitritt der Union zur EMRK und der damit verbundenen Unterwerfung unter die Rechtsprechung des Europäischen Gerichtshofes für Menschenrechte (EGMR) in Straßburg lässt sich eine solche Vorbildwirkung demgegenüber nicht ohne Weiteres entnehmen.[1061] Das liegt zum einen in deren weitgehenderen unionsverfassungsrechtlichen Implikationen begründet, welche über die Frage der Unionsrechtsautonomie hinausreichen und namentlich das Kooperationsverhältnis zwischen Gerichtshof und mitgliedstaatlichen Gerichten sowie den unionsinternen Grundrechtsschutz betreffen. Zum anderen ist zu berücksichtigen, dass auch die rechtstatsächliche Bedeutung eines EPG oder des Beitritts zur EMRK infolge der zu erwartenden hohen Verfahrenszahlen ungleich gewichtiger ausfiele als diejenige von Entscheidungen der auf bi- oder plurilateralem Wege eingesetzten quasi-judiziellen *ad hoc*-Staat-Staat-Schiedsgerichte sowie (Gemischte) Ausschüssen.[1062]

Folglich erscheint es wenig wahrscheinlich, dass der EuGH ein EU-(Freihandels-)Abkommen, das den Beihilfenacquis abbildet, trotz der Etablierung eines diesbezüglichen verbindlichen Vorlageverfahrens im Rahmen des Streitbeilegungskapitels – wie im Gutachten 1/09 geschehen – mangels

---

1060 Vgl. konsekutiv EuGH Gutachten 1/91, Slg. 1991, I-6079 Rn. 41 ff.; Gutachten 1/92, Slg. 1992, I-2821 Rn. 17 ff.; Gutachten 1/00, Slg. 2002, I-3493 Rn. 10 ff.

1061 Vgl. EuGH Gutachten 1/09, Slg. 2011, I-1137; Gutachten 1/13, ECLI:EU:C:2014:2303, wenngleich diese die dargelegte ständige Rechtsprechung (vgl. dazu nur den Nachw. o. in Fn. 1059) zur prinzipiellen Zulässigkeit (vgl. Rn. 74 und 76 bzw. 182 f.) *prima facie* fortführen.

1062 S. zu diesen gravierenden rechtstatsächlichen Unterschieden *Neumann*, Export des europäischen Beihilfenrechts, S. 228 f. m. zahlr. weit. Nachw.

zusätzlicher Mechanismen zu dessen Durchsetzung für unzulässig erachtete.[1063] Ebenso wenig lassen sich die stark unionszentrierten Feststellungen des Gerichtshofes in seinem kontroversen *Achmea*-Urteil, in dem er die Schiedsklausel in einem zwischen EU-Mitgliedstaaten geschlossenen sog. *intra-EU-BIT (bilateral investment treaty)* für unvereinbar mit der Autonomie des Unionsrechts erklärte,[1064] auf die von der EU mit Drittstaaten vereinbarten (Schieds-)Gerichtsmodelle übertragen.[1065] Dies gilt im Hinblick sowohl auf Investor-Staat- als auch auf Staat-Staat-Schiedsgerichte, was der EuGH im Gutachten 1/17 zum System der Investitionsgerichtsbarkeit im CETA für die Erstgenannten bereits bestätigen konnte.[1066]

c) Ausflüsse des Grundsatzes

Besinnt man sich aus diesen Gründen auf die in den Gutachten 1/91 sowie 1/92 angestellten Erwägungen des Gerichtshofes zurück, so ergeben sich für eine völkervertragliche Ausdehnung (eines Teils) des Beihilfenacquis auf Drittstaaten im Wesentlichen drei dem Grundsatz der Unionsrechtsautonomie entspringende Vorgaben:[1067] Erstens verfügt der EuGH über ein Verwerfungsmonopol dergestalt, dass es ausschließlich ihm zusteht, die Reichweite der Unionszuständigkeiten zu bestimmen und dadurch – direkt oder indirekt – über die Gültigkeit von Unionsrechtsakten bzw. in EU-Drittstaatsabkommen inkorporierten Unionsrechtsakten zu befinden. Zweitens sind Streitigkeiten zwischen den Mitgliedstaaten über die Auslegung und Anwendung sowohl von Unionsrecht als auch von unter EU-Beteiligung zustande gekommenem Völkervertragsrecht exklusiv vor dem EuGH auszutragen. Drittens kommt dem EuGH innerhalb des territorialen Geltungsbereichs der Europäischen Verträge (vgl. Art. 355 AEUV) die alleinige Deutungshoheit über die Auslegung des Unionsrechts bzw. diesem nachgebildeten Völkerrechts zu.

1063 EuGH Gutachten 1/09, Slg. 2011, I-1137 Rn. 79 ff.; vgl. hierzu äußerst kritisch *Gaster*, EuZW 2011, 394, 395 ff.; *Müller*, EuR 2011, 575, 577 ff.

1064 EuGH ECLI:EU:C:2018:158 Rn. 57 ff. – Achmea.

1065 Vgl. in diese Richtung bereits direkt nach dem *Achmea*-Urteil *Miller*, EuZW 2018, 357, 362.

1066 So konkret EuGH Gutachten 1/17, ECLI:EU:C:2019:341 Rn. 127.

1067 S. zur folgenden Kategorisierung *Müller*, EuZW 2010, 851, 853 f.

aa) Zuständigkeits-, Verwerfungs- und Streitbeilegungsmonopol

Die Erfüllung ersterer beider Kriterien bereitet im Falle von (Freihandels-)Abkommen generell wie auch bezüglich Beihilfenrechtsexporten im Speziellen regelmäßig keine Schwierigkeiten. So ermächtigt keines der geltenden gemischten Unionsabkommen, bei denen sowohl die EU als auch die einzelnen Mitgliedstaaten Vertragsparteien sind, externe Streitbeilegungsgremien, in das unionale Kompetenzgefüge einzugreifen, indem diese zum Beispiel verbindlich Stellung zur Frage bezögen, gegen welche Vertragspartei (EU oder Mitgliedstaat) im Rahmen eines Staat-Staat-Schiedsverfahrens vorzugehen ist.[1068] Ausgeschlossen ist auch die Gefahr, dass ein solches völkerrechtliches Streitbeilegungsorgan, dessen Spruchwirkung sich stets auf die *inter partes*-Feststellung der Vereinbarkeit bzw. Unvereinbarkeit einer bestimmten Maßnahme einer Vertragspartei mit den Bestimmungen des Abkommens beschränkt, das Verwerfungsmonopol des Gerichtshofes beeinträchtigen könnte. Es vermag weder einen „exportierten" beihilfenrechtlichen Sekundärrechtsakt für (teil-)nichtig noch die Beihilfe eines Mitgliedstaates für „unvereinbar mit dem Binnenmarkt" zu erklären. Das Ob und Wie der unionsinternen Umsetzung des lediglich völkerrechtlich bindenden Judikats bleibt den Unionsorganen überlassen.[1069]

Schließlich kann es bei (Freihandels-)Abkommen, die in die alleinige Kompetenz der Union fallen (engl.: *EU-only agreements*), *a priori* nicht zur Austragung von Streitigkeiten zwischen Mitgliedstaaten über die Auslegung und Anwendung von (exportiertem) Unionsrecht kommen, weil diese bereits nicht Vertragsparteien sind. Bei gemischten Abkommen ist dies

---

1068 S. hierzu nur *Neumann*, Export des europäischen Beihilfenrechts, S. 235 ff., der unter anderem auf die in jüngeren Unionsabkommen vorgenommenen Bestimmungen des Begriffs der „Vertragspartei" hinweist.

1069 Dies entspricht der klassischen (wirtschafts-)völkerrechtlichen Praxis der Streitbeilegung und ist kennzeichnend auch für die Umsetzung von Empfehlungen des DSB im Rahmen des WTO. Paradigmatisch hierfür stehen die nunmehr über 15 Jahre andauernden *Airbus-Boeing*-Subventionsrechtsstreitigkeiten zwischen den USA und der Union (vgl. zum einen das von den USA initiierte Verfahren WT/DS316, EC and Certain Member States – Large Civil Aircraft; zum anderen die von der Union als Gegenreaktion initiierten Verfahren WT/DS/317, US – Large Civil Aircraft; WT/DS/353, US – Large Civil Aircraft (2nd complaint)), im Verlauf derer beide Seiten es jedoch vorzogen, massive – auf der Grundlage von Art. 7.9 ASÜ bzw. Art. 22 DSU genehmigte – Vergeltungszölle in Kauf zu nehmen, anstatt die WTO-Rechtskonformität ihrer jeweiligen Subventionspraktiken herzustellen.

zwar grundsätzlich vorstellbar, jedoch greift hier jedenfalls bezüglich beihilfenrechtlich gelagerter Meinungsdifferenzen, die sowohl unionsintern als auch auf dem weiten Gebiet des Außenhandels der ausschließlichen Zuständigkeit der Union unterfallen (s. oben *1.*), unstreitig das Verbot des Art. 344 AEUV ein,[1070] welches deren unionsexterne gerichtliche Lösung strikt untersagt.

bb) Auslegungsmonopol

Weitaus komplexer gestaltet sich im Rahmen der jeweiligen institutionellen Einkleidung eines völkervertraglichen Transfers des EU-Beihilfenrechts die Wahrung des Auslegungsmonopols (auch: Auslegungsautonomie) des Gerichtshofes. Die Union befindet sich hierbei seit Beginn der Umsetzung ihrer *Global Europe*-Agenda (s. oben *§ 1 B.II.*) im regulatorischen Dilemma: Einerseits zielt sie auf die Verankerung robusterer Durchsetzungsmechanismen, um bi- und plurilateralen Beihilfen- bzw. Subventionsrechtsregimen zu effektiver Geltung zu verhelfen. Andererseits bedingt dies die Unterstellung der entsprechenden Abkommenskapitel unter einen Streitschlichtungsmechanismus, der wiederum Stellung und Selbstverständnis des EuGH zu tangieren geeignet ist, sofern der Vertragstext EU-beihilfenrechtliche Begriffe impliziert und ein völkerrechtliches (Schieds-)Gericht diesen für die Union verbindlich auslegt und anwendet.

Die Verpflichtung solcher bi- oder plurilateralen Streitbeilegungsgremien zur – auch bezüglich anderer Gerichte als die der Mitgliedstaaten grundsätzlich zulässigen[1071] – Vorlage von Vorabentscheidungsfragen stellt in diesen Fällen ein notwendiges, für sich allein jedoch noch nicht hinreichendes Erfordernis zur Abwendung einer Verletzung der Unionsrechtsautonomie dar. Vielmehr muss darüber hinaus gewährleistet sein, dass von ihm gegebene Antworten nicht nur Auskunfts-, sondern Bindungswirkung entfalten.[1072] Dies begründete der Gerichtshof im Gutachten 1/91 unter anderem damit, dass deren Fehlen unionsintern Rechtsunsicherheiten dergestalt schüfe, dass die mitgliedstaatlichen Gerichte daraus fälschlicher-

1070 S. hierzu nur *Dittert*, in: von der Groeben/Schwarze/Hatje, Art. 344 AEUV Rn. 10, der betont, dass es sich insoweit um Unionssekundärrecht handle.

1071 Vgl. insoweit die dezidierte Bestätigung in EuGH Gutachten 1/00 Slg. 2002, I-3493 Rn. 30.

1072 So EuGH Gutachten 1/91, Slg. 1991, I-6079 Rn. 59.

weise den Schluss ziehen könnten, dass auch seine Urteile nach Art. 267 AEUV lediglich unverbindlicher Natur seien.[1073]

Diese Einschätzung mutet in Anbetracht der Tatsache, dass die im EWRV vorgesehenen Vorlagemöglichkeiten zum EuGH (betreffend die Gerichte bzw. Gerichtshöfe der am EWR teilnehmenden Staaten der Europäischen Freihandelsassoziation (EFTA) sowie in der Streitbeilegung zwischen der Union und einem EWR/EFTA-Staat) in über 25 Jahren bisher nicht ein einziges Mal in Anspruch genommen wurden,[1074] aus heutiger Sicht zu weitgehend an und verringert die Verhandlungsspielräume der Kommission gegenüber den EU-Handelspartnern.[1075] Dies gilt einmal mehr, wenn man überdies berücksichtigt, dass die zwischenstaatliche Streitbeilegung in (Freihandels-)Abkommen – unabhängig davon, ob mit oder ohne EU-Beteiligung – trotz der konstatierten Bilateralismuswelle (s. oben *§ 1 B.I.1.*) bis zum heutigen Tage kaum an praktischer Relevanz gewonnen hat, während das multilaterale Streitbeilegungssystem der WTO nach wie vor extensiv genutzt wird.[1076] Dennoch handelt es sich beim Institut des Auslegungsmonopols nicht um einen reinen Selbstzweck, welcher einzig dem Kontext des grundlegenderen Diskurses um einen europäischen Konstitutionalismus zuzurechnen ist.[1077] Richtigerweise bildet es jedenfalls im ehrgeizigen Unterfangen der Ausdehnung des *EU regulatory space* die *conditio sine qua non* für eine effektive Implementierung und Anwendung,[1078] da sich eine homogene Auslegung im gesamten Geltungsbereich des jeweiligen Vertragswerks durch die isolierte Übernahme des einschlägigen Primärrechts selbst in Kombination mit einer womöglich zusätzlich etablierten dynamischen Angleichung von inkorporiertem Se-

---

1073 Ebd., Rn. 61.

1074 *Holterhus*, in: Krenzler/Herrmann/Niestedt, 14. EL Oktober 2019, XIII. 132a EWR Rn. 104 f.

1075 Vgl. hierzu *Classen*, EuR 2018, 361, 369; *Gundel*, NVwZ 2018, 723, 727 f.

1076 S. zu den Hintergründen statt aller detailliert *Vidigal*, JIEL 2017, 927 ff., dessen zurückhaltende Einschätzung zum rechtlichen und faktischen Mehrwert auf bi- und plurilateraler Ebene vereinbarter Streitbeilegungsmechanismen allerdings noch vor der im Dezember 2019 eingetretenen *de jure*-Arbeitsunfähigkeit des WTO AB erfolgte, seit der deren Bedeutungszuwachs im Schrifttum für wahrscheinlicher erachtet wird: vgl. in diesem Sinne *Furculita*, FTA Dispute Settlement Mechanisms: Alternative Fora for Trade Disputes – The Case of CETA and EUJEPA, in: Weiß/Furculita (Hrsg.), Global Politics and EU Trade Policy, 2020, S. 89 ff.

1077 Vgl. hierzu im größeren Zusammenhang *Schorkopf*, NJW 2019, 3418, 3419 ff.

1078 *Van Elsuwege*, Exporting the Internal Market Beyond the EU's Borders, S. 646 ff.

kundärrecht oder *soft law* ohne eine zumindest mittelbare Einbeziehung des EuGH nicht sicherstellen ließe.

2. Implikationen für bi- und plurilaterale EU-Beihilfenrechtsregime

Entsprechend differenziert zu betrachten sind daher die Implikationen der Auslegungsautonomie des Gerichtshofes konkret mit Blick auf von der Union auf bi- und plurilateraler Ebene vereinbartes Beihilfen- bzw. Subventionsrecht. Dessen variierende Erscheinungsformen lassen sich in übergeordnete Kategorien einteilen: Erstens in als Beihilfenrechtsexporte im engeren Sinne zu bezeichnende umfassende und dynamische Übernahmen des EU-Beihilfenacquis, zweitens in textlich und konzeptionell mit dem ASÜ verknüpfte Regelungskomplexe sowie drittens – und problematischer – in Mischkonstruktionen, die sich beider Ordnungen bedienen. Je nach Zuordnung ergeben sich unterschiedlich hohe Anforderungen an die gleichzeitige Einrichtung von Sicherungsmechanismen zur Wahrung der Autonomie der Unionsrechtsordnung.

a) Beihilfenrechtsexporte im engeren Sinne

Beihilfenrechtsexporte im engeren Sinne zeichnen sich dadurch aus, dass sie die Herstellung eines einheitlichen Niveaus des Schutzes vor Handels- und Wettbewerbsverfälschungen, das heißt einen materiellen Gleichklang zwischen der Auslegung und Anwendung des originären EU-Beihilfenrechts und den Beihilfenrechtsbeziehungen zum Vertragspartner bezwecken. In diesem Fall muss der EuGH bezüglich der auf den Drittstaat erstreckten Teildisziplin über eine Torwächterfunktion verfügen, welche es ihm vorbehaltlich der primärrechtlichen *a limine*-Ausnahmen ermöglicht, analog zu seiner unionsinternen Deutungshoheit über den Begriff der staatlichen Beihilfe auch die Reichweite des transferierten Verbots definieren zu können.[1079] Dem widerspräche es, wenn beispielsweise ein zur Streitschlichtung eingesetztes *ad hoc*-Schiedsgericht dazu befugt wä-

---

1079 Das Gleiche gilt prinzipiell für die völkervertragliche Übernahme von sonstigem EU-Beihilfenrecht, obgleich – infolge der geringeren Prüfdichte, welche der EuGH sich unionsintern bezüglich des *balancing test* der Kommission auferlegt – in leicht abgemilderter Form für Entlehnungen aus Art. 107 Abs. 3 AEUV.

re, verbindliche Entscheidungen zu treffen, welche sich entweder über die einschlägige Rechtsprechung des Gerichtshofes hinwegsetzten, oder eine frei und nach eigenen interpretatorischen Maßstäben vorgenommene Auseinandersetzung mit beihilfenrechtlich gelagerten Auslegungsfragen beinhalteten, mit der dieser bisher noch nicht befasst war. Das gilt dann, im Grundsatz aber auch nur dann (s. sogleich *3.*), wenn Unionsabkommen tatsächlich die Zielsetzung verfolgen, den (bzw. die) Vertragspartner mindestens ausschnittsweise am EU-Binnenmarkt teilnehmen zu lassen. Zugleich korrespondiert diese Einschränkung mit der rechtspolitischen Einsicht, dass Drittstaaten sich einzig bei einer solchen Ausgangslage bereiterklären werden, einen bindenden Vorlagemechanismus zum Gerichtshof zu akzeptieren.

b) WTO- bzw. ASÜ-plus-Ausgestaltungen

Generell unproblematisch gestalten sich in unionsrechtlicher Hinsicht dagegen auf das WTO-Subventionsrecht aufbauende Subventionskapitel in EU-(Freihandels-)Abkommen, da in diesen Fällen das ASÜ und nicht die Art. 107 ff. AEUV als regulatorische Ausgangspunkte dienen. Zwar bilden in ihrem materiellen Gehalt nicht oder allenfalls lose mit den Europäischen Verträgen verwandte völkerrechtliche Vereinbarungen wie in den WTO-Übereinkommen einen integrierenden Bestandteil der Unionsrechtsordnung und unterliegen damit rein theoretisch ebenfalls dem Prinzip der Unionsrechtsautonomie. In Anbetracht dessen, dass auszuschließen ist, dass die Anwendung von Vorschriften des ASÜ genuines Unionsrecht impliziert, kann deren Auslegung durch völkerrechtliche Streitbeilegungsgremien generell keine negativen Rückwirkungen auf die dem Gerichtshof gemäß Art. 19 EUV zugewiesenen Aufgaben entfalten.[1080] Dies gilt gleichermaßen auch für bi- oder plurilaterale *inter se*-Modifikationen des WTO-Subventionsrechts, deren Anwendungsbereich Dienstleistungen umfasst oder welche die rote Kategorie der verbotenen

---

1080 Wie oben (unter *I.1.a.bb.*) herausgearbeitet, sind dadurch zwar – unter Einnahme einer stärker welthandelsrechtlich geprägten Sichtweise – unerwünschte Rückkoppelungen auf die Auslegung und Anwendung des ASÜ durch WTO-Panels oder den AB denkbar, allerdings ist hervorzuheben, dass sich das unionale Autonomiekonzept nicht etwa spiegelbildlich auf die Welthandelsordnung übertragen lässt, da es sich bei Letzterer gerade nicht um die „Verfassungsurkunde einer Rechtsgemeinschaft" (so der Wortlaut in EuGH Gutachten 1/91, Slg. 1991, I-6079 Rn. 21) handelt.

Subventionen erweitern. Ebenso wenig ist jede (Wieder-)Einführung einer grünen Kategorie nichtanfechtbarer Subventionen oder sonstiger Ausnahmetatbestände pauschal als Beihilfenrechtsexport einzuordnen. Denn zum einen verdeutlichen die außer Kraft getretenen Art. 8 f. ASÜ, dass auch dem WTO-Subventionsrecht das Konzept einer international akzeptablen Subvention nicht fremd ist (s. oben *Teil 1 § 2 B.III.1.*), zum anderen sind denkbare Gestaltungsmöglichkeiten für deren rechtstechnische Umsetzung mannigfaltig und müssen sich nicht zwangsläufig das EU-Beihilfenrecht zum Vorbild nehmen (s. oben *§ 1 A.I.3.c.*).

c) Konfliktpotenzial bei Mischkonstruktionen

Konfliktpotenziale im Kontext der Autonomie des Unionsrechts können vielmehr entstehen, wenn die Union und ihre Vertragspartner bei der Aushandlung von bi- und plurilateralen Beihilfen- bzw. Subventionskapiteln im Sinne eines Baukastenprinzips auf Text- und Strukturelemente sowohl des Beihilfenprimärrechts als auch des welthandelsrechtlichen ASÜ rekurrieren, ohne im ersteren Falle gleichzeitig Sicherungsmechanismen zur Berücksichtigung der diesbezüglichen Rechtsprechung des EuGH und zu dessen Involvierung im Streitfall einzurichten. Derartige Mischkonstruktionen treten etwa auf, wenn die Vertragsparteien im Rahmen der Bestimmung des Anwendungsbereichs der vereinbarten Bestimmungen den Subventionsbegriff des Art. 1 ASÜ und das Spezifitätskonzept des Art. 2 ASÜ heranziehen, die Ebene der Ausnahmetatbestände indessen dem Regelungsansatz der Abs. 2 und 3 von Art. 107 AEUV entspricht und deren Wortlaut (teil-)identisch wiedergibt.[1081] Fraglich ist, ob dies, wie vereinzelt angenommen,[1082] bereits die Überschreitung der Auslegungsautonomie des Gerichtshofs begründet, oder ob nicht vor einem solchen Schluss dem wirtschaftsintegrativen Gesamtkontext, in dem besagte Gemengelagen aus exportiertem EU-Beihilfenrecht, WTO-Subventionsrecht sowie bi- und plurilateralem *sui generis*-Vertragsvölkerrecht auftreten, Rechnung getragen werden muss. Erachtet man letzteren Zwischenschritt demgegenüber für nicht geboten, so wäre die Kommission zur Wahrung der Unionsrechtskonformität angehalten, die dem EU-Beihilfenrecht entnommenen Abkommensteile durch eine Vertragsänderung dergestalt abzuändern, dass deren Wortlaut und Wesensgehalt keine signifikanten Überschneidungen

---

1081 So *Neumann*, Export des europäischen Beihilfenrechts, S. 237 ff.
1082 Ebd., S. 240.

mit dem Unionsrecht mehr aufweisen, oder alternativ nachträglich eine Einbindung des EuGH zu vereinbaren, die bezüglich der Interpretation jener Regelungen dessen Ersuchung um Vorabentscheidung vorsieht.[1083]

3. Überwindung durch sinngemäße Anwendung des Polydor-Prinzips

Da sich dem Gerichtshof bis dato noch keine Gelegenheit bot, sich zu letzterer Problemstellung einzulassen, sind die von ihm in abweichenden, jedoch zumindest strukturell vergleichbaren Sachverhaltskonstellationen entwickelten Grundsätze bezüglich seines eigenen Umgangs mit Bestimmungen in EU-(Freihandels-)Abkommen, die AEUV-Artikeln oder sonstigem Unionsrecht wortgleich nachgebildet sind, zu übertragen. Konkret in Betracht zu ziehen ist vorliegend die sinngemäße Anwendung des vom EuGH im Jahre 1982 entwickelten sog. *Polydor*-Prinzips auf die Frage, ob die Kommission bei der Aushandlung bi- und plurilateraler Beihilfen- bzw. Subventionsrechtsregime, die weder auf einen Beihilfenrechtsexport im engeren Sinne zielen noch im Zusammenhang mit breiter angelegten Vorhaben einer *integration without membership* stehen, eine unionsrechtliche Pflicht trifft, Autonomieerwägungen Geltung zu verleihen.

a) Rs. Polydor u.a. gegen Harlequin u.a.

Das Urteil des Gerichtshofes in der Rs. *Polydor* hatte die rechtliche Bewertung von Parallelimporten urheberrechtsgeschützter Erzeugnisse aus Portugal, einem damaligen Drittstaat und der EWG – wie alle EFTA-Mitglieder zu dieser Zeit – über ein reines Warenfreihandelsabkommen (sog. *„bare bones free trade agreement“*[1084]) verbundener Handelspartner, zum Gegenstand. In diesem führte er zur Frage der Übertragbarkeit seiner gemeinschaftsinternen Rechtsprechung zum Vorrang der Warenverkehrsfreiheit gegenüber der Ausübung eines gewerblichen und kommerziellen

---

1083 Zu bedenken ist aber, dass der Zeitaufwand sowie politische Hindernisse dazu führen, dass eine Vertragsänderung faktisch lediglich in seltenen Ausnahmefällen realisierbar ist (*Mögele*, in: Streinz, Art. 217 AEUV Rn. 55).

1084 S. zum rechtlichen Gehalt dieser im Zuge der Brexit-Debatte erneut virulent gewordenen Formulierung instruktiv *Baur*, A 'bare bones free trade agreement' or rather back to the seventies? Blog. Efta-Studies.org v. 29. Januar 2020, online abrufbar unter www.efta-studies.org/post/bare-bones-free-trade-agreement [zuletzt aufgerufen am 1.2.2020].

Eigentumsrechts auf die ähnlichen Vorschriften im Portugal-Abkommen aus:

> „Diese Ähnlichkeit des Wortlauts ist jedoch kein ausreichender Grund dafür, die[se] Rechtsprechung [...] auf das System des Abkommens zu übertragen. Die Tragweite dieser Rechtsprechung ist nämlich aus der Sicht der Ziele und der Tätigkeit der Gemeinschaft, wie sie in Art. 2 und 3 EWGV [heute: EUV] definiert sind, zu beurteilen. Wie der Gerichtshof in verschiedenem Zusammenhang betont hat, zielt der Vertrag mit der Errichtung eines Gemeinsamen Marktes und der schrittweisen Annäherung der Wirtschaftspolitik der Mitgliedstaaten auf den Zusammenschluß der nationalen Märkte zu einem einheitlichen Markt ab, der die Merkmale eines Binnenmarktes aufweist."[1085]

Die den Bestimmungen des Drittstaatsabkommens zugeschriebenen Rechtsfolgen hängen demzufolge von Zielsetzung wie auch Kontext der jeweiligen Übereinkunft im Vergleich zur Ausgangssituation der Europäischen Verträge ab. Während Letztere den (Verfassungs-)Rechtsrahmen einer Rechtsordnung *sui generis* bilden, bleiben sowohl die Ambitionen als auch der durch EU-Freihandels- und Assoziierungsabkommen tatsächlich erreichte Grad an Marktintegration naturgemäß regelmäßig weit dahinter zurück.[1086] Dies hat zur Folge, dass der EuGH in ständiger Rechtsprechung davon absieht, seine Auslegung und Anwendung des internen Binnenmarktrechts im Sinne eines Automatismus auf EU-Drittstaatsbeziehungen zu übertragen.[1087] Textliche Parallelität ist mithin nicht gleichzusetzen mit dem Erfordernis paralleler Auslegung.

b) Übertragbarkeit auf Frage der EuGH-Involvierung

Im international-beihilfenrechtlichen Zusammenhang wird erwogen, mithilfe einer sinngemäßen Anwendung der *Polydor*-Grundsätze auf in EU-(Freihandels-)Abkommen gewählte Mischkonstruktionen aus EU-beihilfenrechtlichen und WTO-subventionsrechtlichen Versatzstücken

1085 EuGH 270/80, Slg. 1982, 329 Rn. 15 – Polydor Ltd./Harlequin Record Shops Ltd.

1086 *Van Elsuwege*, Exporting the Internal Market Beyond the EU's Borders, S. 642 ff.

1087 Vgl. nicht abschließend EuGH C-351/08, Slg. 2009, I-10777 Rn. 29 – Grimme; C-70/09, Slg. 2010, I-7233 Rn. 42 – Hengartner und Gasser.

(s. oben *2.c.*), deren Unionsrechtskonformität – speziell deren Vereinbarkeit mit dem Prinzip der Unionsrechtsautonomie – zu begründen, obwohl diese weder die Berücksichtigung der einschlägigen Judikatur des Gerichtshofes noch dessen Involvierung im Streitfall vorsehen.[1088] Grundlage der Überlegung bildet die Annahme, dass angesichts dessen, dass der EuGH in jüngerer Vergangenheit selbst im Falle von Beitrittsassoziierungen beispielsweise den Gleichklang des Schutzes der passiven Dienstleistungsfreiheit einerseits im Unionsrecht und andererseits im Assoziationsrecht unter Berufung auf seine *Polydor*-Rechtsprechung verneinte,[1089] erst recht der Schluss zu ziehen sein muss, dass dessen Auslegungsautonomie nicht verletzt sein kann, wenn im Rahmen einer bloßen EU-Freihandelsbeziehung, der in erster Linie Zwecke wirtschaftlicher Natur zugrunde liegen, der für die Beilegung beihilfen- bzw. subventionsrechtlicher Streitigkeiten zuständige Abkommensausschuss oder ein eigens hierfür einberufenes *ad hoc*-Schiedsgericht eine an das EU-Beihilfenrecht angelehnte Vereinbarung frei und beiderseits verbindlich interpretiert und sich dabei exklusiv am Maßstab der Art. 31 ff. WVRK orientiert.

Hiergegen scheint zunächst einzuwenden zu sein, dass es in tradierten *Polydor*-Fallkonstellationen dem Gerichtshof selbst obliegt, darüber zu entscheiden, ob eine bi- oder plurilaterale Abkommensvorschrift analog zur unionsrechtlichen Parallelbestimmung auszulegen ist oder nicht. Zuzugeben ist ferner, dass sich aus seiner bisherigen Rechtsprechung zumindest kein vollständig klares Bild ergibt, bei welchen Abkommensarten er eine solche Parallelität vermutet.[1090] Gleichwohl wird am Beispiel des Schweizer Sonderwegs der europäischen Integration mit zahlreichen bilateralen Einzelabkommen von variierender Tiefe (s. unten *Teil 1 § 1 I.4.*) eine Tendenz dergestalt deutlich, dass er einer parallelen Auslegung zuneigt, wenn in Rede stehende Abkommensartikel auf Unionsrecht beruhen und der Vertrag als Ganzes anstrebt, die Schweiz sektoriell in den EU-Binnenmarkt einzubinden.[1091] Das spiegelt gleichzeitig die Handhabung des Vertragspartners wider, wie die Gegenüberstellung der Judikatur des Schweizeri-

1088 Dieser Lösungsansatz geht zurück auf *Neumann*, Export des europäischen Beihilfenrechts, S. 238 f., der ihn selbst indessen letztlich ablehnt.

1089 Vgl. EuGH C-221/1, ECLI:EU:C:2013:583 Rn. 43 ff. – Demirkan.

1090 S. hierzu *Schmalenbach*, in: Calliess/Ruffert, Art. 216 AEUV Rn. 56 m. weit. Nachw.: „Trotz der Betonung der völkerrechtlichen Natur internationaler Abkommen fügt sich die Auslegungspraxis des Gerichtshofs, in ihrer Gesamtheit betrachtet, keiner Gesetzmäßigkeit."

1091 So *Oesch/Burghartz*, in: Krenzler/Herrmann/Niestedt, 14. EL Oktober 2019, XIII. 132b EU-Schweiz Rn. 28 f.

schen Bundesgerichts zum (Waren-)Freihandelsabkommen von 1972[1092] mit der zum komplexen Personenfreizügigkeitsabkommen (FZA),[1093] offenbart. Da das Erstere fast vollständig dem Abkommen mit Portugal gleicht, das der Rs. *Polydor* zugrunde lag, und sich auf die Warenhandelsliberalisierung zurückzieht, interpretiert es auch das Bundesgericht – im Kontrast zum FZA oder partiellen Integrationsverträgen wie dem Luftverkehrsabkommen (LVA)[1094] – prinzipiell autonom, das heißt ohne Rücksicht auf die EuGH-Praxis zu Parallelvorschriften im Unionsrecht.[1095]

Bezeichnenderweise enthält der Hauptabkommenstext dieser beiden EWG-EFTA-Freihandelsverträge in Art. 23 (bzw. 26) Abs. 1 Ziff. iii zwar jeweils ein Art. 92 EWGV entlehntes Beihilfenverbot, jedoch besteht bezüglich dessen Auslegung lediglich die einseitige Erklärung der EWG, nach der sie dieses auf Grundlage der Kriterien beurteilen würde, die sich aus der Anwendung einschlägiger EWGV-Artikel – mithin dem heutigen Art. 107 AEUV – ergeben.[1096] Davon abgesehen sieht er weder Ausnahmetatbestände noch einen irgendwie gearteten Einfluss der Rechtsprechung des Gerichtshofes oder dessen Beteiligung in der Streitbeilegung vor.[1097] Wenngleich davon auszugehen ist, dass die Union ein solch wenig ausdifferenziertes Beihilfenrechtsregime heute nicht mehr vereinbarte, und darüber hinaus zu beachten ist, dass der EuGH seine Anforderungen an die Wahrung der Unionsrechtsautonomie im Drittstaatenkontext seit den 1970er-Jahren sukzessive verschärft hat (s. oben *1.b.*), erlaubt dieses nichtsdestoweniger Rückschlüsse für die Beantwortung der Frage nach dem unionsrechtlichen Erfordernis einer Involvierung des Gerichtshofes in die Auslegung von in (Freihandels-)Abkommen der Union vereinbar-

---

1092 Abkommen zwischen der Europäischen Wirtschaftsgemeinschaft einerseits und der Schweizerischen Eidgenossenschaft andererseits, ABl. 1972 L 300/189.

1093 Abkommen zwischen der Europäischen Gemeinschaft und ihren Mitgliedstaaten einerseits und der Schweizerischen Eidgenossenschaft andererseits über die Freizügigkeit, ABl. 2002 L 114/6.

1094 Abkommen zwischen der Europäischen Gemeinschaft und der Schweizerischen Eidgenossenschaft über den Luftverkehr, ABl. 2002 L 114/173.

1095 S. allgemein zur sog. „Europakompatibilität" der Wirtschaftsrechtsprechung des Schweizerischen Bundesgerichts *Cottier/Liechti*, EuZW 2012, 849, 851 f. m. zahlr. weit. Nachw.

1096 Erklärung der Europäischen Wirtschaftsgemeinschaft zu Artikel 23 Absatz 1 des Abkommens, ABl. 1972 L 300/280 (s. zu ihren Implikationen näher unten *Teil 3 § 2 D.I.1.a.*).

1097 Dies ist typisch für Abkommen der zweiten Generation, zu denen sämtliche von der EWG in den 1970er-Jahren mit den damaligen EFTA-Staaten geschlossenen bilateralen Übereinkünfte zählen (s. unten *Teil 3 § 1 B.I.*).

ten Mischkonstruktionen aus EU-Beihilfenrecht sowie WTO-Subventionsrecht. Wenn und weil nämlich die isolierte Implementierung einer einzelnen Komponente der Art. 107 ff. AEUV in eine Drittstaatsübereinkunft notwendigerweise Folgeprobleme aufwirft, deren Auflösung nicht mehr allein durch eine Heranziehung unionsinterner Rechtsprechung und Auslegungsmaßstäbe erreicht werden kann,[1098] erscheint in diesem Zusammenhang auch die Einräumung einer Rolle an den EuGH fraglich. Aus diesem Grunde liegt es im Rahmen einer integrierten Betrachtung neu geschaffener bi- oder plurilateraler Beihilfen- bzw. Subventionsrechtsregime fern, in der Auslegung und Anwendung derartiger Teilausschnitte durch externe Streitbeilegungsgremien eine Gefährdung der Autonomie des Unionsrechts zu erblicken.

c) Keine Beeinträchtigung der Autonomie der Unionsrechtsordnung

Das gilt einmal mehr, vergegenwärtigt man sich erneut die vom Gerichtshof in seinen Gutachten 1/91, 1/92 sowie 1/00 getätigten Aussagen, in welchen er betonte, dass es mögliche negative *spill over*-Effekte auf die Unionsrechtsordnung sind, die den Kern seiner Ablehnung der für die Unionsorgane verbindlichen, von seiner eigenen Rechtsprechung losgelösten Auslegung von dem Binnenmarktacquis nachgebildetem Vertragsvölkerrecht durch Abkommensausschüsse oder *ad hoc*-(Schieds-)Gerichte bilden.[1099] Für die letztliche Bejahung einer Verletzung seines Auslegungsmonopols kann es daher bei einer materiellen Betrachtungsweise nicht nur auf die (Teil-)Identität der jeweiligen Wortlaute ankommen, sondern es ist – mit Ausnahme von *a prima vista* als Beihilfenrechtsexporte im engeren Sinn oder WTO-plus-Regelungskomplexe einzustufenden Konstellationen – bezüglich jedes neuen Unionsabkommens separat zu prüfen, inwieweit ein in dieses eingefügtes Beihilfen- bzw. Subventionskapitel überhaupt geeignet ist, spürbare Rückwirkungen auf die innerunionale Auslegungspraxis des EuGH zu entfalten.[1100]

1098 Konkret liegt es nahe zu fragen, ob sich in Abwesenheit von Ausnahmetatbeständen nicht auch die vom EuGH unionsintern in ständiger Rechtsprechung vorgenommene extensive Lesart des Beihilfenverbotes verändern müsste, um das innere Gleichgewicht des Systems aufrechtzuerhalten.

1099 EuGH Gutachten 1/91, Slg. 1991, I-6079 Rn. 61 ff.; Gutachten 1/92, Slg. 1992, I-2821 Rn. 22 ff.; Gutachten 1/00, Slg. 2002, I-3493 Rn. 38 ff.

1100 Hierunter ist im folgenden Teilabschnitt die rechtlich-qualitative Dimension der Problemstellung zu verstehen. Zur aufgrund der bis dato le-

Wenn nun aber der Wortlaut weder das einzige noch das maßgebliche Kriterium für die Pflicht zur Ergreifung von Schutzvorkehrungen zugunsten der Autonomie des Unionsrechts darstellt, so ist konkret betreffend Mischkonstruktionen in EU-Freihandelsbeziehungen wie die als Prototyp angeführte Kombination aus der ASÜ-Begriffsbestimmung und Ausnahmetatbeständen aus dem AEUV zu konstatieren, dass diese sich als unionsrechtlich unproblematisch erweisen. Dies ist zum einen – analog zur *Polydor*-Rechtsprechung – darauf zurückzuführen, dass sich gerade im Falle außereuropäischer Partner auch Freihandelsabkommen der neuen Generation nach wie vor in erster Linie auf die Erweiterung des Marktzuganges fokussieren, ohne Harmonisierungen der jeweiligen internen Rechtsordnungen anzustreben (s. unten *Teil 3 § 1 B.III.*). Zum anderen muss bedacht werden, dass nicht lediglich die Drittstaatsabkommen als Ganze anderen Prinzipien folgen als das EU-(Binnenmarkt-)Recht, sondern auch den beihilfen- bzw. subventionsrechtlichen Regelungsabschnitten bestimmte grundlegende Erwägungen im Sinne einer Art von „Subpräambel" vorangestellt sein können, die deren Auslegung beeinflussen.[1101]

Selbst wenn man den Bedeutungsgehalt Letzterer negiert, so ergibt sich die konzeptionelle Loslösung der Ausnahmetatbestände von ihrer unionsrechtlichen Herkunft in der beschriebenen Mischkonstruktion jedenfalls daraus, dass es sich beim Gegenstand, auf den sie sich beziehen, nicht mehr um eine staatliche Beihilfe im Sinne von Art. 107 Abs. 1 AEUV handelt, sondern um eine Subvention im Sinne der nicht deckungsgleichen Art. 1 f. ASÜ (s. oben *Teil 1 § 3 B.*). Durch diese fehlende Kongruenz können sich Sachverhaltskonstellationen ergeben, für deren Beurteilung nicht nur zufällig keine Präjudize in der Judikatur der Unionsgerichte bestehen, sondern bei denen es bereits rechtlich ausgeschlossen ist, dass sie sich unionsintern je ergäben. Anschaulich wird dies am Beispiel denkbarer Szenarien, in welchen bei Unterstützungspraktiken mangels Belastung eines mitgliedstaatlichen Haushalts das Vorliegen einer Beihilfe zu verneinen (s. oben *Teil 1 § 2 B.III.2.*), das einer Subvention gemäß dem ASÜ aber zu bejahen ist. Füllte man in diesen Fällen die aus dem EU-Beihilfenrecht entnommenen Rechtfertigungstatbestände mit derselben oder einer vergleichbaren Bedeutung auf wie ihre Pendants in Art. 107 Abs. 2 bzw. 3 AEUV, so hätte dies möglicherweise erhebliche Unstimmigkeiten

---

diglich spärlichen Inanspruchnahme bi- und plurilateraler Streitbeilegungsmodelle gering ausgeprägten faktisch-quantitativen Dimension vgl. den Nachw. o. in Fn. 1076.

1101 Vgl. in diese Richtung etwa *Borlini/Dordi*, Colum. J. Eur. Law 2017, 551, 582 ff.

zur Konsequenz, da die in Rede stehende Maßnahme, auf welche sie sich beziehen, von den durch die Unionsorgane im Einzelnen entwickelten Genehmigungsmaßstäben denklogisch nicht erfasst ist. In gleichem Maße wie sich damit die vom EuGH proklamierte Auslegungshoheit abschwächt, steigt das Bedürfnis nach einer autonomen Auslegung und Anwendung im Rahmen der völkerrechtlichen Streitbeilegung, die auf die Eigenheiten des jeweiligen Vertrages zugeschnitten ist.

Im Ergebnis beschränkt sich das Spannungsfeld zwischen Unionsrechtsautonomie und Homogenität auf diejenigen Drittstaatsbeziehungen, im Rahmen derer die Union explizit einen (teilweisen) Export des Binnenmarktacquis anvisiert. Außerhalb dieser tiefgreifenderen Formen der Wirtschaftsintegration unterliegt sie bei der Ausgestaltung von lediglich bruchstückhaft dem Unionsrecht nachempfundenen bi- und plurilateralen Abkommensbestimmungen im Bereich des Beihilfen- bzw. Subventionsrechts nach hier vertretener Auffassung keinen unionsrechtlich determinierten Einschränkungen dergestalt, dass diese Mechanismen zur Herstellung eines interpretatorischen Gleichklangs mit der Rechtsprechung des Gerichtshofes vorzusehen hätten.

B. Außenperspektiven auf das europäische Beihilfenrechtssystem

Die Überwindbarkeit der dargelegten rechtlichen Grenzen erlaubt jedoch noch keine Rückschlüsse in Bezug auf die Frage der Überwindbarkeit von rechtskulturellen und -tatsächlichen Hindernissen, denen sich die Union im Rahmen von Beihilfenrechtsexporten ausgesetzt sieht. Die Spezifika, welche sich aufgrund der strukturellen Andersartigkeit der Unionsrechtsordnung als eine dezidiert supranationale Rechtsordnung im Vergleich zu regionalen Wirtschaftsintegrationsgemeinschaften in anderen Teilen der Welt ergeben, sind zwar stets relativierend einzuberechnen, ändern aber nichts daran, dass die Subventionsregulierung in angestrebten Gemeinsamen Märkten *(I.)* und Freihandelszonen *(II.)* ohne EU-Beteiligung – trotz erkannter Notwendigkeit – als unterentwickelt zu bezeichnen ist. Das Gleiche gilt für die internen Regelungssysteme bedeutender Bundes- wie auch Zentralstaaten inner- und außerhalb des europäischen Kontinents, mit denen die Union vertiefte Handelsbeziehungen unterhält oder noch anstrebt *(III.)*.

I. Subventionskontrolle in (angestrebten) Gemeinsamen Märkten

Auch unter Berücksichtigung des Umstandes, dass die Union nach wie vor die weltweit einzige Integrationsgemeinschaft darstellt, welche die Kriterien eines Gemeinsamen Marktes annäherungsweise erfüllt *(1.)*, erscheint es doch außergewöhnlich, dass sonstige Integrationsräume, die zumindest bei einer formalen Betrachtung der ihnen zugrundeliegenden bi- bzw. plurilateralen Vertragswerke ähnliche Ziele verfolgen, bis auf eine besonders gelagerte Ausnahme *(5.)* das Problem der Subventionsdisziplin nicht *(2.)* oder weit weniger elaboriert behandeln *(3.-4.)*. Dieser Eindruck verstärkt sich noch dadurch, dass das besagte Regelungsgefälle nicht in sämtlichen Teilbereichen des Wettbewerbsrechts gleichermaßen, sondern – aus jeweils verschiedenen Gründen – in diesem Ausmaß lediglich im Beihilfen- und Subventionsrecht feststellbar ist.

1. Grundsätzliches

Ordnet man Gemeinsame Märkte in das gängige Stufenschema der Wirtschaftsintegration ein, so sind sie regelmäßig zwischen Freihandelszonen und Zollunionen einerseits und Wirtschafts- und Währungsunionen andererseits zu verorten.[1102] Wie das Beispiel des EWR demonstriert, bilden sie zwar nicht zwangsläufig auch Zollunionen mit jeweils harmonisierten Zoll- und Außenwirtschaftspolitiken, nichtsdestoweniger wird deren künftige Errichtung durch die Teilnehmerstaaten für gewöhnlich zumindest anvisiert.[1103] Gemeinhin zeichnen sie sich über die Beseitigung aller Zölle und mengenmäßigen Beschränkungen (Freihandelszone) sowie die genannten Merkmale einer Zollunion hinaus insbesondere durch die Liberalisierung der Produktionsfaktoren (Boden, Arbeit, Kapital), die Reduktion nichttarifärer Handelshemmnisse durch Angleichung der Rechtssysteme sowie eine damit einhergehende Surrogation von Antidumping- und Aus-

1102 S. hierzu *Nowrot*, Steuerungssubjekte und -mechanismen im Internationalen Wirtschaftsrecht, § 2 Rn. 107 ff. Bis dato besteht aber noch keine internationalrechtliche Legaldefinition des Begriffs des Gemeinsamen Marktes.

1103 *Herrmann/Weiß/Ohler*, Welthandelsrecht, § 13 Rn. 602 m. Nachw. auch zur vereinzelt vertretenen Gegenauffassung, die die Einführung einer Zollunion zur konstitutiven Voraussetzung eines Gemeinsamen Marktes erklärt.

gleichszöllen mithilfe der Etablierung gemeinsamer Wettbewerbsregeln aus.[1104]

Bei jeglichem Systemvergleich bleibt stets zu bedenken, dass das Konstrukt eines Gemeinsamen Marktes kein statisches Konzept bildet, da die Balance zwischen Harmonisierung und regulativem Wettbewerb von dessen jeweiligen Teilnehmern fortlaufend neu auszutarieren ist.[1105] In diese Abwägungsentscheidung fließen zahlreiche Faktoren wie (handels-)politische Präferenzen, Industrialisierungsgrad sowie das Maß an sozialer und wirtschaftlicher Homogenität der beteiligten Volkswirtschaften ein, wobei sowohl die historischen Begleitumstände als auch die Gesamtdauer und eine etwaige Finalität der Integrationsbemühungen von Relevanz sind. Während die Singularität der EU-Binnenmarktes und damit zugleich des unionalen Beihilfenaufsichtssystems auch aus den letzteren drei Aspekten folgt, so bleibt doch nicht zu verkennen, dass es in rein rechtlicher Hinsicht primär der supranationale Charakter der Europäischen Verträge sowie der über deren Einhaltung wachenden Institutionen (Kommission und EuGH) ist, der ihn von anderen vertieften regionalen Integrationsräumen abhebt, die ausschließlich oder weit überwiegend im Rahmen von klassisch-intergouvernementalen Strukturen operieren.[1106]

In Abwesenheit einer substanziellen „Hochzonung“ von Aufsichtsbefugnissen, Vergemeinschaftung von Politikbereichen oder Einführung von Formen der Rechtsangleichung auf dem Gebiet der Subventionskontrolle steht von vornherein fest, dass die (angestrebten) außereuropäischen Gemeinsamen Märkte – auch unter dem Vorzeichen geringerer Integrationsambitionen – alternative Regelungskonzepte zur Verwirklichung von mit der Effektivität des EU-Beihilfenrechtsregimes zumindest in Ansätzen vergleichbaren Disziplinen zu entwickeln haben. Der Umgang mit dieser rechtlichen Herausforderung fällt zwar naturgemäß divergierend aus; indessen ist allen Herangehensweisen ein im Ausgangspunkt intergouvernementales Vorverständnis gemeinsam, sofern sie sich aufgrund ihres besonderen Entwicklungskontexts nicht ausnahmsweise dezidiert die EU-Beihilfenkontrolle zu ihrem regulatorischen Vorbild nehmen.

1104 Vgl. zu letzterem Teilaspekt näher *Baetge*, Globalisierung des Wettbewerbsrechts: Eine internationale Wettbewerbsordnung zwischen Kartell- und Welthandelsrecht, 2008, S. 418 ff.

1105 *Haltern*, Europarecht – Dogmatik im Kontext, 1. Aufl. 2005, S. 546 f.

1106 S. hierzu die Gesamtschau bei *Skordas*, Supranational Law, in: Max Planck Encyclopedia of Public International Law (MPEPIL) Online, May 2014, Rn. 13 ff., 19 ff.

2. ASEAN und CAN

Symptomatisch für die Schwierigkeit der Einigung auf eine einen Gemeinsamen Markt umspannende Subventionskontrolle stehen die im Jahre 1967 gegründete, zehn Staaten zählende Association of Southeast Asian Nations (ASEAN)[1107] und die vier Mitglieder umfassende Andean Community of Nations (CAN),[1108] die auf dem Abkommen von Cartagena von 1969 und dem im Jahr 1996 besiegelten Andenpakt beruht. Zwar verfolgen beide das perspektivische Ziel der Schaffung eines „single market"[1109] respektive eines „Latin America Common Market"[1110] (im Falle der CAN kombiniert mit einer bis dato nicht vollendeten Zollunion), jedoch erfolgt dessen jeweilige Umsetzung unter diametral entgegengesetzten rechtlichen Grundprämissen. Art. 2.2 ASEAN-Charter erhebt die Wahrung der Souveränität der Mitgliedstaaten zum obersten Prinzip; deren Art. 20 ff. begründen ein konsensbasiertes System der Entscheidungsfindung sowie Streitschlichtung, wohingegen es an supranationalen Institutionen vollständig fehlt.[1111] Im Gegensatz dazu stellt die institutionelle Ausgestaltung der CAN bei formaler Betrachtung eine Nachbildung der EU-Organstrukturen dar, welche in enger Anlehnung an die Unionsrechtsordnung einer supranationalen Logik folgt. Der Andengerichtshof proklamiert einen Anwendungsvorrang der Bestimmungen des Abkommens von Cartagena, der infolge des komplexen, vielfach revidierten und ergänzten Vertragswerks aber selten Praxisrelevanz entfaltet.[1112]

Trotz der konträren Ausgangspositionen bleibt das Ergebnis im Hinblick auf die Frage der Subventionsregulierung in beiden Fällen dassel-

1107 Vgl. für deren umfassende Einordnung *Malanczuk*, Association of Southeast Asian Nations (ASEAN), in: Minnerop/Wolfrum/Lachenmann (Hrsg.), International Development Law: The Max Planck Encyclopedia of Public International Law, 2019, S. 94 ff.

1108 Vgl. hierzu wiederum ausführlicher *Porrata-Doria*, Andean Community of Nations (CAN), in: ebd., S. 50 ff.

1109 Art. 1.5 ASEAN-Charter aus dem Jahr 2007, abrufbar unter https://asean.org/asean/asean-charter/charter-of-the-association-of-southeast-asian-nations/ [zuletzt aufgerufen am 1.3.2020].

1110 Art. 1 Abs. 1 des (Gründungs-)Abkommens von Cartagena, abrufbar unter www.comunidadandina.org/Normativa.aspx?link=TP [zuletzt aufgerufen am 1.3.2020].

1111 S. hierzu instruktiv in Abgrenzung zum EU-Gebilde *Henry*, ELJ 2007, 857, 860 ff.

1112 Vgl. nur die kritische Bilanz von *Marwege*, Der Andengerichtshof, 1995, S. 276 ff.

be. Sowohl die ASEAN- als auch die CAN-Mitgliedstaaten verzichten bisher bewusst auf die Verankerung regionaler Subventionsdisziplinen. Während die ASEAN ungeachtet einer in jüngerer Zeit beschlossenen ehrgeizigen wettbewerbs-, das heißt kartellrechtlichen Strategie, die diesbezüglich nunmehr „the adoption of common frameworks" bis ins Jahr 2025 anvisiert,[1113] von einer solchen Zielsetzung seit je absieht, zog die CAN im Rahmen der Vorbereitungen auf ihre in Wettbewerbsangelegenheiten wegweisende *Decisión 608* aus dem Jahre 2005 eine direkte regulatorische Adressierung mitgliedstaatlicher Subventionspraktiken zumindest in Erwägung, konnte sich schlussendlich allerdings auch aufgrund der Divergenzen im Entwicklungsstand der Wettbewerbskulturen – in Bolivien und Ecuador einerseits sowie in Peru und Kolumbien andererseits – nicht auf die Einbeziehung einer gesonderten Teildisziplin verständigen.[1114] Obgleich im Schrifttum ein dahingehender Reformbedarf bezüglich der CAN[1115] wie auch der ASEAN[1116] konstatiert wurde, verbleibt es *de lege lata* in beiden Integrationsräumen allein bei einer kartellrechtlichen Erfassung staatlicher Wettbewerbsverfälschungen, die erst dann (potenziell) eingreift, wenn diese einem begünstigten Wirtschaftsakteur bereits zu einer marktbeherrschenden Stellung verholfen haben. Kritikwürdig erscheint dies jeweils nicht zuletzt in Anbetracht des nach wie vor als prägend zu bezeichnenden Einflusses subventionierter öffentlicher Unternehmen (s. oben *§ 1 A.I.2.*) und der insbesondere im ASEAN vorzufindenden sozioökonomischen Disparitäten zwischen einzelnen Mitgliedstaaten, die begünstigt durch die auf anderen außenhandelsrelevanten Politikfeldern fortschreitende Liberalisierung *deep pocket distortions* hervorzurufen geeignet sind.[1117]

1113 So konkret *ASEAN Secretariat*, A Blueprint for Growth – ASEAN Economic Community 2015: Progress and Key Achievements, 2015, S. 5 f. Vgl. näher zu vorangehenden Bemühungen *Luu*, Asian J. Int. Law 2012, 291 ff.

1114 *Molestina*, Regional Competition Law Enforcement in Developing Countries, 2019, S. 48 ff.

1115 Ebd., S. 392 f. Somit verbleibt es bei der Anwendung des in den Jahren 1991 *(Decisión 283)* und 1999 *(Decisión 457)* beschlossenen CAN-weiten Regimes der Verhängung von Ausgleichszöllen (vgl. hierzu knapp *Krämer/Krajewski*, State aid (subsidies) in international trade, in: Szyszczak (Hrsg.), Research Handbook on European State Aid Law, S. 404, 422).

1116 *Drexl*, The transplantability of the EU's competition law framework into the ASEAN region, in: Ong (Hrsg.), The Regionalisation of Competition Law and Policy within the ASEAN Economic Community, 2018, S. 210 ff.

1117 Ebd., S. 228 ff.

3. MERCOSUR

Mit dem Vertrag von Asunción von 1991 riefen Argentinien, Brasilien, Paraguay und Uruguay den *Mercado Común del Sur* (MERCOSUR) ins Leben,[1118] der nach heutigem Integrationsstand – vergleichbar der CAN – indessen weniger als ein Gemeinsamer Markt denn als unvollendete Zollunion einzuordnen ist,[1119] in der supranationale Anklänge wie die Errichtung des Ständigen Revisionsgerichts Ausnahmen bilden.[1120] Der MERCOSUR ist verkürzt gesprochen als eine „intergovernmental structure with a community integration project in mind“[1121] zu charakterisieren, was sich zugleich in der Natur und Wirkung von MERCOSUR-Rechtsakten widerspiegelt, die für die Mitgliedstaaten zwar allesamt völkerrechtlich bindend sind, denen innerhalb der vier nationalen Rechtsordnungen jedoch keine unmittelbare Wirkung zukommt.[1122] Mithin ist der MERCOSUR zwischen dem strikter Intergouvernementalität verpflichteten sog. „ASEAN Way“ und der in ihren Ursprüngen supranational konzipierten CAN anzusiedeln.

Konkret aus beihilfen- bzw. subventionsrechtlicher Perspektive hebt sich der MERCOSUR insoweit von anderen Gemeinsamen Märkten ab, als dass bereits der Gründungsvertrag von Asunción an prominenter Stelle (vgl. Art. 1 Abs. 4 in Verbindung mit Art. 4 S. 3) nicht nur eine Angleichung der mitgliedstaatlichen Kartellrechtssysteme, sondern darüber hinaus das Ziel der Schaffung einer selbstständigen regionalen Wettbewerbsrechtsordnung formuliert, wozu die Signatarstaaten explizit auch die Regulierung von Beihilfen bzw. Subventionen zählten.[1123] Folgerichtig fordert Art. 32 des im Jahre 1996 abgeschlossenen Wettbewerbsschutzprotokolls von Fortaleza dazu auf, binnen zwei Jahren nach Inkrafttreten

---

1118 Vgl. die explizite Maßgabe in Art. 1 Abs. 1 des Vertrages von Asunción, online abrufbar unter www.mercosur.int/documento/tratado-asuncion-constitucion-mercado-comun/ [zuletzt aufgerufen am 1.3.2020].

1119 So lautet die auf einer umfassenden integrationstheoretischen Betrachtung beruhende Einschätzung von *Küttner*, Zur Zukunft des Mercosur, 2013, S. 172 ff.

1120 Vgl. für einen Gesamtüberblick zu der komplexen institutionell- und materiell-rechtlichen Struktur des MERCOSUR-Gebildes *Schmidt*, MERCOSUR, in: Minnerop/Wolfrum/Lachenmann (Hrsg.), International Development Law, S. 652 ff.

1121 So konkret *Vervaele*, ICLQ 2005, 387, 490.

1122 Vgl. ebd., 392 f.

1123 S. zu den Gemeinsamkeiten und Unterschieden der Wirtschaftsverfassungen der Union sowie des MERCOSUR allein *Fuders*, Die Wirtschaftsverfassung des MERCOSUR, 2008.

neben gemeinsamen Subventionsregeln Aufsichtsmechanismen zu entwickeln.[1124] Überdies besteht ein Konglomerat an sich widersprechenden Sekundärrechtsakten und Schiedsgerichtsentscheidungen zur Frage der Zulässigkeit unilateraler Ausgleichsmaßnahmen im Verhältnis zwischen den Mitgliedstaaten.[1125] Da bis zum heutigen Tage weder dem besagten Regelungsauftrag nachgekommen wurde noch auf nationaler Ebene Subventionsrechtsordnungen bestehen, dominieren in der MERCOSUR-Praxis nach wie vor Ausgleichszollerhebungen. So blieb es den (quasi-)judikativen Organen überlassen, rudimentäre Prinzipien und Begrifflichkeiten zu konzipieren, die sich allerdings regelmäßig in einer entsprechenden Heranziehung des WTO-Subventionsrechts erschöpfen und – in Übereinstimmung mit dem intergouvernementalen Gepräge des Integrationsraums – anders als einst der EuGH im Hinblick auf das Beihilfenprimärrecht (s. oben *Teil 1 § 1 A.II.1.*) mit (richter-)rechtlichen Innovationen zurückhalten.[1126] Im Kontrast zu MERCOSUR-Regelungen im Bereich des Kartell- sowie Marktbeherrschungsrechts, welche einen Rekurs auf Antidumpingzölle zwar nicht zu substituieren vermochten, zumindest aber ernstzunehmende Alternativen schufen,[1127] verharrt die MERCOSUR-Subventionsdisziplin bei einer Symptombekämpfung mithilfe von Ausgleichszöllen, ohne die Gewährung mitgliedstaatlicher Zuschüsse selbst irgendwelchen Beschränkungen zu unterwerfen. Im Übrigen schränkt bereits der in den Händen von nationalen Durchführungsorganen liegende, wenig rigorose Vollzug der existierenden kartellrechtlichen Untersagungstatbestände die Operabilität des Wettbewerbsschutzprotokolls ein. Es ist demzufolge zu vermuten, dass ein solcher Effekt im Falle der Umsetzung von an eigene staatliche Einheiten gerichteten Beihilfenverboten und -auflagen noch gravierender ausfiele.[1128]

1124 Das *Protocolo de Defensa de la Competencia del MERCOSUR* ist abrufbar unter www.mre.gov.py/tratados/public_web/DetallesTratado.aspx?id=K7jnYiJmCryJC665lvjytA==&em=lc4aLYHVB0dF+kNrtEvsmZ96BovjLlz0mcrZruYPcn8= [zuletzt aufgerufen am 1.3.2020].

1125 S. zur insgesamt defizitären Umsetzung des Wettbewerbsschutzprotokolls *Fuders*, Die Wirtschaftsverfassung des MERCOSUR, 2008, S. 569.

1126 Dies spiegelt sich im diesbezüglich – verglichen mit anderen Sachmaterien – umfangreichen Rechtsprechungskorpus der *ad* hoc-Schiedsgerichtsbarkeit wider (*Klumpp*, Schiedsgerichtsbarkeit und Ständiges Revisionsgericht des Mercosur, 2013, S. 390 ff. m. zahlr. weit. Nachw.).

1127 S. in diesem Sinne etwa *Baetge*, Globalisierung des Wettbewerbsrechts, S. 415 ff.

1128 Vgl. kritisch zur politischen Blockade *Bischoff-Everding*, Wettbewerbsrecht im MERCOSUR, 2003, S. 242 f.

4. ANZCERTA

Über einen im Laufe mehrerer Jahrzehnte kontinuierlich gewachsenen, sowohl auf einem Freihandelsabkommen (Australia New Zealand Closer Economic Relations Trade Agreement von 1983 – ANZCERTA oder gängiger: CER)[1129] als auch und vor allem zahlreichen weiteren sektorspezifischen Vereinbarungen sowie informellen Kooperations- und Koordinationsmaßnahmen (in Form von MoUs oder *Agreed Minutes*), beruhenden transtasmanischen Gemeinsamen Markt verfügen Australien und Neuseeland.[1130] Er zeichnet sich dadurch aus, dass die Harmonisierung des jeweiligen Wirtschaftsrechts beider Staaten faktisch weitgehend geglückt ist, obwohl das einschlägige, seit dem Jahr 1988 vielfach erneuerte und vertiefte MoU[1131] für relevante Regelungsfelder wie beispielsweise das Kartell-, Marktbeherrschungs- und Fusionskontrollrecht anstelle detaillierter normativer lediglich programmatische Vorgaben aufstellt.[1132] Die Betonung der Anwendung koordinativer Integrationsmethoden, die – formal gesehen – ohne Rechtsangleichungen im engeren Sinne auskommen, ist spätestens seit der Einigung auf die weitreichendere sog. *Single Economic Market Agenda* von 2009 als relativiert anzusehen. Gleichwohl ist nicht zu verkennen, dass die geographische, (rechts-)kulturelle und sozioökonomische Nähe beider Staaten unter gleichzeitiger Berücksichtigung der Hegemonialstellung Australiens in Ozeanien nicht nur die Schaffung eines supranationalen Rechtssystems überflüssig machte, sondern zu einer natürlichen Konvergenz der nationalen Rechtsordnungen führt.[1133]

Diese Ausgangslage schlägt sich auch in einer bemerkenswerten Herangehensweise an die Disziplinierung der den bilateralen Handel (potenziell) beeinträchtigenden Subventionen nieder. Zwar bestehen weder in Australien noch in Neuseeland eigentliche Subventionsrechtsordnungen, die der

1129 Aus der ANZCERTA-Präambel (abrufbar unter www.dfat.gov.au/sites/default/files/anzcerta1.pdf [zuletzt aufgerufen am 1.3.2020]) geht hervor, dass die CER anfänglich lediglich als vertiefte Freihandelszone konzipiert war.

1130 Vgl. statt aller erschöpfend *Scollay/Findlay/Kaufmann*, Australia New Zealand Closer Economic Relations Trade Agreement (ANZCERTA) and Regional Integration, 2010.

1131 Ebd., S. 46 f. und 66 f.

1132 S. hierzu zusammenfassend *Baetge*, Globalisierung des Wettbewerbsrechts, S. 412 ff. m. zahlr. weit. Nachw.

1133 *Lloyd/Vautier*, Promoting Competition in Global Markets: A Multi-National Approach, 1999, S. 81 ff. halten den australisch-neuseeländischen Ansatz der „unilateral harmonization“ (ebd., S. 83) aus diesem Grund nur für eingeschränkt repräsentativ.

Harmonisierung zugänglich wären. Jedoch gelang es den beiden Regierungen bereits zu einem frühen Zeitpunkt der Integrationsbemühungen, im Wege einer Vereinbarten Niederschrift (*Agreed Minutes on Industrial Assistance* von 1988) nicht nur Subventionen für Exportgüter ins jeweils andere Land zu verbieten, sondern zusätzlich – und eingerahmt durch ein im Jahre 1992 verfeinertes Notifizierungs- und Konsultationsverfahren – eine *best endeavour*-Klausel einzuführen, nach der „the adoption of industry specific measures (bounties, subsidies and other financial support) which have adverse effects on competition between industries in the Free Trade Area" fortan zu vermeiden ist.[1134] Keine Praxisrelevanz entfaltete dagegen die in Art. 11 des CER-Protocol on Trade in Services niedergelegte Verpflichtung, bis Mitte des Jahres 1990 Subventionen von unmittelbar verzerrender Wirkung auf den australisch-neuseeländischen Dienstleistungshandel abzuschaffen.[1135] Trotz des ausgeprägten gegenseitigen Vertrauens sowie des skizzierten ausdifferenzierteren Regimes bezüglich warenhandelsbezogener Subventionen konnten sich die Vertragsparteien nicht dazu durchringen, wie im Bereich Antidumping geschehen,[1136] unilaterale Ausgleichsmaßnahmen vollständig auszuschließen.[1137] Einerseits kontrastiert dies mit der erreichten Tiefe der Marktintegration und legt erneut offen, wie komplex sich selbst unter zwei einander eng verbundenen und seit je marktwirtschaftlich orientierten Industriestaaten die rechtsverbindliche Abkehr vom Antisubventionsrecht gestaltet. Andererseits verdeutlichen dessen lediglich äußerst seltene Inanspruchnahme im Rahmen des CER und die geringe Zahl der gegen beide Staaten initiierten Track I- und Track II-Verfahren auf multilateraler Ebene, dass – unter bestimmten günstigen rechtstatsächlichen Bedingungen – ein *soft cooperation approach* zu ähnlichen Ergebnissen führen kann wie die Einführung ausgefeilter Subventionsdisziplinen (und deren gegebenenfalls sogar supranationaler Kontrolle).

1134 Die *Agreed Minutes on Industry Assistance* von 1988 sowie ihre Ergänzungen aus den Jahren 1989 und 1992 sind abrufbar unter www.dfat.gov.au/trade/agreements/in-force/anzcerta/Pages/australia-new-zealand-closer-economic-relations-trade-agreement [zuletzt aufgerufen am 1.3.2020].

1135 *Poretti*, The Regulation of Subsidies within the General Agreement on Trade in Services of the WTO, S. 199.

1136 S. hierzu eingehend *Baetge*, Globalisierung des Wettbewerbsrechts, S. 420 ff.

1137 Vgl. nur Art. 16 ANZCERTA im Gegensatz zu Art. 4 des Protocol on Acceleration of Free Trade in Goods; insoweit unrichtig deshalb *Petersen*, Die internationale Zusammenarbeit der Wettbewerbsbehörden, 2005, S. 197.

5. UEMOA

Das regulatorische Gegenmodell zu diesem transtasmanischen Regelungsansatz bildet das nahezu vollumfassend dem Modell der EU-Beihilfenkontrolle nachgebildete System der Wettbewerbsaufsicht der Westafrikanischen Wirtschafts- und Währungsunion (franz.: *Union Economique et Monétaire Ouest Africaine* – UEMOA).[1138] Wie bereits deren Bezeichnung ankündigt, strebt die im Jahre 1994 gegründete, derzeit aus acht Mitgliedstaaten bestehende, frankophone Integrationsgemeinschaft die tiefstmögliche Wirtschaftsintegration an, ohne die Zielsetzung bis zum heutigen Tage faktisch erreicht zu haben. Im Zusammenhang der regionalen Integration von Entwicklungsländern gilt die UEMOA als vorbildhaft, wobei nicht zuletzt ihr Wettbewerbsrechtsregime im wissenschaftlichen Diskurs beträchtliche Aufmerksamkeit erhielt.[1139] Wichtig zu beachten ist, dass weder aus der spiegelbildlichen Übernahme der EU-Organstruktur noch aus den – historisch begründeten – engen politischen und wirtschaftlichen Beziehungen zu EU-Mitgliedstaaten wie Frankreich folgt, dass die Auslegung bzw. Anwendung der supranationalen UEMOA-Rechtsordnung nicht auch eigenständige Wesenszüge entwickelt hätte.

So weist deren Beihilfenaufsichtssystem ein noch stärker zentralisiertes – plakativ als „super-supranational" – zu beschreibendes Gepräge auf. Dieses manifestiert sich unter anderem darin, dass Art. 88 lit. c des Vertrags von Dakar zwar ein an Art. 107 Abs. 1 AEUV angelehntes Beihilfenverbot aufstellt, dieses allerdings von der Verankerung jedweden Zwischenstaatlichkeitskriteriums absieht, sodass auch für den grenzüberschreitenden Handel irrelevante mitgliedstaatliche Unterstützungsmaßnahmen dem Anwendungsbereich der Beihilfenkontrolle durch die UEMOA-Kommission unterfallen können. Das detaillierte *ex ante*-Beihilfenprüfverfahren ist gleichsam wie die Frage der Legal- bzw. Ermessensausnahmen sekundärrechtlich geregelt. Abgerundet wird es durch weitere, der EU-Transparenzrichtlinie und Art. 106 Abs. 2 AEUV nachempfundene Einzelrechtsakte, die allesamt kurz nach der Jahrtausendwende ergingen.[1140] Während der

---

1138 Vgl. Art. 88 ff. des modifizierten (Gründungs-)Vertrags von Dakar, abrufbar unter www.uemoa.int/fr/le-traite-modifie [zuletzt aufgerufen am 1.3.2020].

1139 Dies liegt maßgeblich in dessen Vorreiterstellung auf dem afrikanischen Kontinent und nicht zuletzt den ausgeprägten Parallelen zum unionalen System der Wettbewerbsaufsicht begründet.

1140 S. hierzu umfassend *Molestina*, Regional Competition Law Enforcement in Developing Countries, S. 44 ff. m. zahlr. Nachw. aus UEMOA-rechtlichen Primärquellen.

Ausschluss von Elementen der Dezentralisierung in der UEMOA-Kartellaufsicht Gegenstand von Kritik ist, da er die Herausbildung einer Wettbewerbskultur innerhalb der Mitgliedstaaten verlangsame und mit anderen wettbewerbsrechtlichen Vorgaben im Mehrebenensystem der westafrikanischen Wirtschaftsintegration kollidieren könne,[1141] herrscht im Schrifttum bezüglich des UEMOA-Beihilfenrechtssystems Einigkeit darüber, dass dieses in den ersten beiden Jahrzehnten seiner Existenz auch unter Außerachtlassung von Subsidiaritätserwägungen zur Herstellung gleicher Wettbewerbsbedingungen beitrug und das Vertrauen in die Unabhängigkeit der supranationalen Institutionen stärkte.[1142] *High-profile cases* betrafen Beihilfen zugunsten von Ölmühlen, Unternehmen im Zementsektor sowie einer Luftfahrtgesellschaft.[1143] Überträgt man die jeweils unterschiedlich akzentuierten Zielsetzungen der EU-Beihilfenkontrolle in deren drei Entwicklungsstadien (s. oben *Teil 1 § 1 B.II.*) auf diejenige der UEMOA, so ist zu konstatieren, dass sie – wie das UEMOA-Wettbewerbsrecht insgesamt – primär als Mittel zum Zweck der Errichtung des Gemeinsamen Marktes (vgl. Art. 4 des Dakar-Vertrags) und als Impulsgeber für die Liberalisierung einst staatlich dominierter Marktsegmente dient. Das Ziel der ökonomischen Effizienz findet im Sekundärrecht zwar Erwähnung, blieb bislang allerdings noch ohne erkennbaren Einfluss auf die Durchsetzungspraxis der Kommission.[1144]

1141 Vgl. die Reformvorschläge von *Bakhoum/Molestina*, Institutional coherence and effectiveness of a regional competition policy, in: Drexl et al. (Hrsg.), Competition Policy and Regional Integration in Developing Countries, 2012, S. 89, 108 ff., die hiervon die zentralisierte Beihilfenaufsicht jedoch ausdrücklich ausnehmen.

1142 S. exemplarisch das Fazit von *Heimler/Jenny*, Regional agreements, in: Lewis (Hrsg.), Building New Competition Law Regimes, 2013, S. 183, 196: „WAEMU has been by far the most successful of all the regional competition agreements in terms of enforcement."

1143 S. zu letzterem Fall betreffend togolesische Ansiedlungsbeihilfen zugunsten der Flugzeuggesellschaft *ASKY Fox/Bakhoum*, Making Markets Work for Africa, 2019, S. 147; zu zweitgenanntem Fall betreffend Verschonungssubventionen für *Ciments du Sahel*, einem senegalesischen Zementproduzent, *Weick*, WOCO 2010, 521, 533 f.

1144 So *Molestina*, Regional Competition Law Enforcement in Developing Countries, S. 100 f. m. weit. Nachw.

II. Subventionskontrolle in Freihandelszonen ohne EU-Beteiligung

Das bis auf die zuletzt genannte Ausnahme weltweit vorzufindende niedrige beihilfen- bzw. subventionsrechtliche Regulierungsniveau in Gemeinsamen Märkten bestimmt – wegen des geringeren Grades an angestrebter wirtschaftlicher Integration – erst recht die Gesamtbetrachtung von Freihandelsabkommen aller Art, an denen die EU nicht als Vertragspartei beteiligt ist *(1.)*. Während dieser Grundbefund bis vor Kurzem nahezu pauschal verallgemeinerbar erschien, kristallisiert sich seit Inkrafttreten des United States-Mexico-Canada Agreement (USMCA) sowie des Comprehensive and Progressive Agreement for Trans-Pacific Partnership (CPTPP) ein neuer Rechtstrend heraus, im Zuge dessen die jeweiligen Vertragsparteien Regelungen treffen, welche sich ausführlich der Herstellung von Wettbewerbsneutralität zwischen privaten und öffentlichen Unternehmen widmen, ohne – wie von der Union favorisiert – über diesen spezifischen Sachzusammenhang hinausgehende horizontale Subventionsdisziplinen einzugehen *(2.)*.

1. Freihandelsabkommen allgemein

Rein formal betrachtet zählen subventionsrechtliche Vertragsartikel zur Architektur der Mehrzahl von modernen (Freihandels-)Abkommen.[1145] Das bedeutet aber nicht zugleich, dass ihnen ein effektiver rechtlicher Mehrwert zukäme, indem sie WTO-plus-Vorschriften normierten. Vielmehr ist festzustellen, dass gewichtige außereuropäische Handelspartner der Union wie die USA, Japan, Südkorea, Indien, Kanada, Mexiko und Australien, mit denen diese bereits Freihandelsabkommen unterhält oder

1145 S. hierzu die nahezu alle weltweit existierenden RIAs abdeckende statistische Erfassung von *Dür/Baccini/Elsig*, Rev. Int. Organ. 2014, 353 ff. Diese ist jedoch insoweit problematisch, als sie im Falle beihilfen- bzw. subventionsrechtlicher Abkommensbestimmungen – anders als in den klassisch wettbewerbsrechtlichen Teilrechtsgebieten – keinerlei weiteren Subkategorien vorsieht, sodass weder zwischen Industrie- und Agrarsubventionen noch zwischen die Gewährung von Subventionen selbst und die Ausgleichszollerhebung adressierenden Regelungen differenziert wird. Hinzu kommt, dass der materiell-rechtliche Gehalt kein Aufnahmekriterium darstellt, sodass *prima facie* der – wie zu zeigen sein wird – unzutreffende Eindruck entsteht, dass neben der EU noch zahlreiche dritte Staaten sowie Staatenverbünde effektive bi- bzw. plurilaterale Subventionsrechtsregime vereinbaren.

noch zu schließen plant,[1146] in ihren jeweiligen Außenhandelsbeziehungen über Jahrzehnte hinweg nahezu vollumfassend auf die Aufnahme eigenständiger Bestimmungen zur Regulierung der Vergabe von Industriesubventionen verzichteten.[1147]

Neben der Absenz von jedem Verweis auf das WTO-Subventionsrecht, die zum Beispiel die von Japan geschlossenen bilateralen Freihandelsverträge kennzeichnete,[1148] ist besonders häufig eine rein deklaratorisch zu verstehende Bestätigung der an der jeweiligen Freihandelszone teilnehmenden Staaten vorzufinden, nach der diese ihre Verpflichtungen aus Art. VI und XVI GATT bzw. dem ASÜ zu befolgen gedenken.[1149] Mitunter sind den Abkommensvorschriften über die handelspolitischen Schutzinstrumente geringfügige verfahrenstechnische Abweichungen im Falle der Anwendung der ohnehin maßgeblich am ASÜ ausgerichteten Antisubventionsregime der Vertragsparteien zu entnehmen.[1150] Substanzielle Vereinbarungen finden sich – wenn überhaupt – in den verfahrensrechtlichen Regelungsabschnitten, die im Sinne der Vertrauensbildung und Prävention von WTO-subventionsrechtlichen Track I- oder Track II-Verfahren zusätzliche Konsultationsmechanismen installieren oder die Transparenzanforderungen des ASÜ im gegenseitigen Verhältnis erhöhen.[1151] Keinerlei Regelungsinnovationen ersichtlich sind im Bereich Dienstleistungssubventionen. Die Freihandelsabkommen sparen besagte Thematik aus,[1152] belassen es bei einem Bekenntnis zur Berücksichtigung etwaiger Fortschritte der in Art. XV GATS aufgegebenen multilateralen Reformver-

1146 Vgl. dazu den Nachw. o. in Fn. 946.

1147 S. für die Praxis bis zum Jahre 2007 *Bourgeois/Dawar/Evenett*, A comparative analysis of selected provisions in free trade agreements, Commissioned by DG Trade (October 2007).

1148 Ebd., S. 179.

1149 Vgl. beispielhaft Art. 207 des Freihandelsabkommens zwischen Australien und Thailand aus dem Jahre 2004.

1150 Vgl. etwa Art. 10.7 ff. des im Jahre 2019 revidierten Freihandelsabkommens zwischen den USA und Korea. Bemerkenswert ist, dass selbst in den äußerst seltenen Fällen einer Abschaffung der wechselseitigen Verhängung von Antidumpingzöllen die Vertragsparteien diese Handelsliberalisierung nicht gleichzeitig auf Ausgleichszölle erstrecken (s. hierzu instruktiv *Farha*, GJIL 2012/2013, 212, 219 ff.).

1151 Vgl. Art. 6.16 des Freihandelsabkommens zwischen Indien und Korea von 2009 (erweiterte Konsultationsmöglichkeiten) und Art. 11 des Freihandelsabkommens zwischen den EFTA-Staaten und Mexiko (Konsultationsmechanismus einschließlich Transparenzverpflichtungen).

1152 S. hierzu die knappe Gesamtschau bei *Poretti*, The Regulation of Subsidies within the General Agreement on Trade in Services of the WTO, S. 202 f.

handlungen[1153] oder unterschreiten gar ihre einst auf WTO-rechtlicher Ebene vorgenommenen Zugeständnisse (s. oben *A.I.1.a.bb*).

Während die auf bi- und plurilateraler Ebene in beihilfen- bzw. subventionsrechtlicher Hinsicht allgemein zu beobachtende regulatorische Zurückhaltung in der rechtspolitischen Erwägung der Vermeidung von *free rider*-Effekten zugunsten von Nicht-Vertragsparteien sowie der Abwesenheit von inländischen Beihilfenkontrollsystemen begründet liegt, erscheint sie im Kontext der von den vier EFTA-Staaten gemeinsam geschlossenen Freihandelsverträgen bemerkenswert, da sich für drei von ihnen (Island, Liechtenstein, Norwegen) als EWR-Mitglieder (s. unten *Teil 3 § 2 A.I.*) ähnliche Wettbewerbsnachteile ergeben wie für EU-Mitgliedstaaten. Trotz dieser Ausgangssituation enthalten sämtliche nach dem EWR-Gründungsjahr 1994 verhandelten EFTA-Freihandelsabkommen – sowohl mit europäischen als auch mit außereuropäischen Staaten – weder Beihilfenrechtsexporte noch sonstige signifikante WTO-plus-Inhalte. Dies lässt sich im Falle von Vertragspartnern, die bereits über ein Abkommen mit der EU verfügen – oder ein solches parallel aushandeln –, dadurch rechtfertigen, dass die EFTA es der mit umfangreicherer Verhandlungsmasse gerüsteten Kommission überlässt, für eine Einführung entsprechender Disziplinen in Unionsabkommen zu sorgen, von welchen sodann mittelbar wiederum die EFTA-Staaten profitieren können.[1154] Dahingegen lässt sich die Frage, warum sie gegenüber den – weniger zahlreichen – Vertragspartnern, die nicht zugleich auch an Freihandelszonen unter EU-Beteiligung teilnehmen,[1155] parallel verfahren, nicht letztgültig klären. Aufgrund des Umstands, dass Asymmetrien in der Handelsmacht im Verhältnis zu den betreffenden Staaten weniger gravierend ausfallen, liegt es vielmehr nahe, die Hintergründe in der prinzipiellen Konzeption der EFTA-Freihandelsverträge zu vermuten, die sich seit je auf die Erweiterung des Marktzugangs konzentrieren[1156] und sich ausweislich der Präambeln – im Einklang

1153 Vgl. Art. 8.12 Abs. 2 des Freihandelsabkommens zwischen China und der Schweiz von 2014.

1154 Vgl. zu weiteren *free rider*-Effekten zugunsten der EFTA-Staaten, insbesondere im Bereich des Antidumping- und Antisubventionsrechts, *Oesch*, EuR 2020 – Beiheft 1, 329, 348 f.

1155 Dies betrifft etwa die Freihandelsabkommen der EFTA-Staaten mit den Mitgliedstaaten des Golfkooperationsrates, mit den Philippinen sowie Indonesien.

1156 Hierfür streiten bereits quantitative Indikatoren wie der hinter demjenigen der Unionsabkommen zurückbleibende Umfang der EFTA-Abkommen sowie in qualitativer Hinsicht die geringere Breite (gemessen an der Zahl der WTO-plus- bzw. WTO-extra-Regelungsabschnitte) und Tiefe (dies gilt insbesondere

mit dem Geist der intergouvernemental organisierten EFTA – vor allem der Wahrung der souveränen Gleichheit (engl.: *sovereign equality*) der Vertragsparteien verpflichtet sehen.[1157]

2. US-initiierte „Mega Regionals"

a) Rechtspolitische Hintergründe

Die unter anderem aufgrund des WTO-Beitritts Chinas entstehenden WTO-subventionsrechtlichen Konflikte um das Problem der Anwendbarkeit des ASÜ auf chinesische öffentliche Unternehmen sowie Banken (s. oben *§ 1 A.I.2.b.*) veranlassten die USA, in ihre bilateralen Freihandelsverträge sukzessive detailliertere sog. *State-Owned Enterprises*-Kapitel aufzunehmen. In der weit überwiegenden Zahl der Fälle sahen diese allerdings keine subventionsrechtlich relevanten Teildisziplinen vor und entsprachen somit – wenngleich im Einzelnen nicht unerheblich variierend – der Vorgehensweise der EU und weiterer (westlicher) Industriestaaten.[1158]

Dies änderte sich erst mit der unter der Ära des US-Präsidenten *Barack Obama* initiierten Trans-Pacific Partnership (TPP) von elf Staaten,[1159] welche es sich explizit zu ihrem Ziel setzte, Subventionen zugunsten von öffentlichen Unternehmen sowie nicht zuletzt von diesen an andere öffentliche Unternehmen vergebene Subventionen einer im Grundsatz dem ASÜ vergleichbaren Subventionsdisziplin zu unterwerfen. Das langfristige rechtspolitische Kalkül hinter diesem Vorstoß bildet nicht lediglich der Wunsch nach einer Regelungsschablone für zukünftige Reformen des WTO-Subventionsrechts, sondern derjenige nach der Herausbildung einer kritischen Masse an sich im marktwirtschaftlichen Transformationsprozess befindlicher *emerging economies*, die als Vertragsparteien von *Mega Regionals* unter Ausschluss von China an WTO-plus-Vereinbarungen gebunden

---

für den Bereich der regulatorischen Zusammenarbeit) des abgedeckten Themenspektrums.

1157 Vgl. exemplarisch die Präambel des EFTA-Indonesien-Abkommens, deren Abs. 1 klar hervorhebt, dass die Handelsbeziehung „on the principles of sovereign equality" beruht.

1158 S. hierzu *Willemyns*, JIEL 2016, 657, 669 f.

1159 Vgl. zur TPP-Entstehungsgeschichte unter besonderer Berücksichtigung der US-amerikanischen Motivlage *Elms/Lim*, An overview and snapshot of the TPP negotiations, in: Lim/Elms/Low (Hrsg.), The Trans-Pacific-Partnership: A Quest for a Twenty-first Century Trade Agreement, 2012, S. 21, 25 ff.

sind, und zur Erhöhung des Drucks auf die Kommunistische Partei in Peking beitragen, sich faktisch – im Sinne einer Art von autonomen Nachvollzug im nationalen Recht – oder international-rechtlich – im Wege der Multilateralisierung – an diese oder äquivalente Standards zu binden.[1160] Einschränkend anzumerken ist, dass die USA selbst sich noch vor Inkrafttreten aus der TPP zurückgezogen haben und über dieses nunmehr unter CPTPP[1161] firmierende Abkommen sowie das USMCA (als Revision des North American Free Trade Agreement – NAFTA) hinaus noch keinerlei weiteren Freihandelsverträge existieren bzw. absehbar sind, welche die dortigen Regelungsinnovationen unmittelbar aufgriffen.[1162] Das muss nicht zwangsläufig eine endgültige Entwicklung darstellen, jedoch relativiert dies frühe Einschätzungen, die darin bereits den Beginn einer globalen *norm cascade* erblickten.[1163]

b) Subventionsrechtliche Innovationen

Als eine der größten Errungenschaften von CPTPP bzw. USMCA unter den jeweils 15 – äußerst detaillierten und weitläufigen (sowie durch mehrere Annexe ergänzten) – Artikeln betreffend die Regulierung des Marktverhaltens von *State-Owned Enterprises* der Vertragsparteien gelten die neuen Bestimmungen über die Zulässigkeit von sog. *non-commercial assistan-*

1160 Vgl. hierzu konkret im Kontext des US-amerikanischen Fernziels der effektiveren Subventionsregulierung chinesischer öffentlicher Unternehmen *Chow*, Chic. J. Int. Law 2016, 370, 395 ff.

1161 Die Umbenennung in „Comprehensive and Progressive Agreement for Trans-Pacific Partnership“ durch die verbliebenen Vertragsparteien ging mit diversen materiell-rechtlichen Modifikationen des Vertragswerks einher, ließen die Bestimmungen betreffend *state-owned enterprises* allerdings unberührt.

1162 Hinzu kommt, dass sich China in den im November 2020 erfolgreich abgeschlossenen Verhandlungen über ein weiteres pazifisches *Mega Regional* (Regional Comprehensive Economic Partnership – RCEP) mit den ASEAN-Staaten, Australien, Japan, Neuseeland und Südkorea in seinem Streben nach möglichst laxen Regelungen bezüglich Subventionen von und für öffentliche Unternehmen durchgesetzt hat (so bereits früh die Prognose von *Dian/Menegazzi*, New Regional Initiatives in China's Foreign Policy, 2018, S. 108 ff.). Ferner ist anzumerken, dass beispielsweise Australien in seinem im Jahre 2015 in Kraft getretenen Freihandelsabkommen mit China nicht auf die Etablierung vergleichbarer Disziplinen insistierte.

1163 So aber noch *Fleury/Marcoux*, JIEL 2016, 445, 449.

ce.[1164] Deren Definition orientiert sich eng an der Begriffsbestimmung der Subvention des Art. 1 ASÜ sowie dem Spezifitätskonzept in Art. 2 ASÜ (vgl. Art. 17.1 CPTPP bzw. Art. 22.1 USMCA) und erweitert den Anwendungsbereich der Subventionskontrolle hinsichtlich öffentlicher Unternehmen zusätzlich zum Warenhandel auf den Dienstleistungsverkehr in den Modi 1 und 3 (vgl. Art. 17.6 CPTPP bzw. Art. 22.6 USMCA). Kontroversen um die Auslegung des Terminus *public body* umgehen beide Verträge, indem sie am weitreichenderen sowie stärker formalisierten Begriffsverständnis der OECD (s. oben *§ 1 A.I.2.a.*) ausgerichtete Kriterien aufstellen.[1165] Art. 17.6.2 CPTPP bzw. Art. 22.6.4 USMCA bestimmen, dass neben der direkten und indirekten Subventionierung öffentlicher Unternehmen durch die Vertragsparteien auch deren Subventionierung durch andere öffentliche Unternehmen vom WTO-plus-Regelwerk erfasst ist. Das eröffnet zwar möglicherweise Missbrauchspotenziale, da öffentliche Unternehmen nach wie vor Privatunternehmen unterstützen können, unterstellt jedoch erstmalig die in der Praxis für in hohem Maße problematisch erachtete Instrumentalisierung öffentlicher Unternehmen als *„pass-through vehicles"*[1166] in rechtssicherer Weise einer mehrere – strukturell verschiedenartige – Volkswirtschaften umfassenden Regelungsdisziplin, was unstreitig bereits heute als ein Meilenstein in der Entwicklung des internationalen Subventionsrechts zu qualifizieren ist.[1167]

Während allein Art. 22.6.1 USMCA die in Art. 3 (in Verbindung mit Anhang 1) ASÜ normierten *per se*-Verbote um drei Tatbestände erweitert, greifen dessen Abs. 4 bis 6 sowie die Abs. 1 bis 3 von Art. 17.6 CPTPP das bereits aus Art. 5 ASÜ bekannte Konzept nachteiliger Auswirkungen auf, welches Art. 17.7 f. CPTPP bzw. Art. 22.7 f. USMCA in den Spielarten der ernsthaften Schädigung der Interessen sowie der Schädigung eines inländischen Wirtschaftszweigs einer anderen Vertragspartei nicht lediglich näher ausdifferenzieren, sondern mit Anleitungen für deren Auslegung und Anwendung versehen, um insbesondere die seit dem Außerkrafttreten von Art. 6.1 ASÜ festzustellende Impraktikabilität von Art. 5 lit. c ASÜ

1164 S. für deren ausführliche Besprechung *Matsushita*, State-Owned Enterprises in the TPP Agreement, in: Chaisse/Gao/Lo (Hrsg.), Paradigm Shift in International Economic Law Rule-Making, 2017, S. 187, 194 ff.

1165 So auch *Fleury/Marcoux*, JIEL 2016, 445, 451 ff.; angesichts verbleibender Abweichungen von der Begriffsbestimmung der OECD defensiver *Willemyns*, JIEL 2016, 657, 665 f.

1166 *Borlini*, LJIL 2020, 313, 331.

1167 Ebd.; vgl. in diesem Sinne außerdem *Willemyns*, JIEL 2016, 657, 671; *Fleury/Marcoux*, JIEL 2016, 445, 459.

zu überwinden.[1168] Abgesehen von Beweislaständerungen zugunsten des Beschwerdeführers im Falle mangelnder Kooperationsbereitschaft der subventionierenden Vertragspartei (vgl. Annex 17-B bzw. Annex 22-B), die das in einem etwaigen zwischenstaatlichen Streitbeilegungsverfahren eingesetzte *ad hoc*-Panel zu beachten hat, ergeben sich auf der Rechtsfolgenseite keine Abweichungen von Track II des WTO-Subventionsrechts. Unter Verzicht auf ein – angesichts der erfolgten Einbeziehung von Dienstleistungssubventionen auch nicht ohne Weiteres umsetzbares (s. oben *§ 1 A.I.1.c.*) – System der Ausgleichszollverhängung ist diese weitgehend parallel zu Art. 4.10 sowie Art. 7.9 ASÜ ausgestaltet (vgl. Kapitel 28 CPTPP bzw. Kapitel 31 USMCA).

Bedeutend abgeschwächt werden die skizzierten plurilateralen (Teil-)Subventionsrechtsregime jeweils durch ein schwerlich übersehbares Netz aus Befreiungs- sowie Ausnahmetatbeständen. Erwähnenswert erscheinen in diesem Zusammenhang zunächst Art. 17.6.4 CPTPP bzw. Art. 22.6.7 USMCA, wonach Dienstleistungen, die von öffentlichen Unternehmen einer Vertragspartei innerhalb von deren eigenem Hoheitsgebiet erbracht werden, nicht als Ursache nachteiliger Auswirkungen angeführt werden dürfen. Kritischer als die zuletzt genannte, für die globale Regulierung öffentlicher Daseinsvorsorge konzeptionell problematische (s. sogleich *c.*) Ausnahme sind die in Art. 17.2 CPTPP bzw. Art. 22.2 USMCA statuierten allgemeinen Beschränkungen der Geltungsbereiche der beiden *State-Owned Enterprises*-Kapitel, welche über die erwartbaren Ausschlüsse der Ausübung hoheitlicher Gewalt (vgl. Art. I:3(b) GATS) und des Beschaffungswesens hinaus öffentliche Unternehmen auf subföderaler Ebene, auf die Abwicklung von insolventen oder insolvenzgefährdeten Finanzinstituten und -dienstleistern gerichtete Tätigkeiten sowie – generell – Pensionsfonds wie auch staatliche Vermögensfonds (engl.: *sovereign wealth funds* – SWFs) freistellen.[1169] Obgleich mehrere Rückausnahmen dafür sorgen, dass zumindest Auszüge der neu etablierten Subventionsdisziplinen auch in diesen Sachverhaltskonstellationen anzuwenden sind, ergibt sich vor allem im Dienstleistungssektor ein überaus komplexes regulatorisches Mosaik. Schließlich kommt hinzu, dass die vertragsparteispezifischen An-

---

1168 S. hierzu lediglich die detaillierten Erläuterungen von *Matsushita*, State-Owned Enterprises in the TPP Agreement, S. 196 ff.

1169 Dies ist nicht unproblematisch, gelten doch insbesondere SWFs in jüngerer Zeit als einer der zentralen regulatorischen Herausforderungen des (chinesischen) Staatskapitalismus (vgl. hierzu zuletzt *Yin*, JWT 2020, 155 ff.).

nexe – im Falle des CPTPP in erheblich variierendem Umfang[1170] – im Sinne einer Art *negative list approach* strategisch bedeutende (Sub-)Sektoren oder sogar individuelle öffentliche Unternehmen gezielt von einzelnen oder sämtlichen der in diesem Abkommenskapitel getroffenen Vereinbarungen ausschließen. Gerade in Bezug auf die Ge- und Verbote zur Vergabe von *non-commercial assistance* an und durch öffentliche Unternehmen nahmen die Vertragsparteien die Option solch maßgeschneiderter *carve-outs* vielfach in Anspruch.[1171]

c) Kontextualisierung mit Unionsvorgehen

Jüngere EU-(Freihandels-)Abkommen warten zwar ebenfalls durchgängig mit *State-Owned Enterprises*-Kapiteln auf, beinhalten anders als ihre Pendants in den (ursprünglich) von den USA initiierten CPTPP und USMCA aber nicht zugleich spezielle Subventionsdisziplinen. Ohne im Rahmen dieser Arbeit eine – wertvolle, im Schrifttum bis heute aber lediglich bruchstückhaft unternommene[1172] – Rechtsvergleichung der weltweit eingegangenen bi- bzw. plurilateralen Verpflichtungen zur Disziplinierung von öffentlichen Unternehmen leisten zu können, so werden aus skizziertem Regulierungstrend nichtsdestoweniger übergeordnete Entwicklungslinien konkret hinsichtlich der international-subventionsrechtlichen Implikationen ersichtlich.

Mit dem zuletzt von der US-Administration verfolgten, auf die Herstellung von *competitive neutrality*[1173] zielenden plurilateralen Bemühungen einerseits und der von der GD Handel bereits im Jahr 2006 ausgegebenen, breiter angelegten Agenda des *Global Level Playing Field* (s. oben *§ 1 B.II.3.*) andererseits, stehen sich in subventionsrechtlicher Hinsicht zwei Regelungsansätze gegenüber, die auf Zielebene starke Übereinstimmungen aufweisen, sich indessen jeweils durch grundlegend verschiedene Wege der rechtstechnischen Umsetzung auszeichnen. Während CPTPP und USMCA wie auch die weiteren bilateralen Freihandelsabkommen der an diesen

1170 S. hierzu nur die Gegenüberstellung einzelner der Ausnahmekataloge bei *Willemyns*, JIEL 2016, 657, 673 ff.

1171 Vgl. ebd.

1172 Die instruktive Darstellung von *Willemyns*, JIEL 2016, 657 ff., beschränkt sich nahezu vollständig auf jüngere US-Freihandelsabkommen, sodass weiterer Forschungsbedarf insbesondere bezüglich Unionsabkommen besteht.

1173 S. für eine kritische Analyse der rechtlichen Dimension des Begriffs *Borlini*, LJIL 2020, 313 ff.

Mega Regionals beteiligten Vertragsparteien abgesehen von den dargelegten Einzelbestimmungen zu *non-commercial assistance* im Kontext öffentlicher Unternehmen keine dezidiert dem Subventionsrecht gewidmeten Kapitel oder sonstigen WTO-plus-Vorschriften enthalten, verhält es sich bei Unionsabkommen mit außereuropäischen Staaten genau umgekehrt. Letztere verfügen nahezu ausnahmslos über ein mehr oder weniger elaboriertes Subventionskapitel (s. detailliert unten *Teil 3 § 2*), belassen es in den jeweiligen Regelungsabschnitten zu *State-Owned Enterprises* allerdings bei der Klärung nicht unmittelbar subventionsrechtsrelevanter Begriffsbestimmungen und generell gehaltener Verpflichtungen, denen zufolge öffentliche Unternehmen wie auch Inhaber von (Quasi-)Monopolen der Vertragsparteien nichtdiskriminierend und in Übereinstimmung mit „kommerziellen Erwägungen" zu handeln haben.[1174]

Die auf dem Gebiet der Subventionsregulierung strikt einzelfallbezogene – vertikale – US-Herangehensweise kontrastiert folglich mit dem vornehmlich horizontalen EU-Regelungskonzept. Letzteres ist nicht erst seit der *Global Europe*-Strategie vom eigenen Beihilfenrechtsregime inspiriert und folgt aus diesem Grund sowohl bei Beihilfenrechtsexporten im engeren Sinne als auch bei bi- und plurilateralen WTO-plus-Vereinbarungen über die Disziplinierung von Industriesubventionen einem im Grundsatz ganzheitlichen Ansatz, nach dem Verbots- und insbesondere Befreiungs- bzw. Ausnahmetatbestände zumindest für Industriesubventionen in der Regel nicht sektoral oder punktuell ausgestaltet sind, sondern allgemein abgeleitet werden können. Veranschaulichen lässt sich das an dem Art. 106 Abs. 2 AEUV zugrundeliegenden Gedanken eines Schutzes von Universaldienstleistungen.[1175] Während die Union ihn in das Wirtschaftsvölkerrecht zu überführen versucht,[1176] findet er sich etwa im CPTPP allenfalls indirekt in Gestalt der dort verankerten *de minimis*-Grenze (vgl. Art. 17.13.5) wieder und geht ansonsten in der zu pauschal geratenen Befreiung des Art. 17.6.4 auf, für deren Eingreifen es irrelevant ist, ob das begünstigte öffentliche Unternehmen mit der Subvention einen Gemeinwohlzweck erfüllt oder diese exklusiv zur Festigung ihrer Stellung auf dem heimi-

---

1174 Vgl. hierzu exemplarisch Art. 18.1 bzw. Art. 18.4 und 18.4 CETA.

1175 S. für eine Begriffsannäherung an das DAWI-Konzept EuGH C-320/91 Slg. 1993, I-2533 Rn. 15 – Corbeau.

1176 S. hierzu differenzierend *Krajewski*, Public Services Exemptions in EU Free Trade and Investment Agreements, in: ders. (Hrsg.), Services of General Interest Beyond the Single Market, 2015, S. 243, 260 ff.

schen Markt verwendet.[1177] Erscheint im Hinblick auf Problemstellungen wie diese die Vorgehensweise der EU überlegen, gilt dies nicht zwangsläufig für die Vorzugswürdigkeit ihrer bisher geübten Zurückhaltung gegenüber einzelfallorientierten Lösungswegen. Herausforderungen wie das Subventionsgebaren von Staatsunternehmen oder *dual pricing* im Energiesektor[1178] lassen sich auch in *prima facie* sachfremden bi- sowie plurilateralen Regelungskomplexen behandeln, ohne systemische Widersprüche zum WTO-Recht zu riskieren oder horizontale Subventionsdisziplinen, die auf der ASÜ-Subventionsdefinition oder dem EU-Beihilfenbegriff aufbauen, überflüssig zu machen. Mithin ergeben sich jedenfalls keine rechtliche Bedenken gegen eine Kombination des Unionsvorgehens mit dem US-amerikanischen – punktuelleren – *fix problems as they arise approach.*

III. Subventionskontrolle in ausgewählten (Bundes-)Staaten weltweit

Nicht zuletzt manifestieren sich die rechtskulturellen Grenzen eines völkervertraglichen Transfers des Konzepts der EU-Beihilfenkontrolle in der weitgehenden Abwesenheit einer Regulierung von subföderalen Subventionen in Bundesstaaten wie den USA, der Schweiz oder Commonwealth-Nationen wie Kanada und Australien, mit denen die Union enge Handelsbeziehungen pflegt, die sie in jüngerer Zeit vertieft hat bzw. in näherer Zukunft zu vertiefen plant *(1.)*. Gegen den Mehrwert einer solchen Gegenüberstellung lässt sich auch nicht anführen, dass es sich bei ihr gerade nicht um einen Bundesstaat, sondern – zieht man die vom Bundesverfassungsgericht geprägte Terminologie heran – um einen bloßen „Staatenverbund“[1179] handelt. Die Vergleichsobjekte verbinden über gewachsene freiheitlich-marktwirtschaftliche Grundstrukturen hinaus auch die – bei einer weltweiten Gesamtschau – äußerst starke Stellung der einzelnen Gliedstaaten, welche sich in deren teilweise erheblicher Fiskalautonomie äußert.[1180] Das im Jahre 2016 eingeführte chinesische *Fair Competition Review System*

1177 Auf diese Problematik zu Recht kritisch hinweisend *Borlini*, LJIL 2020, 313, 328.

1178 Vgl. nur den Textvorschlag der Union zum Energie- und Rohstoffkapitel in TTIP, Juli 2016, abrufbar unter https://trade.ec.europa.eu/doclib/docs/2016/july/tradoc_154801.pdf [zuletzt aufgerufen am 1.3.2020].

1179 BVerfGE 123, 167 (348) – Lissabon.

1180 Vgl. hierzu in komparativer Perspektive *Blöchliger/King*, Fiscal Autonomy of Sub-Central Governments, OECD Working Papers on Fiscal Federalism, No. 2, 2006, S. 4 f.

(FCRS) belegt umgekehrt, dass es unitarischen sog. „Sozialistischen Marktwirtschaften“ infolge ihrer regelmäßig stark zentralistischen Ausrichtung und Organisation zumindest in der Theorie leichter gelingt, interne Beihilfenkontrollmechanismen zu entwickeln und effektiv durchzusetzen *(2.)*.

1. Industrialisierte Bundesstaaten

a) USA

aa) Dormant Commerce Clause Jurisprudence

Der US-amerikanische Umgang mit im interföderalen Standortwettbewerb gewährten Subventionen der 50 Gliedstaaten stellt sich als das Gegenmodell zur EU-Beihilfenkontrolle dar und zeichnet sich durch ein *laisser faire* der Legislativ- und Exekutivorgane auf Bundesebene aus. Konkret bedeutet dies, dass weder die im Jahre 1914 installierte Federal Trade Commission als nationale Wettbewerbsbehörde mit beihilfen- bzw. subventionsrechtlichen Aufsichtsbefugnissen ausgestattet ist noch sonstige einschränkende einfachgesetzliche Gesetzgebung besteht.[1181] Initiativen zur Eindämmung von Subventionswettläufen im US-Kongress sind jeweils bereits in einem frühen Stadium gescheitert;[1182] ebenso wirkungslos blieben nicht bindende sog. *Interstate Agreements* und selbst auferlegte Disziplinen in Verfassungen der Gliedstaaten, die direkt oder indirekt auf Subventionen Bezug nehmen.[1183] Im Ergebnis blieb es daher allein der Verfassungsrechtsprechung des US Supreme Court überlassen, Prinzipien im Umgang mit diesem Phänomen zu entwickeln, wobei zu betonen ist, dass die insgesamt überschaubare Anzahl der von ihm entschiedenen subventionsrechtlich gelagerten Fällen nicht mit dessen faktischer Verbreitung in den gesamten USA korrespondiert. Verstärkt durch strenge prozessuale Anforderungen

---

1181 Vgl. zu diesen grundsätzlichen Wesensunterschieden *Wood*, EStAL 2007, 3, 9 f.; *Schenk*, EStAL 2006, 3, 7 f.

1182 Vgl. im Überblick *Thomas*, Competing for Capital: Europe and North America in a Global Era, 2000, S. 167 f.

1183 S. hierzu näher *Horlick*, Subsidies Discipline Under WTO and US Rules, in: Ehlermann/Everson (Hrsg.), European Competition Law Annual 1999, S. 593, 598 f., der eine Entscheidung des Kentucky Supreme Court anführt, in dem dieser die Außerachtlassung des in der *State Constitution* normierten Subventionsverbots billigte, um Kentucky in die Lage zu versetzen, von seinem Nachbarstaat in Aussicht gestellte Ansiedlungsanreize zu überbieten.

an ein *private enforcement*[1184] erzeugt dies *glasshouse effects*, die die einzelnen Gliedstaaten davon abhalten, gerichtlich gegeneinander vorzugehen, und in der Praxis somit zur Aufrechterhaltung bzw. zum Ausbau (potenziell) rechtswidriger Subventionspraktiken beitragen.

Den normativen Anknüpfungspunkt für die sog. *(Dormant) Commerce Clause* bildet Art. I Section 8, Clause 3 der US-Bundesverfassung.[1185] Der Bestimmung kommt einerseits eine unmittelbar kompetenzzuweisende Funktion zu, indem sie den US-Kongress für Fragen betreffend den zwischenstaatlichen Handel (engl.: *interstate commerce*) umfassend zuständig erklärt. Andererseits wird ihr eine negative Wirkung entnommen, nach der die einzelnen Gliedstaaten einer Kompetenzsperre dergestalt unterliegen, dass sie auch auf handelsrelevanten Teilgebieten, in welchen der Kongress seine Befugnisse ruhen lässt, nicht gänzlich frei agieren dürfen. In materiell-rechtlicher Hinsicht begründet sie ähnlich dem System der unionalen Grundfreiheiten (vgl. Art. 28 ff. AEUV) ein Verbot direkter und indirekter Diskriminierungen sowie – allerdings in einer deutlich weniger rigorosen Ausprägung als in der Judikatur des Gerichtshofs – von unterschiedslosen Beschränkungen.[1186] Bei alldem ist zu berücksichtigen, dass der US Supreme Court seit dem Jahre 1976 in ständiger Rechtsprechung eine sog. *market participant*-Ausnahme vorsieht, welche jene gliedstaatlichen Markteingriffe von den Vorgaben der *Dormant Commerce Clause* befreit, die nicht zugleich Hoheitsakte im engeren Sinne darstellen, sondern – unter Zugrundelegung der Kategorien der deutschen Verwaltungswissenschaft – schlichthoheitlich oder rein fiskalisch erfolgen.[1187] Dies betrifft nicht zuletzt Lebenssachverhalte, die nach europäischer Lesart beihilfen- bzw. vergaberechtlichen Disziplinen unterfielen.

Unter anderem darauf aufbauend differenziert der US Supreme Court in seiner Anwendung der *Dormant Commerce Clause* auf gliedstaatliche Subventionspraktiken zwischen Steueranreizen (engl.: *tax incentives*) und

---

1184 Vgl. zu den US-verfassungsprozessualen Implikationen *Wood*, EStAL 2007, 3, 10.

1185 Sie lautet wie folgt: „The Congress shall have Power [...] To regulate Commerce with foreign Nations, and among the several States, and with the Indian Tribes".

1186 S. zum materiell-rechtlichen Kerngehalt der *Dormant Commerce Clause* die konzise Darstellung bei *Goller*, Die Rolle des Europäischen Beihilferechts im globalen Standortwettbewerb, S. 183 ff.

1187 Vgl. zur nach wie vor gültigen Kritik an dieser vom Supreme Court in seiner Entscheidung *Hughes v. Alexandria Scrap Corp.*, 426 U.S. 794 (1976) begründeten Rechtsprechungslinie nur *Seamon*, Duke L. J. 1985, 697 ff.

Direktsubventionen.[1188] In seinen stark von den Umständen des konkreten Einzelfalles abhängigen Entscheidungen stuft er die Einräumung tätigkeits-, unternehmens- und produktbezogener steuerlicher Vorteile im Standortwettbewerb zwar nicht als *per se* verfassungswidrig ein, gleichwohl legt er diesbezüglich einen strengen Bewertungsmaßstab an:

> „No State, consistent with the Commerce Clause, may 'impose a tax which discriminates against interstate commerce [...] by providing a direct commercial advantage to local business,' [...]"[1189]

Die Versuche des US-Schrifttums, aus der vom Supreme Court einst selbst als „quagmire"[1190] bewerteten Rechtsprechung verallgemeinerbare rechtliche Maßstäbe abzuleiten, führten neben der Annahme des *antidiscrimination principle*, nach dem jeglicher Steueranreiz, der auf eine Beeinflussung der Investitionsentscheidung des Adressaten zugunsten des eigenen und zulasten eines anderen Gliedstaats ziele, mit der *Dormant Commerce Clause* unvereinbar sei,[1191] unter anderem zur Befürwortung einer nach Steuerarten unterscheidenden Betrachtungsweise. Zweitgenanntem Ansatz zufolge, der im Jahre 2006 in der Rs. *DaimlerChrysler Corp. v. Cuno* zumindest auf unterinstanzlicher Ebene aufgegriffen wurde,[1192] erfordere die Bejahung eines Verfassungsverstoßes über *in-state favoritism* hinaus die Minderung einer bereits bestehenden Steuerlast, wohingegen die Freistellung von einer durch die Ansiedlung bzw. sonstigen Investition neu anfallenden Steuerlast (klassischerweise etwa die *property tax*) unbedenklich sei.[1193]

1188 S. hierzu statt aller umfassend *Goller*, Die Rolle des Europäischen Beihilferechts im globalen Standortwettbewerb, S. 187 ff. m. zahlr. weit. Nachw. aus der Rechtsprechung des US-amerikanischen Supreme Court.

1189 So grundlegend *Boston Stock Exchange v. State Tax Comm'n*, 429 U.S. 318, 318 (Syllabus) (1977).

1190 *Northwestern Cement Co. v. Minnesota*, 358 U.S. 450, 458 (1959).

1191 Dieser rigorosere Ansatz geht zurück auf *Enrich*, Harv. L. Rev. 1996, 377, 422 ff.; vgl. hierzu instruktiv *Saydé*, Abuse of EU Law and Regulation of the Internal Market, 2014, S. 315 ff., der die von *Enrich* geübte Kritik in den Kontext des europäisch-amerikanischen Widerstreits zwischen *regulatory neutrality* und *regulatory competition* einordnet und ihr eine gedankliche Nähe zum EU-Modell der Binnenmarktregulierung attestiert (ebd., S. 320 f.).

1192 *Cuno v DaimlerChrysler Corp.*, 386 F 3d 738, 743 ff. (6th Cir 2004); aus prozessualen Gründen aufgehoben durch *DaimlerChrysler Corp. v. Cuno*, 547 U.S. 332 (2006).

1193 Diese vielrezipierte, als „In-State Favoritism/State-Coercion Rationale Test" bezeichnete zweistufige Prüfung, stammt ursprünglich von *Hellerstein/Coenen*, Cornell L. Rev. 1996, 789, 806 ff.

Demgegenüber erfahren direkte Subventionen eine ungleich laxere Behandlung durch den Supreme Court, welcher in einem *obiter dictum* in seinem Urteil in der Rs. *New Energy Company of Indiana v. Limbach* eine Vermutung zugunsten von deren Verfassungskonformität aufstellte, indem er explizit feststellte, dass „[d]irect subsidization of domestic industry does not ordinarily run afoul of [the Dormant Commerce Clause]".[1194] Spätere Abweichungen von dieser äußerst zurückhaltenden Rechtsprechungslinie sind nicht ersichtlich; insbesondere ein für verfassungswidrig befundenes parafiskalisches Abgabensystem betreffend die Milchproduktion des Bundesstaates Massachusetts, das sich letztlich als eine Kombination aus einer nichtdiskriminierenden Abgabe mit ausschließlich heimische Produzenten begünstigenden direkten Subventionen darstellte, kann nicht als Beginn der Abkehr von der prinzipiellen Billigung letzterer Subventionsgattung gedeutet werden, sondern dient vielmehr der Verhinderung einer Umgehung der rigideren Handhabung von *tax incentives*.[1195] Von US-amerikanischen Kommentatoren wird die Trennlinie teilweise befürwortet und unter Verweis auf die *market participant*-Ausnahme sowie Negativcharakteristika von Steuersubventionen – wie zum Beispiel deren Mangel an Transparenz und das daraus resultierende niedrige Legitimationsniveau oder die Gefahr von Gewöhnungseffekten – für plausibel eingestuft.[1196] Die Gegenauffassung kritisiert sie aufgrund der unbestreitbaren funktionalen Äquivalenz beider Vorgehensweisen als formalistisch und schlägt aus diesem Grunde weitreichende judikative oder legislative Kursänderungen vor.[1197]

1194 So *New Energy Company of Indiana v. Limbach*, 486 U.S. 269, 278 (1988).

1195 Vgl. *West Lynn Creamery, Inc. v. Healy*, 512 U.S. 186, 199 (1994). Wendete man auf diese Fallkonstellation die Unionsrechtsordnung an, so begründete das Unterstützungssystem potenziell die Verletzung des Beihilfenverbots wie auch einen Verstoß gegen Art. 110 Abs. 1 AEUV.

1196 S. hierzu jeweils *Denning*, Miss. Law J. 2007, 623, 638 ff.; zu letzterem *Coenen*, Yale L. J. 1998, 965, 983 ff.

1197 S. statt vieler nur die unmittelbare Antwort auf *Denning* (Fn. 1196) von *Zellinsky*, Miss. Law J. 2007, 653 ff. Vgl. ferner *Schaefer*, N. M. Law Rev. 1998, 303, 335 ff., der detaillierte Vorschläge für eine Subventionsrechtsgesetzgebung auf Bundesebene unterbreitet. Rechtspolitisch weniger unrealistisch erscheint demgegenüber eine sukzessive und partielle Neuinterpretation der skizzierten Rechtsprechung durch den US Supreme Court selbst (vgl. zu einem solchen *judicial model* beispielhaft *Taylor*, Tex. L. Rev. 1994, 669, 704 ff.).

bb) Theoretischer Unterbau des „Laisser-faire“

Sowohl die vorgenannten Schlussfolgerungen, welche in der Binnenlogik des US-amerikanischen Verfassungsrechts verharren, historische Begründungsversuche,[1198] als auch die vereinzelt vertretene, rechtstatsächliche Argumentation, dass die in den USA – anders als im Verhältnis zwischen der EU und ihren Mitgliedstaaten – verglichen zu den Gliedstaaten größeren budgetären Spielräume der zentralstaatlichen Ebene nicht nach einem engmaschigen Beihilfenaufsichtssystem verlangten,[1199] vermögen die legislative Untätigkeit allenfalls partiell zu erklären. Für die Zwecke der vorliegenden Untersuchung von besonderer Relevanz sind daher übergeordnete theoretische Erwägungen hinter deren internem subventionsrechtlichen *Laisser-faire*. In Anbetracht des herausgearbeiteten massiven US-amerikanischen Einflusses auf die Fortentwicklung des internationalen Wirtschaftsrechts (s. soeben 2. bzw. oben *Teil 1 § 2 A.*) bleibt dies mutmaßlich nicht ohne Rückwirkung auf beihilfenrechtliche Exportbestrebungen der Union. Dies gilt zum einen für die bisher vagen Gedankenspiele um eine Regulierung von Investitionssubventionen (s. oben *A.I.3.c.bb.*), zum anderen für die konkreteren EU-Pläne zur Wiedereinführung von Kategorien „grüner“ Subventionen im bi-, pluri- und multilateralen Kontext wie auch Bestrebungen, andere Staaten oder (regionale) Wirtschaftsintegrationsgemeinschaften von der Etablierung einer zentralisierten bzw. supranationalen Kontrollinstanz zu überzeugen.

Als Verfechter der Vorzugswürdigkeit des US-amerikanischen Ansatzes gilt *Alan O. Sykes*.[1200] Nicht nur führt er an, dass sich das exklusiv auf diskriminierende *tax incentives* beziehende Verdikt des US Supreme Court dadurch rechtfertigen lasse, dass Formen des *revenue-enhancing protectionism* (Steueranreize) aus (polit-)ökonomischem Blickwinkel ungleich negativer zu beurteilen seien als solche des *revenue-reducing protectionism* (direkte Subventionen).[1201] Gewichtiger noch als diese auf die US-Verfassungsrechtsliteratur aufbauende These stellt er den die EU-Beihilfenaufsicht – und das multilaterale Subventionsrecht zumindest bis zur Jahrtausendwen-

---

1198 Vgl. zu den unterschiedlichen historischen Hintergründen *Cacciato*, Subsidies, Competition Laws And Politics: A Comparison of the E.U. and the U.S.A., European Policy Paper Series, 1996, S. 1 f.

1199 So *Flett/Jessen/Talaber-Ritz*, The Relationship between WTO Subsidies Law and EC State Aid Law, S. 464. In den USA beträgt der Anteil der Bundesebene an der Gesamtheit der jährlichen Staatsausgaben rund 55 Prozent.

1200 *Sykes*, JLA 2010, 473 ff.

1201 Ebd., 492 ff.

de – prägenden Versuch einer Trennlinie zwischen „guten“ und „schlechten“ Beihilfen, mithin die Annäherung an die international akzeptable Subvention, generell in Frage. Jedwede gesetzlich fixierte Subventionsdefinition führe zwangsläufig zu isolierten Wertungen, die außer Acht ließen, dass der einem oder mehreren Unternehmen durch eine staatliche Zuwendung eingeräumte wirtschaftliche Vorteil *(gross subsidization)* sich durch zahlreiche weitere Faktoren, die Einfluss auf die Wettbewerbsbedingungen in einem bestimmten Markt nehmen (wie beispielsweise die allgemeine Infrastruktur, Bildungschancen, Umwelt- und Arbeitsschutzvorschriften oder das sonstige Steuerniveau), relativieren könne *(net subsidization)*.[1202] Über dieses Grundproblem helfe auch nicht der Umstand hinweg, dass mit der Erfüllung der Begriffsbestimmung kein endgültiges Beihilfenverbot einhergeht, sondern die Kommission eine Einzelfallentscheidung über die Vereinbarkeit mit dem Binnenmarkt trifft, in der sie die positiven Effekte der Beihilfenmaßnahme in einen Abwägungstest mit etwaigen negativen Handels- und Wettbewerbswirkungen einstellt. Hierin erkennt *Sykes* eine Wissensanmaßung, da „general rules for the identification of protectionist subsidies are too difficult to fashion."[1203]

Obgleich es vorliegend nicht darum gehen kann, die dargelegte Generalkritik einer umfassenden Würdigung zuzuführen, so verdienen zwei Aspekte dennoch besondere Aufmerksamkeit: Erstens konzediert auch *Sykes*, dass die Frage, ob sich ausdifferenzierte Beihilfenrechtsregime wie das der EU effektiv wohlfahrtsfördernd oder -schädigend auswirken, nicht (rechts-)theoretisch, sondern nur empirisch zu beantworten sei.[1204] Dieser Einschätzung ist insoweit zuzustimmen, als dass diesbezüglich in der Tat wirtschaftswissenschaftlicher Forschungsbedarf besteht. Jedoch legen jüngere quantitative Analysen nahe, dass ein proaktiver Regelungs- und Kontrollansatz angesichts der aus den ungezügelten Subventionswettläufen der US-Gliedstaaten resultierenden gesamtstaatlichen Wohlfahrtseinbußen auch ökonomisch wohlbegründet ist.[1205] Nicht nachvollziehbar erscheint zweitens die aus seiner rechtsökonomischen Analyse abgeleite-

---

1202 Vgl. näher zu dieser Differenzierung ebd., 501 ff.

1203 Ebd., 515.

1204 Ebd., 520.

1205 S. hierzu die Ergebnisse der Studie von *Ossa*, A Quantitative Analysis of Subsidy Competition in the U.S., NBER Working Paper, No. 20975, 2015, S. 32: „[US] manufacturing real income can be up to 3.9 percent higher if states stop competing over firms." Beachte aber auch die leichte Relativierung dieser Aussage in der überarbeiteten Fassung (Oktober 2017), abrufbar unter www.nber.org/papers/w20975.pdf [zuletzt aufgerufen am 1.3.2020].

te Folgerung, dass die unter Effizienzgesichtspunkten defizitäre Ausgestaltung der EU-Beihilfenaufsicht impliziere, dass ein weitgehender Regulierungsverzicht vorzugswürdig sei.[1206] Zutreffenderweise erschweren *second-best*-Probleme nach wie vor die Implementierung eines Gesamtwohlfahrtsmaßstabes im Rahmen des Beihilfengenehmigungsverfahrens durch die Kommission (s. oben *Teil 1 § 2 III.1.*) und auch ist nicht zu bestreiten, dass diese im Kontext des Kartell- und Marktbeherrschungsrechts unter Umständen weniger gravierend ausfallen.[1207] Indessen verkennt *Sykes*, dass die GD Wettbewerb seit der Jahrtausendwende nicht nur erhebliche Anstrengungen unternimmt, um das EU-Beihilfenrecht ökonomisch zu sensibilisieren, sondern dem Regulierungsrecht (engl.: *regulatory law*) zuzurechnende – auch und vor allem in den USA geschaffene – Teildisziplinen wie das Telekommunikations- oder Energierecht in mindestens gleichem Maße etwa für das Phänomen des Staatsversagens anfällig sind,[1208] ohne dass deren Existenzberechtigung dies- wie jenseits des Atlantiks in der heutigen Rechtswissenschaft noch ernsthaft bezweifelt würde. Ebenso wenig darf daher der dem EU-Beihilfenrechtsregime – wie jeder anderen supra- oder internationalen Subventionsdisziplin – immanenten ökonomischen Unvollkommenheit ein Argument für die bewusste Nichtregelung des zugrundeliegenden Problems entnommen werden. Mithin ist der – soweit ersichtlich – bisher einzigen europäischen Replik auf *Sykes* von *Andrea Biondi* jedenfalls im Ergebnis zuzustimmen:

> „[…] State aid control may be the worst form of regulation except for all those other forms that have been tried from time to time."[1209]

b) Sonstige

Anders als in den USA besteht in der Schweiz, Kanada und Australien ein Problembewusstsein im Hinblick auf den jeweiligen Binnenmarkt verzer-

---

1206 S. für eine Erneuerung dieser These im Rahmen der jüngeren WTO-subventionsrechtlichen Reformdiskussion *Sykes*, The Limited Economic Case for Subsidies Regulation, E15 Task Force on Rethinking International Subsidies Disciplines (February 2015), S. 8.

1207 Dies konzediert bezüglich der EU-Beihilfenkontrolle auch *Schwalbe*, in: MüKo-BeihilfenR, Einl. Rn. 139 ff.

1208 Vgl. hierzu exemplarisch nur die Ausführungen von *Morriss*, Chi.-Kent L. Rev. 1997, 138, 170 ff.

1209 *Biondi*, CMLR 2013, 1719, 1743; vgl. ferner dessen Ausführungen ebd., 1720 ff.

rende Subventionen subföderaler Einheiten, was allerdings nicht zugleich bedeutet, dass damit ein messbarer Regelungserfolg einherginge. Vielmehr legen die vereinzelt ergriffenen Initiativen – ungeachtet der jeweils stets mitzuberücksichtigenden Unterschiede im tatsächlich erreichten Grad an Marktintegration, in den politischen Präferenzen und in der Rolle der Verfassungsrechtsprechung[1210] – strukturell vergleichbare Problemlagen bei der Einführung interner Subventionsdisziplinen offen, die sich wiederum erschwerend auf die Unionspläne, mit diesen Bundesstaaten vertiefte bilaterale Beihilfen- bzw. Subventionsrechtsvereinbarungen zu treffen, auswirken respektive auswirkten.[1211]

aa) Schweiz

Paradigmatisch hierfür steht das Beispiel der Schweizerischen Eidgenossenschaft, in der Bund, Kantone und Gemeinden in der Subventionierung ausgewählter Wirtschaftsakteure lediglich teilweise gesetzlichen Restriktionen unterliegen.[1212] Dies ist in geringerem Maße der defensiven Handhabung des in Art. 94 der Schweizer Bundesverfassung statuierten Grundsatzes der Wirtschaftsfreiheit durch das Schweizerische Bundesgericht geschuldet, da diesem zwar durchaus subventionsrechtlicher Aussagewert zukommt, er jedoch (allenfalls) im Rahmen von direkten Konkurrentenklagen aktiviert werden kann.[1213] Problematischer gestaltet sich stattdessen das Schweigen des erst im Jahre 1995 ergangenen Binnenmarktgesetzes (BGBM), das der vielfach als ausufernd sowie intransparent kritisierten

---

1210 Vgl. zu den Auswirkungen dieser Faktoren jeweils *Anderson*, Internal Markets in Federal or Multi-level Systems, in: ders. (Hrsg.), Internal Markets and Multi-level Governance, 2012, S. 196 ff.

1211 Wichtig hervorzuheben ist, dass die hier vorgenommene Beschränkung auf besagte vier Länder nicht bedeutet, dass gliedstaatliche Subventionswettläufe nicht auch in anderen Bundesstaaten wie Brasilien, Indien oder Südafrika virulent sind (vgl. *Thomas*, Investment Incentives and the Global Competition for Capital, 2011, S. 109 ff.).

1212 Vgl. in der Zusammenschau *Oesch/Burghartz*, Die Volkswirtschaft 2018, 26, 28 f.

1213 Eine spezifisch abwehrrechtliche Dimension des aus ihm abgeleiteten, vielfach durchbrochenen, Prinzips der staatlichen Wettbewerbsneutralität ergibt sich erst in Verbindung mit Art. 27 der Bundesverfassung und spielt praktisch lediglich eine untergeordnete Rolle (s. hierzu *Möller*, Rechtsschutz bei Subventionen, 2006, S. 97 ff.).

Praxis der Gewährung von Finanzhilfen durch die 26 Kantone[1214] keine direkten materiell- oder formell-rechtlichen Leitlinien setzt.[1215] Angesichts des klaren Willens des Gesetzgebers, mit dem BGBM im Sinne eines funktionierenden Binnenmarktes unter anderem den „Abbau öffentlich-rechtlicher Wettbewerbshindernisse im kantonalen und kommunalen Recht"[1216] zu beschleunigen, verwundert der Verzicht. Dies gilt einmal mehr, führt man sich zusätzlich vor Augen, dass dieser – anders als damals noch angenommen – jedenfalls infolge der im Jahre 1999 in die Bundesverfassung eingefügten expliziten Binnenmarktkompetenz des Bundes (vgl. Art. 95 Abs. 2) heutzutage nicht mehr als von Verfassungs wegen geboten anzusehen ist.[1217] Demzufolge vermag das BGBM *de lege lata* einzig Schutz vor denjenigen Subventionspraktiken zu bieten, welche gleichzeitig gegen den umfassender implementierten Grundsatz der Nichtdiskriminierung (vgl. Art. 3 BGBM) verstoßen, indem sie beispielsweise mit bestimmten *local content*-Erfordernissen verknüpft sind.[1218]

Überall dort, wo subventionsrechtliche Regelungen getroffen wurden, fehlt es diesen entweder an praktischer Relevanz oder an Mechanismen und Organen zu deren effektiver Durchsetzung. So stellt das Subventionsgesetz (SuG) von 1990 im Sinn einer Grundsätze- bzw. Rahmengesetzgebung (vgl. Art. 2 Abs. 2 SuG) lediglich allgemeine Vorgaben betreffend die Gewährung von – äußerst weit verstandenen – Finanzhilfen und Abgeltungen (vgl. Art. 3 Abs. 2 SuG) auf, die indessen ausschließlich den Bund, nicht auch die Kantone und Gemeinden verpflichten.[1219] Der limitierte Geltungsbereich schmälert dessen faktische Wirkungskraft erheblich, da es die Kantone sind, die auf dem Gebiet der selektiven Wirtschaftsförderung in kompetenzieller Hinsicht in hohem Maße souverän sind und ihnen zur

---

1214 Vgl. zur Tragweite der Problemstellung im Gesamtzusammenhang der Regulierung des Binnenmarktes *Cottier/Oesch*, Switzerland, in: Anderson (Hrsg.), Internal Markets and Multi-level Governance, S. 132, 155, die konstatieren: „Today, the main challenge to be faced domestically is in the field of cantonal subsidies."

1215 Vgl. ausführlich zu den einzelnen Etappen der langwierigen Herausbildung des schweizerischen Binnenmarktes *Oesch*, ZVglRWiss 2013, 166, 167 ff.

1216 Vgl. Botschaft zu einem Bundesgesetz über den Binnenmarkt, v. 23. November 1994, BBl 1995 I, 1213, 1214.

1217 So *Oesch*, ZSR 2012, 255, 284 m. weit. Nachw. zur Reichweite der Binnenmarktzuständigkeiten des Bundes.

1218 S. zu diesem Beispiel *Oesch*, AJP 2013, 1337, 1340.

1219 S. hierzu *Seitz/Breitenmoser*, Das schweizerische Subventionsrecht im Lichte des Beihilferechts der EU und der WTO, in: Epiney/Gammenthaler (Hrsg.), Schweizerisches Jahrbuch für Europarecht 2009/2010, S. 139, 143 f.

Verfügung stehende Befugnisse im interkantonalen Standortwettbewerb bereits seit jeher stark in Anspruch nehmen, ohne über die Ausgestaltung des Instrumentariums sowie die Qualität und Quantität der ergriffenen Fördermaßnahmen vertieft Rechenschaft ablegen zu müssen.[1220] Der besonders sensible Bereich der kantonalen (einzelbetrieblichen) Steuerprivilegien wird durch das vielfach angepasste Steuerharmonisierungsgesetz von 1990 (StHG) zwar Mindeststandards unterworfen, jedoch mangelt es bereits an einem unabhängigen Kontrollgremium,[1221] das in der Lage wäre, deren Einhaltung engmaschig zu überwachen und gegen etwaige Zuwiderhandlungen auf administrativem oder gerichtlichem Wege gezielt vorgehen zu können. Die einst zum Zwecke der Aufsicht über die Durchführung des interkantonalen Konkordats über den Ausschluss von Steuerabkommen von 1948, dessen materiell-rechtlicher Gehalt nahezu vollständig im StHG aufgegangen ist, eingerichtete Kommission vermochte die ihr übertragene Aufgabe – trotz theoretisch weitgehender Kompetenzen – nicht effektiv auszuüben. Dies liegt primär in der Tatsache begründet, dass allein Kantone befugt sind, Konkordatsverletzungen zu rügen, wovon diese wegen des allgegenwärtigen *glasshouse effect* (s. oben *a.aa.*) bis auf drei Fälle nie Gebrauch machten.[1222]

Somit spiegeln sich im schweizerischen Subventionsrecht all jene Problemstellungen wider, mit denen sich die multilaterale Subventionsordnung konfrontiert sieht: Es sind dies zuallererst ein niedriges Transparenzniveau, zweitens ein materiell-rechtlicher „Flickenteppich" sowie drittens ein als ausbaufähig zu bezeichnender *enforcement record* in den regulierten Feldern. Sporadische Reformvorstöße in der Literatur[1223] wie auch in der Schweizer Bundespolitik[1224] belegen das Bedürfnis nach einer zusätzlichen bzw. vertieften Subventionskontrolle; indessen besteht die faktische Schwierigkeit, dass – mit Ausnahme des Vereinigten Königreichs – in keinem anderen Drittstaat der Welt entsprechende Mechanismen in diesem

---

1220 Vgl. *Rhinow*, in: ders. et al. (Hrsg.), Öffentliches Wirtschaftsrecht, 2. Aufl. 2011, S. 481 ff.

1221 Die weisungsunabhängige Wettbewerbskommission (WEKO) ist im Bereich der Beihilfenaufsicht bisher allein für die Überwachung der Einhaltung einschlägiger Vorgaben des LVA zuständig (s. unten *Teil 3 § 2 D.I.2.*).

1222 S. zur Anwendungshistorie sowie institutionellen Defiziten *Cavelti*, IFF Forum für Steuerrecht 2008, 287 ff.

1223 *Oesch*, AJP 2013, 1337, 1343 ff.; anders akzentuiert *Breitenmoser/Hirsbrunner*, in: NZZ v. 29.3.2019, S. 10.

1224 Vgl. nur die erfolglosen Postulate 13.3175 (v. 21.3.2013), 15.3387 (v. 4.5.2015) und 16.3991 (v. 13.12.2016).

Maße als untrennbar verbunden mit den Freihandelsbeziehungen zur Union öffentlich wahrgenommen werden.

bb) Kanada

Noch heterogener als im Falle der Schweiz gestaltet sich die jüngere bundesstaatliche Ordnung Kanadas, die sich aus zehn Provinzen sowie drei Territorien zusammensetzt und in der sich die Herausbildung eines Binnenmarktes in Ermangelung hinreichender Gesetzgebungskompetenzen der Bundesebene vorwiegend durch eine Art „kollaborativen Föderalismus" vollzieht.[1225] Dessen wichtigstes Gestaltungsmittel bilden sog. *intergovernmental agreements*, welche sowohl im horizontalen (zwischen zwei oder mehreren Provinzen) als auch im vertikalen (zwischen Bund und Provinzen) Verhältnis vereinbart werden, wobei sie des Öfteren nicht bindender Natur sind und sich durch eine allenfalls lose institutionelle Einkleidung auszeichnen.[1226] Diese Wesenszüge schlagen sich auch im innerstaatlichen Umgang mit Subventionen nieder, der keinerlei spezifisches zentralstaatliches Regelwerk oder gar Aufsichtssystem kennt und exklusiv mithilfe von interprovinziellen Vereinbarungen koordiniert wird, aus denen sich in der Gesamtschau ein komplexes Geflecht aus subventionsrechtlich relevanten Vorschriften ergibt, welchen teilweise alle, mitunter aber auch nur einzelne der kanadischen Provinzen unterliegen. Bemerkenswerter als die mit dieser Herangehensweise verbundenen Regelungslücken erscheint der Umstand, dass die Provinzen zunehmend – und anders als in den USA und der Schweiz – eine Verbesserung ihrer Chancen im Standortwettbewerb gerade nicht in der Abwesenheit von Subventionsregelungen, sondern in deren Ausformung nach eigenen Präferenzen erkennen.[1227]

1225 S. sowohl zu besagter Charakterisierung als auch für eine tiefergehende Erörterung des kanadischen Föderalismus *Cameron/Simeon*, Publius 2002, 49, 54 ff.

1226 Vgl. kritisch zur Verfassungspraxis *Gaudreault-DesBiens/Poirier*, From Dualism to Cooperative Federalism and Back?: Evolving and Competing Conceptions of Canadian Federalism, in: Oliver/Macklem/Des Rosiers (Hrsg.), The Oxford Handbook of the Canadian Constitution, 2017, S. 391, 398 ff.

1227 S. in diese Richtung andeutungsweise bereits *Dymond/Moreau*, Canada, in: Anderson (Hrsg.), Internal Markets and Multi-level Governance, S. 55, 78; vgl. zu den wiederkehrenden Verhaltensmustern der kanadischen Provinzen betreffend die Frage der Subventionsregulierung ferner *Thomas*, Canadian Public Policy 2011, 343, 348 ff.

Das im Zeitraum von 1995 bis 2017 geltende, von allen damals bestehenden Gliedstaaten sowie der Bundesregierung geschlossene, Canadian Agreement on Internal Trade (CAIT) enthielt in Kapitel 6 (betreffend Investitionen) ein sektorübergreifendes Verbot von diskriminierenden *incentives* (vgl. Art. 608 Abs. 1 in Verbindung mit der vagen Begriffsbestimmung des Art. 616). Der in Annex 608.3 eingefügte *Code of Conduct on Incentives* konkretisierte und baute es aus, indem er neben Informations- und Transparenzverpflichtungen (Abs. 10 und 15) eine Differenzierung zwischen im innerkanadischen Standortwettbewerb verbotenen Umsiedlungsanreizen (Abs. 4 ff.) und „zu vermeidenden" Anreizen (Abs. 8 ff.), die etwa nicht mehr rentable Unternehmungen, Märkte mit Überkapazitäten und sog. *bidding wars* um die Anziehung von sonstigen (Direkt-)Investitionen, betreffen, vorsah.[1228] Auch aufgrund des Ausschlusses letztgenannter Vorschriften vom Streitbeilegungsmechanismus (vgl. Art. 1701 Abs. 3 CAIT), der die Klärung definitorischer Ungenauigkeiten unmöglich machte, sahen sich die beiden Westprovinzen British Columbia und Alberta im Jahre 2006 veranlasst, in ihr bilaterales Trade Investment and Labour Mobility Agreement (TILMA), welchem später Saskatchewan und Manitoba beitraten und das seither unter dem Namen New West Partnership Trade Agreement (NWPTA) firmiert, der zwischenstaatlichen Subventionsregulierung einen neuen, strengeren Rahmen zu verleihen. In terminologischer Hinsicht richtet dieser sich stärker als das CAIT an Art. 1.1 bzw. 2 ASÜ aus. Ferner reaktiviert er die außer Kraft getretene Kategorie nichtanfechtbarer Subventionen gemäß Art. 8 ASÜ (vgl. jeweils Part VI) und stellt ein differenziertes Ausnahmeregime auf, das gewisse Parallelen zu Art. 107 Abs. 2 bzw. 3 AEUV aufweist (vgl. Part V B.1. und Art. 6).[1229] Nicht zuletzt unterwirft Art. 12 Abs. 1 NWPTA anders als das CAIT jegliche Investitionsentscheidungen verzerrende direkte oder indirekte Subventionierung aller staatlichen Ebenen[1230] einem breit angelegten prinzipiellen Verbot.[1231] Dieses können nicht nur die einzelnen Vertragsparteien, sondern auch in

1228 S. umfassend noch zur alten Rechtslage *Schwartz/Boryskavich*, Asper Rev. Int'l Bus. & Trade L. 2003, 103, 107 ff.; sowie *Petrov*, Case W. Res. J. Int'l L. 2001, 71, 101 ff.

1229 So auch *Reinhold*, EWS 2016, 136, 141, der CAIT und TILMA im Kontext des CETA erörtert.

1230 Durch die pauschale Einbeziehung von *government entities* (vgl. Art. 2 in Verbindung mit Part VI NWPTA) zählen im Gegensatz zum CAIT (vgl. Art. 102 in Verbindung mit Art. 609) auch Kommunen zum Adressatenkreis.

1231 S. für einen Vergleich der beiden Subventionsrechtssysteme *Hansen/Heavin*, Sask. L. Rev. 2010, 173, 209 ff.

den am Abkommen beteiligten Gliedstaaten ansässige Private im Rahmen von rechtsverbindlichen – und durch die Möglichkeit der Verhängung von Geldbußen an Robustheit gewinnenden – Streitbeilegungsverfahren (vgl. Part IV) durchsetzen.[1232]

Obgleich sowohl aus den Präambeln als auch speziell aus Art. 12 Abs. 2 TILMA bzw. NWPTA, der die Vertragsparteien ausdrücklich auffordert, nicht beteiligte Provinzen ebenfalls zur Abkehr von *bidding wars* zu bewegen, hervorgeht, dass diese Partnerschaft den Anspruch erhebt, ein regulatorisches Vorbildmodell für den gesamten kanadischen Binnenmarkt zu entwerfen, ähnelt das im Jahre 2017 in Kraft getretene Canadian Free Trade Agreement (CFTA) subventionsrechtlich gesehen dennoch deutlich stärker dem CAIT, dessen direkte Nachfolge es antrat. Der einstige Annex 608.3 findet sich nunmehr nahezu wortgleich im Hauptabkommenstext wieder (vgl. Part E bzw. Art. 320 ff.), sodass die starke Fokussierung auf Umsiedlungsanreize im engeren Sinne unverändert bestehen bleibt. Innovativ ist die Verschärfung des zweigliedrigen *Government-to-Government-* bzw. *Person-to-Government*-Streitbeilegungsmechanismus, dem aber nur verbotene *incentives* unterfallen. Bevor nicht Private letztere Alternative in Subventionsrechtsstreitigkeiten erstmals in Anspruch nehmen, ist nach wie vor von einer intergouvernemental geprägten, auf Impulsen der Provinzen selbst beruhenden Subventionskontrolle zu sprechen, deren Praxistauglichkeit und -relevanz erst unter Beweis zu stellen sein wird.[1233]

cc) Australien

Auch wenn die Entstehungsgeschichte des sich über sechs Bundesstaaten und drei Territorien erstreckenden australischen Binnenmarktes aufgrund des gemeinsamen Commonwealth-Hintergrunds Parallelen zur kanadischen aufweist, so zeichnet sich dieser seit den 1980er-Jahren – be-

---

1232 Das mehrfach ergänzte CAIT-Streitschlichtungskapitel statteten die Vertragsparteien indessen nur zögerlich mit einer verbindlichen *ad hoc*-Schiedsgerichtsbarkeit aus. Ihre rechtliche sowie faktische Zugänglichkeit für Private erhöhten sie schrittweise (vgl. hierzu ausführlich *Pavlović/Bishop/Holdsworth*, Dispute Resolution in AIT, PIAC, May 2015, S. 30 ff.).

1233 Der *Code of Conduct* fristete ein Schattendasein und wurde lediglich in einem einzigen Fall betreffend *relocation subsidies* aktiviert, wobei die betroffene Provinz angesichts der Schwächen des CAIT-Streitbeilegungsverfahrens von der Beantragung einer Panel-Einsetzung absah (so *Thomas*, Canadian Public Policy 2011, 343, 348).

günstigt von der höheren ökonomischen sowie kulturellen Homogenität zwischen den einzelnen Landesteilen und einer Zentralisierungstendenzen flankierenden Verfassungsrechtsprechung – dennoch durch einen geringeren Grad an Fragmentierung und ein planmäßiges Vorgehen zur Umsetzung der Wirtschaftsunion aus.[1234] In Anbetracht des relativen Erfolges dieses kooperativen sog. *Australian Model* einerseits, dem aber auch dort zu beobachtenden Phänomen der *bidding wars* andererseits, erscheint es nicht ohne Weiteres nachvollziehbar, dass das Konkurrieren der Bundesstaaten um Investitionen sowie andere Formen der regionalen und sektoralen Wirtschaftsförderung mithilfe von Subventionen derzeit keinerlei spezialgesetzliche oder sonstige vertragliche Regelung erfahren.[1235] Bedingt durch die Abwesenheit einer rechtsverbindlichen Definition der in Australien gängigen Bezeichnung der *industrial assistance* und des ebenso wie in der Schweiz festzustellenden Fehlens jeglicher Transparenzverpflichtungen von subföderalen staatlichen Einheiten lassen sich allerdings keine präzisen Aussagen über deren Verbreitung und Volumen treffen, sodass unklar bleibt, wie gravierend die durch sie verursachten Verzerrungen des innerstaatlichen Handels und Wettbewerbs tatsächlich ausfallen.[1236]

Dass Letztere zumindest einen grundsätzlichen Regulierungsbedarf auslösen, deutet das im Jahre 2003 von allen Gliedstaaten – mit Ausnahme des bevölkerungsreichen und wirtschaftsstarken Queensland sowie von zwei der drei Territorien – abgeschlossene Interstate Investment Cooperation Agreement (IICA) an.[1237] Die nicht bindende Übereinkunft baute auf einer zuvor vom Bundesstaat Victoria mit dem benachbarten New South Wales eingegangenen Pilotvereinbarung auf, die sich nachweislich

---

1234 Vgl. zu den divergierenden Ausgangsvoraussetzungen *Courchene*, The Comparative Nature of Australian and Canadian Economic Space, in: Boothe (Hrsg.) Reforming Fiscal Federalism for Global Competition, 1996, S. 7 ff.

1235 *Walsh*, Australia, in: Anderson (Hrsg.), Internal Markets and Multi-level Governance, S. 10, 24, ordnet Subventionen als „[t]he most intractable source of interstate market distortions" ein und mutmaßt, dass die Problematik wegen ihrer besonderen politischen Sensibilität womöglich bewusst von der jüngeren Reformagenda ausgeschlossen worden sein könnte, um diese nicht in ihrer Gesamtheit zu gefährden.

1236 Ebd., S. 25 und 43 m. weit. Nachw. unter Verweis darauf, dass letzte offizielle Schätzungen von 1998 datieren.

1237 Der vollständige Abkommenstext ist – soweit ersichtlich – heute nicht mehr öffentlich verfügbar, die Kerninhalte des Abkommens finden sich jedoch abgedruckt bei *Thomas*, National and Subnational Efforts to Regulate Competition for Investment Through the Use of Incentives, in: Tavares-Lehmann et al. (Hrsg.), Rethinking Investment Incentives, 2016, S. 251, 253.

positiv auf deren Haushalte ausgewirkt hatte.[1238] Inhaltlich sah das IICA im Wesentlichen einen auf die Verhinderung von Umsiedlungsanreizen sowie die Wahrung des gesamtstaatlichen Interesses bei neuen ausländischen (Direkt-)Investitionen zielenden Kooperationsmechanismus vor. Im Rahmen dessen erklärten sich die Vertragsparteien zur wechselseitigen Unterrichtung über die von ihnen jeweils eingeräumten *incentives* bereit, jedoch ohne die gewonnenen Informationen öffentlich zugänglich zu machen. Nachdem das IICA im Jahre 2006 um fünf weitere Jahre verlängert worden war, führten politische Richtungswechsel in wichtigen beteiligten Gliedstaaten sowie nicht zuletzt immer offensichtlichere *free rider*-Effekte zugunsten von Queensland, das im Geltungszeitraum des Abkommens diverse Unternehmensansiedlungen auf seinem Territorium verzeichnen konnte,[1239] im Jahr 2011 zu dessen endgültigem Scheitern, auf das bis heute kein neuerlicher Anlauf folgte.

Während das seit dem Jahre 1995 stetig ausdifferenzierte, Bund und Gliedstaaten umfassende, Competition Principles Agreement (CPA) im Hinblick auf die Herstellung von *competitive neutrality* zwischen öffentlichen und privaten Unternehmen als wichtiges Vorbildmodell gilt[1240] und im Kontext der jüngeren Diskussion um *state-owned enterprises*-Kapitel in Freihandelsabkommen als Referenz angeführt wird,[1241] bestehen innerhalb Australiens keine Überlegungen, die Zuständigkeiten der in jedem Gliedstaat und auf föderaler Ebene errichteten Beschwerde- bzw. Aufsichtsbehörden zur Durchsetzung des Abkommens auf genuin subventionsrechtlich gelagerte Fragestellungen auszuweiten. Zwar ist es zutreffend, dass das CPA besondere Bestimmungen beispielsweise über Privatisierungsvorgänge enthält (vgl. Art. 4 Abs. 3), die staatliche Förder- und Unterstützungsmaßnahmen betreffen können,[1242] indessen ersetzen sie keine Subventionskontrolle im engeren Sinn. Das Beispiel Australiens

---

1238 S. zu diesen Hintergründen sowie der Entstehungs- bzw. Anwendungsgeschichte des IICA ebd., S. 253 ff.

1239 Ebd., S. 254.

1240 S. umfassend zum CPA *Rennie/Lindsay*, Competitive Neutrality and State-Owned Enterprises in Australia, OECD Corporate Governance Working Papers, No. 4, 2011, S. 14 ff.

1241 Diese Forderung erhebt konkret *Willemyns*, JIEL 2016, 657, 671.

1242 *OECD*, Global forum on competition: roundtable on competition, state aids and subsidies, S. 24 ff., argumentiert, dass besagte Beschwerdebehörden über die Schnittstellen zwischen Wettbewerbs- und Subventionsrecht sowie der Regulierung von öffentlichen Unternehmen zumindest eine partielle Beihilfenaufsicht erreichten.

legt nicht nur offen, dass rechtsverbindliche gegenüber freiwillig-kooperativen *intergovernmental agreements* vorzuziehen sind, sofern zentralisierte Aufsichtsformen – wie innerhalb der Union – ausscheiden. Vielmehr sind auch Erstere ausschließlich dann sinnvoll, wenn ihnen sämtliche Gliedstaaten unterliegen, da anderenfalls nicht gebundene Gliedstaaten insbesondere im Falle von An- und Umsiedlungsanreizen kurzfristig über Gebühr profitieren, was wiederum den volatilen politischen Konsens der Vertragsparteien gefährdet. Schließlich bleiben substanzielle Pionierversuche regulierungswilliger Gliedstaaten unwahrscheinlich, solange nicht – wie in Kanada einst durch das CAIT geschehen – ein landesweit geltender Mindestharmonisierungsgrad erreicht ist.

2. Sonderfall: China

Unter umgekehrten Vorzeichen als in industrialisierten Bundesstaaten steht die Einführung einer inländischen Subventionskontrolle in zentralistisch geprägten Einheitsstaaten, wie sie heute vornehmlich etwa in Ostasien vorzufinden sind: Einerseits führt die dortige weitgehende Fiskalhoheit der zentralstaatlichen Ebene zwar regelmäßig zur Vermengung von Subventionsgewährung und -aufsicht; andererseits entschärfen die eng begrenzten budgetären Spielräume regionaler und lokaler Verwaltungseinheiten die Problematik inländischer Subventionswettläufe. Hinzu kommt, dass eine Konzentration der internen Zuständigkeiten auch die handelspolitischen Verhandlungen mit Drittstaaten erleichtert. Die Union versucht, besagte – im Vergleich zu Bundesstaaten mit hochentwickelten Rechtsordnungen – umfassendere Manövrierfähigkeit fruchtbar zu machen, indem sie insbesondere aufstrebende Einheitsstaaten nicht nur mithilfe von klassischem Völkervertragsrecht (s. näher unten *Teil 3 § 2 E.II.*), sondern auch im Wege von niedrigschwelligerem *soft law* zu inländischen Formen der Subventionskontrolle animiert.

Außerhalb eines Entwicklungskontexts beispiellos ist der im Jahre 2017 ins Leben gerufene sog. *State Aid Dialogue*, welcher erstmalig in ein dezidiert beihilfenrechtliches bilaterales MoU zwischen der unionalen GD Wettbewerb und der chinesischen Marktüberwachungsbehörde (engl.: *State Administration for Market Regulation* – SAMR) mündete,[1243]

1243 Vgl. Memorandum of Understanding on a dialogue in the area of the State Aid Control and the Fair Competition Review, April 2019. Dieses stellt eine wortgleiche Erneuerung des bereits im April 2017 vereinbarten MoU dar und das ausweislich seiner Zielbestimmung unter anderem der Installierung eines Konsultations- und Transparenzforums im Sinne einer Stärkung der gegenseitigen Zusammenarbeit und der Koordination dient. Eine wesentliche praktische Voraussetzung dafür bildete die kurz zuvor erfolgte Implementierung von Durchführungsvorschriften auf chinesischer Seite, welche die Operabilität des jungen FCRS sowohl in materiell- wie auch in formell-rechtlicher Hinsicht sicherstellen sollen.[1244]

Bei formaler Betrachtungsweise weist das FCRS, dessen äußerst weiter Anwendungsbereich unterschiedlichste Arten von unzulässigen staatlichen Marktinterventionen enumeriert und folglich auch zahlreiche Verhaltensweisen erfasst, die im Unionsrecht ausschließlich dem System der Grundfreiheiten unterfielen, in seinem materiell-subventionsrechtlichen Teil Überschneidungen mit dem Beihilfenprimärrecht auf. Dies gilt vor allem auf Zielebene, die offenbart, dass das FCRS sich primär auf die Funktionsfähigkeit des chinesischen Binnenmarktes richtet und allenfalls implizit die Umsetzung von Vorgaben des WTO-Subventionsrechts oder sonstiger internationaler Abkommen intendiert.[1245] Seine Grundkonzeption folgt einer Regel-Ausnahme-Systematik, die wie Art. 107 Abs. 1 AEUV von einem abstrakt-generellen Verbot ausgeht und ebenfalls Merkmale wie das Vorliegen einer Begünstigung, der staatlichen Zurechnung wie auch der Selektivität erkennen lässt, die zwar nicht definiert, jedoch – in Form einer nicht abschließenden Auflistung typischer Subventionspraktiken – umschrieben werden.[1246] Auch einzelne der Rechtfertigungstatbestände – betreffend den Katastrophen- und Umweltschutz oder die Erhaltung des kulturellen Erbes – finden sich in vergleichbaren Formulierungen der Abs. 2 und 3 von Art. 107 AEUV (oder in der AGVO sowie einschlägigem *soft law*) wieder. Problematischer könnte sich demgegenüber der Umgang chinesischer staatlicher Einheiten mit den weiteren, teils diffusen und daher missbrauchsgefährdeten Ausnahmekategorien gestalten. Diese greifen Termini wie nationale oder ökonomische Sicherheit auf, die zuletzt

---

berücksichtigt die seit diesem Zeitpunkt erfolgten organisatorischen Umstrukturierungen der chinesischen Wettbewerbsaufsicht.

1244 S. hierzu überblicksartig *Su*, China's fair competition review system: Momentum for competitive neutrality and an open market, E15 Expert Group on Competition Policy (October 2016).

1245 Eine englische Übersetzung der Bestimmungen des FCRS ist abgedruckt bei *Lyu/Buts/Jegers*, EStAL 2019, 37, 52 ff., die einen detaillierten Vergleich mit dem EU-Beihilfenrechtsregime vornehmen. In der vorangestellten Gesetzesbegründung wird lediglich auf interne Erwägungen Bezug genommen.

1246 Ebd., 54 (Abschnitt 3 Abs. 3 lit. a FCRS).

auch im Rahmen der WTO massive Kontroversen auslösten,[1247] wobei die subventionsgewährenden Stellen sie anhand der im FCRS niedergelegten Methodologie zunächst selbst auslegen und anwenden. In diesem im Schrifttum zutreffend als *„ex post*-self-review mechanism"[1248] qualifizierten Procedere liegt – kombiniert mit dem Verzicht auf die Rückforderung rechtswidriger Subventionen – der maßgebliche konzeptionelle Unterschied zur EU-Beihilfenkontrolle begründet.[1249] Die für Chinas gesamten Binnenmarkt zuständige *Anti-Monopoly Enforcement Agency* schreitet stets lediglich dann ein, wenn sie konkrete Hinweise zu mit dem FCRS unvereinbaren Subventionspraktiken erreichen, weshalb es sich im Kern um ein *complaint-driven system* handelt.

Insgesamt verbleiben zahlreiche Unsicherheitsfaktoren hinsichtlich der faktischen Wirksamkeit der Beihilfenaufsichts- und Sanktionsstrukturen in China, die weniger in den skizzierten Abweichungen vom unionsrechtlichen Regulierungsvorbild als in den historischen, wirtschaftlichen und nicht zuletzt politischen Eigenheiten des chinesischen Staatskapitalismus wurzeln.[1250] Insbesondere ist angesichts der strategischen Handelspolitik Pekings nicht davon auszugehen, dass das binnenorientierte FCRS kurzfristig zu positiven *spill over*-Effekten auf dessen Subventionsdisziplin bezüglich grenzüberschreitender Sachverhaltskonstellationen führen wird, wie die auch nach dessen Etablierung schwelenden welthandelsrechtlichen Konflikte um chinesische öffentliche Unternehmen oder der im Oktober 2019 erfolgte Rückzug Chinas aus dem *Global Forum on Steel Excess Capacity* zeigen.[1251] Dennoch werden *soft law*-Instrumente wie dasjenige des *State Aid Dialogue* perspektivisch einen von mehreren Bestandteilen einer externen Dimension der EU-Beihilfenpolitik bilden. Anders als auf dem Gebiet des klassischen Kartellrechts (s. oben *§ 1 B.II.2.c.*) kann es

---

1247 Vgl. zu diesem Rechtstrend *Weiß*, Interpreting Essential Security Exceptions in WTO Law in View of Economic Security Interests, in: ders/Furculita (Hrsg.), Global Politics and EU Trade Policy, S. 255 ff.

1248 So *Lyu/Buts/Jegers*, EStAL 2019, 37, 46.

1249 Stattdessen spricht der Gesetzeswortlaut eher vage von disziplinarrechtlichen Konsequenzen für das an einer FCRS-rechtswidrigen Subventionierung beteiligte Verwaltungspersonal: „[…] the situations concerned shall be promptly transferred to disciplinary inspection organs." (ebd., 57 – Abschnitt 5 Abs. 4 a.E. FCRS).

1250 S. hierzu nur die konzise Gegenüberstellung der systemischen Gemeinsamkeiten und Unterschiede (ebd., 48).

1251 Vgl. knapp zur Arbeit des *Global Forum on Steel Excess Capacity* sowie den Bezügen zum Problem der chinesischen Stahlsubventionierung *Guilliard*, ZEuS 2020, 293, 299 f. m. weit. Nachw.

sich zwar nicht um eine Substitution bi-, pluri- oder multilateraler Subventionskapitel in (Freihandels-)Abkommen handeln, für Entwicklungs- oder Schwellenländer wie die BRICS bieten sie aber die Option, eine auch staatliche Marktinterventionen berücksichtigende Wettbewerbskultur zu entwickeln und sich – ohne bindende Verpflichtungen einzugehen – von der bereits erprobten Kommissionspraxis inspirieren zu lassen. Aus Sicht der Union besteht der Vorteil darin, frühzeitig für das europäische Verständnis von Beihilfenregulierung eintreten zu können sowie auf die Ausformung von drittstaatlichen Regimen Einfluss zu nehmen,[1252] bevor das Partnerland diese Fragen allein als Verhandlungsmasse, das heißt als notwendige Konzession für den Zugang zu EU-Märkten, wahrzunehmen beginnt.

IV. Schlussfolgerungen

Die Überbrückung der rechtskulturellen Grenzen eines völkervertraglichen Transfers von Konzepten des EU-Beihilfenrechts ist mit strukturelleren Hindernissen verbunden als diejenige der rechtlichen (s. oben *A.*), da das unionale Kontrollsystem in einer weltweiten Zusammenschau bis zum heutigen Tage einen Solitär darstellt. Vergegenwärtigt man sich jedoch das Beispiel Chinas, das in der WTO ebenso wie in anderen multilateralen Foren keinerlei Bereitschaft erkennen lässt, Bemühungen um den Ausbau internationaler Subventionsdisziplinen beizutreten, im Zuge der Etablierung seines FCRS aber ungeachtet dessen ein internes Subventionsverbot – dessen effektive Umsetzung freilich abzuwarten bleibt – aufgestellt hat, so wird klarer deutlich, warum gerade der inländische Mehrwert einer Subventionskontrolle den Anknüpfungspunkt für einen Abbau von Vorbehalten gegen von der Union forcierte Beihilfenrechtsexporte bildet.

Über die Absicherung von Marktzugangszugeständnissen hinaus drängt sie zum einen das Phänomen der wohlfahrtsschädlichen Subventionswettläufe zwischen einzelnen Gliedstaaten bzw. sonstigen Verwaltungseinheiten innerhalb eines (Bundes-)Staates zurück (s. oben *III.1.a.bb.*). Zum anderen kann sie zur Bekämpfung von Korruption,[1253] zur Schonung

---

1252 S. hierzu in grundlegenderem Zusammenhang *Bradford*, The Brussels Effect, 2020, S. 117 ff.

1253 Vgl. exemplarisch die Fallstudie zu chinesischen Subventionspraktiken im Bereich FEuI *Fang et al.*, Corruption, Government Subsidies, and Innovation, NBER Working Paper, No. 25098, September 2018.

der öffentlichen Haushalte,[1254] zur Optimierung der Faktorallokation sowie – infolge der dadurch hergestellten Transparenz staatlicher Ausgaben – zu einer Erhöhung des Legitimationsniveaus beitragen. Je stärker der jeweilige EU-Verhandlungspartner all diese Faktoren gewichtet, desto wahrscheinlicher erscheint es, dass dieser sich im Außenverhältnis zu substanziellen WTO-plus-Vereinbarungen bereiterklärt und – abhängig von seinem Entwicklungsstand und seiner Stellung im welthandelspolitischen Gefüge – deren völkerrechtliche Verbindlichkeit gezielt als ein innenpolitisches Instrument einsetzt, um einen möglichst weitgehenden sog. *lock-in effect* zulasten nachfolgender, eventuell weniger handelsliberal gesinnter Regierungen zu kreieren.[1255]

Angesichts der *free rider*-Dilemmata, die sich infolge der herausgearbeiteten subventionsrechtlichen Regulierungsdefizite auf den unterschiedlichen Stufen grenzüberschreitender Wirtschaftsintegration sowie auf der einzelstaatlichen Ebene für all jene WTO-Mitglieder ergeben, die mit der Union über bi- und plurilaterale Subventionsrechtsregime verhandeln, erwächst aus den dargelegten politökonomischen Erwägungen zugleich auch ein rechtliches Argument. Denn lediglich die formelle Artikulation und Realisierung solcher übergeordneten – das heißt konkret: über den Handelsschutz hinausreichenden – Zielsetzungen in den jeweiligen Vertragswerken kann teilweise darüber hinweghelfen, dass sich diese Staaten durch die Ratifizierung der entsprechenden Abkommen eines – wenngleich mutmaßlich nicht selten nur geringfügigen – Wettbewerbsvorteils gegenüber den Mitgliedstaaten der Union begeben und durch die Aufgabe oder Modifikation ihrer traditionell verfolgten Verteilungs- und Fiskalpolitiken erheblichen innerstaatlichen Widerstand riskieren.[1256] *Philip Lowe* verweist demnach zu Recht auf die elementare *good governance*-Komponente jeglicher Subventions- bzw. Beihilfenkontrolle:

> „Finally, State aid control advocacy should stretch beyond the FTA negotiations. In fact, the principles underlying the EU State aid con-

---

1254 Pointiert *Coppi*, The role of economics in State aid analysis and the balancing test, S. 75: „Budget Discipline Device".

1255 Vgl. knapp *Arcand/Olarreaga/Zoratto*, Weak governments and preferential trade agreements, in: Dür/Elsig (Hrsg.), Trade Cooperation: The Purpose, Design and Effects of Preferential Trade Agreements, S. 82, 83.

1256 Letzteres gilt seit der zunehmenden Fokussierung auf *behind-the-border issues* vor allem für Bundesstaaten. Die gestiegene Relevanz der Belange subföderaler Gebietskörperschaften in den Handelsbeziehungen fand bisher aber nur im Kontext der Öffnung von Beschaffungsmärkten Beachtung (vgl. *Yukins/Prieß*, NZBau 2014, 531 ff.).

trol – justification for state intervention stemming from market failure or equity objectives, proportionality of aid to the objective pursued, incentive effect of aid – are those of sound public policies. Policy evaluation, good governance in taxation, sustainable public finance, optimal use of public funds given the needs of the economy and their opportunity cost – all these are well served by following the principles of State aid control."[1257]

1257 So *Lowe*, Competition Policy as an Instrument of Global Governance, S. 500.

3. Teil: Zwischen den Polen – Beihilfen- und Subventionskontrolle in bi- und plurilateralen EU-Handelsabkommen

Die technische Umsetzung der Vereinbarung bi- und plurilateraler Beihilfen- bzw. Subventionsrechtsregime ist im Gesamtkontext der inhaltlichen und teleologischen Ausrichtung des jeweiligen EU-Handelsabkommens zu betrachten. Unabhängig von der zutreffenden Annahme, dass die *Global Europe*-Agenda in beihilfenrechtlicher Hinsicht einen Paradigmenwechsel begründete (s. oben *Teil 2 § 1 B.II.*), entsteht ein verzerrtes Bild vom effektiven Mehrwert der Beihilfenrechtsexporte, sofern Darstellungen sich exklusiv auf die nach deren Bekanntgabe ratifizierten Verträge mit beihilfen- und subventionsrechtlichen Bestimmungen konzentrieren,[1258] ohne aussagekräftigeren Faktoren wie dem Typ des Abkommens sowie nicht zuletzt der räumlichen Distanz des Handelspartners vom EU-Binnenmarkt höheres Gewicht einzuräumen *(§ 1)*.

Ausgehend von der Union als dem beihilfenrechtlichen „Gravitationszentrum“, in dem die Kommission und der Gerichtshof die maßgebenden rechtlichen Akteure darstellen, sind die bi- und plurilateralen Formen der Beihilfen- und Subventionskontrolle vielmehr in das übergeordnete System der abgestuften Öffnung der EU-Märkte gegenüber Drittstaaten einzuordnen *(§ 2)*. Dieses als sog. „differenzierte Integration“[1259] beschriebene Konzept wirkt sich dergestalt aus, dass der EU-supranationale Ein-

---

1258 Vgl. abweichend aber *Neumann*, Export des europäischen Beihilfenrechts, S. 27 ff.

1259 S. zu diesem den Politikwissenschaften entstammenden Begriff zuletzt *Schimmelfennig/Winzen*, Ever Looser Union?: Differentiated European Integration, 2020, S. 156 ff. Wurde er in der Europarechtswissenschaft lange Zeit überwiegend im unionsinternen Kontext (betreffend die Institute der verstärkten Zusammenarbeit oder sog. *opt-outs* aus der Währungsunion) verwendet, erhielt er spätestens im Zuge des Brexit-Referendums eine externe Dimension (vgl. hierzu exemplarisch *Isak*, Nach dem Brexit: Weitere Differenzierung der Union nach innen und nach außen?, in: Lorenzmeier/Folz (Hrsg.), Recht und Realität: Festschrift für Christoph Vedder, 2017, S. 172 ff.). Den Versuch der Entwicklung einer „europäischen Prinzipienlehre“ zur Erweiterungs-, Assoziierungs- sowie Nachbarschaftspolitik hatte zuvor bereits *Alsen*, Der europäische Integrationsauftrag der EU, 2009, S. 98 ff., unternommen.

fluss auf die Beihilfendisziplin des Handelspartners stets desto gravierender ausfällt, je umfangreicher dessen Partizipation am – bzw. Zugang zum – Binnenmarkt nach dem Willen der Vertragsparteien im jeweiligen Einzelfall ausgestaltet sein soll. Umgekehrt findet eine sukzessive Annäherung an den „Gegenpol" des WTO-Subventionsrechts statt, je weniger dieser eine Angleichung an die Unionsrechtsordnung in Betracht zieht.

Eine besonders komplexe Herausforderung ergibt sich für die Union, wenn die Beihilfen- bzw. Subventionsregulierung im Verhältnis zu einem Drittstaat mit der rechtlich oder faktisch erreichten gegenseitigen Marktintegration nicht oder nicht mehr Schritt halten kann und aus diesem Grund Wettbewerbsverfälschungen zulasten der Unionswirtschaft einzutreten drohen. Während sich dieser mangelnde Gleichklang teilweise durch eine allgemeine Modernisierung des Rechtsrahmens beheben ließe, gilt dies nicht für das integrationspolitische Novum der Neuaushandlung einer über mehrere Jahrzehnte gewachsenen und durch die EU-Mitgliedschaft rechtlich vollumfänglich abgesicherten Handelsbeziehung, an deren Ende ein geringerer Grad an Wirtschaftsintegration stehen soll als zuvor. Diese Ausgangssituation stritt im Falle des Brexit für eine völkervertragliche Perpetuierung des beihilfenrechtlichen *status quo*, die rechtspolitischen Rahmenbedingungen verlangten indessen nach einer Auseinandersetzung mit den Möglichkeiten und Grenzen einer grundlegenden Umwälzung der institutionellen Einkleidung der Beihilfenrechtsordnung zwischen der EU der 27 und dem Vereinigten Königreich *(§ 3)*. Diese wird sich durch eine „indirekte Supranationalität" auszeichnen, bei der beispiellose Eintrittsrechte zugunsten der Kommission die prinzipielle Aufsichtsdezentralisierung flankieren.

§ 1 Völkervertragliches Umsetzungsinstrumentarium der Union

Der Wahl des völkervertraglichen Instruments, das die Union im Einzelfall zur Umsetzung ihres Beihilfenrechtsexports einsetzt, beruht naturgemäß auf einer primär politischen Entscheidung, die vorliegend nicht hinterfragt wird.[1260] Gleichwohl ist die Abkommensart von Bedeutung, da sie die Weite des international-beihilfenrechtlichen Möglichkeitsraums im je-

1260 Gleiches gilt für die Entscheidung zugunsten des Vertragsparteienstatus der EU-Mitgliedstaaten (sog. „gemischte Abkommen"), der sowohl im Falle von Assoziierungs- als auch im Falle von Freihandelsabkommen kompetenzrechtlich zumeist überhaupt nicht geboten wäre (vgl. hierzu *Mögele*, in: Streinz,

weiligen Vertragswerk faktisch bereits präjudiziert *(A)*. Dies trifft einmal mehr zu, berücksichtigt man zusätzlich den Kontext der einschlägigen Generation („eins“ bis „vier“) des Abkommens *(B.)*. Insgesamt ergibt sich hieraus ein unionszentriertes System konzentrischer Kreise, das den Konnex zwischen geographischer Nähe, Marktintegration sowie Breite und Tiefe der auf bi- und plurilateraler Ebene vereinbarten beihilfen- bzw. subventionsrechtlichen Regime offenlegt *(C.)*.

A. Abkommensarten

Die je nach Vertragspartner variierende Erheblichkeit der rechtskulturellen Grenzen einer Europäisierung des internationalen Subventionsrechts korrespondiert in aller Regel mit der von der Union jeweils getroffenen Wahl der Abkommensart, die über die von ihr disziplinenübergreifend angestrebte Tiefe der Handelsbeziehung Aufschluss gibt und wiederum durch die herausgearbeiteten welthandels- bzw. unionsrechtlichen Vorgaben für die Ausgestaltung präferenzieller (Frei-)Handelsverträge vorgeprägt ist. Legt man die in *Teil 2* entwickelten Kategorien zugrunde, eignen sich für Beihilfenrechtsexporte im engeren Sinne weitreichendere Spielarten von Assoziierungsabkommen gemäß Art. 217 AEUV *(I.)*, während für Mischkonstruktionen, die EU-beihilfenrechtliche und WTO-subventionsrechtliche Elemente kombinieren, sowie ausschließlich am ASÜ orientierte WTO-plus-Kapitel auf die Erweiterung und Absicherung des Marktzugangs fokussierte Freihandelsabkommen im Sinne von Art. 207 AEUV verbleiben *(II)*. Subventionsrechtlich zumeist irrelevant sind Partnerschafts- bzw. Kooperationsabkommen *(III.)*.

I. Assoziierungsabkommen

Art. 217 AEUV ermächtigt die EU, mit einem oder mehreren Drittländern Abkommen zu schließen, die eine „Assoziierung mit gegenseitigen Rechten und Pflichten, gemeinsamen Vorgehen und besonderen Verfahren“ herstellen.[1261] Obgleich heute weitgehende Einigkeit über die kom-

Art. 217 AEUV Rn. 18 ff.; sowie *Bungenberg*, in: Frankfurter Kommentar, Art. 207 Rn. 167 ff.).

1261 S. hierzu umfassend *Schmalenbach*, Assoziierung und Erweiterung, in: v. Arnauld (Hrsg.), Europäische Außenbeziehungen, § 6 Rn. 12 ff.; vgl. für

petenzrechtliche Eigenständigkeit dieser Bestimmung besteht,[1262] bleiben die Konturen der einzelnen Voraussetzungen vage, sodass die daraus resultierende Weite ihres Anwendungsbereichs im Schrifttum zutreffend mit der Faustformel „zwischen Handelsabkommen plus 1 % und Beitritt minus 1 %“[1263] umschrieben wird. Es bedarf daher einer Typologisierung der bestehenden Assoziierungsabkommen, wobei sich für beihilfenrechtliche Zwecke eine Erweiterung der von *Peter Behrens* für das gesamte Wettbewerbsrecht entwickelten viergliedrigen Einteilung *(1.-2. und 4.-5.)* um eine Subkategorie für Nachbarschaftsassoziierungen *(3.)* anbietet.[1264] Zwar wird zu Recht eingewendet, dass dieses Vorgehen nur bedingt Rückschlüsse auf die konkreten Abkommensinhalte erlaube,[1265] jedoch lässt sich hierdurch annäherungsweise bestimmen, inwieweit auf Art. 217 AEUV gestützte Übereinkünfte der einst vom EuGH formulierten, weitreichenden Definition des Assoziierungsbegriffs gerecht werden, nach der diese „besondere und privilegierte Beziehungen mit einem Drittstaat [...], der zumindest teilweise am Gemeinschaftssystem teilhaben muss“[1266], initiieren. Letzteres Kriterium spiegelt sich in der Abkommenspraxis der Union indessen lediglich teilweise wider, sodass bei zwei von fünf Assoziierungstypen Beihilfenrechtsexporte im engeren Sinne von vornherein auszuschließen sind.

1. Binnenmarktassoziierungen

Unter „Binnenmarktassoziierungen“[1267] sind Verträge zur Schaffung eines Gemeinsamen Marktes mit den dargelegten (s. oben *Teil 2 § 2 B.I.1.*) Charakteristika (Liberalisierung aller Produktionsfaktoren, abgestufte Harmonisierung des jeweiligen Wirtschaftsrechts und Surrogation von Handels-

---

eine kontextualisierende Einordnung in die vertragliche Handelspolitik der Union *Boysen*, Das System des Europäischen Außenwirtschaftsrechts, in: ebd., § 9 Rn. 101 ff.

1262 Vgl. zusammenfassend zur Kontroverse um die gegenständliche Reichweite der Assoziierungszuständigkeit *Mögele*, in: Streinz, Art. 217 AEUV Rn. 18 ff. m. weit. Nachw.

1263 So pointiert *Oppermann/Classen/Nettesheim*, Europarecht, 2018, § 41 Rn. 2.

1264 Vgl. hierzu instruktiv *Behrens*, Europäisches Marktöffnungs- und Wettbewerbsrecht, § 8 Rn. 184 ff. bzw. § 11 Rn. 483 ff.

1265 *Schmalenbach*, in: Calliess/Ruffert, Art. 217 AUEV Rn. 33.

1266 EuGH C-12/86, Slg. 1987, 3719 Rn. 9 – Demirel/Stadt Schwäbisch Gmünd.

1267 Besagte Kategorisierung geht zurück auf *Bruha*, EuR 2002 – Beiheft 3, 109 ff.

schutzmaßnahmen durch gemeinsame Wettbewerbsregeln) zu verstehen, was im Falle der Union konkret bedeuten muss, dass es zu einer territorialen Ausdehnung von deren Grundfreiheiten und Wettbewerbsrecht auf einen oder mehrere Drittstaaten kommt.[1268] Diese Bezeichnung trifft nach heutigem Stand einzig auf den EWRV[1269] mit den EFTA-Staaten Island, Liechtenstein, Norwegen zu, der in quantitativer (dynamische Übernahme sowie Auslegung nahezu des gesamten Binnenmarktacquis[1270] inklusive Verordnungen, Richtlinien und *soft law*) wie in qualitativer (Homogenitätsgebot,[1271] unmittelbare Wirkung „im Resultat",[1272] quasi-Anwendungsvorrang vor nationalem Recht,[1273] Einrichtung supranationaler Pendants zu Kommission und EuGH aufseiten der EWR/EFTA-Staaten[1274]) Hinsicht einen im Drittstaatenkontext unerreichten Grad an Wirtschaftsintegration erzielt, welcher eine weitreichende materielle Eingliederung der Vertragspartner in das EU-Beihilfenaufsichtssystem gestattet *(§ 2 A.I.)*. Als neue Binnenmarktassoziierungen in diesem Sinne kommen theoretisch die sich seit dem Jahre 2015 in Verhandlung befindlichen Abkommen mit den westeuropäischen Mikrostaaten Andorra, Monaco sowie San Marino in Betracht,[1275] die jeweils bereits der EU-Zollunion beigetreten sind[1276] und nunmehr umfassender am Binnenmarkt beteiligt werden sollen *(§ 2 A.II.)*.

1268 S. eingehend zum binnenmarktlichen Charakter des EWR *Bruha*, Is the EEA an Internal Market?, in: Müller-Graff/Selvig (Hrsg.), EEA-EU Relations, 1999, S. 97 ff.

1269 Vgl. dazu den Nachw. o. in Fn. 1034.

1270 Vgl. zur dynamisch-fortlaufenden Anpassung des EWR-Rechts an Neuerungen im EU-Binnenmarktrecht Art. 97 ff. EWRV; zu dessen Auslegung und Anwendung in Einklang mit vor und nach Unterzeichnung des EWRV ergangener EuGH-Rechtsprechung Art. 6 EWRV bzw. Art. 3 Abs. 2 des Abkommens der EFTA-Staaten zur Errichtung einer Überwachungsbehörde und eines Gerichtshofs [ÜGA] (ABl. 1994 L 344/1).

1271 Wie bereits aus der EWRV-Präambel hervorgeht, ist dieses als oberstes EWR-Leitprinzip zu bezeichnen.

1272 Vgl. zu dieser intrikaten, für jeden einzelnen der EWR/EFTA-Staaten differenziert zu beantwortenden Frage *Bull*, 'Shall be Made Part of the Internal Legal Order': The Legislative Approaches, in: Baudenbacher/Speitler/Pálmarsdóttir (Hrsg.) The EEA and the EFTA Court: Decentred Integration, 2014, S. 203 ff.

1273 EWRV-Protokoll Nr. 35 zur Durchführung der EWR-Bestimmungen, ABl. 1994 L 1/205.

1274 Vgl. Art. 4 ff. (EFTA-Überwachungsbehörde) bzw. Art. 27 ff. (EFTA-Gerichtshof) ÜGA.

1275 S. knapp zu Zielsetzung und Inhalt des Verhandlungsmandats des Rates *Rat*, Pressemitteilung v. 16.12.2014 (ST 16972/14, Presse 659).

1276 Vgl. für Monaco die Verweisung in Art. 4 Abs. 2 lit. a der Verordnung (EU) Nr. 952/2013 des Europäischen Parlaments und des Rates v. 9. Okto-

2. Beitrittsassoziierungen

Bezüglich bestehender Beitrittsassoziierungen, mit denen die Union europäische Drittstaaten sukzessive an den gesamten unionalen *acquis communautaire* heranführt, um sie auf einen späteren Beitritt zur EU vorzubereiten,[1277] ist zwischen dem im Jahre 1995 um eine Zollunion[1278] ergänzten Abkommen mit der Türkei von 1963[1279] einerseits (*§ 2 B.I.*) sowie den im Zeitraum zwischen 2004 und 2016 abgeschlossenen Stabilisierungs- und Assoziierungsabkommen (SAA) mit den sieben[1280] Staaten des West-

---

ber 2013 zur Festlegung des Zollkodex der Union, ABl. 2013 L 269/1; Beschluss 90/680/EWG des Rates v. 26. November 1990 über den Abschluss des Abkommens in Form eines Briefwechsels zwischen der Europäischen Wirtschaftsgemeinschaft und dem Fürstentum Andorra, ABl. 1990 L 374/13; Beschluss 2002/245/EG des Rates v. 28. Februar 2002 über den Abschluss des Abkommens über eine Zollunion und die Zusammenarbeit zwischen der Europäischen Wirtschaftsgemeinschaft und der Republik San Marino und des Protokolls zu jenem Abkommen infolge der am 1. Januar 1995 erfolgten Erweiterung, ABl. 2002 L 84/41.

1277 Diese Zielsetzung bildet zugleich den entstehungsgeschichtlichen Hintergrund der Assoziierungszuständigkeit (vgl. nur *Vöneky/Beylage-Haarmann*, in: Grabitz/Hilf/Nettesheim, 69. EL Februar 2020, Art. 217 AEUV Rn. 78).

1278 Vgl. Beschluss Nr. 1/95 [EU-TR-CU] des Assoziationsrates EG-Türkei v. 22. Dezember 1995 über die Durchführung der Endphase der Zollunion (ABl. 1996 L 35/1).

1279 Abkommen zur Gründung einer Assoziation [Ankara-AA] zwischen der Europäischen Wirtschaftsgemeinschaft und der Republik Türkei (ABl. 1964 L 217/3687).

1280 Stabilisierungs- und Assoziierungsabkommen [EU-AL-SAA] zwischen den Europäischen Gemeinschaften und ihren Mitgliedstaaten einerseits und der Republik Albanien andererseits (ABl. 2009 L 107/166); Stabilisierungs- und Assoziierungsabkommen [EU-BIH-SAA] zwischen den Europäischen Gemeinschaften und ihren Mitgliedstaaten einerseits und Bosnien und Herzegowina andererseits (ABl. 2015 L 164/2); Stabilisierungs- und Assoziierungsabkommen [EU-XK-SAA] zwischen der Europäischen Union und der Europäischen Atomgemeinschaft einerseits und dem Kosovo andererseits (ABl. 2016 L 71/3); Stabilisierungs- und Assoziierungsabkommen [EU-HR-SAA] zwischen den Europäischen Gemeinschaften und ihren Mitgliedstaaten einerseits und der Republik Kroatien andererseits (ABl. 2005 L 26/3); Stabilisierungs- und Assoziierungsabkommen [EU-NMK-SAA] zwischen den Europäischen Gemeinschaften und ihren Mitgliedstaaten einerseits und der ehemaligen jugoslawischen Republik Mazedonien andererseits (ABl. 2004 L 84/13); Stabilisierungs- und Assoziierungsabkommen [EU-ME-SAA] zwischen den Europäischen Gemeinschaften und ihren Mitgliedstaaten einerseits und der Republik Montenegro andererseits (ABl. 2010 L 108/3); Stabilisierungs- und Assoziierungsabkommen

balkans andererseits (*§ 2 B.II.*) zu differenzieren. Letztere mündeten bisher lediglich im Falle Kroatiens (2013) in eine Mitgliedschaft,[1281] wobei es für die Ausgestaltung des SAA unerheblich ist, ob der Vertragspartner formal zum Beitrittskandidaten erklärt wurde oder über den Statuts des sog. „potenziellen Kandidaten“ verfügt.[1282] Während die Assoziierung mit der Türkei angesichts ihres Datums und der Aufnahme in die EU-Zollunion spezifische Eigenheiten aufweist,[1283] folgen die handelsrelevanten Regelungsabschnitte sämtlicher SAA dem gleichen Muster: Sie begründen jeweils eine vertiefte Freihandelszone, indem sie über die Abschaffung der Warenzölle hinaus eine perspektivische Liberalisierung des Dienstleistungs-, Kapital- und Zahlungsverkehrs, Diskriminierungsverbote betreffend die Arbeitnehmerfreizügigkeit bzw. das Niederlassungsrecht sowie unter anderem eine Angleichung an das Unionswettbewerbsrecht anstreben, ohne auf die Anwendung von handelspolitischen Schutzinstrumenten zu verzichten.[1284] Gemeinsam ist beiden schließlich ein durch die Einsetzung von paritätisch besetzten Assoziierungsräten geprägter institutioneller Rahmen. Diesen kommt durch ihre verbindliche Beschlussfassungsbefugnis (sekundäres Assoziierungsrecht) nicht unerhebliche Gestaltungsfreiheit zu. Allerdings politisiert die strikte Anwendung des Konsensprinzips die ebenfalls in ihrem Verantwortungskreis liegende Streitbeilegung.[1285]

3. Nachbarschaftsassoziierungen

Es sind insbesondere die zuletzt genannten Aspekte der Implementierung, Rechtsdurchsetzung bzw. Streitbeilegung – und in geringerem Maße der durch den Lissabon-Vertrag eingefügte Art. 8 EUV –, die es rechtferti-

---

[EU-RS-SAA] zwischen den Europäischen Gemeinschaften und ihren Mitgliedstaaten einerseits und der Republik Serbien andererseits (ABl. 2013 L 278/16).

1281 Vertrag zwischen […] (Mitgliedstaaten der Europäischen Union) und der Republik Kroatien über den Beitritt der Republik Kroatien zur Europäischen Union, ABl. 2012 L 112/10.

1282 Albanien, Montenegro, Mazedonien und Serbien sind Kandidatenländer, während Bosnien-Herzegowina und das Kosovo über den Status potenzieller Kandidatenländer verfügen.

1283 Vgl. zu den Anomalien der EU-Türkei-Zollunion *Mathis*, LIEI 2013, 291, 292 ff.

1284 S. zu diesen Wesenszügen *Marwedel*, Die SAA der EU mit den Staaten des Westlichen Balkans, 2012, S. 96 ff.

1285 S. zu Struktur sowie Arbeitsweise dieser Räte *Schmalenbach*, Assoziierung und Erweiterung, § 6 Rn. 19 ff.

gen, EU-Assoziierungen mit weiteren benachbarten Drittstaaten als eine Subkategorie eigener Art zu begreifen.[1286] Sie hat ihre Wurzeln in der aus geographischen (Europa-Mittelmeer-Partnerschaft – EMP) und politischen (Östliche Partnerschaft – ÖP) Gründen fehlenden Beitrittsaussicht jener Länder. Letztere erlaubt im Falle von Beitrittsassoziierungen einen Rückgriff auf das außerrechtliche Instrument der sog. „EU-Konditionalität", welches die (potenziellen) Beitrittskandidaten ungeachtet der überwiegenden Abwesenheit eines quasi-judiziellen Streitbeilegungsmechanismus oder eines präzise ausbuchstabierten Gebots zur Ausrichtung der Auslegung und Anwendung des Abkommens an die Rechtsprechung des EuGH zu einer unionsrechtskonformen Umsetzung ihrer Verpflichtungen animiert.[1287] Wirkte sich das Fehlen dieses faktischen Druckmittels auf den Harmonisierungserfolg der Europa-Mittelmeer-Abkommen (EMA)[1288]

1286 So auch *Kotzur*, Europäische Nachbarschaftspolitik, in: v. Arnauld (Hrsg.), Europäische Außenbeziehungen, § 7 Rn. 19 ff.; vgl. ausführlich zur ENP als eigenständige EU-Politiklinie *Bachmann*, Der Nachbarschaftsraum nach Artikel 8 EUV, 2019, S. 195 ff.

1287 S. zur klassischen EU-Konditionalität *Priebe*, EuR 2008, 301 ff.; zum ENP-Alternativansatz *Petrov*, EU values in integration-oriented agreements, in: Poli (Hrsg.), The European Neighbourhood Policy, 2016, S. 99, 102 ff.

1288 Europa-Mittelmeer-Abkommen [EU-EG-EMA] zur Gründung einer Assoziation zwischen den Europäischen Gemeinschaften und ihren Mitgliedstaaten einerseits und der Arabischen Republik Ägypten andererseits (ABl. 2004 L 304/39); Europa-Mittelmeer-Abkommen [EU-DZ-EMA] zur Gründung einer Assoziation zwischen der Europäischen Gemeinschaft und ihren Mitgliedstaaten einerseits und der Demokratischen Volksrepublik Algerien andererseits (ABl. 2005 L 265/2); Europa-Mittelmeer-Abkommen [EU-ISR-EMA] zur Gründung einer Assoziation zwischen den Europäischen Gemeinschaften und ihren Mitgliedstaaten einerseits und dem Staat Israel andererseits (ABl. 2000 L 147/3); Europa-Mittelmeer-Abkommen [EU-JO-EMA] zur Gründung einer Assoziation zwischen den Europäischen Gemeinschaften und ihren Mitgliedstaaten einerseits und dem Haschemitischen Königreich Jordanien andererseits (ABl. 2002 L 129/3); Europa-Mittelmeer-Assoziationsabkommen [EU-LB-EMA] zwischen der Europäischen Gemeinschaft und ihren Mitgliedstaaten einerseits und der Libanesischen Republik andererseits (ABl. 2006 L 143/2); Europa-Mittelmeer-Abkommen [EU-MA-EMA] zur Gründung einer Assoziation zwischen den Europäischen Gemeinschaften und ihren Mitgliedstaaten einerseits und dem Königreich Marokko andererseits (ABl. 2000 L 70/2); Europa-Mittelmeer-Interimsassoziationsabkommen [EU-PS-EMA] über Handel und Zusammenarbeit zwischen der Europäischen Gemeinschaft einerseits und der Palästinensischen Befreiungsorganisation (PLO) zugunsten der Palästinensischen Behörde für das Westjordanland und den Gaza-Streifen andererseits (ABl. 1997 L 187/3); Europa-Mittelmeer-Abkommen [EU-TN-EMA] zur Gründung einer

noch negativ aus (*§ 2 C.I.*),[1289] ist es der Union im Rahmen der östlichen Dimension der ENP gelungen, die besagten Lücken durch die Vereinbarung sog. *Deep and Comprehensive Free Trade Areas* (DCFTA)[1290] partiell zu schließen. DCFTA stellen keine Mitgliedschaft in Aussicht und ähneln nur noch vage den SAA, zeichnen sich aber durch eine immense Bandbreite an handelspolitischen Disziplinen sowie vor allem einen robusteren institutionellen Rahmen aus, der die Erreichung des ehrgeizigen Ziels der graduellen Integration der europäischen Peripherie in den Binnenmarkt sicherzustellen dient.[1291] Da die GD Handel ihnen Vorbildcharakter für die Ablösung der EMA[1292] und weitere Abkommen zuerkennt, entfalten sie besondere international-beihilfenrechtliche Relevanz (*§ 2 C.II.*).

4. Freihandelsassoziierungen

Ungleich heterogener gestaltet sich der Phänotyp der Freihandelsassoziierungen, zu welchen zum einen traditionell die im Wesentlichen auf einem Bündel sieben sektorieller Abkommen (Bilaterale I)[1293] aus dem Jahre 1999 beruhenden Handelsbeziehungen zur Schweiz, zum anderen die Assozi-

---

Assoziation zwischen der Europäischen Gemeinschaft und ihren Mitgliedstaaten einerseits und der Tunesischen Republik andererseits (ABl. 1998 L 97/2).

1289 Vgl. *Pieters*, The Integration of the Mediterranean Neighbours into the EU Internal Market, 2010, S. 209 ff.

1290 Vgl. zum EU-UA-AA den Nachw. o. in Fn. 743; außerdem Assoziierungsabkommen [EU-GE-AA] zwischen der Europäischen Union und der Europäischen Atomgemeinschaft und ihren Mitgliedstaaten einerseits und Georgien andererseits (ABl. 2014 L 261/4); Assoziierungsabkommen [EU-MD-AA] zwischen der Europäischen Union und der Europäischen Atomgemeinschaft und ihren Mitgliedstaaten einerseits und der Republik Moldau andererseits (ABl. 2014 L 260/4).

1291 S. hierzu statt aller nur *Van der Loo*, The EU-Ukraine Association Agreement and Deep and Comprehensive Free Trade Area: A New Legal Instrument for EU Integration Without Membership, 2016, S. 304 ff.

1292 Vgl. zu den Überschneidungen *Van der Loo*, Mapping Out the Scope and Contents of the DCFTAs with Tunisia and Morocco, EuroMeSCo Series, No. 26, 2016.

1293 Die sieben bereichsbezogenen (Freizügigkeit, Luftverkehr, Güter- und Personenverkehr auf Schiene und Straße, öffentliches Beschaffungswesen, wissenschaftliche und technische Zusammenarbeit, gegenseitige Anerkennung von Konformitätsbewertungen und Handel mit landwirtschaftlichen Erzeugnissen) Abkommen, welche in ihrer Existenz über eine sog. „Guillotine-Klausel“ verbunden sind, finden sich abgedruckt in ABl. 2002 L 114/6.

ierungen mit den außereuropäischen Nicht-Entwicklungsländern Chile, Mexiko, Südafrika sowie sechs Staaten Zentralamerikas[1294] und regionalen Integrationsgemeinschaften wie dem MERCOSUR,[1295] gerechnet werden. Im Falle der Schweiz ist zu betonen, dass der reine Freihandelsvertrag von 1972[1296] nach wie vor den rechtlichen Ausgangspunkt der gegenseitigen Marktintegration bildet und seit dem Jahre 2004 zusätzlich die nicht marktzugangsbezogenen Bilateralen II[1297] bestehen, sodass – auch in Anbetracht des von eidgenössischer Seite nunmehr final abgelehnten sog. „Institutionellen Abkommens“ (InstA)[1298] – insgesamt von einem Sonderweg der Integration auszugehen ist. Aus ihm erwachsen lediglich sektorenweise „binnenmarktähnliche Verhältnisse“[1299], wodurch sich auf beihilfenrechtlichem Gebiet ein ambivalentes Bild der Regulierung ergibt *(§ 2 D.)*. Die handelsrelevanten Teile der anderen genannten Freihandelsassoziierungen heben sich dagegen allenfalls in Nuancen von modernen EU-Freihandelsabkommen ab *(II.)*, die gestützt auf Art. 207 AEUV geschlos-

1294 Abkommen [EU-CL-AA] zur Gründung einer Assoziation zwischen der Europäischen Gemeinschaft und ihren Mitgliedstaaten einerseits und der Republik Chile andererseits (ABl. 2002 L 352/1); Abkommen [*Global Agreement*] über wirtschaftliche Partnerschaft, politische Koordinierung und Zusammenarbeit zwischen der Europäischen Gemeinschaft und ihren Mitgliedstaaten einerseits und den Vereinigten mexikanischen Staaten andererseits (ABl. 2000 L 276/45) – über dessen umfassende Erneuerung [EU-MX-AA] besteht bereits ein *agreement in principle* (abrufbar unter https://trade.ec.europa.eu/doclib/docs/2018/april/tradoc_156791.pdf [zuletzt aufgerufen am 1.4.2020]); Abkommen [TDCA] über Handel, Entwicklung und Zusammenarbeit zwischen der Europäischen Gemeinschaft und ihren Mitgliedstaaten einerseits und der Republik Südafrika andererseits (ABl. 1999 L 311/3); Abkommen [EU-CA-AA] zur Gründung einer Assoziation zwischen der Europäischen Union und ihren Mitgliedstaaten einerseits sowie Zentralamerika andererseits (ABl. 2012 L 346/3).

1295 Das diesbezügliche *agreement in principle* von Juli 2019 [EU-MERCOSUR-AA] ist online abrufbar unter https://trade.ec.europa.eu/doclib/docs/2019/june/tradoc_157964.pdf [zuletzt aufgerufen am 1.4.2020].

1296 Vgl. dazu den Nachw. o. in Fn. 1092.

1297 Vgl. zu den neun von den Bilateralen II umfassten Teilbereichsabkommen *Oesch/Burghartz*, in: Krenzler/Herrmann/Niestedt, 14. EL Oktober 2019, XIII. 132b. EU-Schweiz Rn. 17 f.

1298 Die inoffizielle deutsche Übersetzung des Entwurfs des Abkommenstextes ist abrufbar unter www.eda.admin.ch/dam/dea/de/documents/abkommen/Acccord-inst-Projet-de-texte_de.pdf [zuletzt aufgerufen am 1.4.2020].

1299 *Behrens*, Europäisches Marktöffnungs- und Wettbewerbsrecht, § 8 Rn. 195.

sen wurden.[1300] Regelmäßig enthalten sie weder weitreichende Übernahmen des Binnenmarktacquis, noch verlangen sie nach einer irgendwie gearteten Ausrichtung des Drittstaates an den Unionsinstitutionen, auf deren Grundlage Beihilfenrechtsexporte im engeren Sinne möglich wären (*§ 2 E.*). Insbesondere bei denjenigen Vertragspartnern, die nur einen geringen Industrialisierungsgrad aufweisen, können handelsbezogene Aspekte hinter allgemeinen Entwicklungszielen zurücktreten, was die Grenzen zur Entwicklungsassoziierung (s. sogleich *5.*) zusätzlich verwischt.

5. Entwicklungsassoziierungen

Entwicklungsassoziierungen bilden einen Typus, der wegen seines mangelnden Aussagewerts bezüglich der Regulierung von Industriesubventionen aus der Betrachtung auszuklammern ist. Zu ihm zählen nach dem hier bevorzugten engen Verständnis allein Economic Partnership Agreements (EPA) mit der African, Caribbean and Pacific Group of States (kurz: *ACP States*).[1301] Diese sollen schrittweise das noch stark asymmetrisch geprägte – und daher mit WTO-rechtlichen Vorgaben (s. oben *Teil 2 § 2 A.I.*) konfligierende – Abkommen von Cotonou[1302] ablösen. EPA mit 15 Staaten der Karibischen Gemeinschaft (CARIFORUM) und mit drei Pazifik-Staaten sind bereits in Kraft,[1303] diejenigen mit den diversen afrikanischen Integrationsgemeinschaften befinden sich noch im Ratifizierungsprozess und werden vereinzelt mithilfe von sog. *interim* respektive *stepping stone EPA* überbrückt.[1304] Da im Übergang zu reziproken Freihandelszonen

---

1300 Vgl. zu den generellen Unterscheidungsmerkmalen *Schmalenbach*, Assoziierung und Erweiterung, § 6 Rn. 7.

1301 Die *ACP States* setzen sich aus 79 Staaten (48 Länder aus Subsahara-Afrika, 16 aus der Karibik und 15 aus dem Pazifik) zusammen, von denen (bis auf Kuba) alle Signatarstaaten des Cotonou-Abkommens (Fn. 1302) sind.

1302 Partnerschaftsabkommen 2000/483/EG zwischen den Mitgliedern der Gruppe der Staaten in Afrika, im Karibischen Raum und im Pazifischen Ozean einerseits und der Europäischen Gemeinschaft und ihren Mitgliedstaaten andererseits, ABl. 2000 L 317/3.

1303 Vgl. zum aktuellen Stand der jeweiligen (Vor-)Verhandlungen die ständig aktualisierte Übersicht der *Kommission*, Overview of Economic Partnership Agreements, online abrufbar unter https://trade.ec.europa.eu/doclib/docs/2009/september/tradoc_144912.pdf [zuletzt aufgerufen am 1.4.2020].

1304 Vgl. hierzu exemplarisch Interims-Wirtschaftspartnerschaftsabkommen zwischen Ghana einerseits und der Europäischen Gemeinschaft und ihren Mitgliedstaaten andererseits, ABl. 2016 L 287/3.

kontinuierliche Aktualisierungen der EPA geplant sind und der Einfluss auf den Welthandel von durch *ACP States* vergebenen Industriesubventionen als gering zu bezeichnen ist, beschränken sich EPA auf Regelungen zu Agrarsubventionen, die weniger auf die Zurückdrängung entsprechender drittstaatlicher Praktiken, als vielmehr derjenigen der EU selbst zielen.[1305]

II. Freihandelsabkommen

Freihandelsabkommen, die in erster Linie auf den seit der Lissabon-Vertragsrevision erweiterten EU-Außenhandelsbefugnissen (vgl. Art. 207 Abs. 1 AEUV) beruhen, zielen auf eine möglichst weitgehende wechselseitige Marktöffnung, ohne eine Ausdehnung des Binnenmarktacquis – und Rechtsharmonisierungen im Allgemeinen – anzustreben oder in einen vertieften (entwicklungs-)politischen Dialog einzutreten.[1306] Sie finden – abgesehen von dem nach wie vor relevanten Warenfreihandelsabkommen mit der Schweiz – exklusiv Anwendung auf die Handelsbeziehungen zu außereuropäischen Partnern wie Japan, Kanada, Südkorea[1307] und den beiden ASEAN-Staaten Singapur und Vietnam[1308] sowie drei der vier CAN-Staaten (Peru, Kolumbien und Ecuador)[1309], die häufig ein weniger stark ausgeprägtes geo- und handelspolitisches Gefälle im Verhältnis zur Union verbindet. Vergleicht man jedoch diese reinen Freihandelsabkommen mit

---

1305 So etwa Art. 24 des Interims-Partnerschaftsabkommens zwischen der Europäischen Gemeinschaft einerseits und den Pazifik-Staaten andererseits, ABl. 2009 L 272/2.

1306 Die Anordnung des Ausschlusses der unmittelbaren Anwendbarkeit sämtlicher Abkommensbestimmungen bildet dahingegen kein distinktes Merkmal reiner Freihandelsverträge, sondern eint alle post-*Global Europe*-Abkommen (s. näher unten *B.III.*) mit Ausnahme der SAA (vgl. zu den rechtlichen Hintergründen erschöpfend *Semertzi*, CMLR 2014, 1125 ff.).

1307 Abkommen [JEFTA] zwischen der Europäischen Union und Japan über eine Wirtschaftspartnerschaft (ABl. 2018 L 330/3); vgl. ferner die Nachw. o. in Fn. 747 (CETA) und 743 (EUKFTA).

1308 Vgl. zum EUSFTA den Nachw. o. in Fn. 988; Freihandelsabkommen [EU-VFTA] zwischen der Europäischen Union und der Sozialistischen Republik Vietnam (ABl. 2020 L 186/3).

1309 Handelsübereinkommen [EU-CAN-FTA] zwischen der Europäischen Union und ihren Mitgliedstaaten einerseits sowie Kolumbien und Peru andererseits (ABl. 2012 L 354/3); vgl. zusätzlich Beitrittsprotokoll zum Handelsübereinkommen zwischen der Europäischen Union und ihren Mitgliedstaaten einerseits sowie Kolumbien und Peru andererseits betreffend den Beitritt Ecuadors, ABl. 2016 L 356/3.

dem materiell-handelsrechtlichen Gehalt von Freihandelsassoziierungen (s. oben *I.4.*), so wird ersichtlich, dass besagte Subkategorien sich zumindest strukturell ähneln, indem die jeweiligen Abkommenstexte WTO-plus- bzw. WTO-extra-Bestimmungen vorsehen. Unabhängig von der Breite und Tiefe der bi- bzw. plurilateralen Vertragswerke, welche sich vorwiegend nach der einschlägigen Abkommensgeneration richten *(B.)*, bedeutet dies für die Beihilfen- bzw. Subventionsproblematik in beiden Fällen, dass im Grundsatz das WTO-rechtliche ASÜ und erst an zweiter Stelle das EU-Beihilfenrecht den Referenzrahmen bildet *(§ 2 E.)*.

III. Partnerschafts- und Kooperationsabkommen

Als dritte und letzte Oberkategorie bleiben Partnerschafts- und Kooperationsabkommen (PCA), welche die Union in klassischer Form nur noch mit Aserbaidschan, Russland (suspendiert seit 2014) und fünf zentralasiatischen Staaten,[1310] sowie Bangladesch, den GCC-Vertragsparteien, Indien, dem Irak und Pakistan unterhält.[1311] Sie unterschreiten die für eine Assoziierung erforderliche sog. „kritische Masse“[1312], intendieren aber ebenso wenig die Begründung einer Freihandelszone im Sinne von Art. XXIV GATT. Dementsprechend erschöpfen sich die PCA auch auf dem Gebiet

---

1310 Vgl. hierzu zusammenfassend das EU-Dok. „Partnerschafts- und Kooperationsabkommen (PKA): Russland, Osteuropa, Südkaukasus und Zentralasien“ (letzte Änderung: 29.9.2010), abrufbar unter https://eur-lex.europa.eu/legal-content/DE/TXT/HTML/?uri=LEGISSUM:r17002&from=EN [zuletzt aufgerufen am 15.4.2020].

1311 Kooperationsabkommen zwischen der Europäischen Gemeinschaft und der Volksrepublik Bangladesch über Partnerschaft und Entwicklung, ABl. 2001 L 118/41; Kooperationsabkommen zwischen der Europäischen Wirtschaftsgemeinschaft einerseits und den Vertragsparteien der Charta des Kooperationsrates der Arabischen Golfstaaten (Vereinigte Arabische Emirate, Staat Bahrain, Königreich Saudi-Arabien, Sultanat Oman, Staat Katar und Staat Kuwait) andererseits, ABl. 1989 L 54/3; Kooperationsabkommen zwischen der Europäischen Gemeinschaft und der Republik Indien über Partnerschaft und Entwicklung, ABl. 1994 L 223/24; Partnerschafts- und Kooperationsabkommen zwischen der Europäischen Union und ihren Mitgliedstaaten einerseits und der Republik Irak andererseits, ABl. 2012 L 204/20; Kooperationsabkommen zwischen der Europäischen Gemeinschaft und der Islamischen Republik Pakistan über Partnerschaft und Entwicklung, ABl. 2004 L 378/23.

1312 S. hierzu eingehend *Peers*, EC frameworks of international relations: cooperation, partnership, association in: Dashwood/Hillion (Hrsg.), The General Law of EC External Relations, 2000, S. 160, 168.

des Wettbewerbsrechts in *best endeavour*-Klauseln,[1313] ohne – anders als zuletzt im Falle des MoU mit China (s. oben *Teil 2 § 2 B.III.2.*) – gleichzeitig eine ergänzende, dezidiert beihilfenrechtlichen Problemstellungen gewidmete Zusammenarbeit mit den jeweils zuständigen drittstaatlichen Aufsichts- bzw. Kontrollbehörden vorzubereiten, mithilfe derer die GD Wettbewerb zumindest in der Lage wäre, auf der administrativ-technischen Ebene mittelbaren Einfluss auf die wettbewerbspolitische Ausrichtung eines Vertragspartners auszuüben. Sofern der subventionsrechtliche Gehalt eines modernisierten PCA – wie bisher einzig im Falle Armeniens geschehen[1314] – infolge von dessen Einbindung in die ENP nicht ausnahmsweise über das dargelegte Niveau hinausgeht *(§ 2 C.II.)*, stehen im Konfliktfall keine anderen Reaktionsmöglichkeiten zur Verfügung als der Rekurs auf das WTO-Subventionsrecht, sodass PCA ebenso wie Entwicklungsassoziierungen aus der weiteren Betrachtung prinzipiell ausscheiden.

B. Abkommensgenerationen

Während die Kommission sich in ihren jährlichen *Trade Agreement Implementation Reports*[1315] auf die Unterscheidung zwischen zwei Abkommensgenerationen beschränkt und die Bekanntgabe der *Global Europe*-Agenda als alleinige Zäsur definiert, ergibt sich bei einer umfassenderen Zusammenschau ein differenziertes Bild von insgesamt vier Generationen von Abkommen.[1316] Von diesen kommt indessen lediglich den drei jüngeren beihilfenrechtliche Bedeutung zu *(I.)*, wobei sich das Vorgehen bei Beitrittsassoziierungen als historisches Kontinuum erweist *(II.)*. Die seit dem Jahre 2006 verfolgten Innovationen liegen zum einen in dem konsequenteren Export des Binnenmarktacquis in die Unionsnachbarschaft, zum ande-

1313 Vgl. beispielsweise Art. 42 Abs. 2 des Abkommens über Partnerschaft und Zusammenarbeit zur Gründung einer Partnerschaft zwischen den Europäischen Gemeinschaften und ihren Mitgliedstaaten einerseits sowie der Republik Usbekistan andererseits, ABl. 1999 L 229/3.

1314 Vgl. Abkommen [EU-AM-PCA] über eine umfassende und verstärkte Partnerschaft zwischen der Europäischen Union und der Europäischen Atomgemeinschaft und ihren Mitgliedstaaten einerseits und der Republik Armenien andererseits (ABl. 2018 L 23/4).

1315 Vgl. *Kommission*, Report from the Commission to the European Parliament, the Council, the European Economic and Social Committee and the Committee of the Regions on implementation of free trade agreements 1 January 2018 – 31 December 2018, COM(2019) 455 final, 11 ff. und 20 ff.

1316 S. hierzu nur *Weiß*, Vertragliche Handelspolitik der EU, § 10 Rn. 4.

ren in einer spürbaren geographischen Erweiterung der Freihandelsbemühungen auf Nord-, Mittel- und Südamerika sowie Ost- bzw. Südostasien im Wege von bi- oder plurilateralen WTO-plus-Abkommen *(III.)*.

I. Erste und zweite Generation

Unter Zugrundelegung eines weiten Verständnisses der vertraglichen Außenhandelsbeziehungen sind die von der EWG in den 1960er-Jahren vereinbarten nicht-präferenziellen Handelsübereinkünfte als erste Generation einzustufen. Abgesehen von dem im Jahre 1963 abgeschlossenen, in den darauffolgenden drei Jahrzehnten mehrfach ergänzten, Assoziierungsabkommen mit der Türkei, das bereits einen Zeitplan für den Beitritt zur Zollunion vorsah, sich allerdings noch nicht zur Frage der Beihilfen- bzw. Subventionsregulierung äußerte, entfalten diese heutzutage keine handelspolitische Relevanz mehr. Anders verhält es sich teilweise im Falle der in den Jahren 1972 und 1973 (zweite Generation) vereinbarten quasi-identischen Warenfreihandelsabkommen mit den damaligen Rest-EFTA-Staaten (Island, Norwegen, Österreich, Portugal, Schweden, Schweiz),[1317] von denen entweder aufgrund eines späteren Beitritts zur EU oder der Gründung des EWR nur noch dasjenige mit der Schweiz, das rudimentäre beihilfenrechtliche Anordnungen trifft (s. oben *Teil 2 § 2 B.II.3.*), nach wie vor umfassend Anwendung findet. Diejenigen mit den heutigen EWR/EFTA-Staaten Island und Norwegen werden hingegen fast vollumfänglich von den Regelungen des EWRV überlagert und können ausschließlich in den von diesem ausgenommenen Bereichen Landwirtschaft sowie Fischerei eine Rolle spielen.[1318]

II. Dritte Generation

Zur dritten Generation von Unionsabkommen zählen neben der auch heute noch den Prototyp einer völkervertraglichen Ausdehnung des EU-Binnenmarktes bildenden Assoziierung mit den EWR/EFTA-Staaten von 1994 die im Zeitraum zwischen 1997 und 2006 in Kraft getretenen

---

1317 Vgl. zu deren Inhalten und Funktionsweise aus zeitgenössischer Sicht *Friedrich*, NJW 1983, 1237 ff.

1318 So etwa Protokoll Nr. 2 des Abkommens zwischen der Europäischen Wirtschaftsgemeinschaft und dem Königreich Norwegen, ABl. 1973 L 171/2.

EMA, die eine ausgeprägte entwicklungspolitische Komponente aufweisen und deren Bezugnahmen auf den Binnenmarktacquis eher programmatischer denn normativer Natur sind,[1319] die ersten Freihandelsassoziierungen mit Nicht-Nachbarstaaten (Südafrika, Mexiko, Chile) sowie nicht zuletzt die Bilateralen I (mit dem beihilfenrelevanten LVA), die durch den Beschluss Nr. 1/95 des Assoziationsrates begründete Zollunion mit der Türkei wie auch die *Europe Agreements*,[1320] die den späteren Beitritt der mittel- und osteuropäischen Staaten vorbereiteten. Blieb die Vereinbarung einer Zollunion mit einem Beitrittskandidaten ebenso wie das konkret zu deren Absicherung eingeführte Beihilfenrechtsregime seither unwiederholt, dienten die jeweils gleichlautenden, gleichsam im Wege von Assoziationsratsbeschlüssen eingeführten Beihilfenaufsichtssysteme zur Flankierung der *Europe Agreements* als regulatorische Blaupause für die unmittelbar in die Hauptabkommenstexte der SAA mit den Westbalkanstaaten eingefügten beihilfenrechtlichen Regelungsabschnitte.[1321] Demnach wurden die Beihilfenrechtsbeziehungen zu drei (Schweiz, Türkei, Norwegen) der fünf wichtigsten Handelspartner der Union (gemessen am EU-Gesamtaußenhandelsvolumen),[1322] mit denen diese Präferenzabkommen unterhält, noch deutlich vor dem Beginn der post-*Global Europe*-Ära (s. sogleich *III.*) geknüpft.

III. Vierte Generation

Zur „neuen", vierten, Generation gehören zum einen die von der Union seit dem Jahre 2006 abgeschlossenen Beitritts- (Nordmazedonien, Kroatien,[1323] Albanien, Montenegro, Serbien, Bosnien-Herzegowina, Koso-

---

1319 *Behrens*, Europäisches Marktöffnungs- und Wettbewerbsrecht, § 8 Rn. 204, weist unter anderem auf den bezüglich zahlreicher EMA-Bestimmungen erforderlichen Zwischenschritt einer Implementierung durch die jeweiligen Assoziationsräte hin.

1320 Vgl. zu diesen in den Jahren 2004 und 2007 durch Beitrittsverträge abgelösten Beitrittsassoziierungen retrospektiv *Schmalenbach*, Assoziierung und Erweiterung, § 6 Rn. 35 m. weit. Nachw.

1321 S. zur damals schrittweise ausgebauten beihilfenrechtlichen Dimension der *Europe Agreements* und deren Auswirkungen auf die nationalen Wettbewerbsrechtsordnungen der mittel- und osteuropäischen Staaten *Böhnel*, EuZW 1998, 111, 112 ff.

1322 Vgl. dazu den Nachw. o. in Fn. 42.

1323 Bei strenger Betrachtung handelt es sich bei den SAA mit Kroatien und Nordmazedonien aus den Jahren 2005 bzw. 2004 aufgrund ihres Datums nicht um

vo) und Nachbarschaftsassoziierungen (Ukraine, Moldau, Georgien) bzw. -kooperationen (Armenien), zum anderen reine Freihandelsabkommen (Südkorea, CAN-Staaten, Kanada, Singapur, Vietnam, Japan) sowie -assoziierungen (zentralamerikanische Staaten, Mexiko [Modernisierung des sog. *Global Agreement* von 2000], MERCOSUR). Während die SAA in zeitlicher und inhaltlicher Kontinuität zum letzten Rechtsstand der *Europe Agreements* stehen, gerät eine Kategorisierung der weiteren genannten (Frei-)Handelsverträge als „deep and comprehensive" zu pauschal. Wie bereits im Zusammenhang der handelspolitischen Neuorientierung der Union herausgearbeitet (s. oben *Teil 2 § 1 B.I.3. und II.1.-2.*), eint diese allein die immense Bandbreite der von ihnen erfassten handelsrelevanten Regelungsdisziplinen (Stichwort: *behind-the-border issues*), die jeweils nicht nur über das WTO-Recht hinausreicht (WTO-extra), sondern ebenso die vorherigen Abkommensgenerationen übertrifft. Zwar begründen auch Abkommen mit außereuropäischen Partnern eine regulatorische Zusammenarbeit im Bereich der technischen Handelshemmnisse,[1324] jedoch handelt es sich hierbei um eine verfahrensrechtliche Einhegung sowie Institutionalisierung von *soft law*-Kooperationen zwischen Normungs-, Zertifizierungs- und Akkreditierungsorganisationen der Vertragsparteien anstelle der Vereinbarung eines umfassenden Harmonisierungsprogramms, das die einseitige Annäherung des EU-Handelspartners an die Binnenmarktrechtsordnung vorsähe.[1325] Letzteres bleibt nicht nur in beihilfenrechtlicher, sondern in sachgebietsübergreifender Hinsicht den mit einem DCFTA kombinierten jüngeren EU-Nachbarschaftsassoziierungen vorbehalten, wohingegen Freihandelsabkommen bzw. -assoziierungen regelmäßig eine Vertiefung bestehender WTO-Disziplinen darstellen (WTO-plus), bei deren Aushandlung die Kommission äußerstenfalls die Ausformung international-handelsrechtlicher Konzepte nach europäischen Vorstellungen, nicht aber deren Ersetzung durch einen unionsrechtlichen Regelungsansatz im

---

Abkommen der vierten Generation. Indessen zählen sie zur Nachfolgegeneration der Beitrittsassoziierungen, die die der *Europe Agreements* ablöst, sodass die gemeinsame Einordnung dennoch gerechtfertigt erscheint.

1324 Vgl. etwa Art. 4.3 CETA oder Art. 4.3 EUKFTA.

1325 S. hierzu knapp *Herrmann/Guilliard*, in: Krenzler/Herrmann/Niestedt, 14. EL Oktober 2019, XIII. 130. Einl. zur vertraglichen Handelspolitik Rn. 57 f.

Sinne der Herstellung „regulative[r] Homogenität"[1326] (Export des Unionsrechts) erreichen kann.[1327]

C. Geographische Nähe und Marktintegration

Ungeachtet des von der Union formulierten Ziels der Schaffung eines beihilfenrechtlichen *Global Level Playing Field* (s. oben *Teil 2 § 1 B.II.3.*) und der zunehmenden Relevanz von GVCs, die auch das internationale Subventionsrecht nicht unberührt lässt (s. oben *Teil 2 § 1 A.I.1.a.*), folgt die sich bereits durch die Zuordnung zu einer Abkommensart und -generation abzeichnende – geographisch differenzierende – Herangehensweise der Union an bi- und plurilaterale Beihilfen- bzw. Subventionsrechtsregime einer übergeordneten ökonomischen Logik *(I.)*. Veranschaulichen lässt sich diese abgestufte Form der Regulierung anhand der Abwandlung eines aus dem internationalen Kartellrecht bekannten Modells der „konzentrischen Kreise" *(II.)*, in dem vor allem die Verortung des sich im Prozess der rechtlichen Desintegration befindlichen Vereinigten Königreichs als ehemaligem EU-Mitgliedstaat Schwierigkeiten bereitet *(III.)*.

I. Ökonomische Logik

Vertiefte Formen wirtschaftlicher Integration zwischen zwei oder mehreren Staaten(verbünden) bilden auch in Zeiten der fortschreitenden Globalisierung des internationalen Handels nach wie vor ein vorwiegend regionales Phänomen.[1328] Diese Grundannahme spiegelt sich mittelbar noch

---

1326 So zutreffend in Abgrenzung zur ENP *Weiß*, Vertragliche Handelspolitik der EU, § 10 Rn. 176.

1327 Statt im Kontext der räumlichen Erweiterung des binnenmarktrechtlichen *regulatory space* sind Freihandelsabkommen bzw. -assoziierungen folglich in demjenigen der vorerst gescheiterten DDA (s. oben *Teil 2 § 1 A.II.*) zu betrachten. Mit anderen Worten sind sie Ausdruck einer komplementären Verlagerung der WTO-rechtlichen EU-Reformagenda auf die bi- und plurilaterale Ebene (vgl. in diesem Sinne auch *Boysen*, Das System des Europäischen Außenwirtschaftsrechts, in: v. Arnauld (Hrsg.), Europäische Außenbeziehungen, § 9 Rn. 131: „verfügbare Governance-Bausteine").

1328 Dies gilt jedenfalls in Bezug auf Wirtschafts- und Währungsunionen, Gemeinsame Märkte und Zollunionen, während sich der Zusammenhang hinsichtlich der immer zahlreicheren (vertieften) Freihandelszonen zunehmend aufzulösen scheint (so *Altemöller*, EuZW 2017, 917, 918, unter Verweis auf CPTPP).

heute in der WTO-Terminologie wider, die von *Regional Trade Agreements* spricht,[1329] und hat einen politischen Hintergrund, da Gemeinsamen Märkten und Zollunionen – wie nicht zuletzt die EU selbst und die von ihr vereinbarten Assoziierungsabkommen zeigen – gewichtige friedens- und stabilitätssichernde, entwicklungsbezogene oder distributive Überlegungen (vgl. nur Art. 3 Abs. 5 S. 2 EUV) sowie das Ziel der Verschiebung bzw. Wahrung der weltweiten außen- und handelspolitischen Machtverhältnisse zu eigenen Gunsten zugrunde liegen.[1330]

Mindestens in gleichem Maße beruht die regionale Konzentration solcher Zusammenschlüsse allerdings auf dem außenwirtschaftstheoretischen Gravitationsmodell (engl.: *gravity model*), das besagt, dass die Handelsintensität zwischen zwei Ländern von deren jeweiligem BIP sowie der geographischen Distanz zueinander abhängt.[1331] Unstreitig ist zwar, dass die Bedeutung der Entfernungsvariablen infolge neuerer Entwicklungen wie der digitalen Transformation, des Abbaus tarifärer Handelshemmnisse und sinkender Transportkosten tendenziell nachlässt,[1332] gleichwohl erweist sich das Modell als empirisch belastbar,[1333] wofür Faktoren wie die Transportzeit, Synchronisations-, Kommunikations- und Transaktionskosten sowie vor allem mit zunehmender geographischer Distanz wachsende kulturelle Differenzen angeführt werden.[1334] Hinzu kommt ferner ein in zahlreichen Verfeinerungen des *gravity model* mit einer Scheinvariablen berücksichtigter sog. *adjacency effect*, nach dem das zwischenstaatliche

1329 Vgl. beispielhaft das *WTO Glossary – a Guide to 'WTO speak'*, online abrufbar unter www.wto.org/english/thewto_e/glossary_e/glossary_e.htm [zuletzt aufgerufen am 15.4.2020].

1330 S. hierzu statt vieler bereits zu Beginn der post-*Global Europe*-Ära *Cremona*, The European Union and Regional Trade Agreements, Herrmann/Terhechte (Hrsg.), EYIEL 2010, S. 246 ff.; vgl. konkret zur geopolitischen Instrumentalisierung *Altemöller*, EuZW 2019, 321, 324.

1331 Das *gravity model* geht zurück auf den niederländischen Ökonomen *Jan Tinbergen* (vgl. *ders.*, Shaping the World Economy: Suggestions for an International Economic Policy, 1962).

1332 Vgl. zur wechselhaften Rezeptionsgeschichte *van Bergeijk/Brakman*, The comeback of the gravity model, in: dies. (Hrsg.), The Gravity Model in International Trade: Advances and Applications, 2010, S. 1, 4 ff.

1333 Vgl. umfassend *Disdier/Head*, REStat 2008, 37 ff., die anhand einer Zusammenschau von über 100 Studien, in welchen das *gravity model* zur Anwendung kommt, eine „Puzzling Persistence of the Distance Effect on Bilateral Trade" konstatieren.

1334 So zusammenfassend *Head*, Introduction to Gravity Models, 2003, S. 6 und 8.; vgl. vertiefend *Head/Mayer*, Gravity Equations: Workhorse, Toolkit, and Cookbook, CEPII Working Paper, No. 2013–27, September 2013.

Handelsvolumen im Falle eines gemeinsamen Grenzverlaufs unabhängig von der Entfernung zwischen den beiden Hauptstädten typischerweise ungleich größer ausfällt als in dessen Abwesenheit.[1335] Konkret bedeutet dies, dass die Union und ihre Mitgliedstaaten für diejenigen Länder, die direkt an das EU-Territorium (bzw. zumindest an die EU-Zollunion) angrenzen, die natürlichen Handelspartner darstellen,[1336] womit sich unter anderem deren erhöhte Bereitschaft erklären lässt, durch einen Beitritt oder eine (partielle) Binnenmarktassoziierung die unionalen „Klubregeln" zu akzeptieren, um die bereits bestehenden Handelspotenziale vollends ausschöpfen zu können.

Wenn und weil Handelsströme – sowie gleichermaßen ausländische Direktinvestitionen[1337] – sich innerhalb von einzelnen Weltregionen verdichten, liegt es nahe, dass die Intensität des Schutzniveaus vor deren Verfälschung durch nichttarifäre Handelshemmnisse wie Beihilfen bzw. Subventionen korrespondierend zunimmt. Dies gilt in erster Linie im Hinblick auf Eingriffe in den Steuer- und Standortwettbewerb durch unternehmensspezifische An- und Umsiedlungsanreize,[1338] die sich immer dann besonders gravierend auswirken, wenn die konkurrierenden Standorte sich ansonsten als in hohem Maße vergleichbar darstellen,[1339] oder die subventionsbedingte Umlenkung von nach wie vor überwiegend regional konzentrierten (statt umfassend globalisierten) Wertschöpfungsketten (s. oben *Teil 2 § 1 A.I.1.c.*), zugleich aber auch bezüglich der Schaffung „nationaler Champions", die zunächst mithilfe von staatlicher Unterstützung aufgebaut bzw. subventioniert in die (Teil-)Privatisierung entlassen werden, um im Anschluss den geographischen Radius ihrer Unterneh-

1335 Ebd., S. 9.

1336 S. hierzu instruktiv am Beispiel der Ukraine *Emerson/Edwards/Gazizullin*, The Prospect of Deep Free Trade Between the European Union and Ukraine, 2006, S. 60 ff.

1337 Die Grundannahmen des Gravitationsmodells treffen auch im Kontext ausländischer Direktinvestitionen zu: vgl. *Egger*, Ann Reg Sci 2008, 375, 387 m. weit. Nachw.

1338 Vgl. wie hier differenzierend *Hoekman*, Global Policy 2016, 351, 356 f.; abweichend aber *Goller*, Die Rolle des Europäischen Beihilferechts im globalen Standortwettbewerb, S. 240 ff., die ohne nähere Begründung von einer umfassenden Globalisierung des Standortwettbewerbs ausgeht.

1339 Diese Homogenität muss sich insbesondere auf Standortfaktoren wie die politische und rechtliche Stabilität, die Attraktivität des (Absatz-)Marktes sowie die Verfügbarkeit von qualifizierten Arbeitskräfte beziehen (ebd., S. 239 m. weit. Nachw.).

mensaktivitäten schrittweise auszubauen.[1340] Ohne zu verkennen, dass die Abwesenheit von vertieften Subventionsdisziplinen im Verhältnis zu geographisch weiter von der Union entfernten Staaten wie den USA oder China, mit welchen die EU-Mitgliedstaaten bereits allein angesichts deren jeweiliger Marktgröße intensive Handels- und Investitionsbeziehungen unterhalten,[1341] stärker auf (außen-)handelspolitische Realitäten und rechtskulturelle Gründe (s. oben *Teil 2 § 2 B.III.1.*) als auf außenwirtschaftstheoretische Modelle zurückzuführen ist, so lässt sich jedenfalls für den von der Kommission unternommenen Versuch der völkervertraglichen Eingliederung von europäischen Drittstaaten in das unionale Beihilfenaufsichtssystem festhalten, dass dieser auch ökonomisch wohlbegründet ist.

II. Modell der konzentrischen Kreise

Aus der Gesamtschau von Abkommenstypen und -generationen unter Berücksichtigung des Faktors der geographischen Nähe ergibt sich im Hinblick auf die Tiefe der von der Union auf bi- und plurilateraler Ebene vereinbarten Beihilfen- bzw. Subventionsrechtsregime ein System der konzentrischen Kreise, in dessen Mitte sich die EU-Beihilfenaufsicht als – untechnisch gesprochen – sog. „Gravitationszentrum" befindet. Um dieses ordnen sich – abgestuft nach abnehmender inhaltlicher und räumlicher Entfernung zur EU-supranationalen Beihilfenkontrolle – die weiteren Integrationsräume (sog. „Orbits") an, wobei die konzeptionellen Überschneidungen mit dem WTO-Subventionsrecht – und damit die intergouvernementale Prägung der Kontrolle – umgekehrt korrelierend zunimmt. Während diese aus dem Schrifttum zum internationalen Kartellrecht entlehnte[1342] Schematisierung in den anderen wettbewerbsrechtsrechtlichen Teildisziplinen (Kartell-, Marktbeherrschungs- und Fusionskontrollrecht) um

---

1340 Vgl. hierzu am Beispiel des südkoreanischen Autobauers *Hyundai* sowie des brasilianischen Flugzeugherstellers *Embraer OECD*, Global forum on Competition: Roundtable on Competition Policy, Industrial Policy and National Champions, 2009, S. 25 f.

1341 Bei diesen beiden Staaten handelt es sich um die wichtigsten EU-Handelspartner (vgl. hierzu *GD Handel*, Client and Supplier Countries of the EU27 in Merchandise Trade (2019, excluding intra-EU trade), abrufbar unter https://trade.ec.europa.eu/doclib/docs/2006/september/tradoc_122530.pdf [zuletzt aufgerufen am 15.4.2020]).

1342 S. hierzu *Wagner-von Papp*, Competition Law in EU Free Trade and Cooperation Agreements, S. 324 ff.

zusätzliche „Hubs“ (beispielsweise die USA, Australien und Korea), welche über Kooperationsnetzwerke wie das ICN oder MoUs (s. oben *Teil 2 § 1 B.II.2.c.*) verbunden sind, mit ihren jeweils eigenen Orbits angereichert werden kann,[1343] bleibt es in beihilfenrechtlicher Hinsicht bei einer eurozentrierten „Weltkarte“, da das ASÜ nicht das Gegenmodell zum EU-Beihilfenrecht, sondern den multilateralen Minimalkonsens zur Frage der Subventionsregulierung verkörpert.

Abbildung 1: Beihilfen- bzw. subventionsrechtliches System der konzentrischen Kreise

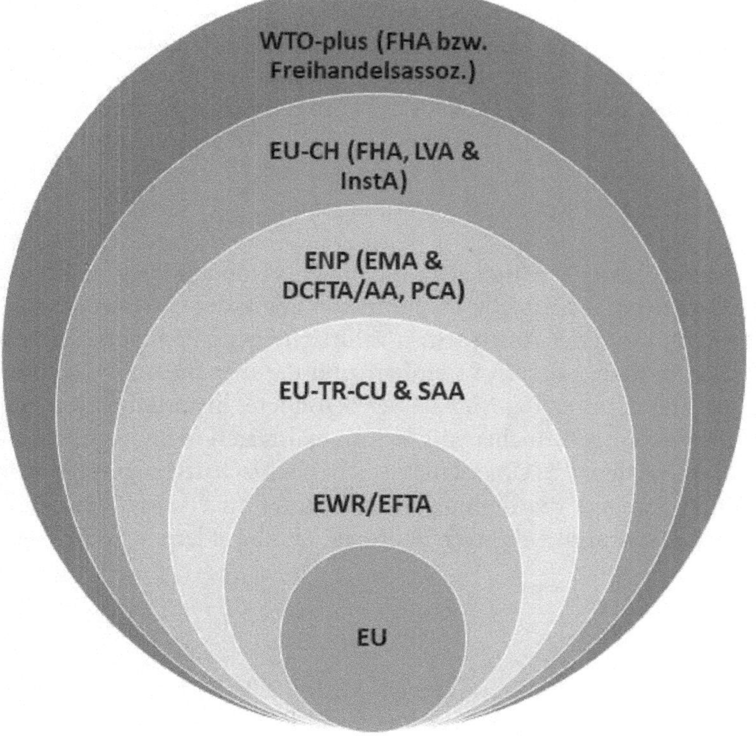

Diese Darstellung (s. *Abbildung 1*) ist geeignet, die übergeordneten Linien der völkervertraglichen Beihilfen- bzw. Subventionsregulierung zwischen den beiden in *Teil 1* identifizierten Polen der EU-Supranationalität so-

1343 Ebd., S. 325.

wie der WTO-Intergouvernementalität offenzulegen, verdeckt jedoch die durch die unterschiedlichen Abkommensgenerationen bedingten Brüche innerhalb der Orbits und sagt noch nichts über die effektive Umsetzung der getroffenen Vereinbarungen durch die jeweiligen EU-Vertragspartner aus. Über letzteres Problem vermag im Falle von WTO-plus-Abkommen auch die folgende Analyse und Bewertung der einzelnen Regime keine Aufklärung zu gewähren, da sie bisher – soweit ersichtlich – noch niemals aktiviert wurden.[1344] Wie zu zeigen sein wird, verhält es sich – auch ohne Präzedenzfälle eines Streitbeilegungsverfahrens – anders im Falle der EU-Binnenmarkt-, Beitritts- und Nachbarschaftsassoziierungen, sofern diese Drittstaaten zur Errichtung einer unabhängigen Behörde verpflichten, welche die Einhaltung der Beihilfenrechtsvereinbarungen in deren jeweiligem Hoheitsgebiet überwacht. Der naturgemäß stark variierende Erfolg der Durchführung dieses Ansatzes innerhalb der nationalen Rechtsordnungen schwächt die Aussagekraft des Modells der konzentrischen Kreise ab.

III. Besonderheiten im Kontext der Desintegration

Verlässt ein langjähriger Mitgliedstaat die EU, verändert dies nicht zugleich die dargelegte prinzipielle ökonomische Logik der Gravitationsgleichung,[1345] auch wenn der Austrittsstaat zahlreiche neue Freihandelszonen mit weiter entfernten Ländern vereinbart und darüber hinaus – wie dies konkret im Falle des Brexit zutrifft – über besondere, historisch gewachsene, Handelsbeziehungen zu ehemaligen Kolonialstaaten in anderen Regionen der Welt verfügt.[1346] Ungeachtet solcher wirtschaftsgeographischen Kontinuität,[1347] welche die desintegrationsbedingt zu erwartenden Handels- und Investitionsumlenkungen mutmaßlich abmildern wird,[1348] ver-

---

1344 Vgl. dazu den Nachw o. in Fn. 474.

1345 *Estrin/Cote/Shapiro*, Can Brexit defy gravity? It is still much cheaper to trade with neighbouring countries, LSE Brexit Blog v. 9.11.2018.

1346 Vgl. hierzu die übergeordneten handelspolitischen Überlegungen in den Beiträgen bei *Clegg* (Hrsg.), Brexit and the Commonwealth: What Next?, 2018.

1347 S. in diese Richtung bereits die *Lancaster House speech* der damaligen britischen Premierministerin *Theresa May* v. 17. Januar 2017: „We are leaving the European Union, but we are not leaving Europe.", abrufbar unter www.gov.uk/government/speeches/the-governments-negotiating-objectives-for-exiting-the-eu-pm-speech [zuletzt aufgerufen am 15.4.2020].

1348 So die Prognose von *Verouden/Ibáñez-Colomo*, State aid control, in: Zuleeg et al. (Hrsg.), Ensuring a post-Brexit level playing field, 2019, S. 67, 72 f.

bietet sich bereits von vornherein eine schablonenhafte Anwendung des soeben (unter *II.*) entwickelten Systems der konzentrischen Kreise auf die Analyse der beihilfenrechtlichen Beziehungen zwischen der EU der 27 und dem Vereinigten Königreich (s. ausführlich unten *§ 3*).

Zunächst ist zu bedenken, dass im Brexit-Kontext der von der Kommission intern vorgenommenen Wahl von Art. 217 AEUV als Kompetenzgrundlage[1349] für das nach Ablauf der *transition period* (vgl. Art. 126 des Austrittsabkommens – WA[1350]) in Kraft getretene Trade and Cooperation Agreement (kurz: TCA)[1351] lediglich äußerst beschränkte Aussagekraft mit Blick auf dessen beihilfenrechtliche Gehalte zukommt. Einerseits handelt es sich weder um eine Binnenmarkt- noch um eine Nachbarschaftsassoziierung (im ENP-Sinne), andererseits schließen die geographische Nähe des Vereinigten Königreichs und dessen zum Zeitpunkt der neuen Partnerschaft noch vollumfänglich gegebene Integration in den EU-Binnenmarkt einen die Subventionskapitel in Freihandelsassoziierungen kennzeichnenden bloßen WTO-plus-Charakter aus. Die zwischen atypischer Freihandels- und sektorieller Binnenmarktassoziierung oszillierenden – und im System der konzentrischen Kreise daher mit einem eigenen Orbit bedachten – Beihilfenrechtsbeziehungen der Union zur Schweiz indizieren zwar die Möglichkeit eines dritten Weges, indessen sind auch diese von einer, obgleich langwierigen und bruchstückhaften, insgesamt aber stetig wachsenden Annäherung an den Pol der EU-Supranationalität geprägt.[1352]

Eine zu enge Orientierung an existierenden bi- und plurilateralen Beihilfen- bzw. Subventionsrechtsregimen negierte die Spezifika der rechtlichen Desintegration aus dem EU-Binnenmarkt. Letztere zieht nämlich nicht nur die Suche nach einer Alternative zur Beihilfenkontrolle durch die Kommission zu Zeiten der (Quasi-)EU-Mitgliedschaft vor Austritt bzw. während des Übergangszeitraums nach sich, sondern kann aus Sicht des

---

1349 Vgl. eingehend zu den innerunionalen Konsequenzen (in verfahrensrechtlicher und handelspolitischer Hinsicht) der Wahl zwischen Assoziierungs- bzw. Freihandelskompetenz *Brauneck*, EuZW 2020, 364 ff.

1350 Abkommen [WA] über den Austritt des Vereinigten Königreichs Großbritannien und Nordirland aus der Europäischen Union und der Europäischen Atomgemeinschaft (ABl. 2019 CI 384/1).

1351 Handels- und Kooperationsabkommen [TCA] zwischen der Europäischen Union und der Europäischen Atomgemeinschaft einerseits und dem Vereinigten Königreich Großbritannien und Nordirland andererseits (ABl. 2020 L 444/14).

1352 Vgl. die Analyse der beihilfenrechtlichen Entwicklungslinien im Verhältnis der Union zur Schweiz von *Mayoraz*, Staatliche Beihilfen in den Rechtsbeziehungen der Schweiz und der Europäischen Union, 2018, S. 199 ff.

ausscheidenden Staates selbst einen Anlass zur Subventionierung begründen, was wiederum von der Union bei der Aushandlung des TCA-Subventionskapitels einzuberechnen war. So ist im Falle des Brexit davon auszugehen, dass der Wegfall bzw. die Einschränkung des Zugangs zum EU-Binnenmarkt zumindest kurz- bis mittelfristig zur Forderung britischer Unternehmen nach staatlicher Förderung führen wird, zu deren Befriedigung das Vereinigte Königreich angesichts seiner fiskalischen Kapazitäten imstande – und wie Verlautbarungen von HM Government nahelegen[1353] – auch willens ist.[1354] Liegt besagte Kombination aus Fähigkeit und besonderem Anreiz zur Beihilfenvergabe vor,[1355] rechtfertigt dies die Etablierung von über tradierte völkervertragliche Vereinbarungen der Union hinausgehenden Sicherungsmechanismen, um der etwaigen Entstehung eines beihilfenaufsichtsrechtlichen Vakuums im Austrittsstaat und den daraus folgenden *free rider*-Effekten zu dessen Gunsten frühzeitig entgegenzutreten. Dies gilt einmal mehr angesichts der Tatsache, dass nach Art. 5 ff. des WA-Protokolls zu Irland/Nordirland mit Nordirland einer der Landesteile des Vereinigten Königreichs auch nach dem Ende des Übergangszeitraums dem EU-Binnenmarkt bis auf Weiteres eng verbunden bleibt. Die damit einhergehende Fragmentierung der Aufsicht über Beihilfen, die den Handel zwischen der EU der 27 und dem Vereinigten Königreich (bzw. einzelner dessen *devolved nations*) (potenziell) verzerren, schließt die einheitliche Kategorisierung der neu vereinbarten bilateralen Beihilfen- bzw. Subventionsrechtsregime folglich aus.

§ 2 Beihilfen- und Subventionsrechtsregime in EU-(Freihandels-)Abkommen

Die Analyse und Bewertung der Beihilfen- bzw. Subventionsrechtsregime in EU-Assoziierungs- sowie Freihandelsabkommen entlang den herausgearbeiteten – typisierenden – konzentrischen Kreisen (s. oben *§ 1 C.II.*) offenbart eine innerhalb der einzelnen Orbits regelmäßig vorherrschende regulatorische Heterogenität. Während diese im Falle europäischer vertraglicher Assoziierungen *(A.-D.)* primär mit den unterschiedlichen

1353 Vgl. für eine diesbezügliche Zusammenstellung offizieller und inoffizieller Stellungnahmen, Reden und Strategiepapiere *Peretz*, EStAL 2018, 80, 80 f.

1354 S. hierzu jeweils die potenziellen ökonomischen Folgen reflektierend *Crafts*, Oxford Rev. Econ. Policy 2017, 105, 108 ff.; Fiscal Studies 2018, 685, 692 ff. m. zahlr. weit Nachw.

1355 *Verouden/Ibáñez-Colomo*, State aid control, S. 73: „*ability* and *incentive* to subsidise." (Hervorhebung bereits im Original).

Abkommensgenerationen zu begründen ist, neueren Vertragstexten bzw. -textvorschlägen aber jeweils bereits eine ähnlich konturierte Regelungsschablone zugrunde liegt, weisen jüngere Bemühungen der Union um subventionsrechtliche WTO-plus-Regelwerke mit außereuropäischen Partnern zwar ebenfalls strukturelle Gemeinsamkeiten auf, sind jedoch von einer weiteren geographischen Abstufung (Asien, Ozeanien und Amerika) geprägt *(E.)*. Das sich aus Letzterer ergebende Regelungsgefälle lässt sich allenfalls schwerlich rechtstechnisch oder ökonomisch rechtfertigen und steht nicht selten im Kontrast zur gewichtigen Rolle, die die Kommission dem Beihilfen- bzw. Subventionsrecht im Rahmen ihrer Handelsagenda rhetorisch einräumt (s. oben *Teil 2 § 1 B.II.1.*).

A. Binnenmarktassoziierungen

Der EWR bildet nach wie vor die in Breite und Tiefe ausgereifteste aller EU-Assoziierungen, seine beihilfenrechtlichen Regelungen in Art. 64 ff. EWRV, dessen Protokollen und Anhängen sowie im ÜGA dienen als Goldstandard für die beihilfenrechtliche Absicherung des unlimitierten drittstaatlichen Zugangs zum Raum ohne Binnengrenzen gemäß Art. 26 Abs. 2 AEUV *(I.)*. Da die Vertragsparteien neu erlassenes binnenmarktrelevantes EU-Sekundärrecht fortlaufend in das Vertragswerk inkorporieren, ohne dass die EWR/EFTA-Staaten auf dessen Entstehung im Sinne eines institutionellen Mitspracherechts (*decision shaping* statt *decision-making*)[1356] einen signifikanten Einfluss ausüben könnten, zeichnet sich der EWR durch hohe Komplexität und faktisch erhebliche Souveränitätseinbußen für Island, Liechtenstein und Norwegen aus.[1357] Nicht zuletzt aus diesen Gründen sind dem EWR seit dessen Gründung keine Nicht-EU-Drittstaaten mehr beigetreten,[1358] sein erreichter Grad an Binnenmarktintegration – und damit zugleich Eingliederung in das EU-Beihilfenkontrollsystem – wird lediglich im Falle künftiger Assoziierungen mit den Mikrostaaten San Marino, Monaco und Andorra als Ziel angestrebt *(II.)*.

1356 Vgl. Art. 99 ff. EWRV sowie erläuternd zu den fakultativen Konsultationsrechten zugunsten der EWR/EFTA-Staaten im EU-Rechtsetzungsprozess *Hummer*, in: Dauses/Ludwigs, 49. EL November 2019, K.III. Rn. 202 ff.

1357 So knapp auch *Holterhus*, in: Krenzler/Herrmann/Niestedt, 14. EL Oktober 2019, XIII. 132a EWR Rn. 323.

1358 Vielmehr traten die EWR/EFTA-Staaten Finnland, Österreich und Schweden im Jahre 1995 der Union bei. Die Schweiz ist Signatarstaat, hat den EWRV infolge einer negativen Volksabstimmung allerdings nicht ratifiziert.

I. Europäischer Wirtschaftsraum

Die Ausgestaltung des EWR-Beihilfenrechts ist determiniert durch die einzigartige institutionelle Struktur des EWR, in dem jeweils zwei überstaatlich konzipierte Institutionen – das heißt konkret: Kommission und EuGH bezüglich der EU-Mitgliedstaaten sowie die eigens zu dessen Realisierung eingerichteten EFTA-Überwachungsbehörde und EFTA-Gerichtshof bezüglich der EWR/EFTA-Staaten – die Einhaltung der Abkommensverpflichtungen überwachen *(1.)*. Diese wirkt sich vor allem auf das EWR-Beihilfenverfahrensrecht *(4.)*, Fragen der Rechtsdurchsetzung *(5.)* sowie die Implementierung und Anwendung des plurilateralen Beihilfenrechtsregimes innerhalb der EWR/EFTA-Säule aus *(6.)*. Der sachliche Anwendungsbereich wie auch die materiell-rechtlichen Inhalte sind quasi-identisch mit dem EU-Beihilfenrecht *(2. bzw. 3.)*. Zwar bestätigt sich im Grundsatz die in der Literatur gezogene Schlussfolgerung, dass es sich um den Idealfall eines vollständigen europäischen Beihilfenrechtstransfers im Rahmen völkerrechtlicher Abkommen handele,[1359] allerdings beruht dessen tatsächlicher Erfolg in hohem Maße auf der vertrauensvollen Kooperation der Vertragsparteien, die vorhandene beihilfenrechtliche Spielräume der EWR/EFTA-Staaten und deren Überwachungsorganen überdeckt.

1. Institutionelles

Von genereller beihilfenrechtlicher Bedeutung sind die politischen Organe des EWR, zu denen neben zwei nachrangigen, rein beratenden Ausschüssen (Gemeinsamer Parlamentarischer Ausschuss sowie Beratender Ausschuss) der EWR-Rat als oberstes Leitgremium und der für die Sicherstellung der Homogenität durch Rechtsangleichung sowie die Streitschlichtung – zwischen der EU und ihren Mitgliedstaaten einerseits und den EWR/EFTA-Staaten andererseits – zuständige Gemeinsame EWR-Ausschuss zählen. Die EWR-Beihilfenkontrolle im Rahmen des sog. „Zwei-Pfeiler-Modells" bedingte aufseiten der Union keine institutionellen Änderungen. Insbesondere deren intern verfolgter direkter beihilfenrechtlicher Verwaltungsvollzug erfüllt bereits die Anforderungen von Art. 62 Abs. 1 lit. a EWRV, sodass die Durchführung der Wettbewerbsregeln des EWR durch die Kommission auf den dieser durch das Unionsrecht eingeräum-

1359 *Weck/Reinhold*, EuZW 2015, 376, 378; vgl. ferner *Bungenberg/Schelhaas*, Beihilfenrechtliche Regelungen in (Freihandels-)Abkommen der EU, S. 621.

ten Zuständigkeiten beruht[1360] und dementsprechend eine parallele Anwendung von EU- sowie EWR-Beihilfenrecht zur Folge hat.[1361] Da der Gerichtshof in seinem Gutachten 1/91 die Schaffung eines gemeinsamen sog. „EWR-Gerichts“, bestehend aus fünf EuGH-Richtern sowie dreien aus den EFTA-Staaten, für unionsrechtswidrig erklärt hatte und die Vertragsparteien bei der daraufhin erforderlichen Anpassung des Entwurfs zum EWRV in justizieller Hinsicht eine entlang den Hoheitsgebieten aufgeteilte zweigleisige Konstruktion wählten,[1362] gilt das Gleiche auch für den EuGH, der über Rechtsstreitigkeiten betreffend von den EU-Mitgliedstaaten gewährte Beihilfen (mit und ohne EWR-Relevanz) allein verbindlich entscheidet.

Weitaus größeren institutionell-rechtlichen Handlungsbedarf im Bereich der Beihilfenkontrolle löste die Ratifizierung der endgültigen Fassung des EWRV für die EWR/EFTA-Staaten aus, die gemäß Art. 108 Abs. 1 und 2 EWRV – in enger Anlehnung an die Organstruktur der EU – ein unabhängiges Überwachungsorgan (EFTA-Überwachungsbehörde) ebenso wie einen Gerichtshof (EFTA-Gerichtshof) einzusetzen hatten. Dieser Verpflichtung kamen sie mit der Vereinbarung des ÜGA nach, das deren jeweiligen exakten Aufbau festlegt und in Art. 24 sowie Protokoll Nr. 3 – als nähere Ausführung des EWRV-Protokolls Nr. 26 – die beihilfenaufsichtsrechtlichen Aufgaben und Befugnisse der EFTA-Überwachungsbehörde im Einzelnen festlegt. Die Rechtsprechungsfunktionen des EFTA-Gerichtshofs in Wettbewerbssachen sind zwar denjenigen des GHEU im EU-Pfeiler nachgebildet.[1363] Gleichwohl ist die diesbezügliche Parallelität weniger stark ausgeprägt als zwischen Kommission und EFTA-Überwachungsbehörde.[1364] Wesentliche Unterschiede manifestieren sich in der Ausgestaltung des sog. „Vorlageverfahrens“ nach Art. 34 ÜGA (in der EU-Termino-

---

1360 Vgl. klarstellend die dem EWRV beigefügte „Gemeinsame Erklärung über Wettbewerbsregeln“.

1361 *Bungenberg*, in: Birnstiel/Bungenberg/Heinrich, Internationales Subventionsrecht Rn. 28.

1362 Vgl. hierzu ausführlich *Hummer*, in: Dauses/Ludwigs, 49. EL November 2019, K.III. Rn. 41 ff.

1363 Auf beihilfenrechtlichem Gebiet kommt – auch wegen des im EWR/EFTA-Pfeilers unterentwickelten *private enforcement* (s. unten 4.) – in der weit überwiegenden Zahl der Fälle lediglich seine Zuständigkeit für Rechtsmittel gegen Entscheidungen der EFTA-Überwachungsbehörde zum Tragen (vgl. Art. 108 Abs. 2 lit. b EWRV).

1364 Vgl. konzise zu den Besonderheiten der gerichtlichen Verfahren im EWR/EFTA-Pfeiler im Vergleich zu deren jeweiligen unionalen Vorbildern *Burke/Hannesson/Bangsund*, EPL 2016, 69, 89 f.

logie: Vorabentscheidungsverfahren), da es dem EFTA-Gerichtshof zum einen nicht gestattet ist, EWR-Rechtsakte zu verwerfen, zum anderen – und in beihilfenrechtlicher Hinsicht ungleich gewichtiger – den von ihm erstatteten Gutachten zur Auslegung des EWRV keine Bindungswirkung zukommt und die letztinstanzlichen Gerichte in den EWR/EFTA-Staaten in Zweifelsfällen nicht etwa zur Vorlage verpflichtet sind.[1365]

Ungeachtet dessen, dass das EWR-Recht nach der nunmehr als herrschend zu bezeichnenden Meinung in Rechtsprechung wie auch Schrifttum keine originär supranationale Qualität dergestalt entfaltet,[1366] dass es aus sich selbst heraus unmittelbare Wirkung in – bzw. Vorrang vor – den Rechtsordnungen der EWR/EFTA-Vertragsparteien beanspruchte, die kraft des EWRV errichteten Organe mit Hoheitsrechten ausgestattet wären oder die EWR-Ausschüsse Mehrheitsentscheidungen träfen,[1367] bildet der Umstand, dass die EWR/EFTA-Staaten die Aufsicht über von ihnen gewährte Beihilfen so wie einst die EWG-Gründungsstaaten unabhängigen überstaatlichen Institutionen überantwortet haben, die Grundlage für das Vertrauen der Union darauf, dass auch in Abwesenheit von direkten Interventionsrechten zugunsten der Kommission die Wahrscheinlichkeit eines beihilfengesteuerten Missbrauchs der Binnenmarktausdehnung durch die EWR/EFTA-Staaten minimiert ist. Gleichzeitig ist es ebendiese Hochzonung der Kontrollbefugnisse, die pfeilerübergreifende Möglichkeiten einer vertieften Zusammenarbeit zur homogenen Fortentwicklung des EWR-Beihilfenrechts (vgl. EWRV-Protokoll Nr. 27) und einer kooperativ-koordinierenden Streitschlichtung (s. näher unten *5.*), wie sie ansonsten lediglich aus dem internationalen Kartellrecht bekannt sind (s. oben *Teil 2 § 1 B.II.2.*), erst eröffnet.

1365 S. zu letzteren beiden Aspekten differenzierend *Baudenbacher*, EuR 2013, 504, 507 ff., der von einer faktischen Bindungswirkung sowie begrenztem Vorlageermessen ausgeht.

1366 Vgl. ablehnend EuGH Gutachten 1/91, Slg. 1991, I-6079 Rn. 20 f.; EFTA-GH E-4/01, EFTA Ct Rep 2002, 240 Rn. 28 – Karlsson; E-1/07 EFTA Ct Rep 2007, 246 Rn. 40 – Criminal Proceedings Against A (anders akzentuiert zunächst noch: E-9/97, EFTA Ct Rep 1998, 15 Rn. 59 – Sveinbjörnsdóttir: „[T]he EEA Agreement is an international treaty *sui generis* which contains a distinct legal order of its own.“); s. hierzu aus der kaum mehr übersehbaren Literatur *Graver*, Der Europäische Wirtschaftsraum (EWR), in: Hatje/Müller-Graff (Hrsg.), Europäisches Organisations- und Verfassungsrecht, 1. Aufl. 2013, § 19 Rn. 46 ff. m. zahlr. weit. Nachw. (auch zur Gegenauffassung).

1367 So zutreffend *Holterhus*, in: Krenzler/Herrmann/Niestedt, 14. EL Oktober 2019, XIII. 132a EWR Rn. 112 ff., in Abgrenzung zu den Merkmalen der Supranationalität der Unionsrechtsordnung.

2. Anwendungsbereich

Im Einklang mit dem in Abs. 4 der EWRV-Präambel formulierten Ziel, einen „homogenen Europäischen Wirtschaftsraum zu errichten, der auf gemeinsamen Regeln und gleichen Wettbewerbsbedingungen beruht", korrespondiert der sachliche Anwendungsbereich des EWR-Beihilfenrechtsregimes mit demjenigen der Art. 107 ff. AEUV, sodass im Grundsatz auch bezüglich sektorieller und sektorübergreifender Ausnahmen auf die Ausführungen zu den jeweils einschlägigen AEUV-Parallelbestimmungen verwiesen werden kann (s. oben *Teil 1 § 3 A.*). Exemplarisch hierfür stehen die praxisrelevanten Bereiche der DAWI- und Verkehrsbeihilfen, für die Art. 59 Abs. 2 EWRV bzw. Art. 49 in Verbindung mit Art. 51 EWRV die EU-Sonderregime in Art. 106 Abs. 2 AEUV bzw. in Art. 93 in Verbindung mit Art. 96 AEUV nachbilden.

Spezifisch EWR-rechtliche Problemstellungen können sich vielmehr dort ergeben, wo die Vertragsparteien sich auf *a limine*-Ausnahmen entweder vom Geltungsbereich des EWRV insgesamt oder vom Zuständigkeitskreis der EFTA-Überwachungsbehörde hinsichtlich der Beihilfenüberwachung geeinigt haben (vgl. Art. 8 Abs. 3 EWRV und dessen Protokolle Nr. 3 und 9). Namentlich betrifft dies den überwiegenden Teil der primären Wirtschaftszweige, das heißt Landwirtschaft, Forstwirtschaft und Fischerei. Ohne auf Fragen der Regulierung von Agrar- und Fischereisubventionen detailliert eingehen zu können, lassen sich aus dem Pauschalausschluss verallgemeinerbare Wertungen ableiten. Bei erster Betrachtung entgehen durch ihn lediglich Norwegens seit jeher höheren Beihilfen für die Urproduktion[1368] über das Welthandelsrecht hinausgehenden Subventionsdisziplinen. Daran vermag auch der von den Vertragsparteien autonom umzusetzende – und daher bislang faktisch ignorierte – Auftrag in Art. 4 Abs. 1 EWR-Protokoll Nr. 9, dem zufolge wettbewerbsverfälschende Beihilfen zugunsten des Fischereisektors abzuschaffen sind, nichts zu ändern.[1369] Erst im Jahre 2017 erhielt der EFTA-Gerichtshof in der Rs. *Marine Harvest* Gelegenheit, zur von der EFTA-Überwachungsbehörde – unterstützt durch die Kommission – in ständiger Praxis abgelehnten Prüfkom-

---

1368 S. hierzu die insoweit nach wie vor zutreffende Darstellung bei *Emerson/Woolcock*, Navigating by the Stars: Norway, the European Economic Area and the European Union, 2002, S. 24 ff.; jüngst bestätigend *OECD*, Agricultural Policy Monitoring and Evaluation 2019, 2019, S. 353 ff.

1369 Vgl. euphemistisch dagegen *Sánchez Rydelski*, State Aid, in: Baudenbacher (Hrsg.), The Handbook of EEA Law, 2016, S. 575, 592, welcher darin gleichwohl ein „*ex post* system of assessment" erkennen will.

petenz bezüglich derartiger Beihilfenformen Stellung zu nehmen, wobei er deren Vorgehensweise unter Hinweis auf den klaren Wortlaut von Art. 1 des EWR-Protokolls Nr. 26 sowie Art. 24 ÜGA billigte.[1370]

Zwar ist zu bedenken, dass die Union sich im konkreten Fall der Fischereibeihilfen durch den Einsatz handelspolitischer Schutzinstrumente wie Ausgleichs- und Antidumpingzölle gegen daraus resultierende Wettbewerbsvorteile der EWR/EFTA-Staaten zur Wehr setzen kann[1371] und auch der unionale EMFF eine Lockerung der Aufsicht über Beihilfen der Mitgliedstaaten an Unternehmen im Fischerei- und Aquakultursektor einführt (vgl. Art. 8 Abs. 2 EMFF).[1372] Allerdings wirken sich die Abgrenzungsprobleme zwischen dem Anwendungsbereich der klassischen Beihilfenkontrolle im Sinne der Art. 107 ff. AEUV sowie dem des EMFF innerhalb des EU-Pfeilers ungleich weniger gravierend aus als diejenigen im EWR/EFTA-Pfeiler, in dem Beihilfenkonstellationen, welche nicht die überkommenen aufsichtsrechtlichen Zuständigkeiten der EFTA-Überwachungsbehörde auslösen, zum vollständigen Kontrollvakuum führen.[1373] Sollten die vom EFTA-Gerichtshof entwickelten Kriterien implizieren, dass jedwede Beihilfe, die an Unternehmen in der fischproduzierenden Industrie vergeben wird, ausgenommen ist,[1374] stieße dieser formalisierende Ansatz in sog. *dual* bzw. *multiple use*-Fällen auf Hindernisse.[1375] Dem EU- – und da-

---

1370 EFTA-GH E-12/16, EFTA Ct Rep 2017, 807 Rn. 75 bzw. 77 – Marine Harvest; in diese Richtung hatten zuvor bereits seine Urteile in den Rs. *Synnøve Finden* (vgl. E-1/16 EFTA Ct Rep 2016, 929 Rn. 59) sowie *Pedicel* (vgl. E-4/04, EFTA Ct Rep 2005, 1 Rn. 33 ff.) gedeutet.

1371 Vgl. hierzu exemplarisch die inzwischen außer Kraft getretene Verordnung (EG) Nr. 1891/97 des Rates v. 26. September 1997 zur Einführung eines endgültigen Ausgleichszolls auf die Einfuhren von gezüchtetem Atlantischen Lachs mit Ursprung in Norwegen, ABl. 1997 L 267/19.

1372 Hinzu kommt eine eigenständige Gruppenfreistellungsverordnung (vgl. Verordnung (EU) Nr. 1388/2014 der Kommission v. 16. Dezember 2014 zur Feststellung der Vereinbarkeit bestimmter Gruppen von Beihilfen zugunsten von in der Erzeugung, Verarbeitung und Vermarktung von Erzeugnissen der Fischerei und der Aquakultur tätigen Unternehmen mit dem Binnenmarkt in Anwendung der Artikel 107 und 108 des Vertrags über die Arbeitsweise der Europäischen Union, ABl. 2014 L 369/37), die in Art. 2 Abs. 1 großzügige Anmeldeschwellen vorsieht.

1373 Vgl. hierzu im übergeordneten Kontext *Arnesen*, Homogeneity and Disparity, in: Lorenzmeier/Folz (Hrsg.), Recht und Realität, S. 257, 264 f.

1374 EFTA-GH E-12/16, EFTA Ct Rep 2017, 807 Rn. 65 ff. und 81 – Marine Harvest.

1375 S. zu dieser Problemstellung instruktiv *Mathisen*, EuR 2020 – Beiheft 1, 313, 317, der zu Recht darauf hinweist, dass das Abgrenzungskriterium des EFTA-Gerichtshofes versagen könnte, sofern zum Beispiel FEuI-Beihilfen in Rede

mit auch dem EWR-Beihilfenrecht – ist eine solche produktbezogene Perspektive, die traditionell das Ausgleichszollrecht der WTO einnimmt,[1376] grundsätzlich fremd.

Erscheint diese Disparität im Rahmen des EWR aufgrund ihrer sachlichen Beschränkung auf die primären Wirtschaftszweige hinnehmbar, wirft sie ein Schlaglicht auf Herausforderungen, welche jene völkervertragliche Vereinbarungen bergen, die einerseits als Beihilfenrechtsexporte im engeren Sinne angelegt sind, andererseits jedoch gleichzeitig deren Anwendung auf einen oder mehrere (Sub-)Sektoren begrenzen. Erstens entsteht hierdurch die Schwierigkeit, den Effekt einer Beihilfe für ein in verschiedenen Handelsbereichen tätiges Empfängerunternehmen sektorenweise aufschlüsseln zu müssen. Zweitens könnten sich Fehlanreize ergeben, wenn sich EU-Vertragspartner veranlasst sehen, statt auf weniger wettbewerbsschädliche horizontale Unterstützungsmaßnahmen beispielsweise auf ineffiziente sektorale Betriebsbeihilfen zu rekurrieren, um einen rechtssicheren Ausschluss vom Anwendungsbereich sicherzustellen.

3. Materielles

Ebenso wie die institutionelle Struktur und der sachliche Anwendungsbereich des EU-Beihilfenaufsichtssystems findet sich auch dessen materieller Gehalt nahezu vollständig im EWRV gespiegelt wieder (engl.: *mirror legislation*). Das in Art. 64 Abs. 1 EWRV enthaltene Beihilfenverbot ist abgesehen von redaktionellen, rechtlich aber unerheblichen Modifikationen der Zwischenstaatlichkeitsklausel identisch mit Art. 107 Abs. 1 AEUV und wird nach – soweit ersichtlich – einhelliger Auffassung vom EFTA-Gerichtshof parallel zur Unionsrechtsprechung ausgelegt sowie angewendet (s. unten *6.a.*).[1377] Gleichsam hat die EFTA-Überwachungsbehörde sich die Bekanntmachung der Kommission zum Beihilfenbegriff zu eigen ge-

---

stehen, die der Entwicklung von Technologien dienen, die – unter anderem – eine effizientere Fischzucht ermöglichen.

1376 Vgl. dazu den Nachw. o. in Fn. 432.

1377 *Mathisen/Jordal*, in: Arnesen et al. (Hrsg.), Agreement on the European Economic Area – A Commentary, 2018, Art. 61 EWRV Rn. 5 ff.; *Sánchez Rydelski*, State Aid, S. 578 ff.; *Buschle*, The Case Law of the EFTA Court in the Field of State Aid, in: Sánchez Rydelski (Hrsg.), The EC State Aid Regime, 2007, S. 757, 761 ff.

macht.[1378] Der daraus folgende *effects-based approach* hat zum Ergebnis, dass das EWR-Beihilfenrecht wie das unionale als Querschnittsmaterie fungiert. Dies bedeutet, dass die EWR/EFTA-Staaten sich im Falle von Beihilfenpraktiken, die zwar außerhalb der expliziten *a limine*-Ausnahmen angesiedelt, allerdings nicht vom Harmonisierungsprogramm des EWRV umfasst sind (beispielsweise auf den Feldern Steuern oder soziale Sicherheit), ebenso wenig wie die EU-Mitgliedstaaten auf das Nichteingreifen des (präventiven) Beihilfenverbotes berufen können.[1379]

Während die drei Legalausnahmen in Art. 62 Abs. 2 EWRV deckungsgleich mit denjenigen in Art. 107 Abs. 2 AEUV sind und mit diesen die geringe praktische Relevanz teilen,[1380] weichen die Ermessensausnahmen (Abs. 3) minimal von Art. 107 Abs. 3 AEUV ab, ohne dass dafür beihilfenrechtliche Gründe maßgeblich wären. Zunächst ermächtigt Art. 61 Abs. 3 lit. d EWRV denklogisch nicht den Rat, sondern den Gemeinsamen EWR-Ausschuss zur Bestimmung weiterer Kategorien von Ermessensausnahmen.[1381] Die fehlende Abbildung der seit dem Vertrag von Maastricht bestehenden sog. „Kulturausnahme" des Art. 107 Abs. 3 lit. d AEUV hat ihren Hintergrund in der grundsätzlicheren Problematik des fehlenden Nachvollzugs von binnenmarktrelevanten Änderungen des EU-Primärrechts im Rahmen der EWR-Rechtsordnung.[1382] Dennoch gewährleistet die EFTA-Überwachungsbehörde den Gleichklang mit dem EU-Beihilfenrecht mithilfe einer erweiterten Auslegung von Art. 64 Abs. 3 lit. c Alt. 1 EWRV, indem sie die Kommissionspraxis zur Kulturausnahme auf diese Rechtfertigungsvariante überträgt.[1383] Des Weiteren beinhaltet der

---

1378 Entscheidung Nr. 3/17/COL der EFTA-Überwachungsbehörde v. 18. Januar 2017 über die 102. Änderung der verfahrens- und materiellrechtlichen Vorschriften auf dem Gebiet der staatlichen Beihilfen durch Einfügung neuer Leitlinien zum Begriff der staatlichen Beihilfe im Sinne des Artikels 61 Absatz 1 des EWR-Abkommens, ABl. 2017 L 342/35.

1379 S. hierzu die Aufzählung von Entscheidungen der EFTA-Überwachungsbehörde, in denen eine Berufung auf diese Argumentation scheiterte, bei *Sánchez Rydelski*, State Aid, S. 577 f. (Fn. 5, 6).

1380 Vgl. hierzu die Kommentierung von *Jordal/Mathisen*, in: Arnesen et al., Art. 61 EWRV Rn. 47 ff.

1381 Hiervon hat der Gemeinsame EWR-Ausschuss bis dato lediglich in zwei Fällen betreffend Sonderregelungen für Beihilfen zugunsten des Schiffbausektors Gebrauch gemacht, wobei diese faktisch eher einem Nachvollzug von einschlägigen EG-Ratsverordnungen gleichkamen (vgl. ebd., Rn. 68 m. Nachw.).

1382 Vgl. zu dieser ohne eine förmliche Vertragsänderung nur schwerlich aufzuhaltenden Entwicklung *Fredriksen/Franklin*, CMLR 2015, 629, 635 ff.

1383 *Sánchez Rydelski*, State Aid, S. 585 m. zahlr. Nachw. aus der Entscheidungspraxis der EFTA-Überwachungsbehörde; vgl. ferner *Jordal/Mathisen*, in: Arnesen

regelmäßig aktualisierte Anhang XV zum EWRV die Inkorporationen der materiell-beihilfenrechtlich wichtigen Sekundärrechtsakte; namentlich der AGVO, des DAWI-Beschlusses, der *de minimis*-Verordnungen wie auch der Transparenzrichtlinie.[1384]

Komplexer gestaltet sich demgegenüber mitunter die EWR-rechtliche Handhabung des in den vergangenen beiden Jahrzehnten stetig angewachsenen *soft law*-Apparats der GD Wettbewerb. Vereinbarten die Vertragsparteien zum Zeitpunkt der EWR-Gründung noch dessen Aufnahme in Anhang XV, ging die EFTA-Überwachungsbehörde im Falle von nach diesem Zeitpunkt veröffentlichten Kommissionsverlautbarungen dazu über, von ihrer in Art. 5 Abs. 2 lit. b ÜGA verankerten Ermächtigung Gebrauch zu machen, selbst entsprechendes *soft law* zu erlassen.[1385] Wenngleich sie sich dabei an den jeweiligen unionsrechtlichen Vorbildern orientieren muss,[1386] bleibt ihr in seltenen Ausnahmefällen keine andere Wahl, als diese aufgrund deren zunehmender Abstimmung und Verzahnung mit sonstigen Unionspolitiken (s. oben *Teil 1 § 1 A.III.3.*), die nicht oder allenfalls mittelbar mit dem Binnenmarktacquis im engeren Sinne in Zusammenhang stehen, lediglich in modifizierter Weise zu übernehmen, um so der weniger ambitionierten Zielsetzung des EWRV Rechnung zu tragen. Beispiele aus der Vergangenheit legen nahe, dass insbesondere all diejenigen der *ESA State Aid Guidelines*, die unionales *soft law* an der sensiblen Schnittstelle zwischen Beihilfenregulierung und Steuerharmonisierung übernehmen, einen erhöhten Begründungsaufwand für die EFTA-Überwachungsbehörde zur Folge haben.[1387]

---

et al., Art. 61 EWRV Rn. 64, die zusätzlich auf Art. 13 des EWRV-Protokolls Nr. 31 verweisen, der eine enge Kooperation auf dem Gebiet der Kulturförderung begründet.

1384 Eine konsolidierte Fassung v. 30.4.2020 ist abrufbar unter www.efta.int/media/documents/legal-texts/eea/the-eea-agreement/Annexes%20to%20the%20Agreement/annex15.pdf [zuletzt aufgerufen am 1.5.2020].

1385 Einen Überblick hierzu bietet eine von der EFTA-Überwachungsbehörde bereitgestellte, fortlaufend aktualisierte Übersicht, abrufbar unter www.eftasurv.int/state-aid/state-aid-guidelines [zuletzt aufgerufen am 15.5.2020].

1386 Diese Verpflichtung folgt aus der „Allgemeinen Anmerkung Nr. II" in Anhang XV.

1387 S. hierzu *Antoniadis*, EStAL 2002, 157, 160 ff., die das dem *soft law* im Drittstaatenkontext inhärente Konfliktpotenzial bereits früh antizipierte und anhand der Mitteilung der Kommission über die Anwendung der Vorschriften über staatliche Beihilfen auf Maßnahmen im Bereich der direkten Unternehmenssteuerung, ABl. 1998 C 384/3, sowie deren Gemeinschaftsrahmen für staatliche Umweltschutzbeihilfen, ABl. 2002 C 37/3, darlegt. Konkret ging es im ersteren Fall um eine Heranziehung des nicht EWR-relevanten EU-Verhaltenskodexes

Verhinderte Letztere etwaige Auseinandersetzungen bis dato durch eine pragmatische *de facto*-Anerkennung der unionsrechtlichen Standards,[1388] könnte dieses Vorgehen künftig an Grenzen stoßen, sollten die EU-Mitgliedstaaten sich tatsächlich auf eine umfassendere Harmonisierung von nationalen Unternehmenssteuern einigen.[1389] Gleiches gälte im Falle des Szenarios einer aktiveren Industriepolitik der EU und ihrer Mitgliedstaaten,[1390] weil die EFTA-Überwachungsbehörde zwar etwa die IPCEI-Mitteilung nachvollzogen hat,[1391] diese aber ungeachtet der denkbaren transeuropäischen Lesart von Art. 107 Abs. 3 lit. b Alt. 1 AEUV ausgeprägte EU-supranationale Züge aufweist (s. oben *Teil 2 § 1 C.III.2.b.cc.*), die sich unter Verzicht auf strukturelle inhaltliche Änderungen nicht ohne Weiteres in Drittstaatsbeziehungen transponieren lassen.[1392]

4. Prozedurales

Art. 62 EWRV bildet die Einstiegsnorm in das EWR-Beihilfenverfahrensrecht, begründet selbst aber lediglich die beihilfenrechtliche Präzisierung der bereits in Art. 109 EWRV angelegten generellen Aufgabenverteilung zwischen Kommission und EFTA-Überwachungsbehörde im Bereich der Abkommensüberwachung. Erst EWR-Protokoll Nr. 26 verleiht der Letzteren Beihilfenaufsichtsbefugnisse, die denjenigen der Kommission nahekommen (s. oben *1.*). Das nähere Procedere im EWR/EFTA-Pfeiler ergibt

---

für Unternehmensbesteuerung (vgl. dazu den Nachw. o. in Fn. 136) als einen Auslegungsmaßstab für die Vereinbarkeitsprüfung von einschlägigen Steuerbeihilfen, in zweiterem um eine Inbezugnahme der (ausschnittsweise) harmonisierten Umweltsteuersätze der EU-Mitgliedstaaten.

1388 Ebd., 161.

1389 Vgl. zu den Hintergründen *Álvarez-Martínez et al.*, Falling Corporate Tax Rates in the EU: Is there a case for harmonization?, JRC Working Papers on Taxation and Structural Reforms, No. 4, 2016.

1390 Vgl. in diesem Sinne neuerdings dezidiert *Kommission*, Mitteilung – Eine neue Industriestrategie für Europa, COM(2020) 102 final.

1391 Vgl. hierzu Entscheidung Nr. 84/16/COL der EFTA-Überwachungsbehörde v. 27. April 2016 über die hunderterste Änderung der verfahrens- und materiellrechtlichen Vorschriften auf dem Gebiet der staatlichen Beihilfen durch Einfügung neuer Leitlinien für die Würdigung der Vereinbarkeit von staatlichen Beihilfen zur Förderung wichtiger Vorhaben von gemeinsamem europäischem Interesse mit dem EWR-Abkommen [2017/267], ABl. 2017 L 39/49.

1392 Diese grundlegenden Schwierigkeiten schlagen sich in einer bis zum heutigen Tage zu konstatierenden praktisch vollständigen Irrelevanz von IPCEI in den EWR/EFTA-Staaten nieder.

sich zum einen aus Art. 1 des ÜGA-Protokolls Nr. 3, der Art. 108 AEUV (inklusive der wichtigen Notifizierungs- sowie Stillhalteverpflichtung bezüglich neuer Beihilfen) nachbildet, zum anderen aus dem im Jahre 2001 in dasselbe Protokoll eingefügten Teil II, der die EU-Verfahrensverordnung von 1999 inkorporiert. Bezüglich der Abläufe der pfeilerübergreifenden Kooperation verweist Art. 62 Abs. 2 EWRV auf das EWRV-Protokoll Nr. 27, welches auf eine „einheitliche Durchführung, Anwendung und Auslegung der Vorschriften über staatliche Beihilfen im Gebiet der Vertragsparteien“ zielt. Hierfür sieht es umfassende Informations- bzw. Meinungsaustausch- und Berichtspflichten vor, die wie die innerunionale Handhabung eine Ausbalancierung von Transparenz (vgl. lit. b sowie konkret *ESA's State Aid Scoreboards*[1393]) und Vertraulichkeit (vgl. lit. f und g) bewerkstelligen müssen.

Die Anwendung und Durchführung des EWR-Beihilfenverfahrensrechts bedeutet einen Eingriff in die Verfahrensautonomie der EWR/EFTA-Staaten, sodass anzunehmen ist, dass sie deren staatliche Stellen bis zum Eintritt einer Konsolidierung vor allem im Kontext von Rückforderungsentscheidungen der EFTA-Überwachungsbehörde vor Probleme stellen wird,[1394] wie sie in ähnlicher Weise die mitgliedstaatlichen und unionalen Gerichte in den 1990er-Jahren beschäftigten und schlussendlich in der *Alcan*-Rechtsprechung des EuGH kulminierten.[1395] Stand innerhalb des EU-Pfeilers damals jedoch vorwiegend die Frage nach der Reichweite des Anwendungsvorrangs des Unionsrechts im Vordergrund, setzt die Vorrangproblematik in den beiden streng dualistisch geprägten nordischen EFTA-Staaten früher ein, da diese den Anwendungsvorrang des EWR-Rechts erst im Wege nationaler Gesetzgebung herstellen müssen.[1396] Die insoweit verworrene Rechtslage in Island sieht sich grundlegender

1393 Die in ihrem Inhalt und Aufbau an die *State Aid Scoreboards* der GD Wettbewerb angelehnten jährlichen Übersichten veröffentlicht die EFTA-Überwachungsbehörde seit dem Jahre 2011. Sie sind online abrufbar unter www.eftasurv.int/state-aid/state-aid-scoreboards [zuletzt aufgerufen am 15.5.2020].

1394 Vgl. aus liechtensteinischer Sicht zu diesen bereits aus der Anwendungshistorie der EU-Beihilfenkontrolle bekannten Herausforderungen *Batliner*, Practical Issues Regarding the Application of EEA Law through the Eyes of a National Judge, in: Baudenbacher/Speitler/Pálmarsdóttir (Hrsg.), The EEA and the EFTA Court, S. 95, 97 f.

1395 Vgl. dazu den Nachw. o. in Fn. 467.

1396 S. hierzu näher *Hummer*, in: Dauses/Ludwigs, 49. EL November 2019, K.III. Rn. 109a m. zahlr. weit. Nachw.

Kritik ausgesetzt,[1397] und führte auf EWR-beihilfenverfahrensrechtlichem Feld bereits in zwei Fällen, in denen sich das Land jeweils außerstande sah, entsprechende Rückforderungsentscheidungen umzusetzen, zu Vertragsverletzungsverfahren auf Betreiben der EFTA-Überwachungsbehörde (gemäß Art. 31 ÜGA).[1398]

Schwerer als diese durch das Recht bzw. die Pflicht zum Einschreiten der überstaatlichen Institutionen behebbaren Defizite in der pfeilerinternen Rechtsdurchsetzung wiegt die zuletzt abnehmende Homogenität des EWR-Beihilfenverfahrensrechts mit den in der Union maßgeblichen Rechtsakten und jüngeren übergeordneten EU-beihilfenpolitischen Entwicklungslinien wie der Stärkung des *private enforcement.* So wurden aufgrund einer norwegischen Blockade[1399] die diversen Anpassungen der Verfahrensverordnung von 1999, die im Jahre 2015 in den Neuerlass mündeten,[1400] nicht in das Vertragswerk aufgenommen, obgleich seit Oktober 2016 ein entsprechender Beschlussentwurf *(Draft Joint Committee Decision)* vorliegt.[1401] Über diese Divergenz hinaus bildet die fast vollständige Abwesenheit von nationalen Gerichtsverfahren in Island, Liechtenstein und Norwegen, in denen Private eine Verletzung der Notifizierungs- oder Stillhalteverpflichtung in Art. 1 Abs. 3 des ÜGA-Protokolls Nr. 3 geltend machen, ein Kontinuum im EWR/EFTA-Pfeiler.[1402] Anders als im diffusen Umgang mit der Frage der Umsetzung von Rückforderungsentscheidungen implementierten die beiden dualistischen EWR/EFTA-Staaten diese

1397 S. hierzu zusammenfassend die inoffizielle Übersetzung des Fristsetzungsschreibens der EFTA-Überwachungsbehörde an die isländische Regierung v. 13. Dezember 2017 (Entscheidung Nr. 212/17/COL), in dem diese unter Androhung eines Vertragsverletzungsverfahrens Islands mangelhafte Umsetzung von EWRV-Protokoll Nr. 35 rügt, abrufbar unter www.eftasurv.int/cms/sites/default/files/documents/gopro/4071-Letter%20of%20formal%20notice%20-%20Own%20initiative%20case%20against%20Iceland%20concerning%20the%20incorporati.pdf [zuletzt aufgerufen am 1.6.2020].

1398 Vgl. EFTA-GH EFTA Ct. Rep. 2016, 631; sowie E-2/05, EFTA Ct Rep 2005, 202 – EFTA-Überwachungsbehörde/Island.

1399 Vgl. zu den Hintergründen dieses rein innenpolitisch motivierten Verhaltens Norwegens *Jordal/Mathisen*, in: Arnesen et al., Art. 62 EWRV Rn. 11 f. m. Nachw.

1400 Vgl. dazu die Nachw. o. in Fn. 232.

1401 Der aktuelle Stand des Prozesses der Inkorporierung durch den Gemeinsamen EWR-Ausschuss ist abrufbar unter www.efta.int/eea-lex/32015R1589#gsc.tab=0 [zuletzt aufgerufen am 1.6.2020].

1402 Die bis zum heutigen Tage einzige erfolgreiche Berufung auf eine Verletzung des *stand still*-Gebots innerhalb des EWR/EFTA-Pfeilers erfolgte in der norwegischen Rs. *Synnøve Finden* (vgl. dazu den Nachw. o. in Fn. 1370).

Verpflichtung zwar gesondert in ihre nationalen Wettbewerbsrechtsordnungen,[1403] jedoch wecken die jeweiligen Umsetzungen Zweifel an der Einräumung einer adäquaten Möglichkeit der Einklagbarkeit.[1404] Unabhängig davon besteht in allen drei EWR/EFTA-Staaten gleichermaßen ein äußerst geringes Bewusstsein für die Möglichkeiten einer flankierenden privaten Durchsetzung des EWR-Beihilfenrechts, sodass regelmäßig weder die Wettbewerber eines beihilfenbegünstigten Unternehmens noch die mit einem beihilfenrechtsrelevanten Sachverhalt betrauten nationalen Gerichte in Erwägung ziehen, aus eigener Initiative das Vorliegen einer Beihilfe im Sinne von Art. 61 Abs. 1 EWRV zu überprüfen.[1405]

Die Kombination aus der fehlenden Konvergenz des in den beiden Pfeilern angewendeten beihilfenverfahrensrechtlichen *hard law* und dem stockenden konzeptionellen Nachvollzug der von der GD Wettbewerb forcierten Strategie der Involvierung nationaler Gerichte in die Durchsetzung der Notifizierungs- sowie Stillhalteverpflichtung wirkt sich nach heutigem Stand noch nicht spürbar negativ auf die Erreichung des Ziels eines EWR-weiten *level playing field* aus.[1406] Gleichwohl müssen Kommission und EFTA-Überwachungsbehörde sich in Anbetracht der fehlenden Vorlagepflicht der Gerichte der EWR/EFTA-Staaten darüber im Klaren sein, dass die sich bereits unionsintern komplex gestaltende Einbettung des *private enforcement* in die spezifisch beihilfenrechtliche Situation des Vollzugs,[1407] in der lediglich das Durchführungs-, nicht jedoch das Beihilfenverbot an sich unmittelbar anwendbar ist, den stärker völkerrechtlich denn suprana-

---

1403 Vgl. für eine Auflistung der einschlägigen nationalen Gesetzgebungen (einschließlich der Fundstellen in den jeweiligen Gesetzblättern) *Antoniadis*, EStAL 2002, 157, 162 (Fn. 38).

1404 *Eliassen et al.*, Norway, in: EFTA Surveillance Authority (Hrsg.), Study on state aid private enforcement by national courts in the EFTA EEA states, 2019, S. 51, 66 ff.; *Tynes/Snæbjörnsson*, Iceland, in: ebd., S. 22, 23 ff.

1405 S. hierzu das Gesamtfazit der im Jahre 2019 von der EFTA-Überwachungsbehörde in Auftrag gegebenen Detailstudie in den drei EWR/EFTA-Staaten von *Eliassen et al.*, EEA EFTA wide conclusions, in: EFTA Surveillance Authority (Hrsg.), Study on state aid private enforcement by national courts in the EFTA EEA states, S. 5 ff.

1406 So in Bezug auf die bisher ausgebliebene Inkorporierung der BVVO wohl auch *Segura/Olafsson/Clayton*, EStAL 2019, 3, 9 f. und 14; s. kritischer *Schirmer*, LJZ 2020, 65, 73, die auf denkbare Wechselwirkungen zwischen der noch nicht übernommenen BVVO von 2015, die Kooperationsmöglichkeiten zwischen nationalen Gerichten und der Kommission kodifiziert, und dem EWR-beihilfenrechtlichen *private enforcement*-Defizit hinweist.

1407 Vgl. hierzu umfassend nur *Dorn*, Private und administrative Rechtsdurchsetzung im europäischen Beihilfenrecht, S. 369 ff.

tional geprägten EWR/EFTA-Pfeiler unweigerlich vor größere Schwierigkeiten stellt.

5. Rechtsdurchsetzung

Sollten die skizzierten prozeduralen Divergenzen sich in einer Weise ausweiten, die sich für eine der beiden Seiten als inakzeptabel darstellt, stehen für die pfeilerübergreifende Streitbeilegung im Bereich des EWR-Beihilfenrechts zwei verschiedene Mechanismen zur Verfügung. Zunächst hatte das Gutachten 1/91 zur zusätzlichen Absicherung der Aufrechterhaltung gleicher Wettbewerbsbedingungen im gesamten EWR die Einführung des dezidiert beihilfenrechtlichen Streitbeilegungsmodells in Art. 64 EWRV zur Folge,[1408] dessen Anwendungsbereich allerdings auf Meinungsverschiedenheiten zwischen Kommission sowie EFTA-Überwachungsbehörde im Hinblick auf deren jeweilige Durchführung der Art. 61 f. EWRV beschränkt ist.[1409] In allen anderen Fällen, insbesondere einer Loslösung der einschlägigen Rechtsprechung des EFTA-Gerichtshofes von derjenigen des EuGH, verbleibt demgegenüber nur der Rückgriff auf das allgemeine Streitbeilegungsverfahren im Gemeinsamen EWR-Ausschuss nach den Vorgaben des Art. 111 EWRV, das Streitsachen über die Auslegung oder Anwendung des gesamten EWRV umfasst und von der Union oder einem der EWR/EFTA-Staaten aktiviert werden kann.

Prinzipiell nicht in Betracht kommt im Falle eines beihilfen- bzw. subventionsrechtlichen Konflikts ein Ausweichen auf das klassische WTO-Antisubventionsrecht gemäß Art. 10 ff. ASÜ. Der in Art. 26 EWRV erklärte Verzicht auf die Anwendung von Ausgleichszöllen im Verhältnis zwischen den Vertragsparteien stellt einen in den unionalen Außenhandelsbeziehungen bis zum heutigen Tage einzigartigen Vorgang dar. Dieser wird im Schrifttum zu Recht als Ausdruck des Vertrauens in die Robustheit der institutionellen Einkleidung der wettbewerbsrechtlichen Abkommensbestimmungen interpretiert,[1410] deren Einhaltung durch die EWR/EFTA-

---

1408 Vgl. *Bungenberg*, in: Birnstiel/Bungenberg/Heinrich, Internationales Subventionsrecht Rn. 31.

1409 S. hierzu *Jordal/Mathisen*, in: Arnesen et al., Art. 64 EWRV Rn. 3.

1410 *Müller-Ibold*, EU Trade Defence Instruments and Free Trade Agreements: Is Past Experience an Indication for the Future? Implications for Brexit?, in: Bungenberg et al. (Hrsg.), The Future of Trade Defence Instruments, 2018, S. 191, 213 ff. m. weit. Nachw.; vgl. in diese Richtung ferner auch *Van Vaerenbergh*, ZEuS 2018, 217, 226.

Staaten – anders als im Falle aller anderen bestehenden EU-Assoziierungen (s. unten *B.-D.*) – nicht durch nationale, sondern durch überstaatliche Überwachungsinstanzen kontrolliert wird. Indessen ist zu berücksichtigen, dass dieser Ausschluss ausgleichszollrechtlicher Maßnahmen nicht nur durch Art. 8 Abs. 2 EWRV (Begrenzung des Geltungsbereichs von Art. 26 EWRV auf Ursprungswaren der Vertragsparteien) sowie EWRV-Protokoll Nr. 13 (keine Anwendung von Art. 26 EWRV auf die nicht harmonisierten Sektoren, das heißt Fischerei und Landwirtschaft) Durchbrechungen erfährt, sondern – wenn auch implizit – ebenso durch Art. 64 EWRV.

Dessen seit der Gründung des EWR noch nie erprobtes und in der Literatur daher kaum beachtetes System einer Art „abgestuften Eskalation" (Meinungsaustausch nach EWR-Protokoll Nr. 27 lit. f – Ergreifung vorläufiger unilateraler Maßnahmen – Konsultationen im Gemeinsamen EWR-Ausschuss – Ersetzung der provisorischen durch endgültige Maßnahmen unter strenger Beachtung des Verhältnismäßigkeitsgrundsatzes[1411]) erlaubt bei anders nicht aufzulösenden beihilfenrechtlichen Auseinandersetzungen zwischen Kommission und EFTA-Überwachungsbehörde nämlich die Einführung von mit Ausgleichszöllen mindestens äquivalenten Instrumenten,[1412] um den Auswirkungen einer (potenziellen)[1413] Verfälschung der Wettbewerbsbedingungen innerhalb des EWR zu begegnen. Bemerkenswerter als die Tatsache des Vorhandenseins eines solchen Mechanismus ist dessen – möglicherweise unbeabsichtigte – asymmetrische Ausgestaltung, die sich darin manifestiert, dass ihn abgesehen von der ersten Stufe nicht nur faktisch (bedingt durch das handelspolitische Gewicht der Union), sondern auch rein rechtlich, die Kommission, nicht aber die EFTA-Überwachungsbehörde in Anspruch nehmen kann. Bei Letzterer handelt es sich anders als bei der Kommission auf Seiten der EU und deren Mitgliedstaaten nicht um die „zuständige Behörde der betroffenen Vertragspartei", da sie keine isländische, liechtensteinische oder norwegische „Behörde"

1411 Die strengen Verhältnismäßigkeitsanforderungen (Abs. 1 UAbs. 4: „unbedingt erforderlich") im Falle der Verabschiedung endgültiger Maßnahmen legen den Umkehrschluss nahe, dass die Ergreifung von vorläufigen Maßnahmen (UAbs. 2: „geeignet") lediglich nicht schlechterdings ungeeignet zur Beseitigung der angenommenen Wettbewerbsverfälschungen sein dürfen.

1412 So die Einschätzung von *Bull*, in: Arnesen et al., Art. 26 EWRV Rn. 4 ff.

1413 Die lose Anlehnung des Wortlauts von Art. 64 Abs. 1 UAbs. 4 EWRV an das Kriterium der Handels- bzw. Wettbewerbsverfälschung in Art. 107 Abs. 1 AEUV indiziert im Übrigen das Vorliegen einer niedrigeren Eingriffsschwelle als in Art. 15.1 ASÜ, der die Feststellung einer Schädigung im Sinne von Art. VI GATT verlangt.

darstellt und von den drei EWR/EFTA-Staaten auch niemals zur Ausübung von deren Rechten ermächtigt worden ist.[1414]

Deutlicher als im Rahmen von Art. 26 EWRV, dessen Aussagewert durch die infolge von Art. 64 EWRV verbleibenden handelsschutzrechtlichen Elemente theoretisch relativiert ist, dokumentiert das in Art. 111 EWRV normierte allgemeine Streitbeilegungsverfahren das wechselseitige Vertrauen der EWR-Vertragsparteien. Dieses zeichnet sich durch ein diplomatisch-politisches Primat sowie – als Kehrseite – einen ungleich geringeren Grad an Verrechtlichung aus, der zu einer verglichen mit jüngeren Assoziierungsabkommen als zurückhaltend zu bezeichnenden Einbindung des Gerichtshofs führt.[1415] In Übereinstimmung mit international üblichen Gepflogenheiten der zwischenstaatlichen Streitschlichtung spielt es sich auf erster Stufe stets im Gemeinsamen EWR-Ausschuss ab (vgl. Art. 111 Abs. 1 sowie 2 EWRV), im Falle des Scheiterns einer politischen Einigung gestattet es den Vertragsparteien aber nicht die einseitige Anrufung eines *ad hoc*-Schiedsgerichts oder – sofern und soweit in ihrem wesentlichen Gehalt mit Unionsrecht übereinstimmende Abkommensbestimmungen in Rede stehen – des EuGH. Ausschließlich im zweitgenannten Fall besteht die Option, in beiderseitigem Einvernehmen (vgl. Abs. 3 UAbs. 1) den Gerichtshof um eine verbindliche[1416] Entscheidung über die streiterheblichen Auslegungsfragen – nicht aber zugleich die Streitigkeit an sich – zu ersuchen.[1417] Können die EWR-Vertragsparteien sich nicht auf eine Anrufung des EuGH einigen oder scheidet eine solche mangels Einschlägigkeit eines Beihilfenrechtsexports im engeren Sinne aus, dürfen die streitenden Vertragsparteien jeweils unilaterale Schutz- oder Ausgleichsmaßnahmen verabschieden (vgl. Abs. 3 UAbs. 2 Spiegelstr. 1 bzw. 2), deren Angemessenheit der schiedsgerichtlichen Überprüfung offensteht (vgl. Abs. 4 in Verbindung mit EWRV-Protokoll Nr. 33).

Mutet die insgesamt von intergouvernementalen Verfahren und Mechanismen dominierte pfeilerübergreifende Streitbeilegung und Rechtsdurch-

---

1414 S. hierzu überzeugend *Mathisen/Jordal*, in: Arnesen et al., Art. 64 EWRV Rn. 6.

1415 Vgl. in diesem Sinne auch *Tobler*, Zur Rolle des EuGH im Streitbeilegungsmechanismus in den sektoriellen Verträgen EU-Schweiz. Mit rechtsvergleichenden Bemerkungen zum EWR, zum Ankara-Assoziationsrecht und zu der in Verhandlung stehenden Assoziation mit den AMS-Staaten Andorra, San Marino und Monaco, in: Lorenzmeier/Folz (Hrsg.), Recht und Realität, S. 378, 390.

1416 Vgl. dies explizit klarstellend EuGH Gutachten 1/92, Slg. 1992, I-2821 Rn. 34 f.

1417 S. im Überblick zur pfeilerübergreifenden Streitbeilegung in Bezug auf unionsrechtskongruentes EWR-Recht *Holterhus*, in: Krenzler/Herrmann/Niestedt, 14. EL Oktober 2019, XIII. 132a EWR Rn. 253 ff. m. weit. Nachw.

setzung angesichts der durch das EWR-Gebilde ermöglichten Partizipation von drei Drittstaaten am EU-Binnenmarkt zunächst außergewöhnlich an, erscheint sie vor dem Hintergrund der Abkommensgeneration sowie nicht zuletzt der erreichten pfeilerinternen Gerichtsförmigkeit – und der aus dieser resultierenden Rechtsschutzmöglichkeiten für Private – wiewohl nicht zwingend, so doch jedenfalls einleuchtend. Sie ist einerseits so zu deuten, dass die Überstaatlichkeit der Beihilfenüberwachung für die überwiegend abwesende Überstaatlichkeit der Streitschlichtung kompensieren kann. Andererseits legt sie durch die bloße Existenz des weitreichenden Art. 64 EWRV offen, dass es der Union im Drittstaatenkontext selbst im Maximalfalle eines nahezu umfassenden Beihilfenrechtsexports schwerfällt, sich unilateraler Reaktionsmöglichkeiten endgültig zu begeben.[1418]

6. Implementierung und Anwendung

Die Implementierung und Anwendung des EWR-Beihilfenrechtsregimes durch den EFTA-Gerichtshof sowie die EFTA-Überwachungsbehörde belegen das gute Funktionieren des EWR auch mehr als 25 Jahre nach dessen Gründung[1419] und suggerieren, dass die Übereinstimmung seines Aufsichtswesens mit dem der EU-supranationalen Pendants jederzeit gewährleistet ist. Ohne in Frage zu stellen, dass die vorgestellten institutionell-, materiell- sowie prozedural-rechtlichen Bestimmungen des EWRV das Homogenitätserfordernis zu erfüllen geeignet sind, darf dennoch nicht außer Acht gelassen werden, dass den beiden EWR/EFTA-Institutionen rechtliche sowie rechtstatsächliche Handlungsspielräume verbleiben, die es ihnen gestatten, von der Praxis des EuGH bzw. der Kommission abzuweichen, ohne sich dadurch gleichzeitig in offensichtlichen Widerspruch zu ihrem völkervertraglichen Überwachungsauftrag zu setzen. Wenngleich

---

1418 Damit soll nicht negiert werden, dass der ebenfalls in Art. 26 EWRV vorgesehene Ausschluss der in der Praxis des Handelsschutzrechts ungleich bedeutenderen Antidumpingzölle – innerhalb der von EWRV-Protokoll Nr. 13 präzisierten Grenzen (vgl. hierzu *Van Bael & Bellis*, EU Anti-Dumping and Other Trade Defence Instruments, 5. Aufl. 2011, S. 25 ff.) – keine vergleichbare Relativierung erfährt.

1419 So das einhellige Echo in Politik (vgl. *Rat*, Conclusions of the 52nd meeting of the EEA Council, Pressemitteilung 730/19 v. 19.11.2019) und Wissenschaft (vgl. etwa die Beiträge in *Müller/Schröder* (Hrsg.), 25 Jahre Europäischer Wirtschaftsraum: Ein Integrationsszenarium auf dem Prüfstand, EuR 2020 – Beiheft 1).

der EFTA-Gerichtshof theoretisch über interpretatorische Freiheiten in Bezug auf das EWR-Beihilfenrecht verfügt, erfolgte seine diesbezügliche Rechtsprechung bislang ausnahmslos in engster Anlehnung an die einschlägige (oder antizipierte) Judikatur des EuGH. Letzteres trifft in der weit überwiegenden Zahl der Fälle zwar auch auf die Aufsichtstätigkeit der EFTA-Überwachungsbehörde zu, jedoch besteht aufgrund von deren im Vergleich zur GD Wettbewerb stärkeren Rückanbindung an die nationalen Regierungen der EWR/EFTA-Staaten und geringeren politischen Gewichts die ungleich größere Gefahr des *enforcement bias*.

a) EFTA-Gerichtshof

Gemäß Art. 6 EWRV ist das EWR-Recht im Einklang mit der sich auf im Wesentlichen identisches Unionsrecht beziehenden Rechtsprechung des EuGH vor Unterzeichnung des EWRV am 2. Mai 1992 auszulegen und anzuwenden.[1420] Zur Relevanz der nach diesem Zeitpunkt ergangenen Unionsrechtsprechung äußern die Vertragsparteien sich demgegenüber nur mittelbar. Art. 105 Abs. 2 EWRV trägt dem Gemeinsamen EWR-Ausschuss auf, sich dafür einzusetzen, die homogene Auslegung und Anwendung des Abkommens zu wahren; zudem verweist dessen Abs. 3 bei Abweichungen in der Judikatur beider Gerichte, die nicht durch eine politische Einigung aufgefangen werden können, auf eine mögliche Anwendung der in Art. 111 EWRV normierten Optionen einer Streitschlichtung.[1421] Art. 3 Abs. 2 des ausschließlich zwischen den EWR/EFTA-Staaten geltenden ÜGA adressiert die Problemstellung, spricht indessen aber vage von einer „gebührenden Berücksichtigung“, anstatt eine Pflicht zur Konformität einzuführen.

Wiewohl besagte begriffliche Unbestimmtheit ein Einfallstor für eine eigenständig akzentuierte Beihilfenrechtsprechung des EFTA-Gerichtshofs zu bilden scheint, füllt dieser in der Praxis beide Homogenitätsklauseln in hohem Maße EuGH-freundlich aus und stellt einschlägige Unionsrechtsprechung stets in seine Erwägungen ein, ohne zwischen Judikaten vor

1420 S. zur wichtigen Bedeutung der sog. „judiziellen Homogenität“ als das notwendige Komplementär zur sog. „legislativen Homogenität“ statt vieler *Speitler*, Judicial Homogeneity as a Fundamental Principle of the EEA, in: Baudenbacher (Hrsg.), The Fundamental Principles of EEA Law, 2017, S. 19 ff.

1421 S. hierzu ausführlicher *Fredriksen*, in: Arnesen et al., Art. 105 EWRV Rn. 1 ff.

und nach der Unterzeichnung des EWRV zu differenzieren.[1422] In erster Linie gilt dies für die Auslegung der Tatbestandskriterien in Art. 61 Abs. 1 EWRV,[1423] die selbst in zuletzt äußerst dynamischen Bereichen wie der Selektivität oder der staatlichen Zurechnung keine nennenswerten Inkongruenzen aufweist,[1424] gleichsam aber auch für die Prüfdichte des EFTA-Gerichtshofs betreffend Abwägungsprozesse der EFTA-Überwachungsbehörde im Rahmen von Art. 61 Abs. 3 EWRV.[1425] Schließlich beantwortete er die im Zuge von *private enforcement*-Verfahren zunehmend an Relevanz gewinnende prozedurale Fragestellung, bei welcher Art von „Bedenken" (vgl. Teil II Art. 4 Abs. 4 des ÜGA-Protokolls Nr. 3) die EFTA-Überwachungsbehörde bei neuen Beihilfen das förmliche Prüfverfahren zu eröffnen hat, in ähnlich strenger Weise wie zuvor das EuG.[1426]

Vereinzelte Stimmen im Schrifttum, nach denen sich die Rechtsprechung des EFTA-Gerichtshofs allgemein sowie speziell in Wettbewerbssachen von derjenigen des EuGH dergestalt abhebe, dass sie durch „classical EFTA free market values"[1427] sowie spezifisch „realpolitische" Interpretationsansätze[1428] gekennzeichnet sei, beruhen auf allenfalls anekdotischer Evidenz[1429] und beziehen sich nicht oder nur am Rande auf dessen

1422 Vgl. für den Zeitraum von 1995 bis 2005 *Baudenbacher*, The EFTA Court: Ten Years On, in: ders./Tresselt/Orlygsson (Hrsg.), The EFTA Court: Ten Years On, 2005, S. 13, 44 ff.; sowie *Buschle*, The Case Law of the EFTA Court in the Field of State Aid, S. 757 f.; für den Zeitraum zwischen 2014 und 2017 *Schirmer/Steiner*, Neuere Beihilfe-Fälle des EFTA-Gerichtshofs, in: Jaeger/Haslinger (Hrsg.), Beihilferecht. Jahrbuch 2019, S. 537 ff.

1423 Vgl. dazu die Nachw. o. in Fn. 1377.

1424 S. hierzu *Jordal/Mathisen*, in: Arnesen et al., Art. 64 Rn. 36 ff.; bzw. *Sánchez Rydelski*, State Aid, S. 578 f.

1425 EFTA-GH E-6/98, EFTA Ct Rep 1999, 74 Rn. 42 – EFTA-Überwachungsbehörde/Norwegen.

1426 EFTA-GH E-9/04, EFTA Ct Rep. 2006, 42 Rn. 64 – The Bankers' and Securities Dealers' Association of Iceland/EFTA-Überwachungsbehörde; vgl. in diesem Sinne bereits EuG T-73/98, Slg. 2001, II-867 Rn. 44 f. – Prayon Rupel/Kommission.

1427 So lautet seit jeher die Auffassung des ehemaligen Präsidenten des EFTA-Gerichtshofes *Carl Baudenbacher*, der besagte These im Kontext des Brexit erneuerte (vgl. etwa *ders.*, NZKart 2016, 498, 499).

1428 *Morgan de Rivery/Fall*, The EFTA Court – A Court of Business Law?, in: Baudenbacher/Speitler/Pálmarsdóttir (Hrsg.), The EEA and the EFTA Court, S. 387, 403 ff.

1429 Das prominenteste Beispiel einer Abweichung des EFTA-Gerichtshofes bildet dessen Urteil im vielzitierten sog. *Kellogg's*-Fall (vgl. EFTA-GH E-3/00, EFTA Ct Rep 2001/2002, 73 Rn. 26 ff. – EFTA-Überwachungsbehörde/Norwegen) betreffend das lebensmittelrechtliche Vorsorgeprinzip, das den EuGH

Umgang mit dem EWR-Beihilfenrecht. Dies bedeutet zwar nicht, dass Unionsgerichte im Einzelfall nicht umgekehrt auch Präzedenzurteile des EFTA-Gerichtshofes in ihre Begründungen einfließen lassen;[1430] nichtsdestotrotz ist die Hierarchie in dieser interjustiziellen Kooperation erkennbar auf den EuGH zugeschnitten. So ist zum einen disziplinenübergreifend zu beobachten, dass der EFTA-Gerichtshof in Sachverhaltskonstellationen, zu welchen noch keine einschlägige Unionsrechtsprechung existiert, den Versuch unternimmt, diese anhand einer Auswertung von verwandten (gefestigten) Rechtsprechungslinien des EuGH zu prognostizieren.[1431] Zum anderen geht er konkret in wettbewerbsrechtlicher Hinsicht über die von ihm selbst gezogene Grenze der parallelen Auslegung, die er in der „Kontext- und Zielverschiedenheit“[1432] von Union und EWR erblickt, hinaus, indem er unter anderem in einem kartellrechtlichen Fall bereits die typischerweise als eines der Wesensmerkmale der EU-Verfassungsgemeinschaft eingestufte GRCh heranzog,[1433] ohne dass diese Teil des EWR-Rechts wäre oder das Homogenitätsprinzip diesen Schritt geboten hätte. Folglich bindet der EFTA-Gerichtshof sich in seiner Auslegung und Anwendung des EWRV in überschießender Weise an den EU-Pfeiler, was dazu beiträgt, dass seine in Anbetracht der lediglich fakultativen Rolle des EuGH im bisher noch ungenutzten Streitschlichtungsverfahren (s. oben *5.*) vorhandenen Spielräume in der EWR-Praxis effektiv nicht zum Tragen kommen.

---

später zu einer Anpassung seiner eigenen Rechtsprechungslinie bewegte (vgl. EuGH C-192/01, Slg. 2003, I-9693 – Kommission/Dänemark).

1430 Vgl. exemplarisch EuG T-308/00, ECLI:EU:T:2013:30 Rn. 38 – Salzgitter/Kommission.

1431 Eine solche *EFTA Court going first*-Entscheidung begründete etwa EFTA-GH E-4/97, EFTA Ct Rep 1999, 1 – Norwegian Bankers' Association/EFTA-Überwachungsbehörde, zum sog. „Beihilfenansatz“ bezüglich des Problemkreises Beihilfen und öffentliche Dienstleistungen. Diese wurde unionsintern zwar noch von GA *Jacobs*, SchlA C-126/01, Slg. 2003, I-13769 Rn. 101 – GEMO SA, aufgegriffen, spätestens jedoch mit dem *Altmark*-Urteil des EuGH (vgl. dazu den Nachw. o. in Fn. 240) endgültig zugunsten des sog. „Ausgleichsansatzes“ verworfen.

1432 S. hierzu näher *Holterhus*, in: Krenzler/Herrmann/Niestedt, 14. EL Oktober 2019, XIII. 132a EWR Rn. 102 unter Verweis auf EFTA-GH E-3/98, EFTA Ct Rep 1998, 205 Rn. 21 – Rainford-Towning.

1433 EFTA-GH E-15/10, EFTA Ct Rep 2012, 246 Rn. 86 – Posten Norge. In beihilfenrechtlichem Zusammenhang hatte der EFTA-Gerichtshof sich im Jahre 2003, das heißt vor Inkrafttreten der GRCh und deren Art. 47, noch darauf beschränkt, ohne direkte Inbezugnahme von Art. 6 EMRK den Grundsatz des effektiven Rechtsschutzes als allgemeines Prinzip des EWR-Rechts zu qualifizieren (vgl. E-2/02 EFTA Ct Rep 2003, 52 Rn. 36 – Bellona).

b) EFTA-Überwachungsbehörde

Anders gestaltet sich die Ausgangssituation aber im Falle der EFTA-Überwachungsbehörde. Zunächst schließen ihre Ausstattung mit denselben beihilfenrechtlichen Aufsichtsbefugnissen – und damit -pflichten – wie die Kommission (s. oben *4.*), die regelmäßige Übernahme von beihilfenrechtlichen EU-Sekundärrechtsakten durch die EWR-Vertragsparteien und der Nachvollzug des mindestens ermessensbindenden *soft law* der GD Wettbewerb (s. oben *3.*), die für sie richtungsweisende – EuGH-konforme – Beihilfenrechtsprechung des EFTA-Gerichtshofes sowie nicht zuletzt ihre fehlende Kompetenz zum Erlass von Verordnungen oder Richtlinien[1434] die Entwicklung einer eigenständigen EWR/EFTA-Beihilfenpolitik bereits von vornherein aus. Hinzu kommt ferner, dass die EFTA-Überwachungsbehörde anders als der EFTA-Gerichtshof eine Aktivierung des im Ergebnis einseitig zugunsten des EU-Pfeilers ausgestalteten Spezialverfahrens in Art. 64 EWRV (s. oben *5.*) durch die Kommission riskierte, sofern sie durch ihre Handhabung der Art. 61 ff. und 59 EWRV das EWR-weite *level playing field* nachhaltig, das heißt in wettbewerblich erheblicher sowie womöglich wiederkehrender Weise gefährdete.

Aufgrund dieser rechtlichen Einhegung der EFTA-Überwachungsbehörde und vor dem Hintergrund der im Vergleich zum durchschnittlichen EU-Mitgliedstaat seit jeher nicht nur in absoluten Zahlen zurückhaltenderen Ausgaben für staatliche Beihilfen in Liechtenstein (0,03 Prozent des BIP) und Island (0,42 Prozent des BIP)[1435] sowie der damit korrespondierenden geringeren Anzahl an (Un-)Vereinbarkeitsentscheidungen und vor dem EFTA-Gerichtshof ausgetragenen Beihilfenrechtsstreitigkeiten, verwundert es nicht, dass deren Aufsichtstätigkeit im EWR-Schrifttum – soweit ersichtlich – ein nahezu ungeteilt unkritisches Echo hervorruft.[1436]

1434 So dezidiert auch *Schirmer/Steiner*, Neuere Beihilfe-Fälle des EFTA-Gerichtshofs, S. 542 f.

1435 S. hierzu detailliert *EFTA-Überwachungsbehörde*, State Aid Scoreboard for the EEA EFTA States for 2017, 2018, S. 7 ff. Andererseits ist zu berücksichtigen, dass Norwegen – als die mit Abstand größte Volkswirtschaft des EWR/EFTA-Pfeilers – 0,84 Prozent seines BIP für staatliche Beihilfen aufwendet und damit über dem EU-Gesamtdurchschnitt der 28 (0,65 Prozent) liegt.

1436 Vgl. zuletzt *Mathisen*, EuR 2020 – Beiheft 1, 313 ff.; ebenso zuvor *Sánchez Rydelski*, State Aid, S. 603; *Antoniadis*, EStAL 2002, 157, 182; teilrechtsgebietsübergreifend *Svedman*, The Enforcement of the EEA Agreement by the EFTA Surveillance Authority: Enhancing Welfare and Prosperity, in: Selvik et al. (Hrsg.), The Art of Judicial Reasoning: Festschrift in Honour of Carl Baudenbacher, 2019, S. 65 ff. Einschränkend anzumerken ist jedoch, dass sämtliche

In der Tat obsiegte die EFTA-Überwachungsbehörde in der weit überwiegenden Mehrzahl aller gegen sie gerichteten, vom EFTA-Gerichtshof in der Sache entschiedenen Nichtigkeitsklagen, welche auf eine Aufhebung von Entscheidungen zielten, die sie nach Durchführung des förmlichen Beihilfenprüfverfahrens getroffen hatte.[1437] Diese Bilanz belegt, dass die EFTA-Überwachungsbehörde in der Lage ist, das formal hergestellte Ausmaß an materiell-beihilfenrechtlicher Homogenität auch mit Leben auszufüllen. Bestätigt wird sie durch die Tatsache, dass die Kommission bis zum heutigen Tag keine Veranlassung sah, über den ständig stattfindenden Informationsaustausch mit der EFTA-Überwachungsbehörde sowie die Nutzung der ihr in der Satzung des EFTA-Gerichtshofes eingeräumten Beteiligungsrechte hinaus zu intervenieren.[1438]

Zu berücksichtigen ist allerdings, dass die (Weisungs-)Unabhängigkeit der EFTA-Überwachungsbehörde als Ganze (vgl. Art. 4 ÜGA), eines jeden von deren drei politisch ernannten sog. *college members* (vgl. Art. 7 Abs. 1 bzw. Art. 8 Abs. 1 ÜGA) sowie der sonstigen Beamten und Bediensteten (vgl. Art. 14 Abs. 2 ÜGA) aus einer Reihe von Gründen faktisch nicht mit derjenigen der Kommission sowie deren Mitgliedern und Beamten gleichgesetzt werden kann. Im Gegensatz zur Kommission (vgl. zu deren zentraler Stellung im institutionelle Gefüge der Union nur die Aufgabenzuweisung in Art. 17 EUV) handelt es sich bei der EFTA-Überwachungsbehörde um ein reines Exekutivorgan. Weder vertritt sie die Interessen von Island, Liechtenstein und Norwegen im Gemeinsamen EWR-Ausschuss noch ist sie in anderer Weise direkt in den Prozess der Rechtsangleichung involviert. Des Weiteren verfügt sie – relativ gesehen – über weitaus geringere personelle Ressourcen als die GD Wettbewerb[1439] und ist in der Besetzung des *college* sowie des für die Wettbewerbs- und Beihilfenaufsicht zuständigen Direktorats seit ihrer Errichtung stark norwegisch geprägt.[1440]

---

der zitierten Einschätzungen von amtierenden oder ehemaligen Vertreterinnen bzw. Vertretern der EFTA-Überwachungsbehörde stammen.

1437 S. hierzu nur die neuere Zusammenstellung von *Mathisen*, EuR 2020 – Beiheft 1, 313, 320 f. m. zahlr. Nachw.

1438 Vgl. Art. 20 und 36 des ÜGA-Protokolls Nr. 5, das die Satzung des EFTA-Gerichtshofs enthält.

1439 Im Direktorat für Wettbewerb und Beihilfen sind lediglich sechs Beamte der Bearbeitung von Beihilfenfällen zugeordnet. Insgesamt verfügt es über 19 Bedienstete (Stand: 5.5.2020).

1440 So stellt Norwegen seit der Errichtung der EFTA-Überwachungsbehörde nahezu ohne Unterbrechung deren Präsidenten. Das Direktorat für Wettbewerb und Beihilfen insgesamt wie auch die Beihilfenabteilung werden von einem Norweger angeführt.

Zwar dürfen die aus dem komplexen institutionellen Gefüge des EWR/EFTA-Pfeilers sowie der – von sieben auf drei – gesunkenen Zahl an EWR/EFTA-Staaten angelegten Herausforderungen wegen der organisatorischen (nicht aber räumlichen) Trennung der EFTA-Überwachungsbehörde vom strikt intergouvernementalen EFTA-Sekretariat nicht überbewertet werden.[1441] Gleichermaßen ungerechtfertigt erschiene es, im Unionskontext von der vollständigen Resilienz der Kommission gegenüber politischen Einflussnahmen der Mitgliedstaaten auszugehen.[1442] Gleichwohl steht zu vermuten, dass die besagten Divergenzen nicht ohne tatsächliche beihilfenaufsichtsrechtliche Konsequenzen bleiben.

Konkret sind sie geeignet, die in prozeduraler Hinsicht – im Vergleich zur Situation bei materiell-rechtlich gelagerten Fällen – signifikant schwächere Bilanz der EFTA-Überwachungsbehörde vor dem EFTA-Gerichtshof zu erklären.[1443] So lehnte diese ungeachtet der bei einer objektiven Betrachtung jeweils bestehenden Bedenken allein im Zeitraum von 2011 bis 2015 in vier Entscheidungen die Einleitung des förmlichen Prüfverfahrens zu Unrecht ab,[1444] was eine systematische Zurückhaltung zugunsten von Beihilfengebern in Zweifelsfällen indiziert.[1445] Aufschlussreich ist in diesem Zusammenhang außerdem eine der wenigen existierenden umfas-

---

1441 Vgl. zur Bedeutung der beiden zuletzt genannten Aspekte instruktiv *Norberg*, The EEA Surveillance Mechanism, in: Baudenbacher/Speitler/Pálmarsdóttir (Hrsg.), The EEA and the EFTA Court, S. 483, 491 ff., der zudem auf Unterschiede in den Beschäftigungsbedingungen hinweist (ebd.). Anders als in der Kommission existiert in der EFTA-Überwachungsbehörde eine Obergrenze von (sechs) Dienstjahren, die dazu führt, dass eine Vielzahl von deren Beamten vor oder nach der Amtszeit Positionen in den jeweiligen nationalen Verwaltungen bekleiden.

1442 Vgl. exemplarisch die lediglich infolge des immensen Drucks der Mitgliedstaaten zustande gekommene Verlängerung des Sonderregimes für Beihilfen zugunsten des Steinkohlebergbaus auf Grundlage von Art. 107 Abs. 3 lit. e AEUV (vgl. dazu den Nachw. o. in Fn. 873), welche einen Legislativvorschlag der Kommission erforderte.

1443 Eine solche konzediert auch der derzeit amtierende Direktor des Wettbewerbs- und Beihilfenressorts der EFTA-Überwachungsbehörde *Gjermund Mathisen*, EuR 2020 – Beiheft 1, 313, 318 f.

1444 Vgl. EFTA-GH E-14/10, EFTA Ct Rep 2011, 266 – Konkurrenten.no/EFTA-Überwachungsbehörde; E-1/12, EFTA Ct Rep 2012, 1040 – Den norske forleggerforening; E 1/13, EFTA Ct Rep 2014, 4 – Míla; E-23/14, EFTA Ct Rep 2015, 666 – Kimek Offshore.

1445 Offengelassen von *Mathisen*, EuR 2020 – Beiheft 1, 313, 318; vgl. wie hier aber tendenziell *Baudenbacher*, Judicial Independence. Memoirs of a European Judge, 2019, S. 236 f.

senden Gesamtschauen zur Beihilfenrechtsdurchsetzung der EFTA-Überwachungsbehörde gegenüber den einzelnen EWR/EFTA-Staaten.[1446] Diese legt offen, dass die EFTA-Überwachungsbehörde politisch hochsensible isländische Beihilfenmaßnahmen im Zuge der Bankenprivatisierung und -rettung sowie des Aufbaus einer Aluminiumindustrie, die Island lediglich sporadisch notifizierte, teilweise nicht zur Kenntnis nahm, trotz entsprechender Beschwerden über Jahre hinweg nicht prüfte oder unter methodisch fragwürdigen Vorzeichen autorisierte.[1447]

Es würde den Rahmen dieser Arbeit sprengen, die dort unterstellte Kausalität zwischen der im Vergleich zur Kommission erhöhten Vulnerabilität der EFTA-Überwachungsbehörde gegenüber politischem Druck oder sogar Obstruktion[1448] durch die EWR/EFTA-Mitgliedstaaten einerseits sowie Defiziten in der Durchführung der Beihilfenaufsicht andererseits nachzuweisen. Für die vorliegenden Zwecke reicht es aus zu konstatieren, dass Letztere – wie das EWR-Beihilfenrechtsregime insgesamt – zwar das völkerrechtliche Maximum dessen bildet, was an einer Annäherung an das EU-Beihilfenkontrollsystem ohne gleichzeitigen Beitritt zur Union oder eine direkte Unterwerfung unter die Aufsichtsgewalt der Kommission möglich ist, sie aber dennoch nicht in ihrer Gesamtheit pauschal als vollständig gleichwertig qualifiziert werden kann.

II. Geplante(s) Rahmenassoziierungsabkommen mit Andorra, Monaco und San Marino

Die Wiederholung eines vergleichbaren oder sogar weiterreichenden Beihilfenrechtsexports kommt nach heutigem Stand einzig in Betracht, sollten drei westeuropäische Mikrostaaten eine Binnenmarktassoziierung mit der EU eingehen.[1449] Im Jahre 2012 begann die Kommission Möglichkei-

1446 Eine solche besteht – soweit ersichtlich – bisher allein in Bezug auf Island (im Zeitraum von 1994 bis 2014): vgl. höchst kritisch *Karlsson*, EStAL 2014, 470, 489 f.

1447 Ebd., 474 bzw. 486, 477 jeweils m. zahlr. Nachw.

1448 Vgl. in ebendiese Richtung betreffend Island: ebd., 490: „Fabian Strategy to wear down ESA's efforts"; sowie am Beispiel norwegischer Regionalpolitik: *Løvseth*, Regional and Federal Studies 2011, 305 ff.

1449 Vgl. grundlegend zum Verhältnis der EU zu den europäischen Mikrostaaten *Naef/Forster*, EU-Mikrostaaten, in: Hatje/Müller-Graff (Hrsg.), Europäisches Organisations- und Verfassungsrecht, 2. Aufl. 2021 [im Erscheinen].

ten auszuloten, die vom Rat zuvor als „ausgedehnt, aber fragmentiert“[1450] bezeichneten Beziehungen zu Andorra, Monaco und San Marino im Sinne einer möglichst umfassenden Integration in den Binnenmarkt zu vertiefen.[1451] Während der Rat die Optionen einer Fortführung des *status quo*, des EU-Beitritts und des Abschlusses einer Vielzahl sektorieller Abkommen aus institutionell-politischen ebenso wie verwaltungsökonomischen Erwägungen bereits frühzeitig ablehnte,[1452] verwarf die Kommission einen Beitritt zum EWR aufseiten der EWR/EFTA-Staaten wegen Vorbehalten Monacos sowie nicht zuletzt Norwegens, das mit Island und Liechtenstein im Gemeinsamen EWR-Ausschuss auf Grundlage gemeinsamer Standpunkte handelt und Bedenken gegenüber einer Verkomplizierung der Koordinierung hegt.[1453]

Von den ursprünglichen angedachten Szenarien verblieb daher allein dasjenige der Aushandlung von einem – oder wahlweise: drei getrennten – (Rahmen-)Assoziierungsabkommen.[1454] Die im Jahre 2015 begonnenen Detailgespräche mit Andorra, Monaco und San Marino zielen ausweislich der Verlautbarungen des Rates im Nachgang der Verabschiedung des unveröffentlichten Verhandlungsmandats von 2014 auf die Vereinbarung eines Zugangs zum Binnenmarkt „comparable to that enjoyed by the non-EU European Economic Area member states“[1455]. Wenngleich über die

---

1450 So *Rat*, Schlussfolgerungen zu den Beziehungen zwischen der EU und den EFTA-Ländern v. 14. Dezember 2010, 17423/10, Ziff. 8.

1451 S. hierzu *Kommission*, Mitteilung – Beziehungen der EU zu dem Fürstentum Andorra, dem Fürstentum Monaco und der Republik San Marino: Optionen für eine engere Integration mit der EU, COM(2012) 680 final/2, 16.

1452 *Rat*, Schlussfolgerungen zu den Beziehungen der EU zu dem Fürstentum Andorra, der Republik San Marino sowie dem Fürstentum Monaco v. 20. Dezember 2012.

1453 Vgl. aus der Perspektive der EWR/EFTA-Staaten *Baur*, Who Can Join the European Economic Area?, in: Gstöhl (Hrsg.), The European Neighbourhood Policy in a Comparative Perspective, 2016, S. 55, 65.

1454 S. eingehend zu diesem Szenario *Kommission*, Bericht – Beziehungen der EU zu dem Fürstentum Andorra, dem Fürstentum Monaco und der Republik San Marino: Optionen für ihre Teilnahme am Binnenmarkt, COM(2013) 793 final, 5 f.; vgl. zu den in der französisch-monegassischen Sonderbeziehung zu verortenden Gründen für die Formulierung „ein oder mehrere Rahmenassoziierungsabkommen“ *Forster/Mallin*, Die Assoziierung der europäischen Mikrostaaten – Integrationstest mit Modellcharakter, SWP-Aktuell 2014/A 21, April 2014, S. 4.

1455 Vgl. dazu den Nachw. o. in Fn. 1275.

Einzelheiten der Verhandlungsverläufe nur wenig bekannt ist,[1456] ergibt sich in einer Zusammenschau mit vorbereitenden Dokumenten ein klar konturiertes Bild von den Vorstellungen der Kommission zur institutionellen Einkleidung der Handelsbeziehungen, die wiederum Rückschlüsse auf die Wesensmerkmale eines zukünftigen Beihilfenkontrollregimes zulässt, das mutmaßlich im Verhältnis zu allen drei Mikrostaaten Anwendung fände.[1457]

In Parallelität zum EWR (s. oben *§ 1 A.I.1.*) erhebt sie die Homogenität des völkervertraglich ausgedehnten Binnenmarktes zum Leitprinzip, was konkret bedeutet, dass das bzw. die Assoziierungsabkommen robuste Regelungen zu Fragen der dynamischen Rechtsangleichung an den EU-Binnenmarktacquis, der EuGH-konformen Auslegung, der unabhängigen Überwachung und gerichtlichen Durchsetzung sowie der Streitschlichtung beinhalten muss bzw. müssen.[1458] Während davon auszugehen ist, dass die fortlaufende Inkorporierung von neuem binnenmarktrelevanten EU-Sekundärrecht und die Festlegung auf eine einheitliche Abkommensauslegung ähnlich vonstattengehen wird wie im EWRV vorgesehen, gilt dies nicht für letztere beiden Elemente, da der Kommission im Falle der Mikrostaaten offenbar ein sog. „Ein-Pfeiler-Modell" vorschwebt, in dem weder nationale Behörden noch andere überstaatliche Institutionen wie die EFTA-Überwachungsbehörde, sondern die Kommission und der Gerichtshof selbst, die Implementierung und Anwendung der unionsrechtskongruenten Abkommensverpflichtungen durch die Nicht-EU-Vertragsparteien beaufsichtigen.[1459] Ausgehend von deren einwohnerzahlbedingt limitierten Verwaltungskapazitäten sowie der wenig ausgeprägten Neigung der Kommission, eine dem EWR nachempfundene, in hohem Maße komplexe, Doppelstruktur zu replizieren,[1460] erscheint diese Vorgehensweise aus unionaler wie aus mikrostaatlicher Sicht nachvollziehbar.

1456 S. aber den positiven Zwischenbericht (inklusive einer wertenden Stellungnahme) in *Europäisches Parlament*, Empfehlung v. 13. März 2019 an den Rat, die Kommission und die Vizepräsidentin der Kommission und Hohe Vertreterin der Union für Außen- und Sicherheitspolitik zu dem Assoziierungsabkommen zwischen der EU und Monaco, Andorra sowie San Marino (2018/2246(INI)).

1457 Parallelen zum geplanten InstA mit der Schweiz (s. unten *D.II.*) erkennt zu Recht *Tobler*, Zur Rolle des EuGH im Streitbeilegungsmechanismus in den sektoriellen Verträgen EU-Schweiz, S. 394.

1458 So konkret *Kommission*, COM(2013) 793 final, 5 f.

1459 Ebd., 6.

1460 Ebd.

In beihilfenrechtlicher Hinsicht folgt hieraus, dass in den drei Mikrostaaten mangels einschlägiger nationaler Systeme oder völkerrechtlicher Vereinbarungen im Rahmen der Errichtung der Zollunionen (mit Andorra sowie San Marino)[1461] eine Adaptierung der jeweiligen Wirtschafts- und Fiskalpolitiken an die Anforderungen des EU-Beihilfenacquis erforderlich würde.[1462] Zweitens führte die Kommission alle Prüfverfahren betreffend notifizierungspflichtige Beihilfenmaßnahmen durch, wobei ihre Beschlüsse vor dem GHEU angefochten werden könnten. Drittens müssten auch Private in die Lage versetzt werden, Verletzungen der in das Abkommen zu übernehmenden Notifizierungs- bzw. Stillhalteverpflichtung vor den Gerichten Andorras, Monacos und San Marinos geltend zu machen. Demnach höbe sich eine solche EU-Binnenmarktassoziierung in ihrem beihilfenrechtlichen Gehalt insoweit vom EWRV ab, als die Kommission die Aufsichtsgewalt über ihren Beihilfenrechtsexport in eigenen Händen behielte. Diese Eingleisigkeit schaffte einen rechtlichen Mehrwert, allerdings bleibt zu berücksichtigen, dass der makroökonomische Effekt einer Binnenmarktpartizipation der Mikrostaaten – und damit korrespondierend auch derjenige ihrer Beihilfenvorhaben – äußerst begrenzt sein wird.[1463]

B. Beitrittsassoziierungen

Während die bestehende Binnenmarktassoziierung des EWR ebenso wie die geplante(n) mit Andorra, Monaco sowie San Marino darauf ausgerichtet ist,[1464] einen Zustand möglichst weitreichender Wirtschaftsintegration bei gleichzeitiger (dauerhafter) Nicht-EU-Mitgliedschaft der jeweiligen

---

1461 Vgl. dazu die Nachw. o. in Fn. 1276.

1462 S. hierzu die ausführliche Analyse von bestehenden Handelshemmnissen in *Kommission*, Obstacles by Andorra, Monaco and San Marino to the EU's Internal Market and Cooperation in Other Areas, SWD(2012) 388 final.

1463 Andorra, Monaco und San Marino zählen gemeinsam 145.000 Einwohner. Ihre addierten BIP belaufen sich auf rund acht Milliarden Euro, sodass sie lediglich 0,07 Prozent des Gesamt-BIP der EU der 28 (in Höhe von 13 Billionen Euro) ausmachten (vgl. näher *Kommission*, COM(2013) 793 final, 7 ff.).

1464 Uneingeschränkt gilt dies in Bezug auf die drei Mikrostaaten (vgl. dazu den Nachw. o. in Fn. 1454), während der EWR bedingt durch die zunächst zahlreichen Übertritte von Staaten des EFTA-Pfeilers in den EU-Pfeiler in den 1990er-Jahren noch als „waiting room" (so etwa *Peers*, CMLR 1995, 187 ff.) für einen EU-Beitritt bezeichnet wurde. Nachdem Island im Jahre 2015 seinen Beitrittsantrag zurückgezogen hat, erscheint ein dauerhafter Verbleib der drei EWR/EFTA-Staaten im EFTA-Pfeiler in hohem Maße wahrscheinlich.

Vertragspartner herzustellen sowie völkervertraglich zu perpetuieren, lag den von der Union eingegangenen Beitrittsassoziierungen – jedenfalls zum Zeitpunkt von deren Vereinbarung[1465] – ein noch ambitionierteres Fernziel zugrunde, ohne dass sie aus diesem Grund *per definitionem* lediglich Provisorien bildeten.[1466] Sowohl die EU-TR-CU wie auch die SAA mit den Westbalkanstaaten erreichen im Ausgangspunkt einen geringeren Grad an Handelsliberalisierung als der EWRV und begründen anstelle eines Gemeinsamen Marktes eine Zollunion respektive sechs vertiefte Freihandelszonen. Dafür stellen sie ausdrücklich die grundsätzliche Möglichkeit eines EU-Beitritts in Aussicht, was über politische Implikationen hinaus konkrete beihilfenrechtliche Auswirkungen zeitigt. Von entscheidender Bedeutung ist diesbezüglich die jeweilige institutionelle Einkleidung, die sich im Falle der EU-TR-CU zwar ausdifferenziert, jedoch potenziell unionsrechtswidrig gestaltet *(I.)*, im Falle der gleichförmigen Beihilfenrechtsbestimmungen der SAA dagegen vornehmlich auf intergouvernementale Mechanismen verlässt *(II.)*.

I. EU-Zollunion mit der Türkei

Die EU-TR-CU ging aus einer der frühsten Assoziierungen der EWG hervor und bildet die Grundlage für die bisher einzige ökonomisch gewichtige EU-Zollunion mit einem Drittstaat.[1467] Das dadurch bedingte höhere Integrationsniveau setzt eine Angleichung der Türkei an die unionale Zollsowie Außenhandelspolitik voraus.[1468] Vor allem der Nachvollzug der seit der Jahrtausendwende an Dynamik gewinnenden vertraglichen Handelspolitik (s. oben *Teil 2 § 1 B.I.*) stellt diese vor erhebliche Herausforderun-

---

1465 Vgl. Art. 28 Ankara-AA und (stellvertretend für die in sämtlichen SAA ähnlich lautenden Formulierungen) Abs. 3 der Präambel zum EU-RS-SAA.

1466 So bezeichnet Art. 2 lit. c Ankara-AA die Errichtung einer Zollunion als „Endphase der Assoziation", wobei die EU-TR-CU selbst die Beitrittsfrage nicht thematisiert. Auch die später abgeschlossenen SAA bilden nicht lediglich ein Mittel zum Zweck des Beitritts, was sich daran zeigt, dass sie Letzteren jeweils nicht als eines der unmittelbaren Ziele auflisten (vgl. zum Beispiel den Katalog in Art. 1 EU-RS-SAA).

1467 Vgl. ausführlich zu den Hintergründen der letzten verbliebenen Kombination aus Beitrittsassoziierung und Zollunion *Kabaalioğlu*, Turkey's Relations with the European Union: Customs Union and Accession Negotiations, in: Müller-Graff/Kabaalioğlu (Hrsg.), Turkey and the European Union, 2012, S. 11 ff.

1468 Diese beiden besonderen Charakteristika einer Zollunion buchstabieren Art. 13 sowie Art. 16 EU-TR-CU aus.

gen.[1469] Erschwerend wirkt sich aus, dass der Europäische Rat der Türkei im Jahre 1999 zwar den Status des EU-Beitrittskandidaten verliehen und im Jahre 2004 die Aufnahme entsprechender Verhandlungen beschlossen hatte, zunehmende politische und rechtsstaatliche Differenzen jedoch zu einer teilweisen Aussetzung führten.[1470] Vor diesem Hintergrund wurden zuletzt vermehrt Forderungen nach einer Reform der Handelsbeziehungen in Form einer Modernisierung oder sogar Beendigung der EU-TR-CU laut.[1471] Diese Gemengelage spiegelt sich weniger im (anvisierten) materiellen Gehalt des Beihilfenrechtsexports wider *(2.)*, als vielmehr in dessen institutioneller Grundstruktur *(1.)*, dem spezifisch beihilfenrechtlichen Streitbeilegungsmechanismus *(3.)* sowie nicht zuletzt dessen bis dato weit überwiegend unterbliebener Implementierung und Anwendung aufseiten der Türkei *(4.)*. Die Funktionsfähigkeit des EU-TR-CU-Beihilfenrechtsregimes leidet darunter, dass dessen Konzipierung zwar von der Erkenntnis getragen ist, dass die Zollunion eines nicht ausschließlich an der Logik der EU-Konditionalität orientierten horizontalen Rahmens betreffend die Rechtsangleichung, Auslegung, Überwachung sowie Streitschlichtung bedarf, sich aber gleichwohl der Regelungsmechanik der zur gleichen Zeit geschlossenen *Europe Agreements* bedient.

1. Horizontales

Die EU-TR-CU sieht ebenso wenig wie das Ankara-AA die Einrichtung überstaatlicher Überwachungsinstitutionen (wie im EWR) oder eine Erweiterung der Aufsichtsgewalt der Kommission (wie im Falle der drei Mikrostaaten) vor. Stattdessen ist nicht nur die EU – in Bezug auf ihre Mitgliedstaaten –, sondern auch die Türkei eigenständig verantwortlich für

1469 S. hierzu kritisch *Zeynep Pirim*, LIEI 2015, 31, 42 ff., die zu Recht darauf hinweist, dass für die EU-Vertragspartner in aller Welt häufig keinerlei Anreiz besteht, der Türkei gleichwertige Handelspräferenzen einzuräumen wie der Union, da ihre Waren bereits durch die EU-TR-CU einen zollfreien Zugang zum türkischen Markt erhalten.

1470 Vgl. zusammenfassend zum Verlauf der Beitrittsverhandlungen *Meng*, in: von der Groeben/Schwarze/Hatje, Art. 49 EUV Rn. 51 ff. m. weit. Nachw.

1471 S. statt vieler für eine Modernisierung *Alkan*, The Modernization of Turkey's Customs Union with the European Union: Reasons and Possible Outcomes, EU Diplomacy Paper 9/2017, Department of EU International Relations and Diplomacy Studies, College of Europe; dezidiert für die Beendigung der EU-TR-CU und deren Ersetzung durch ein umfassendes Freihandelsabkommen *Colares/Durmus*, JIEL 2019, 99 ff.

die ordnungsgemäße Umsetzung und Anwendung der dort getroffenen (Beihilfenrechts-)Vereinbarungen. Die lediglich optionale Involvierung des Gerichtshofs kann ausschließlich im Rahmen des Streitbeilegungsverfahrens erfolgen (s. unten *3.*). Anders als der EWR-Rat (s. oben *A.I.1.*) vereinigt der Assoziationsrat neben den politischen Leitfunktionen auch sämtliche wesentlichen Rechtsetzungsbefugnisse auf sich und wird daher zu Recht als „the most powerful Council created by any EC trade agreement“[1472] bezeichnet. Der auf Grundlage von Art. 24 Ankara-AA eingesetzte Gemischte Ausschuss ist für koordinierende Aufgaben (vgl. Art. 52 Abs. 1 EU-TR-CU) zuständig, ihm verbleiben allerdings bis auf wenige – beihilfenrechtlich irrelevante – Ausnahmen keine eigenen Entscheidungsspielräume. Letzteres gilt in gleicher Weise auch für den *a priori* auf technische Fragen beschränkten Ausschuss für Zusammenarbeit im Zollwesen.[1473]

Korrespondierend zum fast vollständig auf hoher diplomatischer Ebene angesiedelten und dadurch an Manövrierfähigkeit einbüßenden Beschlussverfahren kommt der dynamische Charakter der EU-TR-CU weniger prononciert zum Ausdruck als in Binnenmarktassoziierungen. Zwar gesteht die Union der Türkei gleichfalls die Möglichkeit einer Art sekundärrechtlichen *decision shaping* zu (vgl. Art. 55 EU-TR-CU). Das Harmonisierungsgebot des Art. 54 Abs. 1 EU-TR-CU, welches über die aus dem Text des Beschlusses 1/95 selbst entspringenden, Unionsprimärrecht wiedergebenden, Verpflichtungen hinausgeht, erstreckt sich jedoch generell nur auf die in dessen Abs. 2 UAbs. 1 enumerierten, unmittelbar zollunionrelevanten Disziplinen, zu denen unter anderem das Beihilfenrecht zählt. Art. 39 Abs. 1 EU-TR-CU wiederholt besagten Grundsatz der Rechtsangleichung für das gesamte Wettbewerbsrechtsregime, begründet indessen kein Verfahren zur fortlaufenden Aktualisierung der Assoziierung dergestalt, dass einschlägige EU-Rechtsakte stets förmlich in Anhänge oder Protokolle inkorporiert und in den Rang von Assoziationsrecht erhoben würden.[1474] Vielmehr verfügt die Türkei auch in den zollunionrelevanten Politikfeldern über regulatorische Freiheiten (vgl. Art. 57 Abs. 1 EU-TR-CU), sofern diese nicht – wie in beihilfenrechtlicher Hinsicht geschehen (s. dazu sogleich *2.*) – infol-

1472 S. konzis *Peers*, EJIL 1996, 411, 421.

1473 Vgl. näher zum im Grundsatz rein intergouvernemental geprägten institutionellen Gefüge der EU-TR-CU *Neuwahl*, EFAR 1999, 37, 43 ff.

1474 *Peers*, EJIL 1996, 411, 422.

ge des Konkretisierungsgrads der Kapitel I bis IV der EU-TR-CU marginalisiert werden.[1475]

Art. 66 EU-TR-CU statuiert darüber hinaus ein allgemeines Prinzip der Homogenität, nach dem im Wesentlichen mit den Europäischen Verträgen übereinstimmende Bestimmungen der EU-TR-CU im Einklang mit der Judikatur des Gerichtshofes ausgelegt und angewendet werden. Für die Zwecke der Beurteilung von Beihilfenmaßnahmen wird es um Art. 35 EU-TR-CU ergänzt, der die Kriterien, welche sich aus „der Anwendung der Regeln [des Art. 107 AEUV] sowie des davon abgeleiteten Rechts" – das heißt der einschlägigen Sekundärrechtsakte wie auch des auf der Praxis der Kommission beruhenden *soft law* – ergeben, für maßgebend erklärt. Somit wird erkennbar, dass die Vertragsparteien weitgehende legislative Homogenität anstrebten, das Ziel der Herstellung judizieller Homogenität dagegen auf das in die EU-TR-CU übernommene Beihilfenprimärrecht beschränkten. Da türkische Behörden und Gerichte somit verpflichtet sind, die EuGH-Rechtsprechung zur Reichweite des Beihilfenverbotes vor *und* nach dem Zeitpunkt der Unterzeichnung der Beschlusses 1/95 zu beachten, erscheint die insoweit unvollständige Parallelität hinsichtlich des abgeleiteten Rechts in Anbetracht des zuletzt kontinuierlich an Detailschärfe gewinnenden Sekundärrechts und *soft law* insgesamt verkraftbar.[1476]

Bei einer integrierten Betrachtung der bilateralen (Handels-)Beziehungen zum Zeitpunkt der Aufnahme der Türkei in die EU-Zollunion verwundert der teilweise Verzicht auf eine dynamische Anbindung an die EuGH-Judikatur nicht. Erstens ist zu bedenken, dass es der Union in keinem Abkommen der dritten Generation gelungen ist, eine vollständige judizielle Homogenität bereits im Vertragswerk festzuschreiben.[1477] Zweitens prägt die Erwartung der „Homogenität kraft Konditionalität" (s. eingehend unten *II.*) bei (potenziellen) Beitrittskandidaten spätestens seit den *Europe Agreements* mit den mittel- und osteuropäischen Staaten alle Beitrittsassoziierungen, sodass es naheliegt, dass die Einbettung der EU-TR-CU in das Ankara-AA, welches in Art. 28 eine EU-Mitgliedschaft in Aussicht stellt, hierfür mit ausschlaggebend war.

1475 In Abgrenzung zu den Vorgaben der EU-TR-CU spricht *Akdağ Güney*, Abkommen Europäische Union – Türkei, in: Hatje/Müller-Graff (Hrsg.), Europäisches Organisations- und Verfassungsrecht, § 23 Rn. 50 ff., in Bezug auf die nicht zollunionrelevanten Regelungsfelder von einem „autonomen Nachvollzug" der Türkei.

1476 Die Gegenansicht vertrat seinerzeit *Peers*, EJIL 1996, 411, 424.

1477 Vgl. nur den statischen Art. 6 EWRV sowie die EMA (s. unten *C.I.*), in denen es an Vorgaben zur judiziellen Homogenität durchweg fehlt.

2. Anwendungsbereich, Materielles und Prozedurales

Das sich aus letzterer Überlappung ergebende komplexe Abkommensgeflecht wirkt sich außerdem auf die Reichweite des sachlichen Anwendungsbereichs des Beihilfenrechtsregimes aus. So enthält zwar das Ankara-AA von 1963 selbst noch keinerlei Beihilfenrechtsbestimmungen, allerdings erteilte Art. 42 Abs. 1 des wegweisenden Zusatzprotokolls aus dem Jahre 1970[1478] dem Assoziationsrat den Auftrag, binnen sechs Jahren nach Inkrafttreten „die Bedingungen und Einzelheiten der Anwendung der in [Art. 107 AEUV] aufgestellten Grundsätze" festzulegen. Wenngleich diese Festlegung bis zum Beschluss 1/95 des Assoziationsrates – soweit ersichtlich – niemals erfolgte, zeigt sie gleichwohl auf, dass die Assoziierung in ihren Ursprüngen breiter angelegt war, als es die mit der EU-TR-CU zwangsläufig einhergehende Fokussierung auf den Warenhandel nunmehr vermuten lässt.[1479] Denn während die zitierte Maßgabe des Zusatzprotokolls sektorübergreifend zu deuten ist, lassen die beihilfenrechtlichen Art. 34 ff. EU-TR-CU Dienstleistungssubventionen außen vor und beschränken sich auf die Regulierung von potenziell den Warenhandel verfälschenden Beihilfen unter Ausschluss der Bereiche Landwirtschaft und Fischerei sowie Kohle und Stahl. Für letztere beiden Warengattungen treffen Art. 7 f. des sektoriellen Abkommens von 1996[1480] im Wesentlichen gleichlautende Vorgaben.

Art. 34 Abs. 1 EU-TR-CU entspricht – abgesehen von der auf den bilateralen Warenhandel zugeschnittenen Zwischenstaatlichkeitsklausel – dem Beihilfenverbot in Art. 107 Abs. 1 AEUV. Seine Abs. 2 und 3 spiegeln die

---

1478 Schlussakte und Information über den Tag des Inkrafttretens des Abkommens über die Erzeugnisse, die unter die Zuständigkeit der Europäischen Gemeinschaft für Kohle und Stahl fallen, das am 23. November 1970 von den Mitgliedstaaten dieser Gemeinschaft und der Türkei unterzeichnet wurde [Zusatzprotokoll] (ABl. 1972 L 293/3).

1479 S. in diesem Sinne auch *Zeynep Pirim*, LIEI 2015, 31, 37 f., welche die hohe praktische Bedeutung der im Ankara-AA niedergelegten Personenfreizügigkeiten betont. In der Tat sind es die diesbezüglichen Abkommensbestimmungen, die aufgrund ihrer teilweise zu bejahenden unmittelbaren Anwendbarkeit die Beitrittsassoziierung heute jedenfalls in justizieller Hinsicht dominieren (vgl. im Überblick *Vöneky/Beylage-Haarmann*, in: Grabitz/Hilf/Nettesheim, 69. EL Februar 2020, Art. 217 AEUV Rn. 54 f. m. zahlr. weit. Nachw.).

1480 Abkommen zwischen der Europäischen Gemeinschaft für Kohle und Stahl und der Republik Türkei über den Handel mit unter den Vertrag über die Gründung der Europäischen Gemeinschaft für Kohle und Stahl fallenden Erzeugnissen, ABl. 1996 L 227/3.

Legal- und Ermessenausnahmetatbestände der Abs. 2 bzw. 3 von Art. 107 AEUV wider, wobei die Bedürfnisse der weniger entwickelten türkischen Regionen (vgl. Abs. 2 lit. d) sowie der durch die Errichtung der EU-TR-CU hohem strukturellen Anpassungsdruck ausgesetzten türkischen Industriezweige (vgl. Abs. 3 lit. c) zumindest in befristeter Weise besondere Berücksichtigung fanden.[1481] Umgekehrt bestand die Union auf Sonderregelungen bezüglich des seit jeher staatlich unterstützten türkischen Textil- und Bekleidungssektors (vgl. Art. 39 Abs. 3 lit. c EU-TR-CU), welche die Türkei sogar noch vor Inkrafttreten des Beschlusses 1/95 zur Angleichung ihrer Subventionspraktiken an die Anforderungen des maßgeblichen EU-Beihilfenrechts zwangen.[1482] Ungleich größere materiell-rechtliche Tragweite als diesen – infolge Zeitablaufs obsoleten – Übergangsbestimmungen kommt Art. 37 Abs. 1 EU-TR-CU zu, der vorsieht, dass der Assoziationsrat binnen zwei Jahren dem beihilfenrelevanten EU-Sekundärrecht und *soft law* der Kommission nachempfundene Durchführungsvorschriften zu Art. 34 EU-TR-CU beschließt.[1483] Da die Vertragsparteien diesen Schritt wegen des fehlenden Umsetzungswillens der Türkei bis zum heutigen Tage nicht vollzogen haben, bietet allein der diesbezügliche – vom Rat bereits bestätigte – Beschlussvorschlag der Kommission aus dem Jahre 2003 Aufschluss über die von der EU einst anvisierte Regelungsdichte.[1484]

Während in materieller Hinsicht immerhin der beihilfenprimärrechtliche Torso der Abs. 1 bis 3 des Art. 34 EU-TR-CU verbleibt, die überdies EuGH-konform auszulegen sind, tritt durch besagten Vorschlag für Durchführungsvorschriften, der die Kooperation zwischen der Kommission und der „türkischen Aufsichtsbehörde für staatliche Beihilfen" institutio-

---

1481 S. zur komplexen Regelungstechnik betreffend Regionalbeihilfen *Peers*, EJIL 1996, 411, 419.

1482 Die Aushandlung dieser Verpflichtung, welcher die Türkei rechtzeitig nachkam (vgl. *Kommission*, Regular report on Turkey's progress towards accession, COM(1998) 711 final, 33), war für die Union von herausgehobener Bedeutung, da Textilwaren im Jahre 1996 mehr als die Hälfte der türkischen Exporte ausmachten (ebd., 28).

1483 Vgl. hierzu exemplarisch Art. 63 Abs. 3 des Europa-Abkommens zur Gründung einer Assoziation zwischen den Europäischen Gemeinschaften und ihren Mitgliedstaaten einerseits und der Republik Polen andererseits, ABl. 1993 L 348/2.

1484 *Kommission*, Vorschlag für einen Beschluß des Rates über den Standpunkt der Gemeinschaft im Assoziationsrat EG-Türkei zu einem Beschluß des Assoziationsrates EG-Türkei über Durchführungsvorschriften zur Wettbewerbspolitik gemäß Artikel 37 des Beschlusses Nr. 1/95 des Assoziationsrates EG-Türkei, KOM(2001) 632 endg.

nalisiert hätte,[1485] noch augenfälliger die beihilfenverfahrensrechtliche Zurückhaltung der EU-TR-CU hervor. Der Beschluss 1/95 selbst fordert die Türkei nämlich lediglich zur Errichtung einer nationalen Wettbewerbsbehörde (vgl. Art. 39 Abs. 2 lit. b) und zur *ex ante*-Notifizierung der Union betreffend Einzelbeihilfen in Höhe von mehr als 12 Millionen Euro (vgl. Art. 39 Abs. 2 lit. f) auf, beinhaltet aber nicht auch ein Pendant zu Art. 108 AEUV, das perspektivisch Optionen für ein flankierendes *private enforcement* eröffnet hätte, oder Aussagen zur rechtlichen Stellung und zu konkreten Aufsichtsbefugnissen der Behörde. Die interne Durchsetzung der Beihilfenrechtsvereinbarungen in der Türkei war somit von Beginn an davon abhängig, dass diese die Grundprinzipien der BVVO – im Einklang mit ihren umfassenden Harmonisierungsverpflichtungen (s. oben *1.*) – in das nationale Recht übernimmt.[1486] Wiederum entspricht diese Vorgehensweise der in den *Europe Agreements* gewählten,[1487] allerdings ist relativierend anzumerken, dass die Durchführungsvorschriften in diesen Fällen jeweils erst zu einem Zeitpunkt ergingen, in dem die Verhandlungen über die Beitrittsakte bereits kurz vor dem Abschluss standen.[1488] Da Letztere vorsieht, dass von den Beitrittsländern nach Abschluss der *Europe Agreements* gewährte, fortdauernde, Beihilfen von der Kommission nach erfolgtem Beitritt als neue Beihilfen im Sinne der BVVO behandelt werden dürfen,[1489] sofern sie nicht zuvor von der jeweiligen nationalen

---

1485 Ebd., Art. 5 ff.

1486 Die BVVO wurde demgemäß Teil des *Turkish National Programme for the Adoption of the Acquis* (vgl. *Schütterle*, EStAL 2005, 255, 259 (Fn. 88) m. weit. Nachw.).

1487 S. für eine kritische Kontextualisierung *Peers*, EJIL 1996, 411, 418, der unter anderem auf die damaligen Gedankenspiele der Kommission Bezug nimmt, eine der EFTA-Überwachungsbehörde ähnliche Aufsichtsbehörde für die osteuropäischen Beitrittskandidaten einzurichten (vgl. insoweit *Kommission*, Ergänzende Ausführungen zu der Mitteilung der Kommission über „Die Europa-Abkommen und die Zeit danach: Eine Strategie zur Vorbereitung der Länder Mittel- und Osteuropas", KOM(94) 361 endg., 6 ff.).

1488 Vgl. beispielhaft Beschluss Nr. 3/2001 des Assoziationsrates EU-Polen v. 23. Mai 2001 zur Annahme der Durchführungsbestimmungen nach Artikel 63 Absatz 3 des Europa-Abkommens zur Gründung einer Assoziation zwischen den Europäischen Gemeinschaften und ihren Mitgliedstaaten einerseits und der Republik Polen andererseits zu den Vorschriften über staatliche Beihilfen in Artikel 63 Absatz 1 Ziffer iii) und Absatz 2 des Europa-Abkommens und in Artikel 8 Absatz 1 Ziffer iii) und Absatz 2 des Protokolls Nr. 2 über EGKS-Erzeugnisse zum Europa-Abkommen, ABl. 2001 L 215/39.

1489 Vgl. Art. 1 lit. b Ziff. i) BVVO sowie Anhang IV Nr. 3 der Akte über die Bedingungen des Beitritts der Tschechischen Republik, der Republik Estland, der

Aufsichtsbehörde autorisiert wurden, entstand für diese ein konkreter – und anders als für die Türkei nicht nur abstrakter – Anreiz, effektive *ex ante*-Prüfverfahren einzuführen.[1490]

3. Rechtsdurchsetzung

Die wichtigste und einschneidendste Auswirkung des Fehlens von Durchführungsvorschriften ergibt sich im Bereich der Rechtsdurchsetzung. Zwar intendieren die Vertragsparteien laut Art. 44 Abs. 1 EU-TR-CU die wechselseitige Anwendung anderer handelspolitischer Schutzinstrumente als Schutzmaßnahmen, das heißt insbesondere Antidumping- und Ausgleichszölle, auszusetzen, jedoch ist ein entsprechender förmlicher Beschluss des Assoziationsrates an die bisher unerfüllte Voraussetzung einer wirksamen Durchsetzung der in den Art. 34 ff. EU-TR-CU vorgesehenen Kontrolle staatlicher Beihilfen in der Türkei (s. dazu sogleich *4.*) geknüpft. Die hieraus folgende, fortbestehende Möglichkeit des Rekurses auf den als Provisorium konzipierten Art. 38 Abs. 2 EU-TR-CU, der auf die Verfahren und Bedingungen des WTO-Subventionsrechts verweist, stellt einen der Gründe dar, warum die EU-TR-CU auch mehr als 25 Jahre nach Inkrafttreten als „a hybrid between a genuine Customs Union and an FTA“[1491] oder „incomplete customs union“[1492] bezeichnet wird. Letzteres gilt nicht zuletzt angesichts des Umstands, dass sowohl die Union wie auch die Türkei ihr jeweiliges handelspolitisches Schutzinstrumentarium im bilateralen Verhältnis nicht ausschließlich als eine rein theoretische *fall-back option* erachten, sondern vielmehr bereits mehrfach zur Anwendung gebracht haben.[1493]

Republik Zypern, der Republik Lettland, der Republik Litauen, der Republik Ungarn, der Republik Malta, der Republik Polen, der Republik Slowenien und der Slowakischen Republik und die Anpassungen der die Europäische Union begründenden Verträge, ABl. 2003 L 236/33.

1490 Ähnlich auch *Müller-Ibold*, EU Trade Defence Instruments: Is Past Experience an Indication for the Future? Implications for the Future? Implications for Brexit?, S. 220 (Fn. 121).

1491 *Khalfaoui/Gehring*, What Role for TDIs Between the EU and the UK After Brexit: A Trade or Competition Solution to a Future Problem?, in: Bungenberg et al. (Hrsg.), The Future of Trade Defence Instruments, S. 160, 184, unter Verweis auf ein Zitat des belgischen Ökonomen *André Sapir*.

1492 *Altay*, Insight Turkey 2018, 179, 186.

1493 Vgl. im antisubventionsrechtlichen Zusammenhang zuletzt *Kommission*, Bekanntmachung über die Einleitung eines Antisubventionsverfahrens betref-

Entscheiden die Vertragsparteien sich im Rahmen beihilfenrechtlich gelagerter Auseinandersetzungen gegen unilaterale Reaktionsmittel, steht zum einen das in Art. 25 Ankara-AA geregelte allgemeine Streitschlichtungsverfahren zur Verfügung, wonach die Streitigkeit im Falle der Nichteinigung im Assoziationsrat in beiderseitigem Einverständnis entweder dem EuGH „oder irgendeinem anderen bestehenden Gericht" (vgl. Abs. 2) unterbreitet werden kann.[1494] Zum anderen hält der Beschluss 1/95 zusätzlich ein exklusiv beihilfenrechtliches, zweigleisiges Streitbeilegungsverfahren bereit, das im Vergleich zum Ankara-AA einen höheren Grad an Verrechtlichung aufweist und überdies zu einer beschleunigten Lösungsfindung beitragen soll. Erhebt die Türkei Einspruch gegen eine aus ihrer Sicht unionsrechtswidrige Beihilfenmaßnahme eines EU-Mitgliedstaates, finden im Assoziationsrat zunächst dreimonatige Konsultationen statt, bei deren Scheitern die Vertragsparteien wiederum einvernehmlich den Gerichtshof anrufen können (vgl. Art. 39 Abs. 5 EU-TR-CU). Ein außergewöhnliches, in späteren Handelsabkommen unwiederholt gebliebenes, Zugeständnis der Union an die Türkei enthält in der umgekehrten Situation Art. 39 Abs. 4 EU-TR-CU. Erhebt sie Einspruch gegen eine geplante türkische Beihilfe im Sinne von Art. 39 Abs. 2 lit. c, e oder f EU-TR-CU, die ihrer Ansicht nach Unionsrecht verletzte, hätte diese einer der Mitgliedstaaten vergeben, öffnet ein 30-Tage-Fenster für diplomatische Gespräche, bevor es beiden Vertragsparteien gestattet ist, einseitig das Schiedsverfahren gemäß Art. 62 EU-TR-CU einzuleiten, das in der EU-TR-CU wie im EWR ansonsten lediglich für die Überprüfung von Schutz- bzw. Ausgleichsmaßnahmen relevant ist.

Aus drittstaatlicher Warte bietet letztere Option den Vorteil, dass über die EU-TR-CU-Kompatibilität eigener Beihilfenmaßnahmen letztgültig nicht der Gerichtshof, das heißt ein „Gericht der Gegenseite" letztgültig befindet, sondern ein paritätisch besetztes *ad hoc*-Schiedsgericht. Ungeach-

---

fend die Einfuhren bestimmter warmgewalzter Flacherzeugnisse aus Eisen, nicht legiertem Stahl oder anderem legiertem Stahl mit Ursprung in der Türkei, ABl. 2020 C 197/4.

1494 Die Anrufung eines anderen Gerichts als des EuGH begründete jedenfalls aus heutiger Sicht eine Verletzung des Grundsatzes der Unionsrechtsautonomie, sofern und soweit die Auslegung und Anwendung von unionsrechtskongruentem Assoziationsrecht in Streit steht (so auch *Tobler*, Zur Rolle des EuGH im Streitbeilegungsmechanismus in den sektoriellen Verträgen EU-Schweiz, S. 392). Da die Union eine solche aufgrund des im Assoziationsrat geltenden Erfordernisses der Einstimmigkeit selbst verhindern kann, erscheint die Problemstellung indessen zumindest in faktischer Hinsicht entschärft.

tet dessen, dass die neue Streitbeilegungsvariante einen politischen Gewinn für die Türkei darstellen mag,[1495] so ändert sie jedoch nichts an den Bindungen des Schiedsgerichts. Dieses unterliegt den Interpretationsmaßstäben der Art. 37 sowie Art. 66 EU-TR-CU, sodass es in aller Regel zu denselben oder ähnlichen Schlussfolgerungen gelangen wird wie der EuGH. Problematischer gestaltet sich aus Unionssicht daher vielmehr das aus Art. 39 Abs. 4 EU-TR-CU resultierende Konfliktpotenzial mit dem Prinzip der Unionsrechtsautonomie (s. oben *Teil 2 § 2 A.II.*), da bei dessen Aktivierung ein Schiedsgericht – und gerade nicht der Gerichtshof selbst – in einer für die EU und ihre Mitgliedstaaten verbindlichen Weise (vgl. Art. 61 S. 2 EU-TR-CU) mit dem EU-Beihilfenrecht kongruentes Völkervertragsrecht auslegt und anwendet. Unerheblich muss hierbei sein, dass es sich stets um türkische Beihilfen handelt und der Schiedsspruch somit nur außerhalb des EU-Territoriums effektive Rechtswirkungen zeitigt.[1496] Ein Vergleich mit dem EFTA-Gerichtshof krankt daran, dass dessen Judikatur ausschließlich innerhalb des EWR/EFTA-Pfeilers Bedeutung zukommt, während ihm in der pfeilerübergreifenden Streitbeilegung keine Rolle zugedacht ist. Somit verletzt der bisher noch nie in Anspruch genommene Art. 39 Abs. 4 EU-TR-CU mutmaßlich das Auslegungsmonopol des Gerichtshofs. Zwar bleibt er für die Union völkerrechtlich verbindlich, er verliert aber jede Vorbildfunktion für künftige Verhandlungen der Kommission über Beihilfenrechtsexporte im engeren Sinne.[1497]

1495 Vgl. abweichend dahingegen *Aslı Bilgin*, The Dispute Settlement Procedures in the Ankara Agreement, Akçay/Akipek (Hrsg.), Turkey's Integration into the European Union: Legal Dimension, 2013, S. 73, 81 f., die stattdessen stärker betont, dass Art. 39 Abs. 5 EU-TR-CU der Türkei umgekehrt nicht eine gleichwertige Handlungsmöglichkeit zugesteht, sondern – ebenso wie Art. 25 Abs. 2 Ankara-AA – die Anrufung des EuGH unter die Voraussetzung eines Konsenses im Assoziationsrat stellt.

1496 So lautet ein von *Peers*, EJIL 1996, 411, 427 f., in Erwägung gezogener, im Ergebnis aber verworfener Erklärungsansatz. Er beurteilt diese Streitbeilegungsvariante vielmehr ebenfalls als unionsrechtswidrig (ebd.).

1497 Zugleich illustriert dieses Beispiel die mit der vom Gerichtshof vorgenommenen starken Gewichtung der Unionsrechtsautonomie einhergehende Beschränkung der Verhandlungsspielräume der Kommission.

4. Implementierung und Anwendung

a) Türkisches Beihilfengesetz

Die Tatsache, dass die Durchsetzung des EU-TR-CU-Beihilfenrechtsregimes nach wie vor allein auf antisubventionsrechtlichem Wege erfolgt, liegt indessen nicht in der Ausgestaltung des an und für sich durchaus griffigen (quasi-)judiziellen Streitbeilegungsmechanismus begründet, sondern in der in jüngerer Vergangenheit von türkischer Seite fast vollständig eingestellten inländischen Implementierung und Anwendung.[1498] Dies korreliert mit der sich zunächst sukzessive verschlechternden – heute nur noch formal existenten – Beitrittsperspektive der Türkei[1499] und wirft zunehmend die Frage auf, ob die Verpflichtung zur Befolgung der geltenden Beihilfendisziplinen im Zuge einer von der Kommission bereits in Erwägung gezogenen[1500] allgemeinen Modernisierung der EU-TR-CU oder deren Ablösung durch ein DCFTA nach dem Vorbild der östlichen ENP (s. näher unten *C.II.*) nicht mindestens erneuert, möglicherweise sogar auf Dienstleistungen erstreckt werden sollte, um die erreichte Warenhandelsliberalisierung auch ohne den Anreiz einer kurzfristigen Fortführung der Beitrittsverhandlungen abzusichern.

Die seit dem Jahre 1998 jährlich veröffentlichten sog. *progress reports* der Kommission legen dementsprechend strukturelle Mängel in der Umsetzung sämtlicher aus der EU-TR-CU folgenden beihilfenrechtlichen Verpflichtungen offen.[1501] Die Türkei arbeitete nach Inkrafttreten der EU-TR-CU zwar ein an die jeweiligen Regelungsmodelle der Beitrittsländer von 2004 angelehntes nationales Beihilfengesetz aus, das Art. 107 AEUV

1498 S. hierzu die scharfe Kritik der *Kommission*, Turkey 2019 Report, SWD(2019) 220 final, 55.

1499 Vgl. die – rechtlich jedoch unverbindliche – Empfehlung des Europäisches Parlaments, die Beitrittsverhandlungen mit der Türkei offiziell auszusetzen (*Europäisches Parlament*, Entschließung des Europäischen Parlaments v. 13. März 2019 zum Bericht 2018 der Kommission über die Türkei (2018/2150(INI)), Ziff. 21).

1500 Vgl. nur *Kommission* (Hrsg.), Study of the EU-Turkey Bilateral Preferential Trade Framework, Including the Customs Union, and an Assessment of Its Possible Enhancement, 2016, S. 235 ff.

1501 Diese Kritik bildet ein Kontinuum in den jährlichen Evaluationen der Kommission und steht im Kontrast zu den Harmonisierungsfortschritten in Teildisziplinen wie dem Kartellrecht, das die Türkei im Jahre 1997 nach unionsrechtlichem Vorbild etablierte (vgl. zur Genese der türkischen Kartellaufsicht *Anik*, ECLR 1997, 311, 311 f.).

reflektiert, wichtige prozedurale Bestimmungen der BVVO nachvollzieht und die Einrichtung einer in ihre Ministerialstrukturen integrierten Beihilfenaufsichtsbehörde vorsieht.[1502] Dieses sollte sie erst knapp 15 Jahre später als *Law No. 6015 on the Monitoring and Control of State Aid* tatsächlich verabschieden,[1503] was sich auf ihre Durchsetzungsbilanz allerdings lediglich unwesentlich auswirkte, da sie die für dessen Operabilität erforderliche Durchführungsgesetzgebung mehrfach hinauszögerte und im Jahre 2017 als Folge von politischen Umwälzungen schließlich von ihrer Agenda strich.[1504] Der rechtliche Mehrwert der ursprünglich als weitreichender Beihilfenrechtsexport angelegten Art. 34 ff. EU-TR-CU, die in materiellrechtlicher Hinsicht theoretisch einzig im Bereich der Dienstleistungssubventionen und der judiziellen Homogenität hinter dem EWR zurückbleiben, erschöpft sich damit faktisch in einer gegenüber den Standards des WTO-Subventionsrechts erhöhten Transparenz und der abstrakten Möglichkeit eines – indessen mit dem Dogma der Autonomie der Unionsrechtsordnung inkompatiblen – beihilfenrechtlichen Schiedsverfahrens.

b) Exkurs: Zweigleisigkeit der Wettbewerbsaufsicht

Angesichts der umfassend defizitären Implementierung durch die Türkei, welche die institutionell-, materiell- und verfahrensrechtliche Ebene gleichermaßen erfasst, lassen sich aus der Anwendungspraxis nur wenige belastbare Rückschlüsse für eine Bewertung der beihilfenrechtlichen Konzeption des Beschlusses 1/95 ziehen. Bemerkenswert ist der stark kontrastierende Umsetzungserfolg bezüglich dessen kartellrechtlicher Vorgaben (im weitesten Sinne) einerseits und den beihilfenrechtlichen andererseits. Während die Kommission der Türkei attestiert, eine Angleichung an den kartell- bzw. fusionskontrollrechtlichen Unionsacquis erzielt zu haben und über eine überwiegend unabhängige Aufsichtsbehörde zu verfügen,[1505] äu-

1502 Vgl. zum ursprünglichen *Draft State Aid Law* überblicksartig *Schütterle*, EStAL 2005, 255, 260.

1503 S. für eine umfassende Darstellung des *Law No. 6015 Gürkaynak/Öner/Başarin*, A Critical Analysis of the Turkish State Aid Law, in: Gürkaynak (Hrsg.), The Academic Gift Book of ELIG, Attorneys-at-Law in Honor of the 20th Anniversary of Competition Law Practice in Turkey, 2018, S. 257, 275 ff.

1504 *Kommission*, Turkey Report 2018, SWD(2018) 153 final, 56 und 70.

1505 Dies galt jedenfalls bis zum Inkrafttreten der türkischen Verfassungsreform aus dem Jahr 2017 (vgl. *Kommission*, Turkey 2016 Report, SWD(2016) 366 final, 46 f.).

ßerte sie bereits vor deren letztlicher Präsidentialisierung wiederholt massive Zweifel an der operationellen Unabhängigkeit des türkischen *State Aid Monitoring and Supervision Board*, dessen Organ- und Personalstruktur zu eng mit derjenigen der beihilfengewährenden Ministerien verwoben sei.[1506]

Art. 39 Abs. 2 lit. b EU-TR-CU selbst schreibt eine solche strikte Trennung zwischen den Aufsichtsbehörden nicht vor, sondern spricht von der Errichtung „einer Wettbewerbsbehörde".[1507] Erst anhand des Kommissionsvorschlags zu einem Assoziationsratsbeschluss über Durchführungsvorschriften (gemäß Art. 37 EU-TR-CU)[1508] sowie des von türkischer Seite eigenständig verfolgten Ansatzes wird erkennbar, dass die beiden Vertragsparteien jedenfalls implizit von einer institutionellen Zweigleisigkeit ausgehen. Einerseits ließe sich argumentieren, dass Letztere angesichts der mit der Einführung eines nationalen Beihilfenkontrollsystems regelmäßig verbundenen – ungleich komplexeren – politischen Herausforderungen sinnvoll ist, um zu verhindern, dass eine Koppelung zusätzlich die Funktionsfähigkeit der Kartellaufsicht gefährdete. Des Weiteren könnte der Verzicht der Kommission auf detailliertere institutionelle Vorgaben den verfassungsrechtlichen Implikationen geschuldet sein, die die Errichtung einer innerstaatlichen Beihilfenkontrolle im Hoheitsgebiet des Vertragspartners hervorzurufen geeignet ist.[1509] Solche können konkret in der

---

1506 Ebd., 47.

1507 Bei einer Betrachtung der Regelungssystematik von Art. 39 EU-TR-CU liegt es vielmehr sogar näher anzunehmen, dass die Vertragsparteien zunächst von einer einheitlichen Wettbewerbsaufsichtsbehörde ausgingen. Die einleitende Formulierung „[z]ur Erfüllung dieser Verpflichtungen" von dessen Abs. 2 nimmt Abs. 1 in Bezug, welcher keine Differenzierung zwischen Beihilfen- und Kartellrecht vornimmt, indem er allgemein von „Rechtsvorschriften im Bereich der Wettbewerbsregeln" spricht.

1508 Vgl. Art. 3 in Verbindung mit Art. 17 des Kommissionsvorschlages, aus denen ersichtlich wird, dass die Umsetzung der türkischen Beihilfenvorschriften nicht die zu diesem Zeitpunkt bereits bestehende, für Verhaltensweisen Privater zuständige, Wettbewerbsbehörde *Rekabet Kurumu* übernehmen sollte, sondern eine davon getrennte, neu zu errichtende Behörde.

1509 *Popović*, Institutional Design of State Aid Authorities in South East Europe: The Unfit Legal Transplant and Its Ramifications, in: Begović/Popović (Hrsg.), Competition Authorities in South Eastern Europe, 2018, S. 63, 66, gibt zudem zu bedenken, dass die defensive Haltung der Kommission im Einklang mit deren Herangehensweise an die im Jahre 2003 teilweise erfolgte unionsinterne Dezentralisierung der Kartellaufsicht steht, in der sie das institutionelle Design der sog. *National Competition Authorities* (NCAs) vollständig den Mitgliedstaaten überließ.

Reichweite des Mandats der Aufsichtsbehörde begründet liegen, weil diese in der Lage sein muss, auch gegen beihilfenrechtswidrige Parlamentsakte vorzugehen, oder in der Austarierung deren dafür unabdingbarer administrativen Autonomie mit der aus demokratierechtlichen Gründen ebenfalls erforderlichen legitimatorischen Rückanbindung.

Andererseits folgt aus derartigen Bedenken nicht zwingend der Schluss, von Handlungsanweisungen zur institutionellen Ausgestaltung gänzlich absehen zu müssen, da diese sich durch die Einfügung eines verfassungsrechtlichen Vorbehaltes möglicherweise zerstreuen ließen.[1510] Hinzu kommt, dass die Türkei – wie auch die Westbalkanstaaten – zentralistisch geprägt ist, sodass zumindest etwaig denkbare Kompetenzkonflikte zwischen der auf Zentralstaatsebene angesiedelten Beihilfenaufsichtsbehörde und beihilfengewährenden Subeinheiten, die sich auf ihnen von Verfassungs wegen zustehende fiskalische oder wirtschaftspolitische Befugnisse berufen, weniger gravierend ausfallen als in föderalen Staatsgebilden (s. oben *Teil 2 § 2 B.III.*). Drängte die Kommission gegenüber einem (potenziellen) Beitrittskandidaten wie der Türkei auf eine höhere Konvergenz zwischen Kartell- und Beihilfenaufsicht, griffe sie demnach zwar in dessen Organisationshoheit ein, verliehe jedoch ihrer eigenen Arbeitsweise sowie der unionsintern zunehmend an Gewicht gewinnenden wettbewerblichen Dimension einer Beihilfenkontrolle (s. oben *Teil 1 § 1 B.III.3.*) auch im Kontext der EU-Erweiterung frühzeitig Geltung. Wichtiger noch als dieses Fernziel erscheinen die Vorteile, welche sich kurz- bis mittelfristig aus einer Bündelung der Wettbewerbsaufsichtsbefugnisse in einer einzigen Behörde ergäben: So profitierten die Beihilfenprüfverfahren von dem regelmäßig weniger stark politisierten Kartellrechtsumfeld und der mit diesem verbundenen Konzentration ökonomischer Expertise.[1511] Übergreifend erleichterte sie eine koordinierte, sämtliche wettbewerbsrechtlichen Disziplinen einbeziehende, Regulierung von staatlich beherrschten Unternehmen, die in den Volkswirtschaften der (potenziellen) Beitrittskandidaten nach wie vor eine prominente Rolle spielen.[1512]

1510 Auf eine solche Absicherung bestand mit Blick auf Art. 190 ihrer Bundesverfassung etwa die Schweiz bei der Aushandlung des InstA (vgl. nur dessen Art. 8B Abs. 1).

1511 *Bieguński*, EStAL 2012, 567, 569 f.

1512 Vgl. *Osbild/Bartlett*, The Western Balkans on the Road to the EU, in: dies. (Hrsg.), Western Balkan Economies in Transition: Recent Economic and Social Developments, 2018, S. 1, 2. In abgeschwächter Form gilt dies nach wie vor auch für die Türkei (vgl. so knapp *Yavas/Erol*, EJBM 2017, 127, 128 f.).

Schließlich ließen sich hier die Erkenntnisse aus der um die Jahrtausendwende angeregten und von der Kommission im Zuge des SAAP aufgegriffenen Diskussion,[1513] in Ergänzung zur Beihilfenkontrolle durch die Kommission in jedem Mitgliedstaat eine unabhängige Beihilfenaufsichtsbehörde zu errichten bzw. den Verantwortungskreis einer bereits existierenden unabhängigen Behörde zu erweitern, im international-beihilfenrechtlichen Kontext fruchtbar machen. Im Schrifttum herrschte damals Einigkeit nicht nur darüber, dass die jeweils in Betracht kommenden bestehenden Institutionen, zu denen neben Kartellaufsichtsbehörden auch Rechnungshöfe zählen,[1514] wegen ihrer regelmäßig gesetzlich oder sogar verfassungsmäßig gewährleisteten und langjährig erprobten Unabhängigkeit besser geeignet seien als neu zu errichtende.[1515] Überdies wurde – im Sinne einer „single, united [competition] policy“[1516] – eine Präferenz zugunsten des Kompetenzzuwachses der NCAs erkennbar,[1517] der unter Umständen den Ausgangspunkt für eine spätere, „echte“ beihilfenaufsichtsrechtliche Teildezentralisierung entlang den Linien der Verordnung 1/2003 gebildet hätte. Der rein unionsinterne Umstand der letztlichen Ablehnung dieses Kommissionsvorschlags von 2005 und die stattdessen verfolgte Quasi-Dezentralisierung mithilfe eines kontinuierlichen Ausbaus der AGVO (s. oben *Teil 1 § 3 E.II.*) erlauben hingegen keine negativen Folgerungen hinsichtlich der Wahl dieses Regulierungsansatzes im Rahmen von Assoziierungsabkommen.[1518] Zwar ist unbestritten, dass sich überstaatliche Formen der Beihilfenkontrolle gegenüber nationalen in der Regel als überlegen erweisen. Sofern Erstere bei Beihilfenrechtsexporten unerreichbar

---

1513 *Kommission*, Aktionsplan staatliche Beihilfen, KOM(2005) 107 endgültig, Rn. 51: „Die Kommission wird vor diesem Hintergrund prüfen, ob unabhängige Behörden in den Mitgliedstaaten sie bei ihrer Aufgabe, dem Beihilferecht Geltung zu verschaffen [...] unterstützen können.“

1514 Vgl. hierzu instruktiv aus niederländischer Sicht *Havermans*, Supreme Audit Institutions and the Control of State Aid, in: Ehlermann/Everson (Hrsg.), European Competition Law Annual 1999, S. 553 ff.

1515 So *Faull*, Decentralised Enforcement of State Aid Law, in: ebd., S. 523, 531.

1516 In diese Richtung wies die weit überwiegende Mehrzahl der von 27 Beihilfenrechtsexperten getroffenen Einschätzungen zur Frage der „Prospects for Decentralisation of EU State Aid Control“ (vgl. dazu den Nachw. o. in Fn. 479) im Rahmen des *Fourth Annual EU Competition Law and Policy Workshop* im Jahre 1999.

1517 S. in diesem Sinne ausdrücklich *Buts/Joris/Jegers*, EStAL 2013, 330, 337 f.; sowie ferner *Nicolaides*, WOCO 2003, 263, 270 ff.

1518 Vgl. aber *Botta*, EStAL 2013, 83, 86, der rhetorisch fragt: „[I]f the old Member States refused to introduce national State aid monitoring authorities, why should the [countries of South-Eastern Europe] follow this model?”.

erscheinen,[1519] begründet die gebündelte Aufsicht durch eine nationale Wettbewerbsbehörde aber zumindest die „*second best*-Lösung".

II. Stabilisierungs- und Assoziierungsabkommen

Prägnanter als im Falle der atypischen Beitrittsassoziierung mit der Türkei tritt der Zusammenhang zwischen EU-Konditionalität sowie Ausgestaltung und Umsetzung der vereinbarten Beihilfenrechtsregime bei einer Betrachtung der SAA mit den sieben Westbalkanstaaten hervor. An der Glaubwürdigkeit von deren Beitrittsperspektive bestanden zwischenzeitlich zwar ebenfalls beträchtliche Zweifel, diese konnte die Union jedoch in Teilen ausräumen, indem der Rat im März 2020 endgültig beschloss, nunmehr auch mit Albanien sowie Nordmazedonien in förmliche Beitrittsverhandlungen einzutreten.[1520] Während die effektiv beihilfendisziplinierende und harmonisierungsbeschleunigende Wirkung („Beitrittskriterien"[1521]) der Aussicht einer EU-Mitgliedschaft („Belohnung") in den verschiedenen Stadien der Beitrittsverhandlungen vor allem in der politikwissenschaftlichen Literatur bereits herausgearbeitet wurde,[1522] gilt dies nicht gleichermaßen auch für deren Einfluss auf den Detailgrad sowie die Einkleidung der zugrundeliegenden Abkommensbestimmungen. Konkret äußert sich der interimsmäßige Charakter der SAA in einer regulatori-

---

1519 Zwar drängt sich insbesondere im Falle von Beitrittsassoziierungen aufgrund des dort vorzufindenden Verhandlungsungleichgewichts zwischen der Union und den (potenziellen) Beitrittskandidaten die Frage auf, ob es der Kommission nicht doch möglich gewesen wäre, zumindest die über das Central European Free Trade Agreement (CEFTA) verbundenen Staaten des Westbalkans zur Einrichtung einer überstaatlichen Wettbewerbsbehörde nach dem Vorbild der EFTA-Überwachungsbehörde zu bewegen. In Anbetracht des politischen Charakters dieser Strategieentscheidung der Kommission soll sie vorliegend jedoch nicht weiterverfolgt werden.

1520 *Rat*, Schlussfolgerungen v. 25. März 2020 zur Erweiterung sowie zum Stabilisierungs- und Assoziierungsprozess, 7002/20; bereits zuvor *Kommission*, Stärkung des Beitrittsprozesses – Eine glaubwürdige EU-Perspektive für den westlichen Balkan, COM(2020) 57 final; Eine glaubwürdige Erweiterungsperspektive für und ein verstärktes Engagement der EU gegenüber dem westlichen Balkan, COM(2018) 65 final; sowie jeweils einordnend *Priebe*, EuZW 2020, 173 f.; EuZW 2018, 179 f. Vgl. für eine kritische Zwischenbilanz zum Integrationsprozess aus Sicht der Westbalkanstaaten *Davinić*, ZEuS 2017, 513, 517 ff.

1521 Vgl. *Schütterle*, EStAL 2002, 79, 79.

1522 S. zu ersterem Effekt *Botta/Schwellnus*, JEPP 2015, 335, 342 ff.; zu letzterem statt vieler lediglich *Schimmelfennig/Sedelmeier*, JEPP 2004, 661, 673.

schen Zurückhaltung betreffend horizontale Fragen wie die einheitlich-dynamische Auslegung *(1.)* oder Streitbeilegung *(3.)*, ebenso aber auch hinsichtlich der materiellen sowie prozeduralen Vorgaben *(2.)*. Nicht zuletzt offenbart die im Vergleich zur türkischen Beihilfenrechtslage fortgeschrittene, insgesamt gleichwohl als defizitär zu bezeichnende Implementierung und Anwendung der SAA-Beihilfenrechtsbestimmungen durch die (potenziellen) Beitrittskandidaten, dass der zeitlichen Nähe des Beitritts faktisch höhere Bedeutung zuzumessen ist als dem institutionellen Design der innerstaatlichen Beihilfenkontrolle *(4.)*.

1. Horizontales

Die Überwachung der SAA obliegt dem jeweils einzusetzenden intergouvernementalen Stabilitäts- und Assoziationsrat (vgl. Art. 119 S. 1 EU-RS-SAA),[1523] der seine Befugnisse in weitreichenderer Weise an den Stabilitäts- und Assoziationsausschuss delegieren darf als der Ankara-Assoziationsrat auf den Gemischten Ausschuss (vgl. Art. 122 Abs. 3 S. 1 EU-RS-SAA). In beihilfenrechtlicher Hinsicht kommt seine Rechtsetzungsfunktion weniger stark zur Geltung, da die Union wie auch ihre Assoziierungspartner anders als im Falle der *Europe Agreements* und der EU-TR-CU weder explizit (im Vertragswerk) noch implizit von der Notwendigkeit eines gesonderten Assoziationsratsbeschlusses über Durchführungsvorschriften ausgingen.[1524] Im Ergebnis verbleibt ihm auf dem Gebiet des Beihilfenrechts in erster Linie die Rolle des Streitschlichtungsorgans gemäß Art. 130 EU-RS-SAA (s. unten *3.a.*), wohingegen die eigentliche interinstitutionelle Kooperation in Form von technischer Hilfe sowie faktisch besonders relevanten informellen Stellungnahmen der GD Wettbewerb zu politisch sensiblen Einzelfällen unmittelbar zwischen dieser und der jeweiligen nationalen Beihilfenkontrollbehörde stattfindet.

Ebenso wenig buchstabieren die SAA die Pflicht der Westbalkanstaaten zur dynamischen Übernahme von EU-Beihilfenrechtsakten jedweden Ranges detailliert aus oder beziehen zum Aspekt der judiziellen Homogenität klar Stellung. Stattdessen gelten diesbezüglich die vage formulierten

---

1523 Da die beihilfenrechtlich relevanten Bestimmungen der SAA quasi-kongruent sind, wird im Folgenden bei Normzitaten ausschließlich auf diejenigen des EU-RS-SAA abgestellt.

1524 Vgl. im Gegensatz dazu Art. 63 Abs. 3 des Europa-Abkommens mit Polen sowie Art. 37 Abs. 2 EU-TR-CU.

Art. 72 Abs. 1 bzw. Art. 73 Abs. 2 EU-RS-SAA, deren Regelungsdichte hinter der des EWRV und der EU-TR-CU zurückbleibt. Erstere Vorschrift begründet einen *best endeavour*-Grundsatz, nach dem die Assoziierungspartner sich bemühen zu gewährleisten, ihre nationalen Rechtsordnungen schrittweise an den unionalen *acquis communautaire* anzugleichen. Aus Art. 72 Abs. 3 EU-RS-SAA geht hervor, dass die handelsrelevanten Bereiche des Unionsacquis – und damit auch des Beihilfenrechts – prioritär zu behandeln und die exakten Inhalte des Harmonisierungsprogramms (engl.: *National Programme for the Adoption of the Acquis of the European Union*) außerhalb des SAA-Rahmens mit der Kommission auszuhandeln sind.[1525] Art. 73 Abs. 2 EU-RS-SAA enthält ein wettbewerbsrechtliches Homogenitätsgebot, das demjenigen in Art. 35 EU-TR-CU entspricht und sicherstellt, dass die von der Kommission in Sekundärrechtsakten sowie *soft law* entwickelten Auslegungskriterien zur Anwendung kommen. Sofern teilweise angenommen wird, dass diese Bestimmung zugleich auch judizielle Homogenität dergestalt gebiete, dass die Westbalkanstaaten die Beihilfenrechtsprechung des EuGH beachten müssen, vermag dies in Anbetracht des auf Legislativmaßnahmen fokussierten Wortlautes („von den [Unions]organen erlassenen auslegenden Rechtsakten") nicht zu überzeugen.[1526]

Die Union scheint sich stattdessen darauf zu verlassen, dass die Vertragspartner diesen Schritt ohne eine ausdrücklich in den SAA statuierte Verpflichtung selbstständig vollziehen, um damit ihrem Endziel des EU-Beitritts näherzukommen. Dieser unvollständige Umgang mit der Einheitlichkeit der Auslegung ist symptomatisch für die die SAA insgesamt charakterisierende Regelungslogik, welche stark auf die Harmonisierungsbereitschaft und den Bindungswillen[1527] der (potenziellen) Beitrittskandidaten setzt und daher vereinzelte Schutzlücken bezüglich der Absicherung der unabhängig von dem Erfolg der jeweiligen Beitrittsverhandlungen vorgenommenen Handelsliberalisierungen in Kauf nimmt. Nur solange

1525 Bei den *National Programmes for the Adoption of the Acquis of the European Union* (kurz: NPAA) handelt es sich um detaillierte Mehrjahrespläne für die Angleichung der nationalen Rechtsordnungen an das Unionsrecht.

1526 S. in diese Richtung aber *Cremona*, ELJ 2003, 265, 270, welche die Durchführungsvorschriften der *Europe Agreements* (vgl. dazu den Nachw. o. in Fn. 1488), die zusätzlich die Beihilfenrechtsprechung der Unionsgerichte als Kriterium nennen, zur Konkretisierung der vageren SAA-Auslegungsregel heranzieht.

1527 Vgl. hierzu grundlegend *Hofmann*, Von der Transformation zur Kooperation: Die Öffnung der Rechtsordnungen ausgewählter Staaten Mittel- und Osteuropas für das Völker- und Europarecht, 2009, S. 13 ff.

und soweit der EU-Erweiterungsprozess tatsächlich fortgeführt wird, kann unterstellt werden, dass diese auch überdeckt bleiben.

2. Anwendungsbereich, Materielles und Prozedurales

Im Einklang mit dem Ziel der Heranführung der Westbalkanstaaten an den EU-Standard eines *level playing field* erfasst der Anwendungsbereich des SAA-Beihilfenrechts alle Sektoren mit Ausnahme der Landwirtschaft und der Fischerei (vgl. Art. 73 Abs. 9 lit. a EU-RS-SAA),[1528] obgleich die Beitrittsassoziierungen zunächst lediglich vertiefte Warenfreihandelszonen begründen und im Bereich des Dienstleistungsverkehrs eine schrittweise Liberalisierung in Gang setzen (vgl. Art. 59 Abs. 1 und 3 EU-RS-SAA). Außer im Falle des jüngsten SAA mit dem Kosovo sind den Abkommen jeweils Protokolle angehängt, die es den EU-Vertragspartnern in zeitlich begrenzter Weise (in einem Fünfjahreszeitraum nach Inkrafttreten des SAA) unter strengen Anforderungen – konkret: die Koppelung an einen Überkapazitätenabbau – gestatten, Umstrukturierungsbeihilfen für deren Stahlindustrien zu vergeben (vgl. Art. 73 Abs. 8 in Verbindung mit Ziff. 3 des Protokolls Nr. 5 des EU-RS-SAA).[1529] Wichtig zu betonen ist jedoch, dass es sich hierbei nicht um *a limine*-Ausschlüsse vom Anwendungsbereich der SAA-Beihilfendisziplinen handelt, die „Regulierungsferien" zur (Wieder-)Herstellung der Wettbewerbsfähigkeit der jeweiligen nationalen Stahlsektoren anordneten.[1530] Vielmehr erfolgt durch die Protokolle eine *de facto*-Supranationalisierung der Aufsicht, da die Gewährung von Stahlsubventionen unter dem Vorbehalt der Zustimmung (vgl. Ziff. 4 des

---

1528 S. hierzu aber differenzierend *Cremona*, ELJ 2003, 265, 274 f., die zutreffend darauf hinweist, dass (potenzielle) Beitrittskandidaten indirekt dem EU-Sonderregime für Agrarbeihilfen unterliegen, da dessen Befolgung eine der Voraussetzungen für den Zugang zu sog. „Heranführungshilfen" (engl.: *Pre-Accession Assistance*) bilde. Anders als im Verhältnis zu den EWR/EFTA-Staaten handelt es sich mithin also nicht um einen Totalausschluss.

1529 Unionsintern sind Rettungs- und Umstrukturierungsbeihilfen für die Stahlindustrie seit dem Jahre 1993 ausgeschlossen, Schließungsbeihilfen durften bis zum Jahre 2009 gewährt werden (vgl. *Kommission*, Mitteilung – Rettungs- und Umstrukturierungsbeihilfen und Schließungsbeihilfen für die Stahlindustrie, ABl. 2002 C 70/211).

1530 S. übereinstimmend *Neumann*, Export des europäischen Beihilfenrechts, S. 122.

EU-RS-SAA-Protokolls Nr. 5) bzw. der billigenden Kenntnisnahme[1531] der Umstrukturierungsprogramme durch die EU-Kommission steht.

In materiell-beihilfenrechtlicher Hinsicht ergeben sich darüber hinaus – wie bereits im Rahmen der EU-TR-CU – Spezifika betreffend Regionalbeihilfen, in denen das sozioökonomische Gefälle zwischen der EU und ihren Mitgliedstaaten sowie den Westbalkanstaaten Ausdruck findet. So stellt Art. 73 Abs. 7 lit. a EU-RS-SAA Serbien für eine Übergangsphase von fünf Jahren[1532] pauschal den strukturschwachen A-Fördergebieten gemäß Art. 107 Abs. 3 lit. a AEUV gleich. Im Gegenzug sichert sich die Kommission erhebliche Einflussmöglichkeiten auf die während desselben Zeitraums zu erstellende Fördergebietskarte (lit. b), um eine erste Annäherung an die EU-Regionalbeihilfeleitlinien herzustellen sowie nicht zuletzt im Falle eines letztlichen Beitritts des Assoziierungspartners einen möglichst reibungslosen Übergang zu gewährleisten.[1533] Davon abgesehen treffen die SAA – bis auf das an Art. 107 Abs. 1 AEUV angelehnte Beihilfenverbot (vgl. Art. 73 Abs. 1 Ziff. 3 EU-RS-SAA) – keine konkret-materiellen Handlungsanweisungen; die Vertragsparteien verzichteten sogar auf eine Wiedergabe der Rechtfertigungstatbestände in Art. 107 Abs. 2 sowie 3 AEUV. Zwar soll nicht negiert werden, dass diese weitestgehend in den nach Art. 73 Abs. 2 EU-RS-SAA als Kriterien für die Prüfung der Vereinbarkeit einer Beihilfe mit dem SAA heranzuziehenden Sekundärrecht wie der AGVO und *soft law* der Kommission aufgehen. Jedoch birgt eine solche Regelungstechnik stets die Gefahr, dass Abstufungen in der unionsinternen Normenhierarchie unzureichend abgebildet werden und unter Umständen vollständig verwischen, sofern die (potenziellen) Beitrittskandidaten dem Beihilfenacquis in ihren nationalen Rechtsordnungen ganzheitlich Gesetzesrang einräumen.[1534]

Trotz dieser geringen Mängel übertreffen Reichweite und Detailgrad der materiell-beihilfenrechtlichen Vorgaben der SAA bei Weitem diejeni-

---

1531 In diese Richtung deutet der jeweils weniger strenge Wortlaut in den einschlägigen Protokollen des EU-NMK-SAA und des EU-ALB-SAA.

1532 Im Falle von Bosnien-Herzegowina ist sie auf sechs Jahre angesetzt (vgl. Art. 71 Abs. 7 lit. a EU-BIH-SAA).

1533 S. zum Ganzen umfassend *Cremona*, ELJ 2003, 265, 275 ff.; vgl. zu den Implikationen der letzten drei Beitrittsrunden auf die Fördergebietskarten der EU-Mitgliedstaaten *v. Wallenberg/Schütte*, in: Grabitz/Hilf/Nettesheim, 69. EL Februar 2020, Art. 107 AEUV Rn. 206 ff.

1534 Vgl. hierzu im innerunionalen Kontext kritisch *v. Graevenitz*, ZRP 2019, 75 ff., der eine zunehmende Verrechtlichung des *soft law* beklagt und dieses Phänomen durch Beihilfenrechtsexporte verstärkt sieht.

ge der prozeduralen, da anders als in den *Europe Agreements* und der EU-TR-CU ein Erlass von Durchführungsvorschriften weder vorgesehen ist, noch faktisch erfolgte, und dieser Umstand allenfalls in Teilen durch Regelungen im Hauptvertragswerk selbst kompensiert wird. Während die Union im Falle des ersten SAA mit Nordmazedonien von 2004 sogar gänzlich von der Aushandlung beihilfenverfahrensrechtlicher Bestimmungen absah (vgl. Art. 69 EU-NMK-SAA),[1535] forderten alle späteren SAA die EU-Vertragspartner auf, für die innerstaatliche Überwachung der Beihilfenrechtsvereinbarungen jeweils eine „unabhängig arbeitende Behörde" zu errichten (vgl. Art. 73 Abs. 4 S. 1 EU-RS-SAA), die zur Genehmigung SAA-konformer Beihilfen und zur Rückforderung rechtswidrig gewährter Beihilfen befugt ist (Abs. 4 S. 2). Die Transparenz- (Abs. 5 S. 1) sowie Inventarisierungsverpflichtungen (Abs. 6)[1536] neuer bzw. bestehender Beihilfen sowie die Abwesenheit eines Anknüpfungspunktes für *private enforcement*-Verfahren vor den Gerichten der Westbalkanstaaten stehen in Kontinuität zur EU-TR-CU. Die rein optionalen, nicht näher definierten wechselseitigen *ad hoc*-Auskunftserteilungen über Einzelfälle staatlicher Beihilfen (vgl. Abs. 5 S. 2) bedeuten hingegen einen Rückschritt gegenüber der EU-TR-CU, die zumindest für umfangreiche Beihilfenpläne der Türkei eine *ex ante*-Notifizierungspflicht vorsieht (s. oben *I.2.*). Die bei formaler Betrachtung zu konstatierende schwächer ausgeprägte Einbindung der Kommission in die Beihilfenaufsicht der Westbalkanstaaten macht sich in Anbetracht des sich durch die (anvisierten) Beitrittsverhandlungen bietenden indirekt-politischen Steuerungspotenzials faktisch nicht bemerkbar.[1537] Gleichwohl erscheint der geringe Grad an rechtlicher Absicherung ihrer Interventionsmöglichkeiten schwerlich vereinbar mit den beihilfenrechtlichen Charakteristika, die Abkommen der neuen Generation zugeschrieben werden (s. oben *Teil 2 § 1 B.II.1.*).

1535 Auf die tatsächliche Entwicklung der Beihilfenrechtsbeziehungen zu Nordmazedonien hatte dies indessen – soweit ersichtlich – keinerlei spürbaren Auswirkungen. Das Land führte auf dem Gebiet des Beihilfenverfahrensrechts im Wesentlichen vergleichbare nationale Vorschriften wie die anderen Westbalkanstaaten ein.

1536 Für die nach erfolgter Aufstellung des Inventars vorzunehmende Anpassung bestehender Beihilfen an die materiellen SAA-Vorgaben ist den Westbalkanstaaten eine Vierjahresfrist eingeräumt.

1537 Vgl. hierzu instruktiv am Beispiel der vor dem EU-Beitritt erfolgten Restrukturierung des kroatischen Schiffbausektors *Botta*, EStAL 2013, 85, 89 f.

3. Rechtsdurchsetzung

Bezüglich der Beihilfenrechtsdurchsetzung – im Verhältnis der Union zu ihren einzelnen Assoziierungspartnern sowie zwischen den Westbalkanstaaten untereinander – stehen neben SAA-internen auch externe Instrumente bereit. Letztere Kategorie geht zum einen auf den plurilateralen Vertrag zur Gründung der Energiegemeinschaft (EnCT) zurück,[1538] zum anderen auf das ebenfalls plurilaterale Mitteleuropäische Freihandelsabkommen (CEFTA),[1539] an dem heute die Westbalkanstaaten (abzüglich Kroatiens) sowie die Republik Moldau beteiligt sind. Während die EnCT supranationale Elemente erkennen lässt, sind die Mechanismen in den SAA bzw. im CEFTA stark intergouvernemental geprägt und blieben bisher ungenutzt, sodass beihilfenrechtlich gelagerte Streitigkeiten der Vertragsparteien nicht mithilfe von Schiedsverfahren oder Vorlagefragen an den EuGH der (quasi-)judiziellen Lösung zugeführt werden können.

a) SAA-intern

Aus der Etablierung der SAA-Beihilfenrechtsregime folgt trotz der Perspektive einer EU-Mitgliedschaft der Westbalkanstaaten und der mit dieser verbundenen Abschaffung von Handelsschutzmaßnahmen nicht der Verzicht auf Ausgleichszölle (vgl. Art. 73 Abs. 10 EU-RS-SAA). Im Gegensatz zur EU-TR-CU wird ein solcher unabhängig vom jeweiligen Umsetzungserfolg (s. unten *4.*) auch nicht etwa in Aussicht gestellt. Dies ist insbesondere darauf zurückzuführen, dass die beihilfenrechtlichen Abkommensbestimmungen vom Geltungsbereich des EU-RS-SAA-Protokolls Nr. 7 über die Streitbeilegung, welches (*ad hoc-*)Schiedsverfahren einführt, ausgenommen sind (vgl. nur dessen Art. 2 lit. c).[1540] Meinungsverschiedenheiten über die Auslegung und Durchführung verharren daher stets auf politischer Ebene, das heißt im Stabilitäts- und Assoziationsrat (vgl. Art. 130 EU-RS-SAA) oder – bei Stahlbeihilfen – im Unterausschuss bzw. in der

---

1538 Vertrag zur Gründung der Energiegemeinschaft, ABl. 2006 L 198/18. Der Energiegemeinschaft gehören derzeit die EU, die Westbalkanstaaten sowie die Ukraine, die Republik Moldau und Georgien an (Stand: 15.6.2020).

1539 Der Vertragstext samt Anhängen sowie die Beschlüsse des Gemischten Ausschusses sind abrufbar unter https://cefta.int/legal-documents/#1463498231136-8f9d234f-15f9 [zuletzt aufgerufen am 15.6.2020].

1540 Die älteren SAA (EU-NMK und EU-AL) sehen generell keine quasi-judiziellen Schiedsverfahren vor.

Kontaktgruppe für Wettbewerbsfragen (vgl. Ziff. 9 des EU-RS-SAA-Protokolls), bis es den Vertragsparteien nach Ablauf des 30 Tage-Konsultationszeitraums erlaubt ist, geeignete unilaterale Maßnahmen zu ergreifen. Gemäß Art. 3 ff. des EU-RS-SAA-Protokolls Nr. 7 kann deren Angemessenheit ebenfalls nicht den Gegenstand von Schiedsverfahren bilden.

Die Gründe, warum die Union von dieser Option mit Blick auf die Westbalkanstaaten noch nie Gebrauch gemacht hat, sind hingegen mutmaßlich im außerrechtlichen Bereich zu verorten: Zunächst wirkt sich der im Zeichen der EU-Konditionalität stehende Stabilisierungs- und Assoziierungsprozess deeskalierend aus und die enge beihilfenrechtliche Kooperation auf technischer Ebene sowie die *progress reports* der Kommission sorgen dafür, dass Konfliktpotenziale frühzeitig zu Tage treten und diskutiert werden. Darüber hinaus handelt es sich – im Kontrast zur Türkei – jeweils um Volkswirtschaften mit überschaubaren BIP und Beihilfenvolumina,[1541] sodass deren Subventionspraktiken in aller Regel nicht geeignet sind, bedeutende Schädigungen von EU-Wirtschaftszweigen herbeizuführen. Im Übrigen behielt die Kommission es sich in den letzten drei Beitrittsakten vor, gegen von den Beitrittsstaaten im Geltungszeitraum des SAA mit Kroatien bzw. der *Europe Agreements* nicht behobene Wettbewerbsverzerrungen über *safeguard clauses* sowie weitere Sonderregime (s. oben *I.2.*) noch nachträglich vorzugehen.[1542]

b) SAA-extern

Ebenfalls keinerlei praktische Relevanz entfaltete bis zum heutigen Tage der isoliert die materiellen Gehalte der Beihilfenrechtsvorschriften der SAA wiedergebende Art. 21 des letztmalig im Jahr 2006 von Grund auf erneuerten CEFTA.[1543] Für dessen Durchsetzung steht den Vertragspartei-

---

1541 So ist das türkische BIP von 2018 (rund 771 Milliarden Euro) etwa fünfzehnmal so groß wie das von Serbien (rund 51 Milliarden Euro) im gleichen Jahr. Außerdem ist zu bedenken, dass der Anteil staatlicher Beihilfen am BIP der Westbalkanstaaten zum jeweiligen Zeitpunkt der SAA-Unterzeichnung bereits im EU-Mittel lag.

1542 S. näher zu diesen Übergangsarrangements *Neale-Besson*, External aspects of State aid policy – part 2: accession, in: Pesaresi et al. (Hrsg.), EU Competition Law (Vol. IV, Book 1), Rn. 1.477 ff.

1543 S. für einen Vergleich der alten und neuen CEFTA-Beihilfenregelungen *Király*, Mitteleuropäisches Freihandelsabkommen, in: Hatje/Müller-Graff (Hrsg.), Europäisches Organisations- und Verfassungsrecht, § 27 Rn. 65 f.

en mit Art. 24 CEFTA, welcher lose an Art. XXIII GATT angelehnt ist, ein intergouvernementaler Mechanismus zur Verfügung, an dessen Ende als *ultima ratio* die Aussetzung von Handelszugeständnissen stehen kann.[1544] In Anbetracht der nach wie vor als äußerst volatil einzustufenden geopolitischen Lage in der Balkanregion erscheint es indessen fraglich, ob es rechtspolitisch überhaupt erstrebenswert ist, wenn die theoretisch angedachte Beihilfenaufsicht eines jeden Westbalkanstaats über den anderen tatsächlich in die Tat umgesetzt würde.

Obwohl das EnCT-Beihilfenrechtsregime auf den Netzenergiehandel begrenzt ist (vgl. Art. 18 Abs. 1 EnCT), gestaltet sich das Verfahren zur Durchsetzung von dessen im materiellen Kerngehalt mit denen der SAA übereinstimmenden[1545] Bestimmungen ungleich differenzierter.[1546] Entsprechend den Gepflogenheiten internationaler Organisationen ist das unabhängige Sekretariat der Energiegemeinschaft zwar nicht beschlussbefugt (vgl. Art. 67 lit. d EnCT), es kann bei Beihilfenrechtsverstößen aber Vertragsverletzungsverfahren gemäß Art. 90 Abs. 1 EnCT anstrengen, an deren Ende der Ministerrat diese nicht nur mit einfacher Mehrheit formal festzustellen, sondern mit einstimmig beschlossenen Maßnahmen wie einem Stimmrechtsentzug auch durchzusetzen vermag (vgl. Art. 91 Abs. 1 lit. a in Verbindung mit Art. 92 Abs. 1 EnCT). Eine erhebliche Stärkung der Stellung des Sekretariats erfolgte im Jahre 2015 dadurch, dass die Beihilfenaufsichtsbehörden der Vertragsparteien nunmehr einer Kooperationspflicht dergestalt unterliegen, dass sie in EnCT-relevanten Fällen das Sekretariat um eine Stellungnahme ersuchen müssen, während den nationalen Gerichten ein entsprechendes Recht einzuräumen ist.[1547] Da Subventionen für fossile Brennstoffe in den Westbalkanstaaten nach wie vor eine gewichtige Rolle einnehmen,[1548] bietet der Durchsetzungsmechanismus des EnCT der Union die Gelegenheit, das im ASÜ nicht abgebildete Ziel des Umwelt- und Klimaschutzes (s. oben *Teil 2 § 1 A.I.3.b.*) unabhän-

---

1544 Vgl. knapp *Botta*, EStAL 2013, 83, 87.

1545 Art. 18 Abs. 2 EnCT entspricht Art. 73 Abs. 2 EU-RS-SAA. Anhang III inkorporiert explizit Art. 107 AEUV und Art. 94 S. 1 EnCT gebietet judizielle Homogenität, indem er die Judikatur des EuGH für maßgeblich erklärt.

1546 S. hierzu statt aller umfassend nur *Botta/Karova*, State Aid Enforcement in the Energy Community, in: Hancher/de Hauteclocque/Salerno (Hrsg.), 2018, State Aid and the Energy Sector, S. 555, 566 ff.

1547 Ebd., S. 569 f.

1548 *Miljević/Mumović/Kopač*, Analysis of Direct and Selected Indirect Subsidies to Coal Electricity Production in the Energy Community Contracting Parties, Energy Community (Hrsg.), März 2019.

gig vom Verlauf des Erweiterungsprozesses transkontinental zu fördern. Überdies kann seine Aktivierung sich sektorübergreifend auswirken, wie die Beispiele Bosnien-Herzegowina (2010) und Kosovo zeigen (2011), die ihre nationalen Beihilfengesetze erst nach der Initiierung von Vertragsverletzungsverfahren durch das Sekretariat einführten,[1549] was zugleich die Grundlage für ihre jeweilige Implementierung des SAA-Beihilfenrechtsregimes bildete.

4. Implementierung und Anwendung

Ohne die Umsetzung der beihilfenrechtlichen SAA-Verpflichtungen durch die sechs Westbalkanstaaten vorliegend länderspezifisch erörtern zu können,[1550] ergeben sich in der Zusammenschau der einzelnen *progress reports*[1551] der Kommission, in denen diese zwischen den Kategorien *legislative framework*, *institutional framework* und *enforcement capacity* differenziert, strukturelle Gemeinsamkeiten und Unterschiede. Während sie die materiell-rechtliche Harmonisierung mit dem EU-Beihilfenacquis für überwiegend (Albanien, Kosovo, Montenegro) oder zumindest teilweise (Bosnien-Herzegowina, Nordmazedonien und Serbien) gelungen erachtet, gilt dies nicht für deren institutionelle Einkleidung in Albanien, Bosnien-Herzegowina, im Kosovo und in Serbien, da diese Vertragspartner nicht die von in SAA geforderte Unabhängigkeit der Beihilfenaufsichtsbehörden garantierten. Die Verwaltungs- und Durchsetzungskapazität der Letzteren bewertet die Kommission schließlich in allen Fällen als „insufficient".[1552] Dementsprechend haben bislang weder Serbien noch Montenegro, mit denen jeweils bereits Beitrittsgespräche geführt werden, die von der Union definierten Benchmarks für die Öffnung des Verhandlungskapitels

1549 *Botta/Karova*, State Aid Enforcement in the Energy Community, S. 567 ff. m. weit. Nachw.

1550 Vgl. hierzu für Albanien: *Gjevori*, EStAL 2015, 510 ff.; für Montenegro: *Lagzdina/Kurtagic*, EStAL 2015, 522 ff.; und für Serbien: *Dajkovic*, EStAL 2010, 347 ff.

1551 Sämtliche *progress reports* über die Westbalkanstaaten seit dem Jahre 2005 sind abrufbar unter https://ec.europa.eu/neighbourhood-enlargement/countries/package_en [zuletzt aufgerufen am 15.6.2020].

1552 S. zum Ganzen *Kommission*, Albania 2019 Report, SWD(2019) 215 final, 63; Bosnia and Herzegovina Analytical Report 2019, SWD(2019) 222 final, 101 f.; Kosovo 2019 Report, SWD(2019) 216 final, 63; Montenegro 2019 Report, SWD(2019) 217 final, 63 f.; North Macedonia 2019 Report, SWD(2019) 218 final, 64 f.; Serbia 2019 Report, SWD(2019) 219 final, 64.

„Wettbewerb“ erfüllt. Diese erfolgte in der Vergangenheit – insbesondere aufgrund des Fehlens einer hinreichenden beihilfenaufsichtsrechtlichen Durchsetzungsbilanz – regelmäßig erst nach der erfolgten Bestimmung des finalen Beitrittsdatums.[1553]

Neben dem Umstand, dass sich die im Schrifttum aufgestellte Hypothese des Zusammenhangs zwischen der Konkretisierung der Beitrittsperspektive und der Durchsetzungsbilanz der nationalen Beihilfenaufsichtsbehörden unabhängig von deren exaktem institutionellen Design wie bereits im Falle der *Europe Agreements* auch in den Westbalkanstaaten als robust zu erweisen erscheint,[1554] sind indessen noch weitere Faktoren zu berücksichtigen, welche zur bis dato jeweils geringen Anzahl an durchgeführten Beihilfenprüfverfahren sowie nicht zuletzt Negativ- und Rückforderungsentscheidungen beitragen. So sind die SAA-Beihilfenrechtsregime noch verhältnismäßig jung und befinden sich in der Phase der Etablierung, die unionsintern über zwanzig Jahre andauerte (s. oben *Teil 1 § 1 A.I.*). Hierbei fokussiert die Kommission ihre technische Unterstützung vollständig auf die jeweilige Zentralstaatsebene, das heißt auf die dort angesiedelte Beihilfenkontrollinstanz, und überlässt dieser die Aufgabe, das nationale Gerichtswesen ebenso wie die potenziell beihilfengewährenden subzentralen Verwaltungseinheiten für Beihilfenrechtsproblematiken zu sensibilisieren.[1555] Hinzu kommt ferner, dass es den Regierungen der Westbalkanstaaten häufig an den erforderlichen personellen und finanziellen Ressourcen – oder aber an einem politischen Willen – mangelt, die unabhängig arbeitende Behörde angemessen auszustatten, was die Gefahr birgt, dass die zuvor getroffenen materiell- sowie institutionell-rechtlichen Grundentscheidungen in faktischer Hinsicht konterkariert werden.[1556]

1553 So wurde das wettbewerbsrechtliche Verhandlungskapitel im Falle Kroatiens erst exakt ein Jahr vor dem formellen Abschluss der Beitrittsverhandlungen am 30. Juni 2011 geöffnet.

1554 Vgl. bezüglich Serbien zuletzt *Milenkovic*, EStAL 2018, 66, 67 ff.; bezüglich Albanien *Gjevori*, EStAL 2015, 510, 521; die mittel- und osteuropäischen Beitrittsstaaten von 2004 und 2007 Kroatien und Nordmazedonien gegenüberstellend *Botta*, EStAL 2013, 83, 94.

1555 S. hierzu aus Unionssicht kritisch *Neale-Besson*, External aspects of State aid policy – part 2: accession, Rn. 1.563, welche von der Kommission ein darüber hinaus gehendes Eintreten für die Beihilfenkontrolle fordert.

1556 Dies trifft beispielsweise auf Nordmazedonien zu. Dass seine *Commission for the Protection of Competition* sich aus vom nationalen Parlament ernannten Wettbewerbsrechtsexperten zusammensetzt, wird von der Kommission begrüßt, indessen kritisiert sie, dass lediglich drei Mitarbeiter für die Aufsicht

Allerdings ist zu berücksichtigen, dass besagte rechtstatsächliche Hindernisse bei zunehmender Konsolidierung der *rule of law* und erfolgter wirtschaftlicher Transformation leichter zu beheben sind als etwaige strukturelle institutionelle Mängel der innerstaatlichen Beihilfenkontrolle. Letztere entstehen dadurch, dass die Westbalkanstaaten (mit Ausnahme Kroatiens) im Einklang mit dem Wortlaut der SAA, der jeweils eine Zweigleisigkeit der Wettbewerbsaufsicht nahelegt (vgl. Abs. 3 und 4 von Art. 73 EU-RS-SAA), zunächst den Versuch unternahmen, zum Zwecke der Errichtung einer Beihilfenaufsicht ein unabhängiges, aber rein politisch besetztes Gremium innerhalb bestehender Ministerialstrukturen und ohne organisatorische Verknüpfung zur separat agierenden Kartellbehörde bzw. -agentur zu etablieren („independence within government"[1557]), das auf der Grundlage von einer Subeinheit des Finanz- oder Wirtschaftsministeriums vorbereiteten Beschlüssen über die Rechtmäßigkeit von Beihilfenmaßnahmen befindet.[1558] Folglich sind im gesamten Prüfverfahren Vertreter von gewichtigen Beihilfengebern wie den Ministerien für Wirtschaft, Energie oder Tourismus beteiligt und entscheiden unter Umständen in eigener Angelegenheit, was evidenterweise Interessenkonflikte hervorzurufen geeignet ist. Die von der Kommission an diesem Modell geübte Kritik führte in Nordmazedonien (2006) sowie in Montenegro (2019) dazu, dass diese die Beihilfenaufsichtsbefugnisse – im Sinne der dargelegten Vorzugswürdigkeit der Konvergenz der Wettbewerbskontrolle (s. oben *I.4.b.*) – ihren NCAs übertrugen, deren Funktionsfähigkeit und Unabhängigkeit – ebenso wie im Falle der Türkei – ungleich weiter fortgeschritten sind.[1559] Insbesondere in Albanien und Serbien verbleibt es bei dahingegen bei der

---

über Beihilfen abgestellt sind (vgl. *Kommission*, North Macedonia 2019 Report, SWD(2019) 218 final, 64 und 65).

1557 So die treffende Umschreibung des Modells von *Gjevori*, EStAL 2015, 510, 514.

1558 Vgl. zu diesen lediglich geringfügig voneinander abweichenden institutionellen Vorkehrungen in Albanien, im Kosovo und in Serbien *Popović*, Institutional Design of State Aid Authorities in South East Europe, S. 69 ff. m. zahlr. weit. Nachw. Allein Bosnien-Herzegowina hat sich angesichts seiner komplexen, aus dem Dayton-Friedensabkommen resultierenden, Föderalstruktur entschieden, eine gänzlich neue Agentur mit eigenem Sekretariat einzurichten, deren Unabhängigkeit wegen Proporzproblemen allerdings ebenfalls angezweifelt wird (ebd., S. 70).

1559 Vgl. hierzu nur *Kommission*, Albania 2019 Report, SWD(2019) 215 final, 62 f.; Bosnia and Herzegovina Analytical Report 2019, SWD(2019) 222 final, 100 f.; Kosovo 2019 Report, SWD(2019) 216 final, 62; Montenegro 2019 Report, SWD(2019) 217 final, 62 f.; North Macedonia 2019 Report, SWD(2019) 218 final, 64.; Serbia 2019 Report, SWD(2019) 219 final, 63 f.

ursprünglichen, als „semi-governmental advisory body"[1560] anstatt als „independent authority" zu bezeichnenden Konstruktion, welche neben der personell-organisatorischen Durchdringung vonseiten der Regierungen jeweils durch das Fehlen einer eigenen Rechtspersönlichkeit und eines gesonderten Budgetrahmens gekennzeichnet ist.[1561]

Im Ergebnis stellt ein adäquates institutionelles Design zwar in der Tat keine hinreichende Voraussetzung für die Implementierung und Anwendung eines innerstaatlichen Beihilfenkontrollsystems durch die (potenziellen) Beitrittskandidaten dar, gleichwohl begründet es einen notwendigen Zwischenschritt, der auch in einem – nach heutigem Stand – hypothetischen Szenario einer neuen Dynamik im Erweiterungsprozess nicht ohne Weiteres übersprungen werden kann. Die Beispiele der mittel- und osteuropäischen Staaten sowie Kroatiens, die ihre nationalen Aufsichtsmechanismen ungeachtet der mit Inkrafttreten der Beitrittsverträge obsoleten völkerrechtlichen Verpflichtung aus den Assoziierungsabkommen aufrechterhielten und beispielsweise für interne *pre-notifications* einsetzen, verdeutlichen vielmehr, dass dortige institutionelle Weichenstellungen noch über den Tag der EU-Supranationalisierung hinaus fortwirken können.[1562]

C. Nachbarschaftsassoziierungen

Anders als im Falle von Beitrittsassoziierungen und deren Beihilfenrechtsregimen, die teilweise (EU-TR-CU) oder überwiegend (SAA) der Logik der EU-Konditionalität folgen, scheidet eine solche Durchsetzungsstrategie bei Beihilfenrechtsexporten im Rahmen von Nachbarschaftsassoziierungen prinzipiell aus (s. oben *§ 1 A.I.3.*).[1563] Im Falle der zur dritten Generation von Unionsabkommen zählenden EMA führte dies in beihilfenrechtlicher

1560 So *Milenkovic*, EStAL 2018, 66, 76, in Abgrenzung zu echten *watchdogs*.

1561 S. zu diesen beiden Aspekten am Beispiel des serbischen Beihilfenkontrollsystems ebd., 76 f.

1562 Vgl. zur heutigen Rolle der im Zuge der *Europe Agreements* eingerichteten Beihilfenaufsichtsbehörden *Buts/Joris/Jegers*, EStAL 2013, 330, 333 ff.

1563 Abzuwarten bleibt jedoch, inwieweit dem Aspekt der EU-Konditionalität jedenfalls aus dem Blickwinkel der DCFTA-Vertragspartner nicht doch eine Rolle zukommt. Im Zuge der Abkommensunterzeichnungen erneuerten die Ukraine sowie die Republik Moldau ihre jeweiligen Ambitionen eines Beitritts und stuften die Nachbarschaftsassoziierungen als Zwischenschritt ein (vgl. hierzu *Van der Loo*, The EU-Ukraine Association Agreement and Deep and Comprehensive Free Trade Area, S. 175 ff. m. zahlr. weit. Nachw.).

Hinsicht dazu, dass im – selten verwirklichten – Maximalfall zwar eine Annäherung an den materiell-rechtlichen Stand der SAA erfolgte, es indessen neben einer verfahrensmäßigen oder institutionellen Einkleidung ferner an jeglichem faktischen Anreiz für die Mittelmeerstaaten mangelt, diesem in ihren jeweiligen innerstaatlichen Rechtsordnungen auch tatsächlich zu effektiver Geltung zu verhelfen *(I.)*. Skizzierte Defizite versuchte die Union durch die Verhandlung von DCFTA mit den ÖP-Staaten zu beheben, in denen es ihr nicht nur gelang, konkrete rechtliche Durchsetzungsmechanismen zu etablieren, sondern in Form der sog. „Marktzugangskonditionalität"[1564] überdies ein neues (rechts-)politisches Instrument zu installieren, welches geeignet ist, die Vertragspartner auch nach Inkrafttreten aller Abkommenskapitel anzuhalten, binnenmarktrelevante Teile des Unionsacquis wie das Beihilfenrecht zu implementieren und zu voller Anwendung zu bringen *(II.)*.

I. Europa-Mittelmeer-Abkommen

Die EMA sind durchgängig ähnlich strukturiert, erreichen einen vergleichbaren Grad an (Waren-)Handelsliberalisierung und begründen jeweils eine vage Pflicht zur Rechtsangleichung, welche entweder den Binnenmarktacquis zum übergeordneten Orientierungspunkt erklärt[1565] oder aber keinerlei Asymmetrie erkennen lässt.[1566] Da die Beihilfenkontrolle einen der Wesenszüge des EU-Binnenmarktes bildet, läge es eigentlich nahe, dass sich diejenigen Mittelmeerstaaten zur Aufnahme von einschlägigen Bestimmungen bereiterklären, die eine solche Annäherung an die Unionsrechtsordnung wünschen. Diese Hypothese bestätigt sich allerdings allenfalls vereinzelt, weshalb – mit der Ausnahme von Palästina[1567] – ein

1564 Für die erfolgreiche Umsetzung des Binnenmarktacquis erhalten die Assoziierungspartner anders als die (potenziellen) Beitrittskandidaten des Westbalkans nicht die „Belohnung" einer Konkretisierung der Beitrittsperspektive, sondern diejenige einer – im Vergleich zum bereits durch den Abschluss der DCFTA erzielten Integrationsstand – noch umfassenderen wirtschaftlichen Partizipation am EU-Binnenmarkt.

1565 Vgl. Art. 56 EU-DZ-EMA; Art. 52 EU-MA-EMA; Art. 52 EU-TN-EMA; Art. 41 EU-PS-EMA.

1566 Vgl. Art. 48 EU-EG-EMA; Art. 55 EU-ISR-EMA; Art. 69 EU-JO-EMA; Art. 49 EU-LB-EMA.

1567 Die vorliegend gewählte Formulierung „Palästina" ist lediglich als der besseren Lesbarkeit dienende Kurzbezeichnung für „Palästinensische Behörde für das Westjordanland und den Gaza-Streifen" zu verstehen und bedeutet nicht, dass

belastbarer Zusammenhang lediglich zur Mitgliedschaft des jeweiligen Assoziierungspartners in der WTO besteht. Nicht zuletzt ist bemerkenswert, dass die Vereinbarung eines Beihilfenrechtsexports im engeren Sinne im Falle der drei Mittelmeerstaaten mit den größten Volkswirtschaften (Israel, Ägypten und Algerien) nicht gelungen ist und das im Jahre 2004, unter anderem auf Betreiben der Union, geschlossene intraregionale Abkommen von Agadir zwischen Ägypten, Jordanien, Marokko und Tunesien keine dezidiert dem Beihilfenrecht gewidmeten Regelungen enthält.[1568] Bezüglich ihrer überschaubaren beihilfenrechtlichen Dimension lassen sich die Assoziierungen in drei Gruppen einteilen: Eine erste (Algerien, Libanon) zählt kartell-, nicht jedoch beihilfenrechtsrelevante Verhaltensweisen auf, die für unvereinbar mit den EMA zu erachten sind,[1569] eine zweite (Ägypten, Israel) sieht an Art. 107 Abs. 1 AEUV angelehnte Beihilfenverbote vor, deren Konturierung den durch die jeweiligen Assoziationsräte zu erlassenden Durchführungsbestimmungen überlassen bleibt, und führt WTO-plus-Transparenzverpflichtungen ein *(1.)*,[1570] eine dritte (Marokko, Jordanien, Palästina, Tunesien) legt darüber hinaus exklusiv am EU-Beihilfenrecht orientierte Auslegungsmaßstäbe jeweils bereits in den Hauptabkommen fest *(2.)*.[1571]

1. Faktische WTO-plus-Regime

Für die Subventionskontrolle im Verhältnis zu den Nicht-WTO-Mitgliedern Algerien und Libanon stehen dementsprechend lediglich intergouvernementale Mechanismen zur Verfügung. Scheitern Konsultationen im Assoziationsrat, besteht die Möglichkeit, Ausgleichszölle zu verhängen, die im Einklang mit den Kriterien des für anwendbar erklärten ASÜ

---

die EU und ihre Mitgliedstaaten diese einheitlich als Staat anerkennten. Neben Palästina sind auch Algerien sowie der Libanon keine Mitglieder der WTO. Letztere beiden verfügen dort aber über einen Beobachterstatus.

1568 Der Abkommenstext, in dem sich lediglich ein deklaratorischer Hinweis auf das WTO-Subventionsrecht findet (vgl. Art. 17) ist online abrufbar unter www.agadiragreement.org/EchoBusV3.0/SystemAssets/PDFs/EN/aghadirtext/Agadir%20Agreement%20Text.pdf [zuletzt aufgerufen am 1.7.2020].

1569 Vgl. Art. 41 Abs. 1 EU-DZ-EMA; Art. 35 Abs. 1 EU-LB-EMA.

1570 Vgl. Art. 34 EU-EG-EMA; Art. 36 EU-ISR-EMA.

1571 Vgl. Art. 52 EU-JO-EMA; Art. 36 EU-MA-EMA; Art. 30 EU-PS-EMA; Art. 36 EU-TN-EMA.

stehen müssen.[1572] Im Falle von Ägypten und Israel gestaltet sich die Beihilfenrechtslage im Ergebnis ähnlich. Zwar ist sowohl dem EU-EG-EMA wie auch dem EU-ISR-EMA eine bereits aus den Freihandelsabkommen mit den EFTA-Staaten bekannte (s. oben *Teil 2 § 2 A.II.3.b.*) einseitige Erklärung der Union beigefügt, nach der sie bis zum Erlass von Durchführungsbestimmungen das jeweilige Beihilfenverbot „nach den Kriterien beurteilt, die sich aus [Art. 107 AEUV] sowie aus den Regeln für staatliche Beihilfen einschließlich des abgeleiteten Rechts ergeben".[1573] Jedoch bestimmen Art. 34 Abs. 2 UAbs. 2 EU-EG-EMA und Art. 36 Abs. 2 UAbs. 2 EU-IRS-EMA zugleich, dass für die Zeit von deren Absenz das WTO-rechtliche ASÜ maßgeblich ist. Da eine Einigung auf beihilfenrechtliche Durchführungsvorschriften ungeachtet der zwischenzeitlich längst abgelaufenen Fristen unterblieb und zweiseitige Vereinbarungen einer einseitigen Erklärung vorgehen, ist die daraus folgende Gemengelage zulasten der Union aufzulösen. Folglich kann Letztere nur versuchen, mithilfe ihres diplomatischen Übergewichts die Vertragspartner im Rahmen von Konsultationen im Assoziationsrat von der Sinnhaftigkeit einer am EU-Beihilfenrecht orientierten Beurteilung streitiger Subventionsmaßnahmen zu überzeugen. Gelingt ihr dies nicht, bleibt beiden Seiten der Umweg eines WTO-subventionsrechtlichen Track I- oder Track II-Verfahrens, die sich exklusiv nach multilateralen Standards richten.[1574] Handelt es sich um vom ASÜ nicht erfasste Dienstleistungssubventionen, dürfen die Vertragsparteien nach Ablauf von 30 Tagen ebenfalls „geeignete [unilaterale] Maßnahmen" treffen.[1575]

2. Export des EU-Beihilfenrechts

Beihilfenrechtsexporte im engeren Sinne stellen demgegenüber die EMA mit Marokko, Tunesien, Jordanien sowie Palästina dar,[1576] da ihr materiell-

1572 So ausdrücklich Art. 23 Abs. 1 EU-DZ-EMA; und Art. 24 Abs. 1 EU-LB-EMA.

1573 Während die zitierte weite Formulierung aus der Erklärung zum EU-EG-EMA auch das einschlägige *soft law* zu umfassen scheint, beschränkt sich diejenige zum EU-ISR-EMA auf das Beihilfenprimär- und -sekundärrecht.

1574 Vgl. doppelt Art. 23 Abs. 2, Art. 34 Abs. 5 UAbs. 2 EU-EG-EMA; und Art. 36 Abs. 5 UAbs. 3 EU-ISR-EMA.

1575 Vgl. Art. 34 Abs. 5 UAbs. 1 Spiegelstr. 2 und UAbs. 2 EU-EG-EMA; sowie Art. 36 Abs. 5 UAbs. 1 Spiegelstr. 2 und UAbs. 2 EU-ISR-EMA.

1576 S. für eine Kontextualisierung dieser Beihilfenregelungen mit den Inhalten der EMA-Wettbewerbsrechtsregime als Ganze *Geradin/Petit*, EFAR 2003, 153,

beihilfenrechtlicher Gehalt weitestgehend mit demjenigen der SAA übereinstimmt. Bezüglich der ersteren beiden Staaten finden sich – wiewohl in verknappter Form – sogar die Protokollregelungen zum *phasing out* von Umstrukturierungsbeihilfen im Stahlsektor wieder.[1577] Während insoweit mithin auf die diesbezüglichen Ausführungen verwiesen werden kann (s. oben *B.II.2.*), liegt die eigentliche Schwäche dieser vier EMA-Beihilfenrechtsregime zum einen in der fehlenden Verpflichtung zur Errichtung eines innerstaatlichen Systems der Aufsicht, zum anderen in den wenig innovativen Mechanismen zur Rechtsdurchsetzung begründet. So beschränken sich die prozeduralen Anforderungen auf allgemeine und einzelfallbezogene Transparenzerfordernisse,[1578] die bereits in den EMA mit Ägypten und Israel enthalten sind. Selbst im Falle des EU-MA-EMA, bei dem es ausnahmsweise gelang, wettbewerbsrechtliche Durchführungsvorschriften (vgl. dessen Art. 36 Abs. 3 UAbs. 1) tatsächlich zu verabschieden, klammern diese die Beihilfenkontrolle aus.[1579] Hiermit korrespondierend griff auch ein EU-initiiertes, unter anderem von Deutschland durchgeführtes, *Twinning*-Projekt im Bereich des Wettbewerbsrechts Fragen des Kartell-, Marktbeherrschungs- sowie Fusionskontrollrechts auf, unterstützte die marokkanische Wettbewerbsbehörde aber nicht zugleich bei der Schärfung von deren Profil als Beihilfenaufsichtsbehörde.[1580] Hinzu kommt, dass die Union mit Tunesien, Marokko und Jordanien zwar nachträglich Protokolle zur Ausgestaltung der in den EMA rudimentär geregelten Streitbeilegung vereinbarte,[1581] diese jedoch denjenigen der SAA entsprechen, so-

---

159 f.; vgl. deren materiellen Gehalt zusammenfassend ferner *Borlini/Dordi*, Columbia J. Eur. Law 2017, 551, 563 ff.

1577 Vgl. Art. 36 Abs. 4 lit. a EU-MA-EMA; sowie gleichlautend Art. 36 Abs. 4 lit. a EU-TN-EMA.

1578 Vgl. Art. 36 Abs. 4 lit. b EU-MA-EMA; Art. 36 Abs. 4 lit. b EU-TN-EMA; Art. 53 Abs. 4 lit. b EU-JN-EMA; und Art. 30 Abs. 5 EU-PS-EMA.

1579 Beschluss Nr. 1/2004 des Assoziationsrates EU-Marokko v. 19. April 2004 zur Annahme der für die Durchführung der Wettbewerbsregeln erforderlichen Bestimmungen (2005/466/EG), ABl. 2005 L 165/10.

1580 Vgl. hierzu *Freyburg et al.*, Democracy Promotion by Functional Cooperation, 2015, S. 130 ff.

1581 Beschlüsse des Rates v. 10. November 2009 über den Abschluss eines Abkommens in Form eines Protokolls zwischen der Europäischen Gemeinschaft und der Tunesischen Republik zur Festlegung eines Mechanismus für die Beilegung von Streitigkeiten, die die Handelsbestimmungen des Europa-Mittelmeer-Abkommens zur Gründung einer Assoziation zwischen der Europäischen Gemeinschaft und ihren Mitgliedstaaten einerseits und der Tunesischen Republik andererseits betreffen (2010/91/EG), ABl. 2010 L 40/75; v. 25. Oktober 2010 über die Unterzeichnung des Abkommens zwischen der Europädass *ad hoc*-Schiedsverfahren bei Beihilfenrechtsstreitigkeiten *a limine* ausgeschlossen sind.[1582] Infolge der aus geographischen Gründen zu verneinenden Beitrittsperspektive der EMA-Vertragspartner (vgl. Art. 49 Abs. 1 S. 1 EUV), deren zuletzt nicht mehr in Betracht gezogenen Aufnahme in die Energiegemeinschaft[1583] und des geringen Erfolgs der im Jahre 2008 ins Leben gerufenen Mittelmeerunion[1584] mangelt es in den einzelnen Mittelmeerregionstaaten schließlich auch an externen politischen sowie rechtlichen Hebeln für die Einführung institutionalisierter nationaler Beihilfenkontrollsysteme.

II. Östliche Partnerschaft

In Anbetracht der dargelegten Schwächen der EMA-Beihilfendisziplinen verwundert es nicht, dass die Union sich bei der seit dem sog. „Arabischen Frühling“ angestrebten Modernisierung ihrer Handelsbeziehungen zu einzelnen südlichen Nachbarn (Ägypten, Jordanien, Marokko, Tunesien) in beihilfenrechtlicher Hinsicht weniger stark von den bestehenden Vereinbarungen, sondern vielmehr von den in der neuen Generation von Nachbarschaftsassoziierungen im Rahmen der ÖP eingefügten – ungleich ehrgeizigeren – Beihilfenrechtsregimen leiten lässt.[1585] Während das Beihilfenkontrollsystem des EU-UA-AA als neues Referenzmodell für die ge-

ischen Union und dem Königreich Marokko zur Festlegung eines Mechanismus für die Beilegung von Streitigkeiten im Namen der Union (2011/58/EU), ABl. 2011 L 27/1; v. 13. Mai 2011 über den Abschluss des Abkommens in Form eines Protokolls zwischen der Europäischen Union und dem Haschemitischen Königreich Jordanien zur Festlegung eines Mechanismus für die Beilegung von Streitigkeiten, die die Handelsbestimmungen des Europa-Mittelmeer-Abkommens zur Gründung einer Assoziation zwischen den Europäischen Gemeinschaften und ihren Mitgliedstaaten einerseits und dem Haschemitischen Königreich Jordanien andererseits betreffen (2011/398/EU), ABl. 2011 L 177/1.

1582 Vgl. die jeweiligen Art. 2 Abs. 1 dieser EMA-Streitbeilegungsprotokolle.

1583 So noch im Jahre 2011 der Vorschlag der *Kommission*, Eine Partnerschaft mit dem südlichen Mittelmeerraum für Demokratie und gemeinsamen Wohlstand, KOM(2011) 200 endgültig, 11.

1584 Vgl. zu dieser grundsätzlich kritisch *Coursier*, Europa-Mittelmeer-Abkommen – Union für das Mittelmeer, in: Hatje/Müller-Graff (Hrsg.), Europäisches Organisations- und Verfassungsrecht, § 24 Rn. 39 ff.

1585 S. hierzu instruktiv den Textvorschlag für die Verhandlungen mit Tunesien über das DCFTA-Wettbewerbskapitel, abrufbar unter https://trade.ec.europa.eu/doclib/docs/2016/april/tradoc_154481.pdf [zuletzt aufgerufen am 1.7.2020].

samte ENP gilt *(1.)*, lässt sich an den Pendants in jüngeren Abkommen mit Georgien (AA), Moldawien (AA) und Armenien (PCA) ablesen, dass dessen äußerst hohe Standards auf Assoziierungen mit weiteren Nachbarländern nur schwerlich umfassend übertragbar sind *(2.)*. Wenngleich also die Trennlinie zwischen ENP-Staaten, welche einem Beihilfenrechtsexport offen gegenüberstehen, und solchen, die lediglich zu WTO-plus-Vereinbarungen bereit sind, auch in der östlichen Nachbarschaft fortbesteht, wird dennoch ersichtlich, dass die Union sich dort ihren in der *Global Europe*-Mitteilung ausgegebenen beihilfenrechtlichen Zielen annähert.

1. „Goldstandard" des EU-Ukraine-Assoziierungsabkommens

a) Horizontales

Das 486 Artikel, 25 handelsbezogene Anhänge sowie drei Protokolle umfassende EU-UA-AA erreicht einen Grad an Komplexität, der demjenigen des EWRV nahekommt und nach einer gewichtigen Rolle des Assoziationsrates und des Assoziationsausschusses verlangt, sodass die DCFTA-Regelungsabschnitte (Titel IV) durch eine periodische Aktualisierung oder Änderung der Anhänge einen „teildynamischen" Charakter erhalten,[1586] um abkommensrelevante Fortentwicklungen des EU-Binnenmarktacquis zu rezipieren, ohne hierfür jeweils formelle Vertragsänderungsverfahren durchführen zu müssen. Besagte Rechtsetzungsbefugnisse des Assoziationsrates (vgl. Art. 463 Abs. 3 EU-UA-AA) bleiben indessen beihilfenrechtlich irrelevant. Die beiden Vertragsparteien verzichteten darauf, einschlägige Sekundärrechts- und *soft law*-Akte in die Anhänge aufzunehmen, sondern behalfen sich insoweit mit einer dynamischen Verweisung im Hauptabkommenstext (s. sogleich *b.*). Wie die schrittweise Annäherung der ukrainischen Rechtsvorschriften an das Unionsrecht im Einzelnen vonstatten zu gehen hat, legen die Assoziierungspartner für jede Disziplin gesondert und nicht etwa abkommensübergreifend fest (vgl. Art. 474 S. 2 EU-UA-AA); das Gleiche gilt auch für die diversen – unterschied-

1586 Noch zurückhaltender fällt die Einschätzung von *Van der Loo*, The EU-Ukraine Association Agreement and Deep and Comprehensive Free Trade Area, S. 311, aus, der als Bezugsgröße jedoch nicht die EMA mit den südlichen Nachbarn oder die SAA mit den Westbalkanstaaten, sondern die nahezu vollumfängliche (s. oben *A.I.*) Binnenmarktassoziierung des EWR heranzieht.

lich weitreichend formulierten – Homogenitätsklauseln.[1587] Folglich führt das EU-UA-AA klassischerweise als „horizontale Fragen“ bezeichnete Problemstellungen mit Ausnahme des für den gesamten handelsbezogenen Titel IV maßgebenden quasi-judiziellen DCFTA-Streitbeilegungsmechanismus (vgl. Art. 477 Abs. 1 S. 2 EU-UA-AA) sachbereichsspezifischen Lösungen zu.

Gleichsam verbieten sich pauschalisierende Aussagen in Bezug auf die für die gesamte Assoziierung prägende Marktzugangskonditionalität. Ein unmittelbare Kausalität zwischen der Umsetzung eines exakt definierten Ausschnitts des Binnenmarktacquis aufseiten der Ukraine und der Öffnung des Binnenmarktes auf dem durch ebendiesen Ausschnitt regulierten Politikfeld kommt besonders prägnant in den Kapiteln betreffend Niederlassung und Dienstleistungshandel sowie öffentliche Aufträge zum Ausdruck,[1588] die über die ohnehin vorgesehenen – unbedingten – Handelsliberalisierungen hinaus eine per Assoziationsratsbeschluss zu gewährende *internal market treatment*[1589] in Aussicht stellen, sofern die durchzuführenden detaillierten Monitoringverfahren ergeben, dass die Ukraine die jeweiligen Zeitpläne für institutionelle Reformen und die Angleichung der einschlägigen Rechts- und Verwaltungsvorschriften einhält.[1590] Anders als teilweise angenommen,[1591] führt der Umstand, dass der Regelungsabschnitt des DCFTA über staatliche Beihilfen wie das gesamte Wettbewerbskapitel 10 keiner solchen direkten Marktzugangskonditionalität unterliegt, aber nicht etwa dazu, dass deren Logik nicht auch dort zum Tragen kommt und für die Ukraine einen spürbaren Anreiz bietet, dessen Vorgaben zu implementieren und Folge zu leisten. Tatsächlich wäre die rechts-

---

1587 Vgl. hierzu nur – die nicht abschließende – tabellarische Gegenüberstellung von unterschiedlichen EU-UA-AA-Homogenitätsklauseln bei *Ott*, LIEI 2015, 5, 20 f.

1588 S. zu den Abschnitten des DCFTA mit einer direkten Marktzugangskonditionalität erschöpfend *Van der Loo*, The EU-Ukraine Association Agreement and Deep and Comprehensive Free Trade Area, S. 247 ff.

1589 Vgl. allgemein zum *internal market treatment*-Konzept im Rahmen von Binnenmarktrechtsexporten *Van Elsuwege*, Exporting the Internal Market Beyond the EU's Borders, S. 649 f.

1590 Vgl. beispielsweise Anhang XXI-A zu Titel IV Kapitel 8 (öffentliches Beschaffungswesen) des EU-UA-AA.

1591 So explizit die Kritik von *Van der Loo*, The EU-Ukraine Association Agreement and Deep and Comprehensive Free Trade Area, S. 309 f.; vgl. in diese Richtung auch *Harzl*, Beihilfebestimmungen in Assoziierungsabkommen am Beispiel EU-Ukraine, in: Jaeger/Haslinger (Hrsg.), Beihilferecht. Jahrbuch 2019, S. 501, 510 f.

gebietsinterne Anwendung dieses Instruments im Sinne eines *quid pro quo*-Vorgehens auch überhaupt nicht möglich, da wettbewerbsrechtsrechtliche Vereinbarungen nicht *per se* marktöffnend wirken, sondern – als eine Art „Sekundärschutz" – die flankierende Absicherung bereits erfolgter Marktzugangskonzessionen und des damit verbundenen Mehrs an Wettbewerb bezwecken.[1592]

Eine indirekte Marktzugangskonditionalität ließe sich zunächst dadurch herstellen, die Anforderungen in den genannten DCFTA-Abschnitten mit strenger Konditionalität dergestalt zu erweitern, dass die mit diesen jeweils angestrebte *de facto*-Binnenmarktintegration an das zusätzliche Kriterium einer erfolgreichen Umsetzung des Beihilfenrechtsexports gekoppelt wird. Zwar erscheint es aufgrund des Verhandlungsungleichgewichts und der Harmonisierungsbereitschaft der Ukraine sogar denkbar, dass die Kommission eine solche Verknüpfung hätte durchsetzen können; allerdings ist zu bedenken, dass dies die Komplexität und (politischen) Kosten der Assoziierung noch weiter erhöht hätte.[1593] Unabhängig hiervon kompensiert das in Art. 475 EU-UA-AA vorgesehene horizontale Monitoringverfahren diesen Verzicht, indem es alle unter Titel IV fallenden „notwendige[n] Maßnahmen" (Abs. 5), das heißt auch die Durchführung und Durchsetzung des Beihilfenrechts, erfasst und statuiert, dass der Assoziationsrat im Falle von positiven Evaluationsergebnissen befugt ist, innerhalb seiner Zuständigkeiten weitere Marktöffnungen einstimmig zu beschließen. Letzteres Einstimmigkeitserfordernis vermag die Union schließlich auch bei Beschlüssen über Liberalisierungsschritte auf Politikfeldern mit direkter Marktzugangskonditionalität für beihilfenrechtliche Anliegen zu instrumentalisieren, weil diese bei der Einhaltung der bereichsspezifischen Zeitpläne durch die Ukraine nicht automatisch erfolgen, sondern stets die Bestätigung des Assoziationsrates voraussetzen, mithin – wie im horizontalen Monitoring – vom politischen Konsens der Vertragsparteien abhängen.[1594]

1592 Eine solche reine Marktzugangsfokussierung stünde auch im Widerspruch zur unionsinternen Fortentwicklung des Beihilfenkontrollsystems hin zu einem Wettbewerbsrechtsregime (s. oben *Teil 1 § 1 B.III.3.*), die jedenfalls bei Beihilfenrechtsexporten im engeren Sinne abgebildet werden sollte.

1593 S. zu letzteren beiden Aspekten näher *Van der Loo*, The EU-Ukraine Association Agreement and Deep and Comprehensive Free Trade Area, S. 319 ff.

1594 So ist – hypothetisch – vorstellbar, dass die Union eine weitere Öffnung ihrer Beschaffungsmärkte trotz der erfolgreichen Implementierung und Anwendung des vergaberechtlichen Acquis durch die Ukraine im Assoziationsrat blockierte, sollte es der Ukraine bis zu diesem Zeitpunkt nicht gelungen sein, eine effektive innerstaatliche Beihilfenkontrolle zu etablieren, die in der Lage

b) Anwendungsbereich, Materielles und Prozedurales

Konkret in beihilfenrechtlicher Hinsicht neu ist im Vergleich zu den unbestimmt gehaltenen EMA zunächst, dass Art. 266 EU-UA-AA neben dem traditionellen Ausschluss von Landwirtschaftssubventionen (im Sinne des WTO-rechtlichen LwÜ) aus dem Geltungsbereich des Beihilfenrechtsregimes dessen über den Warenhandel hinausgehende Reichweite zu dekonstruieren versucht, indem er anordnet, dass diese mit dem Umfang der in Anhang XVI zu Titel IV aufgelisteten Verpflichtungen betreffend Niederlassung, Dienstleistungshandel und elektronischer Geschäftsverkehr korrespondieren soll. Dies steht im Einklang mit dem den Regelungsabschnitt über staatliche Beihilfen wie auch das gesamte Abkommen kennzeichnenden Bemühen um eine möglichst exakte Ausbuchstabierung der völkervertraglichen Vereinbarungen, weist indessen aufgrund der in diesen Politikfeldern angestrebten umfassenden Binnenmarktintegration (vgl. Art. 3 Anhang XVII zu Titel IV), die mittelfristig nahezu alle Dienstleistungssektoren einschließen wird, keinen rechtlichen, sondern allenfalls semantischen Mehrwert auf. Dies gilt einmal mehr, vergegenwärtigt man sich erneut, wie intrikat sich der Versuch einer nach (Sub-)Sektoren differenzierenden Anwendung des dezidiert als Querschnittsmaterie konzipierten Beihilfenacquis bereits bei der weniger komplexen Grenzziehung zwischen Urproduktion und Gewerbe in der Praxis der EFTA-Überwachungsbehörde gestaltet (s. oben *A.I.2.*).

Dieser Detailanspruch spiegelt sich auch im materiell-rechtlichen Gehalt der EU-UA-AA-Beihilfenrechtsbestimmungen wider, die einerseits zwar in vielerlei Hinsicht dem Muster der SAA folgen[1595] und etwa die gesamte Ukraine für einen Zeitraum von fünf Jahren nach Inkrafttreten des Abkommens einem unionalen A-Fördergebiet gleichstellen (vgl. Art. 267 Abs. 3 lit. a EU-UA-AA), andererseits aber auch mit einigen regelungstechnischen Innovationen aufwarten. So inkorporiert Art. 262 EU-UA-AA anders als dort – und in Wiederanknüpfung an den EWRV sowie die EU-TR-CU – nicht lediglich das EU-Beihilfenverbot, sondern auch die auf den Drittstaatenkontext abgestimmten Rechtfertigungstatbestände der Abs. 2 und 3 von Art. 107 AEUV. Während Art. 107 Abs. 3 lit. e AEUV nicht

ist zu verhindern, dass subventionierte ukrainische Unternehmen ungehindert als Bieter an mitgliedstaatlichen Vergabeverfahren teilnehmen können.

1595 Vgl. in diesem Sinne pauschal *Borlini/Dordi*, Columbia J. Eur. Law 2017, 551, 562.

transponiert wird,[1596] kommen mit Art. 262 Abs. 3 lit. e und f EU-UA-AA zwei neue Ermessenausnahmen hinzu, welche sich in dieser Form nicht zugleich im Unionsprimärrecht wiederfinden. Letzterer Tatbestand stellt ein auf die Ukraine zugeschnittenes Zugeständnis dar, um dieser die in Art. 290 Abs. 2 EU-UA-AA aufgetragene Annäherung an die EU-Umweltschutzstandards zu erleichtern.[1597] Ersterer greift – dogmatisch unglücklich[1598] – die AGVO sowie horizontales und sektorales *soft law* der Kommission auf, was mutmaßlich als eine Art Auslegungsanleitung zu deuten ist, da die Ukraine solche Rechtsakte bzw. Verlautbarungen ausweislich Art. 264 EU-UA-AA ohnehin zu berücksichtigen hat. Dessen spezifisch-beihilfenrechtliche Homogenitätsklausel steht somit in grundsätzlicher Kontinuität zu der in den SAA (und in den ehrgeizigeren EMA) verankerten, geht allerdings insoweit über diese hinaus, als sie explizit die einschlägige Rechtsprechung des EuGH und sogar die Beschlüsse der Kommission miteinbezieht. Ob sich den im Schrifttum geäußerten Bedenken, der Vorschrift komme in Anbetracht ihrer im Vergleich zu Pendants in anderen handelsbezogenen Kapiteln weniger strengen Formulierung („als Auslegungsquellen die Kriterien heranziehen, die…") lediglich ein geringerer Grad an Verbindlichkeit zu, in der Abkommenspraxis tatsächlich erhärten wird, bleibt abzuwarten.[1599] Weil die Ukraine sich bei ihrer Umsetzung

1596 Das Gleiche gilt für den unionsintern bereits seit geraumer Zeit faktisch obsoleten Art. 107 Abs. 2 lit. c AEUV betreffend Beihilfen zum Ausgleich der durch die Teilung Deutschlands verursachten wirtschaftlichen Nachteile, dessen Abschaffung mittels eines Ratsbeschlusses zwar möglich wäre, bis heute aber nie erfolgte.

1597 Die dort vorgesehene maximale Beihilfeintensität von 40 Prozent der beihilfefähigen Kosten entspricht derjenigen in Abs. 6 von Art. 36 AGVO, der jedoch enger konzipiert ist und Investitionsbeihilfen reguliert, die Unternehmen in die Lage versetzen, über EU-Normen für den Umweltschutz hinauszugehen oder bei Fehlen solcher Normen den Umweltschutz zu verbessern.

1598 Der in Art. 262 Abs. 3 lit. e EU-UA-AA erfolgte Hinweis auf die „horizontalen und sektoralen Beihilferegeln", mithin das *soft law*, führt zwar zur verzerrten Wiedergabe der innerunionalen Normenhierarchie, ist aber zumindest systematisch zutreffend verortet, da diese der Konkretisierung der Ermessensausnahmetatbestände dienen. Die Inbezugnahme der AGVO erweckt dagegen fälschlicherweise den Eindruck, dass die Ukraine keine entsprechenden – vom *ex ante*-Prüfverfahren ausgenommenen – *per se*-Freistellungen verabschieden darf.

1599 Offengelassen auch von *Ott*, LIEI 2015, 5, 16; s. in diese Richtung aber *Van der Loo*, The EU-Ukraine Association Agreement and Deep and Comprehensive Free Trade Area, S. 278 f., unter Verweis auf den ungleich schärfer formulierten Art. 6 Annex XVII zu Titel IV:

von Art. 262 EU-UA-AA der im Falle der Initiierung beihilfenrechtlich gelagerter Streitbeilegungsverfahren drohenden Involvierung des Gerichtshofs (s. sogleich *c.*) bewusst sein muss, erscheint zumindest jedoch das Risiko einer strukturell abweichenden Auslegung beherrschbar.

Erstmalig in einer Nachbarschaftsassoziierung nimmt sich das DCFTA dem Spannungsfeld zwischen öffentlichen Unternehmen, DAWI, Beihilfenregulierung und Transparenz an und erstreckt die unionsintern maßgeblichen Standards auf die ehemalige sowjetische Teilrepublik, die nach wie vor eine hohe Staatsquote aufweist. Art. 262 Abs. 4 EU-UA-AA spiegelt Art. 106 Abs. 2 AEUV wider, belässt es aber nicht bei der Inkorporierung dieses in hohem Maße abstrakten Ausschnitts aus dem EU-Primärrecht, sondern definiert dessen unbestimmte Rechtsbegriffe in Anhang XXIII und unterstellt die Vorschrift der Homogenitätsklausel des Art. 264 EU-UA-AA, sodass einschlägiges *soft law* (vor allem die DAWI-Mitteilung) sowie nicht zuletzt die Transparenzrichtlinie Relevanz erlangen. Ferner widmet sich mit Art. 263 EU-UA-AA ein gesamter Abkommensartikel der Transparenz im Bereich staatlicher Beihilfen und enthält neben den bereits aus anderen EU-Assoziierungen bekannten allgemeinen und einzelfallbezogenen Notifizierungspflichten (vgl. Abs. 1 und 2) Nachbildungen der Abs. 1 und 2 (vgl. Abs. 3 und 4) von Art. 1 der EU-Transparenzrichtlinie. Sollte die Ukraine in der Lage sein, die für eine Umsetzung dieser weitreichenden Vorgaben erforderlichen Verwaltungskapazitäten und politische Willenskraft aufzubringen, bedeutete dies nicht nur einen wettbewerbspolitischen Meilenstein sowie eine verbesserte Informationslage für mögliche künftige EU-Handelsschutzverfahren, sondern gleichsam einen Baustein im innerukrainischen Prozess der rechtlichen Einhegung öffentlicher Unternehmen und in der Etablierung einer Antikorruptionsgesetzgebung.[1600]

Schließlich begründet auch Art. 267 Abs. 1 EU-UA-AA ein nachbarschaftspolitisches Novum, indem es die Ukraine bezüglich der Anwendung des Art. 262 EU-UA-AA zur Errichtung einer unabhängig arbeiten-

---

Soweit die Bestimmungen dieses Anhangs und die in den Anlagen aufgeführten anwendbaren Bestimmungen den entsprechenden Regeln des Vertrags über die Arbeitsweise der Europäischen Union und in dessen Anwendung erlassenen Rechtsakten in der Substanz entsprechen, sind die Bestimmungen hinsichtlich ihrer Umsetzung und Anwendung in Übereinstimmung mit den einschlägigen Urteilen, Beschlüssen und Entscheidungen des Gerichtshofs der Europäischen Union auszulegen.

1600 Vgl. zu letzteren beiden Aspekten *OECD*, Anti-Corruption Reforms in Ukraine: Prevention and Prosecution of Corruption in State-Owned Enterprises, 2018, S. 5 f.

den Behörde verpflichtet, welche zur Durchführung von Beihilfenprüfverfahren wie auch zur Rückforderung rechtswidrig gewährter Beihilfen befugt sein muss.[1601] Ebenso wie ihre Pendants in den Westbalkanstaaten hat sie ein Inventar der vor ihrer Errichtung eingeführten Beihilfenmaßnahmen zu erstellen und diese in einem Zeitraum von sieben – statt wie im Falle der SAA regelmäßig fünf – Jahren nach Inkrafttreten des Abkommens an die materiell-rechtlichen Kriterien des EU-UA-AA-Beihilfenrechtsregimes anzupassen (vgl. Abs. 2) und – in Kooperation mit der Kommission – eine Fördergebietskarte entlang den EU-Regionalbeihilfeleitlinien auszuarbeiten (vgl. Abs. 3 lit. b). Eine Öffnung für *private enforcement*-Verfahren erfolgte mangels einer Abbildung von Art. 108 AEUV nicht und wird von der Union – im Einklang mit dem in bisherigen post-*Global Europe*-Freihandelsabkommen mit außereuropäischen Partnern erkennbaren Trend zum Ausschluss der unmittelbaren Anwendbarkeit sämtlicher Abkommensbestimmungen – gemäß Art. 5 des Ratsbeschlusses über die Unterzeichnung und die vorläufige Anwendung des EU-UA-AA[1602] soweit ersichtlich auch nicht intendiert.[1603]

c) Rechtsdurchsetzung

Das dem DSU nachempfundene, quasi-judizielle EU-UA-Streitschlichtungsverfahren stimmt im Grundsatz mit demjenigen der post-*Global Eu-*

1601 Dies widerlegt auch die unter anderem von *Botta*, EStAL 2013, 83 ff., vertretene These, dass die Kommission die Verpflichtung zur Errichtung einer innerstaatlichen Beihilfenkontrolle ausschließlich im Rahmen von Beitrittsassoziierungen – im Sinne einer „temporären Dezentralisierung" – in Erwägung ziehe, nicht aber für eine tragfähige Dauerlösung im Rahmen von Nachbarschaftsassoziierungen erachte.

1602 Beschluss des Rates v. 17. März 2014 über die Unterzeichnung und die vorläufige Anwendung des Assoziierungsabkommens zwischen der Europäischen Union, der Europäischen Atomgemeinschaft und ihren Mitgliedstaaten einerseits und der Ukraine andererseits im Namen der Europäischen Union hinsichtlich der Präambel, Artikel 1 und der Titel I, II und VII des Abkommens (2014/295/EU), ABl. 2014 L 161/1.

1603 Vgl. zur Frage der unmittelbaren Anwendbarkeit *Van der Loo*, The EU-Ukraine Association Agreement and Deep and Comprehensive Free Trade Area, S. 195 ff. m. weit. Nachw., der allerdings zu Recht darauf hinweist, dass anders als in den Freihandelsabkommen mit außereuropäischen Partner keine Vorschrift des Abkommens einen Ausschluss gebietet. Nichtsdestoweniger scheint auch die Ukraine bezüglich des gesamten Wettbewerbskapitels von einem solchen auszugehen (vgl. *Smyrnova/Szyszczak*, EStAL 2020, 8, 13).

rope-Freihandelsabkommen und der SAA- bzw. EMA-Streitbeilegungsprotokolle überein. Wie dort sieht Art. 306 Abs. 1 EU-UA-AA für handelsbezogene Auseinandersetzungen bezüglich Titel IV die Möglichkeit vor, dass die beschwerdeführende Vertragspartei nach dem Scheitern von Konsultationen einseitig die Einsetzung eines *ad hoc*-Schiedspanels verlangen kann. Im Gegensatz zu den anderen genannten Abkommenskategorien, die entweder keinen Binnenmarktrechtsexport avisieren oder die entsprechenden Regelungsabschnitte aus dem Anwendungsbereich des Streitbeilegungskapitels ausschließen, steht mit Art. 322 EU-UA-AA ein besonderer Mechanismus für Streitigkeiten bereit, in denen die Auslegung und Anwendung von unionsrechtskongruenten Bestimmungen oder sonst in Bezug genommenem Unionsrecht des Titels IV (und dessen Anhängen) in Rede steht. In diesen Fällen muss das Schiedspanel die Auslegungsfrage dem EuGH vorlegen, dessen Diktum für die den letztlichen Schiedsspruch treffenden Panelisten bindend ist (vgl. Abs. 2 S. 2). Unter Berücksichtigung der materiell-rechtlichen Reichweite des Beihilfenrechtsexports ist faktisch davon auszugehen, dass eine solche Involvierung des Gerichtshofs in der weit überwiegenden Zahl beihilfenrechtlich gelagerter Streitbeilegungsverfahren erforderlich sein wird. Diese weitreichende Handhabung kam zum einen unter dem Eindruck der jüngeren EuGH-Judikatur zur Unionsrechtsautonomie (s. oben *Teil 2 § 2 A.II.1.*) zustande[1604] und bildet zum anderen vor allem die notwendige Kehrseite des ambitionierten Assoziierungsziels einer schrittweisen Binnenmarktintegration der Ukraine. Selbst wenn eine tatsächliche Inanspruchnahme von Art. 322 EU-UA-AA in der Abkommenspraxis ausbleiben sollte, baut dieser bereits kraft seiner Einfügung eine nicht unerhebliche Drohkulisse gegenüber dem Vertragspartner auf.[1605]

Fraglich ist, ob Letztere durch das ausweislich Art. 265 EU-UA-AA von der Etablierung des bilateralen Beihilfenrechtsregimes unberührte

---

1604 S. für eine im Ergebnis positive Überprüfung von Art. 322 EU-UA-AA am Maßstab der Gutachtenrechtsprechung des EuGH zur Zulässigkeit völkerrechtlicher Streitbeilegungsgremien unter EU-Beteiligung ebd., S. 299 f.

1605 Überdies scheint die Union – entgegen ihrer bisherigen Praxis – im Rahmen des EU-UA-AA auch tatsächlich willens zu sein, von dem bilateralen Streitbeilegungsmechanismus Gebrauch zu machen. So fand ihr infolge eines ukrainischen Holzexportverbotes initiiertes Streitbeilegungsverfahren durch den endgültigen Bericht des im Jahre 2019 eingesetzten *ad hoc*-Schiedspanels am 11. Dezember 2020 ein vorläufiges Ende. Dieser ist abrufbar unter https://trade.ec.europa.eu/doclib/docs/2020/december/tradoc_159181.pdf [zuletzt aufgerufen am 1.1.2021].

Recht der Vertragsparteien, auf die WTO-subventionsrechtlichen Verfahren (Track I bzw. II) Rekurs zu nehmen, eine Verstärkung erfährt, oder ob dies nicht besser dadurch erreicht werden könnte, einen wechselseitigen Verzicht auf die Verhängung von Ausgleichszöllen – wie in mehreren Unionsabkommen der dritten Generation – zumindest vage in Aussicht zu stellen. In Abwesenheit einer überstaatlichen Beihilfenkontrolle erscheint es aus heutiger Sicht jedenfalls kaum mehr vorstellbar, dass die Union einem – auch nur perspektivischen – formellen Ausschluss dieser unilateralen *fall-back option* im bi- oder plurilateralen Verhältnis zustimmt.[1606] Seit Unterzeichnung des EU-UA-AA hat die Union zwar keine gegen die Ukraine gerichteten Antisubventionsmaßnahmen mehr ergriffen, jedoch Antidumpingzölle auf bestimmte ukrainische Eisen- und Stahlerzeugnisse eingeführt.[1607]

Im Hinblick auf die Rechtsdurchsetzung im Energiesektor, als dem mit Abstand größten – und stark subventionierten – ukrainischen Wirtschaftszweig kommt schließlich die Aufsicht durch das Sekretariat der Energiegemeinschaft hinzu, der die Ukraine im Jahre 2010 beigetreten ist. Aufgrund der stockenden Implementierung des EnCT-Beihilfenrechtregimes leitete dieses bereits vier Jahre später ein Vertragsverletzungsverfahren gegen das Land ein und überwacht dessen Legislativbemühungen seither engmaschig.[1608] In der Zusammenschau mit dem Instrument der Marktzugangskonditionalität und dem ausdifferenzierten Streitbeilegungsverfahren ergibt sich hieraus ein aus mehreren Stoßrichtungen erfolgender politischer und rechtlicher Druck auf die Ukraine, ihren beihilfenrechtlichen Assoziierungsverpflichtungen auch ohne mittelfristige Beitrittsperspektive effektiv nachzukommen: So kann die Union mithilfe des Ersteren sowohl die in Titel IV (und dessen Anhängen) bereits angelegten weiteren Schritte der Binnenmarktintegration der Ukraine wie auch darüber hinaus gehende, im Abkommenstext noch nicht antizipierte Marktöffnungen von der erfolgreichen Implementierung und Anwendung des EU-UA-AA-Beihilfenrechtsregimes abhängig machen. Letzteres räumt dem EuGH anders

1606 Ähnlich auch *Van Vaerenbergh*, ZEuS 2018, 217, 230.

1607 Durchführungsverordnung (EU) 2018/1469 der Kommission v. 1. Oktober 2018 zur Einführung eines endgültigen Antidumpingzolls auf die Einfuhren bestimmter nahtloser Rohre aus Eisen oder Stahl mit Ursprung in Russland und der Ukraine im Anschluss an eine Auslaufüberprüfung nach Artikel 11 Absatz 2 der Verordnung (EU) 2016/1036 des Europäischen Parlaments und des Rates, ABl. 2018 L 246/20.

1608 Vgl. *Energy Community*, Dispute Settlement Report 2015, ANNEX 06/13th MC/ 14-08-2015, S. 4.

als die EU-TR-CU nicht nur bei Auslegungsfragen betreffend die Beurteilung von Beihilfenmaßnahmen der EU-Mitgliedstaaten, sondern auch bei denjenigen der Ukraine eine Schlüsselstellung ein.

d) Implementierung und Anwendung

Für eine seriöse Evaluation der Auswirkungen der dargelegten Rechtsdurchsetzungsinstrumente auf Qualität und Geschwindigkeit der Implementierung und Anwendung des EU-UA-AA-Beihilfenrechtsregimes durch die Ukraine erscheint es angesichts der Tatsache, dass deren nationales „Gesetz über staatliche Beihilfen" erst am 2. August 2017 erlassen wurde und wichtige Umsetzungsfristen noch laufen, zu früh.[1609] Erste Stimmen im Schrifttum äußern sich grundsätzlich positiv,[1610] da die ukrainische Übernahme des EU-Beihilfenacquis bisher keine strukturellen Defizite erkennen lässt[1611] und mit dem bereits bestehenden, für die gesamte Wettbewerbsaufsicht zuständigen Antimonopolkomitee eine unabhängige Behörde bereitsteht.[1612] Sie verweisen aber auch auf die aus den Westbalkanstaaten bekannten Herausforderungen wie fehlende personelle und finanzielle Ressourcen und das vor allem in subzentralen Verwaltungseinheiten gering ausgeprägte Problembewusstsein für (potenziell) beihilfenrelevante

---

1609 Dies gilt in erster Linie für die Erstellung des Beihilfeninventars und die daran anknüpfende Adaptierung bestehender Beihilfenmaßnahmen an die Vorgaben der Art. 262 ff. EU-UA-AA (vgl. hierzu im Überblick *Harzl*, Beihilfebestimmungen in Assoziierungsabkommen am Beispiel EU-Ukraine, S. 512).

1610 Ebd., S. 513 ff.; *Smyrnova/Szyszczak*, EStAL 2020, 8, 17 f.; *Aleksyeyenko/Henyk*, Two Years of State Aid in Ukraine, Kluwer Competition Law Blog v. 2.8.2019; *Stuart/Roginska*, EStAL 2016, 59, 70 f.

1611 Rechtsunsicherheit bestand anfänglich bezüglich des Gleichklangs mit dem EU-Beihilfenbegriff, da Art. 1 des ukrainischen Beihilfengesetzes von 2017 nicht die in Art. 262 Abs. 1 EU-UA-AA enthaltene Zwischenstaatlichkeitsklausel widerspiegelt. Im Frühjahr 2020 entschied das ukrainische Verfassungsgericht, dass ein solches Kriterium ohne entsprechende Gesetzesänderungen nicht in Art. 1 des Beihilfengesetzes hineingelesen werden dürfe (vgl. zum zugrundeliegenden Rechtsstreit *Usova/Kalyta*, The Ukrainian Supreme Court concludes that in state aid cases the Antimonopoly Committee of Ukraine does not have to analyse the effect of aid on trade between Ukraine and the EU, Kluwer Competition Law Blog v. 14.4.2020).

1612 S. zur Historie der ukrainischen Antimonopolkommission knapp *Kikhaia*, European Studies – the Review of European Law, Economics and Politics 2015, 212, 218 f.

Sachverhalte. Vergleichbar fällt das Zwischenfazit der Kommission aus,[1613] die ferner bemängelt, dass Prüfverfahren in *high profile*-Fällen, welche umfangreiche Beihilfenmaßnahmen in politisch und volkswirtschaftlich bedeutenden Bereichen zum Gegenstand haben, bis dato unterblieben sind.

Namentlich betrifft dies die für die ukrainische Exportleistung prägenden Sektoren Kohle, Stahl und Energie (Elektrizität, Öl, Gas), deren – überwiegend staatliche – Unternehmen im Jahrzehnt vor Inkrafttreten des EU-UA-AA umfassend von staatlichen Beihilfen profitierten.[1614] Die volle Anwendung des insoweit äußerst strikten Beihilfenacquis wird daher mutmaßlich auf erheblichen Widerstand stoßen, dessen Überwindung nicht nur von der Robustheit der Verwaltungs- und Durchsetzungskapazität des Antimonopolkomitees abhängt, sondern ebenso von der Entwicklung einer zumindest grundlegenden Beihilfenrechtsexpertise ukrainischer Gerichte[1615] sowie der Häufigkeit und Intensität von Beschwerden seitens nicht protegierter Wettbewerber. Neben seinen Kontrollfunktionen im engeren Sinne muss dem Antimonopolkomitee schließlich eine konsultative Rolle dergestalt zukommen, dass es der ukrainischen Regierung ebenso wie dem Gesetzgeber in Anbetracht der noch andauernden wirtschaftspolitischen Neuausrichtung des Landes einerseits die Bandbreite an zulässigen horizontalen Unterstützungsmaßnahmen, andererseits aber auch die äußerst engen beihilfenrechtlichen Grenzen einer vertikalen Industriepolitik aufzeigt (s. oben *Teil 2 § 1 C.II.3.*), bevor es zu förmlichen Prüfverfahren kommt. Dies bedeutet nicht etwa, dass Letztere durch informelle *pre-notification*-Verfahren ersetzt werden könnten, jedoch bilden sie eine unerlässliche Ergänzung in der Phase der Etablierung des innerstaatlichen Kontrollsystems, in der sich Negativ- und Rückforderungsentscheidungen des Antimonopolkomitees noch auf weniger stark politisierte Beihilfenkonstellationen fokussieren.

2. Divergenzen in Abkommen mit weiteren östlichen Nachbarn

Der „tiefe und umfassende“ Charakter der neuen Generation von Nachbarschaftsassoziierungen spiegelt sich in dem in das EU-UA-AA aufgenommenen detaillierten Beihilfenrechtsregime wider, weshalb zunächst die

---

1613 *Kommission*, Association Implementation Report on Ukraine, SWD(2019) 433 final, 17.

1614 S. hierzu allein *Stuart/Roginska*, EStAL 2016, 59, 67 ff. m. zahlr. weit. Nachw.

1615 Diese Forderung erheben etwa explizit *Smyrnova/Szyszczak*, EStAL 2020, 8, 18.

Hypothese naheliegt, dass dies auch auf die nahezu denselben Grad an Binnenmarktzugang bzw. -partizipation gewährenden bzw. anstrebenden Assoziierungen mit der Republik Moldau und Georgien zutrifft.[1616] Das ist indessen nicht der Fall, was erahnen lässt, dass die Beihilfenrechtsbeziehungen zu den ENP-Staaten auch im DCFTA-Zeitalter fragmentiert bleiben werden, und deutlich macht, dass der im EU-UA-AA erreichte beihilfenrechtliche Standard aus Sicht der Union keine *conditio sine qua non* für weitreichende Marktöffnungen im Rahmen der ENP begründet, sondern unter abweichenden ökonomischen und politischen Ausgangsbedingungen unter Umständen eine spürbare Relativierung erfahren kann.[1617] So ist zunächst zu berücksichtigen, dass das das EU-Außenhandelsvolumen mit der Ukraine im Jahre 2019[1618] dasjenige mit der Republik Moldau um rund das Zehnfache, und das mit Georgien sogar um das Zwanzigfache überstieg. Des Weiteren ist das ukrainische BIP rund siebenmal so groß ist wie das georgische und mehr als zehnmal so groß wie das moldawische, wodurch die letzteren beiden Staaten von vornherein lediglich über stark eingeschränkte budgetäre Spielräume für die Gewährung von Subventionen mit (potenziell) grenzüberschreitenden Handels- und Wettbewerbswirkungen verfügen.[1619] In allgemeinpolitischer Hinsicht kommt hinzu, dass Georgien bereits im Nachgang der sog. „Rosenrevolution" von 2003 Liberalisierungs- sowie Deregulierungsschritte unternommen hatte, die es – jedenfalls zum Zeitpunkt der DCFTA-Verhandlungen – durch eine aufwendige Annäherung an den EU-Binnenmarktacquis auch in den nicht unmittelbar marktzugangsbezogenen Abkommenskapiteln gefährdet sah,[1620] während die Ukraine und die Republik Moldau in Übereinstimmung mit ihren Beitrittsambitionen jeweils frühzeitig die Bereitschaft zur umfassenden Rechtsharmonisierung signalisierten.

1616 S. für einen überblicksartigen Gesamtvergleich instruktiv *Van der Loo*, The EU's Association Agreements and DCFTAs with Ukraine, Moldova and Georgia: A Comparative Study, 24. Juni 2017, abrufbar unter https://3dcftas.eu/ [zuletzt aufgerufen am 15.7.2020].

1617 So implizit bereits früh *Kommission*, Mitteilung – Östliche Partnerschaft, KOM(2008) 823 endgültig, 4: „[…] Maßnahmen auf die spezifische Lage und das jeweilige Ziel des betreffenden Landes zugeschnitten sein werden."

1618 Vgl. dazu den Nachw. o. in Fn. 1341.

1619 Die jeweiligen BIP-Angaben stammen aus der Datenbank der *Weltbank* und beziehen sich auf das Jahr 2018 (Stand: April 2020).

1620 *Van der Loo*, The EU's Association Agreements and DCFTAs with Ukraine, Moldova and Georgia: A Comparative Study, S. 2.

a) Export des EU-Beihilfenrechts

Dementsprechend stellt der Abschnitt über staatliche Beihilfen in Kapitel 10 des EU-MD-AA eine Art „Lightversion“ dar, das heißt konkret: eine auf die wesentliche Essenz des EU-UA-AA-Beihilfenrechtsregimes reduzierte Fassung. Er enthält neben einem Art. 107 Abs. 1 AEUV nachgebildeten Beihilfenverbot in Art. 339 Abs. 1 EU-MD-AA insbesondere die Verpflichtung zur Errichtung einer innerstaatlichen Beihilfenkontrolle (vgl. Art. 341 Abs. 1 EU-MD-AA), welche die Republik Moldau in Antizipation der Assoziierung bei Inkrafttreten des EU-MD-AA mithilfe eines EU-initiierten *Twinning*-Projekts bereits erfüllt hatte,[1621] und eine die Rechtsprechung des EuGH einschließende Homogenitätsklausel (vgl. Art. 340 Abs. 1 EU-MD-AA). Dagegen wurde im Unterschied zum EU-UA-AA auf die Inkorporierung von Art. 107 Abs. 2 und 3 AEUV, Art. 106 Abs. 2 AEUV wie auch Art. 1 der Transparenzrichtlinie verzichtet.[1622] Die Fortschritte in der Umsetzung der skizzierten materiellen und prozeduralen Vorkehrungen unterliegt gemäß Art. 344 EU-MD-AA einer zweijährlichen Überprüfung durch den Assoziationsausschuss, sodass nicht ausgeschlossen ist, dass der Assoziationsrat sie im Falle eines dort ermittelten Handlungsbedarfs im Rahmen seiner Zuständigkeiten konkretisiert oder ergänzt. Bezüglich der Beihilfenrechtsdurchsetzung kann vollumfänglich auf die Ausführungen zum EU-UA-AA verwiesen werden (s. oben *1.c.*), weil sowohl das EU-MD-Streitschlichtungsverfahren als auch das Instrument der Marktzugangskonditionalität identisch ausgestaltet sind[1623] und die Republik Moldau im Frühjahr 2010 gleichfalls der Energiegemeinschaft beigetreten ist.

b) WTO-(plus-)Regime

In starkem Kontrast zu den Vereinbarungen mit der Ukraine und der Republik Moldau steht das EU-GE-AA-Subventionskapitel, das weder einen Beihilfenrechtsexport im engeren Sinne begründet noch als echtes WTO-plus-Regime bezeichnet werden kann, und daher sogar hinter

1621 Vgl. zur aus diesem *Twinning*-Projekt folgenden Neu- bzw. Umstrukturierung der moldawischen Wettbewerbsrechts *Svetlicinii*, ÖZK 2013, 210 ff.

1622 Auch die allgemeinen, nicht speziell öffentliche Unternehmen betreffenden Bestimmungen zur Beihilfentransparenz in Art. 342 EU-MD-AA sind weit weniger umfassend als diejenigen in Art. 263 Abs. 1 und 2 EU-UA-AA.

1623 Vgl. jeweils knapp *Van der Loo*, The EU-Ukraine Association Agreement and Deep and Comprehensive Free Trade Area, S. 301 bzw. 303.

dem Stand der weniger ambitionierten EMA mit Ägypten und Israel (s. oben *I.1.*) zurückbleibt. Mit Art. 206 EU-GE-AA widmet sich lediglich ein einziger Abkommensartikel der Subventionsregulierung, der zwar das Begriffs- und Spezifitätskonzept der Art. 1 f. ASÜ auf den Dienstleistungssektor erstreckt, im Ergebnis jedoch nicht über den Regelungsgehalt von Art. 25 Abs. 1 ASÜ bzw. Art. XV:2 GATS hinausgeht. Der Mehrwert der von Art. 207 EU-GE-AA angeordneten Unterstellung unter das Streitbeilegungskapitel bleibt demnach überschaubar. Auf die Praxis des Abkommens wirkt sich all dies nicht aus, da Georgien – entgegen seiner anfänglichen Bedenken gegenüber einer engen Orientierung an den Vorgaben des EU-Binnenmarktrechts – noch vor der Paraphrasierung des EU-GE-AA im Jahre 2013 sein gesamtes Wettbewerbsrecht autonom an den einschlägigen Unionsacquis anpasste und die nationale Aufsichtsbehörde mit den zur Umsetzung erforderlichen Untersuchungsbefugnissen ausstattete.[1624]

Auch wenn Georgien sich damit faktisch auf derselben beihilfenrechtlichen Integrationsstufe befindet wie die Republik Moldau, erscheint die diesbezügliche regulatorische Zurückhaltung des EU-GE-AA angesichts des dadurch verpassten *lock-in effect* aus Unionssicht kritikwürdig. Dies gilt einmal mehr, zieht man zur Veranschaulichung von dessen Defiziten das modernisierte EU-AM-PCA von 2017 heran, welches nur infolge des Beitritts Armeniens zur Eurasischen Wirtschaftsunion im Jahre 2013 nicht zu einem AA samt DCFTA ausgebaut wurde.[1625] Ungeachtet des ungleich geringeren Grades an Wirtschaftsintegration sieht dieses ein ausdifferenziertes WTO-plus-Subventionskapitel vor (vgl. Art. 290 ff. EU-AM-PCA), das Dienstleistungssubventionen erfasst sowie besonders wettbewerbsschädliche Eingriffe wie Subventionen für insolvente oder angeschlagene Unternehmen und unbegrenzte staatliche Bürgschaften unter verschärfte Anforderungen stellt, und für Konfliktfälle einen spezifisch-subventionsrechtlichen Konsultationsmechanismus bereithält, welcher vor einem Rekurs auf das dem DSU nachgebildete Streitbeilegungsverfahren (vgl. Art. 316 ff. EU-AM-PCA) zur Anwendung kommen kann.

1624 S. hierzu eingehend *Blockmans et al.*, Competition Policy, in: Emerson/Kovziridze (Hrsg.), Deepening EU–Georgian Relations: What, why and how?, 2016, S. 95 ff.

1625 Vgl. zu den politischen Hintergründen der Entstehung sowie eine erste rechtliche Einordnung des Abkommens *Konstanyan/Giragosian*, EU-Armenian Relations: Charting a fresh course, CEPS Research Report, No. 2017/14, November 2017.

D. Schweizer Sonderweg

Die Beihilfenrechtsvereinbarungen in den EU-Handelsbeziehungen zur Schweizerischen Eidgenossenschaft bleiben hinter denjenigen in den soeben dargelegten jüngeren Nachbarschaftsassoziierungen mit der Ukraine sowie der Republik Moldau (s. oben *C.II.1. bzw. 2.a.*) zurück. Die bestehende bilaterale Beihilfenrechtslage gibt nicht den seit dem negativen EWR-Referendum von 1992 erreichten Grad an tatsächlicher Wirtschaftsintegration, das immense Handelsvolumen und die unmittelbare geographische Nachbarschaft wieder, sondern kann mit dem durch ein Konglomerat an – überwiegend statischen – sektorspezifischen Haupt- und Nebenabkommen[1626] und dem Instrument des sog. „autonomen Nachvollzugs“[1627] geformten privilegierten Zugang der Schweiz zum EU-Binnenmarkt nicht respektive nicht mehr Schritt halten. Übereinkünfte wie das Freihandelsabkommen von 1972 (EU-CH-FHA) und das LVA von 2002 garantieren in beihilfenrechtlicher Hinsicht allenfalls Mindeststandards, die in der Tradition der zweiten bzw. dritten Generation von Unionsabkommen stehen und deren Durchsetzungsmechanismen intergouvernemental geprägt sind *(I.)*. Auch deshalb machte die Union die Vereinbarung neuer Marktzugangsabkommen bis zuletzt vom Abschluss des ausverhandelten InstA abhängig,[1628] das neben der einheitlichen Regelung horizontaler Fragen zur Rechtsangleichung und -auslegung sowie unabhängigen Streitschlichtung als einzige materiell-rechtliche Komponente einen Beihilfenrechtsexport anstrebte *(II.)*. Dessen unklare Tragweite bildete nicht nur einen der Gründe, warum der Schweizer Bundesrat am 26. Mai 2021 endgültig von der Einleitung des innenpolitischen Zustimmungsprozesses absah,[1629] sondern indiziert auch, dass die beihilfenrechtliche Relevanz des InstA sich selbst im Falle von dessen Zustandekommen mutmaßlich erst

---

1626 Vgl. hierzu die vom Eidgenössischen Departement für auswärtige Angelegenheiten erstellte Gesamtübersicht der geltenden bilateralen Abkommen der Schweiz mit der Union (Stand: 1.9.2020), abrufbar unter www.eda.admin.ch/dam/dea/de/documents/publikationen_dea/accords-liste_de.pdf [zuletzt aufgerufen am 15.7.2020].

1627 S. hierzu eingehend *Oesch*, ZSR 2012 – Beiheft, 13, 27 ff.

1628 Vgl. *Rat*, Schlussfolgerungen zu den Beziehungen der EU zur Schweizerischen Eidgenossenschaft, Pressemitteilung 116/19 v. 19.2.2019, Ziff. 9.

1629 *Conseil fédéral*, Lettre du Conseil fédéral à la Présidente de la Commission européenne du 26 mai 2021, S. 1, abrufbar unter www.eda.admin.ch/dam/europa/fr/documents/abkommen/20210526-brief-BR-vdL-InstA_FR.pdf [zuletzt aufgerufen am 1.10.2021].

nach der Vornahme weiterer handelspolitischer Integrationsschritte entfaltet hätte. Insgesamt legt das im Verhältnis zur Schweiz verfolgte Unterfangen der Annäherung der bilateralen Beihilfenregulierung an den Pol der EU-Supranationalität offen, dass der Einfluss des Druckmittels der Marktzugangskonditionalität[1630] – selbst im Lichte eines Verhandlungsungleichgewichts zugunsten der EU – wie in kaum einer anderen Disziplin umso stärker abnimmt, je ausgeprägter sich die Föderalstrukturen (s. oben *Teil 2 § 2 B.III.1.*), die Eigentradition der Wirtschaftsrechtsordnung und das Souveränitätsbewusstsein des Handelspartners erweisen.[1631]

I. Geltende intergouvernementale Beihilfenkontrolle

Symptomatisch hierfür steht die autonome Auslegung und Anwendung des Beihilfenverbotes in Art. 23 Abs. 1 Ziff. iii des EU-CH-FHA *(1.)*. Dessen äußerst knapper, seit fast fünfzig Jahren unveränderter Hauptabkommenstext stellt die Freiheit des Warenverkehrs zwischen der Union und der Schweiz sicher, bot allerdings auch bereits mehrfach Anlass für Wettbewerbsrechtsstreitigkeiten zwischen den Vertragsparteien, die bis heute ausschließlich in kartell-, nicht aber in beihilfenrechtlicher Hinsicht ausgeräumt werden konnten, sodass aus Sicht der Union der in Art. 1 lit. b formulierte Abkommenszweck der Gewährleistung „gerechter Wettbewerbsbedingungen“ nicht hinreichend verwirklicht wurde. Lediglich scheinbar überwunden werden die diesbezüglichen Regelungslücken des FHA für den Bereich der Zivilluftfahrt durch das häufig als sog. „Teilintegrationsabkommen“[1632] charakterisierte LVA *(2.)*, welches sich anders als einst das FHA gemäß seiner Präambel explizit einen Gleichklang mit den insoweit einschlägigen Unionsrechtsbestimmungen zum Ziel setzt. Obgleich beide Abkommen somit auf unterschiedlichen Prämissen beruhen, eint sie die Abwesenheit verrechtlichter Streitschlichtungsverfahren für beihil-

---

1630 Zu bedenken ist allerdings, dass die Ausgangsposition der Schweiz sich stark von derjenigen der ENP-Staaten unterscheidet, da deren Handelsbeziehungen zur EU vor dem Abschluss bzw. der Verhandlung von DCFTA jeweils lediglich auf einem PCA (ÖP-Staaten) oder einem EMA (Mittelmeerregion-Staaten) beruhten.

1631 S. ähnlich bereits im übergeordneten Zusammenhang der Europäisierung des schweizerischen Wirtschaftsrechts *Stoffel/Seitz*, EuZW 2012, 841, 843.

1632 Vgl. zur Begriffswahl unter anderem *Breitenmoser/Weyeneth*, Europarecht. Unter Einbezug des Verhältnisses Schweiz-EU, 2012, S. 195; *Dettling-Ott*, ZSR 2006, 3, 3.

fenrechtliche Auseinandersetzungen, die eine Entpolitisierung bewirken könnten.

1. Freihandelsabkommen von 1972

a) Einordnung und Anwendung des Beihilfenverbots

Wie bereits bei der Erörterung der Unionsrechtsautonomie, als eine der rechtlichen Grenzen des völkervertraglichen Transfers des EU-Beihilfenrechts, herausgearbeitet (s. oben *Teil 2 § 2 B.II.3.*), begründet das EU-CH-FHA ungeachtet dessen, dass sein Beihilfenverbot Art. 107 Abs. 1 AEUV nachempfunden ist, nicht etwa einen Beihilfenrechtsexport im engeren Sinne. Hieran ändert auch die von der EWG bei Vertragsschluss einseitig abgegebene Erklärung nichts, der zufolge sie die in Art. 23 Abs. 1 EU-CH-FHA getroffenen materiell-wettbewerbsrechtlichen Abkommensvorschriften allesamt gemeinschaftsrechtskonform auslegen würde,[1633] da aus ihr lediglich ersichtlich wird, anhand welchen Maßstabes sie zum einen die mitgliedstaatlichen sowie zum anderen – im Sinne einer Art extraterritorialen Anwendung[1634] – Beihilfenpraktiken der Schweiz zu beurteilen gedenkt. Nicht jedoch will und kann die Erklärung eine für beide Vertragsparteien verbindliche Homogenitätsvorgabe – und damit eine Abkehr vom Grundsatz der autonomen Auslegung begründen, sodass es irrelevant ist, dass die schweizerische Verhandlungsführung ihrerzeit von einer förmlichen Gegenerklärung abgesehen hatte.[1635]

Blendet man an dieser Stelle aus, dass die EWG-EFTA-Freihandelsverträge zeitlich hinter die Uruguay-Runde zurückreichen und denklogisch keine Bezugnahmen auf das WTO-Subventionsrecht enthalten können, befindet sich die industriegüterbezogene (vgl. Art. 2 EU-CH-FHA) Beihilfenregulierung faktisch auf der gleichen Stufe wie diejenige in den EMA mit

1633 Vgl. dazu den Nachw. o. in Fn. 1096.

1634 S. hierzu statt aller instruktiv *Cottier/Matteotti*, Der Steuerstreit Schweiz-EG: Rechtslage und Perspektiven, in: Epiney/Wyssling (Hrsg), Schweizerisches Jahrbuch für Europarecht 2006/2007, S. 221, 241 ff.

1635 Vgl. überzeugend *Mayoraz*, Staatliche Beihilfen in den Rechtsbeziehungen der Schweiz und der Europäischen Union, S. 174 (m. Nachw. auch zur Gegenansicht), welcher der Erklärung nur insoweit Bedeutung beimisst, als die Schweiz bereits bei Unterzeichnung des FHA informiert gewesen sei, dass die EWG Art. 23 Abs. 1 gemeinschaftsrechtskonform interpretieren würde. Dies verpflichte die Schweiz jedoch nicht, diese Lesart zu akzeptieren.

Ägypten und Israel (s. oben *C.I.2.*) und ist (teil-)identisch mit derjenigen in Art. 25 des (Waren-)Freihandelsabkommens mit den Färöer aus dem Jahre 1996.[1636] Angesichts dessen, dass die Liberalisierung des Warenhandels nicht auf dem Stand von 1972 verharrte, sondern namentlich durch die Abkommen über das öffentliche Beschaffungswesen und über die gegenseitige Anerkennung von Konformitätsbewertungen sowie das von der Schweiz unilateral eingeführte *Cassis de Dijon*-Prinzip eine Annäherung an die innerunionale Warenverkehrsfreiheit erzielt wurde, welche selbst die mittelfristigen Ziele der DCFTA längst übertrifft,[1637] erscheint ein solch wenig ausdifferenziertes Beihilfenrechtsregime wie das im EU-CH-FHA vorzufindende bereits *a prima vista* inadäquat für den Schutz vor staatlichen Handels- und Wettbewerbsverzerrungen.

Hinzu kommt, dass die Schweiz bezüglich des vagen FHA-Beihilfenverbots nicht wie im Falle der kartellrechtlichen Ziff. i von Art. 23 Abs. 1 EU-CH-FHA, mit deren Auslegung der Gemischte Ausschuss sich in zwei Fällen – infolge divergierender Rechtsauffassungen der Vertragsparteien erfolglos – befasste,[1638] die Konsequenz zog, im Sinne eines autonomen Nachvollzugs ein nationales, am EU-Vorbild orientiertes Beihilfenaufsichtssystem einzuführen.[1639] Da gleichzeitig auch eine Bejahung seiner

---

1636 Abkommen zwischen der Europäischen Gemeinschaft einerseits und der Regierung von Dänemark und der Landesregierung der Färöer andererseits, ABl. 1997 L 53/2.

1637 So statt vieler dezidiert *Van der Loo*, The EU-Ukraine Association Agreement and Deep and Comprehensive Free Trade Area, S. 340 f.

1638 Hierbei handelt es sich um die sog. „*Adams*-Affäre" aus dem Jahre 1978, im Zuge derer das Schweizerische Bundesgericht die unmittelbare Anwendbarkeit des EU-CH-FHA-Kartellverbotes ablehnte, sowie des Weiteren um eine Kommissionsuntersuchung zur Behinderung von Parallelimporten von *Volkswagen*-Kraftfahrzeugen aus Italien im Jahre 1998, durch die die Frage aufgeworfen wurde, ob das EU-CH-FHA als Rechtsgrundlage für den Informationsaustausch zwischen der Kommission und der Schweizerischen Wettbewerbsbehörde fungieren kann (vgl. hierzu jeweils näher *Zurkinden/Baudenbacher*, in: von der Groeben/Schwarze/Hatje, Nach Art. 109 AEUV Rn. 55 bzw. 52 m. Nachw.).

1639 So passte die Schweiz – auch in Reaktion auf die beiden genannten Fälle – ihr materielles Wettbewerbsrecht im Verlauf der 1990er-Jahre kontinuierlich an dasjenige der Union an, was wiederum die Grundlage dafür bildete, dass sie mit dieser im Jahre 2014 eine weitreichende Kooperation zwischen den jeweiligen Wettbewerbsbehörden vereinbaren konnte (vgl. Abkommen zwischen der Europäischen Union und der Schweizerischen Eidgenossenschaft über die Zusammenarbeit bei der Anwendung ihres Wettbewerbsrechts, ABl. 2014 L 347/3).

unmittelbaren Anwendbarkeit unter jedwedem Interpretationsverständnis fernliegt, fristete das Beihilfenverbot in den bilateralen Freihandelsbeziehungen ein jahrzehntelanges Schattendasein. War es in der Anfangszeit noch die Schweiz, welche gegenüber der Funktionsfähigkeit der sich in der Phase der Etablierung (s. oben *Teil 1 § 1 A.I.*) befindlichen EWG-Beihilfenkontrolle Zweifel hegte und deshalb im Hinblick auf zwei mitgliedstaatliche Unterstützungspraktiken Konsultationen verlangte,[1640] kam Art. 23 Abs. 1 Ziff. iii EU-CH-FHA soweit ersichtlich bis ins Jahre 2005 keine praktische Relevanz mehr zu.

b) Paradigmatischer sog. „Steuerstreit"

Während die Eidgenössische Rekurskommission für Infrastruktur und Umwelt (REKO INUM) im Oktober 2005 das FHA-Beihilfenverbot in einem innerstaatlichen Verfahren ohne direkte oder indirekte Involvierung der Union dezidiert unionsrechtskonform auslegte und zum Ergebnis gelangte, dass die gesetzlich vorgesehenen Vorzugstarife für die Beförderung inländischer Presserzeugnisse mit diesem unvereinbar sind,[1641] begann lediglich zwei Monate später auf Betreiben der Kommission die als sog. „Steuerstreit" in die Historie eingegangene Kontroverse über die beihilfenrechtliche Bewertung kantonaler Steuerprivilegien für bestimmte Holding-, Verwaltungs- sowie gemischte Gesellschaften,[1642] die letztlich erst durch das am 1. Januar 2020 erfolgte Inkrafttreten der im Mai 2019 vom schweizerischen Stimmvolk angenommenen sog. Unternehmenssteuerreform IV endgültig zugunsten der Kommission aufgelöst wurde.[1643]

Ohne die diametral entgegengesetzten Rechtsansichten der beiden Vertragsparteien[1644] sowie die kaum mehr übersehbare Zahl an im Schrifttum

---

1640 Vgl. hierzu jeweils instruktiv *Maag*, Das Verbot wettbewerbsverfälschender Beihilfen im EWG-Vertrag und im Freihandelsabkommen zwischen der Schweiz und der Europäischen Wirtschaftsgemeinschaft, 1979, S. 202 ff.

1641 S. für eine Nachzeichnung dieses Anwendungsfalls *Mayoraz*, Staatliche Beihilfen in den Rechtsbeziehungen der Schweiz und der Europäischen Union, S. 156 ff.; sowie kritisch *Hirsbrunner/Seidl*, SZIER 2006, 541, 546 ff.

1642 Vgl. zu den umstrittenen kantonalen Besteuerungsregelungen und deren standortwettbewerblicher Relevanz im Einzelnen *Hinny*, EuZW 2012, 859 ff.

1643 Vgl. zu deren Kernelementen überblicksartig *Schreiber/Diefenbacher*, IStR-LB 2018, 39, 40.

1644 Vgl. einerseits *Kommission*, Entscheidung v. 13. Februar 2007 über die Unvereinbarkeit bestimmter schweizerischer Körperschaftssteuerregelungen mit dem Abkommen zwischen der Europäischen Wirtschaftsgemeinschaft und

geäußerten Einschätzungen umfassend rekapitulieren zu wollen,[1645] steht der Steuerstreit doch paradigmatisch für die defizitäre Ausgestaltung der Beihilfenregulierung nicht nur im EU-CH-FHA, sondern auch in den vorgestellten ähnlich konzipierten Assoziierungen der dritten Generation,[1646] und rechtfertigt die Bemühungen der Kommission um eine perspektivische Unterstellung unter ein Rahmenabkommen (s. unten *II.*). So lag die Kernproblematik weniger in den aufgeworfenen materiell-beihilfenrechtlichen Fragestellungen betreffend die Reichweite des Anwendungsbereichs des EU-CH-FHA, der Selektivität der in Rede stehenden Unternehmensbesteuerungsmaßnahmen und deren Eignung zur Beeinträchtigung des bilateralen Warenverkehrs oder in der zweifelhaften Kompetenzmäßigkeit der Entscheidung der Kommission von 2007, in welcher diese einen Beihilfenrechtsverstoß der Schweiz förmlich konstatierte,[1647] sondern in dem Umstand der Abwesenheit eines Verfahrens zur unabhängigen rechtlichen Klärung. Führen Konsultationen im Gemischten Ausschuss – wie konkret im Steuerstreit – nicht zu einer Beseitigung der beanstandeten Praktiken, steht es der beschwerdeführenden Vertragspartei gemäß Art. 23 Abs. 2 in Verbindung mit Art. 27 Abs. 2 und 3 EU-CH-FHA nämlich frei, die von ihr für erforderlich erachteten Schutzmaßnahmen[1648] zu treffen, ohne dass diese zuvor durch ein (Schieds-)Gericht autorisiert werden müssten oder

---

der Schweizerischen Eidgenossenschaft v. 22. Juli 1972, C(2007) 411 endg.; andererseits *Eidgenössisches Finanzdepartement/Eidgenössisches Departement für auswärtige Angelegenheiten/Eidgenössisches Departement für Wirtschaft, Bildung und Forschung*, Medienmitteilung v. 13.2.2007, abrufbar unter www.admin.ch/gov/de/start/dokumentation/medienmitteilungen.msg-id-10796.html [zuletzt aufgerufen am 15.7.2020].

1645 S. statt vieler allein die retrospektive Aufarbeitung bei *Mayoraz*, Staatliche Beihilfen in den Rechtsbeziehungen der Schweiz und der Europäischen Union, S. 160 ff. m. zahlr. weit. Nachw., der das damalige Meinungsbild im Schrifttum umfassend einordnet.

1646 So auch *Neumann*, Export des europäischen Beihilfenrechts, S. 30.

1647 *Epiney*, Steuern, Europa und die Schweiz – Ausgewählte Aspekte der „Europakompatibilität" kantonaler Steuerregime aus rechtlicher Sicht, in: Jaeger (Hrsg.), Steuerwettbewerb: Die Schweiz im Visier der EU, 2008, S. 75, 77 f., beklagt zum einen die offengelassene Rechtsgrundlage für die Entscheidung (heutzutage: Beschluss) der Kommission, zum anderen bezweifelt sie das Vorliegen eines tauglichen Adressaten.

1648 Der im EU-CH-FHA verwendete Begriff der Schutzmaßnahmen ist nicht identisch mit dem im WTO-rechtlichen AoS. Praktisch übte die Union auch ohne Aussetzung von Marktzugangskonzessionen Druck auf die Schweiz aus, indem sie diese auf ihre sog. „Graue Liste", eine Vorstufe der „Schwarzen Liste" nicht kooperativer Länder und Gebiete für Steuerzwecke, setzte.

deren Angemessenheit nach Erlass durch ein solches überprüft werden könnten.

Dies führte zunächst zum für beide Seiten interessenwidrigen Resultat, dass sowohl die Union als auch die Schweiz ihre jeweils vertretbaren beihilfenrechtlichen Standpunkte – in der Tradition der autonomen Auslegung des EU-CH-FHA[1649] – aufrechterhalten konnten, Erstere jedoch durch die ihr nunmehr zur Verfügung stehende Option der Rücknahme von Zollzugeständnissen (vgl. Art. 27 Abs. 3 lit. a EU-CH-FHA) ihrem Ziel einer Wiederherstellung des steuerwettbewerblichen *level playing field* nicht näherkam und Letztere die kantonalen Steuererleichterungen zwar formal beibehalten durfte, ohne externen rechtlichen Rückhalt faktisch aber nach wie vor diplomatischem Druck der Union ausgesetzt war, diese abzuschaffen oder abzuändern. Bezeichnenderweise erfolgte die vorläufige intergouvernementale Beilegung des Steuerstreits schließlich im Wege eines im Jahre 2014 vereinbarten MoU,[1650] in dem die Union sich kraft ihrer Handelsmacht im Ergebnis durchsetzte, das die rechtliche Ausgangsfrage des Vorliegens eines Verstoßes gegen Art. 23 Abs. 1 Ziff. iii EU-CH-FHA indessen vollständig ausklammerte. Angesichts des skizzierten Verlaufs des Handelskonflikts und unter Berücksichtigung der ungewissen Zukunft des AB in der WTO erscheint es aus diesem Grund umso bemerkenswerter, dass der Schweizer Bundesrat zum Schutz vor derartigen unionalen *power politics* in den Verhandlungen über das InstA nicht auf die vollständige Erstreckung des dort vorgesehenen quasi-judiziellen Streitbeilegungsverfahrens (s. näher unten *II. 4.*) auf das EU-CH-FHA drängte.[1651]

2. Luftverkehrsabkommen von 1999

a) Grundsätzliches

Die nicht selten in Abgrenzung zum EU-CH-FHA – als reines „Marktzugangsabkommen“ – gewählte Bezeichnung des im Jahr 2002 als einer der sieben Bilateralen I[1652] in Kraft getretenen LVA als „Teilintegrations-

---

1649 S. hierzu nur *Cottier/Matteotti*, Steuerstreit Schweiz-EG, S. 234 ff.

1650 Die äußerst knapp gefasste, mit „Joint Statement“ überschriebene Verständigung ist online abrufbar unter www.newsd.admin.ch/newsd/message/attachments/36882.pdf [zuletzt aufgerufen am 15.7.2020].

1651 S. in diesem Sinne auch *Sieber-Gasser*, sui-generis 2020, 1, 11 f.

1652 Vgl. dazu den Nachw. o. in Fn. 1293. Das ebenfalls zu den Bilateralen I zählende sog. „Landverkehrsabkommen“ über den Güter- und Personenverkehr

abkommen" führt im Zusammenhang der Beihilfenregulierung irre. Ungeachtet der Formulierung der Abkommenspräambel, welche in der Tat die Devise ausgibt, „eine möglichst einheitliche Auslegung der Bestimmungen dieses Abkommens und der entsprechenden Bestimmungen des Gemeinschaftsrechts, die inhaltlich in dieses Abkommen aufgenommen wurden, zu erzielen", ordnet Art. 1 Abs. 2 S. 1 LVA nämlich kapitelübergreifend lediglich die Berücksichtigung von vor dem Tag der Unterzeichnung des LVA ergangenen Urteilen, Beschlüssen und Entscheidungen des EuGH und der Kommission verbindlich an.[1653] Somit ist das LVA prinzipiell statischer Natur.[1654] Hinzu kommt konkret im Bereich des Wettbewerbsrechts, dass die Zuständigkeiten der Kommission sowie des EuGH zur Überwachung der Einhaltung der einschlägigen sektorspezifischen Abkommensbestimmungen (vgl. Art. 11 und 20 LVA) sich exklusiv auf die Disziplinen des Kartell-, Marktbeherrschungs- und Fusionskontrollrechts mit potenzieller Bedeutung für den zwischenstaatlichen Handel beschränken.[1655] Hinsichtlich des beihilfenrechtlichen Art. 13 LVA gilt gemäß Art. 14 LVA dagegen das bereits aus diversen anderen Unionsabkommen bekannte Zwei-Säulen-Modell, nach dem jede Vertragspartei das Funktionieren des Abkommens auf eigenem Territorium autonom sicherstellt. Ebenso wenig kommen die Kompetenzen des Gemischten Ausschusses, die LVA-Anhänge zu ändern (vgl. Art. 23 Abs. 4 LVA), zum Tragen, da in diese von Beginn an keine luftverkehrsrelevanten beihilfenrechtlichen Sekundärrechts- und *soft law*-Akte aufgenommen wurden.[1656] Schließlich

auf Schiene und Straße enthält in beihilfenrechtlicher Hinsicht lediglich programmatische Vorgaben (vgl. *Seitz/Berne*, EuZW 2019, 594, 595 f.). Da die Kategorie der Verkehrsbeihilfen gemäß Art. 93 AEUV auch unionsintern einer Sonderbehandlung unterliegt, soll es vorliegend außer Betracht bleiben.

1653 Die nach Unterzeichnung des LVA erlassenen Urteile, Beschlüsse und Entscheidungen werden der Schweiz nach Art. 1 Abs. 2 S. 2 LVA übermittelt, wobei die Folgen für die Auslegung und Anwendung des LVA erst auf Antrag einer Vertragspartei vom Gemischten Ausschuss einstimmig festgestellt wird, was in der Abkommenspraxis in unregelmäßigen Abständen geschieht.

1654 Vgl. insoweit missverständlich bzw. unklar aber *Breitenmoser/Weyeneth*, EuZW 2012, 854, 856, die das LVA pauschal mit den bezüglich der Frage der Rechtsübernahme weitergehenden Schengen- bzw. Dublin-Assoziierungsabkommen gleichsetzen.

1655 Vgl. zu den kartellrechtlichen Bestimmungen des LVA *Dettling-Ott*, Das bilaterale Luftverkehrsabkommen der Schweiz und der EG, in: Thürer et al. (Hrsg.), Bilaterale Verträge I & II: Handbuch, 2007, S. 491, 503 ff.

1656 Verwunderlich ist insoweit, dass die Union sich im Gemischten Ausschuss offenbar weder für die nachträgliche Inkorporierung der relevanten Vorschriften der AGVO zu Beihilfen für Regionalflughäfen (vgl. Art. 56a) noch die der

bleibt es im Falle beihilfenrechtlicher Auseinandersetzungen wie im EU-CH-FHA bei einem rein intergouvernementalen Streitbeilegungsverfahren (vgl. Art. 29 LVA), an dessen Ende als *ultima ratio* wiederum „geeignete zeitweilige Schutzmaßnahmen“ stehen können.[1657]

b) Praxisauslegung und -anwendung

Da die versuchte Rettung der *Swissair* als der einzige politisch signifikante *high-profile*-Beihilfenfall in der jüngeren Schweizer Zivilluftfahrtgeschichte im Jahre 2001, das heißt nach Unterzeichnung, aber noch vor Inkrafttreten des LVA erfolgte,[1658] kam dessen Beihilfenrechtsvorschriften bis zum Ausbruch der COVID-19-Pandemie nur geringe praktische Bedeutung zu.[1659] Den materiell-rechtlichen Herausforderungen, die aus dem limitierten Beihilfenrechtsexport folgen, welcher sich in der Nachbildung von Art. 107 AEUV in Art. 13 LVA und einer Pflicht zur Beachtung des bis zum Jahre 2002 entwickelten legislativen und judiziellen Beihilfenacquis erschöpft, begegnet die nach Art. 103 Schweizerisches Luftfahrtgesetz (LFG) für die Vereinbarkeitsprüfung von LVA-relevanten Beihilfenmaßnahmen zuständige Wettbewerbskommission (WEKO) – soweit ersichtlich ausnahmslos – in hohem Maße unionsrechtsfreundlich.[1660] So legte diese den durch Art. 2 LVA allenfalls vage vorgegebenen sektoriellen Anwendungsbereich von Art. 13 LVA extensiv aus, indem sie – im Einklang mit der Ausdeh-

für die innerunionale Genehmigungspraxis zentralen Luftverkehrsleitlinien (*Kommission*, Mitteilung – Leitlinien für staatliche Beihilfe für Flughäfen und Luftverkehrsgesellschaften, ABl. 2014 C 99/3) einsetzte.

1657 Ein zusätzliches – wenngleich eher theoretisches – Druckmittel ergibt sich im Vergleich zum EU-CH-FHA dadurch, dass im Falle einer Beihilfenrechtsstreitigkeit, die zur Kündigung des LVA durch eine der beiden Vertragsparteien führt, die Aktivierung der Guillotine-Klausel (vgl. Art. 36 Abs. 4 LVA) zur Folge hat, sodass nach Ablauf von sechs Monaten auch alle weiteren sechs Bilateralen I außer Kraft treten.

1658 Vgl. zur angeblichen Vereinbarkeit der Rettungsmaßnahmen mit Art. 13 LVA *Bundesrat*, Botschaft über die Finanzierung des Redimensionierungskonzepts für die nationale Zivilluftfahrt, BBl 2001 VI 6439 (6481 ff.).

1659 *Oesch/Burghartz*, in: Krenzler/Herrmann/Niestedt, 14. EL Oktober 2019, XIII. 132b EU-Schweiz Rn. 139 ff.

1660 Diese Herangehensweise der WEKO entspricht auch dem im Schrifttum präferierten Auslegungsansatz. Vgl. nur *Mayoraz*, Staatliche Beihilfen in den Rechtsbeziehungen der Schweiz und der Europäischen Union, S. 189 m. zahlr. weit. Nachw.

nung der Kommissionspraxis[1661] – über staatliche Unterstützungspraktiken zugunsten von Flugdienstleistern hinaus auch solche für Flughafeninfrastrukturen erfasst sah,[1662] sowie nicht zuletzt Beihilfenrechtsprechung des Gerichtshofs berücksichtigte, die im Zeitraum nach 1999 ergangen war.[1663] Demnach scheint die WEKO implizit der Rechtsprechungslinie des Schweizerischen Bundesgerichts zum strukturell verwandten Freizügigkeitsabkommen (s. oben *Teil 2 § 2 A.II.3.b.*) zu folgen, der zufolge nationale Behörden und Gerichte dessen Bestimmungen in Abwesenheit von „triftigen Gründen" grundsätzlich dynamisch unionsrechtskonform auszulegen bzw. anzuwenden haben.[1664]

Auch in der Annahme, dass die WEKO diese Art der Anbindung an die Unionspraxis aufrechterhalten wird, kann dies nicht über vor allem auf prozeduralem Gebiet festzustellende beihilfenrechtliche Defizite des LVA hinweghelfen. Zwar geht das LVA insoweit über das EU-CH-FHA hinaus, als es in Art. 14 S. 2 die Existenz eines innerstaatlichen Systems zur Kontrolle der Einhaltung der Beihilfendisziplin vorauszusetzt. Jedoch trifft es anders als die SAA oder DCFTA keine Vorgaben, wie dieses ausgestaltet und mit welchem Status (Unabhängigkeit) und welchen Befugnissen (Durchführung von Prüfverfahren, Rückforderung von rechtswidrig gewährten Beihilfen) eine gegebenenfalls zu errichtende Aufsichtsbehörde ausgestattet sein muss, um der Pflicht zur wechselseitigen Notifizierung von Kontrollmaßnahmen gerecht zu werden. Die Schweiz setzte Art. 14

1661 Diese sukzessive Fokuserweiterung wurde erstmals zusammengefasst dargelegt in *Kommission*, Mitteilung – Gemeinschaftliche Leitlinien für die Finanzierung von Flughäfen und die Gewährung staatlicher Anlaufbeihilfen für Luftfahrtunternehmen auf Regionalflughäfen, ABl. 2005, C 312/1, Rn. 53 ff.

1662 *WEKO*, RPW 2004/4, S. 1300, 1306 f. – Remise en service de l'ancien terminal T2 de l'Aéroport International de Genève.

1663 Vgl. ebd., S. 1308 f.; außerdem explizit auch *WEKO*, RPW 2019/3b, S. 1040, 1049 ff. – Entlastungsmechanismus zugunsten der SWISS.

1664 Vgl. BGE 142 II 35 S. 38:
„Da es Ziel des Abkommens ist, die Freizügigkeit auf der Grundlage der in der Europäischen Union geltenden Bestimmungen zu verwirklichen (Präambel), und die Vertragsstaaten übereingekommen sind, in den vom Abkommen erfassten Bereichen alle erforderlichen Massnahmen zu treffen, damit in ihren Beziehungen eine möglichst parallele Rechtslage besteht (Art. 16 Abs. 1 FZA), hat das Bundesgericht in inzwischen ständiger Rechtsprechung entschieden, von der Auslegung abkommensrelevanter unionsrechtlicher Bestimmungen durch den EuGH nach dem Unterzeichnungsdatum nur bei Vorliegen „triftiger" Gründe abzuweichen [Rechtsprechungsnachweise ausgelassen]."

LVA in Art. 103 LFG lediglich in minimalistischer Weise um.[1665] Zunächst bestimmt Art. 103 Abs. 2 des LFG, dass die WEKO bei der Vereinbarkeitsprüfung von Bundesrat sowie Verwaltung unabhängig entscheidet. Indessen relativiert sich diese Gewährleistung dadurch, dass die beihilfengewährenden öffentlichen Körperschaften das Ergebnis des Beihilfenprüfverfahrens berücksichtigen, ihm nicht aber zwingend Folge leisten müssen (vgl. Abs. 3), und die WEKO insbesondere nicht dazu ermächtigt ist, ihre Aufsichtstätigkeit *ex officio* auszuüben oder die Rückforderung von LVA-inkompatiblen Beihilfen anzuordnen. In Übereinstimmung mit der rein konsultativen Rolle der WEKO sieht das LFG auch nicht etwa ein mit Art. 108 Abs. 3 S. 3 AEUV vergleichbares *stand still*-Gebot vor, das Private in die Beihilfenrechtsdurchsetzung einbeziehen würde.[1666] Die dargelegte mangelnde Robustheit der verfahrensmäßigen Einkleidung des LVA-Beihilfenrechtsregimes wirkte sich im Zuge der COVID-19-Pandemie nunmehr erstmals konkret negativ aus, als der Bundesrat sich im Falle einer von ihm gewährten Ausfallbürgschaft zugunsten einer in der Schweiz ansässigen, international tätigen Anbieterin von technischen Wartungsleistungen für Flugzeuge, Komponenten und Triebwerke ausdrücklich über eine Unvereinbarkeitsfeststellung der WEKO hinwegsetzte.[1667]

II. Geplante Verrechtlichung der Beihilfenkontrolle

Dem im November 2018 publizierten, nunmehr vorerst obsoleten, Entwurf des InstA ging eine fünfjährige Verhandlungsphase voraus, im Verlaufe derer einerseits deutlich wurde, dass die Schweiz ihren in den 1990er-Jahren eingeschlagenen „bilateralen Weg", das heißt die sukzessive und vornehmlich von Handelsinteressen geleitete Partizipation am EU-Binnenmarkt mit weiteren sektoriellen Integrationsabkommen (etwa im Bereich

1665 S. hierzu ebenfalls kritisch *Zurkinden/Scholten*, EStAL 2004, 217, 219 f.; *Mayoraz*, Staatliche Beihilfen in den Rechtsbeziehungen der Schweiz und der Europäischen Union, S. 196 f.

1666 Ebd., S. 197.

1667 Die Stellungnahme der WEKO ist noch nicht veröffentlicht, vgl. zur Begründung der Nichtbefolgung von deren Empfehlungen aber *Bundesrat/Eidgenössisches Finanzdepartement*, Medienmitteilung v. 1.7.2020, abrufbar unter www.admin.ch/gov/de/start/dokumentation/medienmitteilungen.msg-id-79695.html [zuletzt aufgerufen am 15.7.2020].

Strom) fortzusetzen plant,[1668] andererseits die Kommission die Freihandelsassoziierung nicht mehr zu vertiefen bereit ist, sofern diese nicht einem einheitlichen, dem Unionssystem angenäherten, institutionell-rechtlichen Rahmen sowie einem beihilfenrechtlichen *level playing field* unterstellt wird *(1.)*.[1669] Während die durch ein – hypothetisches – Inkrafttreten erfüllte erstere Unionsforderung in der Schweiz zwar auf vorliegend nicht näher zu erörternde demokratie- bzw. souveränitätstheoretische Bedenken stieß,[1670] überwiegend jedoch noch in Kauf genommen zu werden schien,[1671] gilt dies nicht zugleich auch für zweitgenannte.[1672] Aus diesem Grunde müssen schließlich die in Politik und Schrifttum kursierenden Überlegungen zu im Falle eines – zumindest mittelfristig denkbaren – Verhandlungsneustarts verbleibenden Spielräumen Beachtung finden *(2.)*.[1673] Sie drehen sich nicht zuletzt darum, dass sich der hochkomplexen Konstruktion des gescheiterten InstA das von der Kommission verfolgte Ansinnen entnehmen lässt, dessen beihilfenrechtliche Wirkung noch vor der im InstA angekündigten Modernisierung auszugsweise auf das ökonomisch zentrale, derzeit als „Nicht-Integrationsabkommen" einzustufende – und daher nicht vom Geltungsbereich des InstA erfasste (vgl. Art. 2 Abs. 2) – EU-CH-FHA zu erstrecken.

1668 Vgl. *Eidgenössisches Departement für auswärtige Angelegenheiten*, Erläuterungen zum Institutionellen Abkommen Schweiz-EU, v. 16.1.2019, S. 2, abrufbar unter www.eda.admin.ch/dam/dea/de/documents/abkommen/InstA-Erlaeuterungen_de.pdf [zuletzt aufgerufen am 15.7.2020].

1669 Vgl. dazu den Nachw. o. in Fn. 1628.

1670 S. diese Kritikpunkte jeweils umfassend reflektierend *Oesch*, YEL 2019, 1, 33 ff. (betreffend die im InstA vorgesehene dynamische Rechtsübernahme); *Cottier*, SJZ 2019, 345 ff. (zur Frage der formellen Souveränität).

1671 Vgl. *Bundesrat*, Bericht über die Konsultationen zum institutionellen Abkommen zwischen der Schweiz und der Europäischen Union, v. 7.6.2019, S. 16 f., abrufbar unter www.eda.admin.ch/dam/dea/de/documents/bericht_konsultationen_insta/BR-Bericht-Konsulationen-InstA-190607_de.pdf [zuletzt aufgerufen am 15.7.2020].

1672 Ebd.; vgl. exemplarisch ferner *Konferenz der Kantonsregierungen*, Stellungnahme: Institutionelles Abkommen Schweiz-EU, Positionsbezug v. 29.3.2019, Ziff. 5, 32 ff., abrufbar unter https://kdk.ch/uploads/media/Stlg-4431_6-20190329_InstA-def.pdf [zuletzt aufgerufen am 15.7.2020].

1673 Abzuwarten bleibt, ob die Union auf ihrem Standpunkt, dass Klarstellungen möglich, Nach- oder Neuverhandlungen indessen ausgeschlossen seien, auch nach der finalen Verweigerung der Unterzeichnung des InstA durch den Schweizer Bundesrat beharren wird.

1. Institutionelles Rahmenabkommen

a) Horizontales

Das Kernstück des InstA bilden ausweislich der Abkommenspräambel sowie der in Art. 1 Abs. 3 formulierten Ziel- und Zweckvorgaben dessen sog. „institutionellen Bestimmungen". Ohne die diesbezüglich im InstA enthaltenen Innovationen umfassend würdigen zu können,[1674] sind neben der Neuausrichtung des Streitbeilegungsmechanismus (s. unten *d.*) drei weitere übergeordnete Entwicklungslinien erkennbar, welche mittelbar auch für die Frage der bilateralen Beihilfenregulierung von Bedeutung sind. Als schwierig absehbar, mutmaßlich aber überschaubar, hätten sich zunächst die langfristigen Effekte des Versuchs einer Stärkung der interinstitutionellen Zusammenarbeit auf politischer, technischer und justizieller Ebene durch die Einrichtung eines Gemischten Parlamentarischen Ausschusses (vgl. Art. 16 InstA), eines Horizontalen Gemischten Ausschusses (vgl. Art. 15 InstA) sowie eines ständigen Dialogs zwischen Bundesgericht und EuGH (vgl. Art. 11 InstA) bzw. zwischen der Kommission und den je nach Gegenstand des Abkommens zuständigen Schweizer Behörden (vgl. Art. 6 InstA) erwiesen. Das skizzierte (Ausschuss-)Gefüge weist zwar Parallelen zu dem des EWR auf (s. oben *B.I.1.*), allerdings verringerte sich etwa der beihilfenrechtliche Mehrwert der „gegenseitigen Unterstützung" im Verhältnis zwischen den Gerichten bzw. Beihilfenaufsichtsbehörden (vgl. diesbezüglich speziell Art. 8C Abs. 3 und 4 InstA) *a priori* dadurch, dass das InstA keine überstaatlichen Überwachungsinstanzen vorsieht (oder an solche andockt), die sich wie der EFTA-Gerichtshof und die EFTA-Überwachungsbehörde regelmäßig mit beihilfenrechtlichen Sachverhalten auseinandersetzen und in jeweils denselben Städten wie ihre unionalen Pendants angesiedelt sind. Vor dem Hintergrund der damit voraussichtlich verbundenen Einseitigkeit eines Informations- und Meinungsaustauschs ist die Einfügung des deklaratorischen Art. 7 Abs. 3 S. 2 InstA zu verstehen, der herausstreicht, dass das InstA den EU-Institutionen – außerhalb des Verfahrens der Streitschlichtung – keine neuen Überwachungskompetenzen gegenüber der Schweiz einräumt.

Von ungleich größerem Gewicht sind hingegen die in Art. 4 und 5 InstA verankerten Grundsätze zur Gewährleistung der judiziellen und legislativen Homogenität in denjenigen Politikfeldern, auf die fünf der

---

1674 S. für einen Überblick über das gesamte InstA *Epiney*, Der Entwurf des Institutionellen Abkommens Schweiz-EU, in: Jusletter v. 17. Dezember 2018.

Bilateralen I, darunter das LVA, sowie künftige Integrationsabkommen die Anwendung des EU-Binnenmarktrechts auf die Schweiz ausdehnen (vgl. Art. 2 InstA).[1675] Eine dynamisch-einheitliche Auslegung von unionsrechtskongruentem Völkervertragsrecht sowie in Bezug genommenem Unionsrecht stellt infolge der hinsichtlich dieser Abkommenskategorie unionsrechtsfreundlichen Rechtsprechung des Schweizerischen Bundesgerichts[1676] bzw. Verwaltungshandeln der WEKO[1677] bereits heute den Regelfall dar, sodass die Maßgaben der Art. 4 (und 18) InstA insoweit die seit dem Jahre 2002 entwickelte Rechtspraxis kodifizierten und zum obligatorischen Standard erhöben.[1678] Mitunter erhebliche Rechtsunsicherheiten, die sich in der Vergangenheit durch die verzögerte oder unvollständige Inkorporierung von für die sektoriellen Abkommen relevanten Fortentwicklungen des Binnenmarktacquis ergaben,[1679] sollten gemäß Art. 5 in Verbindung mit Art. 12 ff. InstA durch ein den Art. 99 ff. EWRV äquivalentes Verfahren der fortlaufenden Rechtsangleichung ausgeräumt werden. Dieses hätte der Schweiz nicht nur Möglichkeiten des *decision shaping* zugestanden (vgl. Art. 12 InstA), sondern auch die deren Verfassungssystem kennzeichnenden direktdemokratischen Elemente in besonderer Weise berücksichtigt (vgl. Art. 14 InstA).[1680] Bemerkenswert ist, dass die Union den bei der Gründung des EWR verfolgten, später aber aus Gründen der Praktikabilität und infolge ihres Vertrauens in den autonomen Nachvollzug der EFTA-Überwachungsbehörde eingestellten Ansatz wiederbelebte,

---

1675 Der im Abkommen gewählte Begriff des „Marktzugangsabkommens" ist insoweit problembehaftet, als auch das EU-CH-FHA von 1972 und das ebenfalls zu den Bilateralen I zählende Abkommen über das öffentliche Beschaffungswesen von 1999 Zugang zum EU-Binnenmarkt gewähren. Ihr Unterscheidungsmerkmal gegenüber den vom InstA erfassten Abkommen liegt vielmehr in der Abwesenheit eines Exports (von Teilen) des Binnenmarktacquis begründet. Im Gegensatz dazu eint die Marktzugangsabkommen (im Sinne des InstA) das Ziel einer sektoriellen Binnenmarktintegration der Schweiz, sodass sie im Folgenden zur besseren Abgrenzbarkeit als „Integrationsabkommen" bezeichnet werden sollen.

1676 Vgl. dazu den Nachw. o. in Fn. 1664.

1677 Vgl. dazu die Nachw. o. in Fn. 1662 f.

1678 So auch *Epiney*, Jusletter v. 17. Dezember 2018, S. 8.

1679 Vgl. hierzu die lang anhaltende Kritik in *Rat*, Schlussfolgerungen zu den Beziehungen der EU zur Schweizerischen Eidgenossenschaft, Pressemitteilung 93/17 v. 28.2.2017, Ziff. 5; Schlussfolgerungen zu den Beziehungen zwischen der EU und den EFTA-Ländern v. 14. Dezember 2010, 17423/10, Ziff. 42.

1680 S. zu den einzelnen Etappen des Prozesses der Rechtsübernahme anhand eines hypothetischen Anwendungsfalls instruktiv *Oesch*, YEL 2019, 1, 28 ff.

einschlägige beihilfenrechtliche *soft law*-Maßnahmen trotz fehlender Bindungswirkung als zu integrierende Rechtsakte im Sinne von Art. 5 InstA zu behandeln,[1681] ohne deren von EU-Sekundärrecht wie der AGVO abweichende Rechtsnatur offenzulegen.[1682]

b) Anwendungsbereich, Materielles und Prozedurales

Die eher versteckt erfolgte Aufnahme von Beihilfenrechtsbestimmungen in das mit „Allgemeine Grundsätze" überschriebene Kapitel 2 des InstA (vgl. Art. 8A bis 8C) wurde im Schrifttum bereits vereinzelt als systemwidrig gerügt.[1683] Nimmt man die Existenz dieses (auch) materiell-rechtlichen Bausteines im Hauptabkommenstext aber als gegeben hin, wird deutlich, dass das Beihilfenrechtsregime den Charakter des InstA als Rahmenabkommen aufrechterhält. So bildet Art. 8A Abs. 1 InstA eine auf das Beihilfenkapitel abgestimmte Präzisierung von Art. 1 InstA, indem er dessen Geltungsbereich auf das LVA, als das einzige der dem InstA unterstehenden Bilateralen I von nennenswerter beihilfenrechtlicher Relevanz, sowie mögliche zukünftige Integrationsabkommen beschränkt.[1684] Hinzu kommt, dass die Vorgaben der Art. 8A ff. InstA nicht direkt anwendbar gewesen wären,[1685] sondern erst per Beschluss des jeweils zuständigen (sektoriellen) Ausschusses, der eine entsprechende Verweisung – oder Inkorporierung – vorsieht, Geltung entfaltet hätten. Wenngleich der Wortlaut des Art. 8A Abs. 1 Spiegelstr. 2 InstA mit Blick auf die Aushandlung neuer

1681 Vgl. hierzu exemplarisch die für die Zwecke des LVA konzipierte beihilfenrechtliche Auflistung in Anhang X zum InstA (s. näher unten *b.*), welche nicht zwischen Kommissionsverordnungen und -beschlüssen einerseits, sowie Bekanntmachungen, Mitteilungen oder Leitlinien, das heißt *soft law*, andererseits differenziert.

1682 S. kritisch zu dieser in vergleichbarer Weise auch im ursprünglichen WA-Entwurf angewendeten Regelungstechnik *v. Graevenitz*, ZRP 2019, 75, 77.

1683 So dezidiert *Zurkinden*, Institutionelles Abkommen – Rechtsgutachten zuhanden der WAK-N; Fragen zu Staatsbeihilfen und zum Freihandelsabkommen CH-EU sowie zu weiteren Fragen, 21.2.2019, S. 3.

1684 Für die Schweiz steht vor allem der Abschluss eines Abkommens über den grenzüberschreitenden Stromhandel im Vordergrund, über das bereits seit dem Jahre 2010 verhandelt wird. Die Union strebt unter anderem eine Modernisierung des EU-CH-FHA an, die dessen Ausdehnung auf den Dienstleistungshandel erlaubte.

1685 *Eidgenössisches Departement für auswärtige Angelegenheiten*, Erläuterungen zum Institutionellen Abkommen Schweiz-EU, v. 16.1.2019, S. 10 f.

Integrationsabkommen in der Tat von eventuell erforderlichen Ergänzungen des im InstA definierten Beihilfenrechtsrahmens spricht, darf dies nicht im Sinne des Inaussichtstellens einer Flexibilisierung missgedeutet werden.[1686] Vielmehr zeigt die Vorgehensweise im Falle des bestehenden LVA (vgl. Art. 8B Abs. 6 Spiegelstr. 1 in Verbindung mit Anhang X zum InstA), dass unter besagten Ergänzungen primär die maßgeschneiderte Zusammenstellung und Verbindlicherklärung des für den einschlägigen Sektor relevanten Beihilfenacquis zu verstehen ist. Kritikwürdig erscheint bei einer näheren Betrachtung von Anhang X lediglich dessen extensiver Zuschnitt, da sich beispielsweise nicht erschließt, unter welchen konkreten Umständen die Prüfung von Beihilfenmaßnahmen betreffend Luftverkehrsdienstleistungen oder unmittelbar damit zusammenhängende Angelegenheiten (vgl. Art. 2 LVA) je eine Heranziehung der sog. „Bankenmitteilung" von 2013 erforderte.[1687]

Während die sektoriellen Ausschüsse diese Detailzuschnitte bei künftigen Integrationsabkommen eigenständig vornehmen müssten (vgl. Art. 8B Abs. 6 Spiegelstr. 2 in Verbindung mit Art. 13 InstA), wären die Vertragsparteien fortan jedenfalls verpflichtet, die in Art. 8A Abs. 2 lit. a bis c InstA detailliert abgebildete beihilfenrechtliche Zentralvorschrift des Art. 107 AEUV in sämtliche neuen bilateralen Vertragswerke, die dem InstA unterfallen und zumindest potenziell beihilfensensibel sind, zu inkorporieren. Entgegen Stimmen im Schweizer Schrifttum, welche in der auf Tatbestands- und den beiden Rechtfertigungsebenen vorzufindenden marginalen begrifflichen Diskrepanz („mit dem ordnungsgemäßen Funktionieren des Binnenmarkts vereinbar" statt „mit dem Binnenmarkt vereinbar") eine konstitutive Abweichung vom Beihilfenprimärrecht erblicken,[1688] ist Art. 8A Abs. 2 InstA *in toto* unionsrechtskonform auszulegen. Hieran vermögen weder die angeführten Überschneidungen mit dem kapitalverkehrsrechtlichen Steuervorbehalt des Art. 65 Abs. 4 AEUV, der als einzige Bestimmung des EU-Primärrechts dieselbe Formulierung trifft, noch die lose Anlehnung an Art. 23 Abs. 1 EU-CH-FHA, welcher auf das „gute[] Funktionieren dieses Abkommens" Bezug nimmt, etwas zu ändern.[1689] Erstens wird auch die Schranke des Art. 65 Abs. 4 S. 2 AEUV unionsintern

1686 S. in diese Richtung jedoch *Dumont/Kellerhals*, EuZ 2020, 4, 7.

1687 Vgl. insoweit zu Recht kritisch *Konferenz der Kantonsregierungen*, Stellungnahme: Institutionelles Abkommen Schweiz-EU, Positionsbezug v. 29.3.2019, Ziff. 51.

1688 So *Seitz/Berne*, EuZW 2019, 594, 596 f.

1689 Anderer Auffassung wiederum dezidiert: ebd., 597.

dahingehend interpretiert, dass die Auswirkungen der restriktiven steuerlichen Maßnahme auf den Binnenmarkt geringstmöglich gehalten werden, mithin verhältnismäßig sein müssen,[1690] und weicht im Ausgangspunkt somit ohnehin nicht von dem vor allem Art. 107 Abs. 3 AEUV zugrundeliegenden, durch den *balancing test* der Kommission kontinuierlich ausdifferenzierten, Verständnis ab. Zweitens rekurriert Art. 8A Abs. 3 InstA explizit noch einmal auf die Homogenitätsklausel des Art. 4 Abs. 2 InstA, für deren Aktivierung es bereits ausreicht, dass eine Bestimmung des InstA die unionsrechtliche Terminologie impliziert. Folglich ist vorliegend trotz der fehlenden vollständigen Wortlautidentität von Art. 8A Abs. 2 InstA für dessen Auslegung und Anwendung allein die Rechtsprechung des EuGH zu Art. 107 AEUV maßgeblich (vgl. Art. 3 lit. c InstA). Drittens streiten für diese Sichtweise historische sowie nicht zuletzt teleologische Argumente. So ging offenbar auch das Eidgenössische Departement für auswärtige Angelegenheiten in seinen „Erläuterungen" des InstA-Entwurfstexts von einem diesbezüglichen Gleichklang aus.[1691] Letztlich widerspräche eine divergierende Handhabung dem in Abs. 6 der Präambel und Art. 1 Abs. 1 des InstA definierten Ziel, mit den von diesem erfassten Verträgen eine Beteiligung der Schweiz am EU-Binnenmarkt zu erreichen, die nicht die Gewährleistung ähnlicher, sondern einheitlicher Bedingungen für die Vertragsparteien (und deren Wirtschaftsakteure) voraussetzt.

Die Art. 8B f. InstA hätten im Verhältnis der Union zur Schweiz erstmals vertiefte beihilfenverfahrensrechtliche Bestimmungen etabliert. Wie bereits im LVA vorgesehen, und in Übereinstimmung mit dem das gesamte InstA kennzeichnenden Zwei-Pfeiler-Modell, belassen sie die Aufsichtszuständigkeit jeweils in Händen der Vertragsparteien (vgl. Art. 8B Abs. 1 InstA). Diese müssten eigenständig dafür Sorge tragen, dass die in ihren jeweiligen Hoheitsgebieten gewährten Beihilfen mit den Anforderungen des Art. 8A InstA sowie – sofern für das einschlägige Integrationsabkommen von Relevanz und daher in dieses aufzunehmende (vgl. Art. 8B Abs. 6 Spiegelstr. 2 InstA) – mit dem sonstigen unionalen Beihilfenacquis in Einklang stehen. Das InstA geht in formeller Hinsicht jedoch insoweit über die prozeduralen Vorgaben des LVA hinaus, als es – wie dies aus Beitritts- und jüngeren Nachbarschaftsassoziierungen bekannt ist – nach der Existenz einer unabhängigen Überwachungsbehörde verlangt, welche

1690 Vgl. für die herrschende Meinung allein *Sedlaczek/Züger*, in: Streinz, Art. 65 AEUV Rn. 63 m. weit. Nachw.

1691 Vgl. *Eidgenössisches Departement für auswärtige Angelegenheiten*, Erläuterungen zum Institutionellen Abkommen Schweiz-EU, v. 16.1.2019, S. 10.

in der Lage ist, die materiellen Beihilfenrechtsvereinbarungen voll anzuwenden (vgl. Art. 8B Abs. 2 InstA), insbesondere *ex ante*-Prüfverfahren durchzuführen und die Rückforderung unzulässigerweise gewährter Beihilfen anzuordnen (vgl. Abs. 4). In Gestalt von Art. 8B Abs. 3 S. 2 InstA neu hinzugekommen wäre eine Nachbildung des *stand still*-Gebots des Art. 108 Abs. 3 S. 3 AEUV, wobei schwerlich abzuschätzen ist,[1692] ob das Inkrafttreten des InstA tatsächlich zur Öffnung der Schweizer Rechtsordnung für ein beihilfenrechtliches *private enforcement* geführt hätte. Zwar ist aufgrund des strengen Homogenitätsgebots davon auszugehen, dass deren Gerichte nach erfolgter Konkretisierung des in Art. 8B InstA festgelegten Verfahrensrahmens in den Integrationsabkommen dieser Bestimmung ebenso wie die Unions- und mitgliedstaatlichen Gerichte unmittelbare Wirkung zugebilligt hätten. Wie das Beispiel der EWR/EFTA-Staaten nahelegt (s. oben *A.I.4.*), bedeutet dies aber nicht zwingend, dass die in der Schweiz zur Verfügung stehenden Rechtsschutzwege und -grundlagen eine effektive Ergänzung der administrativen Beihilfenrechtsdurchsetzung gewährleisteten. Greifbarer sind schließlich die Transparenzverpflichtungen des Art. 8C InstA, die nicht nur die Offenlegung von Umfang und Qualität vergebener Beihilfen, sondern auch die der zugehörigen Entscheide der Überwachungsbehörden gebieten, und das unionale Transparenzniveau zum Maßstab erklären (vgl. Abs. 2 S. 1).[1693]

c) Rechtsdurchsetzung

Dieses Transparenzniveau sollte in Kombination mit einer von den sektoriellen Ausschüssen noch näher zu bestimmenden (vgl. Art. 8C Abs. 4 InstA) interinstitutionellen Kooperation einerseits deeskalierend wirken und Beihilfenrechtsstreitigkeiten zwischen den Vertragsparteien vorbeugen, andererseits gleichzeitig die Inanspruchnahme des neuen quasi-judiziellen Streitbeilegungsmechanismus in Art. 9 f. InstA in Fällen erleichtern,

---

1692 Diese Frage wurde – soweit ersichtlich – weder in den Abkommensverhandlungen noch vom Schrifttum aufgeworfen. In Anbetracht des Rahmencharakters der Art. 8A ff. InstA und deren umstrittener prozeduralen Aussagekraft hinsichtlich des bereits bestehenden LVA (s. unten *e.*) hätte sich die konkrete Umsetzung dieser Vorschrift mutmaßlich erst im Zuge der Vereinbarung neuer Integrationsabkommen manifestiert.

1693 S. zu den mutmaßlich erst bei einer sukzessiven Ausdehnung des Geltungsbereichs des InstA-Beihilfenkapitels an Relevanz gewinnenden Modalitäten der Beihilfentransparenz *Seitz/Berne*, EuZW 2019, 594, 598 f.

in denen veröffentlichte Begründungen der Entscheide bzw. Beschlüsse strukturelle Durchsetzungsdefizite oder Auslegungsdifferenzen zwischen den Überwachungsbehörden nahelegen. An politisch-diplomatische Konsultationen im jeweils zuständigen Abkommensausschuss, die nach wie vor den Ausgangspunkt eines jeden Streitschlichtungsverfahrens bildeten (vgl. Art. 10 Abs. 1 InstA), schlösse sich im Falle deren Scheiterns die Bestellung eines *ad hoc*-Staat-Staat-Schiedsgerichts an, sofern dies eine der Vertragsparteien wünschte (vgl. im Einzelnen Abs. 2 in Verbindung mit InstA-Protokoll Nr. 3 über das Schiedsgericht). Dies bedeutete eine weitere Verrechtlichung und Institutionalisierung der bilateralen Handelsbeziehungen, die neben den vom InstA direkt adressierten Integrationsabkommen schrittweise auch das EU-CH-FHA erfasste (s. sogleich *d.*). Konkret in beihilfenrechtlicher Hinsicht wäre damit zu erwarten gewesen, dass die InstA-Streitbeilegung unilaterale Ausgleichs- oder – in der Terminologie des FHA – „Schutzmaßnahmen“, die im Verhältnis EU-Schweiz auch unter der heutigen Rechtslage keinerlei Rolle spielen,[1694] perspektivisch – obgleich zwar nicht formell, so doch jedenfalls faktisch – überflüssig machte.

Inhaltlich entspricht der vereinbarte Streitbeilegungsmechanismus weitgehend demjenigen der DCFTA mit drei der ÖP-Staaten (s. oben *C.II.1.c.*) und beinhaltet folglich ebenfalls die Pflicht des mit einer Streitigkeit befassten *ad hoc*-Schiedsgerichts, Auslegungsfragen betreffend unionsrechtskongruente Vorschriften oder in Bezug genommene Unionsrechtsakte im InstA bzw. in den ihm unterstehenden Integrationsabkommen dem Gerichtshof zur Vorabentscheidung vorzulegen, dessen Urteil für das Schiedsgericht verbindlich ist (vgl. Art. 10 Abs. 3 InstA).[1695] Da sowohl die beihilfenrechtlichen Bestimmungen im InstA wie auch diejenigen des LVA bzw. die in dieses und künftige Abkommen aufzunehmenden eng am Unionsrecht orientiert sind, bedürfen die vielerörterten Unklarheiten um

---

1694 Vgl. in Bezug auf die Union *Müller-Ibold*, EU Trade Defence Instruments: Is Past Experience an Indication for the Future? Implications for the Future? Implications for Brexit?, S. 217, unter Verweis auf die gegenüber der Schweiz bisher noch nie aktivierte Verordnung (EWG) Nr. 2841/72 des Rates v. 19. Dezember 1972 über die im Abkommen zwischen der Europäischen Wirtschaftsgemeinschaft und der Schweizerischen Eidgenossenschaft vorgesehenen Schutzmaßnahmen, ABl. 1972 L 300/284; in Bezug auf die Schweiz *Oesch/Naef*, SRIEL 2019, 151, 152 f. m. zahlr. weit. Nachw.

1695 S. eingehend zur Funktionsweise des InstA-Streitbeilegungsmechanismus *Pirker*, ASA Bulletin 2019, 592 ff.; speziell zu den Parallelen zum EU-UA-AA *Glaser/Dörig*, Die Streitbeilegung in den Bilateralen Abkommen Schweiz-EU, in: Epiney/Hehemann (Hrsg.), Schweizerisches Jahrbuch für Europarecht 2017/2018, S. 451, 465 ff.

die exakte Reichweite besagter Vorlagepflicht[1696] an dieser Stelle keiner näheren Untersuchung. In der Tat ist anzunehmen, dass ihr in der Praxis sämtliche genuin beihilfenrechtlich gelagerten Streitfälle unterfielen – mit anderen Worten nicht das Schiedsgericht materiell entschiede. Anderes gälte nur für die Überprüfung der Verhältnismäßigkeit von einseitigen Ausgleichsmaßnahmen im Sinne des Art. 10 Abs. 6 InstA,[1697] die eine im beihilfenrechtlichen Ausgangsverfahren obsiegende Vertragspartei in Reaktion auf die aus ihrer Sicht fehlende oder mangelhafte Umsetzung des Schiedsspruchs durch die andere Partei ergreift (vgl. Art. 10 Abs. 7 in Verbindung mit Art. III.6 Abs. 3 InstA-Protokoll Nr. 3).

Der teils grundlegenden rechtspolitischen Kritik, die das Streitbeilegungssystem des InstA als Ganzes – und insbesondere die dem EuGH dort eingeräumte starke Stellung – in der Schweiz hervorrief,[1698] kann im Rahmen dieser Arbeit nicht entgegnet werden. Anhand ihrer lässt sich aber ablesen, wie eingeschränkt sich die rechtlichen Spielräume für die Ausgestaltung von Streitbeilegungsregelungen zu Beihilfenrechtsexporten im Spannungsfeld zwischen der Autonomie des Unionsrechts und Souveränitätsvorbehalten von EU-Vertragspartnern mit hochentwickelten nationalen Rechtsordnungen gestalten.[1699] Während sich die Union in ihren jüngeren Abkommensverhandlungen im Hinblick auf die Beihilfenüberwachung im engeren Sinne flexibel zeigte und die Errichtung einer unabhängigen nationalen Behörde akzeptierte, sofern die andere Partei diese mit Befugnissen ausstattet, die den unionsinternen der Kommission entsprechen, muss eine auch für die EU und ihre Mitgliedstaaten letztverbindliche Auslegung und Anwendung des in Vertragsvölkerrecht transformierten EU-Beihilfenrechts aus unionsverfassungsrechtlichen Gründen stets dem Gerichtshof überlassen bleiben (s. oben *Teil 2 § 2 A.II.2.*). Somit stehen

---

1696 Vgl. zum diesbezüglichen Streitstand *Cottier*, Der Rechtsschutz im Rahmenabkommen Schweiz-EU, in: Epiney/Hehemann/Zlătescu (Hrsg.), Schweizerisches Jahrbuch für Europarecht 2018/2019, S. 359 ff.

1697 Wie bereits im Falle des FHA mit Blick auf den Begriff der Schutzmaßnahmen ausgeführt (s. oben Fn. 1648), muss auch der im InstA gewählte Begriff der Ausgleichsmaßnahmen autonom ausgelegt werden, da er nicht etwa auf das WTO-rechtliche ASÜ Bezug nimmt. Demnach beschränkte sich das Instrumentarium an Reaktionsmitteln sinnvollerweise nicht ausschließlich auf Ausgleichszölle.

1698 Vgl. statt vieler pointiert *Baudenbacher*, NZKart 2019, 29 ff.; sowie im übergeordneten Kontext *Sieber-Gasser*, The European Court of Justice and European Third Country Integration, DCU Brexit Institute Working Paper Series, No. 11, 2019, S. 10 ff.

1699 Ähnlich auch *Pirker*, ASA Bulletin 2019, 592, 602 ff.

für die diesbezügliche pfeilerübergreifende Streitbeilegung lediglich drei Grundoptionen zur Verfügung: Erstens deren direkte Unterstellung unter die Jurisdiktion des EuGH, zweitens eine diplomatisch-intergouvernementale Lösung wie im Falle des EWR, in dem Auslegungsdifferenzen durch politischen Konsens[1700] oder – bei beiderseitigem Einverständnis – durch die Anrufung des EuGH geklärt werden, deren fehlende Verrechtlichung jedoch durch die pfeilerinterne Einrichtung des überstaatlichen EFTA-Gerichtshofs als EuGH-Pendant kompensiert wird, sowie drittens die in den DCFTA, im InstA und im WA verfolgte Schiedslösung (mit der obligatorischen Einbindung des EuGH). Erstere Variante wurde im LVA einst bezüglich kartellrechtlicher Angelegenheiten (vgl. Art. 11 Abs. 1 LVA) ausgewählt, zweitere wäre durch ein sog. „Andocken" an die Institutionen der EWR/EFTA-Staaten theoretisch auch ohne den Beitritt der Schweiz zum EWR realisierbar.[1701] Da diese heute aber beide Varianten generell und im Speziellen im Bereich des Beihilfenrechts ablehnt, bildet die bei einer materiellen Betrachtungsweise nahezu ebenso weitreichende, in formeller Hinsicht indessen souveränitätsschonendere, Ausgestaltung der Art. 10 f. InstA den einzigen rechtstechnisch gangbaren Weg, die Streitschlichtung in den bilateralen Integrationsabkommen von Grund auf zu modernisieren.

d) Implikationen für das Freihandelsabkommen

Im Ausgangspunkt erfassen grundsätzlich weder der Anwendungsbereich des InstA-Streitbeilegungs- noch derjenige des Beihilfenkapitels das EU-CH-FHA und dessen Beihilfenverbot. Infolge der Weigerung der Schweiz, Letztere beiden – wie von der Union ursprünglich angedacht – dem InstA

1700 In Reaktion auf die Vorgaben des EuGH in Gutachten 1/92 fügten die EWR-Vertragsparteien zusätzlich EWRV-Protokoll Nr. 48 ein, nach dem auch der Gemeinsame EWR-Ausschuss innerhalb der pfeilerübergreifenden Streitbeilegung keine der Judikatur des Gerichtshofs zuwiderlaufenden Entscheidungen treffen darf.

1701 S. zu den Hintergründen dieses vom Schweizer Bundesrat im Jahre 2014 verworfenen Alternativszenarios *Hummer*, Die Schweiz am integrationspolitischen Scheideweg: Neuer Bilateralismus, Rahmenabkommen, EWR II oder EU-Beitritt?, in: Schwind/Hoyer/Ofner (Hrsg.), Festschrift 50 Jahre ZfRV, 2013, S. 71, 88 f.

zu unterstellen,[1702] fanden sie zwar keinen Eingang in den Hauptabkommenstext, indessen nimmt auf Drängen der Kommission über die Präambel (vgl. Abs. 4) hinaus auch eine dem InstA beigefügte „Gemeinsame Erklärung zu den Handelsabkommen" samt angehängtem Entwurf eines durch den Gemischten Ausschuss (nach Art. 29 EU-CH-FHA) vorzunehmenden Beschlusses auf das FHA Bezug. Wiewohl zu betonen ist, dass sich am Tage des Inkrafttretens des InstA ohne die Vornahme weiterer Zwischenschritte keine direkten rechtlichen Auswirkungen auf das EU-CH-FHA ergeben hätten, liegt es dennoch nahe, dass die Bestätigung des Gesamtvertragswerks ein politisches Präjudiz geschaffen und bestenfalls eine Kaskade neuer Vereinbarungen ausgelöst hätte. Der unionale Versuch des Vorgriffs auf die Fortentwicklung des EU-CH-FHA ist vor dem Hintergrund zu sehen, dass nicht zuletzt das differenzierte InstA-Beihilfenrechtsregime allein dann spürbare Relevanz entfalten könnte, wenn dem FHA – wie in Ziff. 6 Spiegelstr. 10 der Gemeinsamen Erklärung zu den Handelsabkommen in Aussicht gestellt wurde – nach erfolgter Modernisierung den Waren- und Dienstleistungshandel betreffende Beihilfen unterfielen. Auch in der Annahme, dass das Inkrafttreten eines InstA den Abschluss einzelner weiterer Integrationsabkommen nach sich zöge, ist nämlich davon auszugehen, dass erst die umfassende Anwendung der Art. 8A ff. InstA auf das FHA einen Gleichklang zwischen der Tiefe der bereits erreichten gegenseitigen Marktintegration und der Reichweite des durch das InstA angestrebten Beihilfenrechtsexports herzustellen vermag.

Bevor Vergleichbares geschieht, ist es hingegen weiter gerechtfertigt, die bilaterale Beihilfenrechtsordnung auf einer Entwicklungsstufe zwischen Nachbarschafts- und reiner Freihandelsassoziierung (bzw. -beziehung) zu verorten. Daran hätte auch die tatsächliche Verabschiedung des erwähnten Beschlussentwurfs durch den Gemischten EU-CH-FHA-Ausschuss nach Inkrafttreten des InstA lediglich wenig geändert.[1703] Nach Vorstellung der Vertragsparteien sollte dieser als unter anderem beihilfenrechtliches Provisorium bis zum Abschluss der Verhandlungen über die Modernisierung

1702 Vgl. hierzu die knappe Nachzeichnung des Verlaufs der Verhandlungen bei *Eidgenössisches Departement für auswärtige Angelegenheiten*, Erläuterungen zum Institutionellen Abkommen Schweiz-EU, v. 16.1.2019, S. 2 ff.

1703 S. wie hier mit ausführlicher Begründung *Baldi*, Zu den Auswirkungen des geplanten Rahmenabkommens mit der EU, in: Jusletter v. 18. März 2019, S. 3 ff.; ähnlich auch *Tobler*, Rahmenabkommen und staatliche Beihilfen, in: NZZ v. 14.3.2019, S. 10. Andere Ansicht: *Seitz/Berne*, EuZW 2019, 594, 600.

des FHA dienen, deren Beginn auf das Jahr 2020 datiert war.[1704] Art. 1 des Beschlusses bestimmt, dass bei Streitigkeiten bezüglich der Auslegung und Anwendung des FHA das InstA-Streitbeilegungsverfahren zur Anwendung kommen kann, sofern die Konsultationen im Gemischten Ausschuss scheitern und beide Vertragsparteien dies wünschen. Ausweislich seines vierten Erwägungsgrundes wäre für die Auslegung von Art. 23 Abs. 1 Ziff. iii EU-CH-FHA fortan Teil II des InstA, das heißt konkret dessen Art. 6 bis 14 maßgebend, was bedeutete, dass dessen von der Union einst im Steuerstreit präferierte unionsrechtskonforme Lesart beiderseits akzeptiert würde, ohne dass dadurch die verfahrensrechtlichen Bestimmungen des InstA zum Tragen kämen. Weder verpflichtete er die Schweiz, ein umfassendes nationales Beihilfenaufsichtssystem gemäß den Anforderungen des InstA einzuführen, welches Waren- und Dienstleistungssubventionen erfasst, noch stellte er die Verrechtlichung der Streitbeilegung sicher, da es beiden Vertragsparteien unverändert freistünde, die Einberufung des *ad hoc*-Schiedsgerichts zu blockieren. Der intergouvernementale Charakter der derzeit geltenden EU-CH-FHA-Beihilfenregulierung wäre mithin abgemildert, jedoch lediglich so weit dem Pol des EU-Beihilfenrechtssystems angenähert worden, wie es in den ehrgeizigeren EMA mit Jordanien, Marokko und Tunesien bereits um die Jahrtausendwende gelang (s. oben *C.I.2.*).

e) Probleme der Implementierung

Ebenso wie die teilweise Aktivierung des InstA-Beihilfenrechtsregimes für die Zwecke der Auslegung und Anwendung des EU-CH-FHA hätte auch die Umsetzung der gemäß Art. 8B Abs. 6 Spiegelstr. 1 InstA erforderlichen Maßnahmen in Bezug auf das LVA erst des Beschlusses des Gemischten LVA-Ausschusses bedurft. Unklar bleibt indessen, warum Anhang X als „erforderliche Maßnahmen“ exklusiv die Ergänzung von Art. 13 LVA um den luftverkehrsrelevanten Beihilfenacquis aufzählt, prozedurale Aspekte aber auslässt, obgleich die Reichweite der bestehenden Verfahrensvorschriften des Art. 14 LVA deutlich hinter derjenigen von Art. 8B f. InstA

1704 Dieser von Beginn an zu ambitioniert erscheinende Zeitplan wurde nicht eingehalten. Es ist allerdings anzunehmen, dass die Vertragsparteien Ziff. 11 der Gemeinsamen Erklärung zu den Handelsabkommen bei einem Inkrafttreten des InstA im Sinne einer Art geltungserhaltenden Reduktion dergestalt interpretiert hätten, dass die formellen Verhandlungen über eine Modernisierung des EU-CH-FHA innerhalb von sechs Monaten nach diesem Zeitpunkt aufzunehmen sind.

zurückbleibt (s. oben *I.2.b.*). Während die Formulierung des Art. 8B Abs. 6 Spiegelstr. 1 LVA vereinzelt im Sinne einer Art „beredten Schweigen“ interpretiert wird,[1705] das in der Schweiz die Aufrechterhaltung des beihilfenverfahrensrechtlichen *status quo* solange erlaubt hätte, bis das erste post-InstA-Integrationsabkommen in Kraft getreten wäre, sprach das Eidgenössische Departement für auswärtige Angelegenheiten in Bezug auf die LVA-Beihilfenüberwachung davon, die „Zuständigkeit [der WEKO] und ihre Aufgaben [...] im Lichte des InstA sowie des erwähnten Beschlusses des Gemischten Ausschusses zu überprüfen [...].“[1706] Ungeachtet dessen, dass in Anbetracht des Wortlauts des einleitenden Abs. 1 von Art. 8B InstA, der auf sämtliche in Art. 8A Abs. 1 InstA genannten Abkommen gleichermaßen Bezug nimmt, die besseren Argumente für einen Anpassungsbedarf des durch Art. 103 LFG geschaffenen Beihilfenprüfverfahrens sprechen, hätte sich aus Schweizer Sicht spätestens mit der Unterzeichnung von neuen beihilfenrelevanten Integrationsabkommen die Frage aufgedrängt, ob es sinnvoll ist, mehrere differierende sektorspezifische Kontrollsysteme nebeneinander zu unterhalten.

Hätte sich die Schweiz nach einem Inkrafttreten des InstA für die Bündelung der Beihilfenaufsichtskompetenzen bei einer einzigen Behörde entschieden, so bildete die WEKO aufgrund ihrer wettbewerbsrechtlichen und ökonomischen Expertise sowie ihrer bisherigen Betrauung mit der Überprüfung der LVA-Kompatibilität von der Schweiz gewährter Beihilfen im Kontext von Luftverkehrsdienstleistungen den natürlichen Kandidaten für die Übernahme der Aufgabe.[1707] Der in Art. 8B Abs. 1 InstA eingefügte verfassungsrechtliche Vorbehalt, die diesbezüglich bis zum heutigen Tage nicht konkretisierten Überlegungen der Schweizer Regierung[1708] sowie nicht zuletzt die zu konstatierende Abwesenheit nahezu jeglicher internen Regulierung von kantonalen Beihilfen im Schweizer

---

1705 S. in diese Richtung *Zurkinden*, Institutionelles Abkommen – Rechtsgutachten zuhanden der WAK-N; Fragen zu Staatsbeihilfen und zum Freihandelsabkommen CH-EU sowie zu weiteren Fragen, 21.2.2019, S. 22 (Fn. 65).

1706 Vgl. *Eidgenössisches Departement für auswärtige Angelegenheiten*, Erläuterungen zum Institutionellen Abkommen Schweiz-EU, v. 16.1.2019, S. 10.

1707 So bereits früh *Oesch*, AJP 2013, 1337, 1347; vgl. zuletzt *Seitz/Berne*, EuZW 2019, 594, 598.

1708 Vgl. *Eidgenössisches Departement für auswärtige Angelegenheiten*, Erläuterungen zum Institutionellen Abkommen Schweiz-EU, v. 16.1.2019, S. 11:
„Die Schweiz wird bestrebt sein, dass diese Behörde über sektorspezifische Zuständigkeiten verfügt und im Rahmen der geltenden Kompetenzordnung (Aufgabenteilung Bund/Kantone), d.h. ohne Verfassungsänderung, aufgestellt werden kann.“

Föderalsystem (s. oben *Teil 2 § 2 B.III.1.b.aa.*) deuten jedoch das mit dieser kompetenziellen Problemstellung verbundene Konfliktpotenzial an, das im Falle des LVA lediglich dadurch überdeckt wurde, dass das gesamte Politikfeld der Luftfahrt in die ausschließliche Zuständigkeit des Bundes fällt.[1709] Das im Falle eines sog. „Stromabkommens“ oder der Unterstellung des modernisierten FHA unter ein InstA – durch die hinzutretenden Befugnisse der Kantone im Bereich der regionalen Wirtschaftsförderung – entstehende national-verfassungsrechtliche Spannungsfeld erscheint zwar beispielsweise mithilfe eines interkantonalen Konkordats (unter Beteiligung des Bundes) nicht unüberwindbar;[1710] allerdings steht es symptomatisch für die Kehrseite des durch den Verzicht auf die Supranationalisierung der Beihilfenaufsicht erzielbaren Souveränitätsgewinns. Konkret illustriert das Beispiel der Schweiz, dass in Bundesstaaten die Errichtung einer zentralisierten nationalen Beihilfenaufsichtsbehörde nach Vorbild der Kommission, die durch völkervertragliche Bindungen prädeterminiert ist, weitreichendere rechtliche und politökonomische Folgen zeitigt als deren Hochzonung auf die überstaatliche Ebene, durch die infolge der niedrigschwelligen Zwischenstaatlichkeitsklausel in aller Regel erhebliche Teile des innerstaatlichen Standortwettbewerbs mitreguliert werden, ohne dass hierbei der Aspekt der Föderalismusverträglichkeit eine gesonderte Rolle einnähme.

2. Ausblick

a) Option der „autonomen Konvergenz“

Die bereits vor der Ablehnung des InstA-Entwurfs durch den Schweizer Bundesrat wiederbelebte Diskussion um die Einführung einer allgemeinen innerschweizerischen Beihilfenkontrolle zum Schutze des heimischen Binnenmarkts zielte zunächst darauf, die beihilfenverfahrensrechtlichen Handlungsspielräume in den sich an ein Inkrafttreten des InstA anschließenden Verhandlungen über die Modernisierung des EU-CH-FHA zu

1709 S. hierzu aus kantonaler Sicht detailliert *Zurkinden/Baldi/Lauterburg*, Beihilfenkontrolle im Verhältnis Schweiz/EU, Memorandum im Auftrag der Konferenz der Kantonsregierungen, 30.9.2017, S. 18 ff.

1710 Vgl. ebd., S. 21; nach Veröffentlichung des InstA-Entwurfs bestätigend *Zurkinden*, Institutionelles Abkommen – Rechtsgutachten zuhanden der WAK-N; Fragen zu Staatsbeihilfen und zum Freihandelsabkommen CH-EU sowie zu weiteren Fragen, 21.2.2019, S. 30.

erweitern,[1711] bleibt aber auch unabhängig von deren nunmehr feststehendem perspektivischen Ausbleiben rechtspolitisch relevant. Denn auch wenn ein solches Vorgehen die skizzierten Problemkreise betreffend das eidgenössische Bundesstaatsverhältnis nicht beseitigte, so sind seine Vorteile dennoch unübersehbar. Zum einen erweiterte es das dominierende Narrativ von der Beihilfenregulierung als notwendige Konzession für den Zugang zum EU-Binnenmarkt (s. oben *Teil 2 § 2 III.3.*) und ermöglichte gegebenenfalls die Aktivierung des brachliegenden Regelungspotenzials des BGBM.[1712] Zum anderen und gewichtiger liegt es angesichts jüngerer Erfahrungen im Kartellrecht nahe, dass die Herstellung „autonomer Konvergenz"[1713] aufseiten der Schweiz die Union – mit zusätzlichem Verweis auf den in Art. 8B Abs. 1 InstA einst ausgehandelten verfassungsrechtlichen Vorbehalt – im Falle neuer Verhandlungsanläufe dazu bewegen könnte, vom innerunionalen Beihilfenprüfverfahren der Kommission abweichende Eigenheiten eines vereinheitlichten nationalrechtlichen Überwachungssystems zu akzeptieren.[1714] Da allerdings auch diese autonom-binnenmarktrechtliche Lösung einem Paradigmenwechsel in der kantonalen Praxis der Wirtschaftsförderung gleichkäme, erscheint ihre zeitnahe Verwirklichung in hohem Maße unrealistisch.[1715]

b) (Unerfülltes) Klärungsbedürfnis des Schweizer Bundesrates

Der Schweizer Bundesrat hatte nach seiner Auswertung der im Rahmen öffentlicher Konsultationen der meistbetroffenen Stakeholder eingegangenen Rückmeldungen einen entgegensetzten Ansatz bevorzugt und von der Kommission mit Schreiben vom 7. Juni 2019 Klarstellungen bzw. Präzisierungen im Hinblick auf einzelne umstrittene Aspekte – namentlich in den drei Bereichen Lohnschutz, Unionsbürgerrichtlinie und staatliche

---

1711 S. in diesem Sinne zuletzt *Hirsbrunner/Breitenmoser*, EU-Rahmenabkommen – Grosse Tragweite für staatliche Beihilfen, in: NZZ v. 29.3.2019, S. 10; *Oesch/Burghartz*, Die Volkswirtschaft 2018, 26, 29; vgl. zustimmend *Seitz/Berne*, EuZW 2019, 594, 600.

1712 So die Formulierung bei *Oesch*, AJP 2013, 1337, 1344; vgl. hierzu auch *Diebold*, recht 2015, 209, 222.

1713 *Breitenmoser/Hirsbrunner*, EU-Rahmenabkommen – Grosse Tragweite für staatliche Beihilfen, S. 10.

1714 Ebd.

1715 Vgl. dazu die Nachw. o. in Fn. 1224.

Beihilfen[1716] – eingefordert.[1717] Auch wenn aus Schweizer Sicht die dort vorgebrachten Anliegen offenbar nicht oder lediglich unzureichend aufgegriffen wurden,[1718] ist es aufschlussreich, die – hypothetischen – Konsequenzen einer tatsächlichen Realisierung des beihilfenrechtlichen Vorstoßes durchzuspielen. Konkret schlug der Bundesrat einen Verzicht auf den vierten Erwägungsgrund des dem InstA angehängten Entwurfes für einen Beschluss des Gemischten FHA-Ausschusses vor, um klarzustellen, dass dem InstA-Beihilfenrechtsregime keine horizontale Wirkung zukommt, „insbesondere nicht auf das Freihandelsabkommen von 1972 vor seiner allfälligen Modernisierung." „Horizontale Wirkung" meint nach schweizerischem Verständnis eine über die vom InstA explizit erfassten Sektoren hinausgehende beihilfenrechtliche Aussagekraft der Art. 8A ff. InstA. Dem Bundesrat ging es folglich offenbar darum, die im angehängten Beschlussentwurf anvisierte InstA- – und damit unionsrechtskonforme – Auslegung von Art. 23 Abs. 1 Ziff. iii EU-CH-FHA (s. oben *1.d.*) zu unterbinden, wobei zu beachten ist, dass das Eidgenössische Departement für auswärtige Angelegenheiten in seinen Erläuterungen zum InstA irrtümlicherweise unterstellt hatte, dass besagte Wirkung bereits mit Inkrafttreten des InstA und nicht erst nach Verabschiedung des Beschlusses durch den Gemischten EU-CH-FHA-Ausschuss eintrete.[1719]

Zwar wäre es in der Tat als widersprüchlich zu bezeichnen gewesen, hätte die Schweiz das InstA in seiner letzten Fassung unterzeichnet und ratifiziert, nur um im Anschluss den vorbereiteten Beschluss bezüglich des EU-CH-FHA ganz (oder teilweise) zu blockieren und bzw. oder sich in den Verhandlungen über dessen Modernisierung auf den Standpunkt zu stellen, dass ein künftiges Beihilfenkapitel im FHA losgelöst von den Grundsätzen zu betrachten sei, die in den Art. 8A ff. InstA aufgestellt werden.[1720] Bei einer Einigung der Verhandlungsparteien auf die Streichung

---

1716 S. hierzu instruktiv *Tobler*, Wie weiter mit dem Institutionellen Abkommen?, in: Jusletter v. 20. Januar 2020, S. 11 ff., die die Vorschläge zum Umgang mit den drei Problemkreisen vergleichend gegenüberstellt und bewertet.

1717 *Conseil fédéral*, Lettre au Président de la Commission européenne du 7 juin 2019, abrufbar unter www.dfae.admin.ch/dam/dea/fr/documents/bericht_konsultationen_insta/20190607_Lettre-CF-President-Com-mission-europeenne_fr.pdf [zuletzt aufgerufen am 15.7.2020].

1718 Vgl. dazu den Nachw. o. in Fn. 1629.

1719 S. hierzu nur *Eidgenössisches Departement für auswärtige Angelegenheiten*, Erläuterungen zum Institutionellen Abkommen Schweiz-EU, v. 16.1.2019, S. 11.

1720 Vgl. weitergehend *Seitz/Berne*, EuZW 2019, 594, 600, die darin – ohne nähere Begründung – sogar einen Verstoß gegen „völkerrechtliche Grundprinzipien" erblicken. Ob ein solches Verhalten tatsächlich die Schwelle zur Verletzung

des Erwägungsgrundes und der Verabschiedung des Beschlusses nach Inkrafttreten des InstA wären die Auswirkungen nichtsdestoweniger überschaubar ausgefallen. Zunächst bliebe es in rechtlicher Hinsicht bei der in Art. 1 des Beschlusses vorgesehenen Möglichkeit einer einvernehmlichen Nutzung des InstA-Streitbeilegungsmechanismus, bei der sich in beihilfenrechtlichen Fallkonstellationen einzig der Unterschied ergäbe, dass ein so eingesetztes Schiedsgericht autonom entscheiden müsste, ob etwaige Auslegungsfragen in Bezug auf das Beihilfenverbot des EU-CH-FHA unionsrechtskonform zu lösen und daher gemäß Art. 10 Abs. 3 InstA dem Gerichtshof vorzulegen sind. Aller Voraussicht nach führte die damit einhergehende Rechtsunsicherheit dazu, dass mindestens eine der beiden Vertragsparteien es vorzöge, die Streitigkeit auf der intergouvernementalen Ebene zu belassen und dafür sogar unverhältnismäßige Schutzmaßnahmen in Kauf zu nehmen. Überdies wäre in politischer Hinsicht die Ausgangsposition für die antizipierten Verhandlungen über die Modernisierung des EU-CH-FHA die gleiche geblieben, weil nach den Vorstellungen des Bundesrates weder die Präambel des InstA noch die angehängte Gemeinsame Erklärung zu den Handelsabkommen eine Änderung erfahren sollten und deren Formulierungen (vgl. Ziff. 6 Spiegelstr. 10 und vor allem Ziff. 9) somit unverändert suggeriert hätten, dass das Beihilfenrechtsregime des InstA mittelfristig auf den bilateralen Waren- und – soweit erfasst – Dienstleistungshandel Anwendung finden würde.

Im Übrigen ist nach wie vor ungeklärt, ob ein – hypothetischer – durch den Schweizer Bundesrat und die Bundesversammlung getroffener Genehmigungsbeschluss zum InstA – oder zu jedwedem strukturell ähnlichen Abkommen als Ergebnis neuer Verhandlungen – einem obligatorischen Staatsvertragsreferendum[1721] oder einem fakultativen Referendum unterstellt würde. Ersteres setzte neben dem Vorliegen des sog. „Volksmehrs“, das heißt der Mehrheit aller Abstimmenden, das sog. „Ständemehr“, für welches die einfache Abstimmendenmehrheit in den einzelnen Kantonen maßgebend ist, voraus, was unweigerlich mit erheblichen politischen und zeitlichen Unwägbarkeiten verbunden wäre. Dieselbe Frage könnte sich im Hinblick auf eine Modernisierung des FHA stellen, sollte dieses voll-

des völkerrechtlichen *estoppel*-Grundsatzes überschritte, kann indessen dahinstehen, da jedenfalls eine zuständige rechtliche Instanz fehlt, welche eine solche verbindlich feststellen könnte.

1721 S. zu den in Betracht zu ziehenden Grundlagen im geschriebenen und ungeschriebenen Verfassungsrecht *Bundesrat*, Botschaft zum obligatorischen Referendum für völkerrechtliche Verträge mit Verfassungscharakter (Änderung von Art. 140 der Bundesverfassung), BBl 2020 1243 (1246 ff.).

ständig oder weit überwiegend in den Anwendungsbereich des InstA (oder eines mit diesem vergleichbaren Rahmenabkommens) fallen. Ohne diese Problematik vertiefen zu können,[1722] legt der dargelegte direktdemokratische Faktor nahe, dass nach dem vorerst endgültigen Scheitern des InstA die Herstellung eines Gleichklanges zwischen der Schweizer Integration in den EU-Binnenmarkt und dem Grad an bilateraler Beihilfenregulierung sich über einen langen Zeitraum erstrecken oder sogar ausbleiben könnte.

E. WTO-plus-Freihandelsabkommen und -assoziierungen

Untergliedert man die im beihilfen- bzw. subventionsrechtlichen System konzentrischer Kreise am weitesten vom Pol der EU-Supranationalität entfernte Vertragskategorie der reinen Freihandelsabkommen und -assoziierungen mit außereuropäischen Partnern, so werden im Hinblick auf die erreichte bzw. erst zu verwirklichende Regulierungsdichte abgesehen von einer Reihe wiederkehrender gemeinsamer Charakteristika, welche die Mehrzahl der dort anzusiedelnden WTO-plus-Subventionsrechtsregime prägen *(I.)*, Abstufungen geographischer Art erkennbar. Anders als auf übergeordneter Ebene, für die sich bezüglich des europäischen Kontinents und dessen direkte Nachbarschaft ein Rechtfertigungszusammenhang zwischen der räumlichen Entfernung des Vertragspartners zum EU-Territorium und der Notwendigkeit eines Beihilfenrechtsexports im engeren Sinn konstruieren lässt, verflüchtigt sich dieser im Rahmen des seit Beginn der *Global Europe*-Ära forcierten Abschlusses interkontinentaler Handelsabkommen. Stattdessen ergibt sich hier ein geographisches Muster dergestalt, dass der Grad an Ausdifferenzierung sowie Emanzipation vom WTO-Subventionsrecht mit wenigen Durchbrechungen von Kontinent zu Kontinent zu variieren scheint. Während im Falle ost- und südostasiatischer Staaten bereits konzeptionell ambitionierte Regelungskomplexe erschaffen wurden, die nicht nur die von der Union im Verlauf der multilateralen Doha-Verhandlungsrunde lancierten Reformvorstöße zum ASÜ und jüngere international-subventionsrechtliche Herausforderungen aufgreifen, sondern teils sogar Anleihen aus dem Beihilfenprimärrecht nehmen *(II.)*, bleibt der von der Kommission in die jüngsten Freihandelsgespräche mit Australien sowie Neuseeland eingebrachte Textvorschlag dahinter zurück *(III.)*. Transatlantische Abkommen gehen demgegenüber regelmäßig nur unmerklich über multilaterale Subventionsrechtsstandards

1722 Vgl. hierzu ausführlich bejahend *Glaser*, sui-generis 2020, 210 ff.

hinaus *(IV.)*. Die Beihilfenrechtsbeziehungen zu Südafrika entwickelten sich zuletzt rückwärts, nachdem Teile des TDCA durch eine plurilaterale Entwicklungsassoziierung ersetzt worden waren *(V.)*.

Das insgesamt heterogene Regelungsbild ist multikausal, jedoch ist festzustellen, dass die Aufnahme effektiver WTO-plus-Subventionsrechtsbestimmungen für die Union – ungeachtet der handelspolitischen Schnittmengen und Differenzen mit den jeweiligen Partnern sowie deren (geo-)politischem Gewicht und Subventionspraxis – offenbar auch in der vierten Abkommensgeneration jedenfalls keine *conditio sine qua non* für präferenzielle Handelsliberalisierungen mit außereuropäischen Drittstaaten begründet. Schließlich legt die in den besagten Regimen stets vorgenommene enge Abstimmung auf das ASÜ nahe, dass diese über ihre WTO-Rechtskonformität (s. oben *Teil 2 § 2 A.I.3.b.*) hinaus – und anders als im Schrifttum vereinzelt angenommen wird[1723] – zum übergeordneten Widerstreit zwischen Multilateralismus und Regionalismus wenig neues Konfliktpotenzial beisteuern. Gerade aus Sicht der EU-Vertragspartner müssen die einschlägigen Abkommensabschnitte als *stepping stones* für eine Erweiterung und Reform des ASÜ konzipiert sein, da ohne die Aussicht auf eine Multilateralisierung *free rider*-Effekte zugunsten von Nicht-Vertragsparteien perpetuiert würden (s. oben *Teil 2 § 1 C.IV.1.*).

I. Grundsätzliches

Dementsprechend eint sämtliche geltenden und geplanten Freihandelsabkommen bzw. -assoziierungen die Wahl des Begriffs- und Spezifitätskonzepts der Art. 1 und 2 des ASÜ als regulatorischer Ausgangspunkt für die Vereinbarung von WTO-plus-Subventionsregelungen.[1724] Hervorzuheben ist darüber hinaus, dass in dieser Kategorie von Abkommen entweder bereits kein EU-Beihilfenrecht direkt abgebildet wird, oder falls dies ausnahmsweise doch der Fall ist, jedenfalls kein Gleichlauf mit der unionsinternen Auslegung und Anwendung angestrebt wird bzw. geboten wäre (s. oben *Teil 2 § 2 A.II.3.*), sodass auch Kommission und EuGH weder

---

1723 Vgl. zu dieser Problemstellung näher *Neumann*, Export des europäischen Beihilfenrechts, S. 247 ff.

1724 Lediglich im nunmehr außer Kraft getretenen (s. unten *V.*) Art. 41 Abs. 1 TDCA unternahmen die Vertragsparteien einst den Versuch einer – indessen eng an Art. 107 Abs. 1 AEUV angelehnten – *sui generis*-Definition des Beihilfen- bzw. Subventionskonzepts.

unmittelbar noch mittelbar Einfluss auf die Subventionspraxis des Drittstaates ausüben können. Gelingt es der Union, ihr internes Kontrollsystem kennzeichnende Prinzipien wie die Fokussierung auf den Empfänger der Subvention statt die subventionierte Ware bzw. Dienstleistung, den Schutz von DAWI oder das *per se*-Verbot bestimmter für besonders wettbewerbsschädlich erachteter staatlicher Unterstützungspraktiken punktuell in Vertragsvölkerrecht zu überführen, kann dies je nach Begriffsverständnis zwar ebenfalls unter den Oberbegriff des Beihilfenrechtsexports gefasst werden,[1725] indessen erscheint es angesichts der Einbettung in ein WTO-rechtlich determiniertes Regelungs- und Durchsetzungsgefüge treffender, allgemeiner von der „Europäisierung",[1726] das heißt der Ausformung des internationalen Subventionsrechts, zu dem auch bi- und plurilaterale Regime zu rechnen sind, nach unionalen Vorstellungen zu sprechen.

Wie auf multilateraler Ebene konzentrieren sich Letztere auf Industriesubventionen, sodass die Bereiche Landwirtschaft und Fischerei überwiegend gesondert oder nicht behandelt werden.[1727] Ein rechtlicher Ausschluss von Ausgleichszöllen erfolgt im Einklang mit der zumeist doppelt verankerten (im eigentlichen Subventions- und im Kapitel über handelspolitische Schutzmaßnahmen) Bestätigung der aus dem WTO-Subventionsrecht folgenden Rechte und Pflichten nicht und wird auch nicht in Aussicht gestellt.[1728] Tatsächlich führten die Übereinkünfte bis dato aber immerhin dazu, dass die Union sowie ihre Vertragspartner ab dem Zeitpunkt von deren Unterzeichnung im jeweiligen bilateralen Verhältnis auf die Verhängung subventionsrechtlicher Ausgleichsmaßnahmen verzichteten.[1729] Zusätzlich deeskalierend und subventionsdisziplinierend soll der in zahlreichen neueren Freihandelsverträgen eingeführte, im je-

---

1725 Vgl. für die Zugrundelegung eines solchen weiten Begriffsverständnisses exemplarisch *Neumann*, Export des europäischen Beihilfenrechts, S. 101 ff.; *Weck/Reinhold*, EuZW 2015, 376, 380 ff.

1726 So lautet auch die von *Neumann*, Export des europäischen Beihilfenrechts, im Untertitel seiner Monografie gewählte Alternativformulierung, die er synonym zum Terminus des Beihilfenrechtsexports verwendet.

1727 Soweit ersichtlich bildet das Subventionskapitel des CETA (vgl. Kapitel 8) den einzigen nennenswerten Fall, in dem sowohl Industrie- als auch Agrar- und Fischereisubventionen gemeinsam behandelt werden.

1728 Vgl. dazu den Nachw. o. in Fn. 1035.

1729 Dies ergibt sich aus einer Auswertung der jährlichen EU-Handelsschutzberichte (vgl. zuletzt *Kommission*, 38th Annual Report from the Commission to the Council and the European Parliament on the EU's Anti-Dumping, Anti-Subsidy and Safeguard activities and the Use of trade defence instruments by Third Countries targeting the EU in 2019, COM(2020) 164 final).

weiligen Wortlaut und Verfahrensablauf (Antrag auf Konsultationen, Meinungs- und Informationsaustausch, „wohlwollende Prüfung" durch die subventionierende Vertragspartei) nur geringfügig variierende, dezidiert subventionsrechtliche Konsultationsmechanismus wirken, der deren inhaltliche Nähe zum Pol der WTO-Intergouvernementalität, insbesondere zu Art. XVI:1 GATT, Art. 9 ASÜ wie auch Art. 4 DSU, unterstreicht. Soweit ersichtlich entfaltete dieses politisch-diplomatische Instrument noch keinerlei Praxisrelevanz; zudem verliert es an Schärfe dadurch, dass seine vollständige Durchführung nicht im Rahmen des abkommensspezifischen Streitbeilegungsmechanismus erzwungen werden kann.[1730] Sofern und soweit die anderen subventionsrechtlichen Vereinbarungen den jeweiligen Streitschlichtungs- und gegebenenfalls Mediationskapiteln unterstehen, agieren die dort vorgesehenen quasi-judiziellen *ad hoc*-Schiedspanels wiederum entsprechend denjenigen Grundsätzen, die das Panelverfahren (vgl. Art. 6 ff. DSU) auf WTO-Ebene leiten,[1731] mit dem wichtigen Unterschied, dass keine Revisionsinstanzen wie der AB – bzw. nach Eintritt von dessen Arbeitsunfähigkeit das MPIA – zur Verfügung stehen.

Weitere – vor allem in den jüngsten Abkommen – wiederkehrende Regelungen betreffen die Sicherstellung der ordnungsgemäßen Verwendung von Subventionen in Übereinstimmung mit dem gegenüber der anderen Vertragspartei jeweils angegebenen Subventionszweck[1732] sowie den *a limine*-Ausschluss von nichtwirtschaftlichen Tätigkeiten aus dem Anwendungsbereich des Wettbewerbs- bzw. Subventionskapitels.[1733] Ersteres Gebot bleibt in Anbetracht des Fehlens von Vorkehrungen für eine *ex post*-

---

1730 Eine ähnlich kritische Einschätzung trifft *Reinhold*, EWS 2016, 136, 142 und 145, bezüglich des auf Dienstleistungssubventionen beschränkten Konsultationsverfahrens in Art. 7.3 CETA; eine knappe Gegenüberstellung der Merkmale von in post-*Global Europe*-Abkommen eingefügten subventionsrechtlichen Konsultationsmechanismen findet sich bei *Neumann*, Export des europäischen Beihilfenrechts, S. 146 f.

1731 Vgl. aus dem reichhaltigen Schrifttum zur Streitbeilegung in bilateralen (EU-)Freihandelsabkommen allgemein *Dolle*, Streitbeilegung im Rahmen von Freihandelsabkommen, 2015; s. hierzu konkret im Subventionsrechtskontext erschöpfend *Neumann*, Export des europäischen Beihilfenrechts, S. 150 ff.

1732 Vgl. in diesem Sinne etwa die erläuternde Fn. zu Art. X.12 des EU-MX-AA: „For greater certainty, when a Party has set up the appropriate legislative frameworks and administrative procedures to this effect, the obligation is considered to be fulfilled."

1733 Vgl. zuletzt präzise Art. X.7 Abs. 3 EU-MX-AA: „Subsidies to all enterprises pursuing an economic activity shall be subject to this Chapter. Where an enterprise combines economic and non-economic activities, only the economic activities of that enterprise are covered by this Chapter."

Evaluation formaler Natur, Letzteres stellt dagegen einen Gleichklang mit der Interpretation des Unternehmensbegriffs des Art. 107 Abs. 1 AEUV in der Unionsrechtsprechung her, nach der taugliche Beihilfenempfänger Waren und Dienstleistungen auf einem Markt anbieten müssen.[1734] Von potenziell größerer Tragweite ist der von der Union in denjenigen Fällen, in denen das Abkommen ein ausführliches Investitionsschutzkapitel enthält bzw. neben dem Freihandelsvertrag ein getrenntes Investitionsschutzabkommen abgeschlossen wurde, unternommene Versuch, Kollisionen zwischen dem investitionsschutzrechtlichen Grundsatz der fairen und gerechten Behandlung (engl.: *fair and equitable treatment*) und der internen Anwendung einer Beihilfen- bzw. Subventionskontrolle vorzubeugen. So belassen die Vertragsparteien es nicht bei der gegenseitigen Einräumung eines *right to regulate* (vgl. Art. 8.9 Abs. 1 CETA), sondern bestimmen ausdrücklich, dass weder die gesetzeskonforme Nichtgewährung, -verlängerung oder -aufrechterhaltung noch eine behördlich oder gerichtlich angeordnete Rückforderung oder Streichung einer Subvention einen investitionsschutzrechtlichen Verstoß begründen oder einen Anspruch auf Entschädigung auslösen.[1735] Sollte sich diese derzeit exklusiv auf die Bedürfnisse der Union und weiterer europäischer Staaten zugeschnittene Regelungsweise über Abkommen unter EU-Beteiligung hinaus durchsetzen, ist sie geeignet, zu einem Abbau investitionsschutzrechtlich motivierter Bedenken gegenüber der Errichtung eines inländischen Subventionskontrollsystems in Drittstaaten beizutragen.[1736]

Schließlich ist der in *Teil 1* (unter *§ 3 E.*) herausgearbeitete Konnex zwischen der Supranationalisierung – oder zumindest internen Zentralisierung – einer Subventionskontrolle und dem Einfluss wettbewerbsrechtlicher Kriterien auf deren formale Ausgestaltung bzw. -differenzierung sowie potenziellen Handhabung im bi- oder plurilateralen Konfliktfall zu berücksichtigen. Erscheint eine solche Fokuserweiterung im Sinne einer gesamteuropäischen ökonomischen Effizienz unter der Bedingung einer weitreichenden Übernahme des materiellen EU-Beihilfenrechts durch den

1734 Vgl. dazu den Nachw. o. in Fn. 423.

1735 S. hierzu exemplarisch *Kommission*, Vorschlag für einen Beschluss des Rates über den Abschluss des Investitionsschutzabkommens zwischen der Europäischen Union und ihren Mitgliedstaaten einerseits und der Republik Singapur andererseits, COM(2018) 194 final, Art. 2.2 Abs. 3 und 4.

1736 S. zum generellen Verhältnis zwischen Beihilfen- bzw. Subventionsrecht und Investitionsschutzrecht *Bungenberg*, ZEuS 2018, 499 ff.; konkret am Beispiel des CETA *Reinhold*, EWS 2016, 137, 144 f.; *Bungenberg/Schelhaas*, Beihilfenrechtliche Regelungen in (Freihandels-)Abkommen der EU, S. 616 f.

Drittstaat und dessen mittelbarer Teilnahme am institutionellen Aufsichtsgefüge der Union perspektivisch möglich, werden in Freihandelsabkommen bzw. -assoziierungen zwar sporadisch effizienzbezogene Textbausteine eingefügt, jedoch niemals dergestalt flankiert, dass der EU-Vertragspartner effektiv verpflichtet wäre, sie auf nationaler Ebene mit Leben zu erfüllen, oder dass auch nur eine Unterstellung unter das Streitbeilegungskapitel erfolgte. Ihre Auswirkungen auf die Auslegung und Anwendung der WTO-plus-Subventionsrechtsregime im konkreten Einzelfall sind bereits aus diesem Grund als gering zu prognostizieren.[1737]

II. Asien

Die durchgängig nach dem Jahre 2006 geschlossenen EU-Freihandelsabkommen mit asiatischen Staaten, welche von der Kommission in der *Global Europe*-Mitteilung wie auch in deren Folgeagenden als strategisch bedeutende Wachstumsmärkte identifiziert wurden,[1738] sind in zwei geographische Subkategorien (Südost- und Ostasien) zu unterteilen, da die Tragweite der mit diesen vereinbarten Subventionsrechtsregime maßgeblich mit dem aus der Größe der jeweiligen Volkswirtschaft resultierenden handelspolitischen Gewicht des Partners korreliert.[1739] Ursprünglich plante die Union die Aushandlung eines interregionalen Freihandelsabkommens mit der zehn von elf südostasiatischen Staaten umfassenden ASEAN, was sich infolge der Disparitäten zwischen deren Mitgliedstaaten (s. oben *Teil 2 § 2 C.I.2.a.*) unter Umständen erheblich auf Inhalt und Struktur eines Wettbewerbs- und Subventionskapitels ausgewirkt hätte.[1740] Durch den seit dem Jahre 2009 verfolgten Ansatz des Abschlusses von Einzelabkommen kommen die subventionsrechtlichen Vorstellungen der Union nun-

1737 Die Gegenauffassung vertreten *Borlini/Dordi*, Columbia J. Eur. Law 2017, 551, 578 ff., die insoweit auf der von *Luca Rubini* hinsichtlich des WTO-Subventionsrechts formulierten, vorliegend aber bereits diesbezüglich verworfenen (s. oben *Teil 1 § 2 B.III.3.*), *competition law*-These aufbauen.

1738 Vgl. dazu die Nachw. o. in Fn. 730 ff.

1739 Das BIP Japans ist knapp doppelt so groß wie das der ASEAN insgesamt; das Südkoreas immerhin viermal so groß wie das Singapurs. Zudem ist zu beachten, dass die EU mit Japan (und den USA) noch vor Abschluss der JEFTA-Verhandlungen in trilaterale Gespräche über Möglichkeiten einer Reform des multilateralen ASÜ eintrat.

1740 So erhielten etwa die an der CPTPP teilnehmenden ASEAN-Staaten Brunei und Malaysia teils weitreichende Befreiungen von den Subventionsdisziplinen des *State-Owned Enterprises*-Kapitels (s. oben *Teil 2 § 2 B.II.2.c.*).

mehr prononciert zum Ausdruck, was sich im Falle des EUSFTA und des EUVFTA nicht zuletzt an Mischkonstruktionen aus WTO-subventionsrechtlichen und genuin EU-beihilfenrechtlichen Elementen ablesen lässt *(1.)*. Die Freihandelsabkommen mit Korea und Japan (EUKFTA sowie JEFTA), die heute beide zu den zehn wichtigsten EU-Handelspartnern zählen,[1741] verharren in materiell-rechtlicher Hinsicht demgegenüber näher an der geltenden WTO-Subventionsrechtslage und folglich an dem dieser zugrundeliegenden eindimensionalen Verständnis des Instruments der Subvention als nichttarifäres Handelshemmnis, geben angesichts ihrer umfassend gewährleisteten Durchsetzbarkeit dafür aber realistischer Auskunft über das Potenzial einer zukünftigen Multilateralisierung *(2.)*.

1. Südostasien (ASEAN-Staaten)

a) Singapur

Das mit Singapur vereinbarte Wettbewerbskapitel enthält materiell-rechtliche WTO-plus-Subventionsrechtsstandards, die das bis zum heutigen Tage ausgereifteste bilaterale Regime aller reinen EU-Freihandelsverträge sowie mutmaßlich zugleich das Maximum dessen begründen, was an einer Europäisierung des internationalen Subventionsrechts gegenwärtig möglich ist.[1742] Die nach dem Gutachten 2/15 des EuGH aus kompetenziellen Gründen vorgenommene Trennung des eigentlich als integriertes Freihandels- und Investitionsschutzabkommen konzipierten EUSFTA in zwei separate Teilabkommen[1743] ließ dessen subventionsrechtlichen Gehalt, der in seiner Gesamtheit von den erweiterten unionalen Außenhandelskompetenzen gemäß Art. 207 Abs. 1 AEUV gedeckt ist,[1744] unberührt. Abgesehen von mehreren der erörterten allgemeinen Anordnungen (s. oben *I.*),[1745]

1741 Vgl. dazu den Nachw. o.in Fn. 1341.

1742 S. in diesem Sinne *Borlini/Dordi*, Columbia J. Eur. Law 2017, 551, 572: „[…] the most advanced discipline on non-agricultural subsidies […] among the *new generation* EU FTAs."

1743 Vgl. näher zum neuen Ansatz der Kommission, gemischte Verhandlungsmaterien in *EU only*- und *mixed agreements* aufzuspalten, *Brauneck*, EuZW 2018, 796 ff.

1744 Vgl. dazu den Nachw. o. in Fn. 1039.

1745 Die Subventionsrechtsbestimmungen unterstehen hingegen nicht dem wettbewerbsrechtlichen Konsultationsmechanismus des Art. 11.13 EUSFTA und treffen keine explizite Aussage zur Einhaltung des Subventionszwecks; zur

namentlich die Übernahme der Subventionsdefinition aus Art. 1.1 ASÜ und des Spezifitätskonzepts aus Art. 2 ASÜ (vgl. Art. 11.5 Abs. 1 und 2 EUSFTA), die Koexistenz mit den Verfahren des WTO-Subventionsrechts (vgl. Art. 11.6 EUSFTA) sowie den Ausschluss von Agrar- und Fischereisubventionen (vgl. Art. 11.5 Abs. 3 EUSFTA), normieren die Art. 11.5 ff. des EUSFTA vier signifikante subventionsrechtliche Innovationen.

aa) Erfassung von Dienstleistungssubventionen

Zunächst gebietet Abs. 1 von Art. 11.5 EUSFTA die Erstreckung der WTO-plus-Disziplinen auf alle Arten von Dienstleistungssubventionen, sofern „die Bedingungen des Artikels 1 Absatz 1 des Subventionsübereinkommens [ASÜ] bei entsprechender Anwendung erfüllt sind.“ Somit bestätigen die beiden Vertragsparteien die bereits auf Ebene der WTO – in der WPGR – favorisierte Regelungstechnik einer Heranziehung der existierenden warenhandelsbezogenen Begriffsbestimmung (s. oben *Teil 2 § 1 A.I.1.c.*).[1746] Parallel zur unionsinternen Handhabung installieren sie ferner ein sektorübergreifendes Sonderregime im Zusammenhang der Unterstützung von mit DAWI betrauten Unternehmen. Anhang 11-A Abs. 2 lit. f gibt diesbezüglich – obgleich stark verkürzt – die Essenz der vom EuGH geprägten *Altmark*-Kriterien wieder.[1747]

Klärung des Verhältnisses zwischen Subventions- und Investitionsschutzrecht vgl. den Nachw. o. in Fn. 1736.

1746 In der zugehörigen Fn. bestimmen die beiden Vertragsparteien in welthandelsrechtsfreundlicher Weise ferner:
Dieser Absatz gilt unbeschadet des Ergebnisses künftiger Erörterungen in der WTO über die Begriffsbestimmung von Subventionen im Dienstleistungsbereich. Die Vertragsparteien prüfen wohlwollend die Annahme eines etwaigen Beschlusses des Handelsausschusses, mit dem dieses Abkommen aktualisiert werden soll, um einer in der WTO erzielten Übereinkunft über die Begriffsbestimmung von Subventionen im Dienstleistungsbereich Rechnung zu tragen.

1747 Wiederum ist es wichtig zu betonen, dass hierbei nicht von einem Rechtsexport im engeren Sinne gesprochen werden kann, sondern lediglich von der Internationalisierung des einen Ausschnitt des dritten *Altmark*-Kriteriums bildenden Grundgedankens, dass der Ausgleich für die Erfüllung gemeinwirtschaftlicher Verpflichtungen nicht über den Betrag hinausgehen darf, der zur Deckung von deren Kosten notwendig ist.

bb) Erweiterung der Kategorie verbotener Subventionen

Zweitens normiert Art. 11.7 Abs. 2 EUSFTA zwei neue von der Aufsichtspraxis der Kommission inspirierte (Quasi-)Totalverbotstatbestände, die neben die sinngemäß in das Abkommen aufgenommene WTO-rechtliche *red light category* von Export- und Importsubstitutionssubventionen des Art. 3.1 ASÜ treten (vgl. Abs. 1), wobei gleichsam wie dort deren Spezifität unterstellt wird (vgl. Art. 11.5 Abs. 2 EUSFTA). Zum einen untersagt Art. 11.7 Abs. 2 lit. a EUSFTA solche Rechtsvereinbarungen, die eine in Höhe und Dauer unbegrenzte staatliche Haftung für die Deckung von Schulden oder Verbindlichkeiten bestimmter Unternehmen vorsehen und transponiert damit die in Ziff. 5.3 der Bürgschaftsmitteilung von 2008[1748] niedergelegten Mindestvorgaben an die Binnenmarktkompatibilität in Form von Garantien gewährter Beihilfenmaßnahmen in eine völkervertragliche Abrede. Zum anderen verbietet Abs. 2 lit. b in Anlehnung an Ziff. 3.3.1 der UiS-Leitlinien von 2014[1749] die Unterstützung von insolventen oder angeschlagenen Unternehmen in jedweder Form, sofern nicht ein fundierter Sanierungsplan vorliegt, der dem UiS eine „beträchtliche Eigenbeteiligung“ an den Sanierungskosten abverlangt.

cc) Wiedereinführung von Rechtfertigungstatbeständen

Drittens gibt Art. 11.8 Abs. 1 EUSFTA in Verbindung mit Anhang 11-A den staatlichen Stellen der Vertragsparteien differenzierte Handlungsanweisungen für den Umgang mit sog. „sonstigen Subventionen“, die sich potenziell auf den bilateralen Handel auswirken, an die Hand. Nicht nur übernehmen Anhang 11-A Abs. 2 lit. a bis j weitestgehend die Legal- und Ermessensausnahmen aus Art. 107 Abs. 2 und 3 AEUV[1750] und passen diese den Gegebenheiten der interkontinentalen Ausgangslage an, was einem

1748 Vgl. *Kommission*, Mitteilung über die Anwendung der Artikel 87 und 88 des EG-Vertrags auf staatliche Beihilfen in Form von Haftungsverpflichtungen und Bürgschaften, ABl. 2008 C 155/10.

1749 Vgl. zu den UiS-Leitlinien den Nachw. o. in Fn. 901.

1750 Hinzu kommt, dass es der Union gelang, die fehlende Übernahme der die Ausnahmetatbestände konkretisierenden Sekundärrechts- und *soft law*-Akte zumindest partiell dadurch zu kompensieren, dass eine erläuternde Fn. zu Anhang 11-A Abs. 2 lit. e eingefügt wurde, der den bei isolierter Betrachtung auch sektoral interpretierbaren Art. 107 Abs. 3 lit. c AEUV widerspiegelt. Aus dieser geht klar hervor, dass insbesondere horizontale Ziele (genannt werden

grundsätzlichen Konsens über die international akzeptable Subvention zumindest nahekommt. Vielmehr formuliert die Bestimmung zusätzlich eine Abwandlung des von der Kommission praktizierten *balancing test*, dessen Anwendung geeignet ist, Handels- und Wettbewerbsverzerrungen zu minimieren, die mit der Vergabe von Subventionen, die die Rechtfertigungstatbestände erfüllen, möglicherweise verbunden sind.[1751]

dd) Herstellung von Subventionstransparenz

Viertens zielen die Verpflichtungen des Art. 11.9 Abs. 1 EUSFTA auf die Herstellung eines mit Art. 25.3 ASÜ materiell äquivalenten Niveaus an Subventionstransparenz im Bereich des gesamten Waren- und Dienstleistungshandels. Die gegenseitige Berichterstattung erfolgt anders als einst im Rahmen des WTO-Notifizierungsmechanismus (vgl. Art. 25.1 ASÜ) vorgesehen zweijährlich statt jährlich (vgl. Art. 11.9 Abs. 2 EUSFTA), erfordert dafür jedoch – soweit dies praktikabel und mit der Vertraulichkeitsklausel des Art. 11.12 EUSFTA vereinbar ist – über die Offenlegung der Rechtsgrundlagen, der Form und möglichst auch des Betrags oder Finanzplans der Subvention hinaus die Nennung des jeweiligen Empfängers der Unterstützung.

ee) Probleme der Durchsetzung und Implementierung

Wie zu zeigen sein wird, finden sich die vorgestellten WTO-plus-Disziplinen im Falle Vietnams sogar ausnahmslos (s. dazu sogleich *b.*), überwiegend aber lediglich partiell, auch in weiteren EU-Freihandelsverträgen der neuen Generation mit außereuropäischen Partnern wieder. Nichtsdestoweniger zeichnet sich das EUSFTA-Subventionsrechtsregime in besonderer Weise dadurch aus, dass es die einzelnen Innovationen umfassend, mithin ohne unklare Beweislastanforderungen oder gravierende Relativierungen zugunsten einzelner Subsektoren, etabliert. Konkret äußert sich dies bei-

---

etwa FEuI, Umschulungsmaßnahmen, Umweltzwecke oder KMU-Förderung) verfolgende Subventionen vom Tatbestand erfasst sein sollen.

1751 Auch *Durán/Espa*, LIEI 2020, 115, 126 f., welche die bisherige Rolle bi- und plurilateraler Subventionsrechtsregime bei der Unterstützung der Förderung grüner Energien (s. oben *Teil 2 § 1 A.I.3.*) überwiegend kritisch als zu zurückhaltend bewerten, halten die im EUSFTA gewählte Regelungsweise wegen ihres Differenzierungsgrades für diese Zwecke prinzipiell für geeignet.

spielsweise darin, dass die nachteiligen Auswirkungen der von Art. 11.7 Abs. 2 lit. a sowie b EUSFTA grundsätzlich verbotenen Subventionstypen im Falle der Erfüllung von deren Tatbestandsmerkmalen faktisch vermutet werden (vgl. nur Abs. 2 am Anfang), sodass die beschwerdeführende Vertragspartei diese nicht etwa positiv nachzuweisen hat, sondern – im Gegenteil – die subventionierende Partei deren Nicht-Vorliegen.[1752] Außerdem bestehen Ausnahmen von den besagten Verboten lediglich im Falle der Behebung einer eng definierten „beträchtlichen Störung“[1753] im Wirtschaftsleben einer der beiden Vertragsparteien (vgl. Abs. 3 S. 1) und – begrenzt auf Rettungsbeihilfen im Sinne des Abs. 2 lit. b – betreffend gemeinwirtschaftliche Verpflichtungen sowie den Steinkohlebergbau (vgl. Abs. 4).

Die einzige, indessen als erheblich einzustufende, Schwachstelle des EUSFTA-Subventionsrechtsregimes liegt in dessen weitgehendem Ausschluss von der Streitbeilegung begründet. Art. 11.14 EUSFTA bestimmt, dass die beiden Vertragsparteien sich für all jene Streitfragen, die sich aus der Auslegung und Anwendung des Wettbewerbskapitels ergeben, mit Ausnahme des Art. 11.7 EUSFTA weder auf den abkommenseigenen Streitschlichtungs- noch auf den sog. „Mediationsmechanismus“ berufen dürfen. Voraussichtlich wird der materiell-rechtlich ausdifferenzierte Regelungskomplex hierdurch in weiten Teilen seiner Durchschlagskraft beraubt werden, da sich ohne die zumindest theoretische Möglichkeit der Anrufung eines *ad hoc*-Schiedspanels der Anreiz zur Einrichtung innerstaatlicher Verfahren für die Umsetzung der getroffenen Vereinbarungen gering gestaltet. Bezeichnenderweise wurde das Wettbewerbskapitel zwar von der Competition and Consumer Commission of Singapore (CCCS) mit der GD Wettbewerb ausgehandelt, weswegen auch der subventionsrechtliche Regelungsabschnitt erkennbar wettbewerbsrechtliche Züge aufweist, wie die mit dem *balancing test* kombinierten, auf Marktversagen fokussierten Rechtfertigungstatbestände des Anhangs 11-A demonstrieren. Der CCCS mangelt es allerdings an den erforderlichen internen Zuständigkeiten, um diesen auf nationaler Ebene im konkreten Einzelfall auch tatsächlich zu effektiver Geltung zu verhelfen. Indirekt bringt sie den blo-

1752 S. übereinstimmend *Borlini/Dordi*, Columbia J. Eur. Law 2017, 551, 573, die ebenfalls von einer widerlegbaren Vermutung sprechen.

1753 Vgl. Art. 11.7 Abs. 3 S. 2 EUSFTA:
[…] eine außergewöhnliche, vorübergehende schwere Krise, die nicht nur eine bestimmte Region oder einen bestimmten Wirtschaftssektor dieser Vertragspartei, sondern ihre gesamte Volkswirtschaft betrifft.

ßen *best endeavour*-Charakter der Grundsätze des Art. 11.8 EUSFTA selbst zum Ausdruck, indem sie es dabei belässt, an subventionsgewährende Stellen zu appellieren, sich mit Blick auf die potenziellen Auswirkungen von deren Initiativen auf den Wettbewerb – sowie denkbare schonendere Alternativoptionen – von der CCCS beraten zu lassen.[1754]

b) Vietnam

Das EUVFTA-Subventionsrechtsregime ist demjenigen des EUSFTA eng nachempfunden und hebt im Einklang mit dem Umstand, dass es auf vietnamesischer Seite durch den Vietnam Competition Council (VCC) ausverhandelt wurde, den Wettbewerbs- auf eine Stufe mit dem Handelsschutz (vgl. nur Art. 10.4 Abs. 1 EUVFTA).[1755] Aufgrund des derzeit noch geringeren Industrialisierungsgrades Vietnams sieht es zwar insbesondere im Bereich der Dienstleistungssubventionen diverse – im Vorbild des EUSFTA nicht vorgesehene – Beschränkungen des Anwendungsbereichs vor, die sich entweder in sachlicher oder in zeitlicher Hinsicht auswirken.[1756] Indes gestaltet sich seine institutionelle Einkleidung ungleich ro-

---

1754 So die von der CCCS formulierte Empfehlung unter Verweis auf die geltende Rechtslage in Singapur, nach der „the prohibitions in the Competition Act do not apply to activities, agreements or conduct of the government, any statutory body or any person acting on their behalf.", abrufbar unter www.cccs.gov.sg/approach-cccs/for-government-agencies/competition-impact-of-government-initiative [zuletzt aufgerufen am 15.8.2020].

1755 Überdies merken *Borlini/Dordi*, Columbia J. Eur. Law 2017, 551, 575; *Durán/Espa*, LIEI 2020, 115, 127, berechtigterweise an, dass im Falle von Art. 10.4 Abs. 1 EUVFTA anders als in den bisherigen Unionsabkommen, welche die politische und ökonomische Ambivalenz von Subventionen ansprechen, an erster Stelle nicht deren potenziell handels- und wettbewerbsverzerrenden Wirkungen stehen, sondern deren Bedeutung für die Erreichung von Gemeinwohlzielen. Mit ihm erfolgt – zumindest rhetorisch – erstmals seit dem Tokio-Subventionskodex von 1979 (s. oben *Teil 1 § 2 A.II.1.*) eine Neuakzentuierung des Subventionsparadoxes.

1756 Konkret finden nach Art. 10.5 Abs. 8 EUVFTA die Art. 10.7 (Transparenz) und 10.9 (verbotene Subventionen) EUVFTA lediglich auf die Dienstleistungsbranchen Telekommunikation, Banken, Versicherungen, Verkehr einschließlich Seeverkehr, Energie, Computerdienstleistungen, Architektur und Ingenieurwesen, Baugewerbe und Umweltdienstleistungen unter den im Dienstleistungskapitel (vgl. Kapitel 8) genannten Vorbehalten Anwendung. Generell unanwendbar ist der gesamte subventionsrechtliche Regelungsabschnitt auf Dienstleistungssubventionen in nichtliberalisierten (Teil-)Sektoren

buster, indem sämtliche Subventionsrechtsbestimmungen (mit Ausnahme derjenigen betreffend den ohnehin ausgenommenen Konsultationsmechanismus), das heißt auch die Transparenzgebote des Art. 10.7 EUVFTA und die wiederum Art. 107 Abs. 2 und 3 AEUV widerspiegelnden Rechtfertigungstatbestände des Art. 10.4 Abs. 2 EUVFTA, dem Streitbeilegungskapitel unterstehen (vgl. 10.13 EUVFTA).

Dennoch ginge die Annahme fehl, dass die theoretische Überprüfbarkeit der Übereinstimmung einer Subvention mit den gemeinsam definierten Gemeinwohlzielen (vgl. Art. 10.4 Abs. 2 in Verbindung mit Art. 10.11 lit. a EUVFTA) durch ein *ad hoc*-Schiedspanel die Operabilität der bilateralen *green light category* erhöhte. Im Unterschied zum EUSFTA befinden sich die Rechtfertigungstatbestände wie auch der *balancing test* nämlich nicht integriert in einem gesonderten Abkommensartikel oder -anhang. Systemwidrigerweise fügten die Vertragsparteien Erstere in die den subventionsrechtlichen Regelungsabschnitt eröffnenden Grundsätze und Letzteren in die Vorschriften über den Informationsaustausch im Rahmen des Konsultationsmechanismus (vgl. Art. 10.8 EUVFTA) ein. Somit stellt sich einerseits die Frage, ob die in diesbezüglichen Streitigkeiten bestellten Schiedspanels Art. 10.4 Abs. 2 EUVFTA überhaupt für direkt anwendbar erachteten, andererseits ergeben sich bejahendenfalls Zweifel, ob sie den eigentlich explizit von der Streitbeilegung exkludierten *balancing test* tatsächlich heranzögen oder die weit formulierten Tatbestände nicht doch im Sinne von *per se*-Regeln interpretierten. Da unter diesen Vorzeichen eine Aktivierung des Streitbeilegungsmechanismus wenig realistisch ist, wird es zukünftig maßgeblich darauf ankommen, wie die Vertragsparteien die Kooperationsmaxime in Art. 10.14 EUVFTA, dem zufolge „zur Verwirklichung der Ziele dieses Kapitels und zur Stärkung der wirksamen Durchsetzung des Wettbewerbsrechts eine intensivere Zusammenarbeit mit Blick auf die Entwicklung der Wettbewerbspolitik, auch im Bereich

---

(vgl. Art. 10.5 Abs. 9 EUVFTA). Weiter erfordert Art. 10.7 EUVFTA anders als das EUSFTA nicht die Nennung des Subventionsempfängers und Art. 10.5 Abs. 7 EUVFTA führt eine an das Unionsrecht angelehnte *de minimis*-Grenze in Höhe von 300.000 Sonderziehungsrechten (pro Empfänger innerhalb eines Zeitraums von drei Jahren) ein. In zeitlicher Hinsicht bestimmt Art. 10.5 Abs. 10 EUVFTA schließlich, dass Art. 10.9 EUVFTA sektorenübergreifend keine Anwendung auf Subventionen findet, die vor Inkrafttreten (oder innerhalb von fünf Jahren nach Inkrafttreten) des EUVFTA formell beschlossen oder vergeben werden.

der Subventionskontrolle“ im gemeinsamen Interesse liegt, mit Leben auszufüllen planen.[1757]

c) Ausstehende Freihandelsabkommen mit den Philippinen sowie Indonesien

Weniger weit als die mit Singapur und Vietnam getroffenen Vereinbarungen reichen die jeweils identisch ausgestalteten Textvorschläge für ein subventionsrechtliche Vorschriften umfassendes Wettbewerbskapitel, die die Kommission im Zuge der Verhandlungen über Freihandelsabkommen mit Indonesien sowie den Philippinen in den Jahren 2016 bzw. 2017 lancierte.[1758] Zwar sehen diese gleichsam wie das EUVFTA die Erfassung von Dienstleistungssubventionen, die Unterstellung der Transparenzvorschriften unter den Streitbeilegungsmechanismus und dieselben beiden zusätzlichen Verbotskategorien vor. Allerdings fehlt es an einer materiellen Verknüpfung des wettbewerbsrechtlichen mit dem subventionsrechtlichen Regelungsabschnitt sowie nicht zuletzt an einem Vorstoß für eine positive Definition von für akzeptabel einzustufenden Subventionszielen und für einschlägige Anwendungsleitlinien, wie sie in den nach Unionsvorstellungen geformten Annex 11-A des EUSFTA und Art. 10.5 EUVFTA Eingang fanden. Letzteres spiegelt einen Trend wider, da die weiteren realisierten und geplanten post-*Global Europe*-Freihandelsverträge einen solchen Schritt nicht vollziehen bzw. vollziehen werden.

2. Ostasien

a) Korea

Das seit dem Jahre 2011 provisorisch angewendete EUKFTA ist vor dem Hintergrund zu betrachten, dass es sich bei diesem um das erste greifbare

---

1757 Da das EUVFTA erst am 1.8.2020 endgültig in Kraft getreten ist, liegen zur Implementierung und Anwendung dieser und anderer seiner Subventionsrechtsbestimmungen durch die Vertragsparteien und insbesondere innerhalb der nationalen Rechtsordnung Vietnams noch keine Informationen vor.

1758 Diese sind online abrufbar unter https://trade.ec.europa.eu/doclib/docs/2017/february/tradoc_155279.pdf [EU-ID-FTA] und https://trade.ec.europa.eu/doclib/docs/2017/february/tradoc_155279.pdf [EU-PH-FTA], jeweils zuletzt aufgerufen am 15.8.2020.

Resultat der *Global Europe*-Generation und das erste Freihandelsabkommen mit einem asiatischen Partner überhaupt handelte. Konkret in subventionsrechtlicher Hinsicht ist zu berücksichtigen, dass die Union und Korea sich bis zum Abschluss der einschlägigen WTO-Streitbeilegungsverfahren im Frühjahr 2006, das heißt noch bis rund ein Jahr vor Verhandlungsbeginn, der WTO-rechtswidrigen Subventionierung ihrer jeweiligen Schiffbauindustrien bezichtigten und die Union daneben Ausgleichszölle auf bestimmte Produkte von koreanischen Halbleiterunternehmen einführte,[1759] was einerseits eine komplexe rechtspolitische Ausgangslage für die Vereinbarung von bilateralen WTO-plus-Disziplinen zur Folge hatte, andererseits beiden Handelspartnern die Notwendigkeit einer Subventionsregulierung jenseits des multilateralen ASÜ praktisch vor Augen führte.[1760] Die subventionsrechtlichen Errungenschaften des EUKFTA, welche im Schrifttum beträchtliche Aufmerksamkeit erhielten und zu Recht als ein Meilenstein in der Entwicklung des internationalen Subventionsrechts gewürdigt wurden,[1761] bildeten bzw. bilden die Grundlage für die Ausgestaltung von Subventionsregeln in diversen darauffolgenden EU-Freihandelsabkommen. Namentlich gilt dies für die Unterstellung der Transparenzerfordernisse in Art. 11.12 EUKFTA unter den Streitbeilegungsmechanismus (*arg. e contr.* Art. 11.8 EUKFTA) sowie für die insbesondere aus den Erfahrungen vorhergehender Subventionsrechtsstreitigkeiten hervorgegangene erstmalige Einführung zweier neuer Typen von verbotenen Subventionen (s. oben *1.a.bb.*). Nach Art. 11.11 EUKFTA wird deren Spezifität wie in Art. 11.5 Abs. 2 EUSFTA unterstellt; anders als in den Nachfolgeabkommen mit Singapur und Vietnam werden nachteilige Auswirkungen

---

1759 Vgl. WTO Panel Reports, WT/DS273/R, Korea – Measures Affecting Trade in Commercial Vessels; WT/DS301/R, EC – Commercial Vessels; sowie WT/DS299/R EC – Countervailing Measures on DRAM Chips.

1760 Überdies beachtenswert ist, dass es Streitbeilegungsverfahren betreffend koreanische Subventionspraktiken waren, in welchen sich die strenge Auslegung von Art. 1.1 (a)(1)(iv) ASÜ durch die WTO-Streitbeilegungsorgane manifestierte, was die *public body*-Definitionsproblematik weiter verschärfen sollte (s. oben *Teil 2 § 1 A.I.2.b.*). Gleichwohl machten die EU und Korea Letztere nicht zum Gegenstand der bilateralen Abkommensverhandlungen.

1761 Treffend *Jarosz-Friis/Pesaresi/Kerle*, CPN 2010, 78, 78: „stepping stone towards better subsidies' control at the international level"; vgl. ferner (nicht abschließend) *Baier*, Yonsei L.J. 2011, 39, 43 ff.; *Sung*, Some Reflections on Competition and Subsidies under the EU-Korea FTA, in: Harrison (Hrsg.), The European Union and South Korea: The Legal Framework for Strengthening Trade, Economic and Political Relations, 2013, S. 87, 99 ff.; *Daiber*, EuR 2015, 542, 570 f.

auf den Handel[1762] aber nicht widerlegbar vermutet, sondern sind positiv nachzuweisen.

Abgesehen von der Pionierstellung des EUKFTA-Subventionsrechtsregimes ergibt sich dessen wissenschaftliche Relevanz daraus, dass im Unterschied zu Pendants in jüngeren Unionsabkommen bereits Erfahrungswerte zur Implementierung der Subventionsrechtsvereinbarungen in Korea sowie zum Fortschritt betreffend den sich von den Vertragsparteien in Art. 11.15 Abs. 2 EUKFTA selbst auferlegten Auftrag zur Ausarbeitung von Regeln für *de lege lata* nicht erfasste Subventionen im Dienstleistungsbereich (vgl. Art. 11.15 Abs. 1 EUKFTA) vorliegen. Letzterer kann zehn Jahre nach Beginn der Anwendung des Abkommens als gescheitert angesehen werden, da soweit ersichtlich weder der drei Jahre nach Inkrafttreten erstmalig abgehaltene Austausch über Dienstleistungssubventionen noch die zweijährlich zu aktivierende *review clause* des Art. 11.14 EUKFTA nennenswerte (Zwischen-)Ergebnisse hervorbrachten. Die Union zog angesichts dieser erfolglosen Verlagerung der Fortentwicklung des Regelwerks auf die Ausschussebene in späteren Abkommen richtigerweise die Konsequenz, den Umgang mit Dienstleistungssubventionen nicht auf einen nicht näher präzisierten Zeitpunkt in der Zukunft aufzuschieben, sondern direkt in den Abkommensverhandlungen einer Lösung zuzuführen. Überdies ist festzustellen, dass Korea innerhalb seines nationalen Rechtssystems bis heute keine Schritte unternommen hat, um dem wortgleich auch in Art. 11.8 Abs. 2 EUSFTA statuierten *best endeavour*-Grundsatz des Art. 11.1 EUKFTA gerecht zu werden, nach dem die Vertragsparteien „durch Subventionen verursachte Wettbewerbsverzerrungen, soweit sie den internationalen Handel beeinträchtigen, durch die Anwendung ihres Wettbewerbsrechts beseitigen“. So bestehen ausweislich der von der Kommission im Jahre 2019 veröffentlichten detaillierten *Evaluation of Implementation of the EUKFTA* etwa erhebliche Zweifel, ob Korea dem Verbot des Art. 11.7 Abs. 1 lit. b EUKFTA im Bereich des nach wie vor mit strukturellen Überkapazitäten belasteten Industriezweigs des Schiffbaus nunmehr tatsächlich

1762 Die erläuternden Fn. zu Art. 11.15 EUKFTA halten nicht nur fest, dass die Verbote ausschließlich für Subventionen gelten, die nach Inkrafttreten des Abkommens gewährt werden, und führen eine Rückausnahme zugunsten von KMU ein, sondern bestimmen ferner, dass das dort gewählte Bezugsobjekt des „internationalen Handel[s] der Vertragsparteien“ sowohl Inlands- als auch Ausfuhrmärkte umfasst. *Borlini/Dordi*, Columbia J. Eur. Law 2017, 551, 595 f., erachten diese Klarstellung für deklaratorisch und gehen davon aus, dass die ähnlich lautenden Formulierungen im EUSFTA bzw. im EUVFTA auch ohne eine solche Präzisierung in diesem Sinne auszulegen sind.

effektiv Folge leistet.[1763] Gravierender noch legt er das grundsätzliche Problem offen, dass im Rahmen von reinen Freihandelsabkommen nicht nur keine Harmonisierung nationaler Wettbewerbsrechtsordnungen stattfindet,[1764] sondern speziell auf dem Gebiet des Subventions- bzw. Beihilfenrechts auch detaillierte WTO-plus-Disziplinen nicht ausreichen, um den jeweiligen EU-Vertragspartner dazu zu bewegen, abstrakt-generelle Standards oder sogar ein nationales Kontrollsystem zur Gewährleistung der Abkommenskonformität inländischer Subventionsmaßnahmen einzurichten.

b) Japan

Das bisher unbeachtet gebliebene Subventionsrechtsregime des im Februar 2019 in Kraft getretenen JEFTA orientiert sich ungeachtet seines ambitionierteren Charakters stärker an den einschlägigen Bestimmungen des EUKFTA, was die eingangs aufgestellte Hypothese stützt, dass die Union tendenziell umso weniger genuin EU-beihilfenrechtliche Komponenten zu platzieren vermag, je größer das geo- und handelspolitische Gewicht des Vertragspartners ausfällt. Hinzu kommt, dass die sich bereits im EUKFTA andeutende, durch die dezidiert wettbewerbsrechtlich geprägte Rhetorik des Art. 11.9 EUKFTA indessen kaschierte, konzeptionelle Herauslösung der subventionsrechtlichen Vereinbarungen aus der Logik des Wettbewerbsrechts, durch das JEFTA auch formal vollzogen wird. Dies äußert sich zum einen darin, dass sich das bilaterale Subventionsrecht in einem eigenen, und nicht mehr im Wettbewerbskapitel befindet. Zum anderen – und gewichtiger – erwähnt Art. 12.1 JEFTA nicht mehr den Schutz des unverfälschten Wettbewerbs, sondern benennt als primären Sinn und Zweck die Verhinderung einer Zunichtemachung der Vorteile der erreichten Liberalisierung von Handel sowie Investitionen.

Art. 12.7 JEFTA etabliert dieselben Verbotstatbestände wie Art. 11.11 EUKFTA, wobei deren Eingreifen anders als dort nicht nur eine Beein-

---

1763 S. zu dieser Problematik näher *Kommission* (Hrsg.), Evaluation of the Implementation of the Free Trade Agreement between the EU and its Member States and the Republic of Korea, 2018, S. 171, 453 ff. Ein Indiz für die Stichhaltigkeit der in dieser erhobenen Vorwürfe bildet zudem das von Japan im Januar 2020 unter anderem aus den besagten Gründen eingeleitete Streitbeilegungsverfahren WT/DS594, Korea – Measures Affecting Trade in Commercial Vessels (second complaint).

1764 Vgl. hierzu knapp *Stancke*, EuZW 2016, 567, 571 f.

trächtigung, sondern potenziell „erhebliche Auswirkungen“[1765] auf den bilateralen Handel bzw. Investitionen zwischen den Vertragsparteien voraussetzt und ferner die Spezifität der in Rede stehenden Subventionen positiv nachgewiesen werden muss (vgl. Art. 12.3 Abs. 1 JEFTA), das heißt nicht vermutet oder unterstellt wird. Gemeinsam ist ihnen außerdem die Unterstellung aller materiell-rechtlichen und transparenzbezogenen Bestimmungen unter den Streitbeilegungsmechanismus (vgl. Art. 12.10 JEFTA). In mehrerlei Hinsicht geht das Subventionsrechtsregime des JEFTA allerdings erkennbar über das Vorbild der Art. 11.1 ff. EUKFTA hinaus. Insbesondere sind gemäß Art. 12.2 lit. b und c des JEFTA Art. 1.1 sowie 2 ASÜ auf Dienstleistungssubventionen sinngemäß anzuwenden. Dadurch gelten in Bezug auf diese sowohl die Erweiterung der *red light category* wie auch – obgleich beschränkt auf ausgewählte Sektoren (vgl. Art. 12.5 Abs. 3 JEFTA) – die Transparenzanforderungen des Art. 12.5 Abs. 1 JEFTA,[1766] welche materiell Art. 25 ASÜ entsprechen.

Nicht zuletzt trifft es auch Ausnahmeregeln, die abgesehen vom protektionistisch motivierten *a limine*-Ausschluss von audiovisuellen Dienstleistungen in Art. 12.3 Abs. 7 JEFTA und der kritikwürdigen Befreiung aller unterhalb der Zentralregierung angesiedelten Subventionsgeber von den Verpflichtungen des Art. 12.7 JEFTA (vgl. Art. 12.3 Abs. 8 JEFTA)[1767] zumindest als in Ansätzen innovativ einzustufen sind. Gerade in Anbetracht des Umstands, dass sie im Einklang mit dem Verzicht auf die Einnahme

1765 Diese im Vergleich zum EUKFTA und den Abkommen mit südostasiatischen Partnern erhöhten Anforderungen an ein Eingreifen der Verbote entfernt Art. 12.7 JEFTA von den Totalverboten des Art. 3 ASÜ und rückt ihn ungleich näher an Logik und Funktionsweise der Art. 5 f. ASÜ bezüglich anfechtbarer Subventionen.

1766 Erfasst sind Subventionen in den Bereichen Architektur- und Ingenieur-, Bank-, Computer-, Bau-, Energie-, Umwelt-, Eilzustellungs-, Versicherungs-, Telekommunikations- und Beförderungsdienstleistungen.

1767 Da Japan zentralistisch organisiert ist und seine Regierung bei der Durchsetzung der Subventionsverbote gegenüber den einzelnen Präfekturen mutmaßlich keinen nennenswerten Hindernissen begegnete, verwundert diese offenbar auf japanischen Wunsch vorgenommene Beschneidung des Geltungsbereichs. Trotz des in S. 2 nachgeschobenen *best endeavour commitment*, dem zufolge „jede Vertragspartei die ihr zur Verfügung stehenden geeigneten Maßnahmen [trifft], um die Einhaltung der Bestimmungen dieses Kapitels auf unterhalb der Zentralregierung angesiedelten Zuständigkeitsebenen der jeweiligen Vertragspartei sicherzustellen“, entstehen Missbrauchspotenziale, da die finanziell von der Zentralregierung abhängigen Präfekturen etwa in rein formaler Weise als Subventionsgeber „zwischengeschaltet“ werden könnten, um den WTO-plus-Subventionsdisziplinen zu entgehen.

einer wettbewerbsrechtlichen Perspektive einen geringeren Grad an Ausdifferenzierung als das EUSFTA oder das EUVFTA aufweisen, könnten sie im Zuge künftiger Reformen des WTO-Subventionsrechts an Relevanz gewinnen. Vor allem trifft dies auf Art. 12.9 JEFTA zu, der für die Zwecke des Subventionskapitels Art. XX GATT sowie Art. XIV GATS sinngemäß als Bestandteil in das JEFTA übernimmt. Nach hier vertretener Auffassung sind die allgemeinen Ausnahmen des Art. XX GATT bereits heute auf das ASÜ anwendbar (s. oben *Teil 2 § 1 A.I.3.b.*); jedenfalls sind sie dies aber nunmehr im Hinblick auf die in das JEFTA neu eingefügten Subventionsverbote, was zur Ausdehnung des *policy space* der Vertragsparteien beiträgt.[1768] Zwar mutet diese Herangehensweise minimalistisch an, werden dessen Einzeltatbestände in der maßgeblichen (vgl. Art. 21.16 JEFTA) DSU-Praxis doch regelmäßig restriktiv interpretiert und lässt sich ihnen nur schwerlich eine positive Stellungnahme zur Fragestellung der international akzeptablen Subvention entnehmen. Jedoch entspricht diese Wertung der dem Regelungsabschnitt gemäß Art. 12.1 JEFTA zugrundezulegenden handelsrechtlichen Lesart, die nur durch einzelne weitere subventionsspezifische Ausnahmetatbestände eine Relativierung erfährt. Konkret nehmen Art. 12.3 Abs. 2, 3 und 7 JEFTA Subventionen zugunsten von DAWI-Erbringern, sofern deren Unterstützung in transparenter und verhältnismäßiger Weise erfolgt, zum Ausgleich von Schäden durch Naturkatastrophen oder andere außergewöhnliche Ereignisse sowie zur zielgerichteten, wirtschaftlichen, wirksamen und effizienten Bewältigung eines vorübergehenden nationalen oder globalen wirtschaftlichen Notstandes vom Anwendungsbereich des gesamten Subventionskapitels oder – wie in der zuletzt genannten Fallkonstellation – von den Verboten des Art. 12.7 JEFTA aus.[1769]

c) Geplantes Investitionsabkommen mit China

Die formell bereits im Jahre 2013 aufgenommenen Verhandlungen mit China über ein Comprehensive Agreement on Investment (CAI) wurden im Dezember 2020 im Grundsatz abgeschlossen, wobei die Gespräche über ein flankierendes Investitionsschutzabkommen andauern. Das Hauptziel

---

1768 Vgl. kritischer demgegenüber *Durán/Espa*, LIEI 2020, 115, 128 f.

1769 Hinzu kommt eine *de minimis*-Schwelle für die Aktivierung des Konsultations- sowie des Transparenzmechanismus in Höhe von 450.000 Sonderziehungsrechten (pro Empfänger binnen drei aufeinanderfolgenden Jahren).

besteht aus Unionssicht darin, den Zugang von EU-ansässigen Investoren zum chinesischen Markt zu vereinheitlichen und unter anderem dadurch zu verbessern, dass quantitative Beschränkungen, Eigenkapitalobergrenzen und der häufig zu beobachtende erzwungene Technologietransfer im Rahmen von *Joint Venture*-Anforderungen beseitigt werden.[1770] Ausweislich des Textentwurfs wird das CAI überdies Vorschriften zur Subventionstransparenz und zu öffentlichen Unternehmen enthalten.[1771] Wiewohl der tatsächliche Abkommensabschluss noch nicht sicher feststeht, so ist doch unübersehbar, dass Letzteren über Investitionsfragen hinaus Signalwirkung für die von der Union zuletzt wieder intensivierten Bemühungen um multilaterale Reformen des WTO-Subventionsrechts (s. oben *Teil 2 § 1 A.II.3.*) zukommt. Während Chinas Subventionsgebaren in Verhandlungen über bi- und plurilaterale Subventionsrechtsregime mit sonstigen außereuropäischen Partnern stets nur indirekt-perspektivisch adressiert werden kann, bot das CAI erstmals Gelegenheit, dessen Bereitschaft zur Vereinbarung bindender WTO-plus-Verpflichtungen zur Annäherung an ein *Global Level Playing Field* auszuloten.[1772]

III. Ozeanien

Mit Australien und Neuseeland nahm die Union jeweils im Jahre 2018 formelle Verhandlungen über ambitionierte Freihandelsabkommen auf.[1773] Die von der Kommission in diese eingebrachten subventionsrechtlichen Textvorschläge sind deckungsgleich, Selbiges gilt für die zugrundeliegenden Verhandlungsleitlinien des Rats, welche diesbezüglich die Devise ausgeben, dass „[t]he Agreement should contain robust and binding provisions on subsidies, in line with the EU standards and principles on State

---

1770 Vgl. zu den mit dem CAI verfolgten Zielsetzungen *Kommission*, Empfehlung für einen Beschluss des Rates über die Ermächtigung der Kommission zur Aufnahme von Verhandlungen über ein Investitionsabkommen zwischen der Europäischen Union und der Volksrepublik China, COM(2013) 297 final.

1771 S. hierzu nur Art. 8 des CAI-Entwurfs, der online einsehbar ist unter https://trade.ec.europa.eu/doclib/docs/2021/january/tradoc_159344.pdf [zuletzt aufgerufen am 1.2.2021].

1772 Vgl. zum rechtspolitischen Potenzial einer Verknüpfung der Verhandlungen über Investitionen bzw. Investitionsschutz und Subventionsdisziplin (insbesondere im Verhältnis zu China) den Nachw. o. in Fn. 581.

1773 Vgl. für eine instruktive australisch-neuseeländische Perspektive auf die europäisch-ozeanischen Freihandelsgespräche die Beiträge in *Elijah et al.* (Hrsg.), Australia, the European Union and the New Trade Agenda, 2017.

aids."[1774] Mit den beiden ozeanischen Staaten verbinden die Union nicht nur gemeinsame historische und kulturelle Wurzeln, sondern auch eine aktive Teilnahme an der Bilateralismuswelle. Ebenso wie die EU-Vertragspartner Singapur, Vietnam, Japan, Kanada sowie Mexiko sind Australien und Neuseeland CPTPP-Vertragsparteien und unterwarfen sich im Zuge dessen diversen WTO-plus-Subventionsrechtsvorschriften. In Kombination mit der geringen Zahl handelsrechtlicher Streitigkeiten in der Vergangenheit und der funktionierenden kooperativ-koordinierenden transtasmanischen Subventionsrechtsordnung (s. oben *Teil 2 § 2 B.I.4.*) führt dies dazu, dass auch das ansonsten potenziell hemmend wirkende *free rider*-Problem im Verhältnis zu diesen Staaten weniger stark zum Tragen kommt. Prinzipiell bereiten diese Ausgangsbedingungen die Grundlage für die Vereinbarung eines ausführlichen bilateralen Subventionsrechtsregimes. Der von der Kommission lancierte Textvorschlag für ein Wettbewerbskapitel schöpft das theoretisch vorhandene Regulierungspotenzial allerdings lediglich unzureichend aus und die Berichte über die in den bisherigen Verhandlungsrunden[1775] jeweils erzielten Fortschritte legen die Vermutung nahe, dass sich an dieser Einschätzung auch in etwaigen finalen Vertragstexten nichts mehr Grundlegendes ändern wird.

Die vor die Klammer gezogenen, die Auslegung und Anwendung der Einzelbestimmungen leitenden Grundsätze rekurrieren einerseits ähnlich wie AEUV-Protokoll Nr. 27 auf den Schutz des „freien und unverfälschten Wettbewerbs", andererseits auf das von Australien geprägte Konzept der *competitive neutrality* (vgl. Art. X.1 bzw. X.2 der beiden Textvorschläge).[1776] Beide werden aber bereits dadurch relativiert, dass die geplanten Regelungsabschnitte A (betreffend das Kartell-, Marktbeherrschungs- und Fusionskontrollrecht) und B (betreffend Subventionen) nicht im Sinne einer Konvergenz des Wettbewerbsrechts inhaltlich miteinander ver-

1774 So *Rat*, Negotiating directives for a Free Trade Agreement with Australia v. 8.5.2018, 7663/18ADD 1, S. 16; bzw. Negotiating directives for a Free Trade Agreement with New Zealand, v. 8.5.2018, 7661/18ADD 1, S. 17; vgl. darüber hinaus die identischen Kommissionsvorschläge für ein Wettbewerbskapitel, online abrufbar unter https://trade.ec.europa.eu/doclib/docs/2019/july/tradoc_158281.pdf [EU-AUS-FTA] und https://trade.ec.europa.eu/doclib/docs/2019/june/tradoc_157925.pdf [EU-NZ-FTA], jeweils zuletzt aufgerufen am 15.8.2020.

1775 Vgl. *Kommission*, Report on the eighth round of negotiations for a Trade Agreement between the European Union and New Zealand v. 2.7.2020, S. 2, nach dem bereits die derzeit anvisierten WTO-plus-Subventionsregelungen betreffend den Dienstleistungssektor und die Einführung neuer Verbotstatbestände auf Widerstand stoßen.

1776 Vgl. vertieft zur *competitive neutrality* den Nachw. o. in Fn. 1240.

knüpft sein sollen und Letzterer lediglich wenige Ansatzpunkte enthält, welche eine dezidiert wettbewerbsrechtliche Stoßrichtung aufweisen. Solche werden allenfalls in der punktuell eingeführten *de minimis*-Grenze (vgl. Art. X.12 Abs. 4) und der durch die Theorie des Marktversagens zu rechtfertigenden Sonderbehandlung von Subventionen im Kontext der Erbringung öffentlicher Dienstleistungen entlang der *Altmark*-Kriterien erkennbar (vgl. Art. X.8 Abs. 3). Als konkrete WTO-plus-Bausteine verbleiben die von der Kommission intendierte Anwendung der Art. 1.1 sowie 2 ASÜ auf Subventionen im Dienstleistungsbereich (vgl. Art. X.8 Abs. 1), die Erweiterung der Kategorie verbotener Subventionen um die bereits aus Abkommen mit asiatischen Handelspartnern bekannten Tatbestände (vgl. Art. X.12 Abs. 1) und sektorübergreifende Transparenzerfordernisse (vgl. Art. X.10), deren Einhaltung im Wege des Streitbeilegungsmechanismus überprüft werden könnte.[1777] Eine echte Innovation stellte die von der Kommission – soweit ersichtlich – erstmals in Erwägung gezogene, je nach Blickwinkel (s. oben *Teil 2 § 1 A.I.2.b.*) als *inter se*-Modifikation oder als Klarstellung einzustufende Definition des Begriffs der öffentlichen Körperschaft (engl.: *public body*) in Art. 1.1 (a) ASÜ dar. Dieses Unterfangen erfuhr bis dato jedoch noch keinerlei Konkretisierung, sondern wird in Gestalt eines sog. *placeholder* lediglich vage in Aussicht gestellt (vgl. nur Art. X.8 Abs. 1 a.E.).

Wenngleich bereits heute feststeht, dass die skizzierten Inhalte des Textvorschlages im Verlauf der jeweiligen Verhandlungen ergänzt, geändert oder auch teilweise zurückgezogen werden, sind sie angesichts ihres noch jungen Datums (März bzw. April 2019) gleichwohl geeignet, übergeordnete Entwicklungslinien in der Herangehensweise der Union an Fragestellungen des internationalen Subventionsrechts offenzulegen. So wird – wie bereits in Bezug auf die laufenden Freihandelsgespräche mit den Philippinen und Indonesien konstatiert (s. oben *II.1.c.*) – erkennbar, dass diese sich im Einklang mit den in Kooperation mit den USA und Japan ausgearbeiteten Vorschlägen für eine Reform des ASÜ (s. oben *Teil 2 § 1 B.I.3.*) primär auf die Verschärfung des internationalen Subventionsrechts fokussiert, wobei das noch in den Freihandelsabkommen mit Singapur und Vietnam verfolgte Ansinnen, eine Differenzierung zwischen „guten“ und „schlechten“ Subventionen anzustellen, zunehmend in den Hintergrund getreten ist.

1777 Die einzelnen Abkommenskapitel sind in den Textvorschlägen noch nicht verknüpft, sodass der üblicherweise am Ende des subventionsrechtlichen Regelungsabschnitts eingefügte Querverweis auf die Streitbeilegung aussteht.

IV. Amerika

Die von der Union mit nord-, mittel- und südamerikanischen Staaten ausgehandelten Freihandelsabkommen und -assoziierungen entstammen mit der Ausnahme des EU-CL-AA von 2002 durchgängig der vierten Abkommensgeneration. Dieser Umstand legt zunächst die Vermutung nahe, dass sie zumindest annähernd das im Verhältnis zu asiatischen Partnern etablierte subventionsrechtliche Regulierungsniveau erreichen, was unabhängig von der Zugehörigkeit zu einem bestimmten Subkontinent oder dem handelspolitischen Gewicht des jeweiligen EU-Vertragspartners jedoch auf keines der Subventionskapitel in transatlantischen Abkommen zutrifft. Während CETA und nicht zuletzt das modernisierte EU-MX-AA zwar mitunter WTO-plus-Komponenten enthalten, insbesondere aber im Bereich der Dienstleistungssubventionen von deren robuster Einkleidung absehen, hebt sich etwa das EU-Zentralamerika-AA in subventionsrechtlicher Hinsicht lediglich marginal von klassischen Entwicklungsassoziierungen ab *(1.)*. Offensichtlicher noch wird die Diskrepanz zwischen der dem Subventionsrecht in neueren Handelsagenden der Kommission zugedachten zentralen Rolle und den diesbezüglich tatsächlich getroffenen Vereinbarungen im Falle des EU-CAN-FTA sowie des EU-MERCOSUR-AA *(2.)*. Ein einheitlicher Erklärungsansatz für die Regelungsdefizite und die Abwesenheit wettbewerbsrechtlicher Sichtweisen ist nicht ersichtlich; vielmehr sind Faktoren wie die föderalismusbedingten innerstaatlichen Widerstände gegen WTO-plus-Subventionsdisziplinen, gescheiterte Versuche der Einführung intraregionaler Kontrollsysteme (s. oben *Teil 2 § 2 B.I.*) oder fehlendes Entgegenkommen der Union beim Rückbau von Subventionspraktiken in der Landwirtschaft abwechselnd oder in Kombination für die Zurückhaltung der Handelspartner ursächlich.

1. Nord- und Mittelamerika

a) USMCA-Staaten

aa) Kanada

Symptomatisch für die Defizite steht die Genese des CETA, das sowohl die Union als auch Kanada als neuen „Goldstandard" für progressive

Freihandelsabkommen qualifizierten.[1778] Ohne im Rahmen vorliegender Arbeit bewerten zu können, ob das Vertragswerk in der Gesamtschau seiner Bestimmungen tatsächlich dem Ideal des *Complete Trade Agreement* nahekommt, trifft diese Einschätzung jedenfalls nicht auf das vereinbarte Subventionskapitel zu.[1779] Der Befund erscheint sowohl angesichts des Umstands, dass die beiden Vertragsparteien in der multilateralen DDA sich teils überschneidende Vorstellungen zur Frage der Fortentwicklung des ASÜ äußerten, als auch angesichts des gesamten Verlaufs der Abkommensverhandlungen, kontraintuitiv. So setzen diese sich auf WTO-rechtlicher Ebene nicht nur für die Wiedereinführung einer Kategorie von nichtanfechtbaren Subventionen ein.[1780] Vielmehr sahen auch der erste von der Kommission in die Verhandlungen eingebrachte Textvorschlag für ein Subventionskapitel und der beiderseits erarbeitete *Draft Consolidated Text* ungleich ambitioniertere Regelungen vor.[1781] Insbesondere visierte Ersterer eine weitgehende Erfassung von Dienstleistungssubventionen an, Letzterer enthielt – analog zu den EU-Freihandelsabkommen mit den südostasiatischen Partnern Singapur und Vietnam (s. oben *I.1.*) – neben zwei zusätzlichen Verbotstatbeständen immerhin noch eine Nachbildung der Rechtfertigungstatbestände in Art. 107 Abs. 2 und 3 AEUV.

Nichtsdestotrotz fand in den endgültigen CETA-Vertragstext lediglich eine einzige Regelungskomponente von WTO-plus-Format Eingang: Die Vorschriften zur Herstellung von Subventionstransparenz in Art. 7.2 Abs. 1 CETA beschränken sich in materiell-rechtlicher Hinsicht zwar auf eine Bestätigung von Art. 25 ASÜ (vgl. Abs. 2), allerdings kann ein vermuteter Verstoß durch die jeweils andere Vertragspartei mithilfe des Streitbeilegungsmechanismus geltend gemacht werden (*arg. e contr.* Art. 7.9 CETA). Hinzu tritt die vage formulierte Verpflichtung, auf Ersuchen der anderen Vertragspartei umgehend Auskunft über konkrete Fälle einer „öffentlichen Unterstützung“ zu erteilen, welche den Dienstleistungshandel

1778 Vgl. das *Joint Statement* der damals amtierenden Handelskommissarin *Cecilia Malmström* und Kanadas Handelsministerin *Chrystia Freeland* (STATEMENT/16/446 v. 29.2.2016).

1779 Bezeichnenderweise kategorisieren zum Beispiel *Borlini/Dordi*, Columbia J. Eur. Law 2017, 551, 578, dieses bereits nicht als WTO-plus-Regime, sondern als bloße Reproduktion der multilateral geltenden Standards.

1780 S. hierzu die einschlägigen kanadischen DDA-Vorstöße WTO-Dok. TN/RL/W/1 v. 15.4.2002.

1781 S. umfassend zur Genese des CETA-Subventionskapitels *Reinhold*, EWS 2016, 136 ff. m. zahlr. weit. Nachw.

betreffen (vgl. Abs. 3).[1782] Davon abgesehen erfolgt keine effektiv durchsetzbare Regulierung von Dienstleistungssubventionen, was nicht unerheblich mit dem im CETA erstmals von der Union verfolgten sog. „Negativlistenansatz" bezüglich der Liberalisierung des Dienstleistungssektors kontrastiert.[1783] Konkret mangelt es bereits am Versuch der Begriffsdefinition der Dienstleistungssubvention, was die exakte Reichweite der wenigen verbliebenen einschlägigen Teilregelungen offenlässt. Der durch Art. 7.3 CETA etablierte Konsultationsmechanismus stellt im Ergebnis lediglich eine nähere Ausgestaltung von Art. XV:2 GATS dar und hat mit diesem die fehlende Durchsetzbarkeit gemein (vgl. Art. 7.9 CETA). Auch nahmen die Vertragsparteien die in kanadischen Provinzen ebenso wie in EU-Mitgliedstaaten hohe Präsenz subventionierter DAWI-Erbringer nicht zum Anlass, hierzu ein Sonderregime oder sonstige Verhaltensmaßstäbe zu entwickeln.[1784] Stattdessen begründet der einzige Ausnahmetatbestand in Art. 7.7 CETA einen asymmetrisch ausgestalteten sektoralen *a limine*-Ausschluss von Unterstützungsmaßnahmen betreffend die kanadische Kulturwirtschaft als Ganze sowie audiovisuelle Dienstleistungen in der Union aus dem Subventionskapitel (vgl. Art. 7.7 CETA), der protektionistische Züge aufweist.[1785] Sofern in Umweltschutzvorschriften wie Art. 24.3 CETA, die von der Möglichkeit der Ergreifung von Fördermaßnahmen sprechen, ein Einfallstor für weitere Ausnahmen erblickt wird,[1786] vermag dies nicht vollständig zu überzeugen. Erstens stellen diese keinerlei direkten Bezug zum Instrument der Subvention her; zweitens gestattet Art. 24.4

1782 Diese untersteht zwar ebenfalls dem CETA-Streitbeilegungskapitel, allerdings erscheint es in Anbetracht der fehlenden Begriffsbestimmung der Dienstleistungssubvention sowie der Unklarheit darüber, welche Mindestgehalte eine Auskunft im Sinne von Art. 7.2 Abs. 3 CETA enthalten muss, zweifelhaft, ob ihre Operabilität im Rahmen des Streitbeilegungsverfahrens überhaupt sichergestellt wäre.

1783 Vgl. zum Negativlistenansatz knapp *Herrmann/Guilliard*, in: Krenzler/Herrmann/Niestedt, 14. EL Oktober 2019, XIII. 130. Einl. zur vertraglichen Handelspolitik Rn. 59 f. m. weit. Nachw.

1784 S. hierzu kritisch *Krajewski*, EuZW 2015, 301, 305.

1785 Vgl. zur Definition des Begriffs der Kulturwirtschaft, welche über den Subsektor der audiovisuellen Dienstleistungen hinaus auch Teile des Warenhandels erfasst, Art. 1.1 CETA.

1786 S. hierzu eingehend *Reinhold*, EWS 2016, 136, 143 f.; sowie zustimmend *Bungenberg/Schelhaas*, Beihilfenrechtliche Regelungen in (Freihandels-)Abkommen der EU, S. 613 f., die ferner Art. 28.7 Abs. 4 lit. a bis f CETA, welche bestimmte Steuermaßnahmen der Vertragsparteien aus dem Anwendungsbereich des Abkommens ausschließen, als subventionsrechtsrelevante Ausnahmetatbestände qualifizieren.

CETA zugunsten von nicht näher umrissenen „Umweltmaßnahmen" lediglich die Inanspruchnahme von Art. 28.3 CETA, welcher Art. XX GATT für anwendbar erklärt. Sofern man wie hier den Standpunkt einnimmt, dass dieser auch in Bezug auf das ASÜ heranziehbar ist, bleibt es bei einer deklaratorischen Bestätigung der WTO-Rechtslage, da die Art. 7.1 ff. CETA keine eigenen Verbotstatbestände vorsehen.

Festzuhalten bleibt, dass die CETA-Subventionsrechtsbestimmungen keiner der herausgearbeiteten international-subventionsrechtlichen Herausforderungen (s. oben *Teil 2 § 1 A.I.1.-3.*) adäquat begegnen und ungeachtet der vorhandenen subventionspolitischen Schnittmengen *a priori* nicht als *building block* einer künftigen Reform des WTO-Subventionsrechts konzipiert sind. Einerseits ist dies vor dem Hintergrund der geringen Zahl an bilateralen Subventionsrechtsstreitigkeiten in der Vergangenheit und der grundsätzlich defensiven Haltung der kanadischen Provinzen gegenüber verbindlichen Regelungen für Dienstleistungssubventionen nachvollziehbar. Andererseits hätte zum Beispiel die nunmehr in Ansätzen erkennbare materiell-rechtliche Konvergenz des interprovinziellen kanadischen Subventionsrechts mit dem unionalen Beihilfenprimärrecht (s. oben *Teil 2 § 2 B.III.2.b.bb.*) einen naheliegenden regulatorischen Ausgangspunkt für die gemeinsame Ausgestaltung einer *green light category* auf bilateraler Ebene gebildet.[1787]

bb) Mexiko

Das *Global Agreement* von 2000, dessen Abschluss von der Union unter anderem in Reaktion auf die Gründung der NAFTA (seit dem Jahre 2020: des USMCA) forciert wurde,[1788] bleibt gemessen an der Breite und Tiefe seiner handelsrelevanten Regelungsabschnitte deutlich hinter der vierten Abkommensgeneration zurück und beinhaltet kein Subventionsrechtsregime.[1789] Die Verhandlungen über eine Modernisierung des Handelsteils

1787 Andere Ansicht: *Reinhold*, EWS 2016, 136, 145, der aus den diesbezüglichen Tendenzen einer Annäherung der internen Subventionsrechtsstandards den gegenteiligen Schluss zieht und die Erforderlichkeit einer Überführung in Vertragsvölkerrecht in Frage stellt.

1788 Vgl. zu den Hintergründen des *Global Agreement* mit Mexiko *Defraigne*, New Regionalism and Global Economic Governance, UNU/CRIS e-Working Papers, No. 2, 2002, S. 4 f.

1789 S. für eine Kontextualisierung mit den Wettbewerbskapiteln der weiteren Unionsabkommen der dritten Generation mit außereuropäischen Partnern

des *Global Agreement* wurden im Jahre 2018 final abgeschlossen, die Änderungen sind jedoch noch nicht in Kraft getreten. Zudem steht noch das sog. *legal scrubbing* aus.[1790] In die so erneuerte Freihandelsassoziierung wird erstmals in der EU-Außenhandelsgeschichte ein detailliertes Kapitel zur Korruptionsbekämpfung aufgenommen,[1791] das sich mittelbar und langfristig auch positiv auf die Zielgerichtetheit der Subventionsgewährung mexikanischer staatlicher Stellen auswirken könnte. Ferner enthält das EU-MX-AA ein Subventionsrechtsregime, welches einerseits im intrakontinentalen Vergleich einen neuen Höchststandard setzen wird, andererseits aber nicht den in abgeschlossenen und geplanten EU-Freihandelsabkommen mit südost- bzw. ostasiatischen und ozeanischen Partnern erreichten Regulierungsstand erreicht, was trotz der Einbettung in das Wettbewerbskapitel bereits dessen einleitenden Grundsätze (vgl. Art. X.6 EU-MX-AA) indizieren, die sich allein auf den Schutz der vereinbarten Handelsliberalisierungen konzentrieren.

Positiv hervorzuheben ist, dass Dienstleistungssubventionen, bezüglich derer die Vertragsparteien eine *sui generis*-Definition wagen (vgl. Art. X.7 Abs. 1 lit. b EU-MX-AA), welche sich im Ergebnis aber als verkürzte Wiedergabe des Art. 1.1 ASÜ darstellt, zumindest grundsätzlich erfasst sind, und eine Erweiterung der Kategorie verbotener Subventionen um die beiden bereits aus vorhergehenden Freihandelsverträgen bekannten Tatbestände erfolgt (vgl. Art. X.11 lit. a und b EU-MX-AA), deren Eingreifen zum einen unter das Erfordernis der (potenziellen) Beeinträchtigung des Handels der anderen Vertragspartei gestellt wird (wie im EUKFTA) und zum anderen eine positive Nachweisführung der Spezifität voraussetzt (wie zuletzt im JEFTA). Im Gegensatz zu Kapitel 7 des CETA ist demzufolge tatsächlich von der Einführung einer WTO-plus-Subventionsregulierung zu sprechen, wenngleich nicht zu verkennen ist, dass viele der Fortentwicklungen bruchstückhaft bleiben. Abgesehen von einer an die *Altmark*-Kriterien angelehnten horizontalen Ausnahme für Subventionen für Unternehmen, die DAWI erbringen (vgl. Art. X.7 Abs. 4 EU-MX-AA), sind mit Blick auf Ausnahme- bzw. Rechtfertigungstatbestände keinerlei

---

Szepesi, EU free trade agreements: Competition Policy and State Aid, ECDPM InBrief 6E, July 2004.

1790 Vgl. zum letzten offiziellen Stand der Verhandlungen *Kommission*, Pressemitteilung v. 28.4.2020 (IP/20/756).

1791 S. hierzu detailliert unter besonderer Berücksichtigung der Antikorruptionsbestimmungen in Kapitel 27 des USMCA *Chijioke-Oforji*, TDM 2020 [im Erscheinen].

Innovationen zu verzeichnen.[1792] Nicht zuletzt finden sich mehrere Aufweichungen bzw. Sonderbestimmungen für Dienstleistungssubventionen, welche in der Summe dafür sorgen, dass sich der subventionsrechtliche Mehrwert des EU-MX-AA insoweit faktisch demjenigen des EUKFTA annähert, das diese *de lege lata* außen vor lässt. So beziehen sich die zusätzlichen Kategorien verbotener Subventionen ausschließlich auf den Bereich des Warenhandels (vgl. Art. X.7 Abs. 7 EU-MX-AA) und die präzisen Transparenzverpflichtungen des Art. X.9 EU-MX-AA erfahren eine Relativierung dadurch, dass sie lediglich für ausgewählte Dienstleistungssektoren gelten[1793] und gemäß Art. X.13 EU-MX-AA exklusiv hinsichtlich Warensubventionen mithilfe des abkommenseigenen Streitbeilegungsmechanismus geltend gemacht werden können.

cc) USA

Nachdem die in Öffentlichkeit und Schrifttum vielrezipierten Verhandlungen zwischen der Union und den USA über eine Transatlantic Trade and Investment Partnership (TTIP) Ende des Jahres 2016 erfolglos beendet worden waren, kam es danach zu keinen subventionsrechtsrelevanten bilateralen Freihandelsgesprächen mehr. Vielmehr verlagerten sich die diesbezüglichen Bemühungen der beiden engen Handelspartner zurück auf die multilaterale Ebene, wobei Möglichkeiten einer Reform des ASÜ zunächst im Rahmen einer trilateralen Initiative mit Japan vorbereitet werden (s. oben *Teil 2 § 1 A.II.3.*). Angesichts dessen sowie der im Jahre 2019 endgültig erfolgten Obsoleterklärung der TTIP-Verhandlungsleitlinien, die der Rat durch ein auf die Abschaffung von Zöllen für Industriegüter

---

1792 Dies bestätigt den vorliegend eingenommenen defensiven Standpunkt bezüglich des Aussagewerts der „Grundsätze“, die Subventionskapiteln bzw. -regelungsabschnitten in EU-Freihandelsabkommen und -assoziierungen teils präambelartig vorangestellt sind. So wählen die Vertragsparteien des EU-MX-AA bei der Darlegung des Subventionsparadoxes zwar die gleiche Reihenfolge wie im EUVFTA (vgl. dazu den Nachw. o. in Fn. 1755), ziehen anders als dort aber nicht den Schluss, für legitim erachtete Gemeinwohlziele auch tatsächlich gesondert zu berücksichtigen.

1793 Diese sind aufgelistet in Art. X.9 Abs. 3 lit. b EU-MX-AA. Gemäß lit. a besteht zusätzlich eine *de minimis*-Schwelle in Höhe von 400.000 Sonderziehungsrechten (pro Empfänger binnen drei aufeinanderfolgenden Jahren).

fokussiertes Verhandlungsmandat ersetzte,[1794] darf die Aussagekraft des von der Kommission im Jahre 2014 formulierten Textvorschlags für ein Subventionskapitel nicht überhöht werden. Dessen – nunmehr vorerst hypothetisch bleibende – Annahme durch die USA unterstellt, überträfe die Regelungsdichte des TTIP-Subventionsrechtsregimes die des CETA, unterschritte aber die im modernisierten EU-MX-AA. Die Kommission antizipierte die US-amerikanische Ablehnung einer *green light category*, nachdem diese sich bereits im Verlauf der Doha-Verhandlungsrunde früh herauskristallisiert hatte,[1795] und konzentrierte sich stattdessen auf eine umfassende Einbeziehung von Dienstleistungssubventionen unter Einfügung einer horizontalen Ausnahme zugunsten von DAWI.[1796] Bemerkenswert ist schließlich der Verzicht auf einen Vorstoß zur Erweiterung der Kategorie verbotener Subventionen, da diesbezügliche Reformvorschläge der USA zum ASÜ noch deutlich weiter reichten als diejenigen der Union.[1797] Die daraus resultierende Möglichkeit einer Vorreiterstellung der beiden Handelsmächte behandelten diese jedoch offenbar nicht prioritär.

b) Zentralamerika-Staaten

Art. 344 des EU-CA-AA, als der einzige mit Blick auf Industriesubventionen relevante Artikel der Freihandelsassoziierung mit sechs zentralamerikanischen Staaten, enthält Vorschriften zur Subventionstransparenz (vgl. Abs. 2), deren Inhalt jedoch nicht über Art. 25 ASÜ hinausgeht, und zum fakultativen Informationsaustausch über Dienstleistungssubventionen (vgl. Abs. 3). In allen Angelegenheiten, die in seinen Geltungsbereich fallen, ist der Rückgriff auf das Streitbeilegungskapitel ausgeschlossen (vgl. Abs. 6). Die zurückhaltende Subventionsregulierung ist vor dem Hintergrund des Gesamtcharakters der Assoziierung, bei der sich freihan-

1794 *Rat*, Decision authorising the opening of negotiations with the United States of America for an agreement on the elimination of tariffs for industrial goods v. 9.4.2019, 6052/19, Art. 3.

1795 Vgl. zur subventionsaversiven US-Haltung im Rahmen der DDA umfassend *Magnus*, JWT 2004, 985, 998 ff.

1796 Der von der Kommission im Jahre 2014 in die Verhandlungen eingebrachte Vorschlag für ein Subventionskapitel ist nach wie vor online abrufbar unter https://trade.ec.europa.eu/doclib/docs/2015/january/tradoc_153031.pdf [zuletzt aufgerufen am 15.8.2020].

1797 Vgl. dazu die Nachw. o. in Fn. 665.

dels- und entwicklungspolitische Aspekte die Waage halten,[1798] sowie des äußerst geringen Anteils der Zentralamerika-Staaten am Außenhandelsvolumen der Union grundsätzlich nachvollziehbar.[1799] Schließlich korrespondiert dies damit, dass alle intraregionalen Integrationsbemühungen der Zentralamerikastaaten und auch das mit den USA im Jahre 2004 vereinbarte Central America Free Trade Agreement (CAFTA)[1800] Industriesubventionen seit jeher vollständig ausblenden. Aus deren Sicht besteht ein wesentlicher Fortschritt stattdessen darin, dass sich die Vertragsparteien in Art. 89 Abs. 3 EU-CA-AA ihres wechselseitigen Verzichts auf die Aufrechterhaltung, Einführung oder Wiedereinführung von Ausfuhrsubventionen für landwirtschaftliche Erzeugnisse versichern, welche für das Gebiet der jeweils anderen Vertragspartei bestimmt sind.

2. Südamerika

a) MERCOSUR

Das lediglich zwei Artikel umfassende Subventionskapitel in der im Juni 2019 bekanntgegebenen Grundsatzvereinbarung über eine interregionale Freihandelsassoziierung mit dem Handelsblock des MERCOSUR begründet das in subventionsrechtlicher Hinsicht am wenigsten ambitionierte post-*Global Europe*-Unionsabkommen.[1801] Bereits in den langwierigen, mehrfach suspendierten Verhandlungen offenbarte sich die prinzipielle Ablehnung der MERCOSUR-Staaten gegenüber einer Vereinbarung über

---

1798 S. zu letzterem Aspekt *Bungenberg*, in: von der Groeben/Schwarze/Hatje, Art. 217 AEUV Rn. 139.

1799 Der Anteil Costa Ricas, als dem wichtigsten Handelspartner unter den sechs zentralamerikanischen Staaten, am EU-Gesamtaußenhandelsvolumen beträgt lediglich etwa 0,1 Prozent (vgl. dazu den Nachw. o. in Fn. 1341).

1800 Seit dem Beitritt der Dominikanischen Republik (2004) firmiert es formell unter dem Namen DR-CAFTA.

1801 Die Analyse von *Baltensperger/Dadush*, The European Union-Mercosur Free Trade Agreement: prospects and risks, Bruegel Policy Contribution Issue No. 11, September 2019, S. 8, die den Zusammenhang zwischen der mangelnden Liberalisierungsbereitschaft der Union im Agrarbereich und der des MERCOSUR betreffend Industriegüter beleuchten, legt die Vermutung nahe, dass die insgesamt zu erwartende Überschaubarkeit des abkommensbedingten Liberalisierungsschubs auch auf das Regulierungsniveau bezüglich Industriesubventionen durchschlug.

das ASÜ hinausgehender Subventionsdisziplinen.[1802] Übrig blieb im Abkommenstext daher lediglich ein vages Bekenntnis zu einer differenzierten Betrachtung des Instruments der Subvention; das heißt eine abstrakte Anerkennung der Existenz der international akzeptablen Subvention, wobei die Vertragsparteien nicht einer wettbewerbs-, sondern einer handelsrechtlichen Logik folgen (vgl. Art. X.1 EU-MERCOSUR-AA). Konkrete regulatorische Fragestellungen werden ohne inhaltliche Präzisierung und Zeitplan auf die Ebene der WTO bzw. auf die der nach Inkrafttreten einzurichtenden Abkommensausschüsse verlagert (vgl. Art. X.2 EU-MERCOSUR-AA). Während auf Ersterer eine Koordinierung der jeweiligen Positionen in Reformverhandlungen zum ASÜ erfolgen soll, planen die Vertragsparteien unter anderem die Erhöhung des Transparenzniveaus und einen Informationsaustausch über die Handelsauswirkungen von Subventionen im bilateralen Rahmen zu bewerkstelligen.

Potenziell vielversprechend erscheint einzig der Abschluss des in Art. X.2 a.E. EU-MERCOSUR-AA in Aussicht gestellten subventionsrechtlichen Kooperationsabkommens auf Verwaltungsebene, durch das die unausgereifte intraregionale Subventionsregulierung im MERCOSUR einen Entwicklungsschub erfahren könnte. Wenngleich eine von der GD Wettbewerb beeinflusste Umsetzung des im Wettbewerbsprotokoll von Fortaleza angelegten Regelungsauftrags (s. oben *Teil 2 § 2 B.I.3.*) ein erstrebenswertes Fernziel begründet, vermag dies nichts daran zu ändern, dass die Union im Falle des tatsächlichen Zustandekommens der Freihandelsassoziierung trotz des beachtlichen EU-Außenhandelsvolumens mit dem MERCOSUR, der Vielzahl (subventionierter) staatseigener Unternehmen in Brasilien,[1803] und des in den beiden föderal geprägten MERCOSUR-Staaten Argentinien und Brasilien verbreiteten Phänomens innerstaatlicher Subventionswettläufe zwischen den einzelnen Provinzen bzw. Bundesstaa-

---

1802 Vgl. symptomatisch *Kommission*, Report from the XXXIth round of negotiations of the Trade Part of the Association Agreement between the European Union and Mercosur v. 19.1.2018, S. 2: „MERCOSUR reaffirmed its objection to engage in negotiations on subsidies disciplines going beyond existing WTO obligations."

1803 S. für eine kritische Nachzeichnung der zentralen Stellung öffentlicher Unternehmen in der brasilianischen Volkswirtschaft *Musacchio/Lazzarini*, State-Owned Enterprises in Brazil: History and Lessons, Paper prepared for the OECD Workshop on State-Owned Enterprises in the Development Process, April 2014, online abrufbar unter www.oecd.org/daf/ca/Workshop_SOEsDevelopmentProcess_Brazil.pdf [zuletzt aufgerufen am 15.8.2020].

ten[1804] weder eines ihrer im Rahmen der DDA verfolgten subventionsrechtlichen Ziele verwirklichte noch in der verwandten Frage der Regulierung öffentlicher Unternehmen relevante Fortschritte erzielte.

b) CAN-Staaten und Chile

Das Freihandelsabkommen mit Kolumbien und Peru, dem sich im Jahre 2017 Ecuador anschloss, und welches die Option des Beitritts für den vierten CAN-Staat Bolivien beinhaltet,[1805] gibt in Art. 293 exakt den subventionsrechtlichen Gehalt des EU-Zentralamerika-AA wieder. Zwar entspricht das Absehen von Formen der vertieften interinstitutionellen Kooperation dem Umstand, dass die Übereinkunft mit den einzelnen CAN-Staaten und nicht mit der CAN als Ganzen geschlossen wurde sowie als reiner Freihandelsvertrag – und nicht etwa -assoziierung – zu qualifizieren ist.. Allerdings erschiene es zumindest im Falle eines künftigen Beitritts Boliviens erwägenswert, ähnlich wie im EU-MERCOSUR-AA vereinbart und aufbauend auf die *review clause* des Art. 293 Abs. 3 EU-CAN-FTA, mittel- bis langfristig ein Abkommen oder MoU auf Verwaltungsebene anzustreben, um auf diesem Wege gegebenenfalls die intraregionalen Bemühungen um die im Jahre 2005 gescheiterte Installierung eines CAN-weiten Subventionsrechts (s. oben *Teil 2 § 2 B.I.2.*) wiederbeleben zu können.

Die bereits seit dem Jahre 2002 bestehende Freihandelsassoziierung mit Chile beschränkt sich in subventionsrechtlicher Hinsicht ebenfalls auf einen Transparenzmechanismus (vgl. Art. 177 Abs. 3 EU-CL-AA), dessen Detailgrad zwar hinter demjenigen im EU-CAN-FTA bzw. im EU-Zentralamerika-AA zurückbleibt, dafür aber Dienstleistungssubventionen von vornherein miterfasst und jährlich statt zweijährlich eingreift. Gemäß Art. 180 EU-CL-AA können seine Vorschriften wiederum nicht im Rahmen des Streitbeilegungsverfahrens geltend gemacht werden. Die Kontextualisierung mit dem EU-CL-AA ist in doppelter Hinsicht aufschlussreich, weil dieses das zweitälteste EU-Handelsabkommen mit einem transatlan-

---

1804 S. hierzu näher *OECD*, Global forum on competition: roundtable on competition, state aids and subsidies (2010), S. 27 ff., die hervorhebt, dass *bidding wars* neben Industrie-, zunehmend auch Schwellenländer erfassen.

1805 Vgl. in diesem Sinne implizit die Erwägungsgründe des Beschlusses 2012/735/EU des Rates v. 31. Mai 2012 zur Unterzeichnung – im Namen der Union – des Handelsübereinkommens zwischen der Europäischen Union und ihren Mitgliedstaaten einerseits sowie Kolumbien und Peru andererseits und über die vorläufige Anwendung dieses Übereinkommens, ABl. 2012 L 354/1.

tischen Partner darstellt und nunmehr ebenfalls modernisiert werden soll. Es legt zuallererst offen, dass entgegen den Ankündigungen der Kommission in der *Global Europe*-Mitteilung bisher eine weitgehende subventionsrechtliche Kontinuität zwischen dritter und vierter Abkommensgeneration vorherrscht. Darüber hinaus bestätigen die von der Union im Februar 2018 lancierten Textvorschläge für eine Modernisierung des Handelsteils des EU-CL-AA erneut, dass die von der Kommission bereits in den jüngeren Verhandlungen mit Indonesien, den Philippinen, Australien, Neuseeland und Mexiko verwendete Regelungsschablone für ein Subventionskapitel bzw. -teilkapitel die neuen Zielvorstellungen der EU im Verhältnis zu außereuropäischen Drittstaaten widerspiegelt.

V. (Süd-)Afrika

Da Entwicklungsassoziierungen mit afrikanischen Staaten, die lediglich Bestimmungen zu Agrar-, nicht aber zu Industriesubventionen enthalten (s. oben *§ 1 A.I.5.*), außer Betracht bleiben, ist vorliegend einzig das TDCA mit Südafrika aus dem Jahre 1999 von näherem Interesse.[1806] Mit Art. 41 Abs. 1 TDCA führten die Vertragsparteien ein Beihilfenverbot ein, welches sich einerseits an Art. 107 Abs. 1 AEUV anlehnt, andererseits im Unterschied zum Beihilfenprimärrecht die Ebenen des Tatbestandes und der Rechtfertigung dergestalt miteinander verknüpft, dass ein Tatbestandsausschluss bereits dann erfolgen kann, wenn eine Beihilfenmaßnahme „in Verfolgung spezifischer Ziele der Staatspolitik einer Vertragspartei" ergriffen worden ist.[1807] Zwar wurde damals der Versuch unternommen, besagte Tatbestandsausschlüsse in Annex IX zum TDCA auszubuchstabieren; durch das Fehlen jeglicher Handlungsanweisung für die Abwägung zwischen Handels- und Wettbewerbsverzerrung sowie „staatspolitischen Zielen" und die Verwendung unbestimmter Rechtsbegriffe, die üblicherweise dem Investitionsschutzrecht zuzurechnen sind (vgl. etwa Art. 41 Abs. 2 TDCA: „fair" und „equitable"), gerieten diese jedoch impraktikabel.

1806 Vgl. zu Struktur und Inhalten des TDCA statt aller nur *Weusmann*, Die Europäische Union und Südafrika, 2005, S. 174 ff.

1807 S. näher zum TDCA-Subventionsrechtsregime ebd., S. 202 ff.; *Borlini/Dordi*, Columbia J. Eur. Law 2017, 551, 565 ff.; sowie in Gegenüberstellung mit weiteren Unionsabkommen der dritten Generation *Szepesi*, EU free trade agreements: Competition Policy and State Aid, ECDPM InBrief 6E, July 2004.

Mit der provisorischen Anwendung der Entwicklungsassoziierung mit mehreren Staaten der Southern African Development Community (SADC-EPA) im Jahre 2016, die neben Südafrika auch Botswana, Lesotho, Mosambik, Namibia und Swasiland umfasst und den Handelsteil des TDCA substituiert, ist auch dessen Beihilfenrechtsregime ersatzlos außer Kraft getreten.[1808] Angesichts der in jüngeren Handelsagenden der Kommission getätigten Aussagen erscheint diese pauschale Herangehensweise zumindest in rein subventionsrechtlicher Hinsicht fraglich. Ungeachtet dessen, dass das TDCA-Beihilfenverbot in der Praxis der südafrikanischen Wettbewerbsaufsicht auch wegen der nie verabschiedeten Durchführungsvorschriften (vgl. Art. 44 Abs. 1 TDCA) keine Rolle spielte,[1809] zeigen Beschwerden, welche die South African Competition Commission in unregelmäßigen Abständen von mit Beihilfenempfängern konkurrierenden Privatunternehmen erreichen, dass ein faktisches Bedürfnis nach Kontrolle besteht.[1810] Aus Sicht der Union gilt dieses einmal mehr, da es sich bei Südafrika um ein ökonomisch bedeutendes Schwellenland handelt, das zu den zwanzig wichtigsten EU-Handelspartnern zählt und in dem öffentliche Unternehmen nach wie vor inländische Industriezweige dominieren.[1811]

1808 Vgl. zum Verhältnis zwischen SADC-EPA und TDCA Protokoll Nr. 4 des Wirtschaftspartnerschaftsabkommens zwischen der Europäischen Union und ihren Mitgliedstaaten einerseits und den SADC-WPA-Staaten andererseits, ABl. 2016 L 250/3.

1809 *Borlini/Dordi*, Columbia J. Eur. Law 2017, 551, 565, unter Verweis auf die nicht mehr öffentlich zugänglichen Ausführungen von *Loopoo/van Wyk*, Competition Commission of South Africa, State Aid and Competition in South Africa, Presentation at the 7th Annual Conference on Competition Law, Economics & Policy v. 5.9.2013.

1810 Vgl. beispielhaft den Bericht von *Visser/Ensor*, Competition Commission declines to probe SAA, in: Business Day v. 12.11.2012, abrufbar unter www.businesslive.co.za/bd/national/2012-11-12-competition-commission-declines-to-probe-saa/ [zuletzt aufgerufen am 15.8.2020], über eine mangels entsprechender Befugnisse aus dem nationalen Wettbewerbsrecht erfolgte Ablehnung der südafrikanischen Competition Commission, die Auswirkungen auf den Wettbewerb einer staatlichen Garantie in Höhe von 250 Millionen Euro zugunsten der Fluglinie *South African Airways* einer Überprüfung zu unterziehen.

1811 Vgl. dazu zum einen den Nachw. o. in Fn. 1341 sowie zum anderen *OECD*, South Africa Policy Brief: Corporate Governance, July 2015, S. 1, abrufbar unter www.oecd.org/policy-briefs/south-africa-state-owned-enterprise-reform.pdf [zuletzt aufgerufen am 15.8.2020], nach der explizite und implizite staatliche Garantien sowie Subventionen zugunsten von öffentlichen Unternehmen ca. sechs Prozent des südafrikanischen BIP ausmachten.

§ 3 Beihilfenkontrolle post-Brexit

Für die vertragsvölkerrechtliche Ausgestaltung der post-Brexit-Handelsbeziehungen zwischen der EU der 27 Mitgliedstaaten einerseits und dem Vereinigten Königreich andererseits wurden im rechtspolitischen Diskurs nahezu alle gängigen Stufen der Wirtschaftsintegration in Betracht gezogen und insbesondere auch im Hinblick auf ihre jeweiligen beihilfen- bzw. subventionsrechtlichen Konsequenzen kontrovers erörtert.[1812] Öffentliches Interesse sollte in diesem Zusammenhang das vom EU-Verhandlungsführer *Michel Barnier* im Dezember 2017 entworfene – und später nach ihm benannte – Schaubild der sog. „Barnier-Treppe" auf sich ziehen,[1813] auf welchem dieser die „roten" Verhandlungslinien des Vereinigten Königreichs mit Wesensmerkmalen der von der Union mit den drei EWR/EFTA-Staaten, mit der Schweiz, mit der Ukraine, mit der Türkei sowie mit Südkorea (bzw. Kanada) vereinbarten Vertragswerke abglich.

Aufseiten des Vereinigten Königreichs wurde die Frage nach der Wünschenswertigkeit einer differenzierten Integration in das EU-Beihilfenaufsichtssystem im Zeitraum zwischen 2014 und 2021 immer wieder konträr beantwortet *(A.)*. Diese Kakophonie führte in Kombination mit der von beiden Verhandlungsparteien anerkannten Notwendigkeit, bei der Formulierung handelspolitischer Bedürfnisse den Grundsätzen des sog. *Good Friday Agreement* zwischen dem Vereinigten Königreich und der Republik Irland aus dem Jahr 1998 Geltung zu verschaffen,[1814] zur Aushandlung zweier grundverschiedener bilateraler Beihilfen- bzw. Subventionsrechtsregime – einerseits im revidierten WA-Protokoll zu Irland/Nordirland aus dem Herbst 2019, andererseits im TCA vom 24. Dezember 2020 –, die seit dem 1. Januar 2021 – mehr oder weniger unkoordiniert – nebeneinander existieren *(B.)*. Trotz der in letzter Minute geglückten Verhinderung

---

1812 Vgl. jeweils nicht abschließend *Burke/Hannesson/Bangsund*, EPL 2016, 69 ff. (zum EWRV); *Epiney/Affolter*, The Future Relationship between EU and UK – "Bilateral Agreements" EU – Switzerland as a Model?, in: Kadelbach (Hrsg.), Brexit – And What It Means, 2019, S. 103 ff. (zu EU-Schweiz); *Szyszczak*, A UK Brexit Transition: to the Ukraine Model?, UK Trade Policy Observatory Briefing Paper No. 11 (November 2017) (zum EU-UA-AA); *Webb*, A UK-EU customs union?, Commons Library Paper No. 8290 (April 2018) (zur EU-TR-CU); *Neuwahl*, EFAR 2017, 279 ff. (zu CETA).

1813 *Kommission*, Slide presented by Michel Barnier, European Commission Chief Negotiator, to the Heads of State and Government at the European Council (Article 50) on 15 December 2017, TF50 (2017) 21.

1814 S. hierzu vertiefend *GD Interne Politikbereiche* (Hrsg.), Study on the UK Withdrawal ('Brexit') and the Good Friday Agreement, PE 596.826, 2017.

eines sog. *cliff-edge Brexit* (ohne jegliche bilaterale Handelsübereinkunft) fallen Prognosen zum Ausmaß der künftigen Divergenz zwischen den beiden Subventionsregelwerken untereinander sowie nicht zuletzt in deren jeweiligem Verhältnis zum EU-Beihilfenrecht schwer. Zurückzuführen ist dies ist zum einen auf die Regelungsweise des TCA, welches dem Partnerschaftsrat weitreichende Befugnisse zur Konkretisierung und Fortentwicklung zentraler Abkommensbestimmungen einräumt, zum anderen auf die bis Mitte des Jahres 2021 als minimalistisch zu bezeichnenden Implementierungsanstrengungen des Vereinigten Königreichs *(C.)*.

A. Vom Brexit-Votum bis zum Trade and Cooperation Agreement

Der britische Umgang mit der Frage der Beihilfenregulierung im Verlauf des mehr als vierjährigen Prozesses des Brexit lässt sich unter Anknüpfung an eine Charakterisierung von *Andrea Biondi* aus dem Jahre 2018 treffend mit der Formel *„fall and rise, and fall and (partial) rise again of State aid law“* zusammenfassen.[1815] Das Novum der Desintegration eines Mitgliedstaats aus dem EU-Binnenmarkt sorgte zwar für eine bisher beispiellose beihilfenpolitische Interessenlage beider Verhandlungsseiten, sodass sich für die neuen Beihilfen- bzw. Subventionsrechtsbeziehungen im WA-Protokoll zu Irland/Nordirland und im TCA der Rückgriff auf Regelungsschablonen aus bestehenden EU-(Frei-)Handelsabkommen lediglich punktuell, nie aber in deren jeweiliger Gesamtheit anbot. Nichtsdestoweniger führten der enorme Zeitdruck, unter dem sowohl das WA und seine Protokolle als auch das TCA zustande kamen, und die aus dem Ziel der Vermeidung einer „harten“ inneririschen Zollgrenze resultierende Sonderstellung Nordirlands dazu, dass während des im Folgenden *(I.-III.)* analysierten Gesamtverlaufs der Verhandlungen immer wieder die oben (unter *§ 1 C.II.*) entwickelten (Sub-)Kategorien des beihilfen- bzw. subventionsrechtlichen Systems konzentrischer Kreise zum Vorschein kamen.

1815 Vgl. *Biondi*, EStAL 2018, 325, 325: „The Fall and Rise of State Aid in Brexit Britain”; ähnlich bereits zuvor *Peretz*, EStAL 2018, 80 ff.

I. (Wettbewerbs-)Politische Hintergründe des Brexit

Im Vorfeld des Brexit-Referendums kristallisierte sich bereits früh die herausgehobene Bedeutung des Themenkomplexes *State aid* heraus;[1816] direkt in dessen Nachgang herrschte im Vereinigten Königreich zwischenzeitlich sogar ein parteiübergreifender Konsens betreffend die Ablehnung des EU-Beihilfenkontrollsystems.[1817] Inhalt und Form prominenter gegen diese unionale Wettbewerbsdisziplin gerichteter Kritik[1818] standen hierbei symptomatisch für die grundlegendere politische Irrationalität von Teilen der Argumentation der Verfechter eines *Leave*.[1819]

Die damalige Ausgangslage mutet in Anbetracht des tatsächlichen Erfolges der Anwendung des EU-Beihilfenrechts im und durch das Vereinigte Königreich in hohem Maße paradox an. So kam es einerseits noch im Sommer 2014, das heißt unter der Regierung von *David Cameron*, auf dessen Initiative die Durchführung einer nur „politisch verbindlichen" Volksbefragung zur Fortsetzung der EU-Mitgliedschaft zurückgeht, zu einer in beihilfenrechtlicher Hinsicht äußerst positiven *Review of the Balance of Competences on Competition and Consumer Policy between the United Kingdom and the European Union*.[1820] Schwerer noch als die besagte interne Evaluation wiegen die Durchsetzungsbilanz des Vereinigten Königreichs, dessen jährlicher Beihilfenanteil am BIP sich weit unter dem Durchschnitt der meisten anderen EU-Mitgliedstaaten bewegte und gegen das die Kom-

---

1816 S. hierzu instruktiv *Biondi*, KLJ 2016, 442, 442 f.; *Lyons/Reader/Stephan*, JAE 2017, 347, 364 f.

1817 So auch *Biondi/Righini*, State Control in a Post-Brexit UK, S. 87 ff.

1818 Vgl. hierzu exemplarisch erneut das Pamphlet von *Boris Johnson* aus dem Jahr 2016 o. in Fn. 3.

1819 Vgl. *Bongardt/Torres*, Brexit as a question of political rationality: hard choices for the UK, lessons for EU sustainability, in: Bongardt/Talani/Torres (Hrsg.), The Politics and Economics of Brexit, 2020, S. 11 ff.

1820 Vgl. illustrativ *HM Government*, Review of the Balance of Competences between the United Kingdom and the European Union: Competition and Consumer Policy Report, 2014, 7:
„[...] concludes that the evidence suggests having EU competence on competition and State aid does further the UK's national interest. Overwhelmingly stakeholders consider that the competition rules are a key pillar of the Single Market and having an effective regime at supranational level is the best way of ensuring that there is a level playing field for competition. And in the field of State aid, there was a strong sense that, if there is to be a level playing field, Member States should not be judges in their own cause."

mission nur selten Negativentscheidungen erlassen musste,[1821] sowie der immense britische Einfluss auf Theorie wie auch Praxis der EU-Beihilfenkontrolle, welcher sich beispielsweise an der zunehmenden Effizienzausrichtung der GD Wettbewerb[1822] und nicht zuletzt an bedeutenden Wettbewerbskommissaren bzw. -generaldirektoren wie *Leon Brittan* oder *Philip Lowe* ablesen lässt.[1823] Andererseits fand gleichzeitig eine diffuse wettbewerbspolitische Neu- bzw. Umorientierung sowohl der konservativen *Tories* als auch der sozialdemokratischen *Labour Party* statt,[1824] im Zuge derer unter anderem die fortschreitende Verzahnung des EU-Beihilfenrechts mit allgemeinen Unionsagenden, die Zurückdrängung sektoraler Beihilfen durch die Kommission und das Vorgehen der *Task Force Tax Planning Measures* stark negativ rezipiert wurden.[1825] Wegen der ausgeprägten Souveränitätssensibilität staatlicher Subventions- und Steuerpolitik ergaben sich daraus zahlreiche inhaltliche und rhetorische Anknüpfungspunkte für den *Brexiteer*-Slogan „Taking back control"; die angeblich aus EU-beihilfenrechtlichen Gründen erfolgte Schließung eines *Tata Steel*-Werks in Port Talbot, Wales, im April 2016 erwies sich schließlich als wegweisender politischer Katalysator.[1826]

Es ist im Nachhinein nicht exakt quantifizierbar, wie sich die gegen die EU-Beihilfenaufsicht vorgebrachten Einwände auf das Brexit-Votum des britischen Volkes vom 23. Juni 2016 und auf die daraufhin von der im Amt des Premierministers nachfolgenden *Theresa May* am 29. März 2017 eingereichte Austrittserklärung gemäß Art. 50 Abs. 2 S. 1 EUV auswirk-

1821 S. zur exzellenten Durchsetzungsbilanz des Vereinigten Königreichs auf beihilfenrechtlichem Gebiet statt aller die Analyse von *Biondi*, State Aid, government spending and the virtue of loyalty, S. 292 ff. m. zahlr. weit. Nachw.

1822 S. hierzu jeweils *Schonberg*, CLJ 2017, 47, 55; *Blauberger*, Staatliche Beihilfen in Europa, S. 113 (Fn. 145 f.).

1823 Vgl. *Soltész*, NZKart 2020, 588, 591.

1824 S. für eine ausführliche Kritik an den beihilfenrechtlichen Fehlannahmen im Manifesto der *Labour Party Tarrant/Biondi*, The Renewal 2017, S. 66 ff.; für Nachw. zum Kurswechsel der *Tories* vgl. *Peretz*, EStAL 2018, 80, 81; sowie *Biondi*, KLJ 2016, 442, 442 f.

1825 S. zu allen drei genannten Problemkreisen eingehend (und unter expliziter Berücksichtigung des Brexit) *de Cecco*, Member State Interests in EU State Aid Law and Policy, in: Varju (Hrsg.), Between Compliance and Particularism: Member State Interests and European Union Law, 2019, S. 129 ff.; sowie speziell zu *tax rulings* und deren Brexit-Implikationen *Hirsbrunner*, EStAL 2016, 504, 506 f.

1826 S. zur im rechts- und politikwissenschaftlichen Brexit-Schrifttum vielfach rezipierten sog. „Port Talbot-Saga" allein *Biondi*, CLJ 2018, 3, 3 f. und 12.

ten.[1827] Wenngleich unterstellt werden dürfte, dass diese nicht ausschlaggebend waren, so ist doch unverkennbar, dass spätestens in diesem Zeitraum die möglichst umfassende Loslösung des Vereinigten Königreichs vom EU-Beihilfenkontrollsystem zur Kernforderung der Befürworter des sog. „harten“ oder „sauberen“ Brexit aufstieg. In der Folge entwickelte sich die Frage der Beihilfenregulierung zu einer Art „*deal-breaker*“[1828] nicht lediglich während des – infolge mehrerer Verlängerungen der Frist des Art. 50 Abs. 3 EUV mehr als zwei Jahre andauernden – Ringens um ein Austrittsabkommen im Sinne von Art. 50 Abs. 2 S. 2 EUV, sondern auch und vor allem in den Verhandlungen über die künftigen Handelsbeziehungen zwischen der Union und dem Vereinigten Königreich nach Ablauf des im WA vorgesehenen Übergangszeitraums.[1829]

II. Chequers-Plan und Urentwurf des Austrittsabkommens

Auch aufgrund von zwei Wechseln im Amt des Premierministers (von *David Cameron* über *Theresa May* zu *Boris Johnson*) ergaben sich aufseiten des Vereinigten Königreichs mehrere signifikante Richtungswechsel in den beihilfen- – bzw. später bezeichnenderweise: subventionsrechtlichen – Verhandlungspositionen.[1830] Die ungleich konsistentere Haltung der EU und ihrer Mitgliedstaaten manifestiert sich dagegen anschaulich in dem Umstand, dass die einschlägigen Passagen in den WA-Verhandlungsleitlinien des Europäischen Rates vom 27. April 2017 sowie in den Verhandlungs-

1827 Vgl. abweichend aber ebd., 4, unter Verweis auf das Abstimmungsergebnis in der *voting area* Neath Port Talbot, in der eine *Leave*-Abstimmungsmehrheit von 56 Prozent erreicht wurde (im Gegensatz zu lediglich 52 Prozent im gesamten Vereinigten Königreich).

1828 *N.N.*, Of moonshots and bus subsidies: How state aid became a Brexit deal-breaker, in: The Economist v. 19.9.2020, online abrufbar unter www.economist.com/britain/2020/09/19/how-state-aid-became-a-brexit-deal-breaker [zuletzt aufgerufen am 15.1.2021]; vgl. zur *deal-breaker*-These ferner bereits früh *Hirsbrunner/Lauterjung*, EStAL 2017, 288 ff.

1829 Während des Übergangszeitraums im Sinne von Art. 126 WA, welcher vom formell am 31. Januar 2020 erfolgten Austritt bis zum 31. Dezember 2020 andauerte und auf dessen Verlängerung trotz einer entsprechenden einmaligen Option in Art. 132 Abs. 1 WA verzichtet wurde, verfügte das Vereinigte Königreich über eine quasi-mitgliedschaftliche Stellung (vgl. Art. 127 WA) ohne institutionelle Mitspracherechte (vgl. Art. 128 WA).

1830 Vgl. zur rechtspolitischen Funktion dieser Terminologiewahl den Text zu Fn. 50.

richtlinien des Rates vom 25. Februar 2020 betreffend das TCA nahezu deckungsgleich formuliert sind.[1831] Beide Handlungsanweisungen sind getragen vom übergeordneten Ansinnen der Verhinderung von *free rider*-Effekten zugunsten des Vereinigten Königreichs, sodass jeweils der Unionsrechtsstandard als Referenzpunkt dient.[1832]

Im Vereinigten Königreich wich die anfängliche rigorose Ablehnung einer wie auch immer gearteten Fortsetzung der EU-Beihilfenkontrolle nach einer Intervention britischer Rechtswissenschaftler und liberaler *think tanks* zunächst einem nuancierteren Verhandlungsansatz.[1833] Das ursprünglich geplante Entgegenkommen im Bereich des Wettbewerbsrechts, welches *Theresa May* zuvor bereits in ihrer *Florence Speech* von September 2017[1834] und in ihrer *Mansion House Speech* von März 2018[1835] angekündigt hatte, mündete in den im Sommer 2018 bekanntgegebenen sog. „Chequers-Plan", der als wichtigsten beihilfenrechtlichen Baustein ein „commit[ment] to a common rulebook on state aid, to be enforced and supervised in the UK by the Competition and Markets Authority (CMA)"[1836] enthielt und damit die Tür für einen Beihilfenrechtsexport im engeren Sinne – unter Patriierung der Aufsichtsbefugnisse[1837] – öffnete. Da der damalige Vorstoß zudem ein *ad hoc*-Schiedsgerichtssystem nach dem Vorbild der DCFTA mit Staaten der ÖP umfasste, nach dem der EuGH für die verbindliche Auslegung und Anwendung des *future relationship agreement* zuständig gewesen wäre, sofern und soweit dem Unionsrecht entnommene

---

1831 Vgl. einerseits *Europäischer Rat*, Leitlinien im Anschluss an die Mitteilung des Vereinigten Königreichs gemäß Artikel 50 EUV, EUCO XT 20004/17, Rn. 20; andererseits *Rat*, Directives for the Negotiations of a New Partnership with the United Kingdom of Great Britain and Northern Ireland, 5870/20ADD 1 REV 3, Rn. 94.

1832 Ebd.

1833 Vgl. hierzu nur die Synopsis der Expertenanhörungen im European Union Committee des britischen Oberhauses: *House of Lords*, Brexit: Competition and State aid, HL Paper 67 (February 2018).

1834 *Theresa May*, A new era of cooperation and partnership between the UK and the EU, Speech delivered in Florence, 22. September 2017.

1835 *Theresa May*, Our future economic partnership with the European Union, Speech delivered at the Mansion House London, 2. März 2018.

1836 So *HM Government*, The future relationship between the United Kingdom and the European Union, 2018, S. 37 f.

1837 S. zu den national-verfassungsrechtlichen Implikationen früh kritisch *Peretz/Bacon/Taylor*, Bringing State Aid Home: Could an Effective Domestic State Aid Regime Be Devised for the UK?, UKSALA Blog v. 12.5.2017, online abrufbar unter https://uksala.org/bringing-state-aid-home-could-an-effective-domestic-state-aid-regime-be-devised-for-the-uk/ [zuletzt aufgerufen am 1.2.2021].

Vereinbarungen in Rede stehen,[1838] schien sich zunächst die Annahme zu bewahrheiten, dass die funktionelle Emanzipation des EU-Binnenmarktrechts von der EU-Mitgliedschaft (bzw. der Aussicht auf eine solche) in Übereinstimmung mit der vielzitierten These vom *Brussels effect*[1839] selbst vor Desintegrationslagen keinen Halt macht.[1840] Dies gilt einmal mehr angesichts der Tatsache, dass sogar die – heute obsoleten – beihilfenrechtlichen *no deal*-Pläne in Gestalt der *State Aid (EU Exit) Regulations 2019*, die auf dem European Union (Withdrawal) Act 2018 beruhten,[1841] eine mindestens vorübergehende Domestizierung (engl.: *retained EU law*) des gesamten materiellen EU-Beihilfenacquis anvisierten.[1842]

Auch der beihilfenrechtliche Gehalt der Ausgangsfassung des WA vom 14. November 2018[1843] ist trotz dessen infolge dreimaliger Ablehnung durch das britische Parlament erfolgten Scheiterns von mehr als nur rechtshistorischem Wert.[1844] Zum einen übernahmen die Vertragsparteien in der späteren endgültigen WA-Fassung (s. dazu sogleich *III.*) neben der Anordnung der vollumfänglichen Fortgeltung des EU-Beihilfenrechts und der Überwachungskompetenzen von Kommission und GHEU für die Dauer der *transition period* ebenso die komplexen und ausdifferenzierten

---

1838 Vgl. *HM Government*, The future relationship between the United Kingdom and the European Union, S. 92.

1839 Vgl. dazu den Nachw. o. in Fn. 1252; sowie jüngst *Bradford*, No, Brexit Won't Free the U.K. From EU Regulations, in: The Wall Street Journal v. 7.2.2020, abrufbar unter www.wsj.com/articles/no-brexit-wont-free-the-u-k-from-eu-regul ations-11581087277 [zuletzt aufgerufen am 1.2.2021].

1840 S. in diesem Sinne ausführlich *Öberg*, LIEI 2020, 151 ff.; vgl. ungleich kritischer zu dieser Entwicklung aber: *Kainer/Persch*, EuZW 2018, 932 ff., unter Verweis auf das Prinzip der Einheit des Binnenmarktes.

1841 Im Vereinigten Königreich ist bis heute umstritten, ob die *Johnson*-Regierung überhaupt befugt war, im Verordnungswege den gesamten – durch den EU Withdrawal Act 2018 prinzipiell zunächst in nationales Recht transformierten – EU-Beihilfenacquis vollständig von der Liste des *retained EU law* zu streichen (vgl. hierzu m. weit. Nachw. *Peretz*, Can the Government abolish the State aid regime by secondary legislation? Should it do so?, EU Relations Law Blog v. 10.7.2020, abrufbar unter https://eurelationslaw.com/blog/can-the-gov ernment-abolish-the-state-aid-regime-by-secondary-legislation-should-it-do-so [zuletzt aufgerufen am 1.2.2021]).

1842 Die *(Draft) State Aid (EU Exit) Regulations 2019* sind nach wie vor öffentlich zugänglich unter www.legislation.gov.uk/ukdsi/2019/9780111178768/data.pd f [zuletzt aufgerufen am 1.2.2021].

1843 Abkommen [WA a. F.] über den Austritt des Vereinigten Königreichs Großbritannien und Nordirland aus der Europäischen Union und der Europäischen Atomgemeinschaft, ABl. 2019 CI 66/1.

1844 S. übereinstimmend auch *Frau*, EuR 2019, 502, 503.

Übergangsarrangements für alle weiteren Beihilfenkonstellationen, welche in tatsächlicher oder zumindest in verfahrensrechtlicher Hinsicht in der Zeit der EU-Mitgliedschaft bzw. in der Transition des Vereinigten Königreichs wurzeln (vgl. nunmehr Art. 92 ff. WA).[1845] Zum anderen bildeten die in Art. 12 sowie Anhang 4 und 8 des WA-Protokolls zu Irland/Nordirland a. F. vorzufindenden Grundstrukturen nicht nur die Blaupause für den späteren Textvorschlag der Union für ein *future relationship agreement*, sondern legen darüber hinaus nahe, dass auch im letztlichen TCA „differenziertere" Formen der Desintegration auf dem Gebiet der Beihilfenregulierung möglich gewesen wären.[1846] Besagte Regelungen waren Teil der hochumstrittenen Konzeption des sog. *backstop* zur dauerhaften Vermeidung von Zollgrenzkontrollen sowohl zwischen der Republik Irland (als EU-Mitgliedstaat) und Nordirland (als *devolved nation* des Vereinigten Königreichs) als auch innerhalb des Vereinigten Königreichs selbst.[1847] Vereinfacht gesprochen, wäre Nordirland demzufolge nach Ablauf des WA-Übergangszeitraums und bis zum Inkrafttreten eines die Nordirland-Frage klärenden Abkommens über die künftigen Beziehungen im unionalen Warenbinnenmarkt verblieben (vgl. Art. 6 Abs. 2 in Verbindung mit Anhang 5 des WA-Protokolls zu Irland/Nordirland a. F.), wohingegen das Vereinigte Königreich als Ganzes mit der EU weiterhin ein sog. „Gesamtzollgebiet" (engl.: *single customs territory*) gebildet hätte (vgl. Art. 6 Abs. 1 in Verbindung mit Anhängen 2 und 3 des WA-Protokolls zu Irland/Nordirland a. F.). Obgleich die *backstop*-Klausel in den von *Boris Johnson* initiierten Nachverhandlungen des WA ersetzt wurde, warf sie erstmals ein Schlaglicht auf das in modifizierter Form fortbestehende (s. unten *B.III.*), bis heute ungelöste Problem der Gewährleistung einer kohärenten Überwachung in Bezug auf Nordirland einerseits und den Rest des Vereinigten Königreichs andererseits.[1848] Aus den aus ihr resultierenden zwei unter-

1845 S. hierzu statt aller detailliert *Nicolaides*, MJECL 2020, 503, 506 f.

1846 Der Begriff der „differenzierten Desintegration" geht zurück auf *Schimmelfennig*, JEPP 2018, 1154 ff.

1847 Vgl. allgemein zu den Rechtsfragen der *backstop*-Konstruktion *Harvey*, The Irish Border, in: Fabbrini (Hrsg.), The Law and Politics of Brexit: Vol. II: The Withdrawal Agreement, 2020, S. 15 ff.

1848 Art. 10 Abs. 4 UAbs. 1 des WA-Protokolls zu Irland/Nordirland a. F. löste mögliche Gemengelagen noch – obgleich nur indirekt-faktisch – zugunsten der Union auf, indem er die vom Vereinigten Königreich zu errichtende unabhängige Behörde verpflichtete, die Kommission von der Absicht, ein Verfahren einzuleiten, zu unterrichten, diese vor Annahme eines Entscheidungsentwurfs zu konsultieren und deren etwaiger Stellungnahme schließlich „umfassend Rechnung" zu tragen.

schiedlichen Integrationstiefen (Binnenmarktteilnahme versus Zollunion) leiteten die Vertragsparteien nämlich eine künstliche Trennlinie zwischen Beihilfen des Vereinigten Königreichs mit Auswirkungen auf den Warenhandel zwischen der EU (insbesondere Irland) und Nordirland und solchen mit Auswirkungen auf den Warenhandel[1849] zwischen der EU und den weiteren Teilen des Gesamtzollgebiets (das heißt faktisch zwischen der EU und Großbritannien) ab, was erst die Möglichkeit einer Überlappung der Zuständigkeit der Kommission für erstere Art von Fällen und derjenigen der nach Art. 9 Abs. 1 Anhang 4 des WA-Protokolls zu Irland/Nordirland a. F. zu errichtenden unabhängigen britischen Behörde für letztere Art von Fällen schuf.

III. Revidiertes Austrittsabkommen und Freihandelsverhandlungen

Während der Hauptabkommenstext des WA durch den sog. „*Johnson*-Deal" von Oktober 2019, das heißt der Revision des ursprünglichen WA-Entwurfs, fast unberührt blieb und den quasi-mitgliedschaftlichen Status des Vereinigten Königreichs während der Transition aufrechterhielt, erfuhr das WA-Protokoll zu Irland/Nordirland eine grundlegende Umstrukturierung.[1850] Die beiden Vertragsparteien ersetzten den *backstop* zugunsten einer grundsätzlich auf Dauer angelegten Anbindung Nordirlands an den EU-Warenbinnenmarkt, über deren Fortbestand das nordirische Regionalparlament (engl.: *Northern Ireland Assembly*) in einem Vierjahresturnus neu zu befinden hat (vgl. Art. 18 Abs. 1 und 5 des WA-Protokolls zu Irland/Nordirland).[1851] Die Einführung dieses *democratic consent mechanism* ermöglicht im Vergleich zum *backstop* eine weitaus größere handelspolitische Autonomie des Vereinigten Königreichs als Ganzes. Allerdings ist ungeachtet des gleich am Anfang von Art. 4 des Protokolls platzierten Postulats, dass Nordirland weiterhin zum Zollgebiet des Vereinigten Kö-

---

1849 Die doppelte Beschränkung des Anwendungsbereichs auf den Warenhandel ließ sich dem Protokollentwurf zwar lediglich implizit entnehmen, entsprach jedoch der herrschenden Auffassung (vgl. für weit. Nachw. *Jozepa*, EU State Aid Rules and WTO Subsidies Agreement, Commons Library Briefing Paper, No. 6775, 2019, S. 32 f.).

1850 S. für eine knappe Zusammenschau der Änderungen *Terhechte*, NJW 2020, 425, 426 f.; eine kritische Gesamtanalyse des revidierten WA-Protokolls zu Irland/Nordirland unternimmt *Peers*, YEL 2020, 1, 51 ff.

1851 Zu den beihilfenrechtlichen Konsequenzen einer tatsächlichen Aktivierung der *termination clause* s. *Nicolaides*, MJECL 2020, 503, 508.

nigreichs gehört, zu beachten, dass Letzteres allein formal zutrifft, da die sektorielle Binnenmarktteilnahme Nordirlands vor dem Hintergrund des Ziels der Vermeidung einer sichtbaren inneririschen Zollgrenze mit dessen Verpflichtung zur Anwendung sämtlicher zollunionrelevanter Unionsrechtsakte einhergeht (vgl. Art. 5 Abs. 4 in Verbindung mit Anhang 2 des WA-Protokolls zu Irland/Nordirland).[1852] Die Sonderlösung für Nordirland blieb nicht ohne Rückwirkungen auf die Beihilfenrechtsvorschriften im WA-Protokoll zu Irland/Nordirland. Einerseits kam es im Einklang mit der Ablösung des *backstop* zur vollständigen Entfernung des zuvor geplanten Regimes betreffend Beihilfen des Vereinigten Königreichs *ohne* Relevanz für den Warenhandel zwischen der EU und Nordirland, andererseits blieben die umfassenden Überwachungsbefugnisse der Kommission und des Gerichtshofs bezüglich derjenigen Beihilfen *mit* potenziell beeinträchtigender Wirkung auf den Warenhandel zwischen der EU und Nordirland unverändert erhalten (s. nur unten *B.II.*).

Davon abgesehen änderten die beiden Vertragsparteien vor allem die Tonlage im Handelsteil der angehängten Politischen Erklärung zu den künftigen Beziehungen,[1853] die mit klaren Indizien für die absehbare Loslösung des Vereinigten Königreichs aus dem EU-Binnenmarkt und der EU-Zollunion versehen wurde und sich vom Ideal des *frictionless trade* verabschiedete. Statt einer „trading relationship on goods that is as close as possible"[1854] ging es nurmehr um eine „ambitious trading relationship on goods on the basis of a Free Trade Agreement, with a view to facilitating the ease of legitimate trade."[1855] Dementsprechend wurde eine Neuformulierung des Abschnitts zum *level playing field* erforderlich, in dem sich in beihilfen- bzw. subventionsrechtlicher Hinsicht erstmals die Suche nach einem drittem Weg zwischen EU-Supranationalität und WTO-Inter-

1852 S. hierzu im Einzelnen nur *Peers*, YEL 2020, 1, 53 ff.

1853 Politische Erklärung zur Festlegung des Rahmens für die künftigen Beziehungen zwischen der Europäischen Union und dem Vereinigten Königreich, ABl. 2019 CI 384/178. Vgl. für einen Abgleich der exakten Wortlaute der alten und der neuen Erklärung *Peers*, Analysis of the Revised Brexit Withdrawal Agreement: The Political Declaration on the EU/UK Future Relationship, EU Law Analysis Blog v. 29.10.2019, online abrufbar unter http://eulawanalysis.blogspot.com/2019/10/analysis-5-of-revised-brexit-withdrawal.html [zuletzt aufgerufen am 15.2.2021].

1854 Vgl. Ziff. 20 der ursprünglichen Politischen Erklärung zur Festlegung des Rahmens für die künftigen Beziehungen zwischen der Europäischen Union und dem Vereinigten Königreich, ABl. 2019 CI 66/185.

1855 Vgl. Ziff. 19 der revidierten Erklärung (o. Fn. 1853).

gouvernementalität offenbarte,[1856] nachdem in der Ausgangsfassung der Politischen Erklärung aus der Amtszeit von *Theresa May* noch von einer Orientierung am Beihilfenrechtsexport des WA-Protokolls zu Irland/Nordirland die Rede gewesen war.[1857]

In den erst im März 2020 beginnenden *EU-UK future relationship negotiations* hielten sowohl das Vereinigte Königreich als auch die Union zunächst an ihren jeweiligen Maximalziele fest, was sich nicht zuletzt an den von beiden Seiten veröffentlichten Textvorschlägen ablesen lässt. Ersteres beschränkte sich dort auf die deklaratorische Bestätigung des WTO-rechtlichen ASÜ und visierte WTO-plus-Vereinbarungen lediglich in Fragen der Subventionstransparenz an.[1858] Letztere schlug ein eng an das Beihilfenrechtsregime im geplanten InstA mit der Schweiz (s. oben *§ 2 D.II.*) angelehntes Regelwerk vor,[1859] das darüber hinaus aber zusätzlich einen asymmetrisch zugunsten der Union ausgestalteten Mechanismus zum Erlass einstweiliger Maßnahmen bei (angeblichen) Zuwiderhandlungen durch das Vereinigte Königreich beinhaltete.[1860] Beides führte zu einem bis Mitte Dezember 2020 anhaltenden *dead-lock* in den Gesprächen über die Beihilfen- bzw. Subventionsregulierung, die sich als zentrale Hürde für die Lösung der *level playing field*-Problematik herausstellte und – neben der Fischerei sowie der Governance des Abkommens – einen der drei umstrittensten Verhandlungskomplexe überhaupt bildete.[1861]

1856 Ebd., Ziff. 77: „rely[ing] on appropriate and relevant Union and international standards […]".

1857 So Ziff. 79 der Ausgangsfassung der Erklärung (o. Fn. 1854): „building on the level playing field arrangements provided for in the Withdrawal Agreement".

1858 Vgl. *HM Government*, The Future Relationship with the EU – The UK's Approach to Negotiations, 2020, Kapitel 20, das als einziges weiteres WTO-plus-Element einen spezifisch subventionsrechtlichen Konsultationsmechanismus vorsah, der indessen nicht dem Staat-Staat-Streitbeilegungsmechanismus unterstehen sollte.

1859 Vgl. *Kommission*, Draft text of the Agreement on the New Partnership with the United Kingdom (Negotiating Document), 18.3.2020, UKTF (2020) 14, Teil 2, Titel 3, Kapitel 2.

1860 Diese einseitigen Interventions- und Abhilferechte waren bereits im Urentwurf des WA-Protokolls zu Irland/Nordirland enthalten und wurden im Schrifttum anlässlich dessen pointiert als sog. „State-aid Handcuffs" tituliert (*Crofts/Holehouse*, State-aid handcuffs in Brexit backstop stir opposition, in: MLex v. 7.12.2018, abrufbar unter https://uksala.org/wp-content/uploads/2018/12/MLex_Content.pdf [zuletzt aufgerufen am 15.2.2021]).

1861 S. für eine knappe Zusammenfassung des Verlaufs der letzten Verhandlungsetappe *Priebe*, EuZW 2021, 89.

Der Verweis des Vereinigten Königreichs auf das Vorbildmodell CETA blendete die geographische Nähe (s. oben *§ 1 B.*) sowie das daraus und aus dessen EU-Mitgliedschaft entstandene immense bilaterale Handelsvolumen aus. Es erwies sich spätestens seit seinem sog. *roll-over* wichtiger unionaler WTO-plus-Freihandelsabkommen mit außereuropäischen Staaten[1862] als nicht mehr haltbar, da diese substanzielle WTO-plus-Verpflichtungen enthalten, welche das Vereinigte Königreich durchgängig übernahm. Sein maßgebliches Zugeständnis in den Verhandlungen bestand vielmehr darin, die Errichtung eines effektiven inländischen Subventionskontrollsystems zuzusagen; ein Zugeständnis, das – im Rahmen eines reinen Freihandelsvertrages – bis dahin noch kein anderer EU-Vertragspartner je getätigt hatte (s. oben *§ 2 E.*). Auf der anderen Seite vernachlässigte die Union, dass das Vereinigte Königreich unter der Regierung *Johnson* nicht mehr ein Integrationsabkommen anstrebte, das – zumindest sektorenweise – regulative Homogenität voraussetzt, sondern lediglich ein Marktzugangsabkommen ohne echte Partizipation am EU-Binnenmarkt. Folglich war die Forderung nach einem Beihilfenrechtsexport im engeren Sinne entlang der Linien des Urentwurfs des WA-Protokolls zu Irland/Nordirland ab dem Zeitpunkt als zu ambitioniert anzusehen, als die Option des sog. „weichen" Brexit nicht mehr zur Diskussion stand. Ihr Entgegenkommen musste sich daher in erster Linie im Umgang mit horizontalen Anliegen betreffend die – optimalerweise dynamische – Rechtsangleichung, die einheitliche Auslegung und Anwendung, die unabhängige Überwachung und die gerichtliche Durchsetzung äußern, für deren Verwirklichung sie eigentlich der Kommission – sowie nicht zuletzt dem Gerichtshof – die zentrale Rolle zuzuweisen gedachte.

B. Neue beihilfen- und subventionsrechtliche Beziehungen

Die neuen beihilfen- und subventionsrechtlichen Beziehungen zwischen der Union und dem Vereinigten Königreich beruhen zum einen ausschnittsweise auf dem Protokoll zu Irland/Nordirland des auf Grundlage

1862 S. allgemein zur britischen Praxis des *roll-over* von EU-(Freihandels-)Abkommen *Wessel*, CMLR 2018, 101 ff.; sowie in subventionsrechtlicher Hinsicht beispielhaft anhand des JEFTA *Peretz*, Are the subsidies provisions in the UK/Japan FTA a suitable model for the UK/EU FTA?, EU Relations Law Blog v. 5.10.2020, abrufbar unter https://eurelationslaw.com/blog/are-the-subsidies-provisions-in-the-uk-japan-fta-a-suitable-model-for-the-uk-eu-fta [zuletzt aufgerufen am 1.3.2021].

von Art. 50 Abs. 2 EUV vereinbarten WA *(I.)*, zum anderen auf dem auf Grundlage der Assoziierungskompetenz des Art. 217 AEUV abgeschlossenen TCA *(II.)*. Diese partielle Zweigleisigkeit der Beihilfen- bzw. Subventionsregulierung stellt sich als besonders herausforderungsreich dar, weil bereits jedes Regime für sich als in hohem Maße komplex zu bezeichnen ist und Fragen offenlässt, und die zugrundeliegenden Vertragswerke von unterschiedlichen Integrationstiefen ausgehen. Im Hinblick auf die künftige Implementierung und Durchführung der beiden Regelwerke durch das Vereinigte Königreich *(III.)* kann wegen der diversen verbliebenen Unwägbarkeiten lediglich ein Möglichkeitsraum aufgezeigt werden, der die Grundlage für ein vorläufiges Fazit sowie einen prognostischen Ausblick bereitet *(C.)*.

I. Beihilfenrechtsregime des Irland/Nordirland-Protokolls

Wie das WA als Ganzes ist auch dessen revidiertes Protokoll Nr. 1 zu Irland/Nordirland und das in Letzteres aufgenommene Beihilfenrechtsregime noch eng mit der Logik und Funktionsweise der Unionsrechtsordnung verwoben *(1.)*. Dies zeigt sich in besonderer Weise auf institutionell-prozeduraler Ebene, auf der die supranationalen Unionsorgane in Bezug auf den Warenhandel mit Nordirland nach wie vor unter quasimitgliedschaftlichen Vorzeichen agieren *(2.)*. Umstritten ist zwischen den Vertragsparteien, welche Anforderungen an besagten Warenhandelsbezug einer Beihilfenmaßnahme des Vereinigten Königreichs zu stellen sind, da hiervon die Eröffnung des Anwendungsbereichs des WA-Protokolls zu Irland/Nordirland abhängt *(3.)*.

1. Grundsätzliches

Das in weiten Teilen (vgl. Art. 185 WA) seit dem Ende des Übergangszeitraums im Sinne von Art. 126 WA – das heißt: 1. Januar 2021 – geltende Protokoll zu Irland/Nordirland ist Bestandteil des Austrittsabkommens (vgl. Art. 182 WA). Somit beanspruchen die horizontalen Bestimmungen in den Teilen I und VI des WA für das dort vorgesehene Beihilfenrechtsregime ebenfalls Geltung, sofern und soweit nicht Art. 13 des Protokolls für den Handel zwischen der Union und Nordirland speziellere Vorkehrungen trifft. Letzterer geht in seinem Homogenitätsstreben noch über die

Art. 4 ff. WA hinaus,[1863] indem er bei der Pflicht zur EuGH-konformen Auslegung keine Differenzierung zwischen vor und nach dem Tag der Abkommensunterzeichnung ergangener Rechtsprechung anstellt (vgl. Abs. 2) und die Verfahrensschritte der dynamischen Rechtsübernahme ausbuchstabiert (vgl. Abs. 4). Im Falle von Meinungsverschiedenheiten, welche nicht eine einzelne Beihilfenmaßnahme betreffen, sondern beispielsweise in (angeblichen) strukturellen Defiziten bei der Umsetzung des Regimes durch eine der Vertragsparteien wurzeln, greift demgegenüber das allgemeine Streitbeilegungskapitel des WA ein (vgl. Abs. 1 in Verbindung mit Art. 167 ff. WA), das bei Streitigkeiten im Zusammenhang mit Unionsrecht – in enger Anlehnung an die DCFTA mit Georgien, der Ukraine sowie der Republik Moldau (s. oben *§ 2 C.II.*) – eine Vorlagepflicht zum Gerichtshof statuiert (vgl. Art. 174 WA).[1864]

Konkret betreffend die Frage der Beihilfenregulierung stellt Art. 10 Abs. 1 des WA-Protokolls zu Irland/Nordirland sowohl die Eingangs- als auch die Schlüsselvorschrift dar; erst im Rahmen von Anhang 5 erfolgt ein fast vollumfassender Beihilfenrechtsexport, welcher ohne erkennbare sektorielle Differenzierungen oder Einschränkungen das einschlägige materielle und prozedurale *hard law* ebenso wie alle wesentlichen geltenden *soft law*-Verlautbarungen beinhaltet. Allein „Beihilfen des Vereinigten Königreichs zur Förderung der Erzeugung von und des Handels mit landwirtschaftlichen Erzeugnissen in Nordirland" können gemäß Art. 10 Abs. 2 in Verbindung mit Anhang 6 des WA-Protokolls zu Irland/Nordirland unter bestimmten Umständen einem vom einschlägigen EU-Agrarbeihilfenrecht abweichenden Sonderregime unterfallen. Die in Anhang 5 erfolgte Einordnung von nicht bindenden Bekanntmachungen und Mitteilungen der Kommission als „Rechtsakte" ist zwar als mindestens missverständlich zu kritisieren und würfe starke unionsverfassungsrechtliche Bedenken auf, sollte es sich tatsächlich um eine „überschießende Verrechtlichung"[1865] handeln.[1866] Davon abgesehen, bewegt sich der dargelegte Beihilfenrechtsexport gleichsam wie Art. 13 des WA-Protokolls zu Irland/Nordirland in einem Spannungsfeld zwischen dem größeren Desintegrationskontext, in

---

1863 S. vertiefend zu besagten *common provisions* des WA *Peers*, YEL 2020 1, 21 ff.

1864 Vgl. zur Unionsrechtskonformität dieser Ausgestaltung des Streitbeilegungsmechanismus den Nachw. o. in Fn. 1064; s. kritischer dagegen tendenziell *Frau*, Das Brexit-Abkommen und Europarecht, 2020, S. 47; *Terhechte*, NJW 2020, 425, 429.

1865 So *v. Graevenitz*, ZRP 2019, 75, 77 f.

1866 Dessen ungeachtet, träfe die Mitgliedstaaten bei dieser strengen Lesart jedenfalls die völkerrechtliche Befolgungspflicht nach Art. 216 Abs. 2 AEUV.

den er eingebettet ist, und dem Einsatz von Regelungsmechanismen, welche die Union bis dato ausschließlich zur Herstellung regulativer Homogenität in (sektoriellen) Integrationsabkommen verwendete.[1867] Beides unterstreicht einmal mehr die außergewöhnliche Sonderstellung, die Nordirland im Geflecht der neuen EU-Handelsbeziehungen zum Vereinigten Königreich innehat (s. oben *A.III.*).

Nach wie vor unklar ist die Reichweite des Anwendungsbereichs der in Bezug auf Nordirland getroffenen beihilfenrechtlichen Vereinbarungen. Zwar ist immerhin in räumlicher Hinsicht im Grundsatz unstreitig, dass der Beihilfenrechtsexport nicht exklusiv die von nordirischen öffentlichen Stellen gewährten Beihilfen erfasst, sondern auch solche britischer öffentlicher Stellen (einschließlich des *Westminster Parliament*). Dafür ist in sachlicher bzw. sektoraler Hinsicht noch nicht absehbar, inwieweit ein präziser Zuschnitt der Anwendung des Regimes auf „den diesem Protokoll unterliegenden *Handel*“[1868] praktisch tatsächlich zu gelingen vermag.[1869] Unter „Handel“ in diesem Sinne ist zwar ausschließlich der Warenhandel (unter Einschluss von Elektrizität – vgl. Art. 9 in Verbindung mit Anhang 4 des WA-Protokolls zu Irland/Nordirland) zu verstehen, aufgrund des Charakters des EU-Beihilfenrechts als typische Querschnittsmaterie (s. oben *Teil 1 § 3 A.*) erscheint es aber alles andere als ausgeschlossen, dass selbst eine auf einen bestimmten nordirischen Dienstleistungssubsektor ausgerichtete Beihilfenmaßnahme des Vereinigten Königreichs wegen ihrer – knüpft man an die unionsrechtliche Terminologie zu Art. 101 Abs. 1 AEUV an – bezweckten oder bewirkten Nebeneffekte auf den bilateralen Warenhandel die Kommission dennoch zur Einleitung eines förmlichen Prüfverfahrens animiert. Die Erfahrungswerte mit bestehenden Unionsabkommen verdeutlichen, dass diese Annahme naheliegt; insbesondere im Steuerstreit mit der Schweiz blieb der Warenhandelsbezug der von der Union beanstandeten kantonalen Steuerprivilegien von Anfang an vage (s. oben *Teil 2 § 2 D.I.1.*).[1870]

1867 Vgl. ähnlich auch *Terhechte*, NJW 2020, 425, 430.

1868 Hervorhebung des Verfassers.

1869 Explizit offengelassen von *Nicolaides*, MJECL 2020, 503, 508 f.; zurückhaltend auch *Peretz*, The UK's new subsidy regime: a marsh of uncertainty, EU Relations Law Blog v. 1.1.2021, online abrufbar unter https://eurelationslaw.com/blog/the-uks-new-subsidy-regime-a-marsh-of-uncertainty [zuletzt aufgerufen am 15.2.2021].

1870 Vgl. im übergeordneten Kontext des Schweizer Ansatzes einer sektoriellen EU-Binnenmarktintegration treffend *Oesch*, AJP 2013, 1337, 1347:

2. „Ein-Pfeiler-Modell"

Art. 12 des WA-Protokolls zu Irland/Nordirland bewirkt eine umfassende institutionell-rechtliche Kontinuität bezüglich der Aufsicht über und die Durchsetzung des Beihilfenrechtsexports. So bestimmt Abs. 4 S. 1, dass „[h]insichtlich Artikel[...] 10 die Organe, Einrichtungen und sonstigen Stellen der Union in Bezug auf das Vereinigte Königreich [...] die ihnen durch das Unionsrecht übertragenen Befugnisse [haben]." Konkret bedeutet dies, dass Kommission und EuGH mit Blick auf Nordirland unverändert eine EU-supranationale Beihilfenkontrolle gewährleisten, ohne dass dieses Arrangement von vornherein als Provisorium konzipiert wäre. Vielmehr handelt es sich bei dieser Konstruktion um eine Dauerlösung, die lediglich unter dem Vorbehalt einer Aktivierung der vierjährlichen Widerrufsoption durch Nordirland selbst steht. Hinzu kommt die von Art. 4 Abs. 1 WA geforderte unmittelbare Wirkung von Art. 10 Abs. 1 des WA-Protokolls zu Irland/Nordirland im Vereinigten Königreich, die Letzteres durch Abschnitt 7A des EU Withdrawal Act 2018 explizit bestätigt und die *private enforcement*-Verfahren unter EuGH-Beteiligung im Wege der Vorabentscheidung ermöglicht (vgl. Art. 12 Abs. 4 S. 3 des WA-Protokolls zu Irland/Nordirland).[1871] Die Verpflichtung der Kommission zur umfänglichen Unterrichtung des Vereinigten Königreichs über den Fortgang und das Ergebnis der Prüfung einer (potenziell) rechtswidrigen Beihilfenmaßnahme britischer oder nordirischer öffentlicher Stellen (vgl. Art. 10 Abs. 3 des WA-Protokolls zu Irland/Nordirland) vermag die ausgeprägte institutionelle Dominanz der Union in allenfalls geringfügigem Umfang abzufedern.

In der revidierten Fassung des WA-Protokolls zu Irland/Nordirland verzichtete die Kommission zwar auf die Forderung nach spezifisch beihilfenrechtlichen unilateralen *safeguards*, wie sie im *backstop* (s. oben *A.III.*) oder einst in Art. 64 EWRV (s. oben *§ 2 A.I.4.*) Eingang fanden. Nichtsdestoweniger erreicht das Regime auch ohne sie eine noch vor wenigen

---

„Es dürfte es sich als anspruchsvoll erweisen, die Anwendung des Beihilfeverbots ‚sklavisch' nur etwa auf den Energie- oder Dienstleistungsbereich zu beschränken. Vielmehr ist zu vermuten, dass entsprechende Beihilfevorschriften auch in andere Rechtsgebiete ‚mäandern' und Fördermassnahmen tangieren werden, welche *prima vista* nicht diesen Regelungsbereichen zuzuordnen sind."

1871 S. hierzu erneut *Peretz*, The UK's new subsidy regime: a marsh of uncertainty, EU Relations Law Blog v. 1.1.2021.

Jahren gemeinhin für unwahrscheinlich erachtete Tragweite.[1872] Eine Zusammenschau mit anderen Unionsabkommen verdeutlicht, dass das Protokoll erstmalig in der Geschichte des auswärtigen Handelns der EU zwei Unionsorganen unmittelbare Beihilfenaufsichtsbefugnisse über einen Landesteil eines souveränen Drittstaats überträgt. Vom Zwei-Pfeiler-Modell des EWR heben sich die in Bezug auf Nordirland getroffenen Vereinbarungen dergestalt ab, dass sie die unionsinternen überstaatlichen Überwachungsstrukturen nicht durch ein völkervertragliches Konstrukt nachzubilden versuchen, sondern diese im Wege einer Art „Organleihe" direkt für das Verhältnis der Union zum Drittstaat nutzbar machen. Selbst in der besonders gelagerten Konstellation der Verhandlungen über Binnenmarktassoziierungen mit den westeuropäischen Mikrostaaten Andorra, Monaco und San Marino ist ein solches Ein-Pfeiler-Modell bis zum heutigen Tage lediglich in Planung, allerdings noch nicht in die Tat umgesetzt worden (s. oben *§ 2 A.II.*). Ebenfalls fehl ginge ein Verweis auf die der Kommission in den Beitrittsverträgen mit neuen EU-Mitgliedstaaten zugesprochenen Kontrollbefugnisse hinsichtlich bestimmter vor dem Datum des jeweiligen Beitritts gewährter Beihilfen (s. oben *§ 2 B.II.3.*), da im umgekehrten Fall des Austritts dezidiert im Problemkreis der Transition wurzelnde Probleme bereits im Hauptabkommenstext des Austrittsabkommens (vgl. Art. 92 f. WA) – und im Unterschied zur Beihilfenüberwachung bezüglich Nordirland – unter klarer zeitlicher Befristung geregelt werden.

Unter rein souveränitätspolitischen Gesichtspunkten konterkariert das Ein-Pfeiler-Modell des WA-Protokolls zu Irland/Nordirland mithin also die insbesondere von *Brexiteers* prioritär verfolgte Zielsetzung des „Taking back control". Vor dem Hintergrund der durch den Verbleib Nordirlands im EU-Warenbinnenmarkt bei gleichzeitiger formeller Zugehörigkeit zum britischen Zollgebiet entstehende Gefahr der Unterminierung der EU-Zollunion erscheint eine solche Ausgestaltung aber jedenfalls aus Sicht der EU und ihrer Mitgliedstaaten nachvollziehbar. So könnten in Abwesenheit eines derart rigiden Mechanismus via Nordirland beispielsweise subventionierte Produkte aus Großbritannien – oder aus Staaten oder Zollunionen, die dem Vereinigten Königreich, nicht aber der Union über eine Freihandelszone verbunden sind – ungleich leichter in EU-Territorium eindringen.[1873] Dies gilt einmal mehr angesichts des Umstands, dass eine Verhängung von Ausgleichszöllen auf Importe von Nordirland in die Union nach der AS-GVO nicht sinnvoll möglich ist, gehört Letztere doch

1872 Vgl. in diesem Sinne stellvertretend für viele *Herrmann*, EuZW 2017, 961, 966.
1873 S. zu letzterer Problematik *Peers*, YEL 2020, 1, 54.

(gleichsam wie etwaige auf ihr beruhende Durchführungsverordnungen), zu den EU-Außenhandelsrechtsakten, welche das Vereinigte Königreich in Bezug auf Nordirland selbst anzuwenden hat (vgl. Art. 5 Abs. 4 in Verbindung mit Anhang 2 des WA-Protokolls zu Irland/Nordirland),[1874] und sollen auf der irischen Insel im Geiste des *Good Friday Agreement* gerade keine Zollkontrollen stattfinden. Gemäß Art. 5 Abs. 6 des WA-Protokolls zu Irland/Nordirland bleibt das Vereinigte Königreich umgekehrt zwar frei, im Zuge der Anwendung des EU-Zollrechtsregimes auf Nordirland erhobene (Zoll-)Abgaben zu erstatten, geschuldete Zollschulden zu erlassen oder betroffene Unternehmen zu entschädigen, jedoch muss es dabei die vom Beihilfenrechtsexport gezogenen Grenzen beachten, was seine tatsächlichen Handlungsspielräume wiederum massiv einschränkt.[1875]

3. Unilaterale Erklärungen im Gemeinsamen WA-Ausschuss

Der durch das WA-Protokoll zu Irland/Nordirland faktisch bewirkte Unterstellung Nordirlands unter das EU-Beihilfenaufsichtssystem wurde von der britischen Verhandlungsführung offenbar zuerst unterschätzt und stößt im Vereinigten Königreich bis heute auf massive Kritik.[1876] Sie stellt einen der Hauptgründe dar, warum die britische Regierung in die Ausgangsfassung ihres im September 2020 publizierten Vorschlags für ein internes Binnenmarktgesetz (engl.: *Internal Market Bill*), welches unter anderem der Umsetzung des WA zu dienen bestimmt ist, Klauseln einfügte, die einen Bruch des WA-Protokolls zu Irland/Nordirland bedeutet hätten. Konkret ermächtigten diese das Vereinigte Königreich zur Auslegung, Nichtanwendung oder Änderung der unionalen Anwendungspraxis zum

---

1874 *Peretz/Artley*, Tax Journal 2020 (Issue 1483), 14, 15, weisen stattdessen auf das nunmehr denkbare Szenario hin, dass im Falle eines Handelsstreits zwischen der Union und dem Vereinigten Königreich, im Zuge dessen Erstere Ausgleichsmaßnahmen gegen das Vereinigte Königreich trifft (s. unten *B.II.5.*), Nordirland Zusatzzölle auf betroffene Waren aus Großbritannien zu erheben hat. Im Ergebnis wäre das Vereinigte Königreich mithin gezwungen, die Handelsschutzmaßnahme eines Drittstaates gegen sich selbst durchzusetzen.

1875 Ebd., 15 f.; vgl. hierzu eingehend *Weatherill*, ELJ 2020, 222, 230.

1876 Vgl. exemplarisch *House of Lords EU Internal Market Sub-Committee*, Letter from Baroness Donaghy to Paul Scully MP, published 3 April 2020:
„It is troubling that no one we heard from thought that the [United Kingdom] Government had a clear understanding of what state aid provisions it had signed up to in the Protocol, and that the regions and devolved nations we heard from were not clear on how the Protocol might affect them."

Beihilfenacquis in Bezug auf Nordirland.[1877] Wenngleich sich die strittigen Passagen im zum 1. Januar 2021 in Kraft getretenen *Internal Market Act* infolge massiver innenpolitischer Kritik und der Beeinträchtigung des Verhältnisses zur Union nicht wiederfinden, sind sie dennoch nicht vollständig folgenlos geblieben; kurz vor Abschluss der Verhandlungen über das TCA und des Inkrafttretens des WA-Protokolls zu Irland/Nordirland setzte sich das Vereinigte Königreich im Gemeinsamen WA-Ausschuss immerhin mit dem Anliegen durch, die Union zu einer klarstellenden, einseitigen Erklärung zur Anwendung von Art. 10 Abs. 1 des WA-Protokolls zu Irland/Nordirland zu bewegen.[1878]

Indessen erscheint es zweifelhaft, ob dieser Erklärung über ein *best endeavour commitment* zur Berücksichtigung der Integrität des Binnenmarktes des Vereinigten Königreichs bei der Anwendung des exportierten Beihilfenverbots (vgl. S. 1 der Erklärung) überhaupt ein materiell-rechtlicher Mehrwert entnommen werden kann. Selbst wenn dies zuträfe, so wäre damit noch nicht geklärt, ob sie das Vereinigte Königreich dessen Ziel näherbringt, eine effektive Beschränkung der sachlichen Reichweite des vereinbarten Beihilfenrechtsregimes zu erreichen. Bereits der Wortlaut der Erklärung, wonach die Bejahung der Zwischenstaatlichkeitsklausel voraussetzt, dass die durch eine Beihilfenmaßnahme hervorgerufene Beeinträchtigung des (Waren-)Handels zwischen der EU und Nordirland sich nicht lediglich als hypothetisch, vermutet oder ohne einen echten und direkten Bezug zu Nordirland darstellt (vgl. S. 2), und überdies auf Grundlage von deren tatsächlich vorhersehbaren Auswirkungen zu erfolgen hat (vgl. S. 3), lässt nicht zwangsläufig auf eine Verschärfung gegenüber der unionsinternen Handhabung von Art. 107 Abs. 1 AEUV schließen.[1879] Ferner sprechen die Systematik des WA insgesamt wie auch die des Protokolls zu Irland/Nordirland im Speziellen gegen die Annahme der Loslösung von tradierten Unionsstandards. Zum einen lässt sich dies aus dem strengen Homogenitätsgebot in Art. 13 Abs. 2 des WA-Protokolls zu Irland/Nordir-

---

1877 Vgl. clause 43 des Urentwurfs des Binnenmarktgesetzes v. 9.9.2020, abrufbar unter https://publications.parliament.uk/pa/bills/cbill/58-01/0177/20177.pdf#page=38 [zuletzt aufgerufen am 15.2.2021].

1878 Vgl. Unilateral Declarations of the EU and the UK (on the application of the Union's State Aid rules under Article 10 of the IE/NI Protocol) v. 17.12.2020, online abrufbar unter https://ec.europa.eu/info/sites/info/files/brexit_files/info_site/5._art_10_declaration_to_publish.pdf [zuletzt aufgerufen am 15.2.2021].

1879 Vgl. hierzu die Übereinstimmungen der Formulierungen einerseits in der *unilateral declaration* und andererseits in *Kommission*, Bekanntmachung zum Begriff der staatlichen Beihilfe, ABl. 2016 C 262/195.

land ableiten, das auch für die in dessen Anhang 5 aufgelistete Kommissionsbekanntmachung zum Begriff der staatlichen Beihilfe und die dortigen Ausführungen zur Zwischenstaatlichkeitsklausel gilt; zum anderen – und gewichtiger – aus der fehlenden Zuständigkeit des Gemeinsamen WA-Ausschusses für die letztverbindliche Auslegung des Beihilfenrechtsexports im konkreten Einzelfall.[1880] Ausweislich Art. 12 Abs. 4 des WA-Protokolls zu Irland/Nordirland obliegt diese stattdessen exklusiv dem EuGH, welchem für die Zwecke der Überwachung von dessen Durchführung und Anwendung durch das Vereinigte Königreich faktisch gleichwertige Befugnisse zustehen wie im Verhältnis zu den 27 EU-Mitgliedstaaten. Dass der Gerichtshof aufgrund des Vorliegens einer Drittstaatenkonstellation und der einseitigen Erklärung der Union (als ein Auslegungsmittel im Sinne von Art. 31 Abs. 3 lit. a WVRK) unter Heranziehung der *Polydor*-Grundsätze eine Sonderrechtsprechung begründet, ist nicht undenkbar, kann unter den gegebenen Umständen aber als unrealistisch bezeichnet werden. Der zentrale Sinn und Zweck dieses WA-Protokolls liegt nämlich in der Ermöglichung einer fortgesetzten Warenbinnenmarktteilnahme Nordirlands, die einheitliche und nicht lediglich angenäherte Wettbewerbsbedingungen voraussetzt.

Zu einer im Ergebnis übereinstimmenden Einschätzung gelangen auch erste Stimmen im Schrifttum,[1881] welche die Aussagekraft der unilateralen Erklärung prinzipiell in Frage stellen, sowie die GD Wettbewerb in einer informellen sog. *stakeholder notice* vom 18. Januar 2021:

> „The declaration clarifies, but does not alter, the notion of 'effect on trade' as interpreted by the Union Courts."[1882]

1880 Letzteres bildet auch das zentrale Argument von *Peretz*, The case of the unclear clarification: statement by the Joint Committee on the Ireland/Northern Ireland Protocol, EU Relations Law Blog v. 8.12.2020, abrufbar unter https://eurelationslaw.com/blog/the-case-of-the-unclear-clarification-statement-by-the-joint-committee-on-the-ireland-northern-ireland-protocol [zuletzt aufgerufen am 15.2.2021].

1881 S. in diese Richtung etwa dezidiert *Peretz*, EU Commission issues "Notice to Stakeholders" on Brexit and State aid, UKSALA Blog v. 21.1.2021, online abrufbar unter https://uksala.org/eu-commission-issues-notice-to-stakeholders-on-brexit-and-state-aid/ [zuletzt aufgerufen am 1.3.2021].

1882 *GD Wettbewerb*, Notice to Stakeholders – Withdrawal of the United Kingdom and EU Rules in the Field of State Aid, 18.1.2021, S. 5, abrufbar unter https://ec.europa.eu/info/sites/info/files/notice-stakeholders-brexit-state-aid_en.pdf [zuletzt aufgerufen am 1.3.2021].

Nichtsdestoweniger kann das erhebliche außen- wie auch innenpolitische Konfliktpotenzial, das Art. 10 des WA-Protokolls zu Irland/Nordirland birgt, nur schwerlich überschätzt werden. Dies legen die in Teilen konträre Bedeutung, welche das Vereinigte Königreich der Erklärung der Union im Gemeinsamen WA-Ausschuss in einem ministeriellen Beratungspapier beimisst,[1883] sowie nicht zuletzt die von der GD Wettbewerb gewählten – derzeit noch hypothetischen – Anwendungsfälle der Vorschrift nahe.[1884] So könnte beispielsweise auch ein vom *Westminster Parliament* erlassenes Steuergesetz, das einem in England ansässigen Unternehmen, welches seine Waren in Nordirland vertreibt, einen direkten oder indirekten Vorteil verschafft, in den Geltungsbereich des Regimes fallen. Das Gleiche gilt für Finanzspritzen der Stadt London für ihre Finanzdienstleistungsbranche, die es Herstellern oder Elektrizitätsunternehmen, die im Handel zwischen Nordirland und der EU aktiv sind, erlaubten, Zugang zu Vorzugskrediten zu erhalten, oder eine Staatsbürgschaft zugunsten eines walisischen Stahlproduzenten in Schwierigkeiten, wenn dessen Erzeugnisse auch in Nordirland zum Verkauf angeboten werden.

II. Subventionsrechtsregime des TCA

Im Gegensatz zum WA-Protokoll zu Irland/Nordirland lösen sich der Handelsteil des TCA und das in ihm enthaltene ausführliche Subventionskapitel in terminologischer wie in institutioneller Hinsicht von der EU-Binnenmarktrechtsordnung und den dort maßgebenden Akteuren *(1.)*. Während der Anwendungsbereich des TCA-Subventionsrechtsregimes – parallel zum EU-Beihilfenrecht – unstreitig das gesamte Spektrum an Industriesubventionen erfasst *(2.)*, weist der materiell-rechtliche Gehalt der Vereinbarungen zwar konzeptionelle Anleihen aus der Praxis der Kommission und des EuGH auf, bleibt in seinem Detailgrad allerdings weit hinter Beihilfenrechtsexporten im engeren Sinne zurück *(3.)*. Der eigentliche Aufbruch von der EU-supranationalen Beihilfenkontrolle findet demgegenüber auf prozeduralem Feld statt *(4.)*, das in Bezug auf das Vereinigte

---

1883 *BEIS*, Technical guidance on the UK's international subsidy control commitments, 31.12.2020, Ziff. 7.7, abrufbar unter www.gov.uk/government/publications/complying-with-the-uks-international-obligations-on-subsidy-control-guidance-for-public-authorities/technical-guidance-on-the-uks-international-subsidy-control-commitments [zuletzt aufgerufen am 1.3.2021].

1884 Vgl. illustrativ *GD Wettbewerb*, Notice to Stakeholders – Withdrawal of the United Kingdom and EU Rules in the Field of State Aid v. 18.1.2021, S. 7.

Königreich mit Regelungsinnovationen aufwartet, die nicht auf Vorbildern aus anderen Unionsabkommen beruhen. Die tendenzielle Rückkehr zu einer Handelsschutzlogik offenbart sich bei einer Gesamtbetrachtung der verfügbaren Rechtsdurchsetzungsmechanismen, da diese weit überwiegend intergouvernemental oder unilateral geprägt sind *(5.)*.

1. Grundsätzliches

Das erst eine Woche vor dem Ende des WA-Übergangszeitraums fertig ausgehandelte TCA, welches ab dem 1. Januar 2021 vorläufig angewendet wurde, stellt ein in quantitativer und qualitativer Hinsicht beispielloses Abkommen dar,[1885] das nicht in seiner Gesamtheit, sondern allenfalls abschnittsweise mit bereits bestehenden Unionsabkommen verglichen werden kann. Seine thematische Bandbreite muss angesichts der von 1973 bis 2020 währenden EU-Mitgliedschaft des Vereinigten Königreichs naturgemäß über reine Handelsfragen hinausreichen.[1886] Gleichwohl darf aus dem schieren Umfang und der Komplexität des Vertragswerks nicht die voreilige Schlussfolgerung abgeleitet werden, es handele sich zugleich auch um eine außergewöhnlich weit- und tiefgehende Assoziierung. Vielmehr ist zu betonen, dass das TCA im Einklang mit den vielzitierten „roten Linien“ des Vereinigten Königreichs – namentlich die Wahrung der Regelungsautonomie im Allgemeinen, der handelspolitischen Autonomie

---

1885 So umfasst das TCA im EU-Amtsblatt (ABl. 2021 L 149/10) heute 2530 Seiten, nachdem die einzelnen Artikel vor dem nunmehr erfolgten *legal scrubbing* und einer Neunummerierung im Sinne einer besseren Lesbarkeit zunächst noch entlang abgekürzter Sachbereichsbezeichnungen angeordnet waren (beispielsweise Art. COMPROV.1 TCA [= Art. 1 der *common provisions* des TCA]). Zwischenzeitlich hatte der TCA-Partnerschaftsrat von der ihm in Art. FINPROV.11 TCA eingeräumten Option einer Verlängerung der vorläufigen Anwendung Gebrauch gemacht (bis zum 30. April 2021). Am 1. Mai 2021 ist das TCA endgültig in Kraft getreten.

1886 Der Handelsteil des TCA (Teil 2) schließt über klassische Handelsfragen hinaus auch die Teilbereiche Luftfahrt, Straßentransport, Koordinierung der Systeme der sozialen Sicherheit und Visa für kurzfristige Besuche sowie Fischerei ein. Die Teile 3, 4 und 5 regeln zudem die Zusammenarbeit im Bereich Strafverfolgung und Justiz hinsichtlich Strafsachen, die sog. „thematische Zusammenarbeit“ in den Bereichen Gesundheitsschutz und Cybersicherheit sowie die fortgesetzte Möglichkeit der Teilnahme des Vereinigten Königreichs an einzelnen Unionsprogrammen (vgl. überblicksartig nur *Terhechte*, NJW 2021, 417, 423).

im Besonderen, die Nicht-Involvierung des EuGH sowie die Beendigung der Arbeitnehmerfreizügigkeit – weder eine Zollunion noch eine (sektorielle) Teilnahme am EU-Binnenmarkt begründet. Erste Gesamteinschätzungen gehen sogar soweit, es als einen „harten Brexit im Schafspelz“[1887] oder auch als die Festschreibung des „kleinsten gemeinsamen Nenners“[1888] zu kategorisieren.

Mit anderen Worten handelt es sich in jedem Fall nicht um ein – auch nicht nur partielles – Integrationsabkommen, weshalb nicht zuletzt im Hinblick auf horizontale Fragestellungen eine engere Orientierung an jüngeren EU-Freihandelsverträgen wie JEFTA oder CETA, nicht allerdings am EWRV, dem Entwurf eines InstA, dem EU-UA-AA oder der EU-TR-CU nahelag. Dies lässt sich unter anderem daran ablesen, dass die Vertragsparteien nicht nur von der statischen oder dynamischen Übernahme von Unionsrecht absahen, sondern das TCA im Gegenteil sogar von einer als geradezu pedantisch zu bezeichnenden Vermeidung jeglichen direkten Rückgriffs auf Unionsrechtsterminologie gekennzeichnet ist, welche nicht zuletzt im Bereich der Subventionsregulierung Auslegungsschwierigkeiten begünstigen könnte (s. unten *3.c.*). Korrespondierend dazu ist bis auf einzelne wenige – aus handelsrechtlichem Blickwinkel irrelevante – Ausnahmefelder betreffend EU-Förderprogramme weder eine EuGH-konforme Anwendung der Abkommensbestimmungen noch eine Involvierung des EuGH in das Streitbeilegungsmechanismus – im Sinne der Aufrechterhaltung der Unionsrechtsautonomie – angezeigt.

Aus Zeitmangel im Rahmen der Verhandlungen sowie mutmaßlich auch aus Rücksicht auf den langwierigen Prozess der volkswirtschaftlichen Desintegration des Vereinigten Königreichs aus dem EU-Binnenmarkt und der mit dieser verbundenen – vornehmlich politischen – Unwägbarkeiten vereinbarten die Vertragsparteien ein sog. *living agreement*, das dem paritätisch besetzten Partnerschaftsrat (vgl. Art. 7 Abs. 2 TCA) erhebliche Handlungsspielräume einräumt. Letztere erschöpfen sich nicht etwa in bloßen Konkretisierungskompetenzen, sondern gehen mit materiellen Gestaltungsbefugnissen einher.[1889] Dies trifft insbesondere auf das Subventions-

---

1887 S. in diesem Sinne prägnant *Brkan et al.*, The Trade and Cooperation with the UK: A Hard Brexit in Sheep's Clothing, EU Law Live, Weekend Edition №45 v. 30.1.2021, online abrufbar unter https://eulawlive.com/weekend-edition/weekend-edition-no45/ [zuletzt aufgerufen am 1.3.2021].

1888 Vgl. *Herrmann/Müller-Ibold*, EuZW 2021, 97, 107.

1889 S. zur komplexen – insbesondere von zahlreichen Ausschüssen gekennzeichneten – institutionellen Struktur des TCA instruktiv *Konstantinidis/Poula*, From Brexit to Eternity: The institutional landscape under the EU-UK Trade and

kapitel zu (vgl. Art. 519 lit. a Ziff. x TCA), welches den Partnerschaftsrat unter anderem ermächtigt, die vereinbarten *de minimis*-Schwellen anzupassen (vgl. Art. 364 Abs. 4 S. 2 bzw. Art. 365 Abs. 2 S. 4 und Abs. 3 S. 2 TCA) oder die Kategorie verbotener bzw. bedingter Subventionen in Abs. 2 bis 15 von Art. 367 TCA zu aktualisieren (vgl. Art. 367 Abs. 1 TCA).[1890] Art. 373 Abs. 7 TCA gesteht dem Partnerschaftsrat sogar zu, die in diesem Artikel enthaltenen Bestimmungen über die Verpflichtung der Vertragsparteien, einen inländischen Mechanismus zur Rückforderung TCA-widriger Subventionen einzuführen, in ihrer Gesamtheit abzuändern.

Flankiert und unterstützt wird der Partnerschaftsrat in subventionsrechtlichen Fragen vom sog. „Handelssonderausschuss für gleiche Ausgangsbedingungen für einen offenen und fairen Wettbewerb und eine nachhaltige Entwicklung“ (engl.: *Trade Specialised Committee on the Level Playing Field for Open and Fair Competition and Sustainable Development*), in dessen Zuständigkeitskreis sämtliche laufende Angelegenheiten auf Arbeitsebene und die Durchführung des spezifisch subventionsrechtlichen Konsultationsmechanismus in Art. 374 TCA fallen. Berücksichtigt man schließlich noch die zentrale Stellung des Partnerschaftsrats im allgemeinen Streitschlichtungsverfahren (vgl. Art. 734 ff. TCA) sowie in den Verfahrensschritten vor dem Erlass von sog. *remedial* respektive sog. *rebalancing measures* (vgl. nur Art. 411 TCA) durch eine der beiden Vertragsparteien (s. jeweils unten *5.*), kann berechtigterweise von einer stark intergouvernementalen Prägung des TCA-Subventionsrechtsregimes gesprochen werden.

Cooperation Agreement, European Law Blog v. 14.1.2021, online abrufbar unter https://europeanlawblog.eu/2021/01/14/from-brexit-to-eternity-the-institutional-landscape-under-the-eu-uk-trade-and-cooperation-agreement/ [zuletzt aufgerufen am 1.3.2021].

1890 Die Vereinbarungen der Vertragsparteien zur Subventionskontrolle befinden sich in Titel XI (Gleiche Ausgangsbedingungen für einen offenen und fairen Wettbewerb und eine nachhaltige Entwicklung) des Teilbereichs 1 (Handel) in Teil 2 (Handel, Verkehr, Fischerei sowie sonstige Regelungen). Für eine Visualisierung von deren exakter Stellung im Gefüge des TCA s. *Nicolaides*, Op-Ed: The UK is not bound by EU State aid rules: Subsidies in the Trade and Cooperation Agreement between the EU and the UK, EU Law Live v. 4.1.2021, abrufbar unter https://eulawlive.com/op-ed-the-uk-is-not-bound-by-eu-state-aid-rules-subsidies-in-the-trade-and-cooperation-agreement-between-the-eu-and-the-uk/ [zuletzt aufgerufen am 1.3.2021].

2. Anwendungsbereich

Im Kontrast zum WA-Protokoll zu Irland/Nordirland sind vom Subventionsrechtregime des TCA klarerweise auch Dienstleistungssubventionen erfasst (vgl. Art. 363 Abs. 1 lit. b TCA). Anders als im EU-UA-AA (s. oben *§ 2 C.II.1.*) verzichteten die Vertragsparteien indessen auf den Versuch eines Zuschnitts des Anwendungsbereichs auf das TCA-Dienstleistungskapitel, obgleich der zurückhaltende Liberalisierungsumfang im Dienstleistungssektor dafür womöglich die politische Rechtfertigung geboten hätte.[1891] Mit Blick auf Unterstützungspraktiken des Vereinigten Königreichs mit (potenziellen) Auswirkungen auf den Warenhandel zwischen der EU und Nordirland entsteht dadurch nunmehr eine Überlappung der externen Beihilfenaufsicht durch die Kommission auf Grundlage des WA-Protokolls zu Irland/Nordirland (s. oben *I.2.*) sowie der vom Vereinigten Königreich für die Zwecke des TCA (vgl. Art. 366 Abs. 1 TCA) zu errichtenden internen Subventionskontrolle. Abweichend vom Urentwurf des WA-Protokolls zu Irland/Nordirland, bei dem sich – in abgewandelter Form – das gleiche Problem stellte (s. oben *A.II.*), schweigt sich das TCA zur Frage der Koordination von Parallelprüfungen aus. Insbesondere besteht für den – derzeit noch hypothetischen – Fall sich widersprechender Bewertungen keine institutionalisierte Handhabung. Es bleibt abzuwarten, ob die Kommission und die vom Vereinigten Königreich einzurichtende unabhängige Behörde (oder Stelle) den ihnen in Art. 371 Abs. 2 TCA aufgegebenen Kooperationsauftrag erfüllen und – beispielsweise im Rahmen eines rechtlich unverbindlichen MoU – entsprechende Vereinbarungen nachholen.

Neben dem in allen Arten von Unionsabkommen gängigen Ausschluss von Landwirtschafts- und Fischereisubventionen aus dem Subventionskapitel (vgl. Art. 364 Abs. 5 TCA) finden sich im TCA zusätzlich eine bis dahin lediglich aus Marktzugangsabkommen mit außereuropäischen Partnern bekannte – und im Vergleich zur geltenden Unionsrechtslage großzügigere – *de minimis*-Schwelle (in Höhe von 325.000 Sonderziehungsrechten)[1892] sowie ein Pauschalausschluss von Subventionen für den au-

1891 Vgl. *Herrmann/Müller-Ibold*, EuZW 2021, 97, 107, welche die gegenseitigen Zugangsregeln im Bereich der Dienstleistungen als „bescheiden" einordnen.

1892 Umgerechnet entspricht dies rund 388.000 Euro (im Unterschied zu 200.000 Euro gemäß Art. 3 Abs. 2 der EU-*de minimis*-Verordnung). Eine *de minimis*-Schwelle in ähnlicher Höhe (300.000 Sonderziehungsrechte) vereinbarte die Union mit Vietnam (vgl. dazu den Nachw. o. in Fn. 1756). Diejenige im JEFTA und im EU-MX-AA liegt bei 450.000 bzw. 400.000 Sonderziehungsrechten.

diovisuellen Sektor (vgl. Art. 364 Abs. 5 bzw. 6 TCA). Im europäischen Assoziierungskontext ebenfalls neu ist die *a limine*-Freistellung sowohl von Subventionen zum Ausgleich solcher Schäden, die durch Naturkatastrophen oder andere außergewöhnliche nichtwirtschaftliche Ereignisse – wie zuletzt die COVID-19-Pandemie – verursacht worden sind (vgl. Art. 364 Abs. 1 TCA),[1893] wie auch von Subventionen sozialer Art an Endverbraucher (vgl. Art. 364 Abs. 2 TCA). Unionsintern unterfallen derartige Subventionen zwar Art. 107 Abs. 2 lit. a bzw. b AEUV und sind damit *per se* mit dem Binnenmarkt vereinbar,[1894] müssen ungeachtet dessen aber der Kommission notifiziert werden, welche die Einhaltung der in hohem Maße auslegungsbedürftigen Tatbestandsvoraussetzungen kontrolliert. Konkret in Bezug auf Endverbrauchersubventionen wurde die Frage aufgeworfen, inwieweit es sich auswirken könnte, dass die Vertragsparteien anders als im Beihilfenprimärrecht davon absahen, ein Verbot der Diskriminierung aus Gründen der (Waren-)Herkunft zu installieren.[1895]

An in systematischer Hinsicht verfehlter Stelle, das heißt ebenfalls unter der Überschrift „Anwendungsbereich und Ausnahmen“, sieht Art. 364 Abs. 8 TCA aufgrund der ohnehin gegebenen Anfälligkeit des Luftverkehrssektors für Handelsverzerrungen einen dezidiert auf die Wettbewerbswirkungen zugeschnittenen Prüfungsmaßstab für alle Arten von Subventionsmaßnahmen zugunsten von Luftfahrtgesellschaften vor.[1896] Von größerer Tragweite als der eigentliche Regelungsgehalt der Vorschrift ist der Umstand, dass aus ihr im Umkehrschluss – in Verbindung mit Art. 363 lit. b Ziff. iv TCA – ersichtlich wird, dass abgesehen von der besagten Sonderkonstellation luftverkehrsrelevanter Subventionen im bilateralen Verhältnis der Union zum Vereinigten Königreich die in der EU-beihilfenrechtlichen Diskussion zunehmend an Gewicht gewinnenden wettbewerbstheoretischen Betrachtungsweisen (s. oben *Teil 1 § 1 B.II.3.*) mittelfristig wieder einem tradierteren *trade (and investment) impact stan-*

1893 Das Kriterium der Nichtwirtschaftlichkeit des schadensauslösenden Ereignisses findet sich zwar im Wortlaut der unionsrechtlichen Parallelbestimmung des Art. 107 Abs. 2 lit. b AEUV nicht wörtlich wieder, jedoch gilt auch dort, dass auszugleichende Schäden nicht Folge wirtschafts- oder unternehmenspolitischer Fehlmaßnahmen sein dürfen (*v. Wallenberg/Schütte*, in: Grabitz/Hilf/Nettesheim, 71. EL August 2020, Art. 107 AEUV Rn. 143).

1894 Vgl. für die herrschende Meinung *Kühling*, in: Streinz, Art. 107 AEUV Rn. 115 m. zahlr. weit. Nachw.

1895 S. hierzu knapp *Nicolaides*, Subsidies in the Trade and Cooperation Agreement between the EU and the UK, EU Law Live v. 4.1.2021.

1896 Ebd.

dard weichen könnten. Je nachdem, welchen Stellenwert das Vereinigte Königreich dem Ziel der Verwettbewerbsrechtlichung in seiner Implementierungs- und Durchführungsgesetzgebung zum TCA (s. unten *III.*) einräumen wird, muss eine solche Entwicklung zwar nicht zwangsläufig eintreten. Nichtsdestoweniger ist festzuhalten, dass die die Subventionsrechtsvereinbarungen insgesamt charakterisierende Handelsfokussierung zumindest das Potenzial hat, eine Begrenzung von deren konzeptioneller Reichweite zu bewirken und das Regime auf den Stand der innergemeinschaftlichen Anwendungspraxis von vor den beiden Modernisierungsagenden zurückzuwerfen.

3. Materielles

a) Definitorisches

Die von den beiden Vertragsparteien vereinbarte *sui generis*-Definition des Subventionsbegriffs gibt keine Termini des Unionsrechts direkt wieder und weist – bei unbedarfter Betrachtung – zunächst eine starke optische Ähnlichkeit mit den Art. 1.1 bzw. 2 des WTO-rechtlichen ASÜ auf (vgl. nur Art. 363 Abs. 1 lit. b TCA). Bei materieller Betrachtungsweise ist dagegen eine signifikante Anlehnung an die Auslegung und Anwendung von Art. 107 Abs. 1 AEUV durch Kommission und EuGH zu konstatieren, von welcher sich – ungeachtet des Fehlens einer dahingehenden Verpflichtung – in Zweifelsfällen auch die Behörden und Gerichte des Vereinigten Königreiches inspirieren lassen werden. So erfolgt in Art. 363 Abs. 1 lit. a TCA zunächst eine paraphrasierende Übernahme des vom Gerichtshof entwickelten,[1897] in der EU-Beihilfenrechtspraxis weitgehend unumstrittenen Verständnisses des wettbewerbsrechtlichen Unternehmensbegriffs (sog. *single undertaking concept*). Ziff. iv von Art. 363 Abs. 1 lit. b TCA statuiert eine gegenüber dem unionalen Beihilfenverbot nur geringfügig modifizierte Zwischenstaatlichkeitsklausel unter Weglassung des Kriteriums der (drohenden) Wettbewerbsverfälschung.[1898]

1897 Vgl. EuGH C-222/04, Slg. 2006, I-289 Rn. 107 ff. – Cassa di Risparmio di Firenze u.a. m. zahlr. weit. Nachw.

1898 Wie soeben (unter 2.) dargelegt, erscheinen die unmittelbaren Konsequenzen dieser Weglassung angesichts der bisher geringen Relevanz des Merkmals auf Rechtsanwendungsebene (s. oben *Teil 1 § 1 B.I.3.*) überschaubar.

Art. 363 Abs. 2 lit. a bis c TCA geben schließlich in detaillierter Weise den vom EuGH in ständiger Rechtsprechung praktizierten dreistufigen sog. „Selektivitätstest“ betreffend mitgliedstaatliche Steuerregelungen wieder,[1899] wenngleich statt des Terminus der „Selektivität“ der dem WTO-Subventionsrecht entnommene Parallelbegriff der „Spezifität“ Verwendung findet. Die starke Unionsrechtsnähe gerade dieses Teilausschnitts erscheint angesichts der im Vereinigten Königreich geübten Kritik am in jüngerer Zeit forcierten Vorgehen der Kommission gegen diskriminierende mitgliedstaatliche Steuergesetzgebungen und -vorbescheide[1900] wie auch der während der TCA-Abkommensverhandlungen im britischen Schrifttum kursierenden konkreten Alternativansätze[1901] zum Selektivitätskonzept der Unionsrechtsprechung überraschend. Künftige Konflikte im Bereich der Steuerbeihilfen schließt dies jedoch nicht aus, befindet sich doch die Dogmatik zur materiellen Selektivität nach wie vor im Fluss[1902] und handelt es sich bei der Bestimmung des sog. *normal taxation regime*, das heißt eines national-steuerrechtlichen Referenzrahmens, um eine unter Souveränitätsgesichtspunkten delikate Wertungsfrage. Einmal mehr gilt diese Einschätzung angesichts dessen, dass dem sich ebenfalls in Titel XI befindlichen Regelungsabschnitt zu *good governance* in Steuersachen sowie Besteuerungsstandards lediglich geringe inhaltliche Aussagekraft zukommt und dieser außerdem auch nicht dem TCA-Streitbeilegungsmecha-

---

1899 Vgl. zur (unionsinternen) Maßgeblichkeit des dreistufigen Selektivitätstests grundlegend EuGH C-20/15 P, ECLI:EU:C:2016:981 – Kommission/World Duty Free Group SA u.a.

1900 Die Kritik entzündete sich in erster Linie an einem im Zuge dessen ergangenen Beschluss der Kommission (vgl. KomBeschl v. 2.4.2019, SA.44896 implemented by the United Kingdom concerning CFC Group Financing Exemption, C(2019) 2526 final), nach dem eine Steuerregelung des Vereinigten Königreichs gewisse Transaktionen multinationaler Konzerne in beihilfenrechtswidriger Weise von der Anwendung der britischen Vorschriften zur Bekämpfung von Steuervermeidung ausnehme. Die dagegen gerichtete Nichtigkeitsklage des Vereinigten Königreichs (anhängig unter dem Aktenzeichen T-760/19 – Imperial Brands u.a./Kommission) unterfällt gemäß Art. 89 WA aber auch nach Ablauf des Übergangszeitraums der Jurisdiktion des EuGH.

1901 Vgl. exemplarisch *Webber*, Compromise Position for Subsidy Control in a UK/EU FTA, UKSALA Blog v. 1.7.2020, online abrufbar unter https://uksala.org/compromise-position-for-subsidy-control-in-a-uk-eu-fta/ [zuletzt aufgerufen am 1.3.2021].

1902 S. hierzu jüngst umfassend *Ellenrieder*, Die materielle Selektivität steuerlicher Beihilfen, 2020, S. 595 ff., welcher immerhin eine zunehmende Dogmatisierung des Tatbestandsmerkmals erkennen will.

nismus untersteht.[1903] Es liegt dementsprechend die Vermutung nahe, dass es subventionsrechtliche Vereinbarungen sind, welche den rechtlichen Anknüpfungs- und Ausgangspunkt für die weit überwiegende Mehrzahl aus dem Steuer- und Standortwettbewerb der beiden Vertragsparteien folgenden Meinungsverschiedenheiten bilden werden.

Aus Art. 363 Abs. 1 lit. b Ziff. i TCA lässt sich bei einer lebensnahen Auslegung auch das Erfordernis der Staatlichkeit der Mittelgewährung – und damit einer Budgetbelastung im weitesten Sinne – herleiten, was eine weitere Parallele zur unionsinternen Handhabung darstellt und zugleich eine – wenn auch nur leichte – Abweichung vom WTO-Subventionsrecht bedeutet. Abzulehnen ist dagegen die direkt nach der Verkündung des TCA kurzzeitig in die Diskussion eingebrachte, formalistisch anmutende Lesart, nach der sich aus der Formulierung „resources of the *Parties*"[1904] und vor dem Hintergrund der *EU-only*-Natur der Assoziierung[1905] sowie Art. 364 Abs. 7 TCA, der auf supranationaler Ebene finanzierte Subventionen der Prüfzuständigkeit der von den Vertragsparteien jeweils zu unterhaltenden unabhängigen Aufsichtsbehörde (vgl. Art. 371 Abs. 1 TCA) entzieht, hervorgehe, dass das Subventionskapitel faktisch einseitig lediglich das Vereinigte Königreich verpflichte.[1906] Wiewohl der Wortlaut des Vertragstextes an dieser Stelle als unglücklich zu kritisieren ist, so kann unter Berücksichtigung des Grundsatzes von Treu und Glauben (vgl. Art. 31 Abs. 1 WVK) sowie nicht zuletzt des das Wirtschaftsvölkerrecht prägenden Gedankens der Reziprozität (s. oben *Teil 2 § 1 C.I.1.*) unterstellt werden, dass die Union – gleichsam wie im Rahmen ihrer ständigen Übung in WTO-Streitbeilegungsverfahren – die Verantwortung für die Subventions-

---

1903 Vgl. zum kurzen *taxation*-Kapitel des TCA *Lyons*, Tax Journal 2021 (Issue 1514), 12, 14.

1904 Hervorhebung des Verfassers.

1905 Eine vollständige Wiedergabe der – unveröffentlichten – positiven Einschätzung des Rechtsdiensts des Rates zur Zulässigkeit des alleinigen Vertragsabschlusses durch die Union findet sich bei *Peers*, The Brexit deal – Council legal service opinion, EU Law Analysis Blog v. 27.1.2021, online abrufbar unter http://eulawanalysis.blogspot.com/2021/01/the-brexit-deal-council-legal-service.html [zuletzt aufgerufen am 1.3.2021].

1906 Vgl. nur die entsprechenden Tweets von *Luca Rubini* vom 28., 29. und 30. Dezember 2020 und die Reaktionen von *Jesse Kreier*, *James Webber* und *Federico Ortino*, abrufbar unter https://twitter.com/lucarubiniluca?lang=de [zuletzt aufgerufen am 1.3.2021].

maßnahmen ihrer 27 Mitgliedstaaten zu übernehmen gedenkt, sich diese im Verhältnis zu Handelspartnern mithin zu eigen macht.[1907]

b) Daseinsvorsorgeregulierung

Art. 365 TCA beinhaltet nicht lediglich eine Nachbildung von Art. 106 Abs. 2 S. 1 AEUV (vgl. Abs. 1 S. 1), sondern darüber hinaus sind dort mit dem Erfordernis der transparenten Betrauung (vgl. Abs. 1 S. 2) und dem sog. „Überkompensationsverbot" (vgl. Abs. 2 S. 1) immerhin zwei der vier vom Gerichtshof im Jahre 2006 entwickelten *Altmark*-Kriterien verankert. Zusätzlich haben sich die beiden Vertragsparteien in Abs. 2 S. 2 die Verpflichtung auferlegt, eine Quersubventionierung durch Unternehmen, welche mit sog. „Dienstleistungen von öffentlichem wirtschaftlichen Interesse" – im Unionsjargon: „DAWI" – betraut sind, zu verhindern. In loser Anlehnung an Art. 2 Abs. 2 der DAWI-*de minimis*-Verordnung und Art. 2 Abs. 1 lit. a und Art. 7 des DAWI-Beschlusses von 2011 führen Abs. 2 S. 3 und Abs. 3 S. 1 schließlich – wiederum erhöhte – Schwellenwerte[1908] für das Eingreifen der skizzierten Grundsätze und des Mechanismus zur Herstellung von Subventionstransparenz in Art. 369 TCA (s. unten *4.b.*) ein. All dies verleiht Art. 365 TCA zwar ungleich schärfere Konturen als dies beispielsweise auf vergleichbare Bestimmungen in den neuesten EU-Freihandelsabkommen bzw. -assoziierungen mit Japan oder Mexiko zutrifft (s. oben *§ 2 E.II.2.b. bzw. IV.1.a.bb.*); dennoch ist in Anbetracht der fehlenden Pflicht des Vereinigten Königreichs zur Rechtsangleichung an den EU-Beihilfenacquis zweifelhaft, ob hieraus ein dauerhafter und spürbarer Mehrwert erwachsen wird.[1909]

Vielmehr ist in diesem Zusammenhang daran zu erinnern, dass das hochabstrakte Daseinsvorsorgekonzept der Art. 14 bzw. 106 Abs. 2 des

---

1907 Vgl. hierzu ausführlich *Herrmann/Streinz*, Die EU als Mitglied der WTO, § 11 Rn. 156 f.

1908 S. für eine detaillierte Aufschlüsselung der Zugeständnisse *Nicolaides*, Subsidies in the Trade and Cooperation Agreement between the EU and the UK, EU Law Live v. 4.1.2021.

1909 Ähnlich auch die Einlassungen von *Anneli Howard* im Rahmen des *Monckton EURL Webinar* unter dem Titel „Subsidy control law – navigating the new 'post-state aid' regime" v. 28.1.2021, deren schriftliche Zusammenfassung online abrufbar ist unter https://eurelationslaw.com/blog/synopsis-of-monckton-eurl-webinar-2-subsidy-control-law-navigating-the-new-post-state-aid-regime [zuletzt aufgerufen am 1.3.2021].

AEUV in EU-beihilfenrechtlicher Hinsicht erst mithilfe des DAWI-Leitfadens der Kommission von 2013[1910] sowie konkretisierender Rechtsprechung der Unionsgerichte einen hinreichenden Grad an Operabilität erlangen konnte.[1911] Wie nur wenige andere Teilbereiche des EU-Beihilfenrechts steht die heutige DAWI-Gesetzgebung deshalb für die Verzahnung von in hohem Maße auslegungsbedürftigen Primärrecht mit detailliertem Sekundärrecht bzw. *soft law*. Trotzdem könnte die drohende Gefahr materiell-rechtlicher Divergenzen konkret betreffend die Daseinsvorsorgeregulierung dadurch abgemildert werden, dass im Falle der eng verwandten Materie des Rechts des öffentlichen Auftragswesens[1912] – im Gegensatz zum britischen Umgang mit dem EU-Beihilfenrecht – wesentliche Unionsrechtsakte und einschlägige Judikatur des Gerichtshofs zumindest vorerst als *retained EU (case) law* in der innerstaatlichen Rechtsordnung des Vereinigten Königreichs fortleben, sofern sie vor 1. Januar 2021 ergangen sind.[1913] Gemäß den *Public Procurement (Amendment etc.) (EU Exit) Regulations 2020* trifft dies auf weite Teile der britischen Umsetzungsgesetzgebung zu den drei zentralen EU-Richtlinien über die öffentliche Auftragsvergabe (das heißt: Vergabe-, Sektoren- und Konzessionsrichtlinie) zu, sodass in vielen Fällen faktisch auch die Wahrung des Kerngedankens des vierten *Altmark*-Kriteriums gewährleistet sein wird.

Das Vereinigte Königreich plant zwar ein umfassendes autonomes öffentliches Beschaffungswesen herauszubilden,[1914] das Risiko einer grundlegenden Abkehr vom bis dato vorzufindenden Schutzniveau erscheint aus Sicht der Union diesbezüglich dennoch leichter beherrschbar als in Beihilfen- bzw. Subventionsrechtsfragen. Dies ist darauf zurückzuführen, dass sich der einschlägige Regelungsabschnitt des TCA (vgl. Titel VI) eng an Wesen und Struktur des plurilateralen GPA ausrichtet (GPA-plus), welchem sowohl die Union als auch das Vereinigte Königreich (Letzteres

---

1910 Vgl. dazu den Nachw. o. in Fn. 429.

1911 S. in diesem Sinne *Kühling*, in: Streinz, Art. 107 AEUV Rn. 14 ff.

1912 Vgl. hierzu statt vieler *Hagenbruch*, Das Verhältnis von Beihilfen- und Vergaberecht: Unter besonderer Berücksichtigung der Dienstleistungen von allgemeinem wirtschaftlichem Interesse, 2019, S. 259 ff.

1913 S. hierzu *Sánchez-Graells*, Public procurement regulation, in: Kassim/Ennis/Jordan (Hrsg.) UK Regulation after Brexit, 2021, S. 23 ff.

1914 Vgl. *HM Government*, Green Paper: Transforming public procurement, 2020, S. 12 ff. online abrufbar unter https://assets.publishing.service.gov.uk/government/uploads/system/uploads/attachment_data/file/943946/Transforming_public_procurement.pdf [zuletzt aufgerufen am 15.2.2021].

seit 1. Januar 2021 aus eigenem Recht[1915]) als Vertragsparteien angehören. Das GPA selbst weist wiederum einen weitaus höheren Grad an inhaltlicher Überschneidung mit dem unionalen Vergaberechtssystem auf, als dies im Verhältnis zwischen EU-Beihilfenrecht und WTO-Subventionsrecht der Fall ist. Positive *spill over*-Effekte der dargelegten vergaberechtlichen Bindungen auf die Subventionsdisziplin von öffentlichen Stellen des Vereinigten Königreiches sind folglich naheliegend. Vor allem gilt dies im Daseinsvorsorgekontext, in dem eine Zuwiderhandlung gegen die Vorschriften über die öffentliche Auftragsvergabe bis dato nahezu immer das Vorliegen einer potenziell unrechtmäßigen Beihilfe implizierte.[1916]

c) Prüfgrundsätze

Während die Konsequenzen der Loslösung des Vereinigten Königreichs vom EU-Beihilfenacquis in definitorischer Hinsicht sowie bezüglich des Sonderregimes für DAWI (bzw. neuerdings: „Dienstleistungen von öffentlichem wirtschaftlichen Interesse") jedenfalls kurz- bis mittelfristig als hinnehmbar zu qualifizieren sind, gilt dies nicht hinsichtlich der Überprüfung der Abkommenskompatibilität von Subventionsmaßnahmen, deren Durchführung die Vertragsparteien durch effektive interne Kontrollsysteme auf dem jeweils eigenen Territorium sicherzustellen haben (vgl. Art. 366 Abs. 1 und 3 TCA). So liegt bereits der Startpunkt der geforderten materiellen Kompatibilitätsprüfung im Unklaren, weil sich anders als bei Art. 107 AEUV keine Regel-Ausnahme-Mechanik dergestalt aufdrängt, dass alle Maßnahmen, die die Subventionsdefinition des Art. 363 TCA erfüllen, zunächst untersagt sind (Verbot mit Erlaubnisvorbehalt). Dies steht einerseits zwar im Einklang mit der verfahrensrechtlichen Grundentscheidung der beiden Vertragsparteien, auf eine grundsätzlich obligatorische Durchführung von *ex ante*-Subventionsprüfverfahren nach dem Vorbild der EU-Beihilfenaufsicht zu verzichten (s. unten *4.*), wirft andererseits aber die Frage auf, ob vor dem Einstieg in die eigentliche Prüfungsreihenfolge zunächst ein *effects on trade test* im Sinne einer Art „Vorprüfung" durchgeführt werden muss.

1915 S. zu den Hintergründen näher *Dawar*, LIEI 2018, 121 ff.; *Herrmann*, EuZW 2017, 961, 963.

1916 So *Schoenmaekers*, Public procurement and services of general economic interest, in: Bovis (Hrsg.), Research Handbook on EU Public Procurement Law, 2016, S. 295, 316.

In seiner Eröffnung beschränkt sich Art. 366 Abs. 1 TCA nämlich darauf zu fordern, dass solche Subventionen nicht gewährt werden, die „*wesentliche* [engl.: *material*] Auswirkungen auf den Handel oder die Investitionen zwischen den Vertragsparteien haben oder haben könnten". Vereinzelt wird dieser qualifizierten Anforderung an die Handelswirkungen einer Subvention entnommen, dass sich neben eindeutig quantifizierbaren *de minimis*-Subventionen (s. oben 2.) auch umfangreichere Subventionen, die sich durch einen *limited effect on trade* auszeichnen, nicht an den in Art. 366 Abs. 1 lit. a bis f TCA normierten Prinzipien messen lassen müssen.[1917] Unterstellt, die Annahme, dass sich die Verhandlungsführer bei dieser Konstruktion tatsächlich eine – indessen nie realisierte – Kommissionsinitiative aus dem Jahre 2004 zum Vorbild nahmen, träfe tatsächlich zu,[1918] würde dies gegenüber der heutigen unionsinternen Praxis der Beihilfenkontrolle keine – oder eine allenfalls äußerst geringfügige – Lockerung bedeuten.[1919] Da eine solche Lesart bisher weder formell (von den Vertragsparteien) noch informell (in Stellungnahmen der Verhandlungsdelegationen) bestätigt wurde, führt das Fehlen jeglichen Anhaltspunkts, woraus sich besagte Wesentlichkeit der Auswirkungen auf den Handel einer Subventionsmaßnahme ergibt, zu Rechtsunsicherheiten. Zwar erscheint es in Anbetracht des Umstands, dass bereits die bloße Möglichkeit („haben oder haben könnten") deren Vorliegens ausreicht, eher fernliegend, das Kriterium in die Nähe der hohen WTO-rechtlichen Eingriffsschwelle nachteiliger Auswirkungen (engl.: *serious prejudice* – vgl. Art. 6 ASÜ) zu rücken.[1920] Jedoch indiziert die wiederkehrende Verwendung –

1917 S. in diese Richtung explizit *Nicolaides*, Subsidies in the Trade and Cooperation Agreement between the EU and the UK, EU Law Live v. 4.1.2021.

1918 S. zur Funktionsweise des vorgeschlagenen *limited effect on trade test* im Einzelnen *Kommission*, Draft Communication: A new framework for the assessment of State aid which has limited effects on intra-Community trade, Rn. 14 ff.; online abrufbar unter https://ec.europa.eu/competition/state_aid/reform/sit_let_en.pdf [zuletzt aufgerufen am 1.3.2021]; s. für eine retrospektive Einordnung und Bewertung *Medghoul*, Distortion of trade and competition, in: Pesaresi et al. (Hrsg.), EU Competition Law (Vol. IV, Book 1), Rn. 2.549.

1919 Vgl. Annex I des Mitteilungsentwurfes (o. Fn. 1918), der eine eng limitierte Anzahl von Tätigkeiten auflistet, die bereits ihrer Natur nach keine erheblichen grenzüberschreitenden Effekte entfalten und *a priori* nicht durch hohe Marktzutrittsschranken geprägt sind. Ferner ist zu bedenken, dass seit 2004 sowohl die *de minimis*-Verordnung als auch die AGVO spürbare Erweiterungen erfahren haben, die den *limited effect on trade test* konsumieren.

1920 Nicht zuletzt würde eine solche Lesart die Sinnhaftigkeit der Einführung strengerer *trade tests* (beispielsweise: „[…] erhebliche negative Auswirkung […] hat") im Bereich der Rechtsdurchsetzung (s. unten 5.) in Frage stellen.

selbst im Zusammenhang verbotener bzw. mit Auflagen versehener Subventionen (vgl. Art. 366 Abs. 2 TCA) –, dass es mehr als eine deklaratorische Bestätigung der Zwischenstaatlichkeitsklausel auf Definitionsebene begründet.

Art. 366 Abs. 1 lit. a bis f TCA vollziehen die einzelnen Schritte des im Rahmen des SAAP eingeführten und im Zuge der SAM kontinuierlich verfeinerten *balancing test* in vergleichsweise detaillierter Weise nach und bilden den materiellen Gehalt zentraler Anforderungen wie die Gemeinwohlorientierung (vgl. lit. a), der sog. „Anreizeffekt" (vgl. lit. c, d) und nicht zuletzt die Verhältnismäßigkeit (vgl. lit. b, e und f) einer Subvention ab, weswegen sich die erste Annäherung an die für beide Vertragsparteien akzeptablen Subventionstypen zumindest in methodischer Hinsicht vielversprechend gestaltet. Allerdings wird das nunmehrige Abstellen auf ein sog. *specific public policy objective* – anstelle eines *objective of common interest* – die Abwägung im engeren Sinne negativ beeinflussen, da die Bestimmung von dessen Vorliegen von jeder der beiden Vertragsparteien autonom vorzunehmen ist und im Falle des Vereinigten Königreichs nicht mehr durch das umfassende *soft law* der GD Wettbewerb prädeterminiert wird. Einen rhetorischen und inhaltlichen Aufbruch vom EU-Beihilfenrecht und dessen Terminologie – bei gleichzeitiger Aufrechterhaltung einer Kontinuität auf Zielebene – hätte es signalisiert, wenn in Anlehnung an den IPCEI-Tatbestand des Art. 107 Abs. 3 lit. b Alt. 1 AEUV alternativ auf das „gemeinsame europäische Interesse" rekurriert worden wäre, welches in Theorie und Praxis bereits zuvor eine transeuropäische Lesart ermöglichte (s. oben *Teil 2 § 1 C.III.2.b.cc.*).

d) Rechtfertigungstatbestände

Es ist bemerkenswert, dass sich die Vertragsparteien trotz der Einigung auf eine Vervölkerrechtlichung des *balancing test* und ihrer auch nach dem Brexit fortdauernden engen wirtschaftlichen, politischen, kulturellen und geographischen Verbundenheit im TCA-Subventionskapitel selbst lediglich auf die legitimen Subventionsziele der Förderung der Entstehung und des Einsatzes – nicht näher definierter – neuartiger Technologien (außerhalb des verarbeitenden Gewerbes) im Rahmen von großen grenzüberschreitenden oder internationalen Kooperationsprojekten (vgl. Art. 367 Abs. 13 TCA) sowie der energetischen und ökologischen Nachhaltigkeit (insbesondere im Kampf gegen den Klimawandel) verständigen konnten (vgl. Abs. 14 TCA). Lediglich letztgenannte Sachmaterie erhält – außerhalb der Subventionsrechtsvereinbarungen, in Anhang ENER-2 – einen dem einschlägigen EU-Beihilfenacquis angenäherten Detailgrad. Konkret formulieren die Vertragsparteien hierin Anforderungen an die Vergabe von Subventionen für eine angemessene Stromerzeugung, für erneuerbare Energien für die Kraft-Wärme-Kopplung (vgl. jeweils Abs. 1 bis 4) sowie die Dekarbonisierung von Industrieprozessen (vgl. Abs. 5), welche darauf zielen, Negativeffekte auf die Energiesicherheit und den Wettbewerbsprozess zu minimieren und Überkompensationen im Falle von Ausgleichsmechanismen zugunsten stromintensiver Nutzer zu verhindern. All dies steht im Einklang mit den sowohl von der Union als auch vom Vereinigten Königreich jüngst präsentierten Klimaschutzplänen.[1921] Angesichts von deren Tragweite lässt sich bereits absehen, dass eine fristgerechte Umsetzung mit massiven staatlichen Markteingriffen einhergehen wird, die in noch größerem Umfang als dies heute der Fall ist, Subventionsmaßnahmen beinhalten werden (s. oben *Teil 2 § 1 A.I.3.a.*).

Hinzu kommen drei weitere Rechtfertigungstatbestände im Zusammenhang mit sozial motivierten Streckensubventionen für Luftfahrtgesellschaften (vgl. Art. 367 Abs. 15 TCA) und der Art. 107 Abs. 3 lit. b Alt. 2 AEUV nachgebildete Art. 364 Abs. 3 TCA, der beträchtliche Gestaltungsspielräume für zeitlich begrenzte Subventionen in Reaktion auf einen nationalen oder globalen wirtschaftlichen Notstand sicherstellt. Bezeichnenderweise befinden sich die Rechtfertigungstatbestände nicht etwa allesamt gebündelt in einem separaten Abkommensartikel, sondern in der überwiegenden Mehrzahl als eine Art Annex in demjenigen zu *per se* verbotenen Subventionsmaßnahmen (s. dazu sogleich *d.*). Immer wieder offenbaren diese zwar inhaltliche Schnittmengen mit den in der IPCEI-Mitteilung, den Leitlinien für staatliche Umweltschutz- und Energiebeihilfen oder den Leitlinien für staatliche Beihilfen für Flughäfen und Luftverkehrsgesellschaften getroffenen Grundaussagen; im Resultat verfügen die mitunter präambelartig konzipierten Einzelvorschriften aber kaum je über mehr als Programmcharakter. Paradigmatisch dafür steht das Erfordernis von *spill over*-Effekten bei Zuschüssen im Rahmen großer grenzüberschreitender oder internationaler Kooperationsprojekte, dessen exakter materieller

1921 Vgl. zum einen *Margrethe Vestager*, The Green Deal and competition policy, Speech at the Renew Webinar, 22. September 2020; sowie zum anderen *Boris Johnson*, Opening remarks at the Climate Ambition Summit, 12. Dezember 2020, online abrufbar unter www.gov.uk/government/speeches/pm-climate-ambition-summit-opening-remarks-12-december-2020 [zuletzt aufgerufen am 1.3.2021].

Gehalt bereits unionsintern durch die IPCEI-Mitteilung nur unzureichend geklärt wird und im Rahmen des TCA vollends an Bestimmtheit – und somit an Praktikabilität – verliert.[1922]

Die dem TCA angehängte *Joint Declaration on Subsidy Control Policies*, deren rechtliche Unverbindlichkeit die Vertragsparteien sogleich in der Einleitung betonen, mildert das Problem nicht etwa ab, sondern kaschiert es bestenfalls. In Anknüpfung an die EU-Regionalbeihilfeleitlinien bilden ihr zufolge die sozioökonomische Lage der betroffenen Gebiete sowie die Größe des Empfängers und des unterstützten Investitionsprojekts die zentralen Orientierungspunkte für die Bemessung der Höhe von Subventionen für die Entwicklung benachteiligter Regionen. Im rudimentär abgehandelten Verkehrssektor (Betriebsbeihilfen für Flughäfen, nichtdiskriminierende Subventionen für Straßeninfrastrukturprojekte, Anschubhilfen für Hafeninfrastrukturprojekte oder deren Vorarbeiten) kreisen die Ausführungen um abstraktere Parameter wie Eigenrentabilität, Allgemeinwohlorientierung, Nichtdiskriminierung und Verhältnismäßigkeit. Auf den Feldern FuE, denen die Vertragsparteien unter Heranziehung einer von der OECD verwendeten Begriffsdefinition (vgl. Fn. 3 der Erklärung) ein weites Verständnis zugrunde legen, soll sich die Höhe der Subvention im Einzelfall über tradierte Verhältnismäßigkeitserwägungen hinaus an Risiko, Innovationsgrad und Marktnähe des geförderten Vorhabens ausrichten. Der Mehrwert der *Joint Declaration* beschränkt sich folglich darauf, die bereits in dem in Art. 366 Abs. 1 TCA enthaltenen *balancing test* angelegten Schritte der Prüfung der Abkommenskompatibilität einer Subvention für ausgewählte Politikbereiche zu präzisieren und durch weitere Handlungsempfehlungen zu ergänzen. Indem sie *in concreto* lediglich Zuschüsse untersagt, die einen Standortwechsel des Subventionsempfängers vom Territorium der anderen Vertragspartei in das eigene bezwecken oder bewirken, trifft sie echte *per se*-Regelungen exklusiv für *relocation subsidies* im Kontext der Regionalförderung und von FEuI, welche ob ihres handelspolitischen Eskalationspotenzials unionsintern seit je faktisch verboten sind.[1923] Letzteres stellt einen neuerlichen Beleg für die Desintegrationslogik dar, in die das TCA-Subventionskapitel eingebet-

---

1922 *Nicolaides*, Subsidies in the Trade and Cooperation Agreement between the EU and the UK, EU Law Live v. 4.1.2021, folgert hieraus, dass dem Vereinigten Königreich auf diesen – vom TCA lediglich gestreiften – Gebieten nunmehr „ample room for manoeuvre" zur Verfügung stehe.

1923 Vgl. Ziff. 122 der EU-Regionalbeihilfeleitlinien (o. Fn. 241) bzw. Rn. 95, 102, 105 und 116 ff. des FEuI-Unionsrahmens (o. Fn. 914).

tet ist und in der Harmonisierungsbestrebungen die Ausnahme bilden. Stattdessen ist eine Rückbesinnung auf klassische Motive internationaler Formen der Subventionskontrolle – wie die Verhinderung von *beggar-thy-neighbour*-Praktiken (s. oben *Teil 1 § 1 B.II.1.*) – zu beobachten, für deren Umsetzung es eines gemeinsamen Zielkanons nicht bedarf.

e) Subventionsverbote

Als tendenziell zurückhaltend ist auch das Vorgehen der Vertragsparteien bei der Bestimmung von Subventionsverboten zu bezeichnen. Dabei kam es zum einen zu einer deklaratorischen Bestätigung der geltenden Welthandelsrechtslage unter dem ASÜ, zum anderen zum Rekurs auf WTO-plus-Vorschriften in EU-Freihandelsverträgen mit außereuropäischen Partnern. Letztere beanspruchten infolge des vom Vereinigten Königreich während des WA-Übergangszeitraums praktizierten sog. *roll-over* von Unionsabkommen in der Regel aber ohnehin bereits vor Beginn der vorläufigen Anwendung des TCA für beide Vertragsparteien Geltung und sind daher nicht als ein eigentliches Zugeständnis der britischen Verhandlungsführung zu deuten. So handelt es sich bei Art. 367 Abs. 8 (am Anfang) TCA um eine Inkorporation – und Erweiterung auf den Dienstleistungshandel – des in Art. 3.1 lit. a ASÜ statuierten umfassenden Verbots von Exportsubventionen; bei Art. 367 Abs. 12 TCA um eine solche des Verbots von Importsubstitutionssubventionen in Art. 3.1 lit. b ASÜ. Mit Blick auf die WTO-plus-Bestimmungen betreffend unbegrenzte staatliche Garantien (vgl. Art. 367 Abs. 2 TCA) sowie Rettungs- und Umstrukturierungssubventionen (vgl. Art. 3.5 Abs. 3 TCA) kann demnach weitestgehend auf die Ausführungen zu den nahezu gleichlautenden Vereinbarungen etwa in Art. 11.7 EUSFTA verwiesen werden (s. oben *§ 2 E.II.1.a.bb.*). Hinzu kommt insoweit einzig die in Art. 367 Abs. 3 TCA erfolgte Übernahme des in den UiS-Leitlinien der Kommission verankerten sog. *one-shot principle* (vgl. Ziff. 3.6.1) und der dort vorgesehenen Sonderausnahmetatbestände im Falle des Nachweises von sozialen Härten oder von Marktversagen (vgl. Ziff. 3.1.1).

Umwälzungen ergeben sich auch nicht aus den relativ detaillierten – mutmaßlich auf die befristeten Umstellungen der Union im Zuge der COVID-19-Pandemie zurückzuführenden[1924] – Ausführungen zu ausnahms-

1924 S. in diesem Zusammenhang *Kommission*, Mitteilung zur Änderung des Anhangs der Mitteilung der Kommission an die Mitgliedstaaten zur Anwendung

weise gestatteten kurzfristigen (Export-)Kreditversicherungen für nicht marktfähige Risiken (vgl. Art. 367 Abs. 8 lit. a in Verbindung mit Abs. 9 bis 11 TCA). Vielmehr geben diese die Essenz der Kommissionsmitteilung über kurzfristige Exportkreditversicherungen aus dem Jahr 2012[1925] wieder und sind daher geeignet, zu Rechtssicherheit und Kontinuität bei deren Behandlung beizutragen. Konkret gilt dies für die Bestimmung des Begriffs der marktfähigen Risiken, die materiellen Kriterien für einen temporären Ausschluss aus der Gruppe von Staaten mit marktfähigen Risiken (vgl. Fn. 55 zu Art. 367 Abs. 9 S. 1 TCA) sowie die Vorgaben, unter welchen Voraussetzungen ein subventionierter Versicherer vorübergehend nicht marktfähiger Risiken Versicherungen für marktfähige Risiken anbieten darf.[1926]

Eine echte Differenzierung im Vergleich zu jüngeren EU-Freihandelsverträgen besteht schließlich darin, dass notleidende oder insolvente Banken, Kreditinstitutionen und Versicherungsunternehmen nicht Art. 367 Abs. 3 und 4 TCA unterfallen (vgl. Art. 367 Abs. 5 TCA), sondern den speziell auf die Finanzdienstleistungsbranche ausgerichteten und an den Leitprinzipien der Bankenmitteilung der Kommission von 2013[1927] orientierten Abs. 6 und 7 von Art. 367 TCA. In Abwesenheit eines Exports von unionalem *soft law* erreichen Letztere naturgemäß wiederum nicht die Regelungsdichte einschlägiger unionsinterner Vorschriften, sodass etwa im Falle von Restrukturierungssubventionen zugunsten einer Bank Unklarheiten bezüglich der exakten Ausgestaltung des Erfordernisses eines *bail-in* der Aktionäre und Gläubiger entstehen könnten.[1928] Dessen ungeachtet erscheint die Gefahr von *bail-out*-bedingten groben Wettbewerbsverzerrungen im Finanzsektor überschaubar,[1929] da das Vereinigte Königreich die

---

der Artikel 107 und 108 des Vertrags über die Arbeitsweise der Europäischen Union auf die kurzfristige Exportkreditversicherung, ABl. 2020 CI 101/01.

1925 *Kommission*, Mitteilung zur Anwendung der Artikel 107 und 108 des Vertrags über die Arbeitsweise der Europäischen Union auf die kurzfristige Exportkreditversicherung, ABl. 2012 C 392/1.

1926 Ebd., Rn. 9, 33 respektive Rn. 15 ff.

1927 Vgl. *Kommission*, Mitteilung über die Anwendung der Vorschriften für staatliche Beihilfen ab dem 1. August 2013 auf Maßnahmen zur Stützung von Banken im Kontext der Finanzkrise, ABl. 2013 C 216/1, Rn. 65 ff. sowie Rn. 15.

1928 *Nicolaides*, Subsidies in the Trade and Cooperation Agreement between the EU and the UK, EU Law Live v. 4.1.2021.

1929 Ebd.

EU-Abwicklungsrichtlinie[1930] bereits in innerstaatliches Recht umgesetzt hat und – ausweislich der *The Bank Recovery and Resolution (Amendment) (EU Exit) Regulations 2020* – inklusive aller bis Ende des Jahres 2020 vorgenommener Änderungen – als *retained EU law* aufrechtzuerhalten plant.

4. Prozedurales

a) Unabhängige Behörde

Die in Art. 368 ff. TCA getroffenen subventionsverfahrensrechtlichen Vereinbarungen begründen den zentralen Fortschritt gegenüber ehrgeizigen Subventionsrechtsregimen in EU-Freihandelsabkommen mit außereuropäischen Partnern und könnten drohende materiell-rechtliche Divergenzen – je nach Umsetzung und Anwendung im und durch das Vereinigte Königreich (s. unten *III.*) – zumindest teilweise auffangen. Anders als beispielsweise im JEFTA (vgl. dessen Art. 12.8) belassen es die Vertragsparteien nicht bei der apodiktischen Zusage, sicherzustellen, dass die Wirtschaftsbeteiligten die Subventionen nur für den spezifischen Zweck verwenden, für den sie gewährt wurden (vgl. Art. 368 TCA), sondern verpflichten sich darüber hinaus, intern jeweils ein wirksames Subventionskontrollsystem zu unterhalten (vgl. Art. 366 Abs. 1 am Anfang TCA), in dem eine operativ unabhängig arbeitende (Aufsichts-)Behörde oder Stelle eine „angemessene [engl.: *appropriate*] Rolle" spielt (vgl. Art. 371 Abs. 1 S. 1 TCA).

Während mit Blick auf die Union keine Zweifel bestehen, dass das durch Art. 108 AEUV und die BVVO geprägte Beihilfenaufsichtsverfahren der Kommission diesen Anforderungen gerecht wird, gilt dies für das Vereinigte Königreich nicht ohne Weiteres, weil die exakten Zuständigkeiten der von diesem zu errichtenden unabhängigen Behörde sowie nicht zuletzt der prozedurale Rahmen, innerhalb dessen diese agieren wird, derzeit noch nicht absehbar sind.[1931] Im Gegensatz zu EU-Integrationsab-

---

1930 Richtlinie 2014/59/EU des Europäischen Parlaments und des Rates v. 15. Mai 2014 zur Festlegung eines Rahmens für die Sanierung und Abwicklung von Kreditinstituten und Wertpapierfirmen […], ABl. 2014 L 173/190.

1931 Das in hohem Maße unbestimmte Kriterium der „Angemessenheit" der Rolle der unabhängigen Behörde lässt es sogar zulässig erscheinen, dass diese lediglich eine rein konsultative oder unverbindlich evaluierende Rolle übernimmt, ohne zugleich Durchsetzungsbefugnisse im engeren Sinne – wie etwa die Autorisierung bzw. Untersagung einer Subventionsmaßnahme im konkreten

kommen, die einen Beihilfenrechtsexport im engeren Sinne begründen, ist im TCA keine strenge Spiegelbildlichkeit dergestalt vorgesehen, dass das Vereinigte Königreich die besagte Behörde mit gleichwertigen Befugnissen wie die Kommission auszustatten hat oder einen an ein *stand still*-Gebot gekoppelten *ex ante*-Notifizierungsmechanismus einführen muss, wie er in Art. 108 Abs. 3 AEUV seit Gründung der EWG angelegt ist. Vielmehr verfügen die beiden Vertragsparteien insoweit über maximale Gestaltungsfreiheit, sofern nicht bereits durch das TCA-Subventionskapitel selbst eine dezidierte Zuweisung von Aufgaben erfolgt oder zumindest einzelne der Verfahrensschritte vorweggenommen werden.

b) Transparenz

Flankierend stellt Art. 369 TCA außergewöhnlich weitreichende Transparenzerfordernisse allgemeiner und besonderer Art auf, welche teils symmetrisch, mitunter aber auch asymmetrisch – zulasten des Vereinigten Königreichs – wirken. Zunächst gehen Art. 369 Abs. 1 lit. a bis d TCA über den WTO-Rechtsstandard (vgl. Art. 25.3 ASÜ) hinaus, indem sie die dort normierten Mindestanforderungen an den Inhalt einer Notifikation um die Angabe des Namens des Begünstigten der Subvention erweitern (lit. b) und überdies festlegen, dass die Informationen innerhalb eines Zeitraums von sechs Monaten nach Gewährung der Subvention auf einer offiziellen Website oder einer öffentlich zugänglichen Datenbank zur Verfügung gestellt werden müssen.[1932] Aufgrund der fehlenden Einführung einer weiteren *de minimis*-Schwelle folgt für die Union daraus ein Anpassungsbedarf in Bezug auf ihre Beihilfentransparenzdatenbank, da dieser gemäß Art. 9 Abs. 1 lit. c AGVO bisher allein Einzelbeihilfen von über 500.000 Euro unterfallen. Die Brisanz dieser Problematik erscheint indessen gering, da die Kommission ihre Beschlüsse zu allen anderen Beihilfen außerhalb des Anwendungsbereichs der AGVO nach Art. 32 BVVO ohnehin im EU-Amtsblatt veröffentlichen muss, sodass (wie in Art. 369 Abs. 4 TCA gefordert) insoweit die Überprüfbarkeit der Einhaltung der Grundsätze des Art. 366 TCA garantiert ist.

Einzelfall oder die Anordnung der Rückforderung eines bereits gewährten Zuschusses – auszuüben.

1932 Art. 369 Abs. 7 TCA stellt klar, dass sämtliche Transparenzverpflichtungen die jeweils einschlägigen Rechtsvorschriften der Vertragsparteien über die Informationsfreiheit bzw. den Zugang zu Dokumenten unberührt lassen.

Exklusiv das Vereinigte Königreich adressieren die Vorgaben in Art. 369 Abs. 5 lit. a TCA, nach denen jede „interessierte Partei“ im Sinne der – äußerst weiten – Definition des Art. 369 Abs. 6 TCA, die neben Konkurrenten auch in ihren Interessen betroffene Wirtschaftsverbände erfasst, bei der subventionsgewährenden Stelle oder der unabhängigen (Aufsichts-)Behörde die Herausgabe von Informationen verlangen darf, welche es ihr erlauben, die Anwendung und Einhaltung des *balancing test* nachzuvollziehen, um innerhalb eines Monats (vgl. nur Art. 373 Abs. 3 lit. b TCA) die Erfolgsaussichten eines gerichtlichen Vorgehens sondieren zu können. Mag die dargelegte Asymmetrie angesichts des Umstands, dass solch umfassende Informationsansprüche unionsintern *de lege lata* nicht zur Verfügung stehen, zuerst überraschend anmuten, erscheint sie vor dem Hintergrund der fehlenden Verpflichtung des Vereinigten Königreichs zur Durchführung von *ex ante*-Prüfverfahren durch eine neutrale Instanz und der daraus entstehenden Gefahr eines – im Vergleich zur Situation in der EU – ungleich schwächer ausgeprägten *administrative enforcement* konsequent.[1933] Zugleich bestätigen diese Vereinbarungen die bereits im Kontext der Reformbedürftigkeit des WTO-Subventionsrechts (s. oben *Teil 2 § 1 A.*) erarbeitete These, dass die Herstellung von Subventionstransparenz eine *conditio sine qua non* für die Effektivität eines jeden Systems der *ex post*-Kontrolle von Subventionen bildet.

c) Rolle der Gerichte

Es steht fest, dass aus der durch Art. 369 Abs. 5 bzw. 6 TCA bewirkten Stärkung der Rechte Privater – das heißt vor allem der Wettbewerber von Subventionsempfängern – fast zwangsläufig eine Schlüsselstellung der nationalen Gerichte des Vereinigten Königreichs folgen wird. Wie sich aus dem Katalog der Art. 372 Abs. 1 lit. a bis d TCA ergibt, stehen diesen im Grundsatz dieselben Befugnisse zu wie unionsintern dem GHEU bzw. den mitgliedstaatlichen Gerichten (als sog. „funktionale Unionsgerichte“), wobei beide Vertragsparteien sich gegenseitig ein automatisches Recht auf Intervention in Subventionsverfahren vor den Gerichten der jeweils anderen Partei zugestehen (vgl. Abs. 2). Indessen darf nicht einfach unter-

1933 Dies gilt einmal mehr in Anbetracht des Umstands, dass eine von Privaten angeregte Aktivierung der zwischenstaatlichen Rechtsdurchsetzung (s. unten *5.*) – unabhängig von deren konkreter Ausgestaltung – für diese *per se* weniger Möglichkeiten zur Einflussnahme bietet.

stellt werden, dass die dargelegte Symmetrie der Kompetenzen auch in der Anwendungspraxis zu gleichförmigen Verfahrensabläufen und -inhalten führt. Vielmehr ist auf Wechselwirkungen zwischen verfahrensrechtlichen Fragen und dem exakten Zuschnitt der Rolle der Gerichte hinzuweisen. Unionsintern wird Letztere zum einen vom Anwendungsvorrang der Unionsrechtsordnung, zum anderen durch das in der BVVO niedergelegte *ex ante*-Beihilfenprüfverfahren vorgeformt. So sind die mitgliedstaatlichen Gerichte grundsätzlich von vornherein sowohl an (Un-)Vereinbarkeits- als auch – streitig – an (Nicht-)Eröffnungsbeschlüsse der Kommission gebunden.[1934] Die Unionsgerichte behandeln zwar die Auslegung des Terminus der Beihilfe in Art. 107 Abs. 1 AEUV als reine Rechtsfrage, die einer vollen gerichtlichen Überprüfbarkeit offensteht; bei der Bewertung hochkomplexer wirtschaftlicher und sozialer (Prognose-)Entscheidungen, wie sie insbesondere der Umgang der Kommission mit den Ermessenausnahmetatbeständen in Art. 107 Abs. 3 AEUV beinhaltet, reduzieren sie ihren Prüfungsumfang dagegen erheblich.[1935]

In Abwesenheit von ausführlich begründeten, von einem nicht involvierten Schiedsrichter gefällten Entscheidungen, aufgrund derer die britischen (Verwaltungs-)Gerichte die Schlüssigkeit der Beurteilung der Vereinbarkeit einer Subventionsmaßnahme mit den Grundsätzen des Art. 366 TCA prinzipiell sichergestellt wüssten, ist vielmehr davon auszugehen, dass auch insoweit ein restriktiver Maßstab angelegt würde.[1936] Eine alternative *review on the merits* trüge aber wiederum die Gefahr in sich, die Kapazitäten der mit derartigen Abwägungsfragen befassten Spruchkörper zu

---

1934 Vgl. hierzu vertiefend *Herrmann*, Die Bindungswirkung von Beschlüssen der Kommission zur Einleitung von förmlichen Beihilfeprüfverfahren in nationalen Gerichtsverfahren, in: Stumpf/Kainer/Baldus (Hrsg.), Privatrecht, Wirtschaftsrecht, Verfassungsrecht. 2015, S. 616 ff.

1935 Vgl. dezidiert EuGH C-372/97, Slg. 2004, I-3679 Rn. 83 – Italien/Kommission: „Die gerichtliche Nachprüfung der Ausübung dieses Ermessens ist auf die Überprüfung der Beachtung der Verfahrens- und Begründungsvorschriften sowie auf die Kontrolle der inhaltlichen Richtigkeit der festgestellten Tatsachen und des Fehlens von Rechtsfehlern, von offensichtlichen Fehlern bei der Bewertung der Tatsachen und von Ermessensmissbrauch beschränkt […].“

1936 *Rayment*, The role of domestic courts in the new TCA subsidy control regime, EU Relations Law Blog v. 1.2.2021, online abrufbar unter https://eurelationslaw.com/blog/the-role-of-domestic-courts-in-the-new-tca-subsidy-control-regime [zuletzt aufgerufen am 1.3.2021].

überfordern,[1937] da diese regelmäßig weder gewillt noch in der Lage sind, als „besserer Subventionsgeber“ zu fungieren. Die damit einhergehende Rechtsunsicherheit mithilfe einer „angemessenen Rolle“ der unabhängigen Behörde oder Stelle zu beseitigen und gleichzeitig von der durch das TCA eingeräumten Freiheit eines (teilweisen oder vollständigen) Verzichts auf *ex ante*-Prüfverfahren Gebrauch zu machen, begründet demnach eine der drängendsten rechtspolitischen Herausforderungen, welche das Vereinigte Königreich bei der Implementierung des TCA in die innerstaatliche Rechtsordnung zu bewältigen hat (s. unten *III.*). Für die Union sind die Weichenstellungen des britischen Gesetzgebers betreffend diese Fragestellung ebenfalls von maßgeblicher Bedeutung. Je schwächer sich nämlich die der unabhängigen Behörde oder Stelle zugedachten Befugnisse gestalten, desto häufiger werden Subventionsrechtsstreitigkeiten – ohne weitere Zwischenschritte – vor nationalen Gerichten ausgetragen und desto häufiger wird die Kommission in Erwägung ziehen müssen, gegebenenfalls von ihren Interventionsrechten Gebrauch zu machen. Ein Vorteil läge immerhin darin, dass unter diesem Szenario mutmaßlich nicht die Verwaltungsgerichte, sondern das mit ökonomischer Expertise ausgestattete Competition Appeal Tribunal mit derartigen Verfahren betraut würde.[1938]

d) Rückforderung

Art. 373 Abs. 1 TCA wartet mit dem schärfstmöglichen verfahrensrechtlichen Schwert auf, indem er festschreibt, dass die Vertragsparteien jeweils einen wirksamen internen Mechanismus zur Rückforderung abkommenswidrig gewährter Subventionen (vgl. zu den hier erfassten Konstellationen Abs. 2 lit. a bis c) bereitstellen müssen, dessen Rahmenbedingungen in den Folgeabsätzen näher ausbuchstabiert werden. Während Letztere aufseiten der Union keinerlei Gesetzgebungsbedarf auslösen, bauen Logik und Funktionsweise der speziell auf das Vereinigte Königreich zugeschnittenen Regelungen über Frist und Ausschluss (vgl. Abs. 3 lit. b in Verbindung mit Abs. 4) auf dessen – ausweislich Art. 369 sowie Art. 372 TCA – aller Vor-

---

1937 S. zu den denkbaren *standards of review* und deren Implikationen für die Anwendung in der Praxis knapp *Peretz*, The UK's new subsidy regime: a marsh of uncertainty, EU Relations Law Blog v. 1.1.2021.

1938 Vgl. für erste Überlegungen zu einer Involvierung des Competition Appeal Tribunal in die post-Brexit-Subventionskontrolle (obgleich in abweichendem Kontext) bereits *Pope/Stojanovic*, Beyond state aid: The future of subsidy control in the UK, Institute for Government Report, 2020, S. 42.

aussicht nach stärker gerichtlich denn administrativ geprägtes Subventionskontrollsystem auf. Dies lässt sich nicht zuletzt an Fn. 58 zu Art. 373 Abs. 1 TCA ablesen, in der die beiden Vertragsparteien klarstellen, dass das Subventionsrechtsregime vom Vereinigten Königreich die Einführung eines neuen Rechtsbehelfs für die Rückforderung verlangt, die am Ende einer erfolgreichen *„gerichtlichen* Überprüfung" steht.[1939] Zu beachten ist allerdings auch, dass die einschlägigen Bestimmungen den Umkehrschluss zulassen, dass im Falle eines bloßen Prüfverfahrens der unabhängigen Behörde oder Stelle, im Zuge dessen diese die Unvereinbarkeit einer bereits gewährten Subvention bzw. eingeführten Subventionsregelung mit dem TCA feststellt, eine Rückforderung nicht zwingend geboten ist. Wie bereits oben (unter *1.*) herausgearbeitet, stehen bezüglich der Gestaltung des Abhilfeinstruments der Rückforderung sowohl den Vertragsparteien selbst (vgl. Art. 373 Abs. 6 TCA) als auch dem Partnerschaftsrat (vgl. Art. 373 Abs. 7 TCA) große Gestaltungsspielräume zu, sodass eine künftige Erweiterung von dessen Anwendung wenn auch derzeit nicht realistisch, so doch jedenfalls nicht unmöglich erscheint.

Als Ausnahme von gravierendem Ausmaß könnte sich der Tatbestand des Art. 373 Abs. 5 TCA erweisen, dem zufolge die Rückforderung einer Subvention nicht erforderlich ist, wenn diese auf einem Gesetz des Parlaments des Vereinigten Königreichs oder eines von Rat und Parlament verabschiedeten Unionsrechtsakts beruht. Diese stellt sich lediglich in rein formeller Hinsicht als eine streng reziproke Vereinbarung dar. Bei näherer Betrachtung entpuppt sie sich indessen als ein gewichtiges Zugeständnis an das Vereinigte Königreich, welches dessen ungeschriebenem Verfassungsprinzip der sog. *parliamentary sovereignty* Rechnung tragen soll.[1940] Zwar sind theoretisch Konstellationen denkbar, in denen auch die Union von diesem Ausnahmetatbestand profitiert, da ihre Beihilfen intern nicht an Art. 107 ff. AEUV gemessen werden. Jedoch fällt deren handels- bzw. wettbewerbsverzerrende Wirkung in Anbetracht der begrenzten Unionsressourcen außerhalb des Agrarbereichs sowie fein austarierter Verteilungsschlüssel zwischen den einzelnen Mitgliedstaaten (sog. „Gießkannenprin-

1939 Hervorhebung des Verfassers.

1940 Nach verbreiteter Auffassung in der britischen Verfassungsrechtswissenschaft war es nämlich bereits während der EU-Mitgliedschaft des Vereinigten Königreichs als in hohem Maße problematisch anzusehen, wenn Gerichte ein Gesetz des *Westminster Parliament* für unvereinbar mit der Unionsrechtsordnung erklärten und daher unter Berufung auf deren Anwendungsvorrang unangewendet ließen (vgl. hierzu instruktiv *Kaiser*, EuR 2016, 593, 595 ff. m. zahlr. Nachw.).

zip“) in aller Regel gering aus. Aufseiten des Vereinigten Königreichs eröffnet Art. 373 Abs. 5 TCA demgegenüber weitaus bedeutendere wirtschafts- und fiskalpolitische Handlungsmöglichkeiten, da es zum Beispiel auf einer abkommenswidrigen Steuergesetzgebung des *Westminster Parliament* beruhende Subventionen bereits durch die formale Tatsache der „Vergesetzlichung“ vor durch gerichtlich angeordnete Rückforderungen abschirmen kann.[1941] Noch nicht endgültig absehbar ist, in welchem Ausmaße das Vereinigte Königreich das „loophole“[1942] auch tatsächlich ausnutzen wird. Unabhängig davon steht in solchen Fällen die Verlagerung der rechtlichen Klärung der Abkommenskonformität von den nationalen Gerichten auf die zwischenstaatliche Ebene zu erwarten.

5. Rechtsdurchsetzung

a) Allgemeines

Die (Re-)Politisierung[1943] der zwischenstaatlichen Rechtsdurchsetzung bildet die Kehrseite der Selbstverpflichtung der beiden Vertragsparteien, ihre jeweiligen internen Subventionskontrollsysteme insbesondere unter Einräumung effektiver Rechtsschutzmöglichkeiten zugunsten Privater (s. oben *4.*) umfassend zu verrechtlichen. Diesbezüglich ist mithin ein zumindest ähnlicher Effekt wie im komplexen Gefüge des EWR (s. oben *§ 2 A.I.5*) zu konstatieren, wiewohl ein wechselseitiger Verzicht auf die Verhängung von Ausgleichszöllen, wie ihn Art. 26 EWRV fordert, im Verlauf der Abkommensverhandlungen offenbar bereits früh

---

1941 Die im Kontext des Selektivitäts- bzw. Spezifitätskonzepts der TCA-Subventionsdefinition angesprochenen (s. oben *3.a.*), teilweise beihilfenrechtswidrig ausgestalteten, *controlled foreign corporation rules* des Vereinigten Königreichs könnten unter dem TCA demnach keine Rückforderungsentscheidungen mehr nach sich ziehen.

1942 So treffend *Nicolaides*, Subsidies in the Trade and Cooperation Agreement between the EU and the UK, EU Law Live v. 4.1.2021.

1943 Vgl. auch *Van den Hende/White*, The View From Brussels: EU-UK Trade and Cooperation Agreement level playing field provisions and their enforcement, HSF Notes v. 4.1.2021, online abrufbar unter https://hsfnotes.com/brexit/2021/01/04/the-view-from-brussels-eu-uk-trade-and-cooperation-agreement-level-playing-field-provisions-and-their-enforcement/ [zuletzt aufgerufen am 1.3.2021], die die TCA-Vereinbarungen zur Subventionsrechtsdurchsetzung als Teil eines grundlegenden Trends zur „de-judicialisation of dispute settlement” werten.

verworfen wurde.[1944] Hinzu kommt, dass Art. 32 ff. TCA (betreffend handelspolitische Schutzinstrumente) es im Ergebnis bei der Bestätigung der Rechte und Pflichten aus dem WTO-rechtlichen ASÜ (vgl. Abs. 1) und minimalen – zumeist fakultativen – Modifikationen der jeweiligen Anwendung des unilateralen Track I-Verfahrens im nationalen Recht (vgl. Abs. 5 und 6) belassen.[1945]

Wiederum wie in jedem EU-(Freihandels-)Abkommen werden subventionsrechtliche Meinungsverschiedenheiten auch in der TCA-Governancestruktur zunächst auf politisch-diplomatischem Wege – das heißt im Rahmen von Konsultationen – ausgetragen (vgl. Art. 370 TCA). Die nächsthöheren Eskalationsstufen kommen in der Regel erst dann in Betracht, wenn eine Vertragspartei auch nach dem Erhalt weiterer Informationen zu einer bestimmten Subventionsmaßnahme (vgl. Abs. 1 bis 4) sowie dem Versuch einer konsensualen Lösungsfindung im *Trade Specialised Committee on the Level Playing Field for Open and Fair Competition and Sustainable Development* (vgl. Abs. 5 S. 1 in Verbindung mit Art. 8 Abs. 1 lit. j TCA) nach wie vor der Meinung ist, dass ebendiese „negative“[1946] Auswirkungen auf den Handel oder die Investitionen zwischen der Union und dem Vereinigten Königreich hat (oder haben könnte).[1947] In der Summe stellt das TCA ein spezifisch subventionsrechtliches, ein mehrere Teilaspekte des bilateralen *level playing field* umfassendes sowie ein allgemeines Instrument zur zwischenstaatlichen Rechtsdurchsetzung zur Verfügung. Alle drei Mechanismen verbindet ein hoher Grad an Komplexität und eine als fraglich zu bezeichnende Praxistauglichkeit sowie -relevanz.

1944 S. ebenso frühzeitig auf deren Disruptionspotenzial hinweisend *Lester*, Beware the "Unfair Trade" Trap in Any Brexit Deal, Cato Institute Blog v. 14.8.2018, online abrufbar unter www.cato.org/commentary/beware-unfair-trade-trap-any-brexit-deal [zuletzt aufgerufen am 1.3.2021].

1945 Vgl. hierzu auch *Bickel*, JIEL 2021 [im Erscheinen].

1946 Die Voraussetzung der „negativen“ Auswirkungen darf nicht mit derjenigen der „erheblichen negativen“ Auswirkungen im Rahmen von Art. 374 TCA (s. sogleich *b.*) gleichgesetzt werden, da die Beurteilung deren Vorliegens im Falle des Konsultationsmechanismus rein subjektiver Natur (mithin nicht justiziabel) ist.

1947 In *high-profile*-Fällen steht jedoch eine Hochzonung auf die höchste Ebene des Partnerschaftsrates zu erwarten.

b) Abhilfemaßnahmen

Art. 374 Abs. 3 TCA gewährt jeder der beiden Vertragsparteien die Möglichkeit, unilaterale Abhilfemaßnahmen (engl.: *remedial measures*) gegen Subventionen der anderen Partei zu ergreifen, die ihrer Auffassung nach „erhebliche negative" Auswirkungen auf den Handel oder die Investitionen zwischen den Vertragsparteien verursachen oder bei welchen die ernste Gefahr besteht, dass sie diese verursachen könnten. Während der inhaltlichen Ausgestaltung von Abhilfemaßnahmen theoretisch kaum Grenzen gesetzt sind, sodass neben (Zusatz-)Zöllen auf Waren, die Erhebung von Ausgleichsabgaben auf Dienstleistungen oder auch die Aussetzung sonstiger Zugeständnisse zum Einsatz kommen können, erfährt das Instrument durch das Erfordernis der Durchführung eines mindestens 60-tägigen Vorverfahrens in Form von bilateralen Konsultationen (vgl. Abs. 1, 2 und 4) sowie strikter Beweis- und Verhältnismäßigkeitsanforderungen (vgl. Abs. 5 und 6 bzw. Abs. 8) eine prozedurale und materiell-rechtliche Einhegung.

Nichtsdestotrotz darf das solchen Abhilfemaßnahmen innewohnende Potenzial einer Eskalationsspirale nicht unterschätzt werden, da die Beurteilung, ob die skizzierten Voraussetzungen sämtlich gegeben sind, im Ausgangspunkt exklusiv der angreifenden Vertragspartei obliegt. Erst fünf Tage nach dem Inkrafttreten einer Abhilfemaßnahme ist es der anderen Partei gemäß Art. 374 Abs. 9 TCA gestattet, die Bestellung eines *ad hoc*-Schiedsgerichts zu verlangen, das sowohl über das Vorliegen durch die streitige Subvention verursachter (potenziell) erheblicher negativer Auswirkungen als auch die Einhaltung des Procederes verbindlich befindet. Hinzu kommt überdies, dass das Schiedsgericht zwar im Eilverfahren, das heißt binnen 30 Tagen, zu einer finalen Einschätzung bezüglich der Abkommenskompatibilität der Abhilfemaßnahme gelangen muss (vgl. Abs. 10), dieses aber nicht etwa aufschiebende Wirkung entfaltet. Vielmehr hat die beschwerdeführende Vertragspartei im Falle ihres Obsiegens abzuwarten, bis entweder die andere Partei selbstständig den Empfehlungen des Schiedsgerichts Folge leistet (vgl. Abs. 11) oder Letzteres den Umfang festgesetzt hat, in welchem sie Verpflichtungen aus dem TCA aussetzen darf, um unzulässige *remedial measures* auszugleichen (vgl. Abs. 12 S. 3). Berücksichtigt man schließlich noch die zusätzliche 15-Tage-Frist des Abs. 12 S. 4, so bleibt festzuhalten, dass zwischen dem Beginn der von einer Vertragspartei – aufgrund einer (angeblich) vorliegenden handels- bzw. investitionsverzerrenden Subvention – ersuchten bilateralen Konsultationen und der von einem Schiedsgericht autorisierten Aussetzung von Zugeständnissen in Reaktion auf eine unverhältnismäßige Abhilfemaßnahme gegen ebendiese Subvention durch die andere Partei ein Zeitraum von mindestens 140 Tagen liegt, in dem die originäre Verzerrung nicht zwingend beseitigt, sondern womöglich sogar um zwei weitere ergänzt wird.

c) Maßnahmen zur Wiederherstellung des Gleichgewichts

Um ein weiteres unilaterales Abhilfeinstrument, das alternativ – jedoch nicht kumulativ – zu *remedial measures* ergriffen werden darf (vgl. Art. 374 Abs. 15 TCA), handelt es sich bei sog. „Maßnahmen zur Wiederherstellung des Gleichgewichts" (engl.: *rebalancing measures*). Dieses findet neben der Subventionskontrolle auch auf die TCA-Vereinbarungen hinsichtlich des Arbeits-, Sozial- und Umwelt- bzw. Klimaschutzes Anwendung und begründet einen aufgrund seiner Robustheit nicht lediglich in den unionalen, sondern in den gesamten internationalen Handelsbeziehungen bis zum heutigen Tage einzigartigen *non-regression mechanism*.[1948] Mit ihm zielen die beiden Vertragsparteien in erster Linie darauf zu verhindern, dass „erhebliche [regulatorische] Unterschiede in diesen Bereichen den Handel oder die Investitionen zwischen den Vertragsparteien in einer Weise beeinflussen […], welche die Umstände verändert, die die Grundlage für den Abschluss dieses Abkommens bilden" (vgl. Art. 411 Abs. 1 TCA).

Anders als die – strengen – Beweisanforderungen an die Darlegung des Vorliegens eines Ungleichgewichts (und dessen Kausalität für „wesentliche Auswirkungen auf den Handel oder die Investitionen zwischen den Vertragsparteien"), die Bandbreite denkbarer Ausgleichsmaßnahmen und die Verhältnismäßigkeitserwägungen, welche durchgängig denjenigen im Falle von *remedial measures* strukturell ähneln (vgl. nur Art. 411 Abs. 2

1948 Dies gilt jedenfalls auf subventionsrechtlichem Feld. Im Hinblick etwa auf den Bereich des Arbeitsschutzes hat die Union bereits in der Vergangenheit lose verwandte Vereinbarungen in bilateralen Freihandelsabkommen getroffen (vgl. beispielsweise Art. 13.15 des EUKFTA), deren Einhaltung nunmehr erstmalig auch tatsächlich im Wege eines *ad hoc*-Schiedsverfahrens überprüft wurde. Im Unterschied zum einschlägigen TCA-Mechanismus erfordern diese allerdings in aller Regel weder die Durchführung eines *trade test* noch bildet die Feststellung einer Zuwiderhandlung durch ein unabhängiges Schiedspanel eine Rechtfertigung für die Ergreifung von Gegenmaßnahmen (s. hierzu näher *Hestermeyer*, Levelling the playing field? Welcome to the TCA!, EU Law Live, Weekend Edition №45 v. 30.1.2021, 2, 7, online abrufbar unter https://eulawlive.com/weekend-edition/weekend-edition-no45/ [zuletzt aufgerufen am 1.3.2021]).

S. 2 bis 4 TCA), weicht das durchzuführende Verfahren deutlich davon ab, weil es einen ungleich höheren Grad an Verrechtlichung aufweist (vgl. Abs. 3 lit. a bis h). So muss diejenige Vertragspartei, die in einer angeblichen (regulatorischen) Loslösung von gemeinsamen Standards der Subventionskontrolle durch die andere Partei eine Handels- bzw. Investitionsverzerrung erblickt und *rebalancing measures* zu ergreifen plant, Letztere vor der finalen Einführung nicht lediglich notifizieren (vgl. Abs. 3 lit. a), sondern auf entsprechendes Verlangen vorab von einem *ad hoc*-Schiedsgericht auf ihre Vereinbarkeit mit den oben genannten Kriterien überprüfen lassen (vgl. lit. b). Eine Art „Ping-Pong-Spiel" von Aktion und Reaktion, das heißt weiteren Maßnahmen und Gegenmaßnahmen, ist folglich nur noch denkbar, wenn besagtes Schiedsgericht entweder nicht innerhalb der ihm gesetzten 30-Tage-Frist entscheidet (vgl. lit. c) oder es die vorgeschlagenen *rebalancing measures* an bestimmte Auflagen knüpft, welche von der notifizierenden Vertragspartei in der Folge nicht oder zumindest nicht ordnungsgemäß umgesetzt werden (vgl. lit. e).

Obgleich Art. 411 TCA in Anbetracht seiner Neuartigkeit, der Verwendung in hohem Maße unbestimmter Rechtsbegriffe und der Unwägbarkeiten des mit seinem Einsatz faktisch fast immer verbundenen *ad hoc*-Schiedsverfahrens mutmaßlich nur selten aktiviert werden wird,[1949] so ist doch unverkennbar, dass die auf Drängen der EU und ihrer Mitgliedstaaten adressierte Problematik des *level playing field* im Gesamtgefüge des TCA eine prominente Rolle einnimmt. Anschaulich wird dies etwa an dem Versuch, durch eine vierjährliche Evaluation des Handelsteils des TCA den Bemühungen um dessen Wahrung einen institutionellen Rahmen zu verleihen und die im Umgang mit tatsächlich ergriffenen *rebalancing measures* gesammelten Erfahrungen fruchtbar zu machen (vgl. Abs. 4 bis 8). Gleichzeitig erhöhen die Vertragsparteien den Druck auf sich selbst, aus dem im Zuge einer solchen Evaluation gegebenenfalls aufgezeigten Handlungsbedarf praktische Konsequenzen in Gestalt von Ände-

---

1949 So lautet auch die erste Einschätzung von *Lester*, A Few Quick Thoughts on the "Rebalancing" Provisions in the "Level Playing Field" Section of the UK-EU Trade Agreement, International Economic Law and Policy Blog v. 26.12.2020, online abrufbar unter https://ielp.worldtradelaw.net/2020/12/a-few-quick-thoughts-on-the-rebalancing-provisions-on-the-level-playing-field-in-uk-eu-trade-agreeme.html [zuletzt aufgerufen am 1.3.2021], der ebenso wie *Hestermeyer* (o. Fn. 1948) darüber hinaus auf die bisher noch ungeklärten WTO-rechtlichen Implikationen einer Aktivierung des *rebalancing mechanism* verweist, welche vor allem im Falle der Berührung von Handelsinteressen eines Drittstaates praktische Relevanz entfalten könnten.

rungen bzw. Zusatzvereinbarungen abzuleiten, indem sie für den Fall des Scheiterns einer dahingehenden Einigung die Möglichkeit eines geordneten Rückzugs aus dem Teilbereich „Handel" (und aus weiteren verwandten Abkommensteilen) per einseitiger Teilkündigung normieren (vgl. Abs. 10 und 11).[1950]

Diese scharfe Rhetorik darf – jedenfalls in subventionsrechtlicher Hinsicht – weder über die beschränkte Tragweite des letztgenannten *review mechanism* noch die von *rebalancing measures* insgesamt hinwegtäuschen, stehen doch für jene *level playing field*-Komponente noch weitere Abhilfeinstrumente zur Verfügung, deren Anwendung aus Sicht der Vertragsparteien zumindest dann vorzugswürdig – weil griffiger – erscheint, wenn konkrete Subventionsmaßnahmen und nicht strukturelle Divergenzen betreffend die Implementierung und Durchführung des Subventionskapitels in den jeweiligen innerstaatlichen Rechtsordnungen in Streit stehen. Das steht im Kontrast zu den Teilbereichen Arbeits-, Sozial- sowie Umwelt- bzw. Klimaschutz, da die insoweit einschlägigen TCA-Abschnitte weder eine vergleichbare materiell-rechtliche Dichte erreichen noch über einen auch nur annähernd so robusten institutionell-prozeduralen Rahmen verfügen wie die Art. 363 ff. TCA. Hinzu kommt relativierend eine dem gesamten Artikel immanente regulierungswettbewerbliche – und damit zutiefst politische – Dimension, die schließlich selbst einer auch nur vorläufigen Bewertung seiner Stoßrichtung entgegensteht:

> „Used with savy, the rebalancing mechanism allows the two partners to maintain preferential trade between each other in an uncertain political environment characterised by significant mistrust. The mechanism would turn into a political tool that applies limited pressure in a politically acceptable way […]. Used without savy, it risks becoming a cause of constant threat and friction that could destabilise the relationship."[1951]

1950 Konkret sieht Art. 411 Abs. 10 S. 2 TCA vor, dass bei einer Kündigung des Teilbereichs Handel zugleich auch die Vereinbarungen zum – ebenfalls im TCA-Handelsteil angesiedelten – Teilbereich „Straßentransport" enden, wobei die Kündigung drei Monate nach ihrem Ausspruch wirksam wird (vgl. S. 3). Das Gleiche gilt grundsätzlich für den Teilbereich „Luftverkehr", es sei denn die beiden Vertragsparteien können sich insoweit auf eine Fortgeltung der luftverkehrsrelevanten *level playing field*-Komponenten des Teilbereichs Handel (mithin also auch des Subventionskapitels) einigen.

1951 So treffend *Hestermeyer*, Levelling the playing field? Welcome to the TCA!, EU Law Live, Weekend Edition №45 v. 30.1.2021, 2, 8.

d) Allgemeines Streitschlichtungsverfahren

Der im TCA ebenfalls vorgesehene klassische Staat-Staat-Streitbeilegungsmechanismus mit der Möglichkeit einer einseitigen Anrufung eines *ad hoc*-Schiedsgerichts (vgl. Art. 734 ff.) ist parallel zur Vorgehensweise in anderen (reinen) EU-Freihandelsabkommen in weiten Teilen dem WTO-rechtlichen DSU-Panel-Verfahren nachgebildet[1952] und sieht im Einklang mit der Absenz von Unionsrechtsexporten im engeren Sinne keine EuGH-Involvierung vor (s. oben *1.*). Indessen bleibt seine effektive subventionsrechtliche Relevanz diffus, da einerseits Art. 375 Abs. 1 und 2 TCA erhebliche Teile des Subventionsrechtsregimes vom Streitbeilegungskapitel ausnehmen, und sich andererseits mit Blick auf den verbliebenen Anwendungsbereich Überschneidungen mit den bereits vorgestellten unilateral geprägten Abhilfeinstrumenten ergeben. Abhängig von den Umständen des konkreten Einzelfalls – das heißt vor allem von Brisanz und Dringlichkeit der zugrundeliegenden Meinungsverschiedenheit – zögen die beiden Vertragsparteien Letztere aufgrund ihrer Schärfe sowie Geschwindigkeit mutmaßlich bevorzugt heran.

Konkret findet das Streitbeilegungskapitel keine Anwendung auf Streitigkeiten über die Auslegung und Anwendung der verfahrensrechtlichen Bestimmungen der Art. 371 f. TCA in Bezug auf die Errichtung einer unabhängigen (Aufsichts-)Behörde oder Stelle sowie die Rolle der nationalen Gerichte (vgl. Art. 375 Abs. 1 TCA). Zweitens sind die *ad hoc*-Schiedsgerichte grundsätzlich nicht befugt, individuelle Subventionsmaßnahmen (vgl. Abs. 2 lit. a) und Rückforderungsentscheidungen (vgl. lit. b) zu beurteilen, es sei denn, es steht ein Verstoß gegen ein Verbot aus Art. 367 Abs. 1 bis 12 TCA im Raum.[1953] Soweit überdies angeführt wird, dem allgemeinen Verfahren der Streitbeilegung verbliebe eine praktische Bedeutung immerhin für die Klärung von bilateralen Auseinandersetzungen über die systemische Umsetzung des Subventionsrechtsregimes durch

---

1952 Vgl. allgemein zur Funktionsweise des TCA-Streitbeilegungskapitels *Peers*, Analysis of the Brexit deal: Dispute settlement and the EU/UK Trade and Cooperation Agreement, EU Law Analysis Blog v. 8.1.2021, online abrufbar unter http://eulawanalysis.blogspot.com/2021/01/analysis-4-of-brexit-deal-dispute.html [zuletzt aufgerufen am 1.3.2021].

1953 In Bezug auf WTO-plus-Subventionsverbote ist regelmäßig auch im Falle ambitionierter EU-Freihandelsverträge mit außereuropäischen Partnern die Option der einseitigen Anrufung eines *ad hoc*-Schiedspanels gegeben.

die Vertragsparteien,[1954] ist diesem nicht pauschal zu widersprechen. Es lässt sich aber entgegenhalten, dass gerade für derartige Fallgestaltungen der *rebalancing mechanism* geschaffen wurde, diejenigen Vorschriften vom TCA-Streitbeilegungskapitel ausgenommen wurden, welche Anlass für tiefergehende Überlegungen geben (etwa die Frage, welche Anforderungen an die „angemessene Rolle" der unabhängigen Behörde zu stellen sind), und unter Umständen sogar eine Überdehnung des Mandats der Schiedsgerichte drohte, müssten diese ohne den Anknüpfungspunkt einer Einzelmaßnahme (*remedial* oder *rebalancing measure*) in grundlegender Weise zur Funktionsweise des Subventionskapitels Stellung beziehen.

III. Probleme der Implementierung

Aus den bisherigen Ausführungen geht hervor, dass aufseiten der Union allenfalls die äußerst weitreichenden Transparenzerfordernisse des Art. 369 TCA geeignet sein könnten, echten internen Implementierungsbedarf auszulösen (s. oben *4.II.b.*), wohingegen das Vereinigte Königreich vor der immensen rechtspolitischen und -technischen Herausforderung steht, binnen kürzester Zeit ein eigenes, inländisches System der Subventionskontrolle zu etablieren (vgl. nur Fn. 59 zu Art. 373 Abs. 7 S. 5 TCA), welches einerseits die innenpolitischen Versprechungen eines Flexibilisierungsschubs einlöst und sich andererseits im Rahmen der Vorgaben des TCA sowie – in Bezug auf Subventionen mit potenziellen Auswirkungen auf den Warenhandel zwischen der EU und Nordirland (s. oben *I.1.*) – des WA-Protokolls zu Irland/Nordirland bewegt. Es würde den Rahmen dieser Arbeit sprengen, über den weiteren Verlauf und Ausgang des innerstaatlichen Gesetzgebungsprozesses zu der federführend vom zuständigen britischen Department for Business, Energy & Industrial Strategy (BEIS) verantworteten *Subsidy Control Bill* vom 30. Juni 2021[1955] zur Einführung eines „bespoke UK-wide subsidy control regime"[1956] zu spekulieren oder

---

1954 S. in diese Richtung *Kreier*, Enforcement of subsidy provisions in the EU-UK TCA, International Economic Law and Policy Blog v. 30.12.2020, online abrufbar unter https://ielp.worldtradelaw.net/2020/12/enforcement-of-subsidy-provisions-in-the-eu-uk-tca.html [zuletzt aufgerufen am 1.3.2021].

1955 *HM Government*, Subsidy Control Bill, abrufbar unter https://publications.parliament.uk/pa/bills/cbill/58-02/0135/210135.pdf [zuletzt aufgerufen am 1.10.2021].

1956 *BEIS*, Subsidy control – Designing a new approach for the UK, 3.2.2021, abrufbar unter https://assets.publishing.service.gov.uk/government/uploads/sys

diesbezüglich präsentierte Alternativmodelle umfassend zu würdigen.[1957] Ungeachtet dessen lassen sich bereits vor deren Verabschiedung übergeordnete Entwicklungslinien erkennen, die den weiteren Verfahrensgang aller Voraussicht nach überdauern werden.

So soll das Ziel einer Deregulierung der Subventionskontrolle im Vereinigten Königreich durch drei Weichenstellungen gelingen, deren Vornahme das TCA im Grundsatz nicht im Wege steht. Dazu bedarf es erstens der Umwandlung des EU-supranationalen *ex ante*-Beihilfenprüfverfahrens in ein nationales *ex post*-Subventionskontrollregime, in dem unter anderem umfassende Gruppenfreistellungen den Verzicht auf die Nachbildung der Notifizierungs- und Stillhalteverpflichtungen des Art. 108 AEUV kompensieren. Angedacht wird insoweit die Erweiterung der AGVO in quantitativer und qualitativer Hinsicht, sodass deren britische Version sowohl höhere Förderhöchstgrenzen als auch eine größere thematische bzw. sektorielle Bandbreite vorsähe.[1958] Im Einklang damit ist – zweitens – zu erwarten, dass die CMA – als unabhängige Behörde bzw. Stelle (vgl. Art. 371 Abs. 1 TCA) – nicht etwa als ein Äquivalent zur EU-Kommission eingesetzt wird, sondern ihre koordinierenden gegenüber durchsetzenden Funktionen überwiegen. Um im Falle umfangreicher oder besonders komplexer Fördervorhaben dem Bedürfnis von Subventionsgebern und -empfängern nach Rechtssicherheit Rechnung zu tragen, erscheint die angeregte Einführung der Option eines fakultativen sog. „Vorab-Clearings“ naheliegend.[1959] Drittens folgt aus den beiden vorgenannten Punkten zwingend eine starke Beschwerdeorientierung der neuen britischen Subventionskon-

---

tem/uploads/attachment_data/file/957958/subsidy-control-consultation-document.pdf [zuletzt aufgerufen am 1.10.2021].

1957 S. zum Ganzen *Peretz*, UK Subsidy Control Bill – a brief summary, EU Relations Law Blog v. 5.7.2021, abrufbar unter https://eurelationslaw.com/blog/uk-subsidy-control-bill-a-brief-summary [zuletzt aufgerufen am 1.10.2021].

1958 S. hierzu *Branton/Rose*, UK Subsidy Control: how will public funding change now the UK has taken back control of State aid regulation?, UKSALA Blog v. 30.12.2020, abrufbar unter https://uksala.org/uk-subsidy-control-how-will-public-funding-change-now-the-uk-has-taken-back-control-of-state-aid-regulation-by-jonathan-branton-and-alexander-rose-dwf-law/ [zuletzt aufgerufen am 1.3.2021].

1959 S. zur Erforderlichkeit eines solchen Mechanismus *Peretz*, The subsidy control provisions of the UK-EU trade and cooperation agreement: a framework for a new UK domestic subsidy regime, abrufbar unter https://eurelationslaw.com/blog/the-subsidy-control-provisions-of-the-uk-eu-trade-and-cooperation-agreement-a-framework-for-a-new-uk-domestic-subsidy-regime [zuletzt aufgerufen am 1.3.2021].

trolle, welche sich – wie es im TCA selbst in Ansätzen bereits angelegt ist (s. oben *II.4.b.*) – in einer Fokussierung auf sowie Zunahme von *private enforcement*-Verfahren manifestieren wird. Die Befürworter einer solchen Externalisierung des *domestic enforcement* argumentieren, dass diese aus Sicht des Vereinigten Königreichs zur gewünschten Konzentration auf *high-profile*-Fälle beitragen könne, da beispielsweise Konkurrenten eines begünstigten Unternehmens den Klageweg lediglich beschritten, wenn eine spürbar wettbewerbsverzerrende Subventionsmaßnahme zur Disposition stehe.[1960] Es bleibt abzuwarten, ob diese Vorgehensweise bis zum Eintritt einer Konsolidierung nicht vielmehr Defizite im Vollzug provozieren wird, weil die nötige Privatinitiative naturgemäß nicht bei allen Arten von Subventionen – und in allen Sektoren – gleichermaßen ausgeprägt ist. Nicht zuletzt im Falle von klassischen Investitionsanreizen sind die (abstrakt) benachteiligten Konkurrenten von heute nicht selten die Subventionsempfänger von morgen und machen eine Rechtsverfolgung aus diesen Gründen auch von langfristigen taktischen Erwägungen abhängig.

Die bisherigen Bemühungen des Vereinigten Königreichs, den im TCA-Subventionskapitel formulierten Regelungsaufträgen in der heimischen Rechtsordnung nachzukommen, sind – ungeachtet ihrer unbestrittenen Vorläufigkeit – als rudimentär und lückenhaft zu qualifizieren.[1961] So beschränkte es sich zunächst schlicht darauf, dessen Bestimmungen in ihrer Gesamtheit in nationales Recht zu transformieren (vgl. Abschnitt 29 des EU (Future Relationship) Act 2020). Flankiert wird diese Handhabung durch *technical guidance* des BEIS für subventionsgewährende Stellen, die einen Leitfaden zur Sicherstellung der Vereinbarkeit von Unterstützungsmaßnahmen mit den „internationalen Verpflichtungen“ des Vereinigten Königreichs enthält.[1962] Wie mithin bereits ihr formeller Titel andeutet, ist Letzterer nicht spezifisch auf das TCA und das WA zugeschnitten, sondern vermengt deren detaillierte Vorgaben mit den loseren Regelungsstandards des WTO-Subventionsrechts und anderer subventionsrechtlich relevanter Freihandelsabkommen des Vereinigten Königreichs. Konkret in Bezug auf

1960 So *Webber*, Taking advantage of the opportunity presented by the UK's new subsidy control regime, UKSA-LA Blog v. 27.1.2021, abrufbar unter https://uksala.org/taking-advantage-of-the-opportunity-presented-by-the-uks-new-subsidy-control-regime-by-james-webber-partner-shearman-sterling/ [zuletzt aufgerufen am 1.3.2021].

1961 S. hierzu nur die scharfe und grundlegende Kritik von *Peretz*, The UK's new subsidy regime: a marsh of uncertainty, EU Relations Law Blog v. 1.1.2021.

1962 Vgl. *BEIS*, Technical guidance on the UK's international subsidy control commitments, 31.12.2020, Ziff. 1.1.

das TCA stellen die Ausführungen nicht mehr als eine Synopsis von dessen Subventionskapitel dar; insbesondere die Anwendung des in Art. 366 Abs. 1 lit. a bis f TCA niedergelegten *balancing test* wird weder insgesamt noch mit Blick auf einzelne Subventionsarten oder (Sub-)Sektoren konkretisiert.[1963] Paradoxerweise führte dies bis dato – entgegen der Zielsetzung einer möglichst weitgehenden Loslösung vom EU-Beihilfenkontrollsystem – zu einer engen Orientierung an der Praxis von Kommission und Gerichtshof, da für britische Subventionsgeber abgesehen von der *technical guidance* keinerlei anderweitigen Anknüpfungspunkte bestehen, um herrschende Rechtsunsicherheiten zu mindern, das heißt das Risiko des beihilfenaufsichtsrechtlichen Einschreitens der Kommission (bei Vorliegen eines Nordirland-Bezuges) oder des gerichtlichen Angriffs von Wettbewerbern (bei Vorliegen oder Nichtvorliegen eines Nordirland-Bezuges), zu reduzieren.

C. Fazit und Ausblick

Sowohl Form als auch Inhalt der künftigen bilateralen Beihilfen- und Subventionsrechtsbeziehungen werden stark mit der vom Vereinigten Königreich erst noch zu beantwortenden Frage des Ausmaßes der Divergenz vom EU-Beihilfenacquis im Speziellen und den Standards des Binnenmarktrechts im Allgemeinen korrelieren. Diese ist indessen nicht rechtlichen, sondern – weit überwiegend – rein politischen Charakters. Insgesamt ist ein Verschieben in die Zukunft bedeutender, im TCA oberflächlich behandelter, gänzlich ausgesparter oder der Implementierung und Durchführung der beiden Vertragsparteien überlassener Problemkreise erkennbar.[1964] Bei einer vergleichenden Gegenüberstellung mit sonstigen EU-(Freihandels-)Abkommen muss man demnach zur Schlussfolgerung gelangen, dass es sich beim TCA um einen Assoziierungstypus neuer Art handelt – nämlich um eine sog. „Austrittsassoziierung“[1965], mithilfe derer der EU-Vertragspartner gerade nicht die graduelle Annäherung, sondern – in Umkehrung des einstigen

---

1963 Ebd., Ziff. 3.3; dieses Defizit wurde auch nicht durch den der technical guidance angehängten Annex 2 („Public authorities' assessment of how individual subsidies comply with UK-EU Trade and Cooperation Agreement principles") behoben, da dieser sich im Ergebnis darin erschöpft, Art. 366 Abs. 1 lit. a bis f TCA in einen 1,5-seitigen Fragebogen für subventionsgewährende öffentliche Stellen im Vereinigten Königreich umzuwandeln.

1964 Ähnlich auch *Terhechte*, NJW 2021, 417, 418: „Rumpf- oder Basisabkommen“.

1965 Vgl. hierzu überzeugend *Hestermeyer*, Levelling the playing field? Welcome to the TCA!, EU Law Live, Weekend Edition №45 v. 30.1.2021, 2, 4.

Begriffsverständnisses des EuGH in der Rs. *Demirel*[1966] – eine mehr oder weniger[1967] graduelle Entfernung vom supranationalen Unionsrechtssystem und dessen Institutionen sucht. Geradezu sinnbildlich dafür stehen die diversen *trade tests* im Zusammenhang der Subventionsrechtsvereinbarungen des TCA, deren praktische Erprobung mit Spannung zu erwarten ist. Einerseits steht diesbezüglich bereits heute fest, dass diese sich außerhalb des Geltungsbereichs des WA vom – durch das fortschreitende Zusammenwachsen des Binnenmarktes geprägten – laxen unionalen Umgang mit Zwischenstaatlichkeitsklauseln des AEUV emanzipieren wird. Andererseits muss Zurückhaltung angemahnt sein, wenn erste Stimmen bereits die Handhabung von lose verwandten *level playing field*-Problematiken aus Freihandelszonen in anderen Teilen der Welt auf die Beziehungen zwischen der Union und dem Vereinigten Königreich übertragen wollen, ohne deren außergewöhnlichen Gesamtkontext gebührend zu berücksichtigen.[1968]

Die herausgearbeitete beihilfenrechtliche Sonderstellung Nordirlands, welche die dargelegte Logik der Austrittsassoziierung in Bezug auf den Warenhandel zwischen der EU und Nordirland sogleich wieder durchbricht, erschwert die ohnehin komplexe Ausgangssituation der Desintegration aus dem Unionsgebilde zusätzlich. Jegliche substanzielle materiell-subventionsrechtliche Divergenz des Vereinigten Königreichs vom EU-Beihilfenacquis steht in einem automatischen Spannungsverhältnis zu dessen Verpflichtung zur dynamischen Rechtsangleichung in Art. 13 Abs. 4 in Verbindung mit Anhang 5 des WA-Protokolls zu Irland/Nordirland. Obwohl diese partielle Überlappung (s. oben *B.II.2.*) für britische subventionsgewährende Stellen die Anwendung zweier unterschiedlicher Maßstäbe – und damit einen bürokratischen Mehraufwand im Vergleich zur Zeit der EU-Mitgliedschaft – zur Folge haben wird, schweigt sich das TCA zur Interaktion seiner *level playing field*-Bestimmungen mit dem WA vollständig aus. Vielmehr

---

1966 Vgl. dazu den Nachw. o. in Fn. 1266.

1967 Wie bereits im Zusammenhang von Art. 365 TCA und dessen vergaberechtlichen Anknüpfungspunkten erwähnt (s. oben *II.3.b.*), fällt der regulatorische Bruch des Vereinigten Königreichs mit der Unionsrechtsordnung keineswegs in jedem Politikfeld so drastisch aus, wie dies auf den Bereich der Beihilfenkontrolle zutrifft.

1968 So aber *Webber*, Taking advantage of the opportunity presented by the UK's new subsidy control regime, UKSALA Blog v. 27.1.2021, unter Verweis auf den rigiden *trade test* des *ad hoc*-Panels in einem von den USA gegen Guatemala initiierten Schiedsverfahren wegen der Nichteinhaltung von *labour standards* (vgl. In the Matter of Guatemala – Issues Relating to the Obligations Under Art. 16.2.1(a) CAFTA-DR [2017], Rn. 168 ff).

fördern die internen Verlautbarungen beider Seiten zur Auslegung und Anwendung von Art. 10 des WA-Protokolls zu Irland/Nordirland die mitunter konträren Vorstellungen über dessen Reichweite und Funktionsweise zu Tage. Weitere Unsicherheitsfaktoren in diesem Kontext bilden der *democratic consent mechanism* in Art. 18 WA-Protokoll zu Irland/Nordirland, der erstmals gegen Ende des Jahres 2024 eingreifen wird und die EU-Warenbinnenmarktteilnahme Nordirlands beenden könnte, sowie die sog. „Schutzklausel" in Art. 16 desselben Protokolls, die im Zuge der COVID-19-Pandemie – auch ohne letztendliche Aktivierung – früher relevant geworden ist, als dies bei ihrer Aushandlung im Jahre 2019 je vorstellbar erschien.[1969]

Die weitgehende Reintergouvernementalisierung der Rechtsdurchsetzung (s. oben *B.II.5.*) erweist sich als der Preis für die Entsupranationalisierung der Beihilfen- bzw. Subventionskontrolle im Hinblick auf das Vereinigte Königreich (mit der gewichtigen Ausnahme Nordirlands). Bei einer isolierten Betrachtung der wirtschaftsintegrativen Reichweite des TCA-Vertragswerks insgesamt liegt in Anbetracht von dessen bloßem WTO-plus-Charakter eine Einordnung des Subventionsrechtsregimes in den äußersten, am weitesten vom Pol der EU-Supranationalität entfernten konzentrischen Kreis zuerst nahe. Und in der Tat sind auf terminologischer und institutioneller Ebene alle formalen Rückanbindungen an die Unionsrechtsordnung gekappt; das *Brexiteer*-Credo „Taking back control" hat das Vereinigte Königreich insoweit gewahrt. Gleichwohl gehen die von ihm eingegangenen subventionsrechtlichen Verpflichtungen weit über diejenigen Kanadas im CETA – und selbst jene ambitionierteren Singapurs im EUSFTA – hinaus, da es der Union gelungen ist, sich ihrerseits mit der Forderung nach der Einführung eines internen Subventionskontrollsystems durch das Vereinigte Königreich durchzusetzen. Letzteres muss an Kernelementen der EU-Beihilfenkontrolle orientierte Mindestanforderungen betreffend effektive Rechtsschutzmöglichkeiten für Private, die Rückforderung rechtswidrig gewährter Subventionen und die Errichtung einer unabhängigen (Aufsichts-)Behörde erfüllen.

Aus diesen Gründen erscheint auch der in *Teil 1* offengelegte Zusammenhang zwischen der Nähe von bi- und plurilateralen Beihilfen- bzw. Subventionsrechtsvereinbarungen zur EU-Supranationalität und einer Verwettbe-

---

1969 Den Anlass für diesen nunmehr beigelegten Konflikt (vgl. das *Joint Statement* der Kommissionsvizepräsidentin und des britischen Vize-Premierministers v. 11.2.2021 (STATEMENT/21/565)) bildete der von der Union verfolgte Plan, auf diesem Wege Exportkontrollen für COVID-19-Vakzine an der inneririschen Grenze einzuführen.

werbsrechtlichung einerseits bzw. deren Nähe zur WTO-Intergouvernementalität und einer Handelsschutzlogik andererseits im Falle des TCA zwar nicht beseitigt, so aber doch jedenfalls aufgeweicht. Je umfassender das Vereinigte Königreich die ihm durch das TCA eingeräumten rechtlichen und faktischen Freiheiten zur Lockerung seiner Subventionsdisziplin beansprucht, desto höher wird die Praxisrelevanz des bilateralen Konsultationsmechanismus sowie nicht zuletzt von *remedial* bzw. *rebalancing measures* (und sonstigen unilateralen handelspolitischen Schutzinstrumenten) ausfallen, sodass von einem typisch handelsrechtlichen Ansatz die Rede sein würde. Je stärker es sein eigenes Subventionskontrollsystem aber als Ergänzung und Stärkung seiner nationalen Wettbewerbsrechtsordnung begreift, desto mehr wird die Bedeutung der besagten zwischenstaatlichen Rechtsdurchsetzungsmittel gegenüber derjenigen der internen verblassen, sodass es sich im Ergebnis doch um eine – bisher Beihilfenrechtsexporten im engeren Sinne vorbehaltene – „Competition Solution“[1970] handelte.

Das zweitgenannte Szenario darf ungeachtet der im Vereinigten Königreich derzeit vorherrschenden Kontrollaversion zumindest nicht pauschal als realitätsfern ausgeschlossen werden, wenn man sich die britische Anwendungshistorie des EU-Beihilfenrechts (s. oben *A.I.*) sowie den Beitrag einer Subventionskontrolle zur inländischen *good governance* vergegenwärtigt. Gerade vor dem Hintergrund der mit dem Brexit verbundenen Neuformierung des internen Binnenmarkts des Vereinigten Königreichs und der durch die COVID-19-Pandemie zusätzlich eingeengten fiskalischen Handlungsspielräume ist die Bedeutung des letzteren Aspekts nicht auf die bereits angestellten allgemeinen Erwägungen für die Etablierung von Beihilfen- und Subventionsdisziplinen jenseits des WTO-Subventionsrechts beschränkt (s. oben *Teil 2 § 2 B.IV.*). Vielmehr besteht prinzipielle Einigkeit darüber, dass die aus England sowie den drei *devolved nations* Nordirland, Schottland und Wales bestehende Union sich auch um ihrer selbst willen vor den territorialen Zusammenhalt gefährdenden Subventionswettläufen zwischen den Landesteilen und der ineffizienten Verschwendung öffentlicher Ressourcen schützen muss.[1971]

1970 *Khalfaoui/Gehring*, What Role for TDIs Between the EU and the UK After Brexit: A Trade or Competition Solution to a Future Problem?, S. 187 f.

1971 S. zur Sinnhaftigkeit eines inländischen Subventionskontrollsystems selbst im Falle eines *no deal*-Szenarios konzis *Pope/Stojanovic*, Beyond state aid: The future of subsidy control in the UK, S. 6; vgl. nunmehr übereinstimmend auch *BEIS*, Subsidy control – Designing a new approach for the UK, 3.2.2021, Ziff. 77 ff.

Schlussbetrachtung

A. Das Vereinigte Königreich als subventionsrechtliches Experimentierfeld

Wie in *Teil 3 § 3* herausgearbeitet, lässt sich die diese Untersuchung leitende Frage nach der Möglichkeit eines „dritten Weges" der Beihilfen- bzw. Subventionskontrolle, welcher zwischen den Polen EU-Supranationalität und WTO-Intergouvernementalität verläuft, konkret im Hinblick auf das Vereinigte Königreich zwar lediglich teilweise und vorläufig, wenigstens aber insoweit beantworten, als das TCA erstmals in der Geschichte des internationalen Subventionsrechts ein differenziertes Regelwerk bereithält, das einen solchen zu eröffnen geeignet ist. Die tatsächlichen Erfolgsaussichten korrelieren zum einen mit der übergeordneten Entwicklung der Handelsbeziehungen zwischen Union und Vereinigtem Königreich auf höchster politischer und auf diplomatischer bzw. technischer Ebene, zum anderen – und gewichtiger – mit der internen Implementierung sowie Durchführung des völkervertraglichen Regimes durch Letzteres.

Dabei geht es weniger um die – ob der Subjektivität des angelegten Maßstabes – schwerlich einer rechtlichen Auseinandersetzung zugänglichen Frage, ob es dem Vereinigten Königreich gelingen wird, ein eigenes Subventionsrecht zu entwickeln, „that truly meets the needs of people and businesses across the United Kingdom",[1972] sondern darum, ob es in fast vollständiger Abwesenheit einer unmittelbaren oder mittelbaren Einflussnahme supranationaler Instanzen[1973] überhaupt sinnvoll möglich ist, ein nationales, vorwiegend von einem dezentralen Vollzug durch Gerichte getragenes Kontrollsystem zu entwickeln, das sowohl externen Verpflichtungen als auch Herausforderungen des heimischen – bundesstaatsähnlichen – Gebildes gerecht wird. Das TCA steht folglich am Anfang des derzeit weltweit spannendsten subventionsrechtlichen Experiments und

1972 So *BEIS*, Subsidy control – Designing a new approach for the UK, 3.2.2021, S. 4.

1973 Es ist zu betonen, dass dies in Anbetracht von Art. 10 des WA-Protokolls zu Irland/Nordirland nicht auf die Gesamtheit der neuen Beihilfen- und Subventionsrechtsbeziehungen zwischen der Union und dem Vereinigten Königreich zutrifft, sondern ausschließlich auf das TCA.

könnte perspektivisch neue Lösungswege für den Umgang mit dem dieser Teildisziplin inhärenten Spanungsfeld zwischen Rechtssicherheit und Flexibilität aufzeigen.[1974] Aus Sicht der Union bedeutete ein positiver Ausgang dieses Unterfangens ungeachtet der damit (potenziell) einhergehenden Schmälerung ihrer internationalen Vorreiter- und Solitärstellung auf dem Gebiet des Beihilfen- und Subventionsrechts paradoxerweise einen doppelten Gewinn: So wäre damit nicht nur ein wichtiger politischer und ökonomischer Unsicherheitsfaktor innerhalb der Freihandelszone beseitigt und das Primärziel der subventionsrechtlichen Absicherung des dem Vereinigten Königreich gewährten Zugangs zum Binnenmarkt erreicht; vielmehr könnte dies darüber hinaus zu einem Wettbewerb der Beihilfen- und Subventionsrechtssysteme beitragen, welcher für die Union Anreize böte, den im Jahr 2005 eingeschlagenen – maßgeblich vom Vereinigten Königreich angestoßenen – Modernisierungskurs fortzuführen, das heißt insbesondere die Effizienzorientierung der geltenden Praxis zu verfeinern und einen Kontrapunkt zu dessen an Momentum gewinnender industriepolitischen Instrumentalisierung zu setzen.[1975]

B. „EU-Beihilfenrecht ohne EU-Supranationalität" in europäischen Drittstaaten

Die anderen untersuchten EU-(Freihandels-)Abkommen begründen allesamt entweder eine implizite und indirekte Ausdehnung des Systems der EU-Beihilfenkontrolle im Rahmen von unterschiedlich ambitionierten Unternehmen einer differenzierten Integration an das EU-Territorium angrenzender Drittstaaten in den Binnenmarkt oder verharren stark in der intergouvernementalen Logik des WTO-Subventionsrechts. Die sich daraus ergebende Trennlinie bestätigt die eingangs aufgestellte These (s. oben *Einleitung und Teil 3 § 1*) vom engen Zusammenhang zwischen rechtlicher und faktischer Marktintegration sowie geographischer Nähe einerseits und dem Grad an Beihilfen- und Subventionsregulierung in Übereinkünften der Union andererseits.

1974 S. hierzu pessimistisch *Nicolaides*, Op-Ed: The Brave New World of State Aid in Post-Brexit UK, EU Law Live v. 8.2.2021, https://eulawlive.com/op-ed-the-brave-new-world-of-state-aid-in-post-brexit-uk-by-phedon-nicolaides/ [zuletzt aufgerufen am 15.2.2021].

1975 Vgl. hierzu instruktiv *Buendía Sierra*, EStAL 2019, 443 ff., dessen mit „A Brave New World in State Aid?" überschriebener Beitrag als innerunionales Gegenstück zu *Nicolaides* (o. Fn. 1974) gelesen werden kann.

Konkret belegen die Beihilfenrechtsexporte in EU-Assoziierungsabkommen mit den Staaten der EFTA, des westlichen Balkans und der ENP, dass eine effektive Anwendung des Beihilfenacquis auch ohne den Direktvollzug durch die Kommission und die unmittelbare Überwachung von dessen Auslegung durch den EuGH grundsätzlich im Bereich des Möglichen liegt, sofern nur die zugrundeliegenden bi- und plurilateralen Vereinbarungen in institutionell-prozeduraler Hinsicht robust genug eingekleidet sind. Zugleich legen sie nahe, dass diese Facette der von der Union seit dem Jahre 2006 verfolgten Handelsstrategie einer das multilaterale Recht der WTO flankierenden Bilateralisierung mess- und greifbare rechtliche Ergebnisse zeitigt.[1976] Mit anderen Worten lässt sich jedenfalls für den europäischen Kontinent der Schluss zu ziehen, dass im Verhältnis zu Drittstaaten, die der Union aus (geo-)politischen, ökonomischen und kulturellen Gründen ohnehin eng verbunden sind, mithilfe komplexer völkerrechtlicher Konstruktionen ein Modell des „EU-Beihilfenrechts ohne EU-Supranationalität" praktisch umsetzbar ist. Als wegweisend sind in diesem Kontext die ausstehende Konsolidierung des bereits in Kraft getretenen DCFTA-Beihilfenrechtsregimes mit der Ukraine und die Fortentwicklung der Beihilfenrechtsbeziehungen zur Schweiz nach der Zäsur des Scheiterns des InstA zu bezeichnen.

Die Subventionskapitel in EU-Freihandelsabkommen und -assoziierungen mit außereuropäischen Partnern bleiben demgegenüber vielfach hinter den von der Union einst selbst formulierten Ansprüchen zurück, was namentlich etwa auf das vielrezipierte CETA mit Kanada, das *agreement in principle* mit dem MERCOSUR oder die Neujustierung der Assoziierungsbeziehungen zu Südafrika zutrifft, die die Thematik oberflächlich abhandeln oder gänzlich aussparen. Substanzielle WTO-plus-Vereinbarungen finden sich weit überwiegend lediglich in mit südost- und ostasiatischen Staaten geschlossenen Vertragswerken,[1977] welche sich Dienstleistungssubventionen (einschließlich einer Sonderbehandlung von *services publiques*) annehmen, durchsetzbare neue *per se*-Verbote und Trans-

---

1976 So auch bereits dezidiert *Neumann*, Export des europäischen Beihilfenrechts, S. 272.

1977 Im Gegensatz zu dem im Rahmen dieser Untersuchung bevorzugt angewendeten Differenzierungsmerkmal der Geografie ließ sich die in der Literatur angestellte Vermutung, nach der die subventionsrechtliche Regulierungsdichte mit zunehmender Größe der Volkswirtschaft des EU-Vertragspartners abnehme (vgl. in diese Richtung *Neumann*, Export des europäischen Beihilfenrechts, S. 183) in der Subkategorie der WTO-plus-Freihandelsabkommen und -assoziierungen nicht letztgültig erhärten.

parenzverpflichtungen etablieren und mitunter sogar – wiewohl zaghafte – Annäherungen an die international akzeptable Subvention unternehmen. Vielversprechend erscheinen insoweit die mit Singapur (EUSFTA) und Vietnam (EUVFTA) getroffenen Vereinbarungen, die legitime Subventionsziele nicht nur abstrakt benennen, sondern deren Verwirklichung unter Zuhilfenahme von an den *balancing test* der Kommission angelehnten Grundsätzen anzuleiten versuchen. Beide bilden in materiell-rechtlicher Hinsicht Mischkonzepte aus Elementen des ASÜ und des EU-Beihilfenrechts, die einen dritten Weg andeuten, den die Vertragsparteien aufgrund der ungeklärten Frage der prozeduralen Umsetzung und defizitärer Durchsetzungsinstrumente aber jeweils (noch) nicht effektiv beschreiten.

C. Innerstaatliche Implementierung als Mindestvoraussetzung für Verwettbewerbsrechtlichung

Im Einklang mit den Erkenntnissen aus *Teil 1 § 3 E.* hat sich gezeigt, dass die sukzessive Verwettbewerbsrechtlichung von auf bi- oder plurilateraler Ebene vereinbarten Beihilfen- bzw. Subventionsdisziplinen stets desto leichter erreichbar ist, je umfassender sich diese vom geltenden WTO-Subventionsrecht und dessen eindimensional negativer Wahrnehmung von Subventionen als Handelshemmnisse emanzipieren. Konkret bedeutet dies, dass sie über die Verhinderung von als *per se* handelsschädlich identifizierten Praktiken hinaus auch das „Ob“ (das heißt die Tatsache der Gewährung) und „Wie“ (das heißt die inhaltliche Ausgestaltung) sonstiger Beihilfen- bzw. Subventionsmaßnahmen der Vertragsparteien zu adressieren haben.

Im Falle von Beihilfenrechtsexporten im engeren Sinne ist dies nahezu zwangsläufig der Fall, da sich durch die – vor allem in jüngeren Abkommen regelmäßig dynamische – Abbildung des gesamten (oder nahezu des gesamten) unionalen Beihilfenacquis und die umfassende Pflicht zur Berücksichtigung von einschlägiger Rechtsprechung des EuGH unionsinterne Fortentwicklungen in der Kontrollpraxis wie der *more refined economic approach* (s. oben *Teil 1 § 1 B.III.*) zeitversetzt auch im Verhältnis zum jeweiligen EU-Vertragspartner niederschlagen. Sofern die andere Vertragspartei sich überdies verpflichtet, eine unabhängige Aufsichtsbehörde zu errichten, welche über gleichwertige Befugnisse verfügt wie die Kommission, so ist – unbeschadet zahlreicher anderer Probleme, die eine solche „Spiegelung“ der Unionsverhältnisse aufwirft – zu konstatieren, dass die Auslegung und Anwendung des Exports in der Praxis regelmäßig besser gelingen, wenn sie einer organisatorisch eigenständigen, für die gebündelte Überwachung aller Gebiete des Wettbewerbsrechts zuständigen Kontrollinstanz übertragen werden.

In allen anderen Fällen, insbesondere bei reinen WTO-plus-Freihandelsabkommen und -assoziierungen der Union, sind indessen – entgegen erster enthusiastischer Einschätzungen des Schrifttums[1978] – weder der bloße faktische Verzicht auf die Verhängung von Ausgleichszöllen, welchen der Abschluss dieser Abkommen bis dato zum Resultat hatte, noch die vereinzelt erfolgte explizite Erhebung des Wettbewerbs zu einem der Schutzgüter der Subventionskapitel oder die Einführung effizienzbezogener *green light categories* imstande, den aus dem ASÜ bekannten, exklusiv auf Handelswirkungen ausgerichteten Blickwinkel spürbar um neue – wettbewerbsrechtliche – Perspektiven zu erweitern. Das Gleiche gilt in abgeschwächter Form auch für mehrere Nachbarschaftsassoziierungen der dritten Generation mit Staaten des Mittelmeerraumes, die Beihilfenrechtsexporte anstreben, ohne jeglichen prozedural-institutionellen Rahmen bereitzustellen (s. oben *Teil 3 § 2 C.I.2.*). Mindestens erfordert die Einleitung des Prozesses einer Verwettbewerbsrechtlichung die konkrete Verpflichtung des jeweiligen EU-Vertragspartners zur Implementierung und Vertiefung der auf zwischenstaatlicher Ebene getätigten Zusagen in dessen inländischer Rechtsordnung. Die dargelegten Erfahrungswerte (mit bestehenden Abkommen) belegen, dass allein in diesen niedergelegte *best endeavour commitments* zur nicht näher ausbuchstabierten Anwendung des nationalen Wettbewerbsrechts auf die Vergabe von Subventionen oder das Inaussichtstellen eines Erlasses von Durchführungsvorschriften zu einem unbestimmten Zeitpunkt in der Zukunft einen solchen nicht in Gang zu setzen vermögen.

D. Die Union zwischen globaler Wettbewerbsfähigkeit und Schutz der Binnenmarktintegrität

Im zu beklagenden weitgehenden Fehlen subventionsrechtlicher Anknüpfungspunkte in außerunionalen Freihandelszonen, Zollunionen, Gemeinsamen Märkten und (Bundes-)Staaten liegen nicht lediglich die soeben rekapitulierten Schwierigkeiten einer Verwettbewerbsrechtlichung der einschlägigen bi- und plurilateralen Regime begründet, sondern dieses bildet überhaupt das maßgebliche Hindernis für die von der Union forcierte

1978 Vgl. nur *Borlini/Dordi*, Columbia J. Eur. Law 2017, 551, 582 ff.

eigenständige Fortentwicklung des internationalen Subventionsrechts jenseits des WTO-rechtlichen ASÜ (s. oben *Teil 2 § 2 B.*). Neben der analysierten Reformbedürftigkeit des Letzteren (s. oben *Teil 2 § 1 A.*) stellt das durch das engmaschigere System der EU-Beihilfenkontrolle bedingte regulatorische Gefälle zum Rest der Welt aus Sicht der Union umgekehrt aber zugleich auch das zentrale rechtspolitische Argument für die Bemühungen um die Herstellung eines *Global Level Playing Field* dar.

Die vorliegende Arbeit wirbt dafür, die aus besagter Selbstbindung der EU und ihrer 27 Mitgliedstaaten resultierenden *free rider*-Effekte zugunsten von Drittstaaten nicht im Wege einer (punktuellen) Lockerung der heimischen Beihilfenaufsicht[1979] und allenfalls flankierend durch einen Ausbau des handelspolitischen Schutzinstrumentariums der Union zu bewerkstelligen. Vielmehr streiten nach hier vertretener Überzeugung übergeordnete verhandlungstaktische, ökonomische und nicht zuletzt unionsrechtliche Erwägungen für die Vorzugswürdigkeit kooperativer, das heißt insbesondere völkerrechtlich fundierter Vorgehensweisen auf bi-, pluri- und multilateraler Ebene (s. oben *Teil 2 § 1 C.*). Konkret bedeutet dies, dass die Union im Sinne der Wahrung ihrer eigenen Glaubwürdigkeit (etwa in den jüngst wiederbelebten Gesprächen über die Verschärfung des WTO-Subventionsrechts oder bei der Formulierung offensiver Interessen gegenüber China), im Sinne der Vermeidung von durch *matching subsidies* oder Ausgleichszölle verursachten ökonomischen Ineffizienzen sowie im Sinne des ihr durch Art. 26 Abs. 1 AEUV und dessen Protokoll Nr. 27 aufgetragenen Schutzes des Funktionierens des Binnenmarkts (und des Systems des unverfälschten Wettbewerbs) stets auch die internen Kollateralwirkungen ihrer Handlungen im globalen System- und Standortwettbewerb zu bedenken hat.

Ohne zu unterschlagen, dass sich der Zielkonflikt zwischen einer Steigerung der Wettbewerbsfähigkeit einerseits und der Wahrung der Binnenmarktintegrität andererseits nicht immer auflösen lassen wird und die EU-Beihilfenaufsicht daher auch zu Wohlfahrtsverlusten in den Mitgliedstaaten führen kann, so ist dennoch nicht zu verkennen, dass diese nicht etwa isoliert betrachtet werden dürfen, sondern in eine Gesamtrechnung mit den aus ihrer Existenz ebenso folgenden Wohlfahrtsgewinnen zu stellen sind.[1980] Berücksichtigt man schließlich noch das in vielen Bundesstaaten

1979 S. anders akzentuiert aber die Schlussfolgerungen von *Goller*, Die Rolle des Europäischen Beihilferechts im globalen Standortwettbewerb, S. 295 ff.

1980 S. in diesem Sinne auch *Koenig/v. Wendland*, The Art of Regulation: Competition in Europe – Wealth and Wariness, 2017, S. 165 ff.

zu beobachtende Phänomen wohlfahrtsschädlicher Subventionswettläufe zwischen einzelnen Gliedstaaten, die unionsintern faktisch ausgeschlossen sind, erscheint es naheliegend, dass die aus drittstaatlicher Perspektive *prima facie* attraktivere Ausnutzung von *free rider*-Effekten hinter der Vorteilhaftigkeit einer regulatorischen Selbstbindung zurücktritt. Aus diesem Grund könnte sich die im Rahmen dieser Untersuchung ermittelte höchste Hürde, der sich ein Transfer bzw. Export von EU-beihilfenrechtlichen Regelungskonzepten derzeit gegenübersieht, mittel- bis langfristig in das Gegenteil verkehren und als ein Katalysator wirken.

Ob ein solches Szenario tatsächlich eintreten oder sich als eine bloße Utopie herausstellen wird, hängt wiederum entscheidend vom Ausgang subventionsrechtlicher Experimente wie dem TCA (und dessen Umsetzung durch das Vereinigte Königreich) oder dem chinesischen FCRS sowie der erfolgreichen Praxisbewährung weiterer bereits unternommener Beihilfenrechtsexporte ab. Auch ist noch nicht klar absehbar, inwiefern sich der für diese charakteristische *rule-based approach* mit den unilateralen Vorstößen in der von der Kommission neuerdings propagierten Handelsstrategie der *Open Strategic Autonomy*[1981] in Einklang bringen bzw. koordinieren lässt.

1981 Vgl. dazu die Nachw. o. in Fn. 15.

Literaturverzeichnis

Adlung, Rudolf: WTO/GATS-Alien Framework Provisions in RTAs – A Closer Look, in: WTR 2020, S. 493 ff.

Adlung, Rudolf / Mirodout, Sébastien: Poison in the Wine? Tracing GATS-Minus Commitments in Regional Trade Agreements, in: JWT 2012, S. 1045 ff.

Adlung, Rudolf / Morrison, Peter: Less than the GATS: 'Negative Preferences' in Regional Services Agreements, in: JIEL 2010, S. 1103 ff.

Ahuja, Rajeev / Hoda, Anwarul: Agreement on Subsidies and Countervailing Measures: Need for Clarification and Improvement, in: JWT 2005, S. 1009 ff.

Aleksyeyenko, Oleksandr / Henyk, Sviatoslav: Two Years of State Aid in Ukraine, Kluwer Competition Law Blog v. 2.8.2019, http://competitionlawblog.kluwercompetitionlaw.com/2019/08/02/two-years-of-state-aid-in-ukraine/, zuletzt besucht am 15.7.2020.

Alkan, Ufuk: The Modernization of Turkey's Customs Union with the European Union: Reasons and Possible Outcomes, EU Diplomacy Paper 9/2017, Department of EU International Relations and Diplomacy Studies, College of Europe, Brügge.

Alsen, Katrin: Der europäische Integrationsauftrag der EU: Überlegungen zur Erweiterungs-, Assoziierungs- und Nachbarschaftspolitik der EU aus der Warte einer europäischen Prinzipienlehre, Berlin 2009.

Altay, Serdar: Toward a "Privileged Partnership", in: Insight Turkey, S. 179 ff.

Altemöller, Frank: Bilateralismus und Unilateralismus: Perspektiven für die internationalen Handelsbeziehungen?, in: EuZW 2017, S. 917 ff.

Altemöller, Frank: Das Welthandelssystem ohne Streitschlichtung? – Argumente und Perspektiven in der Krise des Multilateralismus, in: NVwZ 2020, S. 988 ff.

Altemöller, Frank: Die aufstrebenden Staaten in den internationalen Handelsbeziehungen – Von multilateraler Governance zu neuen Formen und Konflikten der wirtschaftlichen Integration, in: EuZW 2019, S. 321 ff.

Altemöller, Frank: Perspektiven für das Welthandelssystem – Von multilateraler Integration zu Freihandelsabkommen?, in: EuZW 2016, S. 374 ff.

Álvarez-Martínez, María T. / Barrios, Salvador / Gesualdo, Maria / d'Andria, Diego / Pontikakis, Dimitrios / Pycroft, Jonathan: Falling Corporate Tax Rates in the EU: Is there a case for harmonization?, JRC Working Papers on Taxation and Structural Reforms, No. 4, Sevilla 2016.

Anderson, George (Hrsg.): Internal Markets and Multi-level Governance: The Experience of the European Union, Australia, Canada, Switzerland, and the United States, Oxford 2012.

Anderson, M. Jean / Husisian, Gregory: The Subsidies Agreement, in: The World Trade Organization: The Multilateral Trade Framework for the 21st Century and U.S. Implementing Legislation, hrsg. v. Terence P. Stewart, Deventer 1996, S. 299 ff.

Anik, Gülgün: Competition Rules of Turkey, in: ECLR 1997, S. 311 ff.

Antoniadis, Alexandra: The EFTA Surveillance Authority's Practice in the Field of State Aid, in: EStAL 2002, S. 157 ff.

Arcand, Jean-Louis / Olarreaga, Marcelo / Zoratto, Laura: Weak governments and preferential trade agreements, in: Trade Cooperation: The Purpose, Design and Effects of Preferential Trade Agreements, hrsg. Andreas Dür und Manfred Elsig, Cambridge 2015, S. 82 ff.

von Arnauld, Andreas (Hrsg.): Europäische Außenbeziehungen, zugleich Band 10 der Enzyklopädie Europarecht, hrsg. v. Armin Hatje und Peter-Christian Müller-Graff, 1. Aufl., Baden-Baden 2014.

Arnesen, Finn / Fredriksen, Halvard Haukeland / Graver, Hans Petter / Mestad, Ola / Vedder, Christoph (Hrsg.): Agreement on the European Economic Area – A Commentary, Baden-Baden 2018 (zit.: *Bearbeiter*, in: Arnesen et al.).

Aslı Bilgin, Azime: The Dispute Settlement Procedures in the Ankara Agreement, in: Turkey's Integration into the European Union: Legal Dimension, hrsg. v. Belgin Akçay und Sebnem Akipek, Lanham et al. 2013, S. 73 ff.

Asmelash, Henok Birhanu: Energy Subsidies and WTO Dispute Settlement: Why Only Renewable Energy Subsidies Are Challenged, in: JIEL 2015, S. 261 ff.

Auer, Magnus: Das Europäische Beihilferecht und die Förderung erneuerbarer Energien: Praxis und Grenzen beihilferechtlicher Einflussnahme auf mitgliedstaatliche Politik, Baden-Baden 2020.

Aust, Helmut Philipp: Eine völkerrechtsfreundliche Union? Grund und Grenze der Öffnung des Europarechts zum Völkerrecht, in: EuR 2017, S. 106 ff.

Bachmann, Theresa: Der Nachbarschaftsraum nach Artikel 8 EUV: Status Quo und Potential europäischer Nachbarschaftsbeziehungen, Baden-Baden 2019.

Bacon, Kelyn: European Union Law of State Aid, 3. Aufl., Oxford 2017.

Van Bael & Bellis: EU Anti-Dumping and Other Trade Defence Instruments, 5. Aufl., Alphen aan den Rijn 2011.

Baetge, Dietmar: Globalisierung des Wettbewerbsrechts: Eine internationale Wettbewerbsordnung zwischen Kartell- und Welthandelsrecht, Tübingen 2008.

Bäumler, Jelena: Implementing the No Harm Principle in International Economic Law: A Comparison Between Measure-Based Rules and Effect-Based Rules, in: JIEL 2017, S. 807 ff.

Bagwell, Kyle W. / Robert W. Staiger: Will International Rules on Subsidies Disrupt the World Trading System?, in: Am Econ Rev 2006, S. 877 ff.

Bagwell, Kyle W. / Bermann, George A. / Mavroidis, Petros C. (Hrsg.): Law and Economics of Contingent Protection in International Trade, Cambridge 2009.

Baier, Simon: The Korea-EU FTA: Implications for the Enforcement of Korean and European Competition Law, in: Yonsei L.J. 2011, S. 39 ff.

Bakhoum, Mor / Molestina, Julia: Institutional coherence and effectiveness of a regional competition policy, in: Competition Policy and Regional Integration in Developing Countries, hrsg. v. Josef Drexl, Cheltenham 2012, S. 89 ff.

Baldi, Marino: Zu den Auswirkungen des geplanten Rahmenabkommens mit der EU, in: Jusletter v. 18. März 2019.

Baltensperger, Michael / Dadush, Uri: The European Union-Mercosur Free Trade Agreement: Prospects and risks, Bruegel Policy Contribution Issue No. 11, Brüssel 2019.

Barceló, John J.: A History of GATT Unfair Trade Remedy Law – Confusion of Purposes, in: The World Economy 1991, S. 311 ff.

Barceló, John J.: Subsidies, Countervailing Duties and Antidumping After the Tokyo Round, in: CILJ 1980, S. 257 ff.

Baroncini, Elisa: The EU Approach to Overcome the WTO Dispute Settlement Vacuum: Article 25 DSU Interim Appeal Arbitration as a Bridge Between Renovation and Innovation, in: A Post-WTO International Legal Order: Utopian, Dystopian and Other Scenarios, hrsg. v. Meredith Kolsky Lewis et al., Berlin et al. 2020, S. 115 ff.

Bartosch, Andreas: Der „More Economic Approach" in der Entscheidungspraxis der Europäischen Kommission in Beihilfesachen, in: RIW 2007, S. 681 ff.

Bartosch, Andreas: EU-Beihilfenrecht, Kommentar, 3. Aufl., München 2020.

Basedow, Jürgen / Wurmnest, Wolfgang (Hrsg.): Structure and Effects in EU Competition Law: Studies on Exclusionary Conduct and State Aid, Alphen aan den Rijn 2011.

Baudenbacher, Carl: After Brexit: EEA plus as a solution for the UK?, in: NZKart 2016, S. 498 ff.

Baudenbacher, Carl: Are the UK and Switzerland Part of the Eastern Forefield of the EU?, in: NZKart 2019, S. 29 ff.

Baudenbacher, Carl: Das Vorabentscheidungsverfahren im EFTA-Pfeiler des EWR, in: EuR 2013, S. 504 ff.

Baudenbacher, Carl: Judicial Independence: Memoirs of a European Judge, Cham 2019.

Baudenbacher, Carl: The EFTA Court: Ten Years On, in: The EFTA Court: Ten Years On, hrsg. v. dems., Per Tresselt und Thorgeir Orlygsson, Oxford 2005, S. 13 ff.

Baudenbacher, Carl / Speitler, Philipp / Pálmarsdóttir, Bryndís (Hrsg.): The EEA and the EFTA Court: Decentred Integration, Oxford 2014.

Baur, Georges: A 'bare bones free trade agreement' or rather back to the seventies? Blog. Efta-Studies.org v. 29. Januar 2020, www.efta-studies.org/post/bare-bones-free-trade-agreement, zuletzt besucht am 1.2.2020.

Baur, Georges: Who Can Join the European Economic Area?, in: The European Neighbourhood Policy in a Comparative Perspective: Models, challenges, lessons, hrsg. v. Sieglinde Gstöhl, London 2016, S. 55 ff.

Bearak, Max: How the E.U.'s ruling on Apple explains why Brexit happened, in: Washington Post v. 30.8.2016, www.washingtonpost.com/news/worldviews/wp/2016/08/30/how-the-e-u-s-ruling-on-apple-explains-why-brexit-happened/?utm_term=.d8e6d262f879, zuletzt besucht am 1.10.2020.

Bechtold, Rainer / Soltész, Ulrich: Brexit: EU-Kartellrecht ohne Großbritannien, in: NZKart 2016, S. 301 ff.

Behboodi, Rambod: Industrial Subsidies and Friction in World Trade: Trade Policies or Trade Politics?, London 1994.

Behrens, Peter: Der Wettbewerb im Vertrag von Lissabon, in: EuZW 2008, S. 193.

Behrens, Peter: Europäisches Marktöffnungs- und Wettbewerbsrecht: Eine systematische Darstellung der Wirtschafts- und Wettbewerbsverfassung der EU, Heidelberg 2017.

Behrens, Peter: Wider die De-Legitimierung der Direktwirkung von Binnenmarkt- und Wettbewerbsrecht, in: EuZW 2017, S. 81 f.

Benitah, Marc: The Law of Subsidies Under the GATT/WTO System, Den Haag et al. 2001.

Benitah, Marc: The WTO Law of Subsidies: A Comprehensive Approach, Alphen aan den Rijn 2019.

van Bergeijk, Peter A. G. / Brakman, Steven: The comeback of the gravity model, in: The Gravity Model in International Trade: Advances and Applications, hrsg. v. dens., Cambridge 2010, S. 1 ff.

Bergmann, Andreas: Zur Souveränitätskonzeption des Europäischen Gerichtshofs: Die Autonomie des Unionsrechts und das Völkerrecht, Tübingen 2018.

Berrisch, Georg M.: Cancún – was nun?, in: RIW 2004, S. 69 ff.

Bickel, Fabian: Brexit and Trade Defence: Effects of a Changed Territory, in: JIEL 2021 (im Erscheinen).

Biegański, Lech: Forms of State Aid Authorities in Associated Countries of Central and Eastern Europe, in: EStAL 2012, S. 567 ff.

Bigdeli, Sadeq Z.: Resurrecting the Dead? The Expired Non-Actionable Subsidies and the Lingering Question of Green Space, in: MJIEL 2011, S. 1 ff.

Bischoff-Everding, Peter: Wettbewerbsrecht im MERCOSUR, Baden-Baden 2003.

Biondi, Andrea: Brexit and state aid control: four quartets, in: CLJ 2018, S. 3 ff.

Biondi, Andrea: State Aid, government spending and the virtue of loyalty, in: Britain alone!, hrsg. v. dems. und Patrick J. Birkinshaw, Alphen aan den Rijn 2016, S. 291 ff.

Biondi, Andrea: State aid is falling down, falling down: An analysis of the case law on the notion of aid, in: CMLR 2013, S. 1719 ff.

Biondi, Andrea: The Fall and Rise of State Aid in Brexit Britain: The Chequers Plan, in: EStAL 2018, S. 325 ff.

Biondi, Andrea: The First on the Flight Home: The Sad Story of State Aid Control in the Brexit Age, in: KLJ 2016, S. 442 ff.

Biondi, Andrea: The Rationale of State Aid Control: A Return to Orthodoxy, in: CYELS 2010, S. 35 ff.

Biondi, Andrea / Eeckhout, Piet: State Aid and Obstacles to Trade, in: The Law of State Aid in the European Union, hrsg. v. dens. und James Flynn, Oxford 2004, S. 103 ff.

Biondi, Andrea / Righini, Elisabetta: An Evolutionary Theory of EU State Aid Control, in: The Oxford Handbook of European Union Law, hrsg. v. Anthony Arnull und Damian Chalmers, Oxford 2015, S. 670 ff.

Biondi, Andrea / Righini, Elisabetta: State Control in a Post-Brexit UK, in: Brexit: The Legal Implications, hrsg. v. Andrea Biondi, Patrick J. Birkinshaw und Maria Kendrick, Alphen aan den Rijn 2018, S. 87 ff.

Birnstiel, Alexander / Bungenberg, Marc / Heinrich, Helge (Hrsg.): Europäisches Beihilfenrecht, Kommentar, 1. Aufl., Baden-Baden 2013 (zit.: *Bearbeiter*, in: Birnstiel/Bungenberg/Heinrich).

Birnstiel, Alexander / Heinrich, Helge / Keidel, Felix: Nach der Krise ist vor der Krise: Das Beihilferecht als (Ersatz-)Bankenregulierung, in: BRZ 2012, S. 73 ff.

Blauberger, Michael: Of 'Good' and 'Bad' Subsidies: European State Aid Control through Soft and Hard Law, in: WEP 2009, S. 719 ff.

Blauberger, Michael: Staatliche Beihilfen in Europa: Die Integration der Beihilfekontrolle in der EU und die Europäisierung der Beihilfepolitik in den neuen Mitgliedstaaten, Wiesbaden 2008.

Blauberger, Michael / Krämer, Rike: European Competition vs. Global Competitiveness: Transferring EU Rules on State Aid and Public Procurement beyond Europe, in: J Ind Compet Trade 2013, S. 171 ff.

Blöchlinger, Hansjörg / King, David: Fiscal Autonomy of Sub-Central Governments, OECD Working Papers on Fiscal Federalism, No. 2, Paris 2006.

Blockmans, Steven / Emerson, Michael / Kostanyan, Hrant / Van Der Loo, Guillaume: Deepening EU-Georgian Relations: What, Why and How?, hrsg. v. Michael Emerson und Tamara Kovziridze, Brüssel 2016, S. 95 ff.

Bobe, Stephan: Die Vereinbarkeit von vertiefter (regionaler) wirtschaftlicher Integration mit dem Welthandelsrecht am Beispiel des EG-Binnenmarktes, Frankfurt 2006.

Böhm, Fabian: Strukturen internationalen Subventionsrechts: EG-Beihilfenrecht und WTO-Subventionsrecht aus rechtsvergleichender Perspektive, Frankfurt 2007.

Böhnel, Gisela: Die Auswirkungen der Europa-Abkommen auf das Wettbewerbsrecht der Staaten Mittel- und Osteuropas, in: EuZW 1998, S. 111 ff.

Bongardt, Annette / Torres, Francisco: Brexit as a question of political rationality: hard choices for the UK, lessons for EU sustainability, in: The Politics and Economics of Brexit, hrsg. v. dens. und Leila S. Talani, Cheltenham 2020, S. 11 ff.

Borlini, Leonardo S.: When the Leviathan goes to the market: A critical evaluation of the rules governing state-owned enterprises in trade agreements, in: LJIL 2020, S. 313 ff.

Borlini, Leonardo S. / Dordi, Claudio: Deepening International Systems of Subsidy Control: The (Different) Legal Regimes of Subsidies in the EU Bilateral Preferential Trade Agreements, in: Columbia J. Eur. Law 2017, S. 551 ff.

Van den Bossche, Peter / Zdouc, Werner: The Law and Policy of the World Trade Organization: Text, Cases and Materials, 4. Aufl., Cambridge 2017.

Botta, Marco: State Aid Control in South-East Europe: The Endless Transition, in: EStAL 2013, S. 83 ff.

Botta, Marco / Karova, Rozeta: State Aid Enforcement in the Energy Community, in: State Aid and the Energy Sector, hrsg. v. Leigh Hancher, Adrien de Hauteclocque und Francesco Maria Salerno, Oxford 2018. S. 555 ff.

Botta, Marco / Schwellnus, Guido: Enforcing state aid rules in EU candidate countries: a qualitative comparative analysis of the direct and indirect effects of conditionality, in: JEPP 2015, S. 335 ff.

Bourgeois, Jacques: Competition Policy: The Poor Relation in the European Union Free Trade Agreements, in: The European Union in the World. Essays in Honour of Marc Maresceau, hrsg. v. Inge Govaere et al., Leiden 2014, S. 381 ff.

Bourgeois, Jacques: The GATT Rules for Industrial Subsidies and Countervailing Duties and the New GATT Round – The Weather and the Seeds, in: The New GATT Round of Multilateral Trade Negotiations: Legal and Economic Problems, hrsg. v. Ernst-Ulrich Petersmann und Meinhard Hilf, Deventer 1988.

Bourgeois, Jacques / Dawar, Kamala / Evenett, Simon: A comparative analysis of selected provisions in free trade agreements, Commissioned by DG Trade (October 2007), Brüssel 2007.

Bradford, Anu: The Brussels Effect: How the European Union Rules the World, Oxford 2020.

Brandtner, Barbara: The 'Drama' of the EEA – Comments on Opinions 1/91 and 1/92, in: EJIL 1992, S. 300 ff.

Branton, Jonathan / Rose, Alexander: UK Subsidy Control: how will public funding change now the UK has taken back control of State aid regulation?, UKSALA Blog v. 30.12.2020, https://uksala.org/uk-subsidy-control-how-will-public-funding-change-now-the-uk-has-taken-back-control-of-state-aid-regulation-by-jonathan-branton-and-alexander-rose-dwf-law/, zuletzt besucht am 1.3.2021.

Brauneck, Jens: Abgetrennte EU-Handelsabkommen ohne Beteiligung der Mitgliedstaaten?, in: EuZW 2018, S. 796 ff.

Brauneck, Jens: Assoziierungs- oder Freihandelsabkommen: Die Neue Partnerschaft der EU mit dem Vereinigten Königreich, in: EuZW 2020, S. 364 ff.

Brauneck, Jens: Ausländische Direktinvestitionen nur mit Einverständnis der EU-Kommission?, in: EuZW 2018, S. 188 ff.

Brauneck, Jens: Marktortprinzip der DSGVO: Weltgeltung für EU-Datenschutz?, in: EuZW 2019, S. 494 ff.

Brauneck, Jens: Nationale Industriestrategie 2030, in: DÖV 2019, S. 801 ff.

Breitenmoser, Stephan / Hirsbrunner, Simon: Grosse Tragweite für staatliche Beihilfen, in: NZZ v. 29.3.2019, S. 10.

Breitenmoser, Stephan / Weyeneth, Robert: Die Abkommen zwischen der Schweiz und der EU, in: EuZW 2012, S. 854 ff.

Breitenmoser, Stephan / Weyeneth, Robert: Europarecht. Unter Einbezug des Verhältnisses Schweiz-EU, Zürich 2012.

Brkan, Maja / v. Damme, Isabelle / Lamandini, Marco / Martín, Adolfo / Piernas, Jorge / Ramalho, Ana / Repasi, René / Sibony, Anne-Lise / Turmo, Araceli / Weimer, Maria: The Trade and Cooperation with the UK: A Hard Brexit in Sheep's Clothing, EU Law Live, Weekend Edition №45 v. 30.1.2021, https://eulawlive.com/weekend-edition/weekend-edition-no45/, zuletzt besucht am 1.3.2021.

Brou, Daniel / Ruta, Michele: A Commitment Theory of Subsidy Agreements, The B.E. Journal of Economic Analysis & Policy 2013, S. 239 ff.

Bruha, Thomas: Binnenmarktassoziierungen, in: EuR 2002 – Beiheft 3, S. 109 ff.

Bruha, Thomas: Is the EEA an Internal Market?, in: EEA-EU Relations, hrsg. v. Peter-Christian Müller-Graff und Erling Selvig, Berlin 1999, S. 97 ff.

Bührle, Folko: Gründe und Grenzen des „EG-Beihilfenverbots": Art. 87 Abs. 1 EG-Vertrag – eine europäische Norm im Spannungsfeld von ökonomischer Rationalität und staatlichem Gestaltungsanspruch, Tübingen 2006.

Buendía Sierra, José Luis: A Brave New World in State Aid?, in: EStAL 2019, S. 443 ff.

Buendía Sierra, José Luis: 'Brexit', a Stress Test for State Aid Control?, in: EStAL 2016, S. 331 ff.

Buendía Sierra, José Luis /Smulders, Ben: The Limited Role of the 'Refined Economic Approach' in Achieving the Objectives of State Aid Control: Time for Some Realism, in: EC State Aid Law: Liber Amicorum Francisco Santaolalla Gadea, hrsg. v. Gil Carlos Rodríguez Iglesias et al., Alphen aan den Rijn 2008, S. 1 ff.

Bundesministerium für Wirtschaft und Energie: Nationale Industriestrategie 2030: Strategische Leitlinien für eine deutsche und europäische Industriepolitik, Berlin 2019.

Bungenberg, Marc: Europäisches Subventionsverwaltungsrecht, in: Verwaltungsrecht der Europäischen Union, hrsg. v. Jörg Philipp Terhechte, 1. Aufl., Baden-Baden 2011, § 21.

Bungenberg, Marc: Going Global? The EU Common Commercial Policy After Lisbon, in: European Yearbook of International Economic Law 2010, hrsg. v. Christoph Herrmann und Jörg Philipp Terhechte, Berlin et al. 2010, S. 123 ff.

Bungenberg, Marc / Giegerich, Thomas: Introduction: The European Union on Its Way to Becoming a Strategic International Actor, in: ZEuS 2017, S. 377 ff.

Bungenberg, Marc / Schelhaas, Stefan: Beihilfenrechtliche Regelungen in (Freihandels-)Abkommen der EU, in: Jahrbuch Beihilferecht 2017, hrsg. v. Birgit Haslinger und Thomas Jaeger, Wien 2017, S. 591 ff.

Burke, Ciarán / Hannesson, Ólafur Ísberg / Bangsund, Kristin: Life on the Edge: EFTA and the EEA as a Future for the UK in Europe, in: EPL 2016, S. 69 ff.

Buschle, Dirk: The Case Law of the EFTA Court in the Field of State Aid, in: The EC State Aid Regime: Distortive Effects of State Aid on Competition and Trade, hrsg. v. Michael Sánchez Rydelski, London 2007, S. 757 ff.

Buts, Caroline / Joris, Tony / Jegers, Marc: State Aid Policy in the EU Member States – It's a Different Game They Play, in: EStAL 2013, S. 330 ff.

Calliess, Christian / Ruffert, Matthias (Hrsg.): EUV/AEUV, Kommentar, 5. Aufl., München 2016 (zit.: *Bearbeiter*, in: Calliess/Ruffert).

Cameron, David / Simeon, Richard: Intergovernmental Relations in Canada: The Emergence of Collaborative Federalism, in: Publius 2002, S. 49 ff.

Capobianco Antonio / Christiansen, Hans: Competitive Neutrality and State-Owned Enter-prises: Challenges and Policy Options, OECD Corporate Governance Working Papers, No. 1, Paris 2011.

Cacciato, Giuseppe: Subsidies, Competition Laws And Politics: A Comparison of the E.U. and the U.S.A., European Policy Paper Series, Pittsburgh 1996.

Cartland, Michael / Depayre, Gérard / Woznowski, Jan: Is Something Going Wrong in the WTO Dispute Settlement?, in: JWT 2012, S. 989 ff.

Cass, Deborah Z.: The Constitutionalization of the World Trade Organization: Legitimacy, Democracy, and Community in the International Trading System, Oxford 2005.

Cavelti, Ulrich: Die Schliessung der Durchsetzungslücke des Steuerharmonisierungsgesetzes, in: IFF Forum für Steuerrecht 2008, S. 287 ff.

de Cecco, Francesco: Member State Interests in EU State Aid Law and Policy, in: Between Compliance and Particularism: Member State Interests and European Union Law, hrsg. v. Marton Varju, Cham 2019, S. 129 ff.

de Cecco, Francesco: State Aid and the European Economic Constitution, Oxford 2012.

Chijioke-Oforji, Chijioke: Regulating Corruption Through Free Trade Agreements: An Analysis of the NAFTA 2.0 Anti-corruption Provisions, in: TDM 2020 (im Erscheinen).

Chow, Daniel C.K.: How the United States Uses the Trans-Pacific Partnership to Contain China in International Trade, in: Chic. J. Int. Law 2016, S. 370 ff.

Cichy, Patrick: Wettbewerbsverfälschungen durch Gemeinschaftsbeihilfen: Eine Untersuchung der Kontrolle von Gemeinschaftsbeihilfen anhand wettbewerbsrechtlicher Maßstäbe des europäischen Gemeinschaftsrechts, Baden-Baden 2002.

Cima, Elena: Promoting Renewable Energy Through FTAs? The Legal Implications of a New Generation of Trade Agreements, in: JWT 2018, S. 663 ff.

Cini, Michelle / McGowan, Lee: Competition Policy in the European Union, 2. Aufl., London 2008.

Clarke, Peggy A.: Rethinking Countervailing Duties, E15 Task Force on Rethinking International Subsidies Disciplines (March 2015), Genf 2015.

Classen, Claus Dieter: Autonomie des Unionsrechts als Festungsring? – Anmerkung zum Urteil des EuGH (GK) v. 6.3.2018, Rs. C-284/16 (Slowakische Republik/Achmea BV), in: EuR 2018, S. 361 ff.

Clegg, Peter (Hrsg.): Brexit and the Commonwealth: What Next?, London 2018.

Coady, David / Parry, Ian / Le, Nghia-Piotr / Shang, Baoping: Global Fossil Fuel Subsidies Remain Large: An Update Based on Country-Level Estimates IMF Working Paper, WP/19/89, Washington 2019.

Colares, Juscelino F. / Durmus, Mustafa T.: TURK-SWITCH: The Tariff-Leverage and Legal Case for Turkey's Switch from EU–Turkey Customs Union to FTAs with the European Union and Beyond, in: JIEL 2019, S. 99 ff.

Collins-Williams, Terry / Salembier, Geny: International Disciplines on Subsidies – The GATT, the LVTO and the Future Agenda, in: JWT 1996, S. 5 ff.

Condon, Bradly J.: Captain America and the Tarnishing of the Crown: The Feud Between the WTO Appellate Body and the USA, in: JWT 2018, S. 535 ff.

Condon, Bradly J.: Disciplining Clean Energy Subsidies to Speed the Transition to a Low-Carbon World, in: JWT 2017, S. 675 ff.

Coppens, Dominic: WTO Disciplines on Subsidies and Countervailing Measures: Balancing Policy Space and Legal Constraints, Cambridge 2014.

Cosbey, Aaron / Mavroidis, Petros C.: A Turquoise Mess: Green Subsidies, Blue Industrial Policy and Renewable Energy: The Case for Redrafting the Subsidies Agreement of the WTO, in: JIEL 2014, S. 11 ff.

Cottier, Thomas: Der Rechtsschutz im Rahmenabkommen Schweiz-EU, in: Schweizerisches Jahrbuch für Europarecht 2018/2019, hrsg. v. Astrid Epiney, Lena Hehemann und Petru Emanuel Zlătescu, Zürich 2019, S. 359 ff.

Cottier, Thomas: Die Souveränität und das institutionelle Rahmenabkommen, in: SJZ 2019, S. 345 ff.

Cottier, Thomas / Evtimov, Erik: Präferenzielle Abkommen der EG: Möglichkeiten und Grenzen im Rahmen der WTO, in: ZEuS 2000, S. 477 ff.

Cottier, Thomas / Liechti, Rachel: Zwischen Skylla und Charybdis: Die Rezeption des europäischen Wirtschaftsrechts in der Schweiz, in: EuZW 2012, S. 849 ff.

Cottier, Thomas / Matteotti, René: Der Steuerstreit Schweiz-EG: Rechtslage und Perspektiven, in: Schweizerisches Jahrbuch für Europarecht 2006/2007, hrsg. v. Astrid Epiney und Markus Wyssling, Bern 2007, S. 211 ff.

Courchene, Thomas J.: The Comparative Nature of Australian and Canadian Economic Space, in: Reforming Fiscal Federalism for Global Competition: A Canada-Australia Comparison, hrsg. v. Paul Boothe, Reforming Fiscal Federalism for Global Competition: A Canada-Australia Comparison, Edmonton 1996, S. 7 ff.

Crafts, Nicolas: Brexit and state aid, in: Oxford Rev. Econ. Policy 2017, S. 105 ff.

Crafts, Nicolas: Industrial Policy in the Context of Brexit, in: Fiscal Studies 2018, S. 685 ff.

Cremona, Marise: State Aid Control: Substance and Procedure in the Europe Agreements and the Stabilisation and Association Agreements, in: ELJ 2003, S. 265 ff.

Cremona, Marise: The European Union and Regional Trade Agreements, in: European Yearbook of International Economic Law 2010, hrsg. v. Christoph Herrmann und Jörg Philipp Terhechte, Berlin et al. 2010, S. 246 ff.

Cremona, Marise: The Single Market as a Global Export Brand: Exporting the Single Market, in: EBLR 2010, S. 663 ff.

Crofts, Lewis: Vestager's 'fairness' mantra rattles through EU competition law, in: MLex v. 15.11.2016, https://mlexmarketinsight.com/insights-center/editors-picks/area-of-expertise/antitrust/vestagers-fairness-mantra-rattles-through-eu-competition-law, zuletzt besucht am 1.11.2019.

Crofts, Lewis / Holehouse, Matthew: State-aid handcuffs in Brexit backstop stir opposition, in: MLex v. 7.12.2018, https://uksala.org/wp-content/uploads/2018/12/MLex_Content.pdf, zuletzt besucht am 15.2.2021.

Croome, John: Reshaping the World Trading System: A History of the Uruguay Round, Genf 1996.

Daiber, Birgit: Das Freihandelsabkommen zwischen der EU und Südkorea, in: EuR 2015, S. 542 ff.

Dajkovic, Irena: Comments on the New State Aid Law in Serbia in the Context of Serbia's Accession to the EU, in: EStAL 2010, S. 347 ff.

Dam, Kenneth W.: The GATT: Law and International Economic Organization, Chicago 1970.

Dauses, Manfred A. / Ludwigs, Markus: Handbuch des EU-Wirtschaftsrechts, 50. Ergänzungslieferung (März 2020), München [zit.: *Bearbeiter*, in: Dauses/Ludwigs, ... (Stand)].

Davey, William J.: Article XVII GATT: An Overview, in: State Trading in the Twenty-First Century, hrsg. v. Thomas Cottier und Petros C. Mavroidis, Ann Arbor 1998, S. 17 ff.

Davey, William J. / Pauwelyn, Joost: MFN-Unconditionality: A Legal Analysis of the Concept in View of Its Evolution in the GATT/WTO Jurisprudence, in: International Trade Law, hrsg. v. Joost Pauwelyn, Andrew Guzman und Jennifer A. Hillman, 3. Aufl., Deventer 2016, S. 324 ff.

Davinić, Marko: The EU Enlargement and Accession Procedure – The Case of Western Balkan Countries, in: ZEuS 2017, S. 513 ff.

Dawar, Kamala: Legal Issues of Economic Disintegration: Government Procurement and BREXIT, in: LIEI 2018, S. 121 ff.

Dawar, Kamala: The 2016 European Union International Procurement Instrument's Amendments to the 2012 Buy European Proposal: A Retrospective Assessment of Its Prospects, in: JWT 2016, S. 845 ff.

Defraigne, Pierre: New Regionalism and Global Economic Governance, UNU/CRIS e-Working Papers, No. 2, Tokio 2002.

Degain, Christophe / Meng, Bo / Wang, Zhi: Recent trends in global trade and global value chains, in: Global Value Chain Development Report 2017, hrsg. v. WTO, Genf 2017, S. 37 ff.

Demedts, Valerie: The Future of International Competition Law Enforcement: An Assessment of the EU's Cooperation Efforts, Leiden 2018.

Demedts, Valerie: Which Future for Competition in the Global Trade System: Competition Chapters in FTAs, in: JWT 2015, S. 407 ff.

Denning, Brannon P.: Is the Dormant Commerce Clause Expendable? A Response to Edward Zelinsky, Miss. Law J. 2007, S. 623 ff.

Depayre, Gérard / Petriccione, Raffaele: Definition of Subsidy, in: Subsidies and International Trade: A European Lawyers' Perspective, hrsg. v. Jacques Bourgeois, Deventer 1991, S. 67 ff.

Dettling-Ott, Regula: Das sektorielle Luftverkehrsabkommen zwischen der Schweiz und der Europäischen Gemeinschaft: Aspekte der Anwendbarkeit und eine erste Bilanz, in: ZSR 2006, S. 3 ff.

Deutscher, Elias / Makris, Stavros: Exploring the Ordoliberal Paradigm: The Competition-Democracy Nexus, in: CompLRev 2016, S. 181 ff.

Dian, Matteo / Menegazzi, Silvia: New Regional Initiatives in China's Foreign Policy: The Incoming Pluralism of Global Governance, London 2018.

Diebold, Nicolas F.: Eingriffsdogmatik der Binnenmarktfreiheit, in: recht 2015, S. 209 ff.

Didier, Pierre: WTO Trade Instruments in EU Law: Commercial Policy Instruments: Dumping, Subsidies, Safeguards, Public Procurement, London 1999.

Ding, Ru: 'Public Body' or Not: Chinese State-Owned Enterprise, in: JWT 2014, S. 167 ff.

Disidier, Anne-Célia / Head, Keith: The Puzzling Persistence of the Distance Effect on Bilateral Trade, in: REStat 2008, S. 37 ff.

Doleys, Thomas J.: Managing the Dilemma of Discretion: The European Commission and the Development of EU State Aid Policy, in: J Ind Compet Trade 2013, S. 23 ff.

Dolle, Tobias: Streitbeilegung im Rahmen von Freihandelsabkommen: Wirtschaftliche Integration und Streitbeilegung im internationalen Handelsbereich, Baden-Baden 2015.

Dolzer, Rudolf: Wirtschaft und Kultur, in: Völkerrecht, hrsg. v. Wolfgang Graf Vitzthum, 5. Aufl., Berlin 2010, S. 498 ff.

von Donat, Christoph: Die Kür der Champions, BeihilfenBlog v. 25.2.2019, https://beihilfen-blog.eu/die-kuer-der-champions/, zuletzt besucht am 15.12.2019.

Dorn, Jenny Katharina: Private und administrative Rechtsdurchsetzung im europäischen Beihilfenrecht: Vom indirekten Vollzug zum Kooperationsprinzip, Baden-Baden 2017.

Drexl, Josef: The transplantability of the EU's competition law framework into the ASEAN region, in: The Regionalisation of Competition Law and Policy within the ASEAN Economic Community, hrsg. v. Burton Ong, Cambridge 2018, S. 210 ff.

Du, Ming: When China's National Champions Go Global: Nothing to Fear but Fear Itself?, in: JWT 2014, S. 1127 ff.

Dür, Andreas / Baccini, Leonardo / Elsig, Manfred: The design of international trade agreements: Introducing a new dataset, in: Rev. Int. Organ. 2014, S. 353 ff.

Dumont, Janine / Kellerhals, Andreas: Kanada-Abkommen als Vorbild für Ausnahmen vom. Beihilfeverbot im Rahmenabkommen Schweiz-EU?, in: EuZ 2020, S. 4 ff.

Dupont, Ann-Sophie / Scharf, Tibor: External aspects of State aid policy – part 1: WTO, in: EU Competition Law (Vol. IV, Book 1), hrsg. v. Nicola Pesaresi et al., 2. Aufl., Leuven 2016, S. 119 ff.

Durán, Gracia Marín / Espa, Ilaria: Promoting Green Energy Through EU Preferential Trade Agreements: Potential and Limitations, in: LIEI 2020, S. 115 ff.

EFTA Surveillance Authority (Hrsg.): Study on state aid private enforcement by national courts in the EFTA EEA states, Brüssel 2019.

Egger, Peter: On the role of distance for outward FDI, in: Ann Reg Sci 2008, S. 375 ff.

Ehlermann, Claus-Dieter: Six Years on the Bench of the "World Trade Court" – Some Personal Experiences as Member of the Appellate Body of the World Trade Organization, in: JWT 2002, S. 605 ff.

Ehlermann, Claus-Dieter: State Aids Under European Community Competition Law, in: Fordham Int. Law J 1995, S. 410 ff.

Ehlermann, Claus-Dieter / Everson, Michelle (Hrsg.): European Competition Law Annual 1999: Selected Issues in the Field of State Aids, Oxford 2001.

Ehlermann, Claus-Dieter / Goyette, Martin: The Interface between EU State Aid Control and the WTO Disciplines on Subsidies, in: EStAL 2006, S. 695 ff.

Elijah, Annmarie / Kenyon, Don / Hussey, Karen / van der Eng, Pierre (Hrsg.): Australia, the European Union and the New Trade Agenda, Canberra 2017.

Ellenrieder, Benedikt: Die materielle Selektivität steuerlicher Beihilfen, Tübingen 2020.

Elms, Deborah Kay / Lim, C. L.: An overview and snapshot of the TPP negotiations, in: The Trans-Pacific Partnership: A Quest for a Twenty-first Century Trade Agreement, hrsg. v. dens. und Patrick Low, Cambridge 2012, S. 21 ff.

Van Elsuwege, Peter: Exporting the Internal Market Beyond the EU's Borders: Between Political Ambition and Legal Reality, in: The Internal Market and the Future of European Integration: Essays in Honour of Laurence W. Gormley, hrsg. v. Fabian Amtenbrink et al., Cambridge 2019, S. 637 ff.

Emerson, Michael / Woolcock, Stephen: Navigating by the Stars: Norway, the European Economic Area and the European Union, Brüssel 2002.

Emerson, Michael / Edward, T. Huw / Gazizullin, Ildar: The Prospect of Deep Free Trade Between the European Union and Ukraine, Brüssel 2006.

von Engelhardt, Benjamin: Die Welthandelsorganisation (WTO) und demokratische Legitimität: Globale Ordnung zur Regelung wirtschaftlicher Interdependenzen und ihre Auswirkungen auf territorial organisierte Demokratie, Tübingen 2016.

Enrich, Peter D.: Saving the States from Themselves: Commerce Clause Constraints on State Tax Incentives for Business, in: Harv. L Rev. 1996, S. 377 ff.

Epiney, Astrid: Der Entwurf des Institutionellen Abkommens Schweiz-EU, in: Jusletter v. 17. Dezember 2018.

Epiney, Astrid: Steuern, Europa und die Schweiz – Ausgewählte Aspekte der „Europakompatibilität" kantonaler Steuerregime aus rechtlicher Sicht, in: Steuerwettbewerb: Die Schweiz im Visier der EU, hrsg. v. Franz Jaeger, Zürich 2008, S. 75 ff.

Epiney, Astrid / Affolter, Sian: The Future Relationship between EU and UK – "Bilateral Agreements" EU – Switzerland as a Model?, in: Brexit – And What It Means, hrsg. v. Stefan Kadelbach, Baden-Baden 2019, S. 103 ff.

Espa, Ilaria / Rolland, Sonia E.: Subsidies, Clean Energy, and Climate Change, E15 Task Force on Rethinking International Subsidies Disciplines (February 2015), Genf 2015.

Estrin, Saul / Cote, Christine / Shapiro, Daniel: Can Brexit defy gravity? It is still much cheaper to trade with neighbouring countries, LSE Brexit Blog v. 9.11.2018.

Europäische Kommission (Hrsg.): Evaluation of the Implementation of the Free Trade Agreement between the EU and its Member States and the Republic of Korea, Brüssel 2018.

Europäische Kommission (Hrsg.): Study of the EU-Turkey Bilateral Preferential Trade Framework, Including the Customs Union, and an Assessment of Its Possible Enhancement, Brüssel 2016.

Everling, Ulrich: On the Judge-made Law of the European Community's Courts, in: Judicial Review in European Union Law: Liber Amicorum in Honor of Lord Slynn of Hadley, hrsg. v. David O'Keffe, Den Haag et al. 2000, S. 29 ff.

Fakhri, Michael: Sugar and the Making of International Trade Law, Cambridge 2014.

Fang, Lily H. / Lerner, Josh / Wu, Chaopeng / Zhang, Qi: Corruption, Government Subsidies, and Innovation: Evidence from China, NBER Working Paper, No. 25098, Cambridge (MA) 2018.

Farah, Paolo Davide: WTO and Renewable Energy: Lessons from the Case Law, in: JWT 2015, S. 1103 ff.

Farha, Ryan: A Right Unexercised Is a Right Lost? Abolishing Antidumping in Regional Trade Agreements, in: GJIL 2012/2013, S. 212 ff.

Flett, James / Jessen, Anders C. / Talaber-Ritz, Klara: The Relationship between WTO Subsidies Law and EC State Aid Law, in: EC State Aid Law: Liber Amicorum Francisco Santaolalla Gadea, hrsg. v. Gil Carlos Rodríguez Iglesias et al., Alphen aan den Rijn 2008, S. 441 ff.

Fleury, Julien Sylvestre / Marcoux, Jean-Michel: The US Shaping of State-Owned Enterprise Disciplines in the Trans-Pacific Partnership, in: JIEL 2016, S. 445 ff.

Forster, Nicola / Mallin, Felix: Die Assoziierung der europäischen Mikrostaaten – Integrationstest mit Modellcharakter, SWP-Aktuell 2014/A 21, Berlin 2014.

Fox, Eleanor M. / Bakhoum, Mor: Making Markets Work for Africa: Markets, Development, and Competition Law in Sub-Saharan Africa, Oxford 2019.

Francois, Joseph / Hoekman, Bernard: Moving beyond the Border, in: Behind-the-Border Policies: Assessing and Addressing Non-Tariff Measures, hrsg. v. dens., Cambridge 2019, S. 1 ff.

Frau, Robert: Das Brexit-Abkommen und Europarecht, Baden-Baden 2020.

Frau, Robert: Ist das Brexit-Abkommen zu *Recht* gescheitert?, in: EuR 2019, S. 502 ff.

Fredriksen, Halvard Haukeland / Franklin, Christian N. K.: Of pragmatism and principles: The EEA Agreement 20 years on, in: CMLR 2015, S. 629 ff.

Frenz, Walter: Die Beihilfenkontrolle in der internationalen Wirtschaft, in: EWS 2017, S. 194 ff.

Frey, Katja: Globale Energieversorgungssicherheit: Analyse des völkerrechtlichen Rahmens, Tübingen 2013.

Freyburg, Tina / Lavenex, Sandra / Schimmelfennig, Frank / Skripka, Tatiana / Wetzel, Anne: Democracy Promotion by Functional Cooperation: The European Union and its Neighbourhood, London 2015.

Friederiszick, Hans / Röller, Lars-Hendrik / Verouden, Vincent: European State Aid Control: An Economic Framework, in: Handbook of Antitrust Economics, hrsg. v. Paolo Buccirossi, Cambridge (MA) 2008, S. 625 ff.

Friedrich, Klaus: Die Freihandelsabkommen der Europäischen Gemeinschaften mit den EFTA-Staaten, in: NJW 1983, S. 1237 ff.

Fuders, Felix: Die Wirtschaftsverfassung des MERCOSUR: Eine rechtsvergleichende Darstellung unter besonderer Berücksichtigung des Rechts der Europäischen Union, Berlin 2008.

Furculita, Cornelia: Alternative Fora for Trade Disputes – The Case of CETA and EUJEPA, in: Global Politics and EU Trade Policy: Facing the Challenges to a Multilateral Approach, hrsg. v. Wolfgang Weiß und ders., Berlin et al. 2020, S. 89 ff.

Gantz, David A.: Liberalizing International Trade After Doha: Multilateral, Plurilateral, Regional, and Unilateral Initiatives, Cambridge 2013.

Garcia Molyneux, Candido Tomas: Domestic Structures and International Trade: The Unfair Trade Instruments of the United States and the European Union, Oxford 2001.

Gaster, Jens: Das Gutachten des EuGH zum Entwurf eines Übereinkommens zur Schaffung eines Europäischen Patentgerichts – Ein weiterer Stolperstein auf dem Wege zu einem einheitlichen Patentsystem in Europa?, in: EuZW 2011, S. 394 ff.

Gaudreault-DesBiens, Jean-François / Poirier, Johanne: From Dualism to Cooperative Federalism and Back?: Evolving and Competing Conceptions of Canadian Federalism, in: The Oxford Handbook of the Canadian Constitution, hrsg. v. Peter Crawford Oliver, Patrick Macklem und Nathalie Des Rosiers, Oxford 2017, S. 391 ff.

Gawande, Kishore / Hoekman, Bernard / Cui, Yue: Global Supply Chains and Trade Policy Responses to the 2008 Crisis, in: WBER 2015, S. 102 ff.

GD Wettbewerb: EU competition policy in action, Brüssel 2018.

GD Wettbewerb (Hrsg.): Study on the enforcement of State aid law at national level, Brüssel 2006.

GD Interne Politikbereiche (Hrsg.), Study on the UK Withdrawal ('Brexit') and the Good Friday Agreement, PE 596.826, Brüssel 2017.

Geradin, Damian / Petit, Nicolas: Competition Policy and the Euro-Mediterranean Partnership, in: EFAR 2003, S. 153 ff.

Gerber, David J.: Global Competition: Law, Markets, and Globalization, Oxford 2010.

Gjevori, Anduena: State Aid Control in Albania, in: EStAL 2015, S. 510 ff.

Glaser, Andreas: Das Institutionelle Abkommen Schweiz-EU – ein Fall für das obligatorische Staatsvertragsreferendum?, in: sui-generis 2020, S. 210 ff.

Glaser, Andreas / Dörig, Heidi: Die Streitbeilegung in den Bilateralen Abkommen Schweiz-EU, in: Schweizerisches Jahrbuch für Europarecht 2017/2018, hrsg. v. Astrid Epiney und Lena Hehemann, Zürich 2018, S. 451 ff.

Glöckle, Caroline / Würdemann, Aike: The Atypical Fashion of the US-China 'Phase 1'-Deal: Context, Content and Perspectives in: ZEuS 2020, S. 347 ff.

Glöckle, Caroline / Würdemann, Aike: Die Appellate Body-Krise der WTO – eine Analyse der US-Kritikpunkte, in: EuZW 2018, S. 976 ff.

Gobbi Estrella, Angela T. / Horlick, Gary N.: Mandatory Abolition of Anti-dumping, Countervailing Duties and Safeguards in Customs Unions and Free-Trade Areas Constituted Between World Trade Organization Members: Revisiting a Long-standing Discussion in Light of the Appellate's Body's Turkey -Textiles Ruling, in: JWT 2006, S. 909 ff.

Goh, Gavin / Ziegler, Andreas R.: Retrospective Remedies in the WTO after *Automotive Leather*, in: JIEL 2003, S. 545 ff.

Goller, Lena: Die Rolle des Europäischen Beihilferechts im globalen Standortwettbewerb, Berlin 2019.

Grabitz, Eberhard / Hilf, Meinhard / Nettesheim, Martin: Das Recht der Europäischen Union: EUV/AEUV, Kommentar, 71. Ergänzungslieferung (August 2020), München [zit.: *Bearbeiter*, in: Grabitz/Hilf/Nettesheim, … (Stand)].

von Graevenitz, Albrecht: Wider die Verrechtlichung von soft law der Europäischen Kommission, in: ZRP 2019, S. 75 ff.

Griller, Stefan / Obwexer, Walter / Vranes, Erich (Hrsg.): Mega-Regional Trade Agreements: CETA, TTIP, and TiSA – New Orientations for EU External Economic Relations, Oxford 2017.

Grimm, Dieter: Europa ja – aber welches? Zur Verfassung der europäischen Demokratie, München 2016.

von der Groeben, Hans: The European Community: The Formative Years: The Struggle to Establish the Common Market and the Political Union, 1958–66 (European Perspectives), Luxemburg 1987.

von der Groeben, Hans / Schwarze, Jürgen / Hatje, Armin (Hrsg.): Europäisches Unionsrecht, Kommentar, 7. Aufl., Baden-Baden 2015 (zit.: *Bearbeiter*, in: von der Groeben/Schwarze/Hatje).

Gross, Ivo: Das Europäische Beihilferecht im Wandel, Baden-Baden 2004.

Gross, Ivo: Subventionsrecht und »schädlicher Steuerwettbewerb«: Selektivität von Steuervergünstigungen als gemeinsames Kriterium, in: RIW 2002, S. 46 ff.

Gröteke, Friedrich: Europäische Beihilfenkontrolle und Standortwettbewerb: Eine ökonomische Analyse, Berlin 2016.

Gröteke, Friedrich / Heine, Klaus: Beihilfenkontrolle und Standortwettbewerb: „Institutionelle Rigiditäten" als Rechtfertigung für die Vergabe einer Beihilfe, in: WuW 2003, S. 257 ff.

Gürkaynak, Gönenç / Öner, Merve / Başar, Hazar: A Critical Analysis of the Turkish State Aid Law, in: The Academic Gift Book of ELIG, Attorneys-at-Law in Honor of the 20th Anniversary of Competition Law Practice in Turkey, hrsg. v. Gönenç Gürkaynak, Istanbul 2018, S. 257 ff.

Guilliard, Simon: Herausforderung China – beihilfenrechtliche Implikationen und Ansatzpunkte für legislative Konsequenzen in: ZEuS 2020, S. 295 ff.

Gundel, Jörg: Unwirksame Schiedsklausel in unionsinternem Investitionsschutzabkommen, in: NVwZ 2018, S. 723 ff.

Guzman, Andrew T.: Global Governance and the WTO, in: Harv. Int. Law J 2004, S. 303 ff.

Hagenbruch, Tim: Das Verhältnis von Beihilfen- und Vergaberecht: Unter besonderer Berücksichtigung der Dienstleistungen von allgemeinem wirtschaftlichem Interesse, Baden-Baden 2019.

Haley, Usha C. V. / Haley, George T.: Subsidies to Chinese Industry – State Capitalism, Business Strategy, and Trade Policy, Oxford 2013.

Haltern, Ulrich: Europarecht – Dogmatik im Kontext, 1. Aufl., Tübingen 2005.

Hansen, Robin/ Heavin, Heather: What's "New" in the New West Partnership Trade Agreement? The NWPTA and the Agreement on Internal Trade Compared, in: Sask. L. Rev. 2010, S. 173 ff.

Hartge, Cathleen Hamel: China's National Security Review: Motivations and the Implications for Investors, in: SJIL 2013, S. 239 ff.

Harvey, Colin: The Irish Border, in: The Law and Politics of Brexit: Volume II: The Withdrawal Agreement, hrsg. v. Federico Fabbrini, Oxford 2020, S. 15 ff.

Harzl, Benedikt: Beihilfebestimmungen in Assoziierungsabkommen am Beispiel EU-Ukraine, in: in: Jahrbuch Beihilferecht 2019, hrsg. v. Birgit Haslinger und Thomas Jaeger, Wien 2019, S. 501 ff.

Haucap, Justus / Kühling, Jürgen: Das Wettbewerbsprinzip als europäischer Sündenbock, in: FAZ v. 22.10.2016, www.faz.net/-i2r-8m4g5, zuletzt besucht am 1.10.2020.

Hay, Colin: What Doesn't Kill You Can Only Make You Stronger: The Doha Development Round, the Services Directive and the EU's Conception of Competitiveness, in: JCMS Annual Review of the European Union in 2006, hrsg. v. Ulrich Sedelmeier und Alasdair R. Young, Hoboken 2007, S. 23 ff.

Head, Keith: Introduction to Gravity Models, Vancouver 2010.

Head, Keith / Mayer, Thierry: Gravity Equations: Workhorse, Toolkit, and Cookbook, CEPII Working Paper, No. 2013–27, Paris 2013.

Heidenhain, Martin: European State Aid Law, München 2010.

Heimler, Alberto / Jenny, Frédéric: Regional agreements, in: Building New Competition Law Regimes: Selected Essays, hrsg. v. David Lewis, Cheltenham 2013, S. 183 ff.

Hellerstein, Walter / Coenen, Dan T.: Commerce Clause Restraints on State Business Development Incentives, in: Cornell L. Rev. 1996, S. 789 ff.

Van den Hende, Lode / White, Eric: The View From Brussels: EU-UK Trade and Cooperation Agreement level playing field provisions and their enforcement, HSF Notes v. 4.1.2021, https://hsfnotes.com/brexit/2021/01/04/the-view-from-brussels-eu-uk-trade-and-cooperation-agreement-level-playing-field-provisions-and-their-enforcement/ zuletzt besucht am 1.3.2021.

Henry, Laurence: The ASEAN Way and Community Integration: Two Different Models of Regionalism, in: ELJ 2007, S. 857 ff.

Herdegen, Matthias: Völkerrecht, 18. Aufl., München 2019.

Herrmann, Christoph: Beihilfenrecht als Schönwetterrecht? Die Beihilfenüberwachung in der Europäischen Union während der Finanz- und Wirtschaftskrise, in: Der Staat in der Finanz- und Wirtschaftskrise, hrsg. v. Marc Bungenberg, Peter-Michael Huber und Rudolf Streinz, Stuttgart 2014.

Herrmann, Christoph: Bilaterale und regionale Handelsabkommen als Herausforderung des multilateralen Handelssystems (WTO), in: Rechtsfragen internationaler Investitionen, hrsg. v. Dirk Ehlers, Hans-Michael Wolffgang und Ulrich Jan Schröder, Frankfurt 2009, S. 217 ff.

Herrmann, Christoph: Brexit, WTO und EU-Handelspolitik, in: EuZW 2017, S. 961 ff.

Herrmann, Christoph: Die Bindungswirkung von Beschlüssen der Kommission zur Einleitung von förmlichen Beihilfeprüfverfahren in nationalen Gerichtsverfahren, in: Privatrecht, Wirtschaftsrecht, Verfassungsrecht, hrsg. v. Cordula Stumpf, Friedemann Kainer und Christian Baldus, Baden-Baden 2015, S. 616 ff.

Herrmann, Christoph: Europarechtliche Fragen der deutschen Investitionskontrolle, in: ZEuS 2019, S. 427 ff.

Herrmann, Christoph: Grundzüge der Welthandelsordnung – Institutionen, Strukturen und Bezüge zum Europäischen Gemeinschaftsrecht, in: ZEuS 2001, S. 453 ff.

Herrmann, Christoph / Guilliard, Simon: Handelskonflikte mit Nebenwirkungen – Zur Entschädigung Unbeteiligter bei der Verhängung von Strafzöllen, in: EuZW 2020, S. 699 ff.

Herrmann, Christoph / Müller-Ibold, Till: Die Entwicklung des europäischen Außenwirtschaftsrechts, in: EuZW 2016, S. 646 ff.

Herrmann, Christoph / Müller-Ibold, Till: Die Entwicklung des europäischen Außenwirtschaftsrechts, in: EuZW 2018, S. 749 ff.

Herrmann, Christoph / Müller-Ibold, Till: Die Entwicklung des europäischen Außenwirtschaftsrechts 2018–2020, in: EuZW 2021, S. 97 ff.

Herrmann, Christoph / Würdemann, Aike: Der wirtschaftsvölkerrechtliche und unionsrechtliche Rahmen für regionale Integrationsgemeinschaften, in: Multilateralismus und Regionalismus in der EU-Handelspolitik, hrsg. v. Gabriel J. Felbermayr et al., Baden-Baden 2017, S. 33 ff.

Herrmann, Christoph / Weiß, Wolfgang / Ohler, Christoph: Welthandelsrecht, 2. Aufl., München 2007.

Hestermeyer, Holger: Levelling the playing field? Welcome to the TCA!, EU Law Live, Weekend Edition №45 v. 30.1.2021, https://eulawlive.com/weekend-edition/weekend-edition-no45/, zuletzt besucht am 1.3.2021.

Hilaire, Alvin / Yang, Yongzheng: The United States and the New Regionalism/Bilateralism, in: JWT 2004, S. 603 ff.

Hilf, Meinhard / Oeter, Stefan (Hrsg.): WTO-Recht, 2. Aufl., Baden-Baden 2010.

Hinny, Pascal: Das Schweizer Unternehmenssteuerrecht unter dem Druck der EU – Eine Analyse der Handlungsalternativen, in: EuZW 2012, S. 859 ff.

Hirsbrunner, Simon: How to Please Your Sweethearts When You Are Divorcing: The UK Government's Ability to Offer Incentives to Foreign Investors After Brexit, in: EStAL 2016, S. 504 ff.

Hirsbrunner, Simon / Lauterjung, Alice: Without EU State Aid Control No EU-UK Free Trade Deal?, in: EStAL 2017, S. 288 ff.

Hirsbrunner, Simon / Seidl, Simone: Kantonale Steuervergünstigungen im Visier der Europäischen Kommission, in: SZIER 2006, S. 541 ff.

Hochbaum, Monika: Das Diskriminierungs- und Subventionsverbot in der EGKS und EWG, Baden-Baden 1962.

Hoekman, Bernard: Subsidies, Spillovers and WTO Rules in a Value-chain World, in: Global Policy 2016, S. 351 ff.

Hoekman, Bernard / Nelson, Douglas: Rethinking International Subsidy Rules, in: Robert Schuman Centre for Advanced Studies (RSCAS) Research Paper, No. 20/2020, https://cadmus.eui.eu/bitstream/handle/1814/66586/RSCAS%202020_20.pdf?sequence=1, zuletzt besucht am 1.9.2020.

Hölscher, Jens / Nulsch, Nicole / Stephan, Johannes: State Aid in the New EU Member States, in: JCMS 2017, S. 779 ff.

Hoffmeister, Frank: Modernising the EU's Trade Defence Instruments: Mission Impossible?, in: Trade Policy between Law, Diplomacy and Scholarship: Liber Amicorum in memoriam Horst G. Krenzler, hrsg. v. Christoph Herrmann, Bruno Simma und Rudolf Streinz, Berlin et al. 2015, S. 365 ff.

Hofmann, Herwig C. H. / Micheau, Claire (Hrsg.): State Aid Law of the European Union, Oxford 2016.

Hofmann, Mahulena: Von der Transformation zur Kooperationsoffenheit?: Die Öffnung der Rechtsordnungen ausgewählter Staaten Mittel- und Osteuropas für das Völker- und Europarecht, Berlin et al. 2009.

Hook, Christopher: Was lange währt, wird endlich gut? Die neuen Änderungsverordnungen im Bereich der handelspolitischen Schutzinstrumente, in: EuZW 2019, S. 188 ff.

Horlick, Gary N.: A Personal History of the WTO Subsidies Agreement, in: JWT 2013, S. 447 ff.

Horlick, Gary N. / Clarke, Peggy A.: Rethinking Subsidy Disciplines for the Future: Policy Options for Reform, in: JIEL 2017, S. 673 ff.

Horlick, Gary N. / Clarke, Peggy A.: WTO Subsidies Discipline During and after the Crisis, in: JIEL 2010, S. 859 ff.

Horn, Henrik / Mavroidis, Petros C. / Sapir, André: Beyond the WTO? An Anatomy of EU and US Preferential Trade Agreements, in: The World Economy 2010, S. 1565 ff.

Howse, Robert: Climate Change Mitigation Subsidies and the WTO Legal Framework: A Policy Analysis, Winnipeg 2010.

Howse, Robert / Nicolaïdis, Kalypso: Enhancing WTO Legitimacy: Constitutionalization or Global Subsidiarity?, in: Governance 2003, S. 73 ff.

Hudec, Robert E.: Developing Countries in the GATT Legal System, Aldershot et al. 1987.

Hufbauer, Gary Clyde: Subsidy Issues After the Tokyo Round, in: Trade Policy in the 1980s, hrsg. v. William R. Cline, Washington 1983, S. 327 ff.

Hufbauer, Gary Clyde / Shelton Erb, Joanna: Subsidies in International Trade, Washington 1984.

Hummer, Waldemar: Die Schweiz am integrationspolitischen Scheideweg: Neuer Bilateralismus, Rahmenabkommen, EWR II oder EU-Beitritt?, in: Festschrift 50 Jahre ZfRV, hrsg. v. Fritz Schwind, Hans Hoyer und Helmut Ofner, Wien 2013, S. 71 ff.

Immenga, Ulrich / Mestmäcker, Ernst-Joachim (Hrsg.): Wettbewerbsrecht, Band 1: EU. Kommentar zum Europäischen Kartellrecht, 6. Aufl., München 2019 (zit.: *Bearbeiter*, in: Immenga/Mestmäcker).

Irwin, Douglas A. / Mavroidis, Petros C. / Sykes, Alan O.: The Genesis of the GATT, Cambridge 2008.

Jackson, John H.: The Jurisprudence of GATT and the WTO: Insights on Treaty Law and Economic Relations, Cambridge 2000.

Jackson, John H.: World Trade and the Law of GATT: A Legal Analysis of the General Agreement on Tariffs and Trade, Charlottesville 1969.

Jacobs, Hans: Die internationale Zuckerkonvention, Berlin 1928.

Jaeger, Thomas: Vier Jahre Beihilfereform – Eine Bilanz, in: EuZW 2010, S. 47 ff.

Jarosz-Friis, Anna / Pesaresi, Nicola / Kerle, Clemens: EU-Korea FTA: a stepping stone towards better subsidies' control at the international level, in: CPN 2010, S. 78 ff.

Jessen, Pernille Wegener: Rules on state aid and subsidies, in: Liberalising Trade in the EU and the WTO – A Legal Comparison, hrsg. v. Sanford E. Gaines, Brigitte Egelund Olsen und Karsten Engsig Sørensen, Cambridge 2012, S. 288 ff.

Johnson, Boris: Let's put the brakes on EU power grab and ride high, in: The Yorkshire Post v. 14.4.2016, www.yorkshirepost.co.uk/news/opinion/boris-johnson-let-s-put-the-bra-kes-on-eu-power-grab-and-ride-high-1-7853822, zuletzt besucht am 1.10.2020.

Jones, Alison / Sufrin, Brenda / Dunne, Niamh: EU Competition Law, 7. Aufl., Oxford 2019.

Jozepa, Ilze: EU State Aid Rules and WTO Subsidies Agreement, Commons Library Briefing Paper, No. 6775, London 2019.

Jung, Nicolas: Die Vergabe von Unionsbeihilfen: Dargestellt am Beispiel der Landwirtschaftssubventionen der Europäischen Union, Baden-Baden 2019.

Kabaalioğlu, Haluk: Turkey's Relations with the European Union: Customs Union and Accession Negotiations, in: Turkey and the European Union, hrsg. v. Peter-Christian Müller-Graff und dems., Baden-Baden 2012, S. 11 ff.

Kahn-Freund, Otto: On Uses and Misuses of Comparative Law, in: Mod. L. Rev. 1974, S. 1 ff.

Kaienburg, Nils: Compliance in High Profile-Fällen der WTO: Legal Case Management am Beispiel des Airbus-Boeing-Falls, Tübingen 2010.

Kainer, Friedemann / Persch, Johannes: Das Prinzip der Einheit des Binnenmarktes: Keine Rosinen für Drittstaaten, in: EuZW 2018, S. 932 ff.

Kaiser, Roman: Auf dem Weg zum „Brexit" – Die Europäische Union im britischen Verfassungsrecht, in: EuR 2016, S. 593 ff.

Karim, Md. Rezaul: Transparency is the Most Important Governance Issue in the WTO Subsidy Control, April 2014, http://dx.doi.org/10.2139/ssrn.2498863, zuletzt besucht am 1.9.2020.

Karlsson, Haukur Logi: Twenty Years of Icelandic State Aid Enforcement, in: EStAL 2014, S. 470 ff.

Kassim, Hussein / Lyons, Bruce: The New Political Economy of EU State Aid Policy, in: J Ind Compet Trade 2013, S. 1 ff.

Katz, Sherman: How to tame China's rogue state capitalism, in: Financial Times v. 30.7.2019, www.ft.com/content/d5e19006-aef9-11e9-b3e2-4fdf846f48f5, zuletzt besucht am 1.10.2019.

Kaul, Inge: Global Public Goods: Explaining their Underprovision, in: JIEL 2012, S. 729 ff.

Kazeki, Jun: Permanent Group of Experts under the SCM Agreement, in: JWT 2009, S. 1031 ff.

Kerr, William A. / Hobbs, Jill E.: Bilateralism – A Radical Shift in US Trade Policy: What Will It Mean for Agricultural Trade?, in: JWT 2006, S. 1049 ff.

Khalfaoui, Anna / Gehring, Markus W.: What Role for TDIs Between the EU and the UK After Brexit: A Trade or Competition Solution to a Future Problem?, in: The Future of Trade Defence Instruments: Global Policy Trends and Legal Challenges, hrsg. v. Marc Bungenberg et al., Berlin et al. 2018, S. 160 ff.

Kikhaia, Iuliana: Approximation of the Ukraine Competition Law with the EU Law, in: European Studies – the Review of European Law, Economics and Politics 2015, S. 212 ff.

Klumpp, Marianne: Schiedsgerichtsbarkeit und Ständiges Revisionsgericht des Mercosur, Berlin et al. 2013.

Knauff, Matthias: Der Regelungsverbund: Recht und Soft Law im Mehrebenensystem, Tübingen 2010.

Koenig, Christian / von Wendland, Bernhard: The Art of Regulation: Competition in Europe – Wealth and Wariness, Cheltenham 2017.

Koenig, Christian / Kühling, Jürgen: Reform des EG-Beihilfenrechts aus der Perspektive des mitgliedstaatlichen Systemwettbewerbs – Zeit für eine Neuausrichtung?, in: EuZW 1999, S. 517 ff.

Koenig, Christian / Kühling, Jürgen: „Totgesagte Vorschriften leben länger“: Bedeutung und Auslegung der Ausnahmeklausel des Art. 86 Abs. 2 EG, in: ZHR 2002, S. 656 ff.

Konstantinidis, Mark / Poula, Vasiliki: From Brexit to Eternity: The institutional landscape under the EU-UK Trade and Cooperation Agreement, European Law Blog v. 14.1.2021, https://europeanlawblog.eu/2021/01/14/from-brexit-to-eternity-the-institutional-landscape-under-the-eu-uk-trade-and-cooperation-agreement/, zuletzt besucht am 1.3.2021.

Konstanyan, Hrant / Giragosian, Richard: EU-Armenian Relations: Charting a fresh course, CEPS Research Report, No. 2017/14, Brüssel 2017.

Koopmans, Tim: The Role of Law in the Next Stage of European Integration, in: ICLQ 1986, S. 925 ff.

Koppensteiner, Hans-Georg: Das Subventionsverbot im Vertrag über die Europäische Gemeinschaft für Kohle und Stahl, Baden-Baden 1965.

Kowalski, Przemyslaw / Büge, Max / Sztajerowska, Monika / Egeland, Matias: State-Owned Enterprises: Trade Effects and Policy Implications, OECD Trade Policy Papers, No. 147, Paris 2013.

Krajewski, Markus: Public Services Exemptions in EU Free Trade and Investment Agreements, in: Services of General Interest Beyond the Single Market: External and International Law Dimensions, hrsg. v. dems., Den Haag 2015, S. 243 ff.

Krajewski, Markus: Schutz öffentlicher Dienstleistungen in EU-Freihandelsabkommen, in: EuZW 2015, S. 301 ff.

Krajewski, Markus: Verfassungsperspektiven und Legitimation des Rechts der Welthandelsorganisation (WTO), Berlin 2001.

Kreier, Jesse: Enforcement of subsidy provisions in the EU-UK TCA, International Economic Law and Policy Blog v. 30.12.2020, https://ielp.worldtradelaw.net/2020/12/enforcement-of-subsidy-provisions-in-the-eu-uk-tca.html, zuletzt besucht am 1.3.2021.

Krenzler, Horst G. / Herrmann, Christoph / Niestedt, Marian (Hrsg.): EU-Außenwirtschafts- und Zollrecht, Kommentar, 15. Ergänzungslieferung (April 2020), München [zit.: *Bearbeiter*, in: Krenzler/Herrmann/Niestedt, … (Stand)].

Küttner, Niels-Jakob W.: Zur Zukunft des Mercosur: Sechs Typen rechtlicher Staatenintegration, Baden-Baden 2013.

Lagzdina, Daiga / Kurtagic, Šefika: Challenges of Montenegro in the Field of State Aid – How to Comply with the Requirements of the Stabilisation and Association Agreement and Open EU Accession Negotiations in the Chapter for Competition?, in: EStAL 2015, S. 522 ff.

Laitenberger, Johannes / Lieflaender, Thomas: Beihilfeaufsicht: die Versöhnung von unabhängiger Rechtsdurchsetzung mit direkter Wirkung und demokratiegesteuerter Ermessensausübung, in: EuZW 2017, S. 281 ff.

Lang, Andrew: Governing 'As If': Global Subsidies Regulation and the Benchmark Problem, in: Current Legal Problems 2014, S. 135 ff.

Lang, Andrew: Protectionism's Many Faces, in: YJIL Online 2018, S. 1 ff.

Langer, Stefan: Grundlagen einer internationalen Wirtschaftsverfassung: Strukturprinzipien, Typik und Perspektiven anhand von Europäischer Union und Welthandelsorganisation, München 1995.

Langhammer, Rolf J.: Jeder macht was er will, keiner macht, was er soll: Zur permissiven Haltung der Welthandelsordnung gegenüber regionalen Integrationsabkommen und deren Kosten, in: Weltwirtschaftlicher Strukturwandel, nationale Wirtschaftspolitik und politische Rationalität – Festschrift für Jürgen B. Donges zum 65. Geburtstag, hrsg. v. Andreas Freytag, Köln 2005, S. 203 ff.

Laprévote, François-Charles: A Missed Opportunity? State aid Modernization and Effective Third Parties Rights in State aid Proceedings, in: EStAL 2014, S. 426 ff.

Laprévote, François-Charles / Frisch, Sven: Preserving cross-border banking in the face of the crisis, in: Research Handbook on State Aid in the Banking Sector, hrsg. v. François-Charles Laprévote, Joanna Gray und Francesco de Cecco, Cheltenham 2017, S. 186 ff.

Lavdas, Kostas A. / Mendrinou, Maria M.: Politics, Subsidies and Competition: The New Politics of State Intervention in the European Union, Cheltenham 1999.

Lee, Gea M.: Subsidies and Countervailing Duties, in: Handbook of Commercial Policy, Vol. 1, Part B, hrsg. v. Kyle W. Bagwell und Robert W. Staiger, Amsterdam et al. 2016, S. 161 ff.

Lee, Yong-Shik: Three Wrongs Do Not Make a Right: The Conundrum of the US Steel and Aluminium Tariffs, in: WTR 2019, S. 481 ff.

Lehmann, Christoph: Produktionssubventionen im Ausgleichszollrecht: Umsetzung des Gatt-Subventionskodex in den USA und den Europäischen Gemeinschaften, Berlin 1990.

Lehne, Jens: Crisis at the WTO: Is the Blocking of Appointments to the WTO Appellate Body by the United States Legally Justified?, Berlin 2019.

Lester, Simon: A Few Quick Thoughts on the "Rebalancing" Provisions in the "Level Playing Field" Section of the UK-EU Trade Agreement, International Economic Law and Policy Blog v. 26.12.2020, https://ielp.worldtradelaw.net/2020/12/a-few-quick-thoughts-on-the-rebalancing-provisions-on-the-level-playing-field-in-uk-eu-trade-agreeme.html, zuletzt besucht am 1.3.2021.

Lester, Simon: Beware the "Unfair Trade" Trap in Any Brexit Deal, Cato Institute Blog v. 14.8.2018, www.cato.org/commentary/beware-unfair-trade-trap-any-brexit-deal, zuletzt besucht am 1.3.2021.

Lloyd, Peter John / Vautier Kerrin M.: Promoting Competition in Global Markets: A Multi-national Approach, Cheltenham 1999.

Lock, Tobias: Industrie-, Technologie- und Forschungspolitik, in: Europäische Querschnittspolitiken, hrsg. v. Bernhard W. Wegener, zugleich Band 8 der Enzyklopädie Europarecht, hrsg. v. Armin Hatje und Peter-Christian Müller-Graff, Baden-Baden 2014, § 6.

Van der Loo, Guillaume: Mapping out the Scope and Contents of the DCFTAs with Tunisia and Morocco, EuroMeSCo Series, No. 26, Brüssel 2016.

Van der Loo, Guillaume: The EU-Ukraine Association Agreement and Deep and Comprehensive Free Trade Area: A New Legal Instrument for EU Integration Without Membership, Leiden 2016.

Lorenzmeier, Stefan / Folz, Hans-Peter (Hrsg.): Recht und Realität: Festschrift für Christoph Vedder, Baden-Baden 2017.

Løvseth, Toini: Europeanization? (No) Thank You! Explaining Domestic Response to EU Regional State Aid Regulations, in: Regional and Federal Studies 2011, S. 305 ff.

Lowe, Philip: Competition Policy as an Instrument of Global Governance, in: Economic Law and Justice in Times of Globalisation: Festschrift for Carl Baudenbacher, hrsg. v. Mario Monti et al., Baden-Baden 2007.

Lowenfeld, Andreas F.: International Economic Law, 2. Aufl., Oxford 2008.

Ludwigs, Markus: Demokratieferne Gestaltung der europäischen Beihilfeaufsicht, in: EuZW 2017, S. 41.

Luengo Hernández de Madrid, Gustavo E.: Conflicts Between the Disciplines of EC State Aids and WTO Subsidies: Of Books, Ships and Aircraft, in: EFAR 2008, S. 1 ff.

Luengo Hernández de Madrid, Gustavo E.: Regulation of Subsidies and State Aids in WTO and EC Law: Conflicts in International Trade Law, Alphen aan den Rijn 2007.

Lukas, Martin: Entwicklungsperspektiven des Subventionsrechts im Rahmen der Doha-Verhandlungen, in: Subventionen im WTO- und EG-Recht, hrsg. v. Dirk Ehlers, Hans-Michael Wolffgang und Ulrich Jan Schröder, Frankfurt 2007, S. 81 ff.

Lyons, Bruce / Reader, David / Stephan, Andreas: UK competition policy post-Brexit: taking back control while resisting siren calls, in: JAE 2017, S. 347 ff.

Lyu, Shuping / Buts, Caroline / Jegers, Marc: Comparing China's Fair Competition Review System to EU State Aid Control, in: EStAL 2019, S. 37 ff.

Maag, Andreas: Das Verbot wettbewerbsverfälschender Beihilfen im EWG-Vertrag und im Freihandelsabkommen zwischen der Schweiz und der Europäischen Wirtschaftsgemeinschaft, Bern 1979.

Magnus, John R.: World Trade Organization Subsidy Discipline: Is This the "Retrenchment Round"?, in: JWT 2004, S. 985 ff.

Maneschi, Andrea: Comparative Advantage in International Trade: A Historical Perspective, Cheltenham 1998.

Manners, Ian: Normative Power Europe: A Contradiction in Terms?, in: JCMS 2002, S. 235 ff.

Marceau, Gabrielle / Reiman, Cornelis: When and How Is a Regional Trade Agreement Compatible with the WTO?, in: LIEI 2001, S. 297 ff.

Marceau, Gabrielle / Trachtman, Joel P.: The Technical Barriers to Trade Agreement, the Sanitary and Phytosanitary Measures Agreement, and the General Agreement on Tariffs and Trade – A Map of the World Trade Organization Law of Domestic Regulation of Goods, in: JWT 2002, S. 811 ff.

Marhold, Anna: Fossil Fuel Subsidy Reform in the WTO: Options for Constraining Dual Pricing in the Multilateral Trading System, ICTSD Issue Paper, Genf 2017.

Marwedel, Hanna: Die Stabilisierungs- und Assoziierungsabkommen der EU mit den Staaten des Westlichen Balkans, Münster 2012.

Marwege, Renata: Der Andengerichtshof. Das Rechtsschutzsystem des Andenpaktes mit vergleichenden Bezügen zum Recht der Europäischen Gemeinschaft, Berlin 1995.

Mathis, James H.: Happy Golden Anniversary, EU: Turkey Customs Union, in: LIEI 2013, S. 291 ff.

Mathis, James H.: Regulatory regionalism in the WTO: Are 'deep integration' processes compatible with the multilateral trading system?, in: Bilateral and Regional Trade Agreements – Commentary and Analysis, hrsg. v. Simon Lester, Bryan Mercurio und Lorand Bartels, 2. Aufl., Cambridge 2016, S. 142 ff.

Mathis, James H.: WTO Appellate Body, Peru – Additional Duty on Imports of Certain Agriculture Products, WT/DS457/AB/R, 20 July 2015, in: LIEI 2016, S. 97 ff.

Mathisen, Gjermund: State Aid Control in the EEA. Whence? Hence? A Look at 25 Years and Counting, in: EuR 2020 – Beiheft 1, S. 313 ff.

Matsushita, Mitsuo: State-Owned Enterprises in the TPP Agreement, in: Paradigm Shift in International Economic Law Rule-Making: TPP as a New Model for Trade Agreements?, hrsg. v. Julien Chaisse, Henry Gao und Chang-fa Lo, Singapur 2017, S. 187 ff.

Matsushita, Mitsuo / Schoenbaum, Thomas J. / Mavroidis, Petros C.: The World Trade Organization: Law, Practice, and Policy, 2. Aufl., Oxford 2006.

Matsushita, Mitsuo / Schoenbaum, Thomas J. / Mavroidis, Petros C. / Hahn, Michael: The World Trade Organization: Law, Practice, and Policy, 3. Aufl., Oxford 2015.

Maunz, Theodor / Dürig, Günter: Grundgesetz, Kommentar, hrsg. v. Roman Herzog et al., 91. Ergänzungslieferung (April 2020), München [zit.: *Bearbeiter*, in: Maunz/Dürig, … (Stand)].

Maurer, Andreas / Magdeleine, Joscelyn / Lanz, Rainer: Measuring trade in services in a world of global value chains, in: Research Handbook on Trade in Services, hrsg. v. Pierre Sauvé und Martin Roy, Cheltenham 2016, S. 42 ff.

Mavroidis, Petros C.: If I Don't Do It, Somebody Else Will (Or Won't), in: JWT 2006, S. 187 ff.

Mavroidis, Petros C.: Trade in Goods, 2. Aufl., Oxford 2015.

Mavroidis, Petros C. / Grossmann, Gene M.: US – Lead and Bismuth II: United States – Imposition of Countervailing Duties on Certain Hot-Rolled Lead and Bismuth Carbon Steel Products Originating in the United Kingdom: Here Today, Gone Tomorrow? Privatization and the Injury Caused by Non-Recurring Subsidies, in: The WTO Case Law of 2001, hrsg. v. Henrik Horn und Petros C. Mavroidis, Cambridge 2003, S. 170 ff.

Mayer, Franz C.: Die Europäische Union als Rechtsgemeinschaft, in: NJW 2017, S. 3631 ff.

Mayoraz, Jean-François: Staatliche Beihilfen in den Rechtsbeziehungen der Schweiz und der Europäischen Union unter besonderer Berücksichtigung von ausgewählten Aspekten aus der schweizerischen Elektrizitätswirtschaft, Zürich 2018.

Mederer, Wolfgang: Evolution of State aid control, in: EU Competition Law (Vol. IV, Book 1), hrsg. v. dems., Nicola Pesaresi und Marc Van Hoof, 1. Aufl., Leuven 2008, S. 19 ff.

Medghoul, Salim: Distortion of trade and competition, in: EU Competition Law (Vol. IV, Book 1), hrsg. v. Nicola Pesaresi et al., 2. Aufl., Leuven 2016, S. 355 ff.

Melo Araujo, Billy: The EU Deep Trade Agenda: Law and Policy, Oxford 2016.

Meng, Werner: Extraterritoriale Jurisdiktion im öffentlichen Wirtschaftsrecht, Berlin 1994.

Messenger, Gregory: The public–private distinction at the World Trade Organization (WTO): Fundamental challenges to determining the meaning of "public body" in: Int J Const Law 2017, S. 60 ff.

Messerlin, Patrick: Openness in public procurement markets: Time for a reality check, ECIPE Policy Brief, No. 3/2013, Brüssel 2013.

Mestmäcker, Ernst-Joachim / Schweitzer, Heike: Europäisches Wettbewerbsrecht, 3. Aufl., München 2014.

Meunier, Sophie: Managing Globalization? The EU in International Trade Negotiations, in: JCMS 2007, S. 905 ff.

Meunier, Sophie / Nicolaïdis, Kalypso: The European Union as a conflicted trade power, in: JEPP 2006, S. 906 ff.

Michaels, Ralf: Legal Culture, in: Max Planck Encyclopedia of European Private Law, hrsg. v. Jürgen Basedow et al., Vol. 2, Oxford 2012, S. 1059 ff.

Milenkovic, Marko: The Transformation of State Aid Control in Serbia and EU Conditionality – Challenges of Integration Uncertainty and Reform Prospects, in: EStAL 2018, S. 66 ff.

Miljević Damir / Mumović, Milka / Kopač, Janez: Analysis of Direct and Selected Indirect Subsidies to Coal Electricity Production in the Energy Community Contracting Parties, hrsg. v. Energy Community, Wien 2019.

Miller, Robin Dominik: Autonomie des Unionsrechts versus Schiedsgerichtsbarkeit – Zur Bedeutung des EuGH-Urteils in der Rs. Achmea für die Entwicklung der Europäischen Union als Rechtsgemeinschaft, in: EuZW 2018, S. 357 ff.

Minnerop, Petra / Wolfrum, Rüdiger / Lachenmann, Frauke (Hrsg.): International Development Law: The Max Planck Encyclopedia of Public International Law, Oxford 2019.

Mitchell, Andrew D. / Lockhart, Nicolas J.S.: Legal requirements for PTAs under the WTO, in: Bilateral and Regional Trade Agreements – Commentary and Analysis, hrsg. v. Simon Lester, Bryan Mercurio und Lorand Bartels, 2. Aufl., Cambridge 2016, S. 81 ff.

Möller, Fabian: Rechtsschutz bei Subventionen: Die Rechtsschutzmöglichkeiten Privater im Subventionsverfahren des Bundes unter Berücksichtigung der neueren Entwicklungen des nationalen und internationalen Subventions- und Beihilferechts, Basel 2006.

Möllers, Christoph: Gewaltengliederung: Legitimation und Dogmatik im nationalen und internationalen Rechtsvergleich, Tübingen 2005.

Molestina, Julia: Regional Competition Law Enforcement in Developing Countries, Berlin et al 2019.

Monopolkommission: XVII. Hauptgutachten gemäß § 44 Abs. 1 Satz 1 GWB – Weniger Staat, mehr Wettbewerb, BT-Drs. 16/10140.

Monopolkommission: XXIII. Hauptgutachten gemäß § 44 Abs. 1 Satz 1 GWB – Wettbewerb 2020, BT-Drs. 19/21540.

Morriss, Andrew P.: Implications of Second-Best Theory for Administrative and Regulatory Law: A Case Study of Public Utility Regulation, in: Chi.-Kent L. Rev. 1997, S. 138 ff.

Müller, Matthias: Begrenzte Möglichkeit der Gründung eines Europäischen Patentgerichts – Anmerkung zum Gutachten 1/09 des EuGH vom 8.3.2011 –, in: EuR 2011, S. 575 ff.

Müller, Matthias: Das Rechtsprechungsmonopol des EuGH im Kontext völkerrechtlicher Verträge – Untersucht anhand der Rechtsprechung des Gerichtshofes der Europäischen Union, Baden-Baden 2012.

Müller, Matthias: Die Errichtung des Europäischen Patentgerichts – Herausforderung für die Autonomie des EU-Rechtssystems?, in: EuZW 2010, S. 851 ff.

Müller, Thomas: Wettbewerb und Unionsverfassung: Begründung und Begrenzung des Wettbewerbsprinzips in der europäischen Verfassung, Tübingen 2014.

Müller-Graff, Peter-Christian: Die Marktfreiheiten als Herzstück der europäischen Wettbewerbsidee, in: Dimensionen des Wettbewerbs: Europäische Integration zwischen Eigendynamik und politischer Gestaltung, hrsg. v. Hermann-Josef Blanke, Arno Scherzberg und Gerhard Wagner, Tübingen 2010, S. 329 ff.

Müller-Graff, Peter-Christian / Hatje, Armin (Hrsg.): Europäisches Organisations- und Verfassungsrecht, zugleich Band 1 der Enzyklopädie Europarecht, hrsg. v. dens., 1. Aufl., Baden-Baden 2013.

Müller-Ibold, Till: EU Trade Defence Instruments and Free Trade Agreements: Is Past Experience an Indication for the Future? Implications for Brexit?, in: The Future of Trade Defence Instruments: Global Policy Trends and Legal Challenges, hrsg. v. Marc Bungenberg et al., Berlin et al. 2018, S. 191 ff.

Münchener Kommentar Europäisches und Deutsches Wettbewerbsrecht, Band 5: Beihilfenrecht, hrsg. v. Franz Jürgen Säcker, 2. Aufl., München 2018 (zit.: *Bearbeiter*, in: MüKoBeihilfenR).

Muñoz de Juan, Maria: Monitoring of State Aid – From Ex Ante to Ex Post Control, in: EStAL 2018, S. 483 ff.

Musacchio, Aldo / Lazzarini, Sergio G.: State-Owned Enterprises in Brazil: History and Lessons, Paper prepared for the OECD Workshop on State-Owned Enterprises in the Development Process, Paris 2014, www.oecd.org/daf/ca/Workshop_SOEsDevelopmentProcess_Brazil.pdf, zuletzt besucht am 15.8.2020.

Naidin, Leane Cornet / Lemme, Marta Calmon / Gadelha, Maria Fernanda: Subsidies in Doha: Proposals for Negotiation and Implications for Domestic Policies, in: GTCJ 2008, S. 17 ff.

Neale-Besson, Isabelle: External aspects of State aid policy – part 1: accession, in: EU Competition Law (Vol. IV, Book 1), hrsg. v. Nicola Pesaresi et al., 2. Aufl., Leuven 2016, S. 141 ff.

Neri, Sergio / Sperl, Hans: Traité instituant la Communauté Economique Européenne : travaux préparatoires, déclarations interprétatives des six gouvernements, documents parlementaires, Luxemburg 1960.

Neumann, Felix: Export des europäischen Beihilfenrechts: Eine Analyse der Europäisierung des internationalen Subventionsrechts durch bilaterale Handelsabkommen, Wiesbaden 2019.

Neuwahl, Nanette: CETA as a Potential Model for (Post-Brexit) UK-EU Relations, in: EFAR 2017, S. 279 ff.

Neuwahl, Nanette: The EU-Turkey Customs Union: a Balance, but No Equilibrium, in: EFAR 1999, S. 37 ff.

Nicolaides, Phedon: Decentralised State Aid Control in an Enlarged European Union: Feasible, Necessary or Both?, in: WOCO 2003, S. 263 ff.

Nicolaides, Phedon: Op-Ed: The Brave New World of State Aid in Post-Brexit UK, EU Law Live v. 8.2.2021, https://eulawlive.com/op-ed-the-brave-new-world-of-state-aid-in-post-brexit-uk-by-phedon-nicolaides/, zuletzt besucht am 1.3.2021.

Nicolaides, Phedon: Op-Ed: The UK is not bound by EU State aid rules: Subsidies in the Trade and Cooperation Agreement between the EU and the UK, EU Law Live v. 4.1.2021, https://eulawlive.com/op-ed-the-uk-is-not-bound-by-eu-state-aid-rules-subsidies-in-the-trade-and-cooperation-agreement-between-the-eu-and-the-uk/, zuletzt besucht am 1.3.2021.

Nicolaides, Phedon: The Agreement on the Withdrawal of the UK from the EU and Euratom and its impact on the future application of state aid rules in the UK, in: MJECL 2020, S. 503 ff.

Nicolaïdis, Kalypso: The Political Mantra – Brexit, Control and the Transformation of the European Order, in: The Law & Politics of Brexit, hrsg. v. Federico Fabbrini, Oxford 2017, S. 25 ff.

Niedrist, Gerhard: Präferenzabkommen im Europarecht und im Welthandelsrecht, Berlin 2009.

N.N.: Of moonshots and bus subsidies: How state aid became a Brexit deal-breaker, in: The Economist v. 19.9.2020, www.economist.com/britain/2020/09/19/how-state-aid-became-a-brexit-deal-breaker, zuletzt besucht am 15.2.2021.

Oberender, Peter (Hrsg.): Der „more economic approach" in der Beihilfenkontrolle, Berlin 2008.

O'Brien, Robert: Subsidy Regulation and State Transformation in North America, the GATT and the EU, Basingstoke et al. 1997.

Odell, John S.: How Should the WTO Launch and Negotiate a Future Round?, in: WTR 2015, S. 117 ff.

Öberg, Marja-Liisa: Internal Market *Acquis* as a Tool in EU External Relations: From Integration to Disintegration, in: LIEI 2020, S. 151 ff.

OECD: Anti-Corruption Reforms in Ukraine: Prevention and Prosecution of Corruption in State-Owned Enterprises, Paris 2018.

OECD: OECD-Leitsätze zu Corporate Governance in staatseigenen Unternehmen, Ausgabe 2015, Paris 2016.

OECD: South Africa Policy Brief: Corporate Governance, Paris 2015, www.oecd.org/policy-briefs/south-africa-state-owned-enterprise-reform.pdf, zuletzt besucht am 15.8.2020.

OECD: The Size and Sectoral Distribution of State-Owned Enterprises, Paris 2017.

Oesch, Matthias: Die Europäisierung des schweizerischen Rechts, in: ZSR 2012 – Beiheft 50, S. 13 ff.

Oesch, Matthias: Die (fehlende) Disziplinierung staatlicher Beihilfen durch Kantone, in: AJP 2013, S. 1337 ff.

Oesch, Matthias: Die Schaffung des schweizerischen Binnenmarktes, in: ZVglRWiss 2013, S. 166 ff.

Oesch, Matthias: Staatliche Subventionen und auswärtige Wirtschaftsteilnehmer, in: ZSR 2012, S. 255 ff.

Oesch, Matthias: Switzerland-EU Bilateral Agreements, the Incorporation of EU Law and the Continuous Erosion of Democratic Rights, in: YEL 2019, S. 1 ff.

Oesch, Matthias: Wird die handelspolitische Autonomie der EFTA-Staaten überschätzt?, in: EuR 2020 – Beiheft 1, S. 329 ff.

Oesch, Matthias / Burghartz, Nina: Die fehlende Disziplinierung staatlicher Beihilfen in der Schweiz, in: Die Volkswirtschaft 2018, S. 26 ff.

Oesch, Matthias / Naef, Tobias: Handelspolitische Schutzmassnahmen der EU und der Schweiz: Grundlagen, Praxis, Abhängigkeiten, in: SRIEL 2019, S. 151 ff.

Bundeswettbewerbsbehörde: Positionspapier zu nationalen und europäischen Champions in der Fusionskontrolle, Wien 2019, www.bwb.gv.at/fileadmin/user_upload/PDFs/Positionspapier_European_Champions_DE.pdf, zuletzt besucht am 1.12.2019.

Ohlhoff, Stefan: Verbotene Beihilfen nach dem Subventionsabkommen der WTO im Lichte aktueller Rechtsprechung, in: EuZW 2000, S. 645 ff.

Opeida, Zvenyslava: Strengthening the WTO Subsidies Regime, Pittsburgh 2017.

Oppermann, Thomas: Die Dritte Gewalt in der Europäischen Union, in: DVBl. 1994, S. 901 ff.

Oppermann, Thomas / Classen, Claus Dieter / Nettesheim, Martin: Europarecht: Ein Studienbuch, 8. Aufl., München 2018.

Osbild, Reiner / Bartlett, Will: The Western Balkans on the Road to the EU, in: Western Balkan Economies in Transition: Recent Economic and Social Developments, hrsg. v. dens., Cham 2019, S. 1 ff.

Ossa, Ralph: A Quantitative Analysis of Subsidy Competition in the U.S., NBER Working Paper, No. 20975, Cambridge (MA) 2015.

Ott, Andrea: The EU-Turkey Association and Other EU Parallel Legal Orders in the European Legal Space, in: LIEI 2015, S. 5 ff.

Paemen, Hugo: A New Trade Policy, in: Mundi et Europae civis – Liber Amicorum Jacques Steenbergen, hrsg. v. Dirk Arts et al., Brüssel 2014, S. 131 ff.

Papadopoulos, Anestis S.: The International Dimension of EU Competition Law and Policy, Cambridge 2010.

Pastor-Merchante, Fernando: The Role of Competitors in the Enforcement of State Aid Law, Oxford 2019.

Pauwelyn, Joost: A Typology of Multilateral Treaty Obligations: Are WTO Obligations Bilateral or Collective in Nature?, in: EJIL 2003, S. 907 ff.

Pauwelyn, Joost: Squaring Free Trade in Culture with Chinese Censorship: The WTO Appellate Body Report on China – Audovisuals, in: Melb JIL 2010, S. 119 ff.

Pauwelyn, Joost: Treaty Interpretation or Activism? Comment on the AB Report on United States – ADs and CVDs on Certain Products from China, in: WTR 2013, S. 235 ff.

Pauwelyn, Joost: WTO Dispute Settlement Post 2019: What to Expect?, in: JIEL 2019, S. 297 ff.

Pavlović, Marina / Bishop, Jonathan / Holdsworth, Philip: Dispute Resolution in AIT, PIAC, (May 2015), Ottawa 2015.

Pechstein, Matthias / Nowak, Carsten / Häde, Ulrich: Frankfurter Kommentar zu EUV, GRC und AEUV, Band 3, Tübingen 2017 (zit.: *Bearbeiter*, in: Frankfurter Kommentar).

Peers, Steve: An ever closer waiting room?: The case for Eastern European accession to the European Economic Area, in: CMLR 1995, S. 187 ff.

Peers, Steve: Analysis of the Brexit deal: Dispute settlement and the EU/UK Trade and Cooperation Agreement, EU Law Analysis Blog v. 8.1.2021, http://eulawanalysis.blogspot.com/2021/01/analysis-4-of-brexit-deal-dispute.html, zuletzt besucht am 1.3.2021.

Peers, Steve: EC frameworks of international relations: cooperation, partnership, association in: The General Law of EC External Relations, hrsg. v. Alan Dashwood und Christophe Hillion, London 2000, S. 160 ff.

Peers, Steve: Living in Sin: Legal Integration Under the EC-Turkey Customs Union, in: EJIL 1996, S. 411 ff.

Peers, Steve: The End – or a New Beginning? The EU/UK Withdrawal Agreement, in: YEL 2020, S. 1 ff.

Peretz, George: Are the subsidies provisions in the UK/Japan FTA a suitable model for the UK/EU FTA?, EU Relations Law Blog v. 5.10.2020, https://eurelationslaw.com/blog/are-the-subsidies-provisions-in-the-uk-japan-fta-a-suitable-model-for-the-uk-eu-fta, zuletzt besucht am 1.3.2021.

Peretz, George: Can the Government abolish the State aid regime by secondary legislation? Should it do so?, EU Relations Law Blog v. 10.7.2020, https://eurelationslaw.com/blog/can-the-government-abolish-the-state-aid-regime-by-secondary-legislation-should-it-do-so, zuletzt besucht am 15.2.2021.

Peretz, George: EU Commission issues "Notice to Stakeholders" on Brexit and State aid, UKSALA Blog v. 21.1.2021, https://uksala.org/eu-commission-issues-notice-to-stakeholders-on-brexit-and-state-aid/, zuletzt besucht am 1.3.2021.

Peretz, George: State Aid and Brexit: Reality Slowly Dawns, in: EStAL 2018, S. 80 ff.

Peretz, George: The case of the unclear clarification: statement by the Joint Committee on the Ireland/Northern Ireland Protocol, EU Relations Law Blog v. 8.12.2020, https://eurelationslaw.com/blog/the-case-of-the-unclear-clarification-statement-by-the-joint-committee-on-the-ireland-northern-ireland-protocol, zuletzt besucht am 15.2.2021.

Peretz, George: The subsidy control provisions of the UK-EU trade and cooperation agreement: a framework for a new UK domestic subsidy regime, https://eurelationslaw.com/blog/the-subsidy-control-provisions-of-the-uk-eu-trade-and-cooperation-agreement-a-framework-for-a-new-uk-domestic-subsidy-regime, zuletzt besucht am 1.3.2021.

Peretz, George: The UK's new subsidy regime: a marsh of uncertainty, EU Relations Law Blog v. 1.1.2021, https://eurelationslaw.com/blog/the-uks-new-subsidy-regime-a-marsh-of-uncertainty, zuletzt besucht am 15.2.2021.

Peretz, George: UK Subsidy Control Bill – a brief summary, EU Relations Law Blog v. 5.7.2021, https://eurelationslaw.com/blog/uk-subsidy-control-bill-a-brief-summary, zuletzt besucht am 1.10.2021.

Peretz, George / Artley, Alfred: Customs and the Northern Ireland Protocol, in: Tax Journal 2020 (Issue 1483), S. 14 ff.

Peretz, George / Bacon, Kelyn / Taylor, Isabel: Bringing State Aid Home: Could an Effective Domestic State Aid Regime Be Devised for the UK?, UKSALA Blog v. 12.5.2017, https://uksala.org/bringing-state-aid-home-could-an-effective-domestic-state-aid-regime-be-devised-for-the-uk/, zuletzt besucht am 1.2.2021.

Peters, Christopher: Praxis Internationaler Organisationen – Vertragswandel und völkerrechtlicher Ordnungsrahmen, Berlin et al. 2016.

Petersen, Anna: Die internationale Zusammenarbeit der Wettbewerbsbehörden, Münster 2005.

Petersmann, Ernst-Ulrich: Constitutional Functions and Constitutional Problems of International Economic Law, Fribourg 1991.

Petersmann, Ernst-Ulrich: GATT Law on State Trading Enterprises: Critical Evaluation of Article XVII and Proposals for Reform, in: State Trading in the Twenty-First Century, hrsg. v. Thomas Cottier und Petros C. Mavroidis, Ann Arbor 1998, S. 72 ff.

Petersmann, Ernst-Ulrich: The GATT/WTO Dispute Settlement System: International Law, International Organizations and Dispute Settlement, Leiden 1997.

Petrov, Daniel P.: Prisoners No More: State Investment Relocation Incentives and the Prisoners' Dilemma, in: Case W. Res. J. Int'l L. 2001, S. 71 ff.

Petrov, Roman: EU values in integration-oriented agreements with Ukraine, Moldova and Georgia, in: The European Neighbourhood Policy – Values and Principles, hrsg. v. Sara Poli, London 2016, S. 99 ff.

Piernas López, Juan Jorge: The Concept of State Aid Under EU Law: From internal market to competition and beyond, Oxford 2015.

Pieters, Karolien: The Integration of the Mediterranean Neighbours into the EU Internal Market: A Legal Perspective, Den Haag 2010.

Pirker, Benedikt: Das Schiedsgericht im Institutionellen Abkommen zwischen Eigenständigkeit und Autonomie des Unionsrechts, in: ASA Bulletin 2019, S. 592 ff.

Pope, Thomas / Stojanovic, Alex: Beyond state aid: The future of subsidy control in the UK, Institute for Government Report, London 2020.

Popović, Dušan V.: Institutional Design of State Aid Authorities in South East Europe: The Unfit Legal Transplant and Its Ramifications, in: Competition Authorities in South Eastern Europe: Building Institutions in Emerging Markets, hrsg. v. Boris Begović und dems., Cham 2018, S. 63 ff.

Poretti, Pietro: The Regulation of Subsidies Within the General Agreement on Trade in Services of the WTO: Problems and Prospects, Alphen aan den Rijn 2009.

Poretti, Pietro: Waiting for Godot: Subsidy disciplines in services trade, in: GATS and the Regulation of International Trade in Services, hrsg. v. Marion Panizzon, 2008, S. 466 ff.

Priebe, Reinhard: Beitrittsperspektive und Verfassungsreformen in den Ländern des Westlichen Balkans, in: EuR 2008, S. 301 ff.

Priebe, Reinhard: Erweiterung: Eine neue Strategie für den Westlichen Balkan, in: EuZW 2018, S. 179 f.

Priebe, Reinhard: Erweiterung: Stärkung des Beitrittsprozesses für den westlichen Balkan, in: EuZW 2020, S. 173 f.

Prieß, Hans-Joachim / Berrisch, Georg M. (Hrsg.): WTO-Handbuch. World Trade Organisation, München 2003.

Pünder, Hermann / Schellenberg, Martin (Hrsg.): Vergaberecht, Kommentar, 3. Aufl., Baden-Baden 2019.

Qin, Julia Ya: WTO Regulation of Subsidies to State-Owned Enterprises (SOEs) – A Critical Appraisal of the China Accession Protocol, in: JIEL 2004, S. 863 ff.

Rayment, Ben: The role of domestic courts in the new TCA subsidy control regime, EU Relations Law Blog v. 1.2.2021, https://eurelationslaw.com/blog/the-role-of-domestic-courts-in-the-new-tca-subsidy-control-regime, zuletzt besucht am 1.3.2021.

Reinhold, Philipp: CETA: "A good deal" für die europäische Beihilfenpolitik?, in: EWS 2016, S. 121 ff.

De Remer, David: The Evolution of International Subsidy Rules, ECARES Working Paper 2013–45, Brüssel 2013.

Rennie, Matthew / Lindsay, Fiona: Competitive Neutrality and State-Owned Enterprises in Australia: Review of Practices and their Relevance for Other Countries, OECD Corporate Governance Working Papers, No. 4, Paris 2011.

Rhinow, René A. / Schmid, Gerhard 7 Biaggini, Giovanni / Uhlmann, Felix (Hrsg.): Öffentliches Wirtschaftsrecht, 2. Aufl., Basel 2011.

Rivers, Richard R. / Greenwald, John D.: The Negotiation of a Code on Subsidies and Countervailing Measures: Bridging Fundamental Policy Differences, in: Law & Pol'y Int'l Bus. 1979, S. 1447 ff.

Rodi, Michael: Die Subventionsrechtsordnung: Die Subvention als Instrument öffentlicher Zweckverwirklichung nach Völkerrecht, Europarecht und deutschem innerstaatlichen Recht, Tübingen 2000.

Rodi, Michael: Ökonomische Analyse des Öffentlichen Rechts, Wiesbaden 2014.

Rubini, Luca: Ain't Wastin' Time No More: Subsidies for Renewable Energy, The SCM Agreement, Policy Space, and Law Reform, in: JIEL 2012, S. 525 ff.

Rubini, Luca: ASCM Disciplines and Recent WTO Case Law Developments: What Space for 'Green' Subsidies?, in: International Trade in Sustainable Electricity – Regulatory Challenges in International Economic Law, hrsg. v. Thomas Cottier und Ilaria Espa, Cambridge 2017, S. 311 ff.

Rubini, Luca: The Definition of Subsidy and State Aid: WTO and EC Law in Comparative Perspective, Oxford 2009.

Rubini, Luca: 'The Good, the Bad, and the Ugly.' Lessons on Methodology in Legal Analysis from the Recent WTO Litigation on Renewable Energy Subsidies, in: JWT 2014, S. 895 ff.

Rubini, Luca / Hawkins, Jennifer (Hrsg.): What Shapes the Law? Reflections on the History, Law, Politics and Economics of International and European Subsidy Disciplines, Florenz 2016.

Rusche, Tim Maxian / Micheau, Claire / Piffaut, Henri / Van de Casteele, Koen: State Aid, in: The EU Law of Competition, hrsg. v. Jonathan Faull und Ali Nikpay, 3. Aufl., Oxford 2014.

Sacher, Vinzenz: Freihandelsabkommen und WTO-Recht: Der Peru – Agricultural Products-Fall, in: Beiträge zum Transnationalen Wirtschaftsrecht, hrsg. v. Christian Tietje und Gerhard Kraft, Heft 139, Halle, Dezember 2015.

Sánchez-Graells: Public procurement regulation, in: UK Regulation after Brexit, hrsg. v. Hussein Kassim, Sean Ennis und Andrew Jordan, London 2021, S. 23 ff.

Sánchez-Rydelski, Michael: EG und WTO Antisubventionsrecht: ein konzeptioneller Vergleich der EG Antisubventions-Verordnung mit den Beihilfevorschriften des EG-Vertrages unter Berücksichtigung des Subventionsübereinkommens der WTO, Baden-Baden 2001.

Sánchez-Rydelski, Michael: State Aid, in: The Handbook of EEA Law, hrsg. v. Carl Baudenbacher, Cham 2016, S. 575 ff.

Sauvé, Pierre: Completing the GATS Framework: Addressing Uruguay Round Leftovers, in: Aussenwirtschaft 2002, S. 301 ff.

Sauvé, Pierre / Soprana, Marta: Disciplining Investment Incentives: A Lost Cause?, E15 Task Force on Investment Policy (January 2016), Genf 2016.

Sauvé, Pierre / Soprana, Marta: Disciplining Service Sector Subsidies: Where Do We Stand and Where Can We (Realistically) Go?, in: JIEL 2018, S. 599 ff.

Saydé, Alexandre: Abuse of EU Law and Regulation of the Internal Market, Oxford 2014.

Schaefer, Matthew: State Investment Attraction Subsidy Wars Resulting from a Prisoner's Dilemma: The Inadequacy of State Constitutional Solutions and the Appropriateness of a Federal Legislative Response, in: N. M. Law Rev. 1998, S. 303 ff.

Schäfer, Peter W.: Der EU-Verordnungsvorschlag zum Marktzugang aus Drittstaaten zu EU-Beschaffungsmärkten, in: VergabeR 2014, S. 266 ff.

Schelling, Thomas C.: Micromotives and Macrobehavior, New York und London 2006.

Schenk, Deborah: The Cuno Case: a Comparison of U.S. Subsidies and European State Aid, in: EStAL 2006, S. 3 ff.

Schill, Stephan W.: The European Union's Foreign Direct Investment Screening Paradox: Tightening Inward Investment Control to Further External Investment Liberalization, in: LIEI 2019, S. 105 ff.

Schimmelfennig, Frank: Brexit: differentiated disintegration in the European Union, in: JEPP 2018, S. 1154 ff.

Schimmelfennig, Frank / Sedelmeier, Ulrich: Governance by Conditionality: EU Rule Transfer to the Candidate Countries of Central and Eastern Europe, in: JEPP 2004, S. 661 ff.

Schimmelfennig, Frank / Winzen, Thomas: Ever Looser Union?: Differentiated European Integration, Oxford 2020.

Schirmer, Sarah: Die Durchsetzung des EU- und EWR-Beihilferechts vor nationalen Gerichten, in: LJZ 2020, S. 65 ff.

Schirmer, Sarah / Steiner, Enya: Neuere Beihilfe-Fälle des EFTA-Gerichtshofs, in: Jahrbuch Beihilferecht 2019, hrsg. v. Birgit Haslinger und Thomas Jaeger, Wien 2019, S. 537 ff.

Schladebach, Marcus / Becker, Friederike: Die Verschärfung der Investitionskontrolle im deutschen und europäischen Außenwirtschaftsrecht, in: NVwZ 2019, S. 1076 ff.

Schoen, Wolfgang: Special Charges – a Gap in European Competition Law?, in: EStAL 2006, S. 495 ff.

Schoenmaekers, Sarah: Public procurement and services of general economic interest, in: Research Handbook on EU Public Procurement Law, hrsg. v. Christopher Bovis, Cheltenham 2016; S. 295 ff.

Schonberg, Morris: Continuity or change? State aid control in a post-Brexit United Kingdom, in: CLJ 2017, S. 47 ff.

Schorkopf, Frank: Europäischer Konstitutionalismus oder die normative Behauptung des „European way of life" – Potenziale der neueren Werterechtsprechung des EuGH, in: NJW 2019, S. 3418 ff.

Schreiber, Susanne / Diefenbacher, Cyrill: Schweiz: Botschaft zur Unternehmenssteuerreform („Steuervorlage 17") verabschiedet, in: IStR-LB 2018, S. 39 ff.

Schuelken, Tobias: Der Schutz kritischer Infrastrukturen vor ausländischen Direktinvestitionen in der Europäischen Union. Zum Vorschlag der EU-Kommission für eine Verordnung zur Schaffung eines Rahmens für die Überprüfung ausländischer Direktinvestitionen – KOM(2017) 487 endg., in: EuR 2018, S. 577 ff.

Schütterle, Peter: Implementing of the EC State Aid Control – an Accession Criterion, in: EStAL 2002, S. 79 ff.

Schütterle, Peter: State Aid Control in the Western Balkans and Turkey, in: EStAL 2005, S. 255 ff.

Schwartmann, Rolf: Private im Wirtschaftsvölkerrecht, Tübingen 2005.

Schwartz, Bryan / Boryskavich, Krista: The Investment Subsidies and the Canadian Agreement on International Trade, in: Asper Rev. Int'l Bus. & Trade L. 2003, S. 103 ff.

Schwarze, Jürgen (Hrsg.): Der Aufbau Europas. Pläne und Dokumente, 1945–1980, Bonn 1980.

Schwarze, Jürgen / Becker, Ulrich / Hatje, Armin / Schoo, Johann (Hrsg.): EU-Kommentar, 4. Aufl., Baden-Baden 2019 (zit.: *Bearbeiter*, in: Schwarze/Hatje/Becker/Schoo).

Scollay, Robert / Findlay, Christopher Charles / Kaufmann, Uwe: Australia New Zealand Closer Economic Relations Trade Agreement (ANZCERTA) and Regional Integration, Singapur 2011.

Seamon, Richard H.: The Market Participant Test in Dormant Commerce Clause Analysis – Protecting Protectionism?, in: Seamon, Duke L. J. 1985, S. 697 ff.

Segura, Maria / Olafsson, Egill / Clayton, Marianne: Brexit, the EEA and the EU State aid Rules – The Future of State aid Control in Turmoil?, in: EStAL 2019, S. 3 ff.

Seitz, Claudia / Berne, André S.: Der Entwurf des institutionellen Abkommens Schweiz-EU: Eine erste Analyse der beihilferechtlichen Bestimmungen, in: EuZW 2019, S. 594 ff.

Seitz, Claudia / Breitenmoser, Stephan: Das Subventionsrecht der Schweiz im Lichte des Beihilferechts der EU und des Subventionsrechts der WTO, in: Schweizerisches Jahrbuch für Europarecht 2009/2010, hrsg. v. Astrid Epiney und Nina Gammenthaler, Zürich 2010, S. 139 ff.

Selmayr, Martin / Ehmann, Eugen: Datenschutz-Grundverordnung: DS-GVO, Kommentar, 2. Aufl., München 2018.

Semertzi, Aliki: The Preclusion of Direct Effect in the Recently Concluded EU Free Trade Agreements, in: CMLR 2014, S. 1125 ff.

Senti, Richard: Argumente für und wider die Reziprozität in der WTO – Die Reziprozität als merkantilistisches Erbe in der geltenden Welthandelsordnung / The merits of reciprocity in the WTO, in: ORDO 2005, S. 315 ff.

Shaffer, Gregory: Bargaining Over Policy Space in Trade Negotiations, in: World Trade and Investment Law Reimagined: A Progressive Agenda for an Inclusive Globalization, hrsg. v. Alvaro Santos, Chantal Thomas und David Trubek, Cambridge 2019, S. 183 ff.

Shaffer, Gregory / Winters, L. Alan: FTA Law in WTO Dispute Settlement: Peru–Additional Duty and the Fragmentation of Trade Law, in: WTR 2017, S. 303 ff.

Sieber-Gasser, Charlotte: Handelsbeziehungen Schweiz – EU im globalen Kontext, in: sui-generis 2020, S. 1 ff.

Sieber-Gasser, Charlotte: The European Court of Justice and European Third Country Integration, DCU Brexit Institute Working Paper Series, No. 11, Dublin 2019.

Simma, Bruno: Das Reziprozitätselement im Zustandekommen völkerrechtlicher Verträge: Gedanken zu einem Bauprinzip der internationalen Rechtsbeziehungen, Berlin 1972.

Simon, Sven: Liberalisierung von Dienstleistungen der Daseinsvorsorge im WTO- und EU-Recht, Tübingen 2009.

Sinnaeve, Adinda: Die Rückforderung gemeinschaftsrechtswidriger nationaler Beihilfen: Kollisionen im Spannungsverhältnis zwischen Gemeinschafts- und nationalem Recht, Berlin 1997.

Sinnaeve, Adinda: Die ersten Gruppenfreistellungen: Dezentralisierung der Beihilfenkontrolle?, in: EuZW 2001, S. 69 ff.

Slocock, Ben: EC and WTO Subsidy Control Systems – some Reflections, in: EStAL 2007, S. 249 ff.

Slotboom, Marco: A Comparison of WTO and EC law – Do Different Objects and Purposes Matter for Treaty Interpretation?, London 2006.

Smyrnova, Kseniia / Szyszczak, Erika: Modern Approaches to State Aid: Ukraine, in: EStAL 2020, S. 8 ff.

Södersten, Anna: Euratom at the Crossroads, Cheltenham 2018.

Sokol, D. Daniel: Competition Policy and Comparative Corporate Governance of State-Owned Enterprises, in: BYU L. Rev. 2009, S. 1713 ff.

Sokol, D. Daniel: Order without (Enforceable) Law: Why Countries Enter into Non Enforceable Competition Policy Chapters in Free Trade Agreements, in: Chi.-Kent L. Rev. 2008, S. 231 ff.

Solka, Svenja: Die Industriepolitik der Europäischen Union: Analyse ihres Verhältnisses zur europäischen Wettbewerbspolitik anhand der Regelung des Art. 173 Abs. 3 Uabs. 2 AEUV, Tübingen 2015.

Soltész, Ulrich: Das EU-Beihilferecht und der Brexit – Folgen, künftige Modelle und Vorwirkungen, in: EuZW 2016, S. 846 ff.

Soltész, Ulrich: Das neue europäische Beihilferecht, in: NJW 2014, S. 3128 ff.

Soltész, Ulrich: Der gemeinschaftsrechtliche Schutz gegen subventionierte Einfuhren aus Drittstaaten, in: EWS 1999, S. 81 ff.

Soltész, Ulrich: Die Entwicklung des europäischen Beihilferechts im Jahr 2013, in: EuZW 2014, S. 89 ff.

Soltész, Ulrich: Keine Beihilferegeln post-Brexit? – Großbritanniens bizarrer Kampf gegen ein „level playing field", in: NZKart 2020, S. 588 ff.

Soltész, Ulrich: Kommission plant wettbewerbsrechtliches Hybridwesen: Das Weißbuch zu Drittstaatensubventionen, in: NZKart 2020, S. 338 ff.

Soltész, Ulrich: Neue Wettbewerbsinstrumente aus Brüssel: Das Weißbuch zu Drittstaatensubventionen, in: BB 2020, S. 1730 ff.

Soltész, Ulrich: Von „guten" und „schlechten" Beihilfen, in: EuZW 2005, S. 385.

Soltész, Ulrich: Wichtige Entwicklungen im Europäischen Beihilferecht im Jahre 2017, in: EuZW 2018, S. 60 ff.

Soltész, Ulrich / Pflock, Thomas: Die „Wiederentdeckung" der beihilferechtlichen Zwischenstaatlichkeitsklausel – vom Schattendasein ins Scheinwerferlicht?, in: EuZW 2017, S. 207 ff.

Speitler, Philipp: Judicial Homogeneity as a Fundamental Principle of the EEA, in: The Fundamental Principles of EEA Law: EEA-ities, hrsg. v. Carl Baudenbacher, Cham 2017, S. 19 ff.

Stancke, Fabian: TTIP, CETA und die Rolle des Wettbewerbsrechts in internationalen Freihandelsabkommen, in: EuZW 2016, S. 567 ff.

Steger, Debra P.: The Subsidies and Countervailing Measures Agreement: Ahead of its Time or Time for Reform?, in: JWT 2010, S. 779 ff.

Stephenson, Sherry / Hufbauer, Gary Clyde: Services and state-owned enterprises, in: Research Handbook on Trade in Services, hrsg. v. Pierre Sauvé und Martin Roy, Cheltenham 2016, S. 299 ff.

Stewart, Terence P.: GATT Uruguay Round: A Negotiating History (1986–1992), Vol. 1, Deventer 1993.

Stöbener de Mora, Patricia Sarah: Beihilferecht: Neue Regeln für die Förderung wichtiger Vorhaben von gemeinsamem europäischem Interesse, in: EuZW 2014, S. 484 f.

Stöbener de Mora, Patricia Sarah: Überall Beihilfen? – Die Kommissionsbekanntmachung zum Beihilfebegriff, in: EuZW 2016, S. 685 ff.

Stöllinger, Roman / Holzner, Mario: State aid and export competitiveness in the EU, in: J Ind Compet Trade 2017, S. 203 ff.

Stoffel, Walter A. / Seitz, Claudia: „Autonomer Nachvollzug" – Das Wirtschaftsrecht der Schweiz zwischen Angleichung und Eigenständigkeit, in: EuZW 2012, S. 841 ff.

Stoler, Andrew: The Evolution of Subsidies Disciplines in GATT and the WTO, in: JWT 2010, S. 797 ff.

Stoll, Peter-Tobias: Das Subventionsrecht der WTO: Ordnung des Welthandels und Schutz des Wettbewerbs, in: ZWeR 2017, S. 1 ff.

Stoll, Peter-Tobias: Freihandel und Verfassung. Einzelstaatliche Gewährleistung und die konstitutionelle Funktion der Welthandelsordnung (GATT/WTO), in: ZaöRV 1997, S. 83 ff.

Stoll, Peter-Tobias / Schorkopf, Frank: WTO – Welthandelsordnung und Welthandelsrecht, Köln et al. 2002.

Streinz, Rudolf (Hrsg.): EUV/AEUV, Kommentar, 3. Aufl., München 2018 (zit.: *Bearbeiter*, in: Streinz).

Stuart, Eugene / Roginska, Iana: State Aid Regulation and Future Industrial Policy in Ukraine, in: EStAL 2016, S. 59 ff.

Su, Jessica: China's fair competition review system: Momentum for competitive neutrality and an open market, E15 Expert Group on Competition Policy (October 2016), Genf 2016.

Sung, Jae Ho: Some Reflections on Competition and Subsidies under the EU-Korea FTA, in: European Union and South Korea: The Legal Framework for Strengthening Trade, Economic and Political Relations, hrsg. v. James Harrison, Edinburgh 2013, S. 87 ff.

Suttle, Oisin: Distributive Justice and World Trade Law: A Political Theory of International Trade Regulation, Cambridge 2017.

Svedman, Sven Erik: The Enforcement of the EEA Agreement by the EFTA Surveillance Authority: Enhancing Welfare and Prosperity, in: The Art of Judicial Reasoning: Festschrift in Honour of Carl Baudenbacher, hrsg. v. Gunnar Selvik et al., Cham 2019, S. 65 ff.

Svetlicinii, Alexandr: New Competition Law of the Republic of Moldova: Prospects and Concerns, in: ÖZK 2013, S. 210 ff.

Sykes, Alan O.: Countervailing Duty Law: An Economic Perspective, in: Columbia Law Rev. 1989, S. 199 ff.

Sykes, Alan O.: The Limited Economic Case for Subsidies Regulation, E15 Task Force on Rethinking International Subsidies Disciplines (February 2015), Genf 2015.

Sykes, Alan O.: The Questionable Case for Subsidies Regulation: A Comparative Perspective, in: JLA 2010, S. 473 ff.

Szepesi, Stefan: Comparing EU free trade agreements: Competition Policy and State Aid, ECDPM InBrief 6E, Maastricht 2004.

Szudoczky, Rita: Convergence of the Analysis of National Tax Measures under the EU State Aid Rules and the Fundamental Freedoms, in: EStAL 2016, S. 357 ff.

Szyszczak, Erika: A UK Brexit Transition: to the Ukraine Model?, UK Trade Policy Observatory Briefing Paper No. 11, Sussex 2017.

Szyszczak, Erika (Hrsg.): Research Handbook on European State Aid Law, Cheltenham 2011.

Tarrant, Andy / Biondi, Andrea: Brexit and Labour's Political Economy: Labour's Programme and EU Law, in: The Renewal 2017, S. 66 ff.

Tarullo, Daniel K.: The MTN Subsidies Code: Agreement without Consensus, in: Emerging Standards of International Trade and Investment, hrsg. v. Gary Clyde Hufbauer und Seymour J. Rubin, Lanham 1984, S. 63 ff.

Tauschinsky, Eljalill / Weiß, Wolfgang: Unionsinteresse und Bürgernähe in der Handelspolitik, in: EuR 2018, S. 3 ff.

Taussig, Frank William: The Tariff History of the United States (Nachdr. d. 8. Aufl. v. 1931), New York 1967.

Taylor, Mark: A proposal to prohibit industrial relocation subsidies, in: Tex. L. Rev. 1994, S. 669 ff.

Temple Lang, John: EU State Aid Rules – The Need for Substantive Reform, in: EStAL 2014, S. 440 ff.

Terhechte, Jörg Philipp: All's well that ends well? – Das EU/VK-Handels- und Kooperationsabkommen, in: NJW 2021, S. 417 ff.

Terhechte, Jörg Philipp: Strukturen und Probleme des Brexit-Abkommens, in: NJW 2020, S. 425 ff.

Thomas, Kenneth P.: Competing for Capital: Europe and North America in a Global Era, Georgetown 2000.

Thomas, Kenneth P.: Investment Incentives and the Global Competition for Capital, London 2011.

Thomas, Kenneth P.: National and Subnational Efforts to Regulate Competition for Investment Through the Use of Incentives, in: Rethinking Investment Incentives: Trends and Policy Options, hrsg. v. Ana Teresa Tavares-Lehmann et al., New York 2016, S. 251 ff.

Thomas, Kenneth P.: Regulating Investment Attraction: Canada's Code of Conduct on Incentives in a Comparative Context, in: Canadian Public Policy 2011, S. 343 ff.

Tietje, Christian (Hrsg.): Internationales Wirtschaftsrecht, 2. Aufl., Berlin 2015.

Tinbergen, Jan: Shaping the World Economy: Suggestions for an International Economic Policy, New York 1962.

Tobler, Christa: Rahmenabkommen und staatliche Beihilfen, in: NZZ v. 14.3.2019, S. 10.

Tobler, Christa: Wie weiter mit dem Institutionellen Abkommen?, in: Jusletter v. 20. Januar 2020.

Todeschini-Marthe, Céline: Dispute Settlement Mechanisms Under Free Trade Agreements and the WTO: Stakes, Issues and Practical Considerations: A Question of Choice?, in: GTCJ 2018, S. 387 ff.

Tomuschat, Christian: Der Verfassungsstaat im Geflecht der internationalen Beziehungen. Gemeinden und Kreise vor den öffentlichen Aufgaben der Gegenwart, in: Berichte und Diskussionen auf der Tagung der Vereinigung der Deutschen Staatsrechtslehrer in Basel vom 5. bis 8. Oktober 1977, hrsg. v. Vereinigung der Deutschen Staatsrechtslehrer, Berlin 1978.

Trakman, Leon: The Proliferation of Free Trade Agreements: Bane or Beauty?, in: JWT 2008, S. 367 ff.

Trebilock, Michael J. / Howse, Robert: The Regulation of International Trade, 2. Aufl., London und New York 1996.

Uecker, Philip: Extraterritoriale Regelungshoheit im Datenschutzrecht, Baden-Baden 2017.

Usova, Anastasia / Kalyta, Veronika: The Ukrainian Supreme Court concludes that in state aid cases the Antimonopoly Committee of Ukraine does not have to analyse the effect of aid on trade between Ukraine and the EU, Kluwer Competition Law Blog v. 14.4.2020, http://competitionlawblog.kluwercompetitionlaw.com/2020/04/14/the-ukrainian-supreme-court-concludes-that-in-state-aid-cases-the-antimonopoly-committee-of-ukraine-does-not-have-to-analyse-the-effect-of-aid-on-trade-between-ukraine-and-the-eu/, zuletzt besucht am 15.7.2020.

Van Vaerenbergh, Pieter: The Role of Trade Defence Instruments in EU Trade Agreements: Theory versus Practice, in: ZEuS 2018, S. 217 ff.

Valle Lagares, Eva: International Agreements Regarding Cooperation in the Field of Competition: The New Strategy of the European Commission, in: JECLP 2010, S. 155 ff.

Verouden, Vincent: EU State Aid Control: The Quest for Effectiveness, in: EStAL 2015, S. 459 ff.

Verouden, Vincent / Ibáñez Colomo, Pablo: State aid control, in: Ensuring a post-Brexit level playing field, hrsg. v. Fabian Zuleeg et al., Brüssel 2019, S. 67 ff.

Verouden, Vincent / Werner, Philipp: The Law and Economics of EU State Aid Control: in: EU State Aid Control: Law and Economics, hrsg. v. dens., Alphen aan den Rijn 2016, S. 7 ff.

Vervaele, John AE: MERCOSUR and Regional Integration in South America, in: ICLQ 2005, S. 387 ff.

Vidigal, Geraldo: The Return of Voluntary Export Restraints? How WTO Law Regulates (And Doesn't Regulate) Bilateral Trade-Restrictive Agreements, in: JWT 2019, S. 187 ff.

Viner, Jacob: Dumping: A Problem in International Trade (Nachdr. d. Ausg. v. 1923), Chicago 1966.

Visser, Amanda / Ensor, Linda: Competition Commission declines to probe SAA, in: Business Day v. 12.11.2012, www.businesslive.co.za/bd/national/2012-11-12-competition-commis-sion-declines-to-probe-saa/, zuletzt besucht am 15.8.2020.

Vogt, Matthias: Die Entscheidung als Handlungsform des Europäischen Gemeinschaftsrechts, Tübingen 2005.

Van Vooren, Bart / Blockmans, Steven / Wouters, Jan: The EU's Role in Global Governance: The Legal Dimension, Oxford 2013.

Wagner-von Papp, Florian: Competition Law in EU Free Trade and Cooperation Agreements (and What the UK Can Expect After Brexit), in: European Yearbook of International Economic Law 2017, hrsg. v. Marc Bungenberg et al., Berlin et al. 2017, S. 301 ff.

Watson, Alan: Legal Transplants: An Approach to Comparative Law (Nachdr. der Ausgabe von 1974), Athens 1993.

Weatherill, Stephen: The Protocol on Ireland/Northern Ireland: protecting the EU's internal market at the expense of the UK's, in: ELR 2020, S. 222 ff.

Webb, Dominic: A UK-EU customs union?, Commons Library Paper No. 8290, London 2018.

Webber, James: Compromise Position for Subsidy Control in a UK/EU FTA, UKSALA Blog v. 1.7.2020, https://uksala.org/compromise-position-for-subsidy-control-in-a-uk-eu-fta/, zuletzt besucht am 1.3.2021.

Webber, James: Taking advantage of the opportunity presented by the UK's new subsidy control regime, UKSALA Blog v. 27.1.2021, https://uksala.org/taking-advantage-of-the-opportunity-presented-by-the-uks-new-subsidy-control-regime-by-james-webber-partner-shearman-sterling/, zuletzt besucht am 1.3.2021.

Weck, Thomas / Reinhold, Philipp: Europäische Beihilfenpolitik und völkerrechtliche Verträge, in: EuZW 2015, S. 376 ff.

Weick, Daniel P.: Competition Law and Policy in Senegal: A Cautionary Tale for Regional Integration?, in: WOCO 2010, S. 521 ff.

Weiß, Wolfgang: Der Subventionsbegriff im EG- und im WTO-Recht – ein Vergleich, in: Subventionen im WTO- und EG-Recht, hrsg. v. Dirk Ehlers, Hans-Michael Wolffgang und Ulrich Jan Schröder, Frankfurt 2007, S. 21 ff.

Weiß, Wolfgang: Interpreting Essential Security Exceptions in WTO Law in View of Economic Security Interests, in: Global Politics and EU Trade Policy, hrsg. v. dems. und Cornelia Furculita, S. 255 ff.

Weiß, Wolfgang: Umsetzung und Durchsetzung der EU-Handelspolitik: Neue Entwicklungen der „Open Strategic Autonomy", in: EuZW 2020, S. 787 ff.

von Wendland, Bernhard: New Rules for State Aid for Research, Development and Innovation – 'Not a Revolution but a Silent Reform', in: EStAL 2015, S. 25 ff.

Wessel, Ramses: Consequences of Brexit for International Agreements Concluded by the EU and its Member States, in: CMLR 2018, S. 101 ff.

Weusmann, Johann: Die Europäische Union und Südafrika: bilaterale Handelsbeziehungen im Lichte des GATT und der WTO, Berlin 2005.

Willemyns, Ines: Disciplines on State-Owned Enterprises in International Economic Law: Are We Moving in the Right Direction?, in: JIEL 2016, S. 657 ff.

Williams, Peter: Law and lawyers in the multilateral trading system – back to the future, in: A History of Law and Lawyers in the GATT/WTO, hrsg. v. Gabrielle Marceau, Cambridge 2015, S. 85 ff.

Wolfrum, Rüdiger / Stoll, Peter-Tobias / Feinäugle, Clemens (Hrsg.): WTO – Trade in Services, Max Planck Commentaries on World Trade Law, Leiden 2008.

Wood, Diane: Cuno v. Daimler Chrysler, Inc.: State 'Aids' from an American Perspective, in: EStAL 2007, S. 3 ff.

Woolcock, Stephen / Heydon, Kenneth: The Rise of Bilateralism: Comparing American, European, and Asian Approaches to Preferential Trade Agreements, New York 2009.

Wu, Mark: Re-examining 'Green Light' Subsidies in the Wake of New Green Industrial Policies, E15 Expert Group on Reinvigorating Manufacturing: New Industrial Policy and the Trade System (August 2015), Genf 2015.

Wu, Mark / Salzman, James: The Next Generation of Trade and Environment Conflicts: The Rise of Green Industrial Policy, in: NWULR 2014, S. 401 ff.

Wu, Yingying: Reforming WTO Rules on State-Owned Enterprises: In the Context of SOEs Receiving Various Advantages, Berlin et al. 2019.

Yavas, Sadik / Turan, Erol: Corporate Governance of State-Owned Enterprises: The Turkish Case, in: EJBM 2017, S. 127 ff.

Yin, Wei: Regulating the State Capitalism: Is There an Optimal Regulatory Model for Sovereign Wealth Fund Investment?, in: JWT 2020, S. 155 ff.

Yukins, Christopher R. / Prieß, Hans-Joachim: Überdenken von Prioritäten der Transatlantischen Handels- und Investitionspartnerschaft – Plädoyer für einen Ausweg aus der Sackgasse in den Verhandlungen zum Transatlantischen Freihandelsabkommen über die Öffnung der Beschaffungsmärkte, in: NZBau 2014, S. 531 ff.

Zahariadis, Nikolaos: Winners and Losers in EU State Aid Policy, in: J Ind Compet Trade 2013, S. 143 ff.

Zellhofer, Andreas / Solek, Lukas: Absolute rechtliche Unmöglichkeit der Rückforderung rechtswidriger Beihilfen, in: EuZW 2015, S. 622 ff.

Zellinsky, Edward A.: The Incoherence of Dormant Commerce Clause Non-discrimination: a Rejoinder to Professor Denning, in: Miss. Law. J. 2007, S. 653 ff.

Zeynep Pirim, Ceren: The EU-Turkey Customs Union: From a Transitional to a Definitive Framework?, in: LIEI 2015, S. 31 ff.

Zuleeg, Manfred: Supranationales Recht und supranationale Verfahren der Europäischen Union, in: Theorien europäischer Integration, hrsg. v. Wilfried Loth und Wolfgang Wessels, Wiesbaden 2001, S. 205 ff.

Zurkinden, Philipp: Institutionelles Abkommen – Rechtsgutachten zuhanden der WAK-N; Fragen zu Staatsbeihilfen und zum Freihandelsabkommen CH-EU sowie zu weiteren Fragen, Basel, 21.2.2019.

Zurkinden, Philipp / Scholten, Eva: State Aids in Switzerland: The Air Transport Agreement between the EU and Switzerland, in: EStAL 2004, S. 217 ff.

Zurkinden, Philipp / Baldi, Marino / Lauterburg, Bernhard C.: Beihilfenkontrolle im Verhältnis Schweiz/EU, Memorandum im Auftrag der Konferenz der Kantonsregierungen, Basel, 30.9.2017.

FSC
www.fsc.org
MIX
Papier | Fördert gute Waldnutzung
FSC® C083411

Kolibri 360 GmbH
Ferdinand-Jühlke-Straße 7
99095 Erfurt, Deutschland
produktsicherheit@kolibri360.de